山东地方史文库（第三辑）

韩寓群　主编

山东农业史

周尚兵　著

山东人民出版社·济南
国家一级出版社　全国百佳图书出版单位

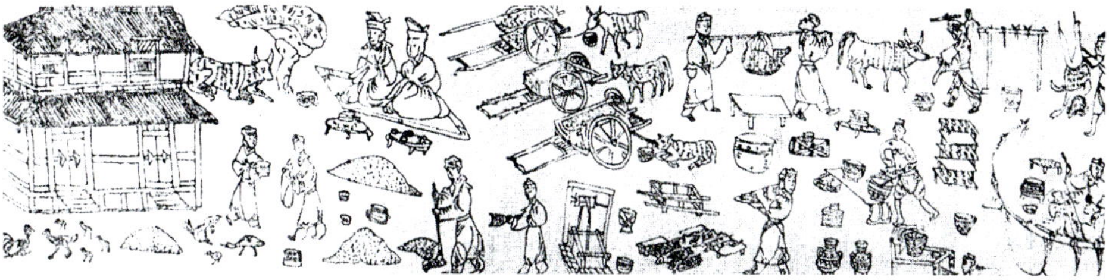

古代农业运输工具·大车（山东省沂南县北寨村画像石拓片，采自夏亨廉、林正同主编《汉代农业画像砖石》，中国农业出版社 1996 年版，第 45 页）

山东古代农业运输工具·大车（拍摄于郓城）

山东古代农业运输工具·独轮车（拍摄于郓城）

山东南部水田农具·拔车（拍摄于临沂市中学生教育基地）

山东南部水田农具·水田轮（拍摄于临沂市中学生教育基地）

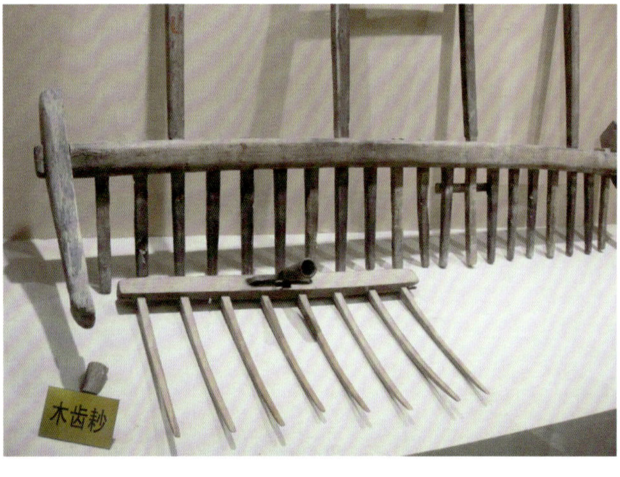

山东南部水田农具·耖（拍摄于临沂市中学生教育基地）

铁匠打制农具文化雕塑（拍摄于兰陵）

本书作者在费县周家庄使用传统农具松土

山东农村集市上售卖的传统农具

汉代三齿铁耙（五莲县博物馆藏）

现在还在使用的三齿耙（拍摄于五莲县松柏集）

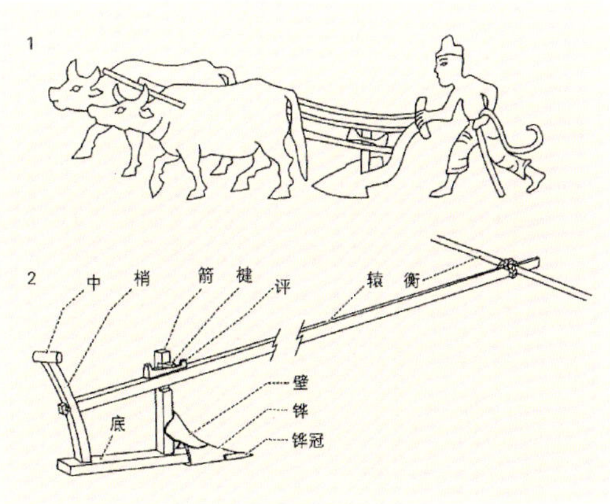

汉代的犁
1. 犁耕图（山东枣庄出土东汉画像石）
2. 汉代长辕犁复原图
（图片采自孙机《中国古代物质文化》，中华书局 2014 年版，第 9 页）

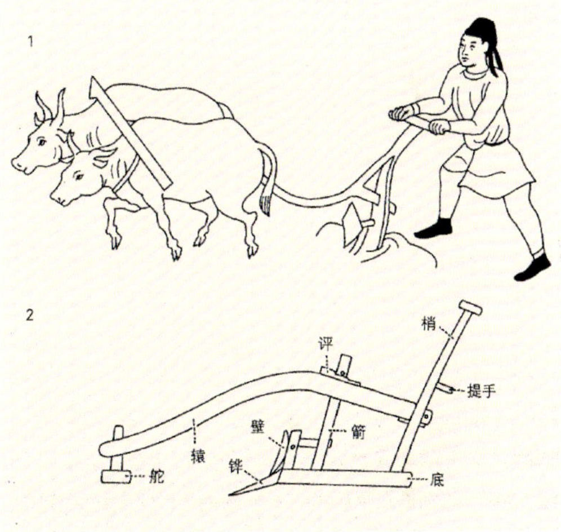

唐代的犁
1. 犁耕图（陕西三原唐·李寿墓壁画）
2. 曲辕犁，据《耒耜经》复原
（图片采自孙机《中国古代物质文化》，中华书局 2014 年版，第 9 页）

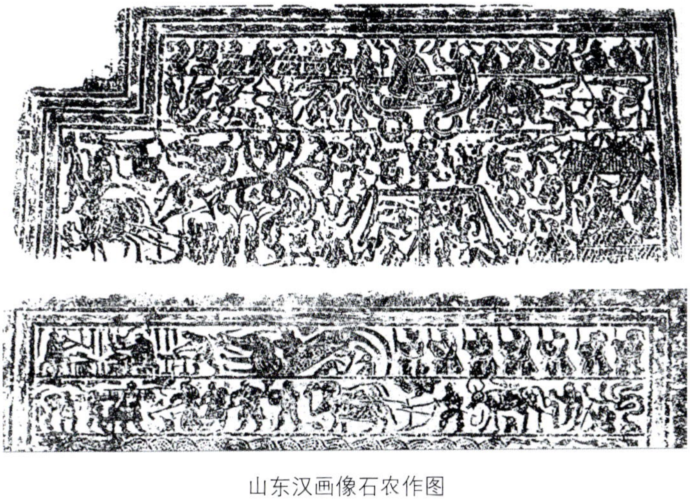

山东汉画像石农作图

楼的使用文化雕塑（拍摄于兰陵）

传统农具双脚楼、粮囤及芦席茓子

农民用传统方法制作的老咸菜和面酱（拍摄于兰陵）

石磨制作食物（拍摄于兰陵沂蒙老街）

石磨制作食物（拍摄于兰陵沂蒙老街）

济南千佛山重阳山会上农民售卖的干鲜果品

本书作者与条编艺人（拍摄于济南千佛山路与经十路路口）

农家副业之条编产品（拍摄于兰陵）

农家副业之纺织（拍摄于郓城）

《山东地方史文库》总序

山东是中华文明的发祥地之一。根据考古发现，四五十万年前，我们的祖先就在今山东沂源一带劳动、生息、繁衍，过着原始社会的生活。在四五千年前的虞舜时代，相当于考古学上的龙山文化后期，山东地区即已进入了人类的文明时代。山东历史悠久，文化灿烂，名人辈出。这里曾产生许多伟大的思想家、政治家、军事家、科学家、发明家、文学家和艺术家，其中最著名的有思想家和教育家孔子，思想家墨子、孟子、庄子、荀子，政治家管仲、晏婴、诸葛亮、房玄龄、刘晏，军事家孙武、吴起、孙膑、戚继光，科学家和发明家扁鹊、鲁班、氾胜之、贾思勰、燕肃、王祯，文学家和艺术家王羲之、刘勰、颜真卿、李清照、辛弃疾、蒲松龄、孔尚任，以及中国共产党山东党组织的创始人王尽美、邓恩铭等，其余多如璀璨明星，不可胜数。这些先贤们的思想和业绩都已载入史册，成为中华优秀传统文化的一个重要组成部分，时至今日，仍具有广泛而深远的影响。

山东的历史，是一部丰富多彩的历史，是一部灿烂辉煌的历史。山东人民在历史上所创造的物质文明和精神文明值得后人去发掘、探讨、借鉴和发扬光大。自20世纪80年代以来，在中共山东省委、山东省政府的大力支持下，省内从事社会科学研究的专家学者在山东地方史的研究方面做了许多卓有成效的工作，编写出版了包括《山东通史》在内的一批研究地方史的著作，为后人探讨和研究山东历史奠定了很好的基础。

《山东通史》从纵的方面记述山东自远古至近现代的历史发展进程，包括山东社会形态的变化、重大历史事件、重要典章制度和重要历史人物的传记;《山东地方史文库》专史系列则是从横的方面研究山东历代政治、经济、军事、文化、教育、科技、社会风俗、中外交往等方方面面的历史。采取这样纵横交错、互为补充的研究方法,可以让人们更加全面和系统地了解和认识山东历史,更能领悟到我们的先人所创造的博大精深的思想、灿烂辉煌的文化以及多姿多彩的社会生活,也可以从中总结和吸取先辈们给我们留下的宝贵而丰富的经验教训。毛泽东同志曾说过:“历史的经验值得注意。”邓小平同志也说:“历史上成功的经验是宝贵财富,错误的经验、失败的经验也是宝贵财富。”邓小平同志还有一句名言:“总结历史是为了开辟未来。”研究和学习山东的历史,可以使我们更加深入认识山东的昨天,更好地把握今天,从而创造出更加美好的明天。

盛世修史,是我国的一个优良传统。多年来,中共山东省委、山东省政府在党中央领导下,以毛泽东思想、邓小平理论、“三个代表”重要思想、科学发展观以及习近平新时代中国特色社会主义思想为指导,带领山东人民沿着中国特色社会主义道路奋勇前进,无论是在发展经济还是提高人民群众的生活水平上,都取得了突出的成就,进入了山东历史上发展较快的又一个历史时期。《山东地方史文库》(第三辑)的编写出版,不仅继承和弘扬了山东悠久而丰厚的历史文化,而且有助于我们吸取前人的经验和智慧,为社会主义和谐社会建设提供有益的历史借鉴。

编写《山东地方史文库》(以下简称《文库》)的动议酝酿于2006年3月,当时担任省长的我意识到自己有义不容辞的责任。这个想法得到了山东师范大学以及省内从事山东地方史研究的专家教授的热烈响应和支持,尤其是安作璋教授,不顾年事已高,担任《文库》学术顾问,尽心竭力做了大量的组织工作、领导工作,山东师范大学的领导同志以及山东地方史研究所为此《文库》的编纂作出了很大贡献。作为主编,我感谢来自省内有关高等学校、科研院所的各位主编、作者和出版社的编辑同志为编写出版这一套高质量、高品位的《山东地方史文库》付出的辛勤劳动,感谢省党史委、史志办等有关部门领导的大力支持和帮助。《文库》的编写出版，仅是一个良好的开端，希望同志们在此基础上总结经验，再接再厉，为今后编写好出版好《文库》中的其他各类专史继续努力。

是为序。

韩寓群

2018 年 5 月

序

山东自古号称“文明礼仪之邦”，历史悠久，文化灿烂。在这块雄踞陆海、美丽而富饶的大地上，曾涌现许多伟大的思想家、科学家、发明家、政治家、军事家、文学家和艺术家。他们以博大精深的思想和智慧，与广大劳动人民共同创造了大量造福于人类的精神财富和物质财富，推动了生产力的发展和社会的进步，从而构成了山东历史丰厚而富有特色的内容，谱写了山东历史绚丽多彩的篇章。

本次编写出版的《山东地方史文库》专史系列，包括《山东工业史》《山东农业史》《山东商贸史》《山东交通史》《山东海防史》《山东艺术史》《山东宗教史》《山东慈善史》《山东盐业史》《山东天算史》10 部著作，较全面地研究和反映了山东古代至中华人民共和国成立前工业、农业、商贸、交通、海防、艺术、宗教、慈善、盐业、天算等领域发展变化的历程。《山东地方史文库》专史系列和已出版的《山东通史》一样，在编写思路和结构上都采取纵横相结合的方法。不同的是，《山东通史》以纵带横，纵中有横；《山东地方史文库》专史系列则是以横带纵，横中有纵。如果说《山东通史》是从纵的方面系统地探讨山东历史各个领域的发展演变，那么《山东地方史文库》专史系列则是从横的方面对山东历史不同领域进行重点的研究。也可以说，《山东地方史文库》专史系列是对《山东通史》中一些重要领域的细化和补充，这两个系列的著作交相辉映、相得益彰，比较系统而全面地体现了山东大地丰富的历史及厚重的文化积淀。

《山东地方史文库》专史系列各卷的作者，大都是山东省高校和科研机构中多年从事有关领域研究的教授、研究员等专家学者，他们在山东历史的研究方面均有较高的理论水平、丰富的资料积累和写作经验，因此其撰写的书稿都体现出比较高的研究水平。各卷作者在撰稿中都注意吸收当今学术界最新研究成果，并在此基础上力求有所创新；对有争议的问题则采取了比较客观的立场和实事求是的态度。10部专史大都具有资料翔实、内容丰富、思路清晰、系统条理、文字流畅、深入浅出等优点，另附有与文中内容相关的多种图表，以便于读者更好地阅读和理解。

近年来，山东学者对于山东历史的研究取得了长足进步，推出了《山东通史》《齐鲁文化通史》《济南通史》《齐鲁历史文化丛书》《山东革命文化丛书》《山东当代文化丛书》《齐鲁诸子名家志》《山左名贤遗书》《齐鲁文化经典文库》《山东文献集成》等多部大型系列著作（省直各部门、各地市县的研究成果尚未包括在内），表明山东地方史的研究已走在全国各省地方史研究的前列，对于研究山东、宣传山东、存史求真、资政育人起到了重要作用。本次《山东地方史文库》中10部专史的出版，对山东地方史研究来说，无论从深度还是广度上看，都有新的开拓，也是山东省文化建设工程的又一项重大成果，对于推进山东经济建设、政治建设、文化建设、社会建设、生态文明建设，都具有重要的理论价值和现实意义。

我衷心希望参加编写的作者和出版社的同志们，在老省长、《山东地方史文库》总主编韩寓群同志的领导和山东师范大学校领导的支持下，善始善终地做好《山东地方史文库》专史系列的编写和出版工作，并预祝这项艰巨而光荣的历史任务圆满成功。

安作璋

2018年7月

前　言

“中央之美者，有岱岳以生五谷桑麻，鱼盐出焉。”①地质时代泰沂山系的隆起，使东岳泰山成为黄淮平原上独有的地理标志，同时也营造了今山东地域“凭负山海”的地理空间。这样的地理空间决定了人们最初的生计策略，人们在广阔的平原、丘陵地带从事农桑、林果生产，在山、海地区进行鱼盐、铜铁矿产资源开发，从而构建了这一地域社会生产的初始格局。

一

根据孢粉分析，洪荒之初，山东地域呈现为密林草原景观。有的研究者估算，当时山东的森林覆盖率达46%②。因此，在原始农业早期阶段，山东地域的人们可资利用的动植物资源相当丰富，采集、渔猎成为当时人们日常生活的主要内容。在原始农业产生以后，丰富的自然资源还是先民们的重要经济来源。

山东地域的原始农业经过后李文化时期、北辛文化时期、大汶口文化时期、龙山文化时期、岳石文化时期五个阶段的持续发展，奠定了此后山东农业种植业生产的基本格局。在大汶口文化晚期，山东地区出现了稻作农业；到了“龙山文化时期，农业经济结构产生了很大变化，最突出的一点就是稻作农耕扩散到了包括鲁北和胶东半岛在内的整个海岱地区，从而成为当时农业经济的一个重要组成部分”③。自从水稻成为山东地域农业经济的有

---

① 何宁撰：《淮南子集释》卷四，中华书局1998年版，第337页。

② 凌大燮：《我国森林资源的变迁》，《中国农史》1983年第2期。

③ 栾丰实、〔日〕宫本一夫主编：《海岱地区早期农业和人类学研究》，科学出版社2008年版，第52页。

机构成成分以来，直到近代，在水源丰富的地方都是种植水稻。

在岳石文化时期，中国历史的车轮已进入夏商时期。此时山东的原住民东夷人正经历着他们的部落方国时代，现已知当时共有古国151个、氏181家。[①] 为了争夺生存资源，各方国间战争不断。随着以农兴国的周族的崛起，周武王灭商。周人本身的势力虽能翦灭商王朝，但还不足以臣服当时所有的方国，故只能采取“邦联”式的统治，实行分封制，“故封建亲戚，以藩屏周”[②]。今山东地域当时最大的两个封国是齐、鲁两国。齐、鲁封国后，齐国姜太公吕尚修政“因其俗，简其礼”，将周人制度与东夷习俗结合起来，创立了齐地综合的“三宝”经济。他在对文王阐述他的经济主张时曾说：“大农、大工、大商，谓之三宝。农一其乡，则谷足；工一其乡，则器足；商一其乡，则货足。三宝各安其处，民乃不虑。无乱其乡，无乱其族。臣无富于君，都无大于国。六守长，则君昌。三宝全，则国安。”[③]“大农”，不仅是强调农业之意，还应作“综合农业”解，即建立农、林、牧、副、渔综合一体的大农业系统。鲁国封国后，周公旦之子伯禽就国，在鲁“变其俗，革其礼”，将周人的制度强力推行于鲁国，鲁国的“藉田制”，其实就是周人的“井田制”。通过大分封，周在关中地区发展起来的较为先进的制度文化、经济文化随之扩散到封国地区。“齐鲁封国之后，姬姓周人把向以农业发达而著称的周族农业生产技术带到山东来，鲁、滕等姬姓国又都封在土质肥沃的平原地区，更促进了该地农业生产的发展。”[④]

随着西周分封制与世袭制的推行，西周王室直接控制的力量逐渐变弱，诸侯坐大，历史进入春秋时期。春秋时期，以齐、鲁两国为代表的山东地域的农业生产获得了迅速发展，主要表现在以下五个方面：一是铁质生产工具投入使用；二是畜力应用于农业领域，以牛耕、马耕为代表；三是“深耕、均种、疾耰、速耨”的传统耕作技术初步形成；四是农田水利设施的兴修及管理；五是农、林、牧、副、渔五业形成一体。由于铁制农具的使用，大量的生荒地被开垦成为耕地，这些新耕地即成为公田之外的私有耕地，致使“民不肯尽力于公田”。齐、鲁两国只得进行生产关系的调整。齐国在管仲的主持

---

① 逄振镐：《山东古国与姓氏》，山东人民出版社2006年版，第764页。

② ［清］阮元校刻：《十三经注疏・春秋左传正义》，中华书局影印1980年版，第1817页。

③ 曹胜高、安娜译注：《六韬・鬼谷子》，中华书局2007年版，第25—26页。

④ 陈冬生、王赛时主编：《山东经济史》古代卷，济南出版社1998年版，第83页。

下,推行“相地而衰征”,即承认土地私有,赋税按土地肥瘠和产量多少确定亩税,这提高了农业生产者的积极性,极大地促进了农业生产的发展。管仲的措施,不仅在于提倡以农业为主,还在于培育商品经济繁荣的环境,以促进“本事”即农业、手工业的发展。与齐国类似,鲁国也实行了按亩征税的“初税亩”。

到了战国时期,铁制农具的使用更加普遍。《管子·轻重乙》云“一农之事,必有一耜、一铫、一镰、一鎒、一椎、一铚,然后成为农”①,表明当时农家工具已普遍是铁制。考古资料证明,山东的铁制农具种类多样。1958 年,在齐国故城发掘铁器 18 件,有铁锛、铁斧、铁镬、铁锄、铁凿、铁铲、铁犁、铁镰、铁锯等,其中的铁镬,有长条形,也有筒式三齿形。② 齿形农具是刀形农具的演化,比长条刀形农具更省力。后世利用率相当高的农具铁搭,就是三齿或四齿的农具,俗称钉耙。山东齐故城出土的铁农具,证明当时山东农业生产工具的种类齐全,形制已多样化。随着锄、犁工具的进步与使用,“深耕易耨”③已成为当时全民共识,上述的铁制农具也能很方便地实现这一技术思想。最为关键的是,齐国修筑完成了山东黄河大堤,保障了农业的持续发展。精耕细作与农业生产关系的调整,推动了农业的大发展,“战国时代的粮食亩产量已逐步达到每周亩二大石的水平”④。研究表明,齐国的粮食亩产量在战国前期达到了 1.56 石,战国中、后期平均亩产量达到了 2 石,换算成今制约为 94 斤。⑤

秦汉时期,山东地域的大农生产已初显规模。《史记》云:“淮北、常山已南,河济之间千树萩;陈、夏千亩漆;齐、鲁千亩桑麻,”“沂、泗水以北,宜五谷桑麻六畜”。⑥ 秦汉时期,山东地域粮食农作物的生产布局仍然保持着先秦时期的基本格局,水稻生产主要分布于沂、泗水以北的鲁东南、鲁南地区。东汉章帝建初元年(76),秦彭任山阳郡(今山东省巨野县一带)太守时,组织郡民“兴起稻田数千顷”⑦。最值得关注的是,汉代山东地域形成了经济

---

① 黎翔凤撰,梁运华整理:《管子校注》卷二十四,中华书局 2004 年版,第 1448 页。
② 山东省文物管理处:《山东临淄齐故城试掘简报》,《考古》1961 年第 6 期。
③ [清]阮元校刻:《十三经注疏·孟子注疏》,中华书局 1980 年版,第 2667 页。
④ 李根蟠:《从银雀山竹书〈田法〉看战国亩产和生产率》,《中国史研究》1999 年第 4 期。
⑤ 吴存浩:《中国农业史》,警官教育出版社 1996 年版,第 287 页。
⑥ [西汉]司马迁:《史记》卷一百二十九,中华书局 1959 年版,第 3272 页。
⑦ [南朝宋]范晔:《后汉书》卷七十六,中华书局 1965 年版,第 2467 页。

作物比如千树萩、千亩桑麻规模化、区域化的生产。在千树萩、千亩桑麻的背后，是农家的采集、手工业的家具制造、船舶制造、乐器制作、染织等后向产业的兴旺。至于山东农家的基本生产规模，西汉的龚遂和东汉的童恢给山东小农设计的庭院经济规模也只是"口种一树榆、百本薤、五十本葱、一畦韭，家二母彘、五鸡"①。

魏晋南北朝时期山东农业耕作技术的重大进步，表现为旱地耕作流程的基本定型。在贾思勰的时代，土地翻耕完后，"铁齿鳎楱再遍杷之"②。至此，耕地、整地使用犁、耙、摩耢等工具，实行"耕、耙、耱、耢"的系列操作工序，这一工序体系意味着传统旱作耕整技术体系基本成熟。与氾胜之时的"耕—摩—蔺"技术体系仅能摩压表层土壤相比，"耕、耙、耱、耢"体系的土壤保墒抗旱能力已大为提高。这一时期山东农作物的生产分布格局变化不大，水稻生产仍然主要分布在鲁东南与鲁南地区，并在鲁北地区有所扩展，如北魏宣武帝时，青州北海剧县（今山东昌乐西）人高聪依附宠臣茹皓，"启请青州镇下治中公廨，以为私宅；又乞水田数十顷，皆被遂许"③。这一时期山东农业经济发展的最大特色是庄园经济的多种经营，房玄龄的叔祖——北齐博陵君房豹修建的济南房家园即是当时山东庄园经济的一个代表。房豹自豪地称，"昔季伦金谷山泉，何必踰此"④，自诩房家园超过了西晋巨富石崇的金谷园。汉以来，以庄园生产为基础兼营工商业是中古时期的普遍现象，而尤以石崇为最，所谓"石崇百道营生，积财如山"⑤，金谷园为其治生代表之一。石崇的金谷园"有别庐在河南县界金谷涧中，去城十里，或高或下，有清泉茂林，众果、竹、柏、药草之属，……莫不毕备。又有水碓、鱼池、土窟，其为娱目欢心之物备矣"⑥。金谷园集经济林木种植、畜禽养殖、粮食加工、休闲娱乐等多种经营于一体。房豹既自诩房家园超过了石崇的金谷园，则上述各种经营自当有之。

---

① ［东汉］班固：《汉书》卷八十九，中华书局 1962 年版，第 3640 页。石声汉校注：《农桑辑要校注》，中华书局 2014 年版，第 10 页。

② ［北魏］贾思勰原著，缪启愉校释：《齐民要术校释》第二版，中国农业出版社 1998 年版，第 37 页。

③ ［北齐］魏收：《魏书》卷六十八，中华书局 1974 年版，第 1522 页。

④ ［唐］段成式撰，方南生点校：《酉阳杂俎》卷十二，中华书局 1981 年版，第 114 页。

⑤ ［东晋］王隐：《晋书》，载《续修四库全书》第 1210 册，上海古籍出版社 1995 年版，第 194 页。

⑥ ［清］严可均辑：《全上古三代秦汉三国六朝文·全晋文》卷三十三，上海古籍出版社 2009 年版，第 228 页。

隋唐五代时期,山东地域的农业经营相当发达,据敦煌文献 P. 3723 所录山东土产礼品清单及史籍所记贡品记录,可推测出唐五代山东地域十八类农副产业经营的脉络。在这一时期,贾思勰在《齐民要术》中所记诸种富家要术及其经营指导思想业已深入人心,山东尤其明显,遂有齐地有心之人将运用贾氏各项要术的心得撰为《杂说》一篇,附置于《齐民要术》的卷首,合贾氏本人所撰《杂说》货殖之道而使其发扬光大①。齐人的经营之道包括农作物的前后茬安排、营田少而精的指导思想、调节生产关系"悦以使人"、勤加货殖经营等多个方面,实是贾思勰富民思想及实现措施的高度浓缩,可视为《齐民要术》的简本与总纲。齐人撰者在实际经营中特别注意到要主动调节好生产关系,务使农业经营步入良性运转轨道,实是山东地域农业经营的思想精髓。山东地域的各种农业生产尤其是经济作物的种植形成一系列产业链,即是上述经营思想实践的具体表现。隋唐五代时期山东地域农业上的显著变化主要是地主大庄园的产业化经营,唐元和年间(806—820)清河武城人崔群"夫人李氏因暇,尝劝树庄田,以为子孙之业"。这种情况到五代时依然如此,五代后周时王琏回归家乡密州(今山东诸城),"厚自封植,僮奴数百指,奔走供事,树桑垦土,衣食以丰,马牛豚羊,蕃息蔽野。槌鲜酿黍以享宾客,聚书讲学以教子弟"②。从经营形态上看,唐代山东庄园已出现了部分城居庄园主,而庄田则委托他人经营。兖州人王鉴"开元中,乘醉往庄,去郭三十里。鉴不涉此路,已五六年矣"③,王鉴五六年都没有到过离自己只有三十里路远的负郭庄园,显然庄田已不是自己打理而是委托经营。总的看来,以农桑生产为根本、以货殖为目标是唐代山东庄园经济的主要特点,货殖已成为山东庄园经济的有机成分,庄园是一个农商结合的经济体。

进入宋代,山东地域归于京东路管辖。自汉代以来,"天下膏腴地莫盛于齐者矣"④。至宋代,山东仍可称膏腴地,史称"京东土地沃饶"⑤,山东"膏

---

① 《齐民要术》卷首《杂说》为唐代人的作品,已为学界所公认。详见[北魏]贾思勰原著,缪启愉校释:《齐民要术校释》第二版,中国农业出版社 1998 年版,第 22—23 页。

② [北宋]王禹偁:《小畜集》卷二十九,载《景印文渊阁四库全书》第 1086 册,台湾商务印书馆影印 1985 年版,第 294 页。

③ [北宋]李昉等编:《太平广记》卷三百三十,中华书局 1961 年版,第 2622 页。

④ [西汉]司马迁:《史记》卷六十,中华书局 1959 年版,第 2115 页。

⑤ [清]徐松辑:《宋会要辑稿》兵五之七,中华书局 1957 年版,第 6843 页。

腴之地，财赋所出”[①]。在宋代，山东的确可以称得上膏腴地，即使盐碱地也得到了充分利用，在政府的组织下，利用黄河水淤田，“累岁淤变，京东、西碱卤之地，尽成膏腴，为利极大”[②]。尽管土地膏腴，农民仍然特别重视用肥，山东农谚云：“用粪如用药，粪田如买田，惜粪如惜金。”但山东膏腴地的情形在宋金元时期开始了向瘠薄转化的量变过程，其主要原因是森林过度使用及黄河、运河泛滥导致的盐碱化和沙化，其恶化的严重后果在元代还没有完全表现出来，要到明代中期时才深刻地显露，山东遂由膏腴之地变为瘠薄之乡。明嘉靖时修地方志，山东各地区都在感叹“今不古若”[③]。宋代时山东农作物分布的基本格局仍如前朝，只不过在宋政府的政策引导下，山东水稻的种植面积有进一步扩展。淳化年间，诏令江北诸州“就水广种粳稻”，因此鲁北博、棣、德、滨等州兴种水稻，获得成功。北方水稻种植对水利设施的依赖程度极高，随着水利设施的兴废，水稻种植面积也就不时盈缩。金元时期，山东地域最有特色的农业种植业是茶树种植。唐末《四时纂要》中记载有黄河中下游地区植茶的技术，只说山中带坡峻地最适宜种茶树，而未详说种于何地。山东引种茶树，至金代时，鲁中、鲁东丘陵一带各地“茶树随山皆有”[④]。在金章宗时，金政府亦曾于淄、密、宁海三州各置茶坊造茶。

明清时期山东地域农业生产工具、耕作技术的进步不甚明显，粮食作物的生产布局在前代的基础上有了新的变化，其变化有三：一是旱地麦作生产扩大，麦收后种豆，以麦作为中心的二年三熟制耕作制度在山东普遍实行。二是随着各地水利设施的修建，水稻种植遍及山东六府有水利之地。三是引入了新的粮食作物品种——玉米、番薯、马铃薯。玉米、番薯在山东的规模性种植是在清朝乾隆时期以后；马铃薯的引种更晚，当在清末以后，因其味淡，当时种植范围并不大。玉米、番薯“易于成熟，亦不大需粪力”，在引入初期，产量也高，为缓解当时因人口增长、经济作物扩大种植等因素所带来的粮食不足产生了一定的积极作用。但更重要的是，玉米等作物的生物属性比较适合于高山种植，使得它们成为新垦岭地的首选作物，“岭地，本属荒

---

① [南宋]李心传：《建炎以来系年要录》卷一百一十，商务印书馆1936年版，第1784页。

② [清]徐松辑：《宋会要辑稿·食货》七之三十，中华书局1957年版，第4920页。

③ 嘉靖《青州府志》序，载《天一阁藏明代方志选刊》第56册，上海古籍书店影印1965年版，第3页。

④ [元]脱脱等：《金史》卷九十九，中华书局1975年版，第2191页。

山,不宜五谷","只宜种包谷"。[①] 随着这两种作物的普遍栽种,山东丘陵地带的自然景观、生产景观遂由此前的"桑麻蔽山"渐渐易为"包谷蔽山",山区经济的多样性慢慢消失,短期的粮食大收益消解了山区多元发展的长期利益,山区地域经济的发展陷入了结构性贫困的泥潭,而且这种情形不独山东如此。自明代开始,山东农家开始大规模地种植棉花,逐渐形成了鲁西北、鲁西南、鲁北平原等三大商品棉产区。棉花在山东的规模性种植,产生了技术替代的社会影响。棉花的纤维短,其纺织技术与此前的桑麻纺织技术完全不同,应用于桑麻的纺织技术不能直接迁移于棉纺行业,所以棉花在山东的推广,意味着山东农民必须放弃以前所熟稔的桑麻技术,其影响是相当深远的。名传千年的"齐纨""鲁缟"渐渐在人们的视野中消失,同时消失的还有"齐鲁千亩桑亩"的生产景观,漫山遍野的桑树从人们的视线中消失,与桑树相伴的巨大生态效益也随之消失,而棉花并不具备等同于桑树林的生态效益。

清代山东地域还引入了另外两种影响比较大的经济作物:一是花生,二是烟草。花生不争肥,性喜沙地,故以前不宜五谷生长的瘠薄沙地,在引入花生后反被视为"膏沃之地",利润甚高,以致连穷乡僻壤都因种植花生而变得较为富裕。花生的引种起到了良好的社会效果,烟草的引入却正好相反。烟草自清初传入山东,据调查统计,每亩地种烟的收入比种粮的 4 倍、植桑的 2 倍还多。受利益驱使,山东的烟草种植面积遂不断扩大,清末全省已有 56 州县种有烟草,占全省州县总数的半数以上。[②] 烟草之外,山东还种植罂粟,清末时二者合计种植面积应在 120 万亩以上,相当于全省棉花种植面积的近 1/2,相当于花生种植面积的 2/3。[③] 罂粟属致瘾毒品。烟草初吸时有一定的御寒、驱虫、醒神的功效,但过量吸食后易致上瘾产生身体依赖,对吸食者本人及周围人群的身体造成较大伤害。由于种烟需高强度劳力和高肥力,烟农宁愿放弃其他农活也要优先照顾烟草以保证烟利,"大约膏腴尽为烟所占,而五谷反皆瘠土"[④]。粮食生产等多种行业皆受到妨碍,烟草业亦

---

① 吴树声:《沂水桑麻话》,咸丰四年(1854)刊本,标点本见《山东史志丛刊》1991 年第 4 期。

② 李令福:《明清山东农业地理》,台北五南图书出版公司 2000 年版,第 343 页。

③ 李令福:《明清山东农业地理》,台北五南图书出版公司 2000 年版,第 349—350 页。

④ 道光《济宁直隶州志》卷三,载《中国地方志集成·山东府县志辑》第 76 册,凤凰出版社等 2004 年版,第 133 页。

属收一时之利而消解全体利益的行业,对社会的影响相当恶劣。总之,明清时期山东农业因新作物品种的引入,农业生产格局发生较大的变化,既促进了地区经济的繁荣与商品经济的发展,又带来了一些不利的动向,如山区经济日渐结构性贫困等。这一时期新作物的引入是一柄利弊共存的双刃剑。

1840 年以后,中国的国门被迫洞开,中国的农业发展有了一个全新的参照体系,古代仅引入外域作物品种以完善传统农业自身的发展模式无法存续。在新的参照系下,山东农业所引入的不单纯是作物品种,还有技术设备及相应的农业制度体系,山东农业的发展逐渐走向现代化,这是近代山东农业最明显的变化,其主要表现为以下几个方面:一是成立了专门的农政发展机构;二是成立农业学堂;三是设立了农林试验机构,负责技术推广和作物品种的引进;四是引进农作物优良品种,推广新种植技术与农业工具。受制于旧中国农业、工业的整体发展水平,尽管近代山东农业从多个方面开启了走向现代化发展的进程,但这个进程推进极为缓慢,到新中国成立前夕,传统耕作方式仍是农业生产的主体,保持着传统的风貌。与此同时,近代新农学知识通过各种方式进行普及,掌握近代农业知识的新一代群体在逐渐成长。

二

关于山东农业史这一课题,学界目前已有比较丰富的研究成果,限于篇幅,只能择其要者综述之,以观其大概。

传世文献关于商周以前山东农业生产的记载相当少,目前只能依靠考古研究的成果得知商周以前山东农业生产的大致情况。通过孢粉分析和动物遗骸鉴定,靳桂云、何德亮、卞学昌、宋艳波等人确定了先秦时期山东地域气候的暖湿变化状况以及针阔叶混交密林草原的自然生态环境[①],从中我们了解到当时山东先民们的生活环境以及可资利用的动植物种类,先民们在水边草地和树林间捕获各种动物和果实,以弥补生活食物之不足[②]。栾丰

---

① 靳桂云、王传明:《海岱地区新石器时代气候与环境》,《古地理学报》2010 年第 3 期;何德亮、毛晓平:《山东新石器时代的自然环境》,《南方文物》2003 年第 4 期;山东省文物考古研究所编:《山东 20 世纪的考古发现与研究》,科学出版社 2005 年版;卞学昌:《山东省全新世古气候变化序列及其与史前文化发展阶段的相关研究》,山东师范大学 2004 年硕士学位论文;宋艳波:《海岱地区新石器时代的动物考古学研究》,山东大学 2012 年博士学位论文。

② 何德亮、毛晓平:《山东新石器时代的自然环境》,《南方文物》2003 年第 4 期。

实、靳桂云、吴文婉、陈雪香、聂政、王海玉等人利用考古资料，研究了海岱地区西周以前的农业生产工具种类及其特点、农作物的种类及生产分布格局等问题，指出了西周以前山东地域的农作物为稻、麦、黍、粟、菽等五谷品种。[①]“龙山文化时期，农业经济结构产生了很大变化，最突出的一点就是稻作农耕扩散到了包括鲁北和胶东半岛在内的整个海岱地区，从而成为当时农业经济的一个重要组成部分。”[②]由此可知，在龙山文化时期，先民已经奠定了山东地域农业生产的基本格局。

通过对植物遗存的考古分析，商周时期山东地域的六种主要农作物是粟、黍、稻、小麦、大豆和大麻。[③] 山东地域的石器种类齐全，钱益汇复原了山东地域石器生产中的石料挑选、针对性的制作以及运输等诸多环节，发现当时已有专门的石器制作工场。[④] 山东出土了不少青铜器，这些青铜器中，认定有刀、镰、犁等生产工具，亦有研究者认为这些农具并非实用器，而是祭天祈天的礼器。在中国，高度发达的古代青铜冶铸业及其产品几乎完全服务于“国之大事，在祀与戎”，并未给基础性的农业生产领域带来明显的变革，

---

① 栾丰实、〔日〕宫本一夫主编:《海岱地区早期农业和人类学研究》，科学出版社 2008 年版；高广仁、邵望平:《海岱文化与齐鲁文明》，江苏教育出版社 2005 年版；栾丰实:《东夷考古》，山东大学出版社 1996 年版；栾丰实:《大汶口文化》，山东文艺出版社 2004 年版；张学海:《龙山文化》，文物出版社 2006 年版；方辉:《岳石文化》，山东文艺出版社 2004 年版；靳桂云:《后李文化生业经济初步研究》，载山东大学东方考古研究中心编《东方考古》第 9 集，科学出版社 2012 年版；陈雪香:《岳石文化农业初探》，载山东大学东方考古研究中心编《东方考古》第 9 集，科学出版社 2012 年版；靳桂云:《龙山文化居民食物结构研究》，《文史哲》2013 年第 2 期；张雪莲:《碳十三和氮十五分析与古代人类食物结构研究及其新进展》，《考古》2006 年第 7 期；李光雨:《北辛文化中的渔猎工具》，《农业考古》1996 年第 3 期；吴文婉等:《海岱地区后李文化的植物利用和栽培：来自济南张马屯遗址的证据》，《中国农史》2015 年第 2 期；陈雪香:《海岱地区新石器时代晚期至青铜时代农业稳定性考察——植物考古学个案分析》，山东大学 2007 年博士学位论文；王海玉:《北阡遗址史前生业经济的植物考古学研究》，山东大学 2012 年硕士学位论文；聂政:《胶东半岛大汶口文化早期的聚落与生业》，山东大学 2013 年博士学位论文。

② 栾丰实、〔日〕宫本一夫主编:《海岱地区早期农业和人类学研究》，科学出版社 2008 年版，第 52 页。

③ 陈雪香:《海岱地区新石器时代晚期至青铜时代农业稳定性考察——植物考古学个案分析》，山东大学 2007 年博士学位论文；中国社会科学院考古研究所编:《滕州前掌大墓地》，文物出版社 2005 年版；张雪莲等:《山东滕州市前掌大墓地出土人骨的碳、氮稳定同位素分析》，《考古》2012 年第 9 期；王传明:《山东高青陈庄遗址炭化植物遗存分析》，山东大学 2010 年硕士学位论文；赵敏:《山东省即墨北阡遗址炭化植物遗存研究》，山东大学 2009 年硕士学位论文。

④ 吴诗池:《综述山东出土的农业生产工具》，《农业考古》1990 年第 1 期；钱益汇:《济南大辛庄遗址出土商代石器的生产与使用研究》，山东大学 2005 年博士学位论文。

农业生产工具仍旧停留在石器时代的水平上，基层族众并未因此而受益。[①]

春秋战国时期，山东地域齐、鲁两国的历史已有了文献记载。由于齐国的记载较为详细，齐国农业史的研究稍显充分一些。陈冬生讨论了春秋战国时期齐国在生产工具、耕作技术、种植养殖、农学理论等方面所取得的成就。[②] 李秋芳的硕士学位论文在陈冬生研究的基础上对齐国的生产工具、耕作技术、农田水利进行了探讨，主要贡献在于对《管子》大农业观的讨论[③]，然而"桓管改革"中的大农业观只是齐太公"大农、大工、大商"三宝经济政策的具体落实。齐、鲁两国土地制度的改革是山东经济史、土地制度史必加讨论的内容，此处不必细说。葛蓬天讨论了水稻是春秋时鲁国种植比较普遍的一种重要农作物。[④] 杨朝明简略讨论了鲁国的重农传统及麦、禾种植与畜牧渔业的一般状况。[⑤]

关于秦汉时期山东地域农业生产的一般情形，张泽咸有概括性的介绍。[⑥] 依据山东地域考古所发现的农业资料，房道国、刘会先在农业生产工具、水利设施、农作物、家畜家禽、加工及储藏等方面进行了综合的介绍，对相关生产问题进行了研究，认为汉代山东地域的农业十分发达，在全国处于领先的地位。[⑦] 杨蕊的硕士学位论文《两汉山东农业地理》述论两汉山东耕地垦殖及农业生产技术、农作物分布情况，限于资料收集未全，其结论仅限于一般参考，其有价值的成果是参考相关著作、原始文献制作了两汉时期山东地域人口分布密度表。[⑧]

魏晋南北朝时期山东地域有关农业的考古资料目前仅见一例，即牟平出土的十六国时期的铁器，这其中既有铸造的铁犁，也有锻打的斧、凿、刀、

---

① 曹艳芳:《山东出土商代青铜器研究》,山东大学 2006 年博士学位论文;何洪源、李晶:《济南市发现的青铜犁铧再探》,《农业考古》2001 年第 3 期;高广仁、邵望平:《海岱文化与齐鲁文明》,江苏教育出版社 2005 年版。

② 陈冬生:《春秋战国时期齐国农业文化述要》,《农业考古》1994 年第 1 期。

③ 李秋芳:《春秋战国时期齐国农学成就论略》,《管子学刊》2008 年第 1 期;李秋芳:《春秋战国时期齐国农业科学技术初探》,郑州大学 2002 年硕士学位论文。

④ 葛蓬天:《春秋时期鲁国的水稻种植》,《中国历史地理论丛》1989 年第 2 期。

⑤ 杨朝明:《试论鲁国的重农传统和农业生产》,《中国农史》1990 年第 3 期。

⑥ 参见张泽咸:《汉晋唐时期农业》,中国社会科学出版社 2003 年版,第二章。

⑦ 房道国、刘会先:《山东地区汉代农业考古资料概述》,《农业考古》2006 年第 4 期。

⑧ 杨蕊:《两汉山东农业地理》,西北大学 2007 年硕士学位论文。

削、锯等工具。[①] 这正好与贾思勰所记载的齐人蔚犁等农具相互佐证。由于资料缺乏,张泽咸、赵凯球等关于这一时期山东农业的叙述均寥寥数语[②],尚缺乏这一时期农业生产的专题性研究成果。

关于隋唐五代时期山东地域农业发展的情况,高凤林的《山东通史·隋唐五代卷》列举了部分农田水利建设工程,在农业生产方面仅提到了农作物以谷粟为主,没有展开详细的讨论。[③] 十多年后,《山东通史·隋唐五代卷》增订本、《隋唐山东农业地理》和《隋唐山东农业经济研究》几乎同时展开了隋唐五代时期山东地域农业生产问题的专题研究。[④] 限于《山东通史·隋唐五代卷》增订本不能改动原作、只能适当增补的原因,增订者只是增补了隋唐五代时期山东农业中渔猎、林果生产的情形,简单讨论了山东地域庄园以农桑生产为根本、以货殖经营为目标的多种经营情形。《隋唐山东农业地理》关于气候、土壤的讨论是利用现代数据,关于农作物种植与分布的讨论主要是利用《齐民要术》,未能反映出隋唐时期的山东农业生产情形,其建树在于提供了唐代山东农业贡赋统计表。《隋唐山东农业经济研究》的贡献在于讨论了山东"农业经济的发展及其对工商业的促进",但未能运用敦煌文献对山东物产的有关记载予以分析,以致对山东地域经济作物种植、手工业门类、家庭副业的讨论多有缺失。

张照东就宋元时期山东地域的土地资源的开发利用、水利资源的开发利用、农作物种类、农业生产技术改进等问题做了讨论。[⑤] 济宁汶上梁庄遗址的植物遗存分析表明,梁庄人是以粟、小麦为主要粮食作物,兼有大麦、黍、大豆和豇豆属等粮食,水稻还有少量种植,整体反映的是旱作农作物的特点。此外,发现的枣、菱角和大量甜瓜籽也表明这些梁庄人普遍食用瓜果

---

① 林仙庭、宋协礼:《山东牟平发现十六国时期文物》,《考古》1994 年第 2 期。

② 张泽咸:《汉晋唐时期农业》,中国社会科学出版社 2003 年版;赵凯球、马新:《山东通史·魏晋南北朝卷》,人民出版社 2009 年版。

③ 高凤林:《山东通史·隋唐五代卷》,山东人民出版社 1994 年版;高凤林:《隋唐时期山东经济发展的特点》,《山东师大学报(社会科学版)》1995 年第 6 期。

④ 高凤林原著,鲁统彦等增订:《山东通史·隋唐五代卷》增订本,人民出版社 2009 年版;任显坤:《隋唐山东农业地理》,西北师范大学 2009 年硕士学位论文;李取勉:《隋唐山东农业经济研究》,南京师范大学 2010 年博士学位论文。

⑤ 张照东:《宋元山东区域经济研究》,齐鲁书社 2006 年版,第五章。

类食物。①

明清时期因有大量的方志存世，资料丰富，因此山东地域的农业生产问题研究较其他时期要充分得多，先后有《明清时期山东商品经济的发展》《明清山东农业地理》《明代山东农业开发研究》《清代山东农业发展与民生研究》等论著②出现。许檀讨论了明清时期新作物品种引入后山东地域农业生产结构的调整与经济布局优化的问题，认为明清时期小麦的生产比重大大增加，“小麦、大豆、高粱取代粟谷成为山东主要粮食作物”，“小麦主要是作为商品粮出售的，粜精籴粗是小农提高土地收益的重要手段”③。成淑君根据麦、棉等作物种植面积的扩大，研究了明代农业种植结构的调整问题。明清时期运河复通后，山东地域尤其西部地区的商品流通速度加快，小农扩大小麦种植面积，“粜精籴粗”，与唐代时的“粜精留粗”相比，的确有了很大的变化。明清时期山东农业生产的最大变化应该是棉花介入传统的粮食作物生产序列之中，开始挤占原先豆类、高粱等作物的种植空间，促进了山东地域农业生产结构的调整，“农业商品化的过程一般并不是全盘由粮食转为经济作物，而是渐渐把比重增大的经济作物纳入一个高度复杂和多样化的系统里”④。棉花生产、纺织最终取代了山东农家传统的家蚕养殖与丝纺织手工业。李令福、成淑君、程方讨论了明清时期山东地域土地垦殖的情况，无论是平原还是丘陵山区，垦殖程度都很高。李令福重点论述了农作物的分布及明中后期以后华北平原形成二年三熟耕作制度的问题；许檀也认为明清时期粮食种植结构的变化，使山东种植业实现了从一熟制向二年三熟制的转化。据韩茂莉的研究，华北平原的二年三熟制在宋代已经比较普遍⑤，只是明代更为普遍而已。李、许二人对明代以前粮食种植水平的评估有点偏低，如果是一年一熟制，华北平原南部的河南、山东等地冬小麦或冬豌豆收获后到次年春播之前，有六至七个月的大田空闲时间，坐失地利，这

---

① 参见吴文婉等：《济宁汶上梁庄遗址炭化植物遗存分析》，载山东大学东方考古研究中心编《东方考古》第7集，科学出版社2010年版，第370—378页。

② 许檀：《明清时期山东商品经济的发展》，中国社会科学出版社1998年版；李令福：《明清山东农业地理》，台北五南图书出版公司2000年版；成淑君：《明代山东农业开发研究》，齐鲁书社2006年版；程方：《清代山东农业发展与民生研究》，南开大学2010年博士学位论文。

③ 许檀：《明清时期山东商品经济的发展》，中国社会科学出版社1998年版，第25页。

④ 〔美〕黄宗智：《华北的小农经济与社会变迁》，中华书局2000年版，第114页。

⑤ 参见韩茂莉：《宋代农业地理》，山西古籍出版社1993年版，第八章。

不符合唐代以来山东地域小农、地主勤力经营的思想和行为。许檀对“非土地资源的开发与利用”问题的讨论，程方对“小农多种经营”问题的讨论，都是对农家副业生产状况的研究。他们认为明清时期山东地域的农副产品商品率程度较高，是小农为生存和致富进行的一种因地制宜的经济选择。

关于近代山东农业问题的研究成果较多。唐致卿主要利用农村挨户调查的第一手资料，考察了近代山东农村的乡里制度、土地制度、赋役制度、租佃制度、雇佣制度、息借制度、粮食作物与经济作物、生产技术及农村手工业与副业等问题。[①] 他着重探讨了近代山东农业经济落后的原因。吕明灼撰书评总结了唐致卿的结论，认为近代“山东农业落后固然与土地不足、人口压力大、土地私有及天灾人祸有关，但主要原因是农业技术落后、交通及工商业不发达、城市对腹地农村没有起到龙头作用、没有农业的现代化”[②]。此固是问题的解读之一，似未切中肯綮。山东农村的商品粮生产、经济作物的生产都有相当规模，在明清肩挑手提车推的交通条件下，尚且能发展出比较发达的商品经济，何况近代有了铁路、公路运输系统。近代山东农村生产兴旺、经济落后的主要原因应当是帝国主义的超强度吸血和官府的捐税剥削，使得农村没有经济实力进行扩大再生产和农业经营。张佩国讨论了近代山东的农业生态、农业技术体系、经济作物的种植、地权分配、征税体制等问题，证实且推进了黄宗智等人提出的“土地边际收益递减规律”以及由此派生出来的“内卷化”或“过密化”观点。庄维民从农业机构设置、农业科学试验、新品种引入、农业技术改良与推广等方面研究了近代山东农业改进与农业经济变迁的问题，认为农业改进的意义在于它开启了传统农业现代化的进程。徐澜超对近代山东的棉花生产进行了专题研究，揭示了近代山东产棉区实行以一年一熟为主的种植制度，并实行棉花与粮食作物的轮作，而这一时期山东棉花生产的不利因素主要是农业生产条件恶劣、农村金融状况恶化、棉花价格不合理，而造成这种状况的根本原因正是近代山东农民受到了封建主义、帝国主义的超强剥削和压迫。[③]

---

① 参见唐致卿:《近代山东农村社会经济研究》，人民出版社 2004 年版。

② 吕明灼:《〈近代山东农村社会经济研究〉述评》，《东岳论丛》2005 年第 1 期。

③ 徐澜超:《近代山东棉花生产研究》，南京农业大学 2009 年硕士学位论文。

三

自唐太宗派人自天竺学习制砂糖的技术，种甘蔗、制糖遂成为一项农副业经营项目。唐代山东种植的甘蔗为民间送礼佳品，食糖为青州的贡品。直到民国时期，甘蔗在山东还有零星种植，如东平县的甘蔗，“俗名甜棒，可以作糖，本邑产量有限，只供春冬生食解渴之品而已”①。沾化县亦产甘蔗，“为制糖原料，本县间有之，味亦较逊闽广”②。民国时期山东的甘蔗不能广泛种植，且已不能如唐代那样用于民间制糖，此间的差异概在于山东地域的气候、土壤发生了变化。唐五代是山东地域降雨量充沛、气候温暖、土壤膏腴的时期，故能种植甘蔗以制糖，而民国时期既无这样的降雨条件，土壤亦已退化，故甘蔗生长状况不如往昔，仅能作为解渴之品。这种自然条件变化影响作物种植的现象还体现在茶叶、竹子等多种作物的种植上。宋金时期山东地域茶叶“随山皆有”，但到明清时期，史志所见产真茶者唯有威海的昆嵛山，到了民国时期，更是仅局限于鲁东南少数水、热资源尚称充沛的地区，如莒县，“茶有数种，不知焙制之法，仅供农家之用”③。自然生产力内在于社会生产力，农业生产的过程，是农民利用土地、气候、河流、湖泊、动植物品种资源等各种自然环境生态要素进行植物性产品或动物性产品生产的过程。这个过程，不仅仅是经济的再生产过程，而且也是自然生态的再生产过程，以此之故，农业的发展深受外界自然条件的制约，气候、土壤等成为影响农业生产的重要因素，由此气候、土壤等生态环境存量要素的前后期变化就成为山东农业史考察中的一个必然视角。在这个视角下，我们考察山东的动植物品种资源、森林面积的增减、新作物品种的引入、自然灾害的频度等一系列问题，力图在长时段的视野下探寻山东地域农业自然环境演化的轨迹。

民以食为天，解决民食问题是农业生产的首要任务。山东地域的粮食

---

① 民国《东平县志》卷四，载《中国地方志集成・山东府县志辑》第66册，凤凰出版社等2004年版，第34页。

② 民国《沾化县志》卷一，载《中国地方志集成・山东府县志辑》第25册，凤凰出版社等2004年版，第259页。

③ 民国《重修莒志》卷二十三，载《中国地方志集成・山东府县志辑》第62册，凤凰出版社等2004年版，第189页。

问题如何解决，是我们考察山东地域农业生产发展状况的第二个重要方面。自先秦以来，山东地域种植稻、麦、粟、豆、黍等传统的五谷品种，属水旱兼作区，水稻为山东地域重要的粮食作物。然而水稻的种植地区在山东越来越少，明朝的谢肇淛认为，这是北人变得惰懒、不肯尽力治田所致，“齐、晋、燕、秦之地，有水去处，皆可作水田，但北人懒耳。水田自犁地而浸种，而插秧，而薅草，而车戽，从夏讫秋，无一息得暇逸，而其收获亦倍”①。此非的论，在我们的考察中，山东地域凡有足够水源之处大多种稻，如青岛附近的台头村靠台头河的水源种植水稻，“有意思的是在这么大的地区只有这个村子种植水稻”②，其所以如此，还是台头河的水源不足，河床浅，河边几乎没有堤岸，“雨季过后，台头河又成了一条又窄又浅的小溪”③。其次是水质变化，贾思勰指出：种稻“选地欲近上流。地无良薄，水清则稻美也”④。众所周知，自宋代以后，山东地域各条河流的水量减少，水中皆带泥沙，水不再清，水不再甜，于种稻品质大有影响，只有少部分地区如历城泺源泉水灌溉的华不注山附近水稻产区还能保持品质。受水质影响的作物还有各种水果，如临邑、博兴等县“以水碱，故果味逊他方”⑤。由此可知，山东水稻种植地区的减少，并非山东人丧失了勤劳的品质，而是山东地域的水体存量产生了量与质两个方面的变化所致。农作物品种的变化，涉及粮食生产的方方面面，如华不注稻作区，明清时期实行稻、油菜二熟制，即冬季作物油菜、夏季作物水稻，现今华不注湖区不再，稻油二熟的生产景观亦不再。山东地域解决食物问题的转折之机在于明朝中后期开始引入玉米、甘薯、花生、辣椒、南瓜等新的食物品种。这些新食物在口感上不如传统的二麦与大米，因而与传统作物高粱一样被人们视为粗粮。然而新引入作物的特点是产量高，尤其玉米、甘薯、南瓜，这直接导致了山东地域农民生计策略的大转变。小农大量种植二

① [明]谢肇淛：《五杂组》卷三，中华书局1959年版，第65页。

② [美]杨懋春：《一个中国村庄——山东台头》，张雄等译，江苏人民出版社2001年版，第24页。

③ [美]杨懋春：《一个中国村庄——山东台头》，张雄等译，江苏人民出版社2001年版，第8页。

④ [北魏]贾思勰原著，缪启愉校释：《齐民要术校释》第二版，中国农业出版社1998年版，第138页。

⑤ 民国《续修临邑县志》卷三，载《中国地方志集成·山东府县志辑》第15册，凤凰出版社等2004年版，第482页。

麦与水稻,二麦与水稻作为精粮,小农多不自食,而是将其出售以改善家计。而新引入的玉米、甘薯、南瓜等粗粮,因其单位产量高,用少量的土地种植即可获得可观的口粮,所以小农家庭多留以自食。台头村的农民种小麦和水稻,然而大多数农民家庭只能终岁以甘薯为日常食物,以致“这个地区的人一直被外人称为‘吃甘薯的人’”①。历城县冷水沟村的农民种水稻、小麦、高粱等谷物,“小麦和水稻供出售;有些小麦留下来过节时吃,但所有的稻谷都卖掉”②。钜野县的农民“种植五谷以十亩为率,大约二麦居六,秋禾居四”“秋禾以高粱、谷、豆为主”③,农民在卖掉二麦后,“贫家食惟高粱,和豆磨面,捏成杯形,曰窝窝”④。农民这种“粜精留粗”的生计策略乃是迫不得已的选择,在这种选择的背后,意味着这些粗粮作物在逐渐蚕食着原先豆类作物的种植空间。众所周知,豆类作物在中国传统农业生产当中起着给土地留“膏”,即生成氮素肥料的作用。“小农户为了生存,选择了消耗地力的粗粮作物种植,小农户的农田更积累着生态危机。”⑤民食问题,既关乎民生,亦关乎地域经济的发展前途,前已述森林过度使用及自然灾害加剧使山东地域由膏腴之地转为瘠薄之乡,而积累着生态危机的耕作方式更加速了这个转变过程,因此山东地域民食生产的前后期变化成为我们考察山东农业发展的又一个视点。

农业的构成要素不只有粮食生产,还有涉农五业。涉农五业是指除粮食生产外的种植业、林业、牧业、渔业、副业等五个方面,它们是农家生计策略的重要成分。利用山水资源进行采集、渔猎是山东地域农民生计的一个重要内容,到近代时,通过济宁外销的黄狼尾每年尚有“四五万个,由邹、滕

---

① 〔美〕杨懋春:《一个中国村庄——山东台头》,张雄等译,江苏人民出版社 2001 年版,第 37 页。

② 〔美〕马若孟:《中国农民经济:河北和山东的农民发展,1890—1949》,史建云译,江苏人民出版社 2013 年版,第 110 页。

③ 道光《钜野县志》卷二十三,载《中国地方志集成·山东府县志辑》第 83 册,凤凰出版社等 2004 年版,第 512 页。

④ 道光《钜野县志》卷二十三,载《中国地方志集成·山东府县志辑》第 83 册,凤凰出版社等 2004 年版,第 511 页。

⑤ 王建革:《传统社会末期华北的生态与社会》,生活·读书·新知三联书店 2009 年版,第 124 页。

各山运来,再贩往天津、北京各处”[①]。只不过自先秦以降,随着山水资源的萎缩,可资利用的动植物品种减少,其在农家生计中的份额也愈来愈少。在农家生计中份额愈来愈重的部分莫过于副业,自先秦以来,山东各地农家副业最为普遍者莫过于纺织与编器两类,至清代,最为普遍的项目又增加了推粉。利用蒲、苇、竹、柳、草等条编制席、扇、帽、袋、筐等手工产品,历代的变化不大。山东地域农家副业变化之大者莫过于“耕且织”,其转折之机在明代。明清时期的强寒冷期带来的寒冷与积温下降,使山东地域的桑叶生长慢,枝条稀疏,叶片变薄,“北地寒,桑稀叶薄,故蚕丝亦逊于南”[②],“桑叶薄,不中饲蚕,故产丝寡”[③],以致所产家蚕丝的质量下降。明政府又明令要求山东农民种植棉花,棉花税不仅要本色缴纳,而且还大量以布、花代输税粮,近乎以指令性的方式促使山东由“桑麻之乡”演变成为“棉花之乡”,最终使棉花种植、棉花纺染织成为山东乡民的主要经济活动,乡民生活由“夜绩麻”“夜拐丝”到“夜纺纱”,山东地域出现了纺织技术的更替。名传数千年的“齐纨”“鲁缟”渐渐消失于人们的视野,包世臣非常遗憾地说:“兖州古称桑土,今至莫识蚕丝;青齐女红甲天下,今至莫能操针线。”[④]副业各行的兴衰,涉及千家万户农民百姓的生计变化,甚至牵动地域文化风貌的更替,如棉花兴于山东,形成了诸如“哄花”之俗,演而为棉花年中单季生产等,故此农家副业的嬗变就成为我们考察山东农业发展的一个重要内容。

农业生产力水平是我们考察山东农业发展状况必有的视点。农业生产力水平的高下可由多个要素加以考量,包括生产工具的创新改良、水利基础设施的兴废、耕作技术的改革、农学知识的普及、农产品产后加工技术的隆替等方面,展示出山东地域农业生产不断发展的进程。而且这个进程还有着局域的区别,如水稻种植在山东各地就有着相当大的水平差异,在淄川、章丘等地采用秧本田技术,先苗圃育秧,再移栽插秧。蒲松龄甚至还特别强调了插秧时移步的技术要领,五月插秧,“足不频挪,只横过,插六丛,却退后

① 民国《济宁县志》卷二,载《中国地方志集成·山东府县志辑》第78册,凤凰出版社等2004年版,第39页。

② 道光《济南府志》卷十三,载《中国地方志集成·山东府县志辑》第1册,凤凰出版社等2004年版,第287页。

③ 咸丰《青州府志》卷三十二,载《中国地方志集成·山东府县志辑》第32册,凤凰出版社等2004年版,第35页。

④ [清]包世臣著,潘竟翰点校:《齐民四术》卷二,中华书局2001年版,第56页。

挪一遍,再插六丛,再挪一遍"[①]。而台头村的水稻生产仍旧是汉代时的撒播间苗,"这里的村民不是先把种子播在苗圃里,因而也不需要重新播插秧苗,而是简单地直接把种子播在田地里"[②]。各地间的差异较多,原因则千差万别,非本书所能详尽,或待异日撰写"山东乡村史"时能补其缺略,本书所能关注的只是山东地域农业生产力整体的演进过程。

农业生产的社会环境亦是我们考察山东农业发展的一个视点。在土地制度、赋役制度等农业生产关系的层面,除了战国以前山东地域处于独立发展状态外,其他时期与全国各地无异,各种经济史、土地制度史于此点的研究已非常充分,故本书不将其作为考察重点,仅在必要时略有提及。乡村基层组织及乡规民约亦是调节农村社会关系的重要因素,是农村社会关系的重要构成部分,此点本书在涉及乡村发展时偶有提及,其详情亦待异日撰写"山东乡村史"时补其缺略。

山东农业素来发达,因此形成了丰富多彩的农业文化,这其中有农业生产习俗、饮食习俗、农学理论、农业诗文、农业题材艺术品创作等多个方面,非本书所能完全包容。本书在考察山东地域农业发展时,只能择其要者如农学理论、鲁菜饮食风格等略加讨论,其他部分只能暂付阙如。

总而言之,本书撰写的旨趣在于从地域农业史的角度,审视山东地域社会的变化,试图通过这些变化来揭示山东地域从先秦至民国时期农业经济发展的历史面貌。

---

① [清]蒲松龄著,盛伟编校:《蒲松龄全集》,学林出版社 1998 年版,第 2247 页。

② 〔美〕杨懋春:《一个中国村庄——山东台头》,张雄等译,江苏人民出版社 2001 年版,第 24 页。

目　录

第一章　山东农业的肇始

山东地域农业源起于沂源。1981 年,在山东省沂源县土门镇发现了距今四五十万年以前的猿人化石,地质年代属于更新世晚期,以其发现地而被命名为“沂源猿人”。沂源猿人的生活区域位于鲁山之阳,靠近沂河河源,其地森林茂密,“当时为中更新世温暖湿润的森林草原环境”①。伴随沂源猿人化石出土的哺乳动物化石有硕猕猴、棕熊、黑熊、肿骨鹿、斑鹿、变异狼、三门马、李氏野猪、巨河狸、梅氏犀牛、虎、鬣狗等。推测当时山东的远古人类利用简单的石制工具,过着狩猎与采集的生活。

距今 18000—15000 年前,地质史上的更新世末次冰期达到极盛,气候干冷。距今 15000—12000 年前,气温回升,此后再度干冷,到距今 11000 年前后,气温迅速回暖,湿度大增,耐寒植物北退,被阔叶林取代,更新世结束,进入全新世暖期。全新世暖期气候的总体变化,在总体温暖的前提下,初期转暖,在中期达到最暖,在后期又向凉干发展。这个波动变化过程很明显,在今山东地域也有清晰的体现,根据孢粉分析,其具体变化状况如表 1－1 所示。

有赖于考古工作者的发现,我们可以得知今山东地域在进入全新世暖期之后,已经跨入了以磨制石器和陶器为主要标志的新石器时代,并且形成了自成体系的五个文化发展序列:后李文化时期(距今 8000 年前后)、北辛文化时期(距今约 7000—6100 年)、大汶口文化时期(距今约 6100—4600 年)、龙山

---

①　山东省文物考古研究所编著:《山东 20 世纪的考古发现和研究》,科学出版社 2005 年版,第 17 页。

文化时期(距今约4600—4000年)、岳石文化时期(距今约3900—3400年)①。

表1-1 山东省全新世以来古气候波动状况②

时间(a. B. P)	气候特征
10000—9000	气温回升,凉干
9000左右	第一次降温事件,冷干
9000—8000	温干较湿
8000—7700	第二次降温,凉干
7700—7300	温暖较湿润
7300—7000	第三次降温,凉干
7000—5500	温暖湿润
5500—5000	第四次降温,凉湿
5000—4000	温暖湿润
4000左右	第五次降温,凉湿
4000—3000	温暖湿润
3000—2800	第六次降温,凉干
2800—2000	温凉较干
2000左右	第七次降温,凉干
2000—0	温凉较干,仍有冷暖波动

在全新世适宜的温暖气候下,利用在漫长的寒冷期所掌握的动植物生长规律及天文常识,原始人群开始有意识地对一些可食用植物进行人工种植,对某些动物进行驯化养殖,原始农业就此产生,山东地域的农业亦于此期肇始。

一、山东农业肇始期的动植物资源

各个文化遗址的发掘报告,向我们展示了当时人们生产、生活的遗物与遗迹。后续的深入研究,让我们得以详细了解当时的生产资源、人们的生存

① 五个文化时期的时间断限,参见栾丰实、〔日〕宫本一夫主编:《海岱地区早期农业和人类学研究》,科学出版社2008年版,第41页。

② 参见卞学昌:《山东省全新世古气候变化序列及其与史前文化发展阶段的相关研究》,山东师范大学2004年硕士学位论文,第30页。

方式以及相应的价值准则。陈雪香以济南大辛庄遗址发现的植物遗存为个案，考察了山东新石器时代晚期到青铜时代农业生产发展的稳定性[①]。宋艳波以山东新石器时代发现的动物遗存为对象，全面考察了该历史时期的动物遗存、动物饲养情况，讨论了动物遗存所反映的先民行为及生产生活[②]。通过前述五个文化发展序列的考古报告与后续研究，我们得以了解在山东农业肇始时期人们可资利用的动植物资源、生产工具等诸多情况。

（一）后李文化时期的动植物资源

1992 年，在淄博市齐陵镇后李家村发现了目前所知的山东地区最早的新石器文化遗存，被命名为“后李文化遗址”。目前，已发现的后李文化类型的遗址有十余处，主要分布于泰沂山系北麓的山前地带，具有代表性的遗址主要有后李遗址、潍坊前埠下遗址、章丘小荆山遗址等。后李文化时期的时间断限在距今约 8500—7500 年。

研究者在山东北部莘县、禹城、惠民三地钻孔取样，提取了样品中的孢粉信息，进而分析出当时的植被环境。莘县埋深在 17.4—13.8 米处的土样，时间大约为 9400—7700a. B. P，本带孢粉较为丰富。孢粉组合早期“以草本植物花粉占绝对优势，占 64%—90%（以下均按孢粉百分比含量计算），木本植物花粉占 8%—34%。蕨类孢子数量较少，只占 1%—7%。草本植物中以蒿、藜、菊为主，其次还有麻黄属、毛蕨科，另有少量的龙胆科、茜草科，本带中期出现了狐尾藻、豆科和玄参科；木本植物中松、冷杉和云杉为主；另有少量的榛属、栎属、胡桃属、柳属和桦属等阔叶林树种，在深 16.2m，样品号 32 处，出现了枫杨属；在本带的中上部，出现了卷柏、中华卷柏、水龙骨、碗蕨科、石松属、双星藻等藻类及蕨类孢子成分”，孢粉分析表明当时是以针叶林为主的森林草原植被景观。[③] 鲁北禹城埋深 14.46—12.38 米处的钻孔土样，碳－14 法测定年代为 7295 ± 105a. B. P 年，其孢粉分析表明，“木本花粉占优势为 23%—84%，草本花粉占 13.2%—68%，蕨类孢子含量为

---

① 陈雪香：《海岱地区新石器时代晚期至青铜时代农业稳定性考察——植物考古学个案分析》，山东大学 2007 年博士学位论文。

② 宋艳波：《海岱地区新石器时代的动物考古学研究》，山东大学 2012 年博士学位论文。

③ 卞学昌：《山东省全新世古气候变化序列及其与史前文化发展阶段的相关研究》，山东师范大学 2004 年硕士学位论文，第 11 页。

0%—9%；木本花粉中以松、栎为主，还有铁杉属、榆、桦、椴等；草本植物以蒿属、藜、莎草科、忍冬科为主，还有少量的麻黄属、蓼属、香蒲属等；蕨类植物出现了卷柏、中华卷柏、水龙骨等。以上孢粉组合表明是阔叶林为主的草原森林景观，表明气候较温暖"①。惠民埋深7.31—9.16米处的钻孔土样，在9.16米处的样品，碳-14法测年为9165±120a.B.P，根据沉积速率推算，样品所反映的时间段应为7500—9200a.B.P。其孢粉组合"木本和草本花粉相当，分别为35.1%—59.1%、18.9%—51.4%。木本植物花粉以松、桦为主，其次为鹅儿栎、云杉、榆、栎，在中期出现了少量的铁杉、椴等成分；草本植物花粉以蒿、香蒲、藜科、麻黄为主，在本带的下部出现了蔷薇科、蓼属，上部出现了伞形科、莎草科、禾本科及少量的狐尾草科；蕨类孢子占3.5%—44.3%，水龙骨、砚蕨科是主要的成分，在中期还出现了膜蕨科、卷柏、凤尾蕨、水蕨和后期出现的桫椤科等湿热成分。以上孢粉组合表明了(该地区当时)是以松为主的森林草原景观。前期是一种温干的气候类型，逐渐过渡到中后期暖湿的气候类型"②。

根据后李文化遗址的孢粉分析，下层以蒿、禾本科、黎、菊科等草本植物占优势，另有少量的蓼科、莎草科和香蒲；木本植物次之，以松占优势，蕨类植物中有卷柏和水龙骨。这揭示出后李文化的早期是以针叶林为主的森林草原植被景观，气候温干较湿；在中期，喜暖的栎、榆等阔叶林成分增加，而且出现了现今生长于长江流域的水蕨。可以推测后李遗址的植被环境"具有明显的草原特征，草本植物比较茂盛，在低洼、沼地及积水之处主要生长着香蒲、莎草、狐尾藻及水蕨等，大量中生、旱生的蒿、藜及禾本科等分布于平原、低地及开阔平坦之处，在遗址附近的低山、丘陵之上主要生长着松、桦、桤木及胡桃等针阔叶植物"；潍坊前埠下遗址的植物硅酸体样品中，以长方形和方形为主，含量丰富且保存完整，表明"当时在遗址周围生长了大量反映温暖湿润环境的一些植物种类"。③

后李文化各遗址出土的动物遗骸种类较多。小荆山遗址共发现717件

① 卞学昌：《山东省全新世古气候变化序列及其与史前文化发展阶段的相关研究》，山东师范大学2004年硕士学位论文，第13页。

② 卞学昌：《山东省全新世古气候变化序列及其与史前文化发展阶段的相关研究》，山东师范大学2004年硕士学位论文，第14页。

③ 何德亮、毛晓平：《山东新石器时代的自然环境》，《南方文物》2003年第4期。

动物遗骸,“经鉴定有软体动物、鱼类动物、爬行类动物、鸟类动物和哺乳动物五大类,至少可以代表 22 个种属。主要有圆顶珠蚌、珠蚌、扭蚌、剑状矛蚌、楔蚌、丽蚌、篮蚬、青鱼、草鱼、鳖、雉、斑鹿、鹿、羊、牛、马、野猪、家猪、狼、家犬、狐、貉等”①。西河遗址历次发掘所获动物遗存共 9279 件,其中可鉴定标本为 5197 件,种属包括:牛、麋鹿、斑鹿、小型鹿、猪、小型犬科(可能为貉)、蚌、螺、鲤鱼、草鱼、青鱼、鳖、鸟、竹鼠、小型食肉动物和啮齿动物等。其中猪可能是家畜,其余均为野生动物。② 前埠下遗址的动物遗骸主要有丽蚌、篮蚬、青蛤、青鱼、草鱼、鲶鱼、鳖、鸡、中华鼢鼠、狗、狐、貉、狗獾、野猪、家猪、獐、梅花鹿、水牛等,其中数量最多的是梅花鹿。月庄遗址发掘出土动物遗存共 1221 件,其中可鉴定标本 823 件,种属包括:牛、麋鹿、斑鹿、小型鹿、猪、兔子、狗、猫、龟、鳖、青鱼、草鱼、鲤鱼、鸟等。张马屯遗址动物遗存共 897 件,其中可鉴定标本 410 件,种属包括:斑鹿、狗、狗獾、龟、貉、狐、麋鹿、鸟、牛、小鹿、猪、鱼、剑状矛蚌、丽蚌、圆顶珠蚌、矛蚌等。

(二)北辛文化时期的动植物资源

1964 年,中国科学院考古研究所文物普查队在今滕州市官桥镇北辛村发现了北辛文化遗址,1978 年、1979 年先后两次发掘。北辛文化类型的遗址有 100 余处,“空间分布也基本上遍及大运河和南四湖以东的山东省及江苏省的淮河故道以北地区”③。北辛文化的代表性遗址主要有北辛、王因、东贾柏和西桑园等。北辛文化时期的时间断限在距今 7000—6100 年。

不同沉积物中保留的孢子花粉是不同时期植被的“缩影”。莘县埋深在 13.8—12 米处的土样,所反映的时间段大约为距今 7500—6000 年间。孢粉分析表明“木本植物花粉含量较高,占 42%—72%,草本植物花粉占 24%—42%,蕨类孢子占 1%—5%。木本花粉中松为主,另外还有少量的胡桃木属、桑科、榛属;草本植物蒿占 20%—90%,还有少量的藜科、香蒲;蕨类孢子出现

---

① 何德亮、毛晓平:《山东新石器时代的自然环境》,《南方文物》2003 年第 4 期。

② 宋艳波:《海岱地区新石器时代的动物考古学研究》,山东大学 2012 年博士学位论文,第 9 页。下文动物资料出自该文者,不再另注。

③ 栾丰实、〔日〕宫本一夫主编:《海岱地区早期农业和人类学研究》,科学出版社 2008 年版,第 41 页。

了中华卷柏、水蕨、瓶尔小草科、水龙骨等成分”①。水蕨、瓶尔小草科等蕨类植物现在都是生长于长江以南地区，喜湿热，可推测当时气候应是温暖湿润的。禹县埋深8.6—12.13米处的土样，所反映的时间段约为距今7000—6000年，样品“孢粉含量较少。木本花粉只出现了松、榛、榆、柳、木樨属等；草本花粉中出现了蒿、忍冬科；蕨类孢子中只见有中华卷柏、膜蕨科、水蕨等”。从膜蕨科、水蕨等植物的出现可以推测，本阶段应温暖湿润，这一段时间是中国东部最为温暖湿润的时期，是大暖期中稳定的暖湿阶段。②

鲁南地区的相关样品所处的时间为距今8000—5000年，“乔木花粉占39.5%—49.5%，草本及灌木花粉占41.2%—43.8%，蕨类植物孢子只占8.6%—13.1%。乔木花粉中以松、栎为主，其次胡桃属、柳属、桦、枫杨属、木樨科、榆属、椴属；草本及灌木花粉仍以蒿为主，另有禾本科、藜、榛属、菊科、伞形科、石竹科、蓼属、十字花科，香蒲属、眼子菜属、菖蒲属、莎草科、黑三菱属等植物；蕨类植物孢子中有石松属、卷柏属、鳞盖蕨科、水蕨科、水龙骨属、真蕨纲。这一孢粉组合反映当时为草原森林植被景观”③。

在对北辛遗址进行的孢粉分析中，木本植物的含量较高，一号样品里发现有苋科、藜科、禾本科、夹竹桃科、水龙骨科、豆科、菊科、槲属、蕨尾、紫草科、粉骨蕨等孢子，还发现有生长在潮湿环境下的双星藻、同心环纹藻等；二号样品发现有榆属、禾本科、蕨属、藜科、凤尾藻等孢子。这些孢粉说明北辛文化时期的气温不仅要比现在高些，可能高2℃—3℃，而且附近水域广阔，湖沼密布，芦苇杂草丛生，先民们在水边草地和树林间捕获各种动物和果实，以弥补生活食物之不足。④ 兖州王因遗址下文化层属于北辛文化遗存，孢粉中出现了蜈蚣草、海金沙，植物硅酸体以哑铃形、扇形、方形、长方形为主。王因遗址位于东平湖东岸，汶、泗两河的冲积平原上，先秦时期这里是一个广阔而低洼的湖沼河流交错地区，植被茂盛，在当时有着优越的自然条件和丰富的水产资源。王因遗址出土了20多具扬子鳄遗骸。这种两栖动物有特定的生存环境，必须

---

① 卞学昌：《山东省全新世古气候变化序列及其与史前文化发展阶段的相关研究》，山东师范大学2004年硕士学位论文，第11页。

② 卞学昌：《山东省全新世古气候变化序列及其与史前文化发展阶段的相关研究》，山东师范大学2004年硕士学位论文，第13页。

③ 卞学昌：《山东省全新世古气候变化序列及其与史前文化发展阶段的相关研究》，山东师范大学2004年硕士学位论文，第19页。

④ 何德亮、毛晓平：《山东新石器时代的自然环境》，《南方文物》2003年第4期。

临近水域，植被良好，还要具备气候温暖、雨量充沛等自然条件。扬子鳄遗骸的出土，表明当时山东的气候、植被条件都相当优越。

北辛遗址发现有许多兽骨、鱼骨和贝壳等动物遗骸，经鉴定，种类有家猪、牛、梅花鹿、獐、麋鹿、貉、獾、鳖、龟、青鱼、丽蚌、中国圆田螺等。王因遗址北辛文化层有炭化的果核，出土有家畜、家禽、野生哺乳动物、鱼类及介壳类遗骸，总数达3000件以上，“经过鉴定：家畜有猪、狗、猫、牛，野兽有虎、熊、鹿、麋鹿、麕（狍）、獐、貂、獾、狐，两栖类动物有鳄，家禽有鸡，水生动物有青鱼、草鱼、龟、蚌、螺等”[1]。济宁玉皇顶遗址发掘出有鉴定价值的动物遗骸约340件，经鉴定，该批动物遗骸分属于无脊椎动物的腹足纲、瓣鳃纲，脊椎动物的鱼纲、鸟纲和哺乳纲，至少可以代表20个种属，包括中华圆田螺、圆顶珠蚌、楔蚌、丽蚌、扭蚌、草鱼、鸡、中华鼢鼠、狗獾、家猪、野猪、狗、羊、牛、兔、獐、麋鹿、梅花鹿等。黄崖洞遗址发现的动物遗存共1751件，其中可鉴定标本448件，包括斑鹿、小鹿、野猪、兔子、螺、蚌、蜗牛、蟹、鱼、鳖、鸟、狗獾、小犬科等。白石村遗址的动物种属包括梅花鹿、獐、家猪、野猪、狐、獾、鸟、鲈鱼、真鲷、黑鲷、红鳍东方鲀、福氏玉螺、滩栖螺、冠螺、脉红螺、毛蚶、长牡蛎、牡蛎、蚌、文蛤、日本镜蛤、青蛤、等边浅蛤、蚬等。邱家庄遗址出土的贝类包括多形滩栖螺、脉红螺、牡顿、蚬、文蛤和中华青蛤；脊椎动物包括红鳍东方鲀、鳖、雉、兔、猪獾、猪、梅花鹿和小型鹿科动物等。大仲家遗址出土的贝类包括多形滩栖螺、脉红螺、毛蚶、牡蛎、蚬、日本镜蛤、文蛤、蛤仔、中华青蛤等；其他动物包括螃蟹、红鳍东方鲀、黑鲷、鳖、雉、狗、猪獾、猪、梅花鹿、小型鹿科动物等。翁家埠遗址的贝壳种类包括多形滩栖螺、脉红螺、泥蚶、牡蛎、蚬、文蛤和中华青蛤等；其他动物包括鱼、鳖、雉、野鸽、貉、狗獾、猪獾、猪、梅花鹿、小型鹿科动物、鼠和兔等。蛤堆顶遗址贝类包括多形滩栖螺、脉红螺、牡蛎、文蛤、蛤仔、毛蚶等；其他动物包括鳟鱼、红鳍东方鲀、黑鲷、猪獾、猪、梅花鹿和小型鹿科等。

（三）大汶口文化时期的动植物资源

1959年，在今泰安市大汶口镇与宁阳县堡头镇交界处发现了大汶口文化遗址，其文化类型遂以其首现之地而最终被命名为“大汶口文化”。目前

---

① 何德亮、毛晓平：《山东新石器时代的自然环境》，《南方文物》2003年第4期。

已发现的大汶口文化遗址有550余处,“这些遗址主要分布于鲁西南及东南丘陵区,与《尚书·禹贡》所划定的海岱地区的青、徐二州或后来的齐鲁两国国境大致相当”[①]。大汶口文化的代表性遗址还有兖州王因、曲阜西夏侯、邹城野店、日照东海峪、临沂大范庄、莒县陵阳河、安丘景芝镇、诸城呈子、胶州三里河、茌平尚庄、栖霞杨家圈、莱阳于家店等。大汶口文化时期的时间断限在距今6100—4600年。

莘县埋深12—9.5米处的土样,在其11.2米处的样品,碳-14法测年为5690±110a. B. P,该埋深样品所反映的时间段大约在6000—5000a. B. P期间。孢粉组合揭示以草本花粉占优势,高达83%—89%;木本植物占4%—10%;蕨类和藻类孢子占5%—13%。草本植物以蒿为主,占76%—86%,还出现了藜、香蒲、蓼属、百合科、菊科、葎草科、豆科孢粉,木本植物出现了少量的松属、冷杉、栎、漆树、榛属花粉;蕨类植物以卷柏、双星藻为主,还有碗蕨科、水蕨、水龙骨等孢子[②],孢粉组合显示当时为森林草原景观,温暖湿润。鲁北禹城所取埋深3.21—8.56米的钻孔土样,其中在5.51米处的样品,碳-14法测定时间为5725±100a. B. P,推测所处前后时间段为6000—3000a. B. P。本带孢粉组合分析表明木本植物花粉占优势为47.5%—84.4%,以松、桦、榆、栎、胡桃木为主,其次是少量的椴属、鹅儿栎;草本植物花粉占23.7%—43.4%,以蒿、藜科、麻黄属为主,有少量的蓼属、毛茛科、莎草科、忍冬科;蕨类植物孢子以卷柏、水龙骨、中华卷柏较多,少量的膜蕨科。以上孢粉组合表明该地区当时是以阔叶林为主的草原森林景观,气候温暖湿润。[③]

鲁南地区的相关样品所处的时间为5500—5000a. B. P。乔木花粉占56.2%,以松为主,占32.4%,是整个剖面的最大值,其中桦占11.4%,栎占5.7%,其他还有桤木属、胡桃属,未见榆属、椴属、木樨属等喜湿热的植物花粉;灌木及草本花粉占40%,以蒿、藜、禾本科为主;蕨类植物孢子仅占3.8%,只发现了真蕨纲孢子。这一孢粉组合显示该地区是以针叶林为主的

① 王克奇、王钧林主编:《山东通史·先秦卷》,人民出版社2009年版,第27页。

② 卞学昌:《山东省全新世古气候变化序列及其与史前文化发展阶段的相关研究》,山东师范大学2004年硕士学位论文,第12页。

③ 卞学昌:《山东省全新世古气候变化序列及其与史前文化发展阶段的相关研究》,山东师范大学2004年硕士学位论文,第14页。

草原森林植被景观。①

王因遗址上层属于大汶口文化时期,根据地层与遗迹中采集到的近3000个动植物标本的分析,表明北辛文化至大汶口文化早期阶段王因"遗址周围的自然环境并没有发生明显的变化。遗址周围有高亢平坦的地势,附近有大片的湖泊、大河等水域,并有丰富的水生资源。同时,这里曾经丛林茂密,气候温暖湿润,自然环境十分优越"。兖州六里井遗址的植物硅酸体以扇形和芦苇扇形为主,并分析出大量芦苇硅酸体,孢粉中出现栎、木樨科、黎、禾本植物,表明当时气候温暖湿润,有广阔的草原和大面积的沼泽湿地。在鲁中南地区的建新遗址,孢粉分析显示:"除有栎、胡桃、榆等暖温带落叶阔叶乔木树种外,还有喜温干的松树以及中旱生的草本和小半灌木如蓼、藜、蒿、禾本科、麻黄以及生于森林区及森林草原带的干燥山坡上呈匍匐状的中华卷柏,组合中未见到水生植物孢粉、亚热带乔木树种花粉,但出现了现生亚热带,一般要求温度变幅不大、生长在潮湿的林木下或沟谷的草本状蕨类,如紫萁、中华里白等。"②考古研究可以说明在大汶口文化时期,山东地域的植被状况良好,人们可资利用的植物资源具有相当明显的多样化特征。

大汶口墓地出土的动物骨骸有猪、斑鹿、獐、鸟、狸、鸡等,还出土有现代只生活于长江中下游或以南地区的扬子鳄、象和麋鹿等动物的骨骼。王因遗址发现的动物骨骼达万件以上,有哺乳类、鸟类、爬行类、鱼类和贝类等42种,主要是猪、獐、鹿、狍、貉、獾、狐、虎、牛、狗、猫、鸡、青鱼、草鱼、龟、鳖、鳄、蚌、螺等。建新遗址动物群包括家猪、斑鹿、野兔、鸟、鲤鱼、三角帆蚌和丽蚌等。西公桥遗址的动物遗骸属于无脊椎动物的瓣鳃纲,脊椎动物的鱼纲、爬行纲、鸟纲和哺乳纲,至少可以代表20多个种属,包括圆顶珠蚌、珠蚌、丽蚌、扭蚌、青鱼、鲤鱼、鳖、龟、鸡、中华鼢鼠、狗、狗獾、家猪、麝、獐、梅花鹿、马鹿、麋鹿、羊和牛等。六里井遗址的动物骨骼,主要有猪、牛、獐、麋鹿、鹿犬、豹猫和淡水贝类的河蚌、蚬及铜锈黄棱螺。玉皇顶遗址大汶口文化层发掘出有鉴定价值的动物遗骸340余件,至少可以代表20个种属,包括中华圆田螺、圆顶珠蚌、珠蚌、楔蚌、丽蚌、扭蚌、草鱼、鸡、中华鼢鼠、狗獾、家猪、野

① 卞学昌:《山东省全新世古气候变化序列及其与史前文化发展阶段的相关研究》,山东师范大学2004年硕士学位论文,第19—20页。

② 何德亮、毛晓平:《山东新石器时代的自然环境》,《南方文物》2003年第4期。

猪、狗、羊、牛、兔、獐、麋鹿和梅花鹿等。梁王城遗址出土的动物遗存共350件，种属包括了丽蚌、帆蚌、两栖动物、鳖、龟、斑鹿、獐、猪、牛、狗等。大墩子遗址包含了大汶口文化的各个阶段，出土的兽骨，经鉴定，有偶蹄类的猪、牛、鹿、獐，食肉类的狗和貉(狸)。鲁家口遗址的动物种类包括猪、牛、鸡、猫、貉、狐、獐、鹿、东北鼢鼠等。鱼骨及蚌片、蛤壳较多，并有龟鳖等水生动物遗存，水生动物遗骸主要是淡水鱼类。前埠下遗址的动物骨骸为无脊椎软体动物的腹足纲、瓣鳃纲，脊椎动物的鱼纲、爬行纲、鸟纲和哺乳纲，至少代表35个属种。其中属于大汶口文化时期的动物有中华圆田螺、圆顶珠蚌、珠蚌、背瘤丽蚌、失衡丽蚌、丽蚌、扭蚌、篮蚬、文蛤、草鱼、鲤鱼、鲶鱼、黄颡鱼、鳖、龟、鸡、中华鼢鼠、狼、狗、狐、貉、狗獾、虎、猫、野猪、家猪、麂、獐、梅花鹿、羊、水牛等。鲁北地区五村遗址的动物骨骸和蚌壳，其种类有软体动物、鱼类动物和哺乳动物3个大类20多个属种，有毛蚶、文蛤、牡蛎、圆顶珠蚌、扭蚌、圆头楔蚌、楔蚌、短褶矛蚌、背瘤丽蚌、楔形丽蚌、失衡丽蚌、无齿蚌、青鱼、家猪、牛、羊、野猪、豺、狗獾、鹿等。以上动物，以野生动物为多，以鹿类为主。水生动物有鱼类和蚌类。其中，有3种海生软体动物、9种淡水生软体动物、1种淡水鱼、3种家畜和5种野生动物。胶州三里河遗址是一处包含大汶口文化和龙山文化的遗址，大汶口文化的自然遗物数量较多。“以软体动物的贝壳为主，种类较复杂，主要有海生的疣荔枝螺、锈凹螺、脉红螺、朝鲜花冠小月螺、珠带拟蟹守螺、纵带滩栖螺、毛蚶、青蛤、文蛤、蛤仔、近江牡蛎、四角蛤蜊、亚克棱蛤等，这些软体动物，在胶州湾沿岸，主要生活在潮间带至潮下带的浅海泥沙质海底或岩上，至今仍是沿海居民采集的食物。遗址里还有针乌贼壳和生活在淡水中的圆顶珠蚌和剑状矛蚌，又有少量乌贼骨等。”①后杨官庄遗址出土的动物遗存共232件，种属包括斑鹿、小鹿、猪、狗、鱼、鳖、鸟、楔蚌和丽蚌等。邱家庄遗址出土的贝类，包括多形滩栖螺、脉红螺、牡蛎、蚬、文蛤和中华青蛤；脊椎动物包括红鳍东方鲀、鳖、雉、兔、猪獾、猪、梅花鹿和小型鹿科动物等。翁家埠遗址的贝壳种类，包括多形滩栖螺、脉红螺、毛蚶、牡蛎、蚬、文蛤和中华青蛤等；其他动物包括鱼、鳖、雉、野鸽、貉、狗獾、猪獾、猪、梅花鹿、小型鹿科动物、鼠和兔等。大仲家遗址出土的贝类，包括多形滩栖螺、脉红螺、毛蛤、牡蛎、蚬、日本镜蛤、文蛤、蛤

① 何德亮、毛晓平：《山东新石器时代的自然环境》，《南方文物》2003年第4期。

仔、中华青蛤等;其他动物包括螺蟹、红鳍东方鲀、黑鲷、鳖、雉、狗、猪獾、猪、梅花鹿、小型鹿科动物等。北阡遗址出土的动物,包括昌螺、缢蛏、蛤仔、丽蚌、脉红螺、毛蚶、矛蚌、乌贼、青蛤、滩栖螺、托氏琩螺、文蛤、蚬、楔蚌、蟹守螺、疣荔枝螺、芋螺、珠蚌、牡蛎、牛、兔子、狗、貉、猪、麋鹿、食虫目动物、梅花鹿、狗獾、獐、猫、鸟、鱼、蟹、龟和鳖等,种属极为丰富。

(四)龙山文化时期的动植物资源

1928 年,在今山东省济南市历城区龙山镇地域发现了以磨光黑陶为显著特征的文化遗存,这一黑陶文化类型最终以首先发现于龙山镇而被命名为"龙山文化"。目前发现的龙山文化遗址已有 1500 余处,分布范围广泛,遍及山东全省及苏北、豫东、皖北地区。目前经过发掘的遗址有城子崖、邹平丁公、寿光边线王、潍坊姚官庄、潍县鲁家口、临朐西朱封、日照两城镇、东海峪、尧王城、五莲丹土、泗水尹家城、兖州西吴寺、阳谷景阳冈、栖霞杨家圈等。龙山文化时期的时间断限为距今 4600—4000 年。

惠民埋深 2.66—4.56 米处的土样,在 2.66 米处的样品,碳 - 14 法测年为 2655 ± 107a. B. P;在 4.26m 处的样品,碳 - 14 法测年 4180 ± 110a. B. P。由此推知,其所反映的时间段为 4500—2500a. B. P,孢粉组合显示草本植物花粉占绝对优势,占孢粉总量的 58.1%—93.4%,以蒿、香蒲、藜科为主,其次为麻黄、莎草科、狐尾藻,还有少量的豆科、十字花科;松是木本花粉的主要成分,还有铁杉、鹅儿栎、栎属,另出现少量椴、槭、冬青属;蕨类植物孢子较少,以水龙骨科最多,出现了蹄盖蕨科、砚蕨科、海金沙科。以上孢粉组合显示该地区当时为森林草原景观,从孢粉组成上看,其气候温暖湿润。①

"距今 4000 年前为气候波动缓慢的亚稳定暖湿期。"②汶泗流域的西吴寺遗址位于鲁中低山丘陵和鲁西平原交接过渡地带,孢粉分析结果表明:这一时期气候暖湿、植被较茂盛,生长着松、栎、榆、桑、漆树等科属的乔木和藜、蓼、蒿等科的草,以及生长于静水或缓流湖泊、小溪中的喜暖湿环境的环纹藻等,说明龙山文化早期阶段气候还比较暖湿。③ 在尹家城遗址中发现的

---

① 卞学昌:《山东省全新世古气候变化序列及其与史前文化发展阶段的相关研究》,山东师范大学 2004 年硕士学位论文,第 15 页。

② 游修龄主编:《中国农业通史 · 原始社会卷》,中国农业出版社 2008 年版,第 23 页。

③ 何德亮、毛晓平:《山东新石器时代的自然环境》,《南方文物》2003 年第 4 期。

植物种子中有莲,在日照两城镇遗址发掘的灰坑中找到了炭化的竹节,表明龙山文化时期山东气候暖湿,植被状况良好。

桐林遗址出土动物遗存共2313件,其中可鉴定标本数为1146件,至少代表59个动物个体,种类有猪、牛、羊、斑鹿、麋鹿、兔、熊、狗、貉、猫等。

教场铺遗址出土动物遗存共16690件,种属包括白河丽蚌、背瘤丽蚌、薄壳丽蚌、多瘤丽蚌、高裂嵴蚌、厚美带蚌、剑状矛蚌、巨首楔蚌、三角帆蚌、射线裂嵴蚌、天津丽蚌、细瘤丽蚌、细纹丽蚌、圆顶珠蚌、猪耳丽蚌、文蛤、蜗牛、中国圆田螺等18种软体动物,豪猪、竹鼠、麋鹿、斑鹿、獐、牛、羊、猪、兔子、狗、猫、狗獾、中小型食肉类等10余种哺乳动物,龟、鳖、鳄鱼等3种爬行动物,青鱼、草鱼、鲢鱼、鲤鱼等4种鱼类,另外还有一定数量的鸟类。

城子崖遗址发现的动物遗存包括猪、狗、鹿、羊、马、牛、獐、兔、拟丽蚌、猪耳丽蚌、多瘤丽蚌、背瘤丽蚌、蚬、射线裂嵴蚌和鱼形楔蚌等。

尚庄遗址的动物遗存包括牛、猪、狗、鹿、獐、獾等。蚌壳较多,在灰坑、地层中均常见,种类有丽蚌属的多瘤丽蚌、矛蚌属的短褶矛蚌和剑状矛蚌、似褶状冠蚌等。

前埠遗址出土动物遗存共63件,种类包括猪、牛、狗、多瘤丽蚌、细纹丽蚌等。

三里河遗址发现少量的猪骨和麋鹿鹿角。鱼骨分析显示包括鳓鱼、梭鱼。贝壳经鉴定分为三类:软体动物,包括锈凹螺、朝鲜花冠小月螺、纵带滩栖螺、珠带拟蟹守螺、疣荔枝螺、脉红螺、中国耳螺、毛蚶、近江牡蛎、文蛤、蛤仔、青蛤、四角蛤蜊、亚克棱蛤、圆顶珠蚌、剑状矛蚌、乌贼骨;棘皮动物,细雕刻肋海胆;节肢动物,日本蟳。

鲁家口遗址的标本共计684件,可鉴定到种属的有315件,有21个种属,包括家猪、牛、鸡、猫、鼠、东北鼢鼠、麋鹿、梅花鹿、獐、狐、蛤、獾、青鱼、草鱼、龟鳖、文蛤、毛蚶、螺类、蟹类和一些大型禽类。这些动物中属于龙山文化的动物种类主要是猪、牛、鸡、猫、貉、狐、獐、鹿、东北鼢鼠等。

双王城遗址出土的动物遗存共47件,种属包括属于哺乳动物的麋鹿和猪,属于软体动物的蛭、螺、毛蚶、泥蚶、文蛤、青蛤、牡蛎和蚬等。

西吴寺遗址龙山文化层发掘出土的动物遗骸,主要有家犬、豹猫、家猪、獐、梅花鹿、麋鹿、黄牛以及少量蚌壳、龟甲及禽骨(似鸡)等。从野生兽类的种类组成分析,龙山文化时期森林覆盖度较好,间有沼泽与草地。

尹家城遗址经过鉴定的动物遗骸有猪、狗、黄牛、羊、鸡和野生的鹿、虎、狐、禽类、豹猫等;水生动物有鱥鱼、龟、鳖、扬子鳄;其他动物中有中国圆田螺、梨形环棱螺、纹沼螺、河蚌、短褶矛蚌、圆顶珠蚌、中国尖脊蚌。

庄里西遗址出土动物遗存共7919件,全部出自灰坑中。其主要动物种类包括狗、水牛、斑鹿、虎、黄牛、貉、竹鼠、猪、草鱼、鲤鱼、青鱼、鲢鱼、龟、鳖、鸟等。

梁王城遗址出土动物遗存共24件,种属包括扭蚌、牛、马、狗、麋鹿、猪等。

东盘遗址出土动物遗存共658件,动物种属包括斑鹿、獐、猪、狗、牛、羊、蚌、鸟、猫、螺、龟、鳖等。

后杨官庄遗址出土动物遗存共27394件,种属包括草鱼、青鱼、鲤鱼、龟、鳖、鸟、獐、鹿、牛、羊、狗、猫、鼬科、仓鼠、兔、猪、丽蚌、裂嵴蚌、矛蚌、蚬、珠蚌、扭蚌、圆田螺,以及其他食肉动物、啮齿动物、食虫动物等。

两城镇遗址出土动物种属包括狗、猪、梅花鹿、牛、鸟、啮齿动物、贝类和淡水蚌类等。

于家店遗址发现有不少动物骨骼、犄角和牙齿,其中有猪26件、狗13件、鹿17件,另有不少螺蛳壳等。

(五) 岳石文化时期的动植物资源

在20世纪30年代,城子崖遗址中就发现了岳石文化遗存,但当时还不可能将其识别为一种独立的考古学文化。1960年,中国科学院考古研究所在平度东岳石遗址又获得了一批典型岳石文化遗存,之后随着新的遗址陆续发现和学术研究的深入,到1981年才最终将这一类型的考古学文化定名为“岳石文化”。发现的岳石文化遗址340余处,“分布以泰沂山系为中心并向四周扩展,东至黄海,西到鲁西以及豫东的杞县、濉阳一带,北到河北的东部以及辽东半岛的南端,向南包括苏、皖北部地区,这和大汶口文化晚期、龙山文化的分布范围大体一致”①。“岳石文化已经进入青铜时代,年代也

① 山东省文物考古研究所编著:《山东20世纪的考古发现和研究》,科学出版社2005年版,第284页。

与历史上的夏代和早商大体相当。但其一直保持着较为单纯的东方文化的特色。故可以认为是东方史前文化的最后一个重要阶段。”[①]岳石文化时期的时间断限约在距今3900—3400年。

沭河上游塘子遗址、上峪遗址的孢粉组合以乔木植物花粉为主，占70.4%—89.1%；灌木及草本植物花粉次之，占6.6%—14.5%；蕨类及藻类植物孢子占2.9%—15.1%。乔木植物花粉以针叶树花粉为主，以松属含量最多，占47.1%—58.7%，其次为阔叶植物，有桦属、胡桃属、栎属、椴属、榆属等。灌木及草本植物花粉中，榛属、蒿属、菊科、禾本科含量最多，其他还有藜科、紫菀属、唇形科等。藻类及蕨类植物孢子中，含卷柏属、环纹藻、水龙骨科等。[②] 鲁南地区的相关样品所处的时间为5000—3000a. B. P，孢粉组合“以乔木花粉占优势，含量达50.5%—54.9%，以松、栎、桦为主，其次是桤木属、胡桃木属，又出现了榆属、椴属；灌木及草本花粉占38%—45.3%，以蒿、藜、禾本科为主，有少量榛属、菊科，出现莎草科、石竹科、香蒲属等植物；蕨类植物孢子占4.2%—7.0%，有石松属、卷柏属、水龙骨属、真蕨纲。这一孢粉组合为草原森林植被景观”[③]。鲁北禹城埋深0—3.06米处的钻孔土样，时间测定约为3000a. B. P，其孢粉分析表明：草本花粉占31.7%—69%，木本花粉占2.8%—42.8%，蕨类孢子植物占1.7%—54.5%。草本花粉中藜科、蒿、麻黄为主，其他还有十字花科、蓼属、毛茛科、香蒲属、莎草科等；木本花粉以松为主，其次为栎属、桦属、蔷薇科，还有少量的椴属、榛属、鹅儿栎属；蕨类孢子以卷柏为主，还有石松属，早期出现碗蕨科、磨蕨科、里白科。本带孢粉组合显示该地区当时是针阔叶混交林—森林草原景观，其早期气候温暖较湿，后期温凉较干，水生植物较少。[④]

这一时期山东地域仍然草木茂盛，动物繁多。《孟子·滕文公上》称山东“草木畅茂，禽兽繁殖”，城子崖、李家埠等遗址的植硅体分析表明这一时

---

① 栾丰实、〔日〕宫本一夫主编：《海岱地区早期农业和人类学研究》，科学出版社2008年版，第41页。

② 齐乌云等：《山东沭河上游史前文化人地关系研究》，《第四纪研究》2006年第4期。

③ 卞学昌：《山东省全新世古气候变化序列及其与史前文化发展阶段的相关研究》，山东师范大学2004年硕士学位论文，第20页。

④ 卞学昌：《山东省全新世古气候变化序列及其与史前文化发展阶段的相关研究》，山东师范大学2004年硕士学位论文，第14页。

期“芦苇数量比较多”[①]。岳石文化遗址出土的兽骨、畜骨与龙山文化时期大体相同。如牟平照格庄岳石文化遗址的动物骨骼，经鉴定，有兽类、龟鳖类、鱼类和海产软体动物四大类，至少可以代表20个种属，有家猪、牛、羊、家犬、黑鹿、麋鹿、麞、野猪、貉、鳖、黑鲷、兰点马鲛、玉螺、红螺、毛蚶、大连湾牡蛎、蛤仔、杂色蛤仔、等边浅蛤、文蛤等。[②]

二、山东新石器时代的原始农业

由于缺乏文献记载，原始农业的情况只能通过考古所发现的生产工具、动植物遗存来略加说明。

（一）后李文化时期的农业及其他食物来源

后李文化各遗址的出土物主要有陶器、玉器、石器、骨器、角器、蚌器及牙器。陶器主要是生活器具，器类主要有釜、钵、碗、罐、壶、盂、盆、匜形器、器盖、杯、盘、支脚等。陶猪、陶面塑像、玉器、石饰等属于精神生活用品。

石器种类丰富，主要有斧、铲、锤、镰、石球、凿、磨棒、磨盘、研磨器、磨石、犁形器、支脚和石饰。石器制作已有琢修、打磨、钻孔工艺。钻孔工艺的出现，使人们可以很容易地给石器安装手柄，从而使操作更加方便、易于使力，这是工具制作的一个巨大进步。后李文化的生产工具中，“没有明显可直接用于农业耕种的工具”[③]。小荆山出土的大量“犁形器”多残破不全，保存较完整的一件（调查编号ZX:45），长56厘米、宽40厘米、厚4厘米，尽管其形状及刃部极似犁具，“然其形体太大，即使当时土壤较松软，亦很难利用，且该类石器不见于这一地区以后的原始文化，当另有用途，不能作为生产工具”[④]。石铲形体扁薄，多长方形，偏锋或正锋，弧形刃，或许是当时的农业生产工具之一，但出土数量甚少，这“可能表明植物栽培主要是依靠木

---

① 栾丰实、〔日〕宫本一夫主编：《海岱地区早期农业和人类学研究》，科学出版社2008年版，第27页。

② 中国社会科学院考古研究所山东队、烟台市文物管理委员会：《山东牟平照格庄遗址》，《考古学报》1986年第4期。

③ 山东省文物考古研究所编著：《山东20世纪的考古发现和研究》，科学出版社2005年版，第77页。

④ 山东省文物考古研究所编著：《山东20世纪的考古发现和研究》，科学出版社2005年版，第77页。

质工具，如用木棍或简单的树枝耕种”①。在角器工具中，有一些较大的角叉、锥、棒、锄类，“或与原始农业中的点种及松土有关”。根据使用工具种类的推测，“最大的可能是后李文化时期放火烧荒，然后，在含细砂较多的土地进行点种，进行着刀耕火种的农业经济”②。

在后李文化遗址的植物孢粉中，“还分析出一些禾本科植物花粉，其形态酷似现在的谷子”，研究者据此推测为农业作物，“看来当时先民可能已经学会农业栽培，食物来源主要靠种植谷物，也辅以狩猎和捕鱼”③。但目前植物硅酸体的分析，只能表明“有些植物遗存是人类利用黍亚科植物可食部分的结果”，由于“尚未建立谷子等黍亚科粮食作物硅酸体判别标准，无法确定人类利用的是哪些黍亚科植物，更无法确定是否有农作物的遗存”④。月庄遗址发现的粟和黍，是已经驯化过的状态，应当是人力种植后的结果，但“不能确定其在生计中的地位”⑤。将上述工具情形与作物情形结合在一起来看，能说明后李文化时期已经有种植农业，但其水平不可高估。磨盘和磨棒，其功能主要是用于碾磨植物果实种子，比如栎果、谷子、黍子、水稻等。在月庄发现的磨盘和磨棒，经过实验分析，证实其主要功能是将植物果实的种子碾磨成粉，而不适于脱粒；同时，淀粉粒和微痕分析显示，后李文化早期的磨盘、磨棒主要用于研磨坚果类物质，后期的功能增多，开始加工黍、粟和水稻等谷物⑥。从粮食加工工具的能力、用于烧煮食品的支脚形态，以及产后应用的方面来说，后李文化时期种植农业的发展水平不可能被高估。

另一种可能的作物是水稻。2003 年，济南市长清区月庄遗址发现 26 粒炭化稻，“为目前中国北方地区所见时代最早的稻遗存”，但“月庄炭化稻米是本地土生土长还是由外地输入，是栽培稻还是野生稻等问题，还需要资料

---

① 靳桂云：《后李文化生业经济初步研究》，载山东大学东方考古研究中心编《东方考古》第 9 集，科学出版社 2012 年版，第587 页。

② 山东省文物考古研究所编著：《山东 20 世纪的考古发现和研究》，科学出版社 2005 年版，第 77 页。

③ 何德亮、毛晓平：《山东新石器时代的自然环境》，《南方文物》2003 年第 4 期。

④ 转引自山东省文物考古研究所编著：《山东 20 世纪的考古发现和研究》，科学出版社 2005 年版，第 77 页。

⑤ 栾丰实、〔日〕宫本一夫主编：《海岱地区早期农业和人类学研究》，科学出版社 2008 年版，第 30 页。

⑥ 王强、〔日〕上条信彦：《微痕及淀粉粒分析在海岱地区史前农业考古研究中的应用》，《东方考古》第 9 集，第 670、674 页。

的丰富和进一步的研究加以确定”。①

从后李文化时期山东地域森林草原的生活环境来说，人们可资利用的动植物资源相当丰富，采集应该是当时人们最可靠的食物来源之一。在月庄遗址发现有数量比较多的野生植物遗存，包括栎果、黍亚科、十字花科、大豆、藜科、野葡萄种子、茄科、稗属、蓼科等，这应当是人们野外采集的食物种类。运用浮选法对张马屯遗址的16份样品进行鉴定分析，共获得38种植物遗存，包括种子和果实两大类共1001粒②，其具体的种属情况如下：栽培植物有粟、黍和麦3种，共10粒；草本植物以禾本科植物种子最多，共计336粒；草本植物非禾本科种类十分丰富，包括豆科、莎草科、唇形科、茜草科、十字花科、罂粟科、蓼科、芸薹属、藜属、紫堇属/青葙、马齿苋属、酸浆属、菟丝子属、地肤、黄荆和野西瓜苗；17种非禾本科草本植物种子，共计399粒；木本植物种子有榆科、梾木属、小叶朴、小花扁担杆、葡萄属、蛇葡萄属、乌蔹莓属、桑属和李属，这几种果实类遗存总计186粒，其他木本植物种子共计66粒；水生植物包括藨草属和芡实，均各发现1粒；疑似花骨朵的炭化遗存发现2块。由此知张马屯聚落可以利用的植物种类非常丰富。囿于资料的缺乏，尚无法得知采集植物食物更进一步的详情。

经由动物遗骸的鉴定确认，我们对后李文化时期渔捕的情形了解得稍详细一些。西河遗址的鱼骨数量最多，占了总可鉴定标本数的59%；月庄遗址的鱼骨数量占可鉴定标本数的19%。③经鉴定的小荆山、前埠下遗址的动物遗骸中，水生动物分为三类，12个种属，包括圆顶珠蚌、珠蚌、扭蚌、剑状矛蚌、楔蚌、丽蚌、青蛤、蓝蚬、青鱼、草鱼、鲶鱼、鳖等。④

石球是当时用于远程狩猎的有效工具，锤和棒是只能近身搏斗的工具。由于缺乏高效有力的狩猎工具，虽然动物都是人们猎杀的对象，但温驯的动物常常成为人们的首选，偶蹄类动物是先民们的主要捕猎对象，如梅花鹿、

① 栾丰实、〔日〕宫本一夫主编：《海岱地区早期农业和人类学研究》，科学出版社2008年版，第42页。

② 吴文婉等：《海岱地区后李文化的植物利用和栽培：来自济南张马屯遗址的证据》，《中国农史》2015年第2期。

③ 宋艳波：《海岱地区新石器时代的动物考古学研究》，山东大学2012年博士学位论文，第9、10页。

④ 山东省文物考古研究所编著：《山东20世纪的考古发现和研究》，科学出版社2005年版，第79页。

斑鹿、獐、野猪等为首选目标，其次是狗獾、貉、狐等小型动物[①]。

前埠下遗址的家猪和狗遗骸，经鉴定已经驯化，为家养动物[②]，这表明家畜养殖业已然存在。章丘西河遗址后李文化层出土的夹砂陶猪，头部为尖锥状，吻部较长且前突，有两个不太对称且大小不一的鼻孔，细长小眼睛，对称的乳突状小耳朵，背部略窄，尾端已残，整体呈伏卧状。作为工艺品的陶猪的出现，充分说明家猪已成为当时人们日常生活中喜闻乐见的物品。山东当时森林草原的生活环境，为家畜养殖提供了充足的食物来源，“除狗外，人们最初驯养的动物多为草食性动物，丰茂的植被环境，是动物饲养的根本保证”[③]。

（二）北辛文化时期的锄耕农业

北辛文化各遗址的遗物类型与后李时期一致，主要有陶器、玉器、石器、骨器、角器、蚌器及牙器。

陶器质地分为泥质、夹砂两种。器类有鼎、罐、小口双耳罐、钵、碗、盂、豆、盘、盆、漏缸、器盖、支脚、纺轮等。陶质器具中，漏缸与纺轮是生产工具，其他为生活用具。

石器种类很多，铲、斧、敲砸器、磨盘、磨棒是北辛文化的典型器。打制石器的主要器形有铲、斧、敲砸器、砍砸器、盘状器等。磨制石器的主要器形有铲、斧、锛、凿、刀、镰、锤、磨盘、磨棒、磨饼、杵、匕首、矛、纺轮、镞、磨石、石球、环、笄等。

骨器材料主要来自家畜、野生动物、禽类和水生动物的骨骼和甲壳，主要器形有锥、凿、镞、矛、匕、镖、笄、针等。角器绝大部分用鹿角制成，主要器形有鹿角锄、锥、凿、针、刮抹器等。牙器多用猪牙或獐牙制作，主要器形有镞、锥、刮削器、束发器、牙坠、牙饰等。蚌器利用蚌壳、螺壳制成，主要器形有铲、锥、镰、镞、匕、刀、蚌饰和端刃器等。

---

① 山东省文物考古研究所编著：《山东 20 世纪的考古发现和研究》，科学出版社 2005 年版，第 78 页。

② 宋艳波：《海岱地区新石器时代的动物考古学研究》，山东大学 2012 年博士学位论文，第 10 页。

③ 山东省文物考古研究所编著：《山东 20 世纪的考古发现和研究》，科学出版社 2005 年版，第 80 页。

北辛文化时期的石器制作已使用穿孔技术，但“穿孔技术还不发达，仅见于较软的粉砂岩质的磨石”①。这一时期工具制作的重要特点是功能趋向专业化。农作物种植中最重要的工具当是鹿角锄和石铲。鹿角锄的功用有二：一是翻耕土地，兼有挖坑点种的作用；二是作为田间管理的主要工具。鹿角锄的使用，是北辛文化进入锄耕农业的重要标志。石铲主要是翻土工具，“从北辛遗址石铲上留下的使用痕迹判断，其入土的深度在7厘米左右。能在土中下翻如此深度，从一个侧面证实当时已进入锄耕农业阶段”②。石镰、骨镰是专门的收割工具。与锄耕农业配套的是粮食食用加工工具的广泛使用，磨盘、磨棒在后李文化时期就已出现，当时主要用于加工野生果实，后期开始用于加工粮食，到北辛文化锄耕农业时期变为主要用于加工粮食。在滕县古遗址采集到的磨盘共有7件，多数器形近圆角等腰三角形，大的长约60厘米，只有标本17:020，平面略呈椭圆形，两侧较直，背面有矮腿，一端稍向上翘，呈弧形而下，长65厘米、宽36厘米。这些磨盘，都有使用痕迹。③根据此矮腿磨盘形制，推测“滕县北辛遗址的居民可能是席地而坐，或蹲或坐在石块上使用磨具（磨盘、棒、饼等）对粮食进行加工食用”④。

北辛遗址发现了窖藏的炭化粟，出土的部分陶钵底部有粟糠形印痕⑤。在日照南屯岭遗址北辛文化层中，发现了山东迄今为止最早的黍遗存⑥。在玉皇顶遗址和胶东半岛的白石村遗址发现了粟和黍的颖壳植硅体⑦。

自农业产生以来，涉农五业就相互伴随着发展。所谓涉农五业，即农、林、牧、副、渔业，畜牧养殖与农业关系尤其密切。北辛文化“各个遗址均已

---

① 山东省文物考古研究所编著：《山东20世纪的考古发现和研究》，科学出版社2005年版，第99页。

② 山东省文物考古研究所编著：《山东20世纪的考古发现和研究》，科学出版社2005年版，第121页。

③ 中国社会科学院考古研究所山东队、滕县博物馆：《山东滕县古遗址调查简报》，《考古》1980年第1期。

④ 陈冬生、王赛时主编：《山东经济史》古代卷，济南出版社1998年版，第11页。

⑤ 中国社会科学院考古研究所山东队、山东省滕县博物馆：《山东滕县北辛遗址发掘报告》，《考古》1984年第2期。

⑥ 陈雪香：《山东日照两处新石器时代遗址浮选土样结果分析》，《南方文物》2007年第1期。

⑦ 栾丰实、〔日〕宫本一夫主编：《海岱地区早期农业和人类学研究》，科学出版社2008年版，第30页。

驯化并饲养了家猪，猪类遗存的数量在各遗址中均占一定的比例”①。以王因遗址最为典型，王因遗址北辛文化层出土有不少的家畜、家禽遗骸，主要是猪、狗、猫、牛和鸡，家畜的数量远远大于野生动物的数量，家畜中猪骨的数量占鉴定标本数的65.38%②。邹平苑城遗址发现的动物骨骼，经鉴定，“主要种类有猪、鹿和一些大型动物，其中以猪骨最多，个体一般较大”③。猪的形体较大，是因为即便驯化后，最初的养猪也是以草食为主，与野猪的食物结构并无多大的差异，所以“直到大汶口文化时期，家猪仍保留许多野猪的特征”④。王因遗址H35出土有完整的牛头骨等动物骨骼和钙化的粪球，推测“此类灰坑废弃前可能是豢养家畜的畜圈”⑤。

渔捕仍是人们生产生活的重要组成部分。北辛遗址发现的鱼镖，已有外撇的铤，但无倒刺。白石村遗址发现的网坠，表明已经使用网罟捕捞。鱼类遗存在各区域中均有发现，其中靠海较近的贝丘遗址出土鱼类均为海鱼，处于内陆地区的其他遗址内出土鱼类均为淡水鱼。⑥

各遗址出土有大量制作规整的石镞、骨镞以及石质、陶质弹丸，这些是狩猎用的工具。镞的造型复杂多变，如北辛遗址出土的40多件骨镞，镞身就有圆锥形、扁锥形、三角形、扁圆形、桂叶形之分。镞都经过仔细磨制，十分锋利，这表明使用弓箭远距离地、比较安全地获取猎物是当时主要的狩猎方式。后李文化时期大量使用的石球，在这一时期仍有少量的存在，这说明“飞石索”式的捕猎方式还在沿袭。石质与陶质弹丸的使用，则有可能是“飞石索”与“弓箭”技术结合的产物。“就弹丸的大小观察，其杀伤力也不会太强，可能只适用于猎取一些小动物或飞禽，有可能对成群的鸟类或小动

① 宋艳波：《海岱地区新石器时代的动物考古学研究》，山东大学2012年博士学位论文，第15页。

② 山东省文物考古研究所编著：《山东20世纪的考古发现和研究》，科学出版社2005年版，第122页。

③ 山东大学历史系考古专业：《山东邹平县苑城早期新石器文化遗址调查》，《考古》1989年第6期。

④ 山东省文物考古研究所编著：《山东20世纪的考古发现和研究》，科学出版社2005年版，第80页。

⑤ 山东省文物考古研究所编著：《山东20世纪的考古发现和研究》，科学出版社2005年版，第122页。

⑥ 宋艳波：《海岱地区新石器时代的动物考古学研究》，山东大学2012年博士学位论文，第15页。

物，能发挥明显的作用。”①

（三）大汶口文化时期的耜耕农业

大汶口文化时期，“通常认为已经进入耜耕农业阶段”②。相较于北辛文化时期，大汶口文化时期的农业进步主要表现在工具制器、农作物种类以及农副业发展等几个方面。

在制器方面，陶器制作选料更加精细，泥质陶有的经过陶洗，甚至打磨，表面细腻光滑。常见的制作方法是泥条盘筑法，其次是轮制法与模制法。这一时期的变化是在以前的常用器形之外，新出现了甑和箅两种器形。甑和箅用于蒸制食物，这是一种新的烹饪方式，虽是生活方式上的一个微小变化，却是农业生产尤其是粮食产量、畜牧种类有了长足发展的必然结果。

这一时期农作物的最大变化是在粟、黍之外，新出现了水稻。长岛北庄遗址墙皮中发现掺有许多黍子的皮壳③，莱阳于家店遗址发现粟壳，广饶傅家遗址发现粟粒，滕州西公桥遗址发现粟的颖壳植硅体，枣庄建新遗址发现轻度炭化的粟粒，还发现有豆类植物的外皮。胶县三里河遗址发现了窖藏的大量粟粒，已经炭化，其容积约有 1.2 立方米④，折合新粟当有三四千斤。王因遗址孢粉分析的结果表明，在大汶口文化早期地层中发现了水稻的花粉，而且在其“红烧土中分析出的植物硅酸体，是以反映温暖湿润的哑铃形、扇形、方形、长方形占绝对优势”，“有伴生的轻度的炭化硬米粒”，王因遗址居民的经济类型是以农业（可能存在稻作农业）为主⑤。蓬莱大仲家遗址确认了一个水稻的扇形植硅体，在莒县集西头和段家河遗址检测出水稻的植硅体，而日照徐家村遗址发现的炭化稻米，是目前山东地区唯一发现的大汶口文化晚期稻遗存⑥。C 同位素的分析也能佐证大汶口时期水稻的种植。据山东滕州西公桥遗址人骨的稳定同位素分析，“该遗址先民的食谱较为多

---

① 李光雨：《北辛文化中的渔猎工具》，《农业考古》1996 年第 3 期。

② 栾丰实：《大汶口文化》，山东文艺出版社 2004 年版，第 64 页。

③ 北京大学考古实习队等：《山东长岛北庄遗址发掘简报》，《考古》1987 年第 5 期。

④ 中国社会科学院考古研究所编：《胶县三里河》，文物出版社 1988 年版，第 11、15 页。

⑤ 高广仁、胡秉华：《山东新石器时代环境考古信息及其与文化的关系》，《中原文物》2000 年第 2 期。

⑥ 参见栾丰实、〔日〕宫本一夫主编：《海岱地区早期农业和人类学研究》，科学出版社 2008 年版，第 31、43—44 页。

样化。$\delta^{13}C$ 值居于 C_3 和 C_4 植物平均值之间，反映了先民食物中既包含 C_3 类植物，又包括 C_4 类植物。根据考古发现，大汶口文化时期先民种植的农作物既包括粟，还包括黍和水稻。粟、黍为 C_4 植物，而水稻为 C_3 植物。因此，C 同位素的分析与考古资料一致，可以认为，西公桥遗址先民应为稻、粟混食的食物结构”①。“陵阳河人以稻米为主的 C_3 类最多（占 66.4%），以小米为主的 C_4 类较少（占 33.6%）；小朱家村人以 C_4 类最多（占 66.5%），C_3 类较少（占34.9%）。”②

打制石器已基本不再使用，农具全部通体磨制，而且越来越精致，棱角分明，刃部锋利，石斧、石铲已普遍使用钻孔技术，石铲多于上部开孔，石斧开孔多近于腰部。代表性的工具有扁圆形斧、长方形或梯形的穿孔斧钺、长方形或梯形的锛凿、长方形或三角形的刀等。工具种类也在不断增加，以泰安大汶口遗址出土的石质工具最具有代表性，当时共出土石铲 25 件、玉铲 2 件、石斧 10 件、石锛 63 件、镰 25 件、牙刀 53 件。当时采集到的工具样品尚有石斧 2 件、鹤嘴锄 1 件。在三里河遗址大汶口文化墓葬中发现了鹿角镰。鹤嘴锄用于掘地、挖坑和去除杂草，鹿角镰用于收割。这一时期新出现的农业工具有“肩石铲和骨锄、角锄以及蚌刀、蚌镰等。从统计资料分析，用于收获农作物的各种质料的刀和镰，在农业工具中的比例明显增加，较之早期阶段有明显的提高，从而间接表明农业生产有较大的发展”③。

相对于前一时期，养猪业的规模在扩大。1959 年，大汶口墓地出土的动物骨骸有猪、麋鹿、斑鹿、獐、鸟、狸、鸡等，其中以猪骨数量最多。随着养猪规模的扩大，用猪随葬的情形也在发生，大汶口遗址发掘的 133 座墓，有三分之一以上的墓葬用猪随葬，其中 43 座墓葬随葬猪头 96 个，最多的一座有 14 个④。猪多是成年较大的个体，其中成年母猪占较大比例，而且大多数在宰食年岁以上。这些猪“应该都是饲养的猪。这不仅从头骨较为细弱等

---

① 胡耀武等：《山东滕州西公桥遗址人骨的稳定同位素分析》，《第四纪研究》2005 年第 5 期。

② 栾丰实、〔日〕宫本一夫主编：《海岱地区早期农业和人类学研究》，科学出版社 2008 年版，第 44 页。

③ 栾丰实：《大汶口文化》，山东文艺出版社 2004 年版，第 65 页。

④ 山东省文物管理处、济南市博物馆：《大汶口——新石器时代墓葬发掘报告》，文物出版社 1974 年版，第 122 页。

方面可以说明，而且从它们在墓葬里大量的集中，以及在性别、年龄上表现了较强的一致性等特点，也可以看出”[①]。“大汶口 9 号墓，出有一件红陶兽形器，体形肥壮，拱鼻，张口，头部俨然是一个猪形，似乎正在张着嘴巴向它的主人讨食。这应该是家畜饲养业在原始造型艺术中的生动反映。”[②]胶县三里河遗址大汶口文化“以农业为主，饲养家畜，尤其是猪的饲养业比较发达”[③]，三里河遗址的 66 座墓葬，其中有 18 座墓葬随葬猪下颌骨，共计 144 个，最多的一座有 37 个。在遗址的一个袋状灰坑中，出土了 5 具完整的幼猪骨骼，有可能是一个猪圈，可见当时已能人工繁殖小猪[④]。大朱家村遗址 18 座墓葬内放置猪下颌骨 80 多个；陵阳河遗址 45 座墓葬中，有 29 座墓葬随葬猪下颌骨 170 多个，其中最大的 3 座墓共随葬 83 件，最多的一座墓随葬了 33 件。

家畜养殖业之外，渔捕仍是人们生活的有效补充。在各个遗址发现的动物遗存中，鱼类遗骨都有一定的数量。渔捕生产工具有了一些改进，如前期的鱼镖无倒刺，大汶口 M2019 出土的角鱼镖已有了倒刺。有些倒刺鱼镖的尾部还有穿孔，“大概是一种‘脱柄鱼镖’，即倒刺镖头与镖柄分体，而以绳索相连，投中大鱼时，镖头脱柄，随鱼而漂，不致被鱼挣脱。它是一种比较先进的渔具，也是人们捕鱼能力提高的一种标志”[⑤]。邹城市野店遗址 M48 出土的一组鹿角坠形器，形制规整，说明了结网捕鱼的方式仍在沿用。值得一提的是发现了比较精致的鱼钩，表明钓捕成为获取鱼类的又一种方法。受地域要素的影响，沿海居民的渔捕对象主要是近海鱼类，尤其是可食用的软体动物，如“软体动物遗存是北阡遗址大汶口文化早期发现数量最多的动物遗存，绝对数量占到发现可鉴定动物骨骼（NISP）总数的 91% 以上，其次为哺乳类动物和鱼类，其他几类发现的都极少”[⑥]。依据动物群遗存种类及

---

① 山东省文物管理处、济南市博物馆：《大汶口——新石器时代墓葬发掘报告》，文物出版社 1974 年版，第 157—158 页。

② 山东省文物管理处、济南市博物馆：《大汶口——新石器时代墓葬发掘报告》，文物出版社 1974 年版，第 122 页。

③ 中国社会科学院考古研究所编：《胶县三里河》，文物出版社 1988 年版，第 154 页。

④ 山东省文物考古研究所编著：《山东 20 世纪的考古发现和研究》，科学出版社 2005 年版，第 183 页。

⑤ 高广仁、邵望平：《海岱文化与齐鲁文明》，江苏教育出版社 2005 年版，第 68 页。

⑥ 聂政：《胶东半岛大汶口文化早期的聚落与生业》，山东大学 2013 年博士学位论文，第 103—104 页。

各种动物供肉量的数量分析,“胶东半岛地区先民主要的经济活动仍然是采集贝类的软体动物,但是养猪已经成为先民获取肉食资源的主要方式”①。

采集亦是当时生业的一个方面。北阡遗存可鉴定的炭化种子果实可以分为农作物和非农作物两大类,非农作物又可以分为杂草类、果类、其他类等。“北阡遗址发现的农作物包括黍、粟、水稻三类;杂草分为禾本科、豆科、藜科、苋科、马齿苋科、唇形科等及其他类杂草,属于20科约37个属/种的植物;果类包括李属、鼠李科等核果,酸浆属、葡萄属、猕猴桃属等浆果,栎果等坚果的果实及不明坚果、果壳的残块等。”②尤其以大汶口文化早期晚段的H135灰坑为代表,坑中发现了黍、粟、牛筋草、狗尾草属、黍属、稗属、早熟禾亚科、野大豆、草木樨属、其他豆科、藜属、莎草属、萹属、酸模叶蓼、酸浆属、李属、未知类等15种。这些植物资源中,禾本科的黍属、狗尾草属、马唐属、稗属等的籽粒可食,嫩杆叶还可以作为牲畜饲草;藜属、苋属、马齿苋属三类植物是常见的旱地先锋植物,许多的种类嫩茎叶可食,至今仍是常见的野菜资源;唇形科的紫苏属是广为利用的植物,紫苏的叶、梗、籽粒皆可食用,籽粒还可榨油,全草皆可入药;酸模叶蓼的嫩苗和嫩茎叶可以在春季采集食用,全草可入药。由此知植物遗存中的各类杂草资源,“也有可能被先民专门采集利用作为家畜饲草、日常菜蔬或油料等的来源,甚至有可能利用其药用的价值”③。

酿酒是农业副业之一,它以粮食生产增长为基础。原始农业的发展,使酿酒业也随之发展起来。大汶口遗址1959年发掘的133座墓葬中有42座墓葬随葬有高柄杯、筒形杯、单把杯等各种杯类171件,其中大部分为酒器。大范庄遗址出土陶器725件,其中酒器就有625件④,占总数的86.2%。1979年,陵阳河遗址出土陶器1400多件,其中有一批器形较大的瓮、壶、漏器等,可作为谷物发酵、储酒、沥酒之用。3次发掘的45座大汶口文化墓葬,随葬高柄杯一类饮酒用具竟达663件,约占整个墓地出土遗物总数的45%,由此可

① 宋艳波:《海岱地区新石器时代的动物考古学研究》,山东大学2012年博士学位论文,第78页。

② 聂政:《胶东半岛大汶口文化早期的聚落与生业》,山东大学2013年博士学位论文,第108页。

③ 王海玉:《北阡遗址史前生业经济的植物考古学研究》,山东大学2012年硕士学位论文,第65页。

④ 临沂文物组:《山东临沂大范庄新石器时代墓葬的发掘》,《考古》1975年第1期。

见陵阳河大汶口人尚酒风习之一斑。[①] 另有随葬的 2 件陶质酿酒工具，直壁、深腹、平底，底部中间有圆形孔，其中一件口径 55 厘米、深 38 厘米、孔径 20 厘米[②]。专业酿酒工具的发现，是农业副业发展的一个重要依据。

（四）龙山文化时期的农业

“龙山文化时期农业经济的发展主要表现在以下几个方面：定居村落、农业生产和谷物加工工具、农作物遗存、窖穴等。”[③]

龙山文化时期的工具和器具，在传统的陶、石、玉、蚌、骨器质料基础上，增加了铜料。石器仍是龙山文化时期的主要生产工具，其器形种类见表 1－2。有学者曾论定石镢是这一时期出现的“新的农业生产工具”[④]。在山东茌平尚庄遗址龙山文化层 H201 灰坑中，发现了使用有齿木耒加工的痕迹，耒齿间距为 5—6 厘米[⑤]。当时工具的制造已然要根据工具性质来选用不同的石材料，如石斧要采用辉绿岩和闪长岩，扁薄石铲要采用板岩和页岩。石器绝大部分通体精磨，钻孔已成为工具制作的固定工艺，采用琢钻与管钻技艺。最为重要的是工具器形定型化：“斧为厚身长方形或略呈梯形，双面刃；锛为较扁的梯形，单面刃；凿为厚身长条形，多单面刃；铲为扁薄长方形或梯形，单面刃；镰为尖头、拱背、宽尾，单面刃内凹；刀呈长方形，或一端略窄，背部穿双孔，单面刃；镞则比较复杂，以断面呈三角形和菱形者为主。”[⑥]基本定型后的工具器形为后世长期沿用，“镰的形态为尖头、宽尾、弧背凹刃的窄条形，单面刃，与后世的镰已无区别；刀类主要是长方形（或一端略窄）石刀和蚌刀，单面刃，背部穿双孔，与今日农村还在使用的长方形铁刻刀，无论是形状还是大小，均极为相似，只是质料不同而已”[⑦]。

---

① 山东省考古所等：《山东莒县陵阳河大汶口文化墓葬发掘简报》，《史前研究》1987 年第 3 期。

② 山东省文物考古研究所编著：《山东 20 世纪的考古发现和研究》，科学出版社 2005 年版，第 187 页。

③ 山东省文物考古研究所编著：《山东 20 世纪的考古发现和研究》，科学出版社 2005 年版，第 264 页。

④ 陈冬生、王赛时主编：《山东经济史》古代卷，济南出版社 1998 年版，第 15 页。

⑤ 山东省文物考古研究所：《茌平尚庄新石器时代遗址》，《考古学报》1985 年第 4 期。

⑥ 山东省文物考古研究所编著：《山东 20 世纪的考古发现和研究》，科学出版社 2005 年版，第 268 页。

⑦ 栾丰实：《东夷考古》，山东大学出版社 1996 年版，第 266 页。

表 1－2　　　　山东龙山文化常见生产工具统计表

质料	器类	杨家圈			两　城		姚官庄			尹家城		城子崖		王油坊	
		杨	紫	大	两	尧	姚	三	呈	尹	西	尚	邢	王	青
石器	刀	△	2	2	12	15	47	22	27	25	2	6		1	1
	镰				4	3	5			6					
	铲				10			6	5	15				1	
	镬					1			2						
	磨棒									1				3	
	杵				1				2	1					
	斧	△	2		20	9	34	6	15	29	18	2			5
	钺				11		18	4	1	22		15	2	1	
	锛	△			18	11	4	68	24	41	14	7		7	
	凿	△	2		18	15	3	3	7	11	6	2		1	
	雕刻器						1			2					
	刮削器									1				1	
	纺轮	△			1		9	2	3	3					
	矛	△			8	1	7			4		1			
	镞	△	1	2	47	25	64	16	28	60	68	25	1	6	
	石球				1					3					
	合计	△	7	4	151	80	192	127	114	224	108	58	3	21	6
骨角牙器	铲						1		1						
	刀						1								
	角锄									2	2				
	凿	△					9	2	11	6	1	13		4	1
	锥	△		2			14	12	14	42	25	26	5	6	1
	针	△							1	15	5		1	3	
	钻			4						2				1	
	匕									2	2			2	
	角锥									7		3	1	1	
	角削							2							

续表

质料	器类	杨家圈			两　城		姚官庄			尹家城		城子崖		王油坊	
		杨	紫	大	两	尧	姚	三	呈	尹	西	尚	邢	王	青
骨角牙器	角拍							1							
	角斧													1	
	牙锥							2			1	2			
	骨矛							1		4	2				
	骨镞	△			1	1		6	29	56	16	39	6	10	3
	角镞						23	1							
	鱼钩						1								
	鱼镖									9	1			4	2
	网坠													1	
	合计	△		6	1	1	49	27	56	145	55	83	13	33	7

上表引自陈淑卿:《海岱地区龙山文化生产工具的类型学考察》,《辽海文物学刊》1997 年第 2 期。原文合计数错误处已改正。

铜质工具和器具的出现是龙山文化时期历史进展的革命性事件,标志着山东地域社会从此进入了金属器具时代。现所知,有 6 处龙山文化遗址出土了铜质工具和器具:胶县三里河遗址发现两件铜锥,临沂大范庄遗址出土铜块,诸城呈子遗址发现铜片,日照尧王城遗址出土铜渣,栖霞杨家圈遗址出土铜条,长岛店子遗址发现残铜片。对三里河遗址铜锥的研究表明,“两段铜锥都是铸造而成,锌的平均含量达 23.2%”,“所用原料是不纯的,熔炼方法是比较原始的,因此,很可能是利用含有铜、锌的氧化共生矿在木炭的还原气氛下得到的”。模拟实验证明,在山东地区“早期黄铜的出现是可能的”。①

龙山文化时期的农作物主要有粟、黍、稻,这个时期考古新发现的农作物还有大豆、麦。尹家城、雔堌堆、安邱堌堆发现粟黍颖壳植硅体。庄里西、城子崖、鲁家口、狮子行、李家埠等五个遗址同时出土了粟、黍和稻的植硅体。两城镇、教场铺遗址浮选出粟、黍、稻、麦等植物遗存,所发现的大豆,果

① 北京钢铁学院冶金史组:《中国早期铜器的初步研究》,《考古学报》1981 年第 3 期。

粒较小,属于野生大豆采集品。两城镇发现炭化稻和水稻植硅体、麦,大豆的颗粒较大,应当是人工栽培的。薛家庄遗址中发现了炭化稻米和粟黍。桐林遗址出土了水稻、粟、黍。丹土遗址发现了大量的水稻植硅体。临淄田旺遗址龙山文化层发现了稻植硅体。滕州庄里西遗址灰坑土样中浮选出大量的植物果实和种子,所浮选出的水稻 280 余粒,经鉴定为粳米。与粳米伴存的有黍、野大豆、葡萄、酸枣的果核及大量的蔷薇科核壳碎片。赵家庄遗址出土了稻遗存,浮选出大量的炭化稻,在遗址聚落区发现并证实了水田遗迹,可以确认水稻是产自本地的。①

农业发展的一大表现是粮食生产成为食物的主要来源。靳桂云教授曾统计了龙山文化 45 个遗址的植物遗存,认为龙山文化遗址植物遗存具有三个特点:第一,农作物为主,野生植物数量和出土概率都显著低于农作物。两城镇等 4 个经过正式发掘和系统植物考古研究的遗址中植物遗存分析结果都如此。第二,农作物包括稻、粟、黍、小麦和大麦,稻在泰沂山以南的遗址中占主导地位,而粟和黍则是泰沂山以北遗址中的主导。第三,正式发掘并系统开展植物考古研究的 4 个遗址中都出土了一定数量的野生植物遗存,其中有些是可食野生植物。②

由于农作物的大量种植,粮食产量已经比较高,需要有专门的场所来储存,大多数遗址都发现有比较规整的灰坑和窖穴,有的坑壁甚至经过烘烤硬化处理。三里河大汶口文化层的一个窖藏坑存有容积约 1.2 立方米的炭化粟,而龙山文化层发现了 37 个类似的窖藏坑③。窖坑里出土有多种大型带盖的贮盛陶器,这些陶器“除贮水外,更主要的当是用来贮藏粮食的”④。城子崖遗址出土了容积约 0.5 立方米的大瓮,可能用来存放粮食⑤。在城子崖遗址还发现了石臼和石杵,是粮食加工工具。与磨盘和磨棒相比,其加工效率提高了许多,这当然是粮食增产引起的必然结果。

相比于前一历史时期,龙山文化时期农业的最大变化是确认了麦、豆和

---

① 详参栾丰实、〔日〕宫本一夫主编:《海岱地区早期农业和人类学研究》,科学出版社 2008 年版,第 45—47 页。

② 靳桂云:《龙山文化居民食物结构研究》,《文史哲》2013 年第 2 期。

③ 中国社会科学院考古研究所编:《胶县三里河》,文物出版社 1988 年版,第 18—21 页。

④ 陈冬生、王赛时主编:《山东经济史》古代卷,济南出版社 1998 年版,第 15 页。

⑤ 张学海:《龙山文化》,文物出版社 2006 年版,第 146 页。

水稻在山东的人工种植。稻由长江流域传入，小麦在传统上被认为是从西亚或者东欧传入中国，由此“龙山文化时期，是中国北方古代农业发展的重要时期，其中重要的表现之一就是农作物构成的变化。龙山时代以前，黄河流域为主的北方以粟黍为主要农作物，长江流域以稻为主要农作物。龙山时代，不仅稻作农业传播到黄淮流域并得到迅速发展，而且大豆、小麦和大麦遗存也作为农作物在遗址中频繁出现”①。

龙山文化时期家畜饲养的技术、规模都有相当程度的发展。可饲养的动物品种有猪、狗、黄牛，而依据遗存动物的骨骼形态进行分析，后世常见的水牛、羊（包括山羊和绵羊）、鸡、马等则没有被驯化②。

“从各遗址出土的动物骨骼数量分析，龙山文化时期饲养的家畜家禽以猪的数量最多，其次是狗，牛、羊较少。”③养猪的规模较大，如尹家城遗址墓葬中随葬幼猪下颌骨不少于 118 件，随葬最多的墓葬达到了 32 件，可知当时养殖规模较大，可以在随葬时一次集中宰杀数十头幼猪个体。鲁家口遗址可鉴定到种属的 315 件骨骼标本中，有猪骨 201 件，约占总数的63.8%。④教场铺遗址“出土的猪的材料较多，可鉴定标本数为 1504 件，占哺乳动物总可鉴定标本的 36%以上；这些材料至少代表了 83 个个体，占哺乳动物总个体数的 50%。从数量比例来看，该遗址的猪已经占据了优势地位”⑤。猪的养殖技术也在提高，“尹家城发现的墓葬中，不仅随葬猪下颌骨的数量很多，而且随葬的全部为幼猪个体，显示出更为强烈的人为控制因素，从而进一步体现了先民养猪技术的提高”⑥。龙山文化时期养猪已从大汶口文化时期的圈养发展到修建专门的畜舍精养。狮子行遗址龙山文化层采集到一件陶畜舍

① 参见栾丰实、〔日〕宫本一夫主编：《海岱地区早期农业和人类学研究》，科学出版社 2008 年版，第 35 页。

② 宋艳波：《海岱地区新石器时代的动物考古学研究》，山东大学 2012 年博士学位论文，第 62—63 页。

③ 山东省文物考古研究所编著：《山东 20 世纪的考古发现和研究》，科学出版社 2005 年版，第 266 页。

④ 中国社会科学院考古所山东工作队、山东省潍坊地区艺术馆：《潍县鲁家口新石器时代遗址》，《考古学报》1985 年第 3 期。

⑤ 宋艳波：《海岱地区新石器时代的动物考古学研究》，山东大学 2012 年博士学位论文，第 50 页。

⑥ 宋艳波：《海岱地区新石器时代的动物考古学研究》，山东大学 2012 年博士学位论文，第 52 页。

模型器，该器“卧式圆仓形，正面长方门，上下二插关，顶部二烟囱形气眼，尾部短锥形，有一孔，顶部后部一孔”，长14厘米、高11.5厘米。“畜舍模型器和遗址中大量猪骨的发现，反映出畜牧业已很发达”。①猪在当时人们生活中的地位，还可以通过艺术创作表现出来，如龙山文化遗址中常见的泥质三足盒的足，以猪脸形为三足，“表明猪已渗透到人们生活的各个领域”②。

除上述家养动物遗骸外，龙山文化各遗址还出土了大量野生动物骨骸，主要有牛、猫、貉、獐、狐、东北鼢鼠、竹鼠、豪猪、麋鹿、斑鹿、狗獾、兔子、羊、小麂、豹猫、水牛、梅花鹿、虎、鸡、禽等种类。这些是当时的猎获品，主要用矛、镞等武器猎取。用弓箭猎杀野生动物是当时重要的猎取手段之一，这一时期出土的镞的数量非常多，“镞的数量的猛增，既是战争频繁的反映，也是狩猎畜牧业发达的反映”③。各遗址的野生动物骨骸，显示出先民在饲养家畜的同时，也会很好地利用周围的自然环境，通过渔猎野生动物来补充肉食资源。④

渔捕仍是龙山文化时期各聚落的重要生产内容。鱼类遗存在各个遗址内均有发现，唯部分遗址遗存较多，如尚庄遗址龙山文化层H62灰坑中发现了5—10厘米厚的鱼鳞、鱼骨遗存，庄里西遗址的“全部动物构成以鱼为主，占了83%”，后杨官庄遗址的“全部动物构成以鱼为主，占了51%”。⑤出现这样的情况，应与遗址生活区域近海或者附近有较大的水域有关。这一时期的渔捕工具与前一时期相差不大，使用有倒钩的鱼镖、精致的鱼钩、带网坠的渔网等。值得关注的是，长岛北庄发现的网坠如长形秤砣，上部穿孔，下部有被碰撞的痕迹，是当地特有的一种形态，而鲁中南地区不见北庄的那种秤砣式的石网坠。⑥既有如此沉重的网坠，研究者推定“此时原始居民已从事深海捕鱼活动了”⑦。

采集在农事之外依然存在，各类野生植物，尤其是其中的豆科、唇形科、

---

① 潍坊市艺术馆、潍坊市寒亭区图书馆：《山东潍县狮子行遗址发掘简报》，《考古》1984年第8期。

② 张学海：《龙山文化》，文物出版社2006年版，第146页。

③ 陈冬生、王赛时主编：《山东经济史》古代卷，济南出版社1998年版，第21页。

④ 宋艳波：《海岱地区新石器时代的动物考古学研究》，山东大学2012年博士学位论文，第82页。

⑤ 宋艳波：《海岱地区新石器时代的动物考古学研究》，山东大学2012年博士学位论文，第30、31页。

⑥ 北京大学考古实习队等：《山东长岛北庄遗址发掘简报》，《考古》1987年第5期。

⑦ 陈冬生、王赛时主编：《山东经济史》古代卷，济南出版社1998年版，第24页。

葫芦科、蓼科、黍亚科等，属于可食性植物，当地居民应当都会加以采集，进行多维度的综合利用。两城镇遗址植物遗存浮选出的植物类属，杂草类有苋属、菊科、豆科、藜属、蓼属、马齿苋属、莎草科等，禾本科有糁属、黍亚科及其他禾本科，其他类有黑弹朴、李属、野葡萄等①。对田旺遗址龙山文化灰坑的植物硅酸体分析表明：在遗址的附近生长着丰富多样的植物，既有大量的禾本科植物，也有蕨类植物、阔叶类木本植物及水生植物。这里的居民充分利用了周围的自然资源，在样品中常见芦苇扇型硅酸体和阔叶类木本植物硅酸体，这都应当是有选择地利用周围植物的结果。② 东盘遗址龙山文化层的植物遗存，浮选出非农作物种子果实693粒，其类属为狗尾草属、稗属、马唐属、黍亚科、牛筋草、野大豆、其他豆科、藜科、葫芦科、苋科、蓼科、马齿苋属、莎草属、锦葵科、菊科、苍耳、紫苏、茄科、葡萄属、蔷薇科等。由此而知“东盘先民在种植农作物的同时，可能利用聚落周围丰富的植物资源，采食一些时令性的水果和野菜资源，作为食物的补充；采集紫苏等做香料或调味品，并利用一年生野生草本来作为动物饲料等；一些灌木、乔木类可能被先民当作建材和薪柴等的来源”③。对庙后遗址的植物遗存分析表明：除农作物粟、黍、稻外，还有黍亚科、豆科、芦苇、莎草科、阔叶树等植物类型的植硅体，“遗址中保存的植硅体类型丰富、数量大，可能主要是反映了聚落居民利用植物活动的程度比较深”④。

三、自然环境、作物类型与肇始期农业生产的基本格局

从前面所述的各种动植物资源可知，今山东地域在史前时期虽有冷暖波动，但总体温暖，其波动幅度还不足以影响到农业生产的持续发展，直到龙山文化时期，扬子鳄、刚竹等一些标志性动植物的存在，表明今山东地域在当时有足够的降雨和水体。得益于适宜的水热资源组合及多样化的动植物、作物资源，供人们选择的生计策略可以多样化，进而呈现出各区域大致

---

① 〔加〕凯利·克劳福德等：《山东日照市两城镇遗址龙山文化植物遗存的初步分析》，《考古》2004年第9期。

② 靳桂云等：《山东临淄田旺龙山文化遗址植物硅酸体研究》，《考古》1999年第2期。

③ 王海玉等：《山东省临沭县东盘遗址2009年度炭化植物遗存分析》，载山东大学东方考古研究中心编《东方考古》第8集，科学出版社2011年版，第369页。

④ 靳桂云等：《山东烟台庙后遗址植物考古研究》，载山东大学东方考古研究中心编《东方考古》第6集，科学出版社2009年版，第327页。

相似而又不同的生产形态。

生计策略，又称生业经济，指的是为维持日常生存而进行的各类经济活动。它并不单指依靠狩猎采集、农业种植、家畜饲养等方式获取食物的经济行为，还包括为改善生存品质而为居住条件、精神愉悦做出努力的经济行为。所以，生计策略不仅仅是延续生命，还有享受生命，这两者密不可分。

在没有农业种植业之前，人们可资延续生命的生计策略只有采集、狩猎、渔捕三种。而能同时进行三种经济行为的最佳地域，在内陆地区，只有有河流经过的山前台坡地带为上佳；在沿海区域，海洋提供了渔捕的环境，采集与狩猎却仍需紧靠丘陵山地地带。当时人们依生计策略选择的生活区域，大致都在能满足上述条件的地理区域。后李文化"从分布范围看，其主要在泰沂山系北侧的山前丘陵或山前冲积平原上"，北辛文化的遗址"多位于临近低山丘陵的平原地带"[①]，龙山文化的遗址"主要坐落在宜于农耕的浅山丘陵和河岸湖滨地带，分布也十分密集"[②]。胶东半岛在没有农业之前，海洋采集与渔猎经济是当时的根本生业，因此"胶东半岛在贝丘文化晚期形成了遥相呼应的两大生存带，即山地经济生存带和沿海经济生存带"[③]。由此可知当时海岱地区不同地域的生计策略是相似的。即便是有了农业，只要采集、渔猎还是生计策略必须要考虑的要素，人们对生活区域的选择就不会有太大的变化。但满足这样条件的区域在一定范围内是有限的，为争夺生存地域、生存资源所发生的冲突和战争就不可避免，部落战争与人们的生计依赖有关。

前文已述后李文化时期刀耕火种的农业水平不能高估，它提供生存资源的能力有限，所以尽管"后李文化居民已经掌握了植物栽培和动物驯养技术。但栽培植物和驯养动物在食物资源中还属于次要的，相当于食物低水平生产阶段，而狩猎采集捕捞等所获的野生动植物资源可能是食物资源的主要组成部分"[④]。

---

① 山东省文物考古研究所编著：《山东20世纪的考古发现和研究》，科学出版社2005年版，第71、121页。

② 栾丰实：《东夷考古》，山东大学出版社1996年版，第266页。

③ 栾丰实、〔日〕宫本一夫主编：《海岱地区早期农业和人类学研究》，科学出版社2008年版，第63页。

④ 靳桂云：《后李文化生业经济初步研究》，载山东大学东方考古研究中心编《东方考古》第9集，科学出版社2012年版，第588页。

一定区域范围内的动植物存量，会随着居住时间的增加而逐渐减少，变得不敷使用。而后李文化时期的原始农业，还不可能掌握施肥补充地力的技术，地力用尽的时候，就得另寻合适的可耕种区域。在这种情况下，山东先民的生活必定是短期定居，不断移徙。后李文化持续近千年，也是移徙生活持续进行的近千年，这种短期定居、不断移徙的生活留给今天的痕迹之一就是先民在迁徙时主动放弃的住地。先民放弃的住地不少，考古发现这些主动放弃的“房址内存在大量房屋使用时期的用品，有的放置井然有序，人们在废弃时并没有搬运走。由于在房址上没有发现火烧及水冲的痕迹，因而这些遗物应是人们有意识的废弃。弃置大量房屋使用时期的用具，是后李文化房址的特点”①。

不断移徙的生活反映在生计策略上，就是很多用具采用了便携拆装、易于迁徙的组合式设计，圜底釜罐支脚系统就是后李文化至大汶口文化时期便携组合式用具的典型代表。支脚有石、陶两种质料，有一些石制支脚还经过琢制。后李文化小荆山遗址发现的半埋入地下的石支脚，展示了支脚的具体使用方式。研究者将海岱地区的支脚分为泰沂支系和胶东支系。泰沂支系到了大汶口文化早期，支脚类器物就几乎消失了，而以釜形鼎为主的三足器逐渐取代支脚组合炊具，但其鼎腹所呈现出来的文化因素，即圜底釜形均能在早于大汶口文化的后李文化和北辛文化中找到来源。胶东支系见于烟台白石村遗址，而晚于白石村遗址的栖霞杨家圈遗址并没有发现支脚类组合炊具，杨家圈遗址用作炊烧的釜形鼎从器形上来看并不是由白石村文化因素继承而来，有可能是受到了相邻地区大汶口文化的影响②。

后李文化考古中没有发现可以耐高温的紧固件。支脚的使用，虽有便携的长处，但因为缺乏紧固作用，支撑平衡性能比较差，在使用上有很大的不便。大汶口文化的三足器支撑平衡力度足够，不便于堆放，自然也不适于移徙生活。大汶口文化时期农业已有相当大的发展，可以稳定地为人们提供粮食，粮食的剩余甚至已能够支持大规模的酿酒，人们的生活已不再需要经常移徙，易于迁徙也不再是用具设计时的必要要素，于是三足器便有了用

---

① 山东省文物考古研究所编著：《山东20世纪的考古发现和研究》，科学出版社2005年版，第51页。

② 吴伟：《史前支脚器具的兴衰与史前农业进程》，《农业考古》2012年第3期。

武之地，支脚被淘汰了。定居生活可以安放固定的灶炉，于是大容积的甑和箅之类的蒸炊具也被发明出来。酒与新的炊具式样，在一定程度上说明到了大汶口文化时期，人们的生计策略在享受生命这一方面的因子增加了。

大汶口文化社会前期，在农业生产与定居生活的背景下，“人口增殖，在海岱区内部，社会联系加强，各地文化面貌趋同，作为一个相对独立的历史文化区初步形成”[①]。伴随着这一文化趋同进程，生计策略将产生巨大变化。对动物遗存的种类与肉量提供能力的数据分析显示，北辛文化时期“各地区都开始饲养家猪，有的地区以此来获取主要的肉食，有的地区还是以渔猎经济来获取主要的肉食，渔猎经济仍然是先民非常重要的经济活动”。大汶口文化时期，各地区先民的主要肉食来源是“家养动物，尤其是家猪，同时依靠狩猎捕捞野生动物来补充肉食。胶东半岛地区先民主要的经济活动仍然是采集贝类的软体动物，但是养猪已经成为先民获取肉食资源的主要方式”[②]。家养动物在先民的经济生活中占据了绝对重要的地位。由于部分地区可能已经开始饲养黄牛，所以先民主要的肉食来源除了家猪外，牛也占了比较重要的地位。[③] 也就是说，到了大汶口文化晚期时，野生动植物资源不再如后李文化时期那样是食物资源的主要组成部分，生计策略已不需要将野生动植物资源作为生计的首要考虑要素了，龙山文化时期的人们可以免于山前台坡地带的约束而定居到更适宜居住的平原地区。以前在陆生、水生资源丰富的胶东地区，人们对开发农业有着天然的惰性[④]，而在龙山文化时期，在新的农业技术支持下，“许多掌握了这些先进农业技术的聚落或队群已能在胶东许多适宜农业的山前和平原台地，开始更加稳定的定居生活”[⑤]。

水井等新技术的广泛应用也为新的生计策略选择提供了技术支持。济宁张山北辛文化遗址已经发现有水井，井口呈椭圆形，口径 1.14—1.34 米，

---

① 高广仁、邵望平：《海岱文化与齐鲁文明》，江苏教育出版社 2004 年版，第 64 页。

② 宋艳波：《海岱地区新石器时代的动物考古学研究》，山东大学 2012 年博士学位论文，第 78 页。

③ 宋艳波：《海岱地区新石器时代的动物考古学研究》，山东大学 2012 年博士学位论文，第 85 页。

④ 王富强：《胶东新石器时代遗址的地理分布及相关认识》，《北方文物》2004 年第 2 期。

⑤ 栾丰实、〔日〕宫本一夫主编：《海岱地区早期农业和人类学研究》，科学出版社 2008 年版，第 65 页。

底径0.8—1.04米，深2.75米。[①] 建新遗址大汶口文化层发现水井一眼，井口距地表0.32米，距井底2.1米。[②] 龙山文化时期多处发现水井，在城子崖遗址发现多口水井，其中一口深达7米。胶东薛家遗址发现有4米多深的水井。丁公遗址的水井深度超过4米。兖州西吴寺遗址发现3口井，井深4.3—5.1米。青州凤凰台遗址的陶圈水井，口径1.25米，存深1.9米，底径1米。水井在龙山文化时期的广泛应用，“体现了人们对大自然的控制能力有较大的提高，它不仅解除了人类对江、河、湖等水源的依赖，而且适应了村落定居和农业生产日益发展的需要。即使在旱季，人们也能给农作物提供水源，可以就近对农作物进行灌溉”[③]。

据前述考古资料，在龙山文化时期，中国传统的粮食作物粟、黍、稻、麦、豆五谷，海岱地区都已在种植，但传统作物“由于生物属性的制约，特别是受气候和垂直高度的限制，这些农作物不可能在山地大量种植并获得较高产量，故元以前中国的农业种植经营一直主要立足于平坝和浅丘坡地，人口的扩展也因此受到了限制”[④]。在这样的生物属性制约下，龙山文化时期人们的生计策略只能是选择居于平坝和浅丘坡地地带，由此海岱地区农业生产呈现出新的布局趋势。

依据考古发现，研究者认为龙山文化时期山东农业作物呈现如下分布格局：“除了仍然保持以传统的旱作粟类作物为主的农业区（如西部和北部地区，其东界应在桐林附近）之外，出现了新的以种植水稻为主的稻作农业区（如东南部和南部地区，其北界在庄里西和赵家庄一线），并且在与以上两区邻近的胶东半岛及其以西部分地区还可能存在着旱作和稻作混合耕种的农业区。”[⑤]

上述的作物分布格局只能是一种相对的大致区分，实际上决定水稻生产布局的主要因素不是气温，而是水源。栖霞古镇都遗址属大汶口文化时

---

① 济宁市文物考古研究室：《山东济宁市张山遗址的发掘》，《考古》1996年第4期。

② 何德亮、刘志敏：《枣庄建新——新石器时代遗址发掘报告》，科学出版社1996年版，第30页。

③ 栾丰实、〔日〕宫本一夫主编：《海岱地区早期农业和人类学研究》，科学出版社2008年版，第66—67页。

④ 蓝勇：《中国历史地理学》，高等教育出版社2002年版，第232页。

⑤ 栾丰实、〔日〕宫本一夫主编：《海岱地区早期农业和人类学研究》，科学出版社2008年版，第50—51页。

期的遗存,该遗址 M1、M2、M4、M6 发现的 4 个人骨的同位素分析表明:当时人们的食物构成以 C_4类作物为主①,大概是因遗址距海较远,又缺少河流,只能种植 C_4类的粟,为旱地农作区。长岛北庄新石器时代遗址尽管离海稍近,但同样缺少水源,所以也只能旱作。人骨同位素的分析表明,在当时主食结构中 C_4类植物约占 93%②。实际上这一区域满足种植水稻的温度条件、水源充足的地方,皆可以种植水稻,因此胶东半岛被定为旱作和稻作混合耕种的农业区。鲁西是传统的旱作区,鲁西茌平县教场铺遗址人骨的稳定同位素分析,与植物考古发现的情况一致,C_4类植物在人们的食物结构中的比例高达 96%③。而这一旱作区内的淄博田旺遗址位于淄河流域,西傍乌河,东临澠水,两面临河,水源充足,该遗址的植物硅酸体分析确认了遗址中的谷物加工场所,且“水稻在淄河流域龙山文化遗址中尚属首次发现”④,这意味着在上述传统的旱作粟类农业区内存在着稻作农业。

以当时山东地域的自然条件,在水源充足的地方应该都有水稻种植。水利设施在某种程度上改变了水的时空分布,进而推动了水稻作物的生产。考古发现“在两城镇遗址的边缘和中心区域,我们发现了几条环绕的壕沟,似乎是城壕的一部分,但这些壕沟直接与河流相通,也可能被用于控制水流灌溉稻田”⑤。研究者评论说:“这种灌溉遗迹说明了龙山时代已经开始摆脱原始农业‘听其自生自实’的状态。”⑥利用山东省各遗址出土的黑陶片进行碳素稳定同位素分析,发现“鲁西北地区是以使用 C_4类植物为主,山东半岛的东部海岸地区,C_3类植物即水稻类显示了由南向北扩展和增加的趋势”⑦。

稻、麦、豆属于 C_3类作物,粟、黍属于 C_4类作物。这两类作物的生物学

---

① 张雪莲等:《古人类食物结构研究》,《考古》2003 年第 2 期。

② 张雪莲:《碳十三和氮十五分析与古代人类食物结构研究及其新进展》,《考古》2006 年第 7 期。

③ 张雪莲:《碳十三和氮十五分析与古代人类食物结构研究及其新进展》,《考古》2006 年第 7 期。

④ 靳桂云等:《山东临淄田旺龙山文化遗址植物硅酸体研究》,《考古》1999 年第 2 期。

⑤ 〔加〕凯利 · 克劳福德等:《山东日照市两城镇遗址龙山文化植物遗存的初步分析》,《考古》2004 年第 9 期。

⑥ 陈新岗、张秀娈:《山东经济史》,山东人民出版社 2011 年版,第 14 页。

⑦ 栾丰实、〔日〕宫本一夫主编:《海岱地区早期农业和人类学研究》,科学出版社 2008 年版,第 19 页。

特性差异较大，C_4植物具有比 C_3植物高的水分利用效率和氮素利用效率[①]，这就意味着种植 C_3类作物比种植 C_4类作物需要更多的水分、更肥沃的土壤，这只能更多地依赖人工配水系统及使用施肥技术来补偿地力，农业生产从此需要更高的技术支持。而且这两类作物的技术重心也不同。C_4类作物由于本身利用水、肥的效率高，可以进行少投入的广种薄收粗放经营，但 C_3类作物必须精耕细作，人力投入要比种植 C_4类作物多得多。

尽管水稻生产的投入高，但推动 C_3类作物不断扩展的动力，是水稻等作物的产量较高。而且应该说，以当时的粮食加工技术和食用方法，稻米的口感要优于小米类食物。对出土人骨的碳、氮同位素及墓葬随葬品的分析研究表明：沭河上游小朱家村遗址大汶口晚期富有者的饮食结构是以大米这一 C_3植物为主，而贫民的饮食结构主要以小米这一 C_4植物为主，这反映了当时人们在饮食结构上的贫富差异，也反映出当时主要种植小米，少量种植大米[②]。黍含有大量较高品质的蛋白质和胆碱、亚油酸，可以制作营养丰富的食品，灾年还可以将籽粒连同种皮一起磨成粗粉，混合野菜度荒，籽粒、茎秆、叶和皮壳还可以做饲料等，生计策略用途多多，但糯性黍是支链淀粉结构，不适宜长期食用，总体营养价值不如粟，单位产量方面也是粟多于黍，在黄土高原地区粟产量普遍是黍的两倍[③]。于是，同一地域、同一种植结构的人群，富人层选择口感优的大米为主要食物，贫人层只能被迫选择口感稍差的粟、黍为主要食物。而在技术选择上，只要自然条件允许，自然是优先种植产量较高的稻、粟。“龙山文化时期，农业经济结构产生了很大变化，最突出的一点就是稻作农耕扩散到了包括鲁北和胶东半岛在内的整个海岱地区，从而成为当时农业经济的一个重要组成部分。”[④]

总结而言，海岱地区农业发展到龙山文化时期，作物品种已比较齐全，各地区大都依赖自身的水热条件、地质地形特点，因地制宜种植稻、麦或者粟、黍。结合前文所述的人们利用居所环境进行采集、渔猎等经济行为，农

---

① 殷立娟、李美荣：《中国 C_4植物的地理分布与生态学研究Ⅰ.中国 C_4植物及其与气候环境的关系》，《生态学报》1997 年第 4 期。

② 齐乌云等：《山东沭河上游出土人骨的食性分析研究》，《华夏考古》2004 年第 2 期。

③ 王海玉：《北阡遗址史前生业经济的植物考古学研究》，山东大学 2012 年硕士学位论文，第 57 页。

④ 栾丰实、〔日〕宫本一夫主编：《海岱地区早期农业和人类学研究》，科学出版社 2008 年版，第 52 页。

业发展的“土宜”特点已充分显露出来。

四、“耕且织”与“耕且陶”

“人猿相揖别”之初，人类只有采集、渔猎两种食物来源，而这两种食物来源的偶然性极大，为了生计，人们并无多少闲暇，以致“古者民不知衣服，夏多积薪，冬则炀之”①。原始农业产生后，粮食供给稍有保障，人们才略有余暇，于生活品质上稍有讲究，始得“织而衣”“耕且陶”。

（一）“耕且织”

早期的织从缝缀开始。后李文化前埠下遗址 H123 灰坑中出土了骨针，小荆山遗址 H126 出土了骨匕。用于切割的匕与用于缝合的针相结合，片状兽皮就可以制作成初步的服装了。

大汶口遗址北辛文化层发现了石纺轮。纺轮虽然简单，但配合相应的手工操作，完成了至今现代纺纱工艺还在使用的五大工艺环节：喂给、牵伸、加捻、卷取、成形。有了纺轮，编织工艺随之产生了。

当时，纺轮纺线有两大用途：首先应该是编织渔网。渔网易腐朽，考古中没有发现，但烟台白石村遗址发现的网坠能证实渔网的存在。其次是织布，目前尚无考古发现品。北辛文化时期的编织工艺可以通过编席看其一斑，植物考古中各区域都发现有芦苇植硅体。先民对芦苇的使用，除燃料用途外，还有编席。滕州北辛遗址发现了用作垫子的编席痕迹，“席纹都在器底部，可能是制陶过程中遗留下来的痕迹。从纹痕观察，席篾宽 0.25—0.4 厘米。主要采用一经一纬的人字形编织法，还有三经三纬和多经多纬的人字形编织法”②。

大汶口文化时期，海岱地区的纺织水平已相当高。首先是发现了一批纺织工具，如泰安大汶口墓地出土纺轮 31 件，骨质梭形器 4 件，骨针 20 件，骨针管 4 件，锥 47 件。邹县（今邹城）野店遗址出土纺轮 14 件，骨针 3 件，骨锥 2 件。曲阜南兴埠遗址出土纺轮 2 件，骨锥 1 件。墓葬随葬品的

---

① ［清］王先谦集解，沈啸实校注：《庄子集解》，中华书局 2012 年版，第 262 页。

② 中国社会科学院考古研究所山东队、山东省滕县博物馆：《山东滕县北辛遗址发掘报告》，《考古学报》1984 年第 2 期。

多寡、好坏不均及品种呈现的差异，表明“当时公社成员内部，已开始贫富分化，并出现了一些社会分工的迹象”①。大汶口墓葬的随葬品有明显的男女之别。16座单人女性墓，随葬纺轮和骨针的有6座，其中67号墓有12枚骨针②。研究者据此推测放置骨针等缝纫工具的墓主生前可能是纺织手工业者③。

大汶口遗址墓葬陶器的底部发现有布纹痕迹，分粗布纹和细布纹两种，“估计这时候的布可能是一种麻类织物”④。邹县野店遗址发现“在陶器底部印有粗布纹的痕迹，主要是在制作过程中晾晒陶坯时放在纤维织品上所留下的印痕。从标本M86:4的纹样分析，纹较硬直而粗糙，可能是麻类的纤维，为一经一纬交织成的平纹布，每平方厘米约八根左右的经纬线”⑤。南兴埠遗址在甑箅和甑底部的布印纹，每平方厘米的经线有7—8根⑥。曲阜西夏侯遗址前后两次发掘所发现的陶器布纹，每平方厘米的经纬线有6—10根不等。⑦ 长岛县大钦岛北村三条沟遗址陶器底部的布印纹经稀纬密，每平方厘米为8×11根，系平纹织法⑧。胶县三里河遗址大汶口文化层的布纹经纬线比较细密，每平方厘米各有13根⑨。“由此判断，大汶口文化时期的纺织业是很发达的，可能已经从农业中分离出来，成为专门从事纺织的手工业生产部门。”⑩

龙山文化时期，胶县三里河遗址发现了铜锥，也可能用于纺织。各遗址出土大量纺轮，以陶纺轮为主，石纺轮较少。尚庄遗址龙山文化层出土纺轮

---

① 山东省文物管理处、济南市博物馆：《大汶口——新石器时代墓葬发掘报告》，文物出版社1974年版，第9页。

② 山东省文物管理处、济南市博物馆：《大汶口——新石器时代墓葬发掘报告》，文物出版社1974年版，第9页。

③ 陈冬生、王赛时主编：《山东经济史》古代卷，济南出版社1998年版，第40页。

④ 山东省文物管理处、济南市博物馆：《大汶口——新石器时代墓葬发掘报告》，文物出版社1974年版，第123页。

⑤ 山东省博物馆、山东省考古研究所：《邹县野店》，文物出版社1985年版，第43页。

⑥ 山东省文物考古研究所编：《山东曲阜南兴埠遗址的发掘》，《考古》1984年第12期。

⑦ 中国科学院考古研究所山东队：《山东曲阜西夏侯遗址第一次发掘报告》，《考古学报》1964年第2期；中国社会科学院考古所山东工作队：《西夏侯遗址第二次发掘报告》，《考古学报》1986年第3期。

⑧ 北京大学考古实习队等：《山东长岛县史前遗址》，《史前研究》1983年第1期。

⑨ 中国社会科学院考古研究所编：《胶县三里河》，文物出版社1988年版，第17页。

⑩ 山东省文物考古研究所编著：《山东20世纪的考古发现和研究》，科学出版社2005年版，第187页。

42件,尹家城和丁公遗址都出土纺轮100件以上。鲁家口遗址龙山文化层出土纺轮25件,发现的布纹印痕,经纬线密度为每平方厘米9—11根①。姚官庄遗址出土纺轮50多件。据陶器上的布纹,研究者比较分析后认为,当时纺织“在龙山文化中也在不断地发展。与大汶口文化晚期的布纹相比,姚官庄龙山文化遗址中的布纹紧密而纤细,每平方厘米的经纬线可达10—11根,而野店大汶口文化晚期阶段的布纹,其经纬线每平方厘米只有7—8根。姚官庄龙山文化遗址出土的细布纹已与现代农家自织的粗布纹的粗细相近。或可推测这个时期的纺织工具一定有了不少的改进和提高,纺织技术亦日益熟练”②。

布印纹反映出来的织布原料为麻类,但不知是野生麻,还是农业种植麻。随着农业垦种面积的扩大,野生麻愈来愈少,人工种植的纺织原料增多,麻、桑种植从此进入农业领域,“耕且织”模式产生了。

(二)“耕且陶”

在更新世寒冷期火的使用中,人们发现烧过的土变得坚硬,于是人们利用这个特性,将泥土捏成自己想要的各种形状,以火煅烧,于是最早的陶器产生了。“神农耕而作陶”,“耕且陶”生业模式出现了。

陶器产生后,它的用途有四个方面:最常见、主要的用途是制作贮藏、炊煮、盛具等日常生活用具,如釜、碗、罐、壶、盂、盆、杯、盘、匜形器等;其次是生产工具,如纺轮、弹丸、网坠等;再次是建筑行业用具,如陶制的井圈、瓦等;最后是陶塑艺术品,如陶猪等。

后李文化的陶器质地均为含砂陶,以红褐色为主。制作工艺比较原始,以采用泥条盘筑为主。早期陶器烧成温度较低,多数陶器陶质疏松,出土物遇水即溃,极难复原。后期有许多陶器烧成温度较高。后李文化陶器的器形主要有釜、钵、碗、罐、壶、盂、盆、匜形器、器盖、杯、盘等,后世生活用陶器的器类基本上都已出现。

后李文化的陶器装饰“以素面为主,口沿下以刻、压、刺、戳等手法形成

---

① 中国社会科学院考古所山东工作队、山东省潍坊地区艺术馆:《潍县鲁家口新石器时代遗址》,《考古学报》1985年第3期。

② 山东省文物考古研究所等:《山东姚官庄遗址发掘报告》,载文物编辑委员会编《文物资料丛刊(5)》,文物出版社1981年版,第41—42页。

的各种花纹，少数釜的腹部有附加堆纹”[①]。北辛文化的陶器“夹砂陶往往一器多色，陶色多斑驳不纯。泥质陶则多见红色，陶色纯正。器表素面为主，纹饰多见于夹砂陶。主要有附加堆纹、压划纹、锥刺纹、刻划纹、指甲纹、乳丁纹、篦纹、席纹、剔刺纹等，另极少量凸棱纹和彩陶”[②]。后李、北辛文化时期的陶器都是采用泥条盘筑的手法制作。

大汶口文化遗址出土的陶器虽绝大部分沿用了传统技术，但有一些陶器的“器壁上可以看到清楚的轮旋痕迹，显然是采用了轮制的方法”[③]。除轮制法外，大汶口文化制陶技术的最大进步在于陶窑设计的改进，这使得陶制品的质量与产量都有大的提高。在大汶口遗址墓60中发现的白陶器，标志着制陶业的一个巨大进步。它是用坩子土制成的。济南市趵突泉街金属熔炼铸造小组的模拟复制实验证实，“窑温达1200—1400度，烧就以后，胎骨、颜色完全和墓60的白陶一样”[④]。在野店遗址发现的炉窑，“既有横穴窑的长筒状横卧火膛，又有竖穴窑的火膛与窑室之间有垂直的火道”，从而使窑室在火膛的后端上方，“具备了横穴窑与竖穴窑两者的基本特征”，火道有5条之多，布局均匀，使通入窑室内的承火面更加合理。“野店残窑结构比较进步，显然窑内烧制的陶器数量相应增多。”[⑤]由于新技术的应用，大汶口文化晚期的“制陶技术已达到手工制陶的较高水平，已能制作高达半米以上六层透雕的编织纹大镂孔圈足豆或器座，代表着当时较高的制陶工艺水平和陶工们高超的技艺。在造型上，出现三足器、圈足器等多种型式的制品”[⑥]。

大汶口时期的轮制技术在龙山文化时期已被普遍应用，制陶技术更加完善，制陶业发展到一个新的高度，其代表作品是蛋壳陶。这种器物器壁厚0.5毫米左右，重量在50—70克，且陶质细腻，造型优美，制作精细。蛋壳陶精品有“黑如漆、薄如纸、亮如镜、声如磬”的美誉。

---

① 山东省文物考古研究所编著：《山东20世纪的考古发现和研究》，科学出版社2005年版，第54页。

② 山东省文物考古研究所编著：《山东20世纪的考古发现和研究》，科学出版社2005年版，第99页。

③ 山东省文物管理处、济南市博物馆：《大汶口——新石器时代墓葬发掘报告》，文物出版社1974年版，第50页。

④ 山东省文物管理处、济南市博物馆：《大汶口——新石器时代墓葬发掘报告》，文物出版社1974年版，第51页。

⑤ 山东省博物馆、山东省文物考古研究所编：《邹县野店》，文物出版社1985年版，第13页。

⑥ 山东省博物馆、山东省文物考古研究所编：《邹县野店》，文物出版社1985年版，第129页。

山东即墨西城汇村现仍传承着传统的黑陶制作工艺。其陶土系就地挖取表层沙土和下层生黄土之间的黑泥,选择其中含量和黏度适中的部分作为原料,晒干打碎后,用水沤泡,足踩练熟,搓成泥条备用。其陶轮系木制,安放于坑中木轴上,由两人分别蹬轮和制坯,并用卵石于器内外打磨。卵石用久后一面变平,和龙山文化遗址中经常发现的一种石器类同。烧制时,先是敞开窑口,再封闭窑顶,慢火熏烧。熄火前将烟道封住焖烧,待降温后出窑。这样,在还原气氛下,二价铁的还原比值很高,使陶器渗碳变黑。参照上述工艺,刘敦愿梳理出龙山黑陶有原料、制坯、修整、烧制四个工艺程序①。龙山黑陶由于掌握了氧化还原技术和高温焙烧方法,烧制的陶器色调基本一致,而且火候高,质地坚硬。

相同质地的蛋壳陶在大多数遗址都有发现,这可能是产品远距离流通的结果。“在丁公遗址发现了成组陶窑,这是出现专业化制陶作坊的直接证据。同时,蛋壳陶杯那样的工艺技术要求高、制作难度大的器类,在相当大的范围内以相同的形态出现,也反映了它们可能出自少数几个大的制陶作坊,这种现象还暗示着当时可能已经有了商品交换。”②这种产品交流现象不只存在于陶器领域,“远离渤海230多公里的茌平尚庄龙山文化遗址居然也发现不少海产蚌类。这说明,当时沿海的海产品与内地有着频繁的水产品交流”③。当时人们交流的频繁程度已远超人们的想象。

由于传统制陶工艺中有晒干土料、晾干器坯等环节,所以制陶与季节有相关性,至少得避开雨季。由于缺乏史料记载,制陶业如何安排生产流程,现已无法弄清。但即便专业陶工,也要参加农耕。通常是农闲时备料、制坯,然后在冬天开窑烧制,此即“耕且陶”。后世《墨子》记载这种“耕且陶”时云:“鲁之南鄙有吴虑者,冬陶夏耕,自比于舜。”

五、部落方国时代的农业概况

“岳石文化已经进入青铜时代,年代也与历史上的夏代和早商大体相

---

① 刘敦愿:《论山东龙山文化陶器的技术和艺术》,附《山东即墨西城汇村黑色陶器制作技术初步调查》,《山东大学学报(历史版)》1959年第3期。

② 山东省文物考古研究所编著:《山东20世纪的考古发现和研究》,科学出版社2005年版,第268页。

③ 陈冬生、王赛时主编:《山东经济史》古代卷,济南出版社1998年版,第24页。

当。但其一直保持着较为单纯的东方文化的特色”①，山东独立发展的步伐仍然持续着。原住民东夷人正经历着他们的部落方国时代，当时今山东地域内共有古国151个，氏181家②。同期中原地域先后处于夏、商王朝的控制之下，其文化影响力正逐渐东向渗入山东。

部落方国时代的农业发展情况，还是只能依靠考古材料。目前海岱文化区内所发现的岳石文化遗址不过340多处，与之前发现的1000多处龙山文化遗址相比大幅度减少，而且这种减少的现象几乎存在于海岱文化区的各个地区。岳石文化的考古资料并不丰富，农业的情况，只能见其大概。

（一）生产工具所反映的农业发展程度

岳石文化出土的生产工具以石器为主，器类、用途和数量见表1-3。

表1-3　山东地域岳石文化遗址出土农具表③

器类			泗水尹家城	桓台史家	沂源姑子坪	章丘马安	平度东岳村	牟平照格庄	长岛大口	海阳司马台	烟台芝水	安丘老峒峪	寿光火山埠	临沂八块石村	临沂泗水西岸	栖霞后炉房	邹平好生店	乳山冯家	青州郝家庄	菏泽安邱堌堆	邹平丁公
石器	砍伐加工	斧	41		1		3	4		1	6	2				1		1			
		锛	50		4		2	3		1	1										
		凿	28		1		16	5		4	8							1			
	挖掘翻耕	馒	69	2																	
		铲	116	3	3		14	12		2	11								*		
		耜											1							*	
	松土除草	锄	17									1		1	1		1				*
	收割收获	刀	130	4	1	3	52	22	4	1	20	2	1			1		2	*	*	*
		镰	7	1																	
	脱粒脱壳	杵	1				3														
		臼	1																		
		锤									1										

① 栾丰实、〔日〕宫本一夫主编：《海岱地区早期农业和人类学研究》，科学出版社2008年版，第41页。

② 逄振镐：《山东古国与姓氏》，山东人民出版社2006年版，第764页。

③ 参见陈雪香：《岳石文化农业初探》，载山东大学东方考古研究中心编《东方考古》第9集，科学出版社2012年版，第596页。

续表

器类			泗水尹家城	桓台史家	沂源姑子坪	章丘马安	平度东岳村	牟平照格庄	长岛大口	海阳司马台	烟台芝水	安丘老峒峪	寿光火山埠	临沂八块石村	临沂泗水西岸	栖霞后炉房	邹平好生店	乳山冯家	青州郝家庄	菏泽安邱堌堆	邹平丁公
骨器	挖掘翻耕	铲					6	1											*		
		耜						3													
	点播种植	锥	17		2		12	31	2		15								*		
	收割收获	刀	2				6	5													
角器	松土除草	锄	2					1			4										
	收割收获	刀	1																		
蚌器	挖掘翻耕	铲	71																		
	收割收获	镰	9																		
		刀	35	1				2													

相对于前一历史时期，岳石文化时期“出现了新型的一种方孔石锄和一种弧面的石刀”[①]。方孔石镢是岳石文化所独有的破土工具，大多使用坚硬的变质岩制成。这种工具一般长20—25厘米，宽10—15厘米，平面为长方形或梯形，器身中间厚，周边稍薄，刃在下方。中部靠上的位置有一长方形穿孔，以便缚柄。史前及商周时期的石器上多见圆形钻孔，方形穿孔只有在岳石文化的这类石镢上才能见到。[②]

石锄的形制与石镢相似，区别在于石镢的方形穿孔是竖开，石锄的方形穿孔是横开。石锄是山东考古发现的“最早的种耕管理工具，反映岳石文化时期的人们对于农作物生长规律和田间管理的认识有了较大程度的提高，标志着农业生产水平进入了一个新的阶段”[③]。

---

① 高广仁、邵望平：《海岱文化与齐鲁文明》，江苏教育出版社2004年版，第192页。另参见栾丰实：《东夷考古》，山东大学出版社1996年版，第319页。

② 方辉：《岳石文化》，山东文艺出版社2004年版，第19—20页。

③ 山东省文物考古研究所编著：《山东20世纪的考古发现和研究》，科学出版社2005年版，第320页。

石铲亦是岳石文化时期大量使用的工具之一。它大多用沉积页岩制成,器体扁薄,铲的平面呈长方形或略呈梯形,斜刃,“与龙山时代和商周时期石铲不同,岳石文化的这种石铲一律没有钻孔。不过,石铲的侧面上端都有缚柄时留下的捆缚痕”①。这种铲在当时确实不需要再费工夫钻孔,只捆缚就足够使用了。因为这种铲的长度才 10 多厘米,宽仅 6 厘米左右,仅是一种微型的松土、培土和间苗点种类的工具,偶尔也用它去除苗边杂草,现在的农家园圃作业中常用这种微型铲。使用微痕的鉴定分析表明,“石铲的主要功用,并非研磨磨石或是削木,而是用来挖土。且其并不具有利用插刺方式以进行深挖的功能,而是适合作为搬移土壤的浅耕用工具”②。骨铲是“岳石文化颇具特色的农具”,一般由牛的肩胛骨制成,平面呈长方形或梯形,形状和石铲相似,主要发现于胶东半岛地区。岳石文化的小石铲是当时田间管理水平提高的另一个有力证据。

半月形双孔石刀是岳石文化的典型工具,它“与四五十年以前胶东和沂蒙山区农民使用的爪镰非常相似,据说直到今天,在有些偏僻的农村仍在使用”。“岳石文化石镰的造型与现在农村常见的镰刀别无二致,只是质料不同而已。”③这说明岳石文化时期的刀与镰的形制已有很高的工作效率,才能长期沿用至今。它们是用于收割的工具,在考古发现中数量最多,分布最为普遍,“收割收获工具的丰富程度和普遍性,显示岳石文化收割活动的频繁。其收割对象可能既包括农作物,也包括野生植物”④。

木质工具还是只能通过曾经的使用痕迹来确定。尹家城遗址岳石文化层 H527 灰坑“坑壁上留有清晰的生产工具——双齿耒的痕迹,双齿平行,间距为 6.5—7 厘米,齿的宽度为 2—3 厘米,从发现情况观察,双齿均为略带弧度的扁体形”⑤。

最能代表当时生产力水平的生产工具莫过于青铜工具。“青铜器的分

---

① 方辉:《岳石文化》,山东文艺出版社 2004 年版,第 20 页。

② 栾丰实、〔日〕宫本一夫主编:《海岱地区早期农业和人类学研究》,科学出版社 2008 年版,第185 页。

③ 方辉:《岳石文化》,山东文艺出版社 2004 年版,第 20 页。

④ 陈雪香:《岳石文化农业初探》,载山东大学东方考古研究中心编《东方考古》第 9 集,科学出版社 2012 年版,第 600 页。

⑤ 山东大学历史系考古专业:《山东泗水尹家城遗址第四次发掘简报》,《考古》1987 年第 4 期。

布范围较广,遍及整个岳石文化的分布区域。出土青铜器的遗址有照格庄、郝家庄、姑子坪、尹家城和清凉山等。地域从胶东半岛的东半部,经鲁北、鲁中南一直延伸到豫东地区,从而表明青铜器在岳石文化中已普遍出现,而不是仅仅限于少数几个点。"①相比于龙山文化时期,此时青铜器的种类也在增多,已发现的有双翼铜镞、方体斜刃铜凿、窄斜刃三角形和斜长刃铜刀、三棱形铜锥、圆锥形铜钻、圆形铜环等。

青铜器的发现以尹家城遗址为代表。尹家城遗址共出土岳石文化时期各种铜器 14 件,9 件经过鉴定。在已鉴定的 9 件中,有青铜器 6 件,其中锡青铜 3 件、铅青铜 2 件、铅锡青铜 1 件。经北京科技大学冶金史研究室鉴定的 9 件铜器,"均为小件器物,以工具为主,形制较为简单,多为单面范铸成,反映了铸造技术的原始性。2/3 的器物在铸造后进行了刃部、脊部或整体的锻打,有冷锻也有热锻,这是此批岳石文化铜器较为突出的特点"②。尹家城遗址发现了一件铜镞,"铜镞是一种消耗量大、需要进行批量生产的青铜武器,哪怕只发现一件铜镞,也可一叶知秋,说明岳石文化已'以铜为兵',将青铜铸作技术用于当时的头等大事——战争,而且铜兵器的制作必定有相当的规模才能进行批量生产"③。这件铜镞可能采用了双面范浇铸,表现了较高的制作水平。从生产规模、技术水平及广泛应用程度方面来看,"岳石文化时期已进入了早期青铜时代"④。尹家城遗址出土 5 件铜刀中的 1 件,平面呈钝角三角形,双面刃,其形制与半月形石刀相似,应当可以用于收割谷物,"铜器中的刀可能也是一种农业生产工具"⑤。

(二)农作物与畜牧业

岳石文化时期,中国传统五谷"黍稷菽麦稻"在山东的种植已可以确认。淄博桐林遗址岳石文化层遗存比较丰富,经过浮选发现了数量可观的炭化

---

① 栾丰实:《东夷考古》,山东大学出版社 1996 年版,第 320 页。

② 山东大学历史系考古专业教研室:《泗水尹家城》,文物出版社 1990 年版,第 358 页。

③ 高广仁、邵望平:《海岱文化与齐鲁文明》,江苏教育出版社 2004 年版,第 194—195 页。

④ 山东省文物考古研究所编著:《山东 20 世纪的考古发现和研究》,科学出版社 2005 年版,第 321 页。

⑤ 方辉:《岳石文化》,山东文艺出版社 2004 年版,第 21 页。

稻。日照岚山六甲庄遗址岳石文化层浮选出一部分植物遗存，其中有炭化稻米①。烟台照格庄岳石文化遗址"浮选结果显示，照格庄遗址农作物种类比较齐全，包括了粟、黍、小麦、水稻、大豆和大麦"，非农作物的种类"包括黍亚科、豆科、莎草科、藜科、苋科、唇形科、菊科"②。章丘马安遗址5个岳石文化时期的灰坑中"共发现了粟、黍、小麦和大豆四种农作物以及黍亚科、豆科、藜科、苋科、茄科、唇形科等杂草植物种子。此外，在采集样品中还发现了少量炭化果壳和果肉"③。济南彭家庄遗址的"49份岳石文化时期的浮选样品中有47份发现了炭化植物种子，共计87444粒，占全部种子的99.4%。其中可鉴定种属的为85575粒"，"农作物包括黍、粟和大豆三种，合计69893粒，占该时期种子总数的81.68%；非农作物包括黍亚科、豆科、藜科、莎草科、葫芦科、苋科、马齿苋属和禾本科的牛筋草，共计15682粒"。④

从现有考古材料看，岳石文化时期的农作物与龙山文化时期一致。只不过随着岳石文化时期气候转向干凉，水稻的种植随区域水体存量的变化略有缩小，"与龙山文化相比只有量变而没有质变"，如桐林遗址的稻作农业，"稻作的比例略有减少（出土概率由龙山文化时期的65.9%降为51.4%），而粟和黍的份额有所增加（如粟的出土概率由龙山文化时期的89.4%上升为94.6%），并且两类作物的出土数量经折算后，稻谷也低于粟和黍（两者重量之比约为0.73:1）。所以从大的格局上看，可以认为是旱作农业占有一定优势的稻旱混作农耕方式"⑤。

考古发现的非农作物植物有黍亚科、豆科、藜科、莎草科、葫芦科、苋科、马齿苋属、菊科和禾本科的牛筋草等，种类上已比龙山文化时期少了一些，这应当是农业生产扩展之后导致野生植物生长地域缩减的原因。浮选出来的非农作物植物遗存，有一部分或许是农作物的伴生物，一部分应当是居民

---

① 栾丰实、〔日〕宫本一夫主编：《海岱地区早期农业和人类学研究》，科学出版社2008年版，第47页。

② 靳桂云等：《山东烟台照格庄岳石文化遗址炭化植物遗存研究》，载山东大学东方考古研究中心编《东方考古》第6集，科学出版社2010年版，第335、339页。

③ 陈雪香、郭俊峰：《济南章丘马安遗址2008年浮选植物遗存分析》，载山东大学东方考古研究中心编《东方考古》第5集，科学出版社2008年版，第369页。

④ 吴文婉等：《济南彭家庄遗址浮选结果初步分析》，载山东大学东方考古研究中心编《东方考古》第7集，科学出版社2010年版，第365、366页。

⑤ 栾丰实、〔日〕宫本一夫主编：《海岱地区早期农业和人类学研究》，科学出版社2008年版，第51页。

的野外采集品。因为黍亚科、豆科、藜科和马齿苋属的某些植物可以作为动物饲料,藜科的嫩叶还可以食用,至今仍是常见的野菜资源。由此可知,岳石文化时期,采集仍是农业的补充。尹家城遗址考古中还发现了莲子,这是当时水体存在及人们利用水生植物的例证。水生植物的采集,是人们利用野生植物资源的一个重要方面。

渔捕、狩猎、畜牧业的情形也只能通过有限的考古材料来知其大概。目前考古发掘有动物遗存鉴定报告的只有尹家城和照格庄遗址。尹家城动物骨骸的鉴定见表1-4。

表1-4　　尹家城遗址出土动物骨骼标本数量与百分比统计表

时代	猪	狗	牛	羊	鸡	鹿	虎	猫科	狐	禽类	合计
龙山文化	57	5	1	1	1	125	1		1	1	193
	29.6	2.6	0.5	0.5	0.5	64.8	0.5		0.5	0.5	100
岳石文化	65	24	14			68					171
	38.0	14.0	8.2			39.8					100
商周汉代	51	16	12			49	2	3			133
	38.4	12.0	9.0			36.8	1.5	2.3			100

说明:其中,龙山文化的猪骨数量不包括墓葬内出土的118副猪下颌骨。
上表引自《泗水尹家城》,第350页。

从上表可知,尹家城遗址岳石文化层发现的猪、狗、牛和鹿,家畜类比例超过总数的60%,尤其猪的数量最多,狗和牛的数量比龙山文化时期有较大幅度的增长。野生动物的数量急剧减少,鹿类的比例由龙山文化时期的64.8%下降到39.8%。“造成这种现象的原因,可能是随着种植业的发展,植被受到严重破坏,森林面积急剧减少,从而使失去栖息之地的野生动物越来越少。……家畜饲养业较龙山时期有了较大规模的发展。”①尹家城遗址遗存的介壳堆,有的厚达7厘米,动物骨骼鉴定出来的水产类有中国圆田螺、梨形环棱螺、纹沼螺、河蚌、短褶矛蚌、圆顶珠蚌、中国尖嵴蛤、蛤、鲤鱼、龟、鳖等,因此,“捕鱼和采集蚌、螺等软体动物也占有一定地位,这些都是对农业经济的有益补充”②。

牟平照格庄岳石文化遗址的动物骨骼,经鉴定,有兽类、龟鳖类、鱼类和

① 山东大学历史系考古专业教研室:《泗水尹家城》,文物出版社1990年版,第351页。
② 山东大学历史系考古专业教研室:《泗水尹家城》,文物出版社1990年版,第351页。

海产软体动物四大类，至少可以代表20个种属，有家猪、牛、羊、家犬、黑鹿、麋鹿、麞、野猪、貉、鳖、黑鲷、玉点马鲛、玉螺、红螺、毛蚶、大连湾牡蛎、蛤仔、杂色蛤仔、等边线蛤、文蛤等。猪、牛、羊、犬属于家养，其中“在数量上以猪的遗骸最多，可能猪是当时人们饲养的一种主要家畜”。由于照格庄遗址距离现代黄海仅6公里，所以遗址中出土有较多的海产鱼类和软体动物，“而且都是黄海滨习见的海产经济动物，说明捕捞活动在当时人们的经济生活中有一定的重要性”①。

六、山东农业肇始期的农业文化

自从农业产生，就产生了农业文明。“其中，耕地、农具、作物、家畜家禽、水利设施等属于物态文明；土地关系、生产组织等属于制度文明；农村礼俗、农事节日等属于行为文明；土地崇拜、农神祭祀、农事文艺、农民的价值观念和审美情趣以及思维方式、性格特征等等属于心态文明。”②山东地域的农业文明也是上述的几个方面，肇始期的山东农业文明颇有地域特色。

（一）原始历法与农业

自“人猿相揖别”后，人类凭着自然的本能，“日出而作，日没而息”，过着简单的采集和渔猎生活，这还是一个完全仰赖自然界恩惠的时代。原始农业产生后，人们要有意识地控制动植物的生产，单纯的“日出而作，日没而息”已无法把握生产活动的节奏，需要确定耕作时间以作出相应的生产安排，对历法的现实需求产生了。

山东先民东夷人经过长期的观测，从太阳升起、落下的方位以及山冈影子的长短确定了季节时序，以此确定耕作时间，从而创制了“山头纪历”的历法。逄振镐对《山海经》大荒东经记载的6座日出之山与大荒西经记载的6座日入之山进行了研究，认为这是当时东夷先民据以观测日影的标准山③。山东先民的原始历法产生了。

在山东莒县陵阳河、大朱村以及诸城前寨大汶口文化遗址均发现了图

---

① 中国社会科学院考古研究所山东队、烟台市文物管理委员会：《山东牟平照格庄遗址》，《考古学报》1986年第4期。

② 陈文华：《中国古代农业文明史》，江西科学技术出版社2005年版，第5页。

③ 逄振镐：《山东古国与姓氏》，山东人民出版社2006年版，第21页。

像文字、。王树明认为这两个图像文字中的“○”是日之象形，“”形似火焰升腾，“”是山的象形，所以他将两个陶尊图像文字释为“炟”和“炅”。陵阳河遗址“正东五华里，有山五峰并联，中间一峰突起，名曰寺堌山。春秋两季，早晨八九点钟，太阳从正东升起，高悬于主峰之上”，据此，王树明认为“”所代表的山，即陵阳河遗址东面的寺堌山。“○”“”“”组成的陶尊文字“”，应是人们对当地日照景象长期观察的摹画，它表示着春季的来临，故“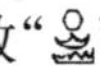”实际上是“一依山头纪历的图画文字”①。“‘炟’‘炅’二字，是大汶口人于春季耕作之始、夏季之后，祈年、报功举行祀典，在陶尊上刻画用火祭祀代表春季、夏季的太阳象。这两个陶尊文字的发现表明，四千余年前，我国古代劳动人民已初步掌握了季节概念。”②

王树明关于山头纪历与祭日的解释不误，只是他将山的象形符号“”用来实指具体的寺堌山，未免有失允当。李锦山结合其他考古发现，提出了更为合理的解释，他认为这些图像与史前东夷部族用圣火燎祭太阳神或在丘坛设祭燔燎日神有关，亦即东夷人祭祀部族神话中的天人一体化的始祖神、保护神——少昊。八角形纹在泰安大汶口、曲阜西夏侯、邹城野店等遗址的陶器上均有发现，而且有两件在器沿上还有规律地分布着几组象征太阳光芒的放射状线条。与十字形纹昭示太阳照射四个主要方位一样，八角形纹表示阳光“明照于八区”，图像显示了当时的太阳神崇拜，“相同的图像发现于方圆数百公里的范围内，说明它具有特殊的宗教含义，不是一个部落，而是由数个部落所膜拜”③。万物生长靠太阳，普遍的太阳神崇拜既是宗教意义上的礼敬，也是实测太阳影子以确定祭祀、耕作时节的过程，实际上是与“山头纪历”类似的历法，只是各地所取的参照物有所差异而已。

“日中有三足乌”，神话传说中，太阳与鸟有密切的关系。在东夷部族的史前神话传说里，东夷首领少昊是太阳神之化身，他所统领的二十四个氏族均以鸟来命名，说明东夷诸部既崇拜太阳，又崇拜鸟。《左传·昭公十七年》载：“我高祖少皞，挚之立也，凤鸟适至，故纪于鸟，为鸟师而鸟名。”东夷部族

---

① 王树明：《谈陵阳河与大朱村出土的陶尊文字》，载《山东史前文化论文集》，齐鲁书社1986年版，第251页。

② 王树明：《谈陵阳河与大朱村出土的陶尊文字》，载《山东史前文化论文集》，齐鲁书社1986年版，第256—257页。

③ 李锦山：《八角形纹饰与太阳神崇拜》，《农业考古》2000年第1期。

所崇拜的祖神少昊的神圣化形象,其实就是太阳与鸟的复合体。“凤鸟适至”,大概是指玄鸟之类的候鸟,其飞临时节正值春分前后,阴阳中,万物生,“故纪于鸟”,说明东夷诸部所创制的原始历法是从春季开始的,同时也表明他们的历法,既采用物候观察,又联系观测太阳来定季节①。

少昊时代二十四鸟之职司,实蕴含了鸟历中的一些具体内容。据《左传·昭公十七年》记载:

> 秋,郯子来朝,公与之宴。昭子问焉,曰:“少皞氏鸟名官,何故也?”郯子曰:“吾祖也,我知之。昔者黄帝氏以云纪,故为云师而云名;炎帝氏以火纪,故为火师而火名;共工氏以水纪,故为水师而水名;大皞氏以龙纪,故为龙师而龙名。我高祖少皞,挚之立也,凤鸟适至,故纪于鸟,为鸟师而鸟名。凤鸟氏,历正也;玄鸟氏,司分者也;伯赵氏,司至者也;青鸟氏,司启者也;丹鸟氏,司闭者也。祝鸠氏,司徒也;鴡鸠氏,司马也;鸤鸠氏,司空也;爽鸠氏,司寇也;鹘鸠氏,司事也。五鸠,鸠民者也。五雉,为五工正,利器用、正度量,夷民者也。九扈为九农正,扈民无淫者也。自颛顼以来,不能纪远,乃纪于近,为民师而命以民事,则不能故也。”②

准上引,结合杜预对《左传》的注解可知,少昊时代观物候的鸟历所确立的节气如下:

少昊部落的少昊总管历法事宜,为历正。玄鸟即燕子,燕子春分来,秋分去,其去来表示着春分、秋分,所以玄鸟“司分也”。伯赵,即伯劳,此鸟夏至鸣,冬至止,所以伯赵氏“司至也”。青鸟司启,“启”者,立也,青鸟即鸧鴳,鸧鴳立春始鸣、立夏止鸣,所以青鸟“司启也”。丹鸟即锦鸡,锦鸡立秋来、立冬去,所以锦鸡“司闭也”。由此可知,少昊时代山东先民已掌握了春分、秋分、夏至、冬至、立春、立夏、立秋、立冬八个节气。

(二)历史传说中的农业印象

随着农业技术的进步,人们的活动区域逐渐从山区丘陵台坡地带转向

---

① 李锦山:《八角形纹饰与太阳神崇拜》,《农业考古》2000 年第 1 期。
② [清]阮元校刻:《十三经注疏·春秋左传正义》,中华书局影印 1980 年版,第 2083—2084 页。

河流中下游的平原地带，历史传说也反映了人们活动地域的变化。“山东的古史传说很多，从地域看，相对年代较早的太昊、少昊主要活动于鲁中南山地丘陵区，相对年代较晚的蚩尤、颛顼、帝喾、虞舜、皋陶、伯益等则主要活动于鲁西北平原区及其与苏北、皖北、豫东、冀南交界处。”①

1. 太昊、伏羲

太昊，亦作太皞，东夷族部落联盟的酋长，后西进至中原，发展而为中原诸部落的大酋长，都宛丘，地在今河南淮阳境②。《左传·昭公十七年》云：“陈，大皞之虚也”。春秋时的陈国，地在今河南淮阳境。东汉蔡邕《独断》卷上“五方正神之别名”条云：

> 东方之神，其帝太昊，其神勾芒。南方之神，其帝神农，其神祝融。西方之神，其帝少昊，其神蓐收。北方之神，其帝颛顼，其神玄冥。中央之神，其帝黄帝，其神后土。③

由此可知，太昊在古时被尊为东方天帝，又称青帝，主管着春天和树木萌生。句芒协助太昊管理春天和树木，主司春耕和播种。据传他发明了罗网，所以《世本·作篇》云“句芒作罗”。由于句芒主司春耕与播种，后世人们于立春之日，“迎春于东郊，祭青帝句芒”④。

伏羲是传说中的另一著名人物，又写作伏戏、庖牺、包牺等。大约到战国晚期时，人们已多将太昊与伏羲当作一人。传说中，伏羲是渔网和原始畜牧业的发明者。《周易·系辞下》云：“古者包牺氏之王天下也，仰则观象于天，俯则观法于地，观鸟兽之文与地之宜，近取诸身，远取诸物，于是始作八卦，以通神明之德，以类万物之情。作结绳而为网罟，以佃以渔。”

2. 少昊

少昊时代，农业经济已发展到一定水平，前文已述少昊部落通过候鸟来去、鸣叫掌握了农时季节，同时还创造了早期的“九扈农正”农事管理制度。

---

① 王克奇、王钧林主编：《山东通史·先秦卷》，人民出版社 2009 年版，第 42 页。

② 逄振镐：《山东古国与姓氏》，山东人民出版社 2006 年版，第 59 页。

③ ［东汉］蔡邕：《独断》卷上，载《景印文渊阁四库全书》第 850 册，台湾商务印书馆影印 1985 年版，第 82 页。

④ ［南宋］范晔：《后汉书》志八，中华书局 1965 年版，第 3181 页。

九扈,亦作"九雇"。《说文·隹部》云:"九雇,农桑候鸟。"

农正,即农事管理之官,"扈民无淫者也"。九扈的具体职掌,东汉蔡邕《独断》卷上"六神之别名·先农神"条云:

> 先农神:先农者,盖神农之神。神农作耒耜,教民耕农,至少昊之世,置九农之官如左:
>
> 春扈氏农正,趣民耕种;夏扈氏农正,趣民芸除;秋扈氏农正,趣民收敛;冬扈氏农正,趣民盖藏;棘扈氏农正,常谓茅氏,一曰掌人百果;行扈氏农正,昼为民驱鸟;宵扈氏农正,夜为民驱兽;桑扈氏农正,趣民养蚕;老扈氏农正,趣民收麦。①

从上述设官管理的农事环节来看,当时农业生产已有一定的田间管理,林果副业、蚕桑业也有发展。

3. 舜耕历山

"舜耕历山,渔雷泽,陶河滨,作什器于寿丘,就时于负夏。"②历山,《古今图书集成·山川典》卷二十三《历山部》云:"天下称舜耕之历山有八,在山东者三,在山西者一,在浙江者三,在直隶者一。其在山东者,一在今济南府城南五里,一名舜耕山,一名大佛头山,一名千佛山。"编撰官"历山部汇考一"云:"按孟子称'舜生于诸冯,迁于负夏,卒于鸣条,东夷之人也'。耕处应与始生之地相去不远,自当以在山东者为是,今济南府历城县以山得名相沿甚久,似尤为可信。故以此山为正,而凡他处历山亦各分考附载于此山之后。"③

"舜耕历山,历山之人皆让畔;渔雷泽,雷泽上人皆让居;陶河滨,河滨器皆不苦窳。一年而所居成聚,二年成邑,三年成都。"④舜在青年时的生业活动中,依所居地的自然地理条件,先后从事过农耕、鱼捕、制陶以及制作日常生活什器。只是按"一年成聚,二年成邑,三年成都"的发展速度,舜不应当如此频繁地迁地更换生业,现已不知何种原因。

---

① [东汉]蔡邕:《独断》卷上,载《景印文渊阁四库全书》第850册,台湾商务印书馆影印1985年版,第83页。

② [西汉]司马迁:《史记》卷一,中华书局1959年版,第32页。

③ 《古今图书集成·山川典》卷二十三,中华书局影印1934年版,第7页。

④ [西汉]司马迁:《史记》卷一,中华书局1959年版,第33—34页。

舜从事过如此多的生业，所以后人将许多行业的技术进步归之于他。东夷制陶技术的进步，本是东夷先民改进窑炉等一系列工艺的结果，但后人却将之归于舜的贡献，如《韩非子·难一》云："东夷之陶者苦窳，舜往陶焉，期年而器牢。"[①]《淮南子·修务训》甚至将房屋的发明权也归了舜："舜作室，筑墙茨屋，辟地树谷，令民皆知去岩穴，各有家室。"[②]

4. 大禹治水

当尧之时，"洪水横流，泛滥于天下"。大禹等人奉舜之命治水，《汤诰》云："古禹、皋陶久劳于外，其有功乎民，民乃有安。东为江，北为济，西为河，南为淮，四渎已修，万民乃有居。"[③]文中的"江"，系指山东境内的古沂水[④]，由此可知大禹、皋陶等人治水的区域在于"四渎"之间，主要在于今鲁西北平原。因此，大禹治水的施工区域"主要的是兖州。豫州的东部及徐州的一部分也可能有些小施工"[⑤]。

禹主持治水时，吸取其父堵塞拦截失败的经验教训，决定了将洪水"掘地而注之海"的治水方针。方针既定，于是大禹率领众人先"导河，北播为九河，入于海"，然后"挥师南下，来到了鲁西北平原的南部，在这里重点疏导了济水、漯水、泗水和沂水。同时也治理了雷泽、大野泽、菏泽三大薮泽。治理的办法可能是先将水深的'泽'的部分（相当于湖泊）挡起来，使其不再漫溢，然后再在水浅的'薮'的部分（相当于沼泽）开挖沟洫，排走积水。因为疏导济水的关系，禹溯流而上，在它的上游即流经河南省的一段搞过一点施工。此外，还有可能治理过苏北的淮水。总之，大禹治水的区域和洪水发生的区域相一致，最主要的是在鲁西北平原"[⑥]。

大禹在鲁西北平原的治水，奠定了先秦时期山东农业大发展的水利基础。

5. 宿沙氏煮海盐

古代的盐有两类：一是海盐，二是井盐。海盐为胶东先民首先创制。

---

① ［清］王先慎撰，钟哲点校：《韩非子集解》，中华书局1998年版，第349页。

② 何宁：《淮南子集释》，中华书局1998年版，第1313页。

③ ［西汉］司马迁：《史记》卷三，中华书局1959年版，第97页。

④ 石泉：《古文献中的"江"不是长江的专称》，载《石泉文集》，武汉大学出版社2006年版，第5页。

⑤ 徐旭生：《中国古史的传说时代（增订本）》，文物出版社1985年版，第139页。

⑥ 王克奇、王钧林主编：《山东通史·先秦卷》，人民出版社2009年版，第54—55页。

"古者宿沙初作煮海盐"[①]，宿沙为夙沙国后人。夙沙国，又称质沙国，炎帝时诸侯国，故地在今山东省胶东地区。夙沙为帝魁所伐，后代子孙遂以国为姓，是有夙沙氏、夙氏、宿沙氏[②]。

盐，人们最熟悉的用途是用作调味品，盐被称为"百味之王"。盐在古代亦是非常重要的农业资源，如农耕中以盐浸种、农副业的制酱腌制、蚕茧加工等许多生产环节都要用盐。在古代，盐是涉及国计民生的重要物事。

（三）原始艺术中的农业题材

"农业是以生产植物、动物以及微生物产品为主的社会生产部门，在古代它几乎是唯一的生产部门（工具的生产和纺织业是它的副业）。"[③]整个社会都沉浸在农业的氛围中，艺术自然就免不了涉及农业题材。山东农业肇始期，农业题材的艺术创作也在陶器生产中反映出来。

大汶口遗址"捏塑造型的有一件红陶兽形器，猪头，四足，形象生动，是一件难得的新石器时代的艺术珍品；一件壶上塑着蝙蝠头形的双耳。应该说是后来牺尊、牺耳的祖型"[④]。章丘焦家遗址发现泥质红褐陶猪 2 件、狗 1 件。其中一件陶猪的嘴微张，翘鼻，无眼，垂耳，胖腹，下有二行六只乳，腿、臀、尾残缺，长 23.3 厘米，残高 8.8 厘米。另一件陶猪的嘴闭着，鼻子上翘，无眼，耳向后摆，细颈，高脊，圆腹，尖臀，腿残，尾缺，长 23.3 厘米，残高 8.4 厘米。泥质黑陶狗，口微张，大眼，垂耳，翘尾残缺，腹底阳物裸出，形象逼真，比例协调，长 5.5 厘米，高 3 厘米。[⑤] 三里河遗址出土陶猪、陶狗各 1 件。猪头部较圆，小耳，嘴两侧有獠牙外露，短尾上翘，陶色与猪皮色相近，形象逼真，显然是 1 头成年猪；狗昂首张嘴，作吠状，鬶的口径安置在狗身的前部[⑥]。三里河遗址还采集到 1 件龟形鬶，红陶，用云母作羼和料，体呈圆功，前有流，中间安有提梁，腹下装有四足，流下塑成龟形头，体后端肛门下安有两个睾丸，以象征雄性生殖器，为大汶口文化首次发现。

---

① ［东汉］许慎：《说文解字》，中华书局 1963 年版，第 247 页。

② 逄振镐：《山东古国与姓氏》，山东人民出版社 2006 年版，第 143 页。

③ 陈文华：《中国古代农业文明史》，江西科学技术出版社 2005 年版，第 5 页。

④ 山东省文物管理处、济南市博物馆：《大汶口——新石器时代墓葬发掘报告》，文物出版社 1974 年版，第 53 页。

⑤ 章丘市博物馆：《山东章丘市焦家遗址调查》，《考古》1998 年第 6 期。

⑥ 中国社会科学院考古研究所编：《胶县三里河》，文物出版社 1988 年版，第 54 页。

陶塑多以家畜(主要是猪)为题材,"这种现象不是偶然的,因为猪是与人类关系最密切的一种家畜,并具有生长快、成熟早、耐粗食、繁殖能力强的特点,在当时人们的经济生活中起着重要的作用,因而受到先民的普遍重视,并在陶塑艺术方面有所反映,也是可以理解的"①。

① 山东省文物考古研究所编著:《山东20世纪的考古发现和研究》,科学出版社2005年版,第201页。

第二章　商周时期山东的农业

商人本是山东先民的近邻，“先商文化的分布当在鲁西、豫东一带”①。商人逐渐强大起来后，商王朝东扩，其文化开始东传，而山东的原住民东夷人则不断东退。目前学术界基本达成共识：“山东商文化主要分布在鲁西南、鲁中南、鲁西北、鲁北中西部地区，在鲁北向东不超过潍河，大致到潍坊以西，潍河、弥河之间；鲁中地区以蒙山为界，鲁中山区和蒙山以东地区还没有发现；鲁南地区向东不超过沂河，分布到费县、临沂和苍山西部一线。……胶莱平原、胶东半岛、鲁中山区和鲁东南广大地区存在着土著夷人文化。”②周灭商，实行分封制，在今山东地域分封齐、鲁等封国，今山东地域遂归于西周政权的控制之下。

一、商代时期山东的农业

这一时期农业种植的具体情况，由于缺乏文献记载，仍然主要依靠考古材料。

（一）商人控制区域内的山东农业

商人东土疆域的重点主要在山东西部，“济南大辛庄、长清兴复河、桓台史家、益都苏埠屯及侯城、滕州前掌大这类等级较高的遗址，无疑是重要方国的都城所在地”③。商王朝通过这些都邑对其东土——山东西部地区进

---

① 高广仁、邵望平：《海岱文化与齐鲁文明》，江苏教育出版社2004年版，第218页。

② 山东省文物考古研究所编著：《山东20世纪的考古发现和研究》，科学出版社2005年版，第334页。

③ 杨升南、马季凡：《商代经济与科技》，中国社会科学出版社2010年版，第645页。

行了有效的管理。

关于东土农业，甲骨文中有卜问“东土”是否“受年”的记录：

甲午卜，征，贞东土受年？
甲午卜，征，贞东土不其受年？（《甲骨文合集释文》09735）
己巳王卜，贞［今］岁商受［年］？王［占］曰：吉。
东土受年？
南土受年？吉。
西土受年？吉。
北土受年？吉。（《甲骨文合集释文》36975）①

从商王卜问东土年成的情况看，在商人控制的山东区域内，相关的农业制度如“助法”等应该也在山东推行了，只是无法得其详情。

1. 以石器为主的农业生产工具

在山东商代文化遗址出土了铜器、陶器、石器、玉器、骨器、蚌器、角器、牙器和甲骨等。

陶器数量最多，最具代表性，也富于变化。陶器多是生活器具，亦有生产工具，主要是陶纺轮、陶网坠、陶拍子等。尹家城出土的陶拍子为夹砂灰陶，手制，拍面略呈梯形，其上有叶脉纹，窄条桥形把手，长10厘米、宽5.7厘米、厚2.4厘米②。现所知拍子的用途有二：一是制陶过程中利用拍子修整器表或者施加纹饰；二是对树皮、麻皮等植物纤维进行拍打以使其柔软，如树皮布“是人类最早使用植物纤维制成的布，加工树皮布的工具是石拍”③。拍子是古人“耕且织”“耕且陶”中都会用到的工具。

石器有砍砸类工具石斧、石钺、石锛、石凿、石锤，挖掘类工具石铲，收割类工具石镰、石刀，研磨类工具磨石、石杵，复合类工具石网坠，穿刺类工具石镞、石矛等。其在器形上多沿袭龙山文化时期的成熟器形。

大辛庄出土的各种农业生产工具共计101件④，以石器为主。龙山文化

① 胡厚宣主编：《甲骨文合集释文》，中国社会科学出版社1999年版，第09735、36975条。
② 山东大学历史系考古专业教研室编：《泗水尹家城》，文物出版社1990年版，第257页。
③ 方辉：《岳石文化》，山东文艺出版社2004年版，第26页。
④ 陈冬生、王赛时主编：《山东经济史》古代卷，济南出版社1998年版，第66页。

时期石器工具的制造就已经要根据工具性质来选用不同的石料，到商代时，山东工匠们的技艺更加纯熟，石器制作遵循一定的制作程序，要先后采用打制、琢制、磨制、磨光、钻孔等系列工艺，而且选料更加精细。研究者以济南大辛庄遗址出土的石器为个案，复原了当时的石器生产工艺，发现大辛庄人对石料的选材十分重视，他们不惜花费大量精力寻找当地较少发育的片岩和石英岩来制作石镰和石钺、石凿等，因为石材选择的好坏决定和影响着石器后期制作中技术的加工方式和加工进度。对石料特性有充分的认识，准确地在丰富的石料中进行选择，制作者就能充分利用石料自身的结构和特性快速而十分精细地完成石器成型、琢制、磨制和打孔等的整个过程。实际上，他们对石料的精心选择并不影响石器工具本身的制作进度，说明大辛庄人已经充分认识到各种类型岩石的特性，并能将其很好地利用到石器制作的实践过程中。①

最为重要的是，大辛庄遗址的工具种类及石料，显示出当时已有了专门的石器工具生产工场。根据调查和考古标本观测的结果，"大辛庄石器原料应当来源于当地，主要有两种来源途径：一种是直接取自遗址周围河流沟坎中，就地取材，遗址周围丘陵地带所分布的岩石类型都有可能通过水流作用将各种类型的砾石从上游运送到下游的遗址周围地带；另一种是间接取材，大辛庄石器原料主要来源于南部山区和鲍山一带，然后通过一次或二次人工搬运等方式将石料或石坯等运送到大辛庄遗址。根据我们的地质调查，大辛庄石器工匠们在石器制作前有一个对石料考察的过程，确定石料地点后，有的将石料直接运送到遗址的石料加工场；有的在原地建立石料加工场，进行初步加工和石器毛坯的制作，甚至完成石器工具的成型工序；有的先将粗加工的石料运送到当地的二级遗址如徐家庄遗址等，在专门的石器加工场进行后期的琢、磨、钻孔等工序，然后将成品直接运送到大辛庄遗址"②。

目前，山东各商代遗址出土的青铜器组群近 60 批，时代从二里冈上层时期延续到商代末期，门类十分庞杂繁多，几乎囊括了目前中原地区所见的

---

① 钱益汇：《济南大辛庄遗址出土商代石器的生产与使用研究》，山东大学 2005 年博士学位论文，第 68 页。

② 钱益汇：《济南大辛庄遗址出土商代石器的生产与使用研究》，山东大学 2005 年博士学位论文，第 68—69 页。

各种器类[①]。青铜器数量如此之多,研究者判断"海岱区可能会有由王权控制的铸铜工场存在。因为海岱区有铜矿资源。《西清古鉴》上的那一件具有鲜明的海岱文化特征的传世铜鬶,似乎暗示着可能在更早的时候海岱区已能生产铜容器了"[②]。但目前山东出土的青铜器几乎都是礼器、容器和兵器,较少见到农具。即便青铜器铸成农具样式,也多是祭祀、典礼用途,无法用于实际耕作。苏埠屯遗址的青铜铲长方形銎略残,圆肩,直刃,高 12 厘米、刃宽 7.4 厘米、銎长 3.8 厘米、銎宽 1.6 厘米。[③] 这样的尺寸,与岳石文化的石铲尺寸相同,即便实用,也仅是同岳石文化的石铲那样用作微型的松土、培土和间苗点种类的工具,所以苏埠屯遗址的这件青铜铲应该是礼器,非实用品。在大辛庄发现的铜锯全长 9.5 厘米、宽 2.4 厘米[④],但有的研究者认为这不是锯子,应是铜镰,"从刃呈弧形看,弧刃不便锯硬物,故应是农业的收割工具"[⑤]。从尺寸上看,即便装上柄也不便于实际收割使用,故该器应是一件非实用的农业礼器。大辛庄、朱家桥等遗址出土的铜刀,研究者认为"青铜刀,既是兵器,又是农业生产工具"[⑥]。济南曾发现一件青铜犁铧,研究者认为"应属商代晚期,并且是用于农耕的实用之器"[⑦]。目前青铜农具发现极少,对农业生产起决定性作用的工具仍是石器,"海岱区也发现了铜工具,特别是农具,可能主要用于祭天祈年等的礼仪。在海岱区绝大多数商代遗址里,所见农具及其他生产工具几乎完全是石器、骨器、蚌器,很难发现铜工具(当然也不完全排除实用,如在朱家桥就发现了铜刀、铜斧各一件)。由此我们可以看出,在中国,高度发达的古代青铜冶铸业及其产品几乎完全服务于'国之大事,在祀与戎',并未给基础性的农业生产领域带来明显的变革,农业生产工具仍旧停留在石器时代的水平上,基层族众并未因此而受益"[⑧]。

---

① 曹艳芳:《山东出土商代青铜器研究》,山东大学 2006 年博士学位论文,第 15 页。
② 高广仁、邵望平:《海岱文化与齐鲁文明》,江苏教育出版社 2004 年版,第 269 页。
③ 夏名采、刘华国:《山东青州市苏埠屯墓群出土的青铜器》,《考古》1996 年第 5 期。
④ 山东省文物管理处:《济南大辛庄商代遗址勘查纪要》,《文物》1959 年第 11 期。
⑤ 杨升南、马季凡:《商代经济与科技》,中国社会科学出版社 2010 年版,第 649 页。
⑥ 陈冬生、王赛时主编:《山东经济史》古代卷,济南出版社 1998 年版,第 66 页。
⑦ 何洪源、李晶:《济南市发现的青铜犁铧再探》,《农业考古》2001 年第 3 期。
⑧ 高广仁、邵望平:《海岱文化与齐鲁文明》,江苏教育出版社 2004 年版,第 269—270 页。

2. 农作物与农副业

在缺乏文献记载的情况下，只能依靠植物考古来确定农作物的种类。山东商代遗址目前只有济南大辛庄遗址做了植物遗存的分析，浮选出来的植物种子和果实可以分为6类：农作物类、杂草类、水果类、干果类、未知类和其他类。“其中农作物类共6种，总体数量占绝对优势，占83.5%；其次是杂草类，占12.8%；果类占0.7%；其他类占2.9%。综合栽培作物和杂草的数量，占全部发现数量的96%”[①]。

6种农作物分别是粟、黍、稻、小麦、大豆和大麻，共浮选发现了炭化粟5600余粒、黍70粒、稻44粒、小麦22粒、大豆7粒。“通过出土概率分析，我们得知农作物在大辛庄遗址是最为普遍的植物遗存，其中以粟类最为普遍，稻次之，再次为小麦”[②]。与卜辞所记载的中原地区农作物相比，山东少了大麦和高粱两种。

通过遗存粟的存在状态，发现了当时粟的使用流程。粟为带壳存储。对粟的储藏处理过程中，粟秕子稍实的一部分会被保留下来，与颗粒饱满的粟一起被储藏起来以备食用；另外一部分则作为副产品与谷糠混在一起，被直接用作燃料，或者经动物食用排便后，再被用作燃料，得以炭化。在“大辛庄遗址发现的粟主要是人类食用加工阶段的残留物，其来源可能是在做饭时掉入或者靠近火源，得以炭化，后被作为垃圾弃入灰坑中。其中包含的小颗粒粟多数应当是加工处理阶段保留在准备食用的粮食中的粟秕子”[③]。

前文已述及黍性黏，淀粉为支链结构，多食难以消化，不宜作为日常食品，而且黍的产量又不高，所以黍在商代的主要用途是酿酒。

水稻的亩产量高，在古代北方又属于“贵食”，故能种植的地方大都会种植。前掌大遗址的人骨稳定同位素分析再一次证实了水稻的“贵食”身份，根据随葬物品等级所确定的墓主阶层，“可见较高等级的人食用 C_4 类植物

① 陈雪香：《海岱地区新石器时代晚期至青铜时代农业稳定性考察——植物考古学个案分析》，山东大学2007年博士学位论文，第38页。

② 陈雪香：《海岱地区新石器时代晚期至青铜时代农业稳定性考察——植物考古学个案分析》，山东大学2007年博士学位论文，第87页。

③ 陈雪香：《海岱地区新石器时代晚期至青铜时代农业稳定性考察——植物考古学个案分析》，山东大学2007年博士学位论文，第44页。

较低等级的人少,食用 C_3 类植物较低等级人多”①。而且当时山东的气候也确实适宜种植水稻,根据孢粉分析,“全新世高温期,亚热带常绿落叶阔叶混交林的北界已超出江苏北界地区,处在山东历城县两城镇—兖州一线,即 35.5°N 一线”②。动物骨骼鉴定所确定的动物种类显示:前掌大地区“在商代晚期至西周早期这个地区的气候大致与现在淮河中下游以南乃至长江中下游流域的气候相似,属暖温带或亚热带气候”③。

大辛庄遗址非农作物植物遗存共计 13 科:早熟禾亚科、黍亚科、豆科、藜科、蓼科、苋科、唇形科、莎草科、大戟科、十字花科、菊科、马齿苋科、葫芦科。大辛庄遗址发现的黍亚科为黍族的狗尾草属、黍属、稗属、其他黍族;豆科包括野大豆和草木樨属、其他豆科杂草(如可以入药的猪屎豆属、野豌豆属的苜蓿草或车轴草);苋科有许多属的植物可供药用,如牛膝属、青葙属、杯苋属、莲子草属和苋属等,除药用外,也可作为蔬菜,如苋菜;蓼科有蓼属和酸模属,酸模属的嫩叶和嫩茎均可供蔬食,至今仍是野菜资源;唇形科植物种子可进一步鉴定的有紫苏和水棘针两种,紫苏嫩叶可食,可作调味品;十字花科经济植物很多,其中芸薹属和萝卜属为我国主要蔬菜、油料作物;马齿苋科的马齿苋为常见的野蔬,供食用或为牲畜的饲料;果类发现有橡实,水果有葡萄属、蔷薇科的桃属。另外还发现了可能的农作物大麦和苘麻的种子。

通过植物遗存,可以发现粮食作物种植是当时农业经济的主体,尤其是粟类作物成为居民的主食,大辛庄遗址如此,前掌大遗址更是如此。“30 余个前掌大居民的人骨 $\delta^{13}C$ 分析结果表明其 C_4 类植物平均百分比为 85% 左右,所以他们主要还是以 C_4 类植物为主食,应为粟类。同时,C_3 类植物在主食中的平均百分比约为 15%。这些 C_3 类植物可能为稻或麦,从其周边的情况看,稻的可能性较大。”④

---

① 张雪莲等:《山东滕州市前掌大墓地出土人骨的碳、氮稳定同位素分析》,《考古》2012 年第 9 期。

② 施雅风主编:《中国全新世大暖期气候与环境》,海洋出版社 1992 年版,第 87 页。

③ 中国社会科学院考古研究所编著:《滕州前掌大墓地》,文物出版社 2005 年版,第 758 页。

④ 张雪莲等:《山东滕州市前掌大墓地出土人骨的碳、氮稳定同位素分析》,《考古》2012 年第 9 期。

大辛庄遗址野大豆“相对出土数量比较集中,可能与人类专门采集收获野大豆的行为有关”①。采集当然不仅限于野大豆,前述各种可利用的饲草、野果应当都在当时居民的采集范围内。

朱家桥遗址中发现有蚌骨、螺蛳、鱼骨等水产骨骸,灰坑中发现有马骨架、牛骨架、狗骨、猪骨等②。尹家城遗址商周文化层出土的野生动物骨骼以鹿为主,虎和猫科也还有一定比例。这表明狩猎和渔捕仍是居民的生业之一,应该只是作为一种副业补充。

滕州前掌大遗址出土的贝类共计5056块,脊椎动物骨骼共计6855块,“它们的保存状态都比较好”③。这些遗骸可鉴定到的种属包括:田螺科的中国圆田螺;蚌科的圆顶珠蚌、中国尖嵴蚌、鱼尾楔蚌、三角帆蚌、矛蚌、射线裂嵴蚌、洞穴丽蚌、细纹丽蚌、多瘤丽蚌、细瘤丽蚌、白河丽蚌、林氏丽蚌、无齿蚌;蚬科的蚬;帘蛤科的文蛤;鱼纲的鲤科;爬行纲的龟科、鳖科;鸟纲;哺乳纲兔科的兔;犬科的狗、貉;熊科;马科的马;猪科的家猪;鹿科的獐、麋鹿、梅花鹿;牛科的黄牛、绵羊。上述可鉴定的标本数,“商代晚期的无脊椎动物为585,占全部动物总数的18.11%,脊椎动物为2647,占81.89%”④。从构成成分上讲,商代晚期地层:猪为785,黄牛为407,小型鹿科为62,狗为59,鹿科或牛科为41,梅花鹿为17,麋鹿为14,小型食肉动物和熊各为2,兔和大型食肉动物各为1⑤。猪、牛、羊、狗四种皆为家养,“在商代晚期的地层里出土的动物以猪为最多,占据全部动物总数的半数以上,黄牛占27%左右,绵羊占7%以上,狗所占的比例没有超过4%”⑥。可见四种家畜的养殖成为当时肉类的主要来源,占了88%以上;狩猎所获为12%,只占了很少的一部分,只能算作日常生活的补充。

前掌大遗址发现的鱼、蚌、螺、龟、鳖等本地水产品,表明了当地渔捕业的存在。滕州深处内陆,本地鱼类皆是淡水鱼产,但在“前掌大墓地属于商代晚期至东周时期的文化层里均发现文蛤和宝贝。文蛤生息于海边的潮间

---

① 陈雪香:《海岱地区新石器时代晚期至青铜时代农业稳定性考察——植物考古学个案分析》,山东大学2007年博士学位论文,第71页。

② 中国科学院考古研究所山东发掘队:《山东平阴县朱家桥殷代遗址》,《考古》1961年第2期。

③ 中国社会科学院考古研究所编著:《滕州前掌大墓地》,文物出版社2005年版,第728页。

④ 中国社会科学院考古研究所编著:《滕州前掌大墓地》,文物出版社2005年版,第751页。

⑤ 中国社会科学院考古研究所编著:《滕州前掌大墓地》,文物出版社2005年版,第752页。

⑥ 中国社会科学院考古研究所编著:《滕州前掌大墓地》,文物出版社2005年版,第758页。

带以及浅海区的细沙表层,宝贝更是生长在南海"①。龙山文化时期,山东内陆的茌平还只是发现了本地域的海产品,而该时期的滕州甚至发现了遥远的南海海产。这说明当时山东与外地域的交流更加频繁了。

(二)珍珠门文化区域及其农业经济

在商文化东进、夷文化东退的进程中,直到西周时期东夷文化完全融入中原文化系统之前,东夷土著文化仅在山东东部尤其是胶东半岛尚能保持。这一段时间的东夷土著文化以长岛县珍珠门遗址为典型代表,遂被命名珍珠门文化。随着考古进程的不断推进,夷人文化遗址越来越多地被发掘出来,且其文化特征与珍珠门文化遗存一致,年代为商代晚期至西周早期,"珍珠门文化能够代表山东地区商代夷人文化"②。珍珠门文化的重要遗址有珍珠门遗址、芝水遗址、会泉庄遗址等。

珍珠门遗址出土的文化遗物"以陶器为主,兼有石、骨、牙器和极少量的青铜器"③。乳山市寨山遗址是比较单纯的珍珠门文化遗存,生产工具仅采集到1件石刀,由砾石制成,黑灰色。长方形,三面刃,磨制较精细。残长6厘米、宽9厘米。④ 芝水遗址一期遗存出土石器54件,"有斧、铲、刀、凿、锛、锤、研磨器等,其中铲、刀的数量最多,二者占总数的一半以上。以磨制为主,少数琢磨结合。在选料上,斧、锤多选用硬度较高的角闪岩,铲、凿多选用板岩,刀多选用砂岩"⑤。二期遗存出土石器33件,"有斧、铲、刀、凿、镞等,其中铲与凿的数量最多。以磨制为主,兼以琢制。铲、刀、镞通体磨光,斧、凿琢磨结合。在选料上,凿、铲、镞多选用板岩,刀多选用砂岩,斧、锤多选用硬度较高的角闪岩石料"⑥。三期遗存出土石器28件,"有斧、铲、凿、锤、刀、镞等,其中铲、凿的数量最多。以磨制为主,兼有琢制。刀、铲、镞均为通体磨光,斧仅刃部磨光。在石器选料上,基本与二期相同"⑦。芝水文

---

① 中国社会科学院考古研究所编著:《滕州前掌大墓地》,文物出版社2005年版,第767页。

② 山东省文物考古研究所编著:《山东20世纪的考古发现和研究》,科学出版社2005年版,第346页。

③ 栾丰实:《东夷考古》,山东大学出版社1996年版,第352页。

④ 姜书振:《山东乳山市寨山商代遗址调查》,《考古》2000年第5期。

⑤ 北京大学考古学系、烟台市博物馆编:《胶东考古》,文物出版社2000年版,第118—119页。

⑥ 北京大学考古学系、烟台市博物馆编:《胶东考古》,文物出版社2000年版,第133页。

⑦ 北京大学考古学系、烟台市博物馆编:《胶东考古》,文物出版社2000年版,第141页。

化遗存一期为岳石文化，二期为商代珍珠门文化，三期为西周中期遗存。从石器制作技术上看，各期前后继承关系比较明显。同时也可以确知，珍珠门文化时期胶东农业工具仍然是以石器为主，尤其是刀类工具。烟台龙口楼子庄遗址出土的石工具中，除了少量石斧、石锛、石锤和石磨盘外，“仍然以半月形双孔或多孔石刀为主，约占石工具的90%，只是由岳石文化的直刃弧背改为直背弧刃和弧背弧刃，且刃部有了较大的改进，为双面刃。这既是文化嬗变的标志，也是胶东先民们在农业开发中不断探索新的技术方法的体现”①。

芝水遗址出土有鹤嘴锄，“利用一鹿角分枝做成鹤嘴锄形，其他分枝截去”②，从器形上看，应兼有挖土和田间管理的功能，这是当地农业生产进步的表现之一。

前面已述胶东地区照格庄遗址岳石文化层曾有黍、粟、稻、麦和大豆等多种农作物，在自然环境没有出现突变性的改变之前，这些农作物在珍珠门文化时期应该会继续种植下去。但目前珍珠门文化时期可以确知的农作物是粟，在楼子庄遗址发掘中还发现放置粟米的窖穴遗迹③。楼子庄遗址出土有猪、狗等家畜动物骨骸，能说明本地家畜养殖的存在。

芝水遗址中发现有陶网坠、石镞、骨镞等工具，表明渔猎经济还是生业经济的有机成分。“从楼子庄遗址出土大量贝类残骸来看，在滨海地带海洋渔捞经济除了占有重要地位外，在稍远的山脚地带的遗址（楼子庄遗址）也发现海贝等的遗骸，说明海洋渔捞经济有向半岛腹地拓展的迹象。”④

二、齐、鲁封国及其农业经济

周武王灭商，建立了西周政权。商人王畿的殷民遗族与海岱地区原商属东方方国如奄、薄姑等是纣王之子武庚图谋复国的主要力量。周公、成王率军东征，平定了武庚之叛。为了稳定东方的统治，周王室决定将周公封于

① 栾丰实、〔日〕宫本一夫主编：《海岱地区早期农业和人类学研究》，科学出版社2008年版，第70页。

② 北京大学考古学系、烟台市博物馆编：《胶东考古》，文物出版社2000年版，第122页。

③ 栾丰实、〔日〕宫本一夫主编：《海岱地区早期农业和人类学研究》，科学出版社2008年版，第70页。

④ 栾丰实、〔日〕宫本一夫主编：《海岱地区早期农业和人类学研究》，科学出版社2008年版，第71页。

奄故地，是为鲁国；将吕尚封于薄姑故地，是为齐国。太公望吕尚是武王翦商与周公东征的重要将领，“天下三分，其二归周者，太公之谋计居多”《史记·齐太公世家》，将他与周室柱石周公分封于海岱之地，“是为了把最强大最可靠的力量分封到最要害的地区，以作为周朝在‘大东’地区的坚强支柱”①。从此，海岱文化区开启了向齐鲁文化区演变的历程。

（一）齐、鲁两国的立国政策及农业经济

“齐鲁两国早期的历史，由于书缺有间，我们知道的很少。”②现在所能知道的最重要的事件是两国立国之始政策方向上的差异。“太公为齐国确立的治国方针是‘举贤而上功’，周公为鲁国确立的治国方针是‘尊尊而亲亲’。”③在齐国“上功”的政策下，“太公至国，修政，因其俗，简其礼，通商工之业，便鱼盐之利，而人民多归齐，齐为大国”。而周公之子伯禽在鲁国“变其俗，革其礼”，将周朝制度强力推行于鲁国，严守“尊尊、亲亲”，这样就“将人才的选拔限制在一个血缘小圈子里，排斥异姓优秀人才，这不利于扩大统治基础，不利于人才的成长与选拔，致使鲁国后来未能与齐国并驾齐驱，走上强国之路”④。

西周时期，齐、鲁两国的农业情形还是只能依靠考古资料，目前山东周代文化遗址有济南唐冶、淄博高青县陈庄、即墨北阡遗址做过植物遗存的分析，借此可了解一些当时的农作物种类。

唐冶遗址西周文化层的植物遗存目前“已鉴定出 18 类植物，以农作物和一年生杂草为主，另有少量果类。农作物出土最为普遍，见于所有样品当中，共计 1102 粒，占全部植物的 35.8%”⑤。农作物包括粟、黍、大豆和小麦。野生植物种子也极为常见，有黍亚科、早熟禾亚科、豆科、莎草科、蓼科、藜科、苋科、茄科、唇形科、菊科、马齿苋属等。果类中发现了酸枣核。

陈庄遗址 77 个土样中全部出土有植物种子，共计 31 种 45264 粒。农作物包括粟、黍、小麦、稻、大豆共 5 种。非农作物包括禾本科（农作物、黍亚

---

① 王克奇、王钧林主编：《山东通史·先秦卷》，人民出版社 2009 年版，第 87 页。
② 王克奇、王钧林主编：《山东通史·先秦卷》，人民出版社 2009 年版，第 91 页。
③ 王克奇、王钧林主编：《山东通史·先秦卷》，人民出版社 2009 年版，第 89 页。
④ 王克奇、王钧林主编：《山东通史·先秦卷》，人民出版社 2009 年版，第 90 页。
⑤ 赵敏等：《山东省济南市唐冶遗址浮选结果分析》，《南方文物》2008 年第 2 期。

科和牛筋草属之外的植物)、黍亚科、牛筋草属,豆科(大豆、野大豆和豇豆属以外的植物)、野大豆、豇豆属,菊科(苍耳以外的植物)、苍耳、黎科、苋科、锦葵科、马鞭草科牡荆属、蓼科、葫芦科、莎草科、茄科、蔷薇科、马齿苋科马齿苋属、锦葵科野西瓜苗、大戟科、唇形科、伞形科、葡萄属、枣属、未知种属果壳和种子①。

北阡遗址周代炭化植物遗存分为炭屑、茎秆和植物种子(果实)三大类。植物种子以农作物和一年生杂草为主,另有少量果实。在各种植物遗存中,农作物最多,其次是野生植物和杂草,果实比较少。农作物种类较多,主要有粟、小麦、黍、大豆、大麦和水稻。杂草有黍亚科、豆科、野大豆、豇豆属、禾本科、早熟禾亚科、唇形科、大戟科、藜科、茄科、莎草科、葫芦科、菊科、锦葵科、蓼科、苋科和石竹科 17 种。果实类可鉴定的有葡萄属和酸枣。②

唐冶遗址农作物种子中,炭化粟有 1000 多粒,出土概率近 100%,“还是可以看出粟是农作物中最为普遍、数量最为丰富的一种”③。陈庄遗址“农作物种子的数量达到 25806 粒,约占出土炭化种子和果实总数的 58.5%。无论在出土数量还是在出土概率方面来看,农作物都占有非常重要的地位”④。北阡遗址的农作物种子“一共出土 3769 粒,占可鉴定植物遗存的 49.7%,其中以粟和小麦为主,共出土 3441 粒,占农作物总数的 91.3%。这些数据反映出,在遗址内保存的植物遗存中,以农作物遗存为主,而且农作物中包括了现代农业的主要作物。这种现象不仅反映了农业是北阡遗址生计的主体,而且这是一种比较发达的农业,因为这种先进的多品种农作物种植制度其意义不仅在于可以提高农业的总体产量,而且还在于能够减少粮食种植的危险系数,是农业发展水平的一个重要标志”⑤。

农业粮食种植之外,采集仍是生业的重要组成部分。非农作物种子中,

---

① 王传明:《山东高青陈庄遗址炭化植物遗存分析》,山东大学 2010 年硕士学位论文,第 16 页。

② 赵敏:《山东省即墨北阡遗址炭化植物遗存研究》,山东大学 2009 年硕士学位论文,第 37 页。

③ 赵敏等:《山东省济南市唐冶遗址浮选结果分析》,《南方文物》2008 年第 2 期。

④ 王传明:《山东高青陈庄遗址炭化植物遗存分析》,山东大学 2010 年硕士学位论文,第 43 页。

⑤ 赵敏:《山东省即墨北阡遗址炭化植物遗存研究》,山东大学 2009 年硕士学位论文,第 57 页。

许多豆科、藜属的茎、叶、块都是可以食用之物,“唐冶遗址发现的3颗酸枣核,可能是当时人们就近采摘的野果遗存”①。陈庄遗址发现的野生可食植物籽粒“锦葵科191粒,葫芦科28粒,茄科13粒,蔷薇科11粒,葡萄属6粒,鼠李科枣属2粒”②。从植物遗存中可看到采集仍是各地居民生业的一部分,至于在经济生活中还占有多少份额,现已无法具论。在大面积的囿中种植蔬菜瓜果的地方会逐渐转化为专业性的园圃,这个转化至少是在西周完成的③,因此,上述遗址非农作物种子中可作蔬食的种类,不排除是人们专门种植的菜蔬。

捕捞和狩猎还是西周时期山东先民的生业之一。北阡遗址周代文化层出土动物骨骸共271272件,种类包括:牡蛎、缢蛏、文蛤、青蛤、蚬、毛蚶、泥蚶、扇贝、圆顶珠蚌、蓝蛤、红螺、疣荔枝螺、乌贼、鱼、龟、鳖、鸟、牛、羊、斑鹿、獐、猪、狗、猫、兔和马等。从种类和标本数量看,“周代先民们主要还是依靠饲养家畜,尤其是通过家猪来获取肉食,同时也很好地利用了周围丰富的野生动物资源作为肉食的补充”④。骨骼稳定同位素的分析证实了周代北阡地区渔猎经济不断增长的事实:从遗址出土动物骨骼种类来看,“先民肉食来源主要有海洋贝类、鱼类和哺乳动物等。而周代体现出的$\delta^{15}N$值较大汶口文化明显提高,应和周代的动物驯养、渔猎捕捞方面的规模扩大有关,说明周代先民有着更广泛的肉食来源”⑤。在高青陈庄遗址发现了大量的蚌壳以及鹿和大型哺乳动物的骨头,“表明采集渔猎经济在周代时期仍然存在,不过此时期已退居次要地位”⑥。

陈庄遗址发现青铜器50余件,都是礼器与兵器,没有发现农具和手工工具。所发现的农具与工具为石器与蚌器。石器以斧和铲为主,另有少量的刀、凿、镰以及较多的砺石。石器通体磨制,兼有琢制。其中H526:1的石刀呈月

---

① 赵敏等:《山东省济南市唐冶遗址浮选结果分析》,《南方文物》2008年第2期。

② 王传明:《山东高青陈庄遗址炭化植物遗存分析》,山东大学2010年硕士学位论文,第43页。

③ 陈文华:《中国农业通史·夏商西周春秋卷》,中国农业出版社2007年版,第125页。

④ 山东大学历史文化学院考古学系等:《山东即墨市北阡遗址2007年发掘简报》,《考古》2011年第11期。

⑤ 王芬等:《北阡遗址人和动物骨的C,N稳定同位素分析》,《中国科学:地球科学》2013年第12期。

⑥ 王传明:《山东高青陈庄遗址炭化植物遗存分析》,山东大学2010年硕士学位论文,第54页。

牙状,弧背,弧刃中凹。背部最厚,圆钝,两端圆尖。刃部有细密的齿,残长9.4厘米,宽3.3厘米,背厚1.3厘米。① 其显然是一件手持式收割工具,与岳石文化时期的半月形石刀形制一致。蓬莱西周墓群M11有6根排列的木棍灰痕,长约1米,直径约5厘米,两端无任何饰物,系原始木形,无加工痕迹。估计它们可能是奴隶们生前使用的耒耜之类的生产工具。② 铜制工具偶有发现,蓬莱西周墓群M6中发现铜锛、铜凿各1件,为手工业工具,非农业用途。鲁国故城西周早期墓中发现2件铜镬,平面呈长方形,直銎为长方形,直刃较厚钝,全长14.2厘米,刃宽4.1厘米。③ 研究者认为青铜农具之所以很少,是因为青铜原料要优先用于兵器与礼器的制造。"考古学者在海岱区一般聚落遗址发掘所见,直到春秋时期下层广大庶众所使用的生产、生活工具依然以陶、石、木、骨、蚌器为主,铜器基本上没有进入基础的农业生产领域,在海阳嘴子前的墓穴中有遗弃的造墓工具,是木夯、木锄。下层社会的基础性生产领域只是先进生产力的余波所及。这充分说明,历史上所有的先进生产技术首先用于以王权为轴心的政治、军事,即所谓'国之大事在祀与戎'。"④

(二)土地赋税制度

周族农业较发达,随着西周的建立和分封,其农业生产技术及土地制度亦随之传播到各个封地,这是一次制度文明的大波散。"周虽旧邦,其命惟新",齐鲁之地也接受了西周的农业文明。

西周的土地制度是井田制,战国时期成书的《孟子》《周礼》对井田制分别有一些追溯记录。孟子关于西周井田制的理解是"周人百亩而彻":"夏后氏五十而贡,殷人七十而助,周人百亩而彻,其实皆什一也。彻者,彻也;助者,藉也。"其具体的解释,可见《孟子·滕文公上》:

> 使毕战问井地。孟子曰:"子之君将行仁政,选择而使子,子必勉之!夫仁政,必自经界始。经界不正,井地不钧,谷禄不平,是故暴君污

---

① 山东省文物考古研究所:《山东高青县陈庄西周遗存发掘简报》,《考古》2011年第2期。

② 山东省烟台地区文管组:《山东蓬莱县西周墓发掘简报》,载文物编辑委员会编《文物资料丛刊(3)》,文物出版社1980年版,第51页。

③ 吴诗池:《综述山东出土的农业生产工具》,《农业考古》1990年第1期。

④ 高广仁、邵望平:《海岱文化与齐鲁文明》,江苏教育出版社2005年版,第530页。

吏必慢其经界。经界既正，分田制禄，可坐而定也。夫滕，壤地褊小，将为君子焉，将为野人焉。无君子，莫治野人；无野人，莫养君子。请野九一而助，国中什一使自赋。卿以下必有圭田，圭田五十亩，余夫二十五亩。死徙无出乡，乡田同井，出入相友，守望相助，疾病相扶持，则百姓亲睦。方里而井，井九百亩，其中为公田。八家皆私百亩，同养公田；公事毕，然后敢治私事，所以别野人也。此其大略也，若夫润泽之，则在君与子矣。"①

《春秋穀梁传・宣公十五年》则说得更加具体一些：

古者什一，藉而不税。初税亩，非正也。古者三百步为里，名曰井田。井田者，九百亩，公田居一。私田稼不善，则非吏；公田稼不善，则非民。②

上引材料说明西周土地税以百亩为单位，收什一之税，所以为仁政"必自经界始"，要将田亩详细记录在册。什一之税，也不是实物税，而是提供力役，即耕私田百亩，要相应耕公田十亩。至于所耕之公田分布于何处，最理想的安排是公田居于中，农人之地环绕于外，形成"井"字形布局，构成一个完整的收税单元，即所谓"井田者，九百亩，公田居一"。但当时农业生产尚没有大规模使用施肥技术，采用易田休耕以蓄地力，是以《周礼・地官》大司徒条云："凡造都鄙，制其地域而封沟之，以其室数制之。不易之地，家百亩。一易之地，家二百亩。再易之地，家三百亩。乃分地职，奠地守，制地贡，而颁职事焉。"③在这种情形下，大规模实行理想的井田布局没有多大的可能性，示范性的标准布局或许会少量存在。"井"只是收税单元，即每井八家，含农夫个人份地8份和公田1份，公田由农夫出力役耕种，收获物归公室。因此，井田制只是设立了为农夫授田的原则与税率，它以制度形态而存在，而不是以土地的布局形态而存在。作为制度的规定，农夫要先耕公地，"公

① [清]阮元校刻：《十三经注疏・孟子注疏》，中华书局影印1980年版，第2702—2703页。
② [清]阮元校刻：《十三经注疏・春秋穀梁传注疏》，中华书局影印1980年版，第2415页。
③ [清]阮元校刻：《十三经注疏・周礼注疏》，中华书局影印1980年版，第705页。

事毕,然后敢治私事”。

孔子也向冉有阐释了井田制。《国语·鲁语下第五》云:

季康子欲以田赋,使冉有访诸仲尼。仲尼不对,私于冉有曰:“求来!女不闻乎?先王制土,籍田以力,而砥其远迩;赋里以入,而量其有无;任力以夫,而议其老幼。于是乎有鳏、寡、孤、疾,有军旅之出则征之,无则已。其岁收,田一井出稯禾、秉刍、缶米,不是过也。先王以为足。若子季孙欲其法也,则有周公之籍矣;若欲犯法,则苟而赋,又何访焉!”①

孔子清楚地阐释了西周井田制的制度内容有三个方面:“籍田以力”“赋里以入”“任力以夫”。税率为一年“田一井,出稯禾、秉刍、缶米,不是过也”。在征收税、役时要考虑公平性,不仅授田时要“量其远迩”,而且力役要“量其老幼”,赋税要“量其有无”,对鳏、寡、孤、疾还要给以适当照顾。

西周的井田也称“大田”“甫田”。“倬彼甫田,岁取十千”,郑玄笺云:“甫之言丈夫也,明于彼太古之时,以丈夫税田也。岁取十千,于井田之法,则一成之数也。九夫为井,井税一夫。”②周公之子伯禽在鲁国强力推行周室种种制度,井田制也是其一,所以孔子说季孙如果想要实行井田制,自“有周公之籍矣”,无须向他人访求。《诗经·齐风·甫田》云:“无田甫田,维莠骄骄,无思远人,劳心忉忉。无田甫田,维莠桀桀,无思远人,劳心怛怛。”公田制直到春秋时期还有残留。《管子·乘马》云:“距国门以外,穷四竟之内,丈夫二犁,童五尺一犁,以为三日之功。正月令农始作,服于公田农耕。”这说明齐国也实行了井田制。

齐国的立国国策是“因其俗,简其礼”,在推行周人的井田制之外,还沿袭了东夷人的村社土地制度。《左传·昭公二十五年》云:“齐侯曰:‘自莒疆以西,请致千社,以待君命。寡人将帅敝赋,以从执事,唯命是听。君之

---

① [清]徐元诰撰,王树民、沈长云点校:《国语集解》,中华书局2002年版,第206—207页。
② [清]阮元校刻:《十三经注疏·毛诗正义》,中华书局影印1980年版,第473页。

忧,寡人之忧也。'"杜注云:"二十五家为社。千社,二万五千家,欲以给公。"①《左传・哀公十五年》云:"昔晋人伐卫,齐为卫故,伐晋冠氏,丧车五百,因与卫地。自济以西,禚、媚、杏以南,书社五百。"杜注云:"二十五家为一社,籍书而致之。"②

---

① [清]阮元校刻:《十三经注疏・春秋左传正义》,中华书局影印1980年版,第2110页。
② [清]阮元校刻:《十三经注疏・春秋左传正义》,中华书局影印1980年版,第2175页。

第三章　春秋战国时期山东的农业

自然生产力内在于社会生产力，自然生产力的变化，必定影响社会生产力的发展进程。科技考古的各项指标综合反映了从3100a. B. P开始，渭河流域气候向着干旱化发展，降水量减少、蒸发量增大、植被退化、土壤生物活动减弱、土壤矿物次生风化强度降低、土壤颗粒变粗、水分减少、$CaCO_3$淋溶减弱、土壤碱性增强，表现出由气候干旱化造成的土壤退化。对于当时的旱作农业和游牧业来说，这是水土资源的自然退化。① 水土资源出现的自然退化，对于以农业生产为经济支柱的周族来说绝不是一个好兆头，“自我先王厉、宣、幽、平而贪天祸，至于今未弭”②。“厉宣幽平凡历一百五十余年，而旱灾与人民之流徙不绝于诗，此国史上一大故也。”③持续干旱对农业生产的沉重打击，加上游牧民族不断进攻的压力，公元前771年，周平王被迫弃丰镐而东徙洛邑，历史进入东周时期。

东周历史又可分为春秋、战国两个时期。由于长期受灾，东迁后的周王室势力已然衰弱不堪，其结果是在春秋时期，“王纲解纽”，原先受到王权重重控制的各地域获得了自由发展的机会。“以齐国、鲁国为核心的海岱区，在夏、商东土方国文化的基础上，凭借其所具有的天时、地利、人和的若干优势，使西周时期形成的以王朝礼制为主导的齐鲁文明在春秋时期走向繁荣昌盛。”④

---

① 黄春长等：《渭河流域先周—西周时代环境和水土资源退化及其社会影响》，《第四纪研究》2003年第4期。

② [清]徐元诰撰，王树民、沈长云点校：《国语集解》，中华书局2002年版，第99页。

③ 蒙文通：《古族甄微》，巴蜀书社1993年版，第50页。

④ 高广仁、邵望平：《海岱文化与齐鲁文明》，江苏教育出版社2004年版，第406页。

一、春秋时期山东的农业

春秋时期，农业发展的显著表现有两个方面：一是土地制度变革，井田制被废除，农业生产关系有了较大的调节；二是铁制农具的规模化使用，推动生产力出现了质的飞跃。

（一）齐鲁两国土地赋役制度的变革

井田制下的力役地租，公田上的收入要全部上缴，私田收入归耕种者，尽管规定了“公事毕，然后敢治私事”，但“大田过度”①，又禁不住人情向私，农人在公田上出工不出力，“民患上力役，解于公田”②，以致公田上“维莠骄骄”“维莠桀桀”。在这种情形下，统治阶层只得进行改革，于是鲁国开始推行“初税亩”，齐国实施“相地而衰征”。

1. 鲁国的“初税亩”“作丘甲”“用田赋”

鲁宣公十五年（前594），颁布了“初税亩”。“初税亩者，非公之去公田，而履亩十取一也。以公之与民为已悉矣。古者公田为居，井灶葱韭尽取焉。”③按新的规定，公田之外，私田一律按田亩面积收税，税率为每亩收取所获物的十分之一。“‘初税亩’改变了‘藉而不税’的传统制度”，带来了两个方面的重大变化：一是改按人征税为按亩征税；二是改“藉”为“税”，“藉”法收取的是劳役地租，“初税亩”收取的是实物地租④。

初税亩的设计思路，并不是废除原先的公田制，而是鲁君在公田收入之外再对私田进行履亩收税。这一思路受到私田最大拥有者季氏三桓的强烈反对，所以有研究者认为税亩只是一个预案而已，“税亩制度在鲁宣公的时代很可能只是规划拟议中的事情，在当时并没有付诸实践”⑤。但当时季氏虽强，鲁君势力也并不弱，所以“税亩”之事在季氏那里或许会有些阻挠，但在另一些稍次的世卿那里还是能够施行的，所以“税亩”并不只是预案。税亩作为新的计征对象，预示了一个新的发展方向，“省却了公田管理、私田分

---

① ［清］阮元校刻：《十三经注疏·毛诗正义》，中华书局影印1980年版，第353页。
② ［东汉］班固：《汉书》卷二十七，中华书局1962年版，第1434页。
③ ［清］阮元校刻：《十三经注疏·春秋穀梁传注疏》，中华书局影印1980年版，第2415页。
④ 王克奇、王钧林主编：《山东通史·先秦卷》，人民出版社2009年版，第180—181页。
⑤ 晁福林：《论“初税亩”》，《文史哲》1999年第6期。

配的许多行政麻烦,又保证了田税征收的相对稳定”①,对鲁国的发展起着积极的作用。同时初税亩的实施,承认了土地私有的合法化,是对生产关系的一次合理调整,在某种程度上顺应了劳动者的利益诉求。

鲁成公元年(前590),“作丘甲”。杜注云:“《周礼》:九夫为井,四井为邑,四邑为丘。丘十六井,出戎马一匹,牛三头。四丘为甸,甸六十四井,出长毂一乘,戎马四匹,牛十二头,甲士三人,步卒七十二人。此甸所赋,今鲁使丘出之,讥重敛,故书。”②“《左传》中‘作丘甲’、‘作丘赋’二语里的‘丘’字,实为邑聚之称”③。作丘甲,即邑聚承担的兵赋。鲁成公所推行的丘甲制,由丘担负以前甸承担的数额,等于将军赋增加了四倍。作丘甲以后,军赋也是据亩出赋。“所谓丘甲,就是一丘出一定数量的军赋,丘中人各按所耕田数分摊,不同于公田制农夫出同等的军赋。”④据亩出军赋,“进一步巩固和加强了‘初税亩’之后土地的私有制”⑤。

鲁哀公十二年(前483),“春,用田赋”⑥。田赋乃是军赋。此前兵役“任力以夫”,军赋是“赋里以入”。军士的随身武器兵甲戈楯等为自备,其他粮草马匹等军需物品的供应要靠赋来解决。以往赋、役的征收是按人夫、按家财的“家征”,而“用田赋”则是要将之前“家征”计财的方式改为据亩出赋⑦。

在决定“用田赋”之前的哀公十一年(前482),季子曾委派冉有咨询孔子:

> 季孙欲以田赋,使冉有访诸仲尼。仲尼曰:“丘不识也。”三发,卒曰:“子为国老,待子而行,若之何子之不言也?”仲尼不对。而私于冉有曰:“君子之行也,度于礼,施取其厚,事举其中,敛从其薄。如是则以丘亦足矣。若不度于礼,而贪冒无厌,则虽以田赋,将又不足。且子季孙

---

① 郭克煜等:《鲁国史》,人民出版社1994年版,第205页。

② [清]阮元校刻:《十三经注疏·春秋左传正义》,中华书局影印1980年版,第1892页。

③ 金景芳:《由周的彻法谈到“作州兵”、“作丘甲”等问题》,《吉林大学社会科学学报》1962年第1期。

④ 范文澜:《中国通史》第1册,人民出版社1978年版,第139页。

⑤ 陈冬生、王赛时主编:《山东经济史》古代卷,济南出版社1998年版,第100页。

⑥ [清]阮元校刻:《十三经注疏·春秋公羊传注疏》,中华书局影印1980年版,第2351页。

⑦ 宇文举:《春秋“用田赋”考实》,《江汉论坛》1991年第2期。

若欲行而法,则周公之典在。若欲苟而行,又何访焉?”弗听。[①]

对于“用田赋”,孔子认为那不合于礼,不合周公之典,只能导致“贪冒无厌”。但季氏还是强力推行了“用田赋”。初税亩的设计与施行,固是增加公室收入,还有着弱化世卿、抑制世卿坐大的意图。季氏拾其遗意,“用田赋”以控制家臣坐大,“用田赋”以控制军队,遂使得鲁国社会保持了上下相安的社会秩序,“正是多次进行土地赋税制度变革的结果”[②]。

鲁国前后相继的一系列土地赋税改革,使得税亩制在鲁国终于成为一种新的封建剥削制度。而封建制的形成,促进了鲁国社会经济的发展,推动了鲁国社会历史的前进。[③]

2. 齐国的“相地而衰征”

自太公望吕尚立国,“通商工之业,便鱼盐之利,而人民多归齐,齐为大国”[④]。太公奠定了“齐为大国”的经济基础。春秋时期齐襄公时代的一系列灭国战争,将统治地域东向扩展到胶莱河流域,奠定了齐为大国的地域基础。到齐桓公六年(前680)时,齐国已拥有了令周边与国“齐大非耦”的心理压力。令齐国强大起来的原因是齐桓公与管仲所推行的各种改革,史称“桓管改革”。

桓管改革的核心措施之一是“相地而衰征”。它是管子在与桓公论策之时提出的一个施政纲领,《国语·齐语》云:

桓公曰:“伍鄙若何?”管子对曰:“相地而衰征,则民不移;政不旅旧,则民不偷;山泽各致其时,则民不苟;陵、阜、陆、墐,井田畴均,则民不憾;无夺民时,则百姓富;牺牲不略,则牛羊遂。”[⑤]

对于“相地而衰征”这个纲领思想,韦昭的直接解释是:“视土地之美恶

---

① [清]阮元校刻:《十三经注疏·春秋左传正义》,中华书局影印1980年版,第2167页。
② 晁福林:《论“初税亩”》,《文史哲》1999年第6期。
③ 陈冬生、王赛时主编:《山东经济史》古代卷,济南出版社1998年版,第101页。
④ [西汉]司马迁:《史记》卷三十二,中华书局1959年版,第1480页。
⑤ [清]徐元诰撰,王树民、沈长云点校:《国语集解》,中华书局2002年版,第227—228页。

及所生出，以差征赋之轻重也。”①具体而系统的解释见于《管子·乘马》和《管子·乘马数》。

> 均地分力，使民知时也。民乃知时日之蚤晏，日月之不足，饥寒之至于身也。是故夜寝蚤起，父子兄弟不忘其功，为而不倦，民不惮劳苦。故不均之为恶也，地利不可竭，民力不可殚。不告之以时而民不知，不道之以事而民不为。与之分货则民知得正矣，审其分则民尽力矣，是故不使而父子兄弟不忘其功。②
>
> 郡县上臾之壤守之若干，闲壤守之若干，下壤守之若干。故相壤定籍而民不移，振贫补不足，下乐上。故以上壤之满，补下壤之虚，章四时，守诸开阖，民之不移也，如废方于地。此之谓策乘马之数也。③

由上引，可知“相地而衰征”的具体内容有两个：一是“均地分力”；二是“与之分货”。“均地分力”，就是将土地区分出上臾、闲壤、下壤，以一家一户为单位，分配给农夫耕种，将之前的公田集体劳作变革为分散的一家一户个体独立生产。“与之分货”，就是用实物地租取代之前的劳役地租，而且实物地租要根据土地的等级、收成实行差等征收，“以上壤之满补下壤之虚”，做到了相对公平地征收，“使民不移”。分地、分货之后的收成直接影响到农民家庭收入的多寡、生活的好坏，从而充分地激发了农夫的积极性，使他们自觉地“夜寝蚤起，父子兄弟不忘其功”。

关于实施均地折算的一般原则，《管子·乘马》中也作了说明：“地之不可食者，山之无木者，百而当一。涸泽，百而当一。地之无草木者，百而当一。樊棘杂处，民不得入焉，百而当一。薮，镰缨得入焉，九而当一。蔓山，其木可以为材，可以为轴，斤斧得入焉，九而当一。汎山，其木可以为棺，可以为车，斤斧得入焉，十而当一。流水，网罟得入焉，五而当一。林，其木可以为棺，可以为车，斤斧得入焉，五而当一。泽，网罟得入焉，五而当一。命之曰地均，以实数。”④

---

① ［清］徐元诰撰，王树民、沈长云点校：《国语集解》，中华书局2002年版，第227页。

② 黎翔凤撰，梁运华整理：《管子校注》卷一，中华书局2004年版，第91—92页。

③ 黎翔凤撰，梁运华整理：《管子校注》卷一，中华书局2004年版，第1237页。

④ 黎翔凤撰，梁运华整理：《管子校注》卷二十一，中华书局2004年版，第89页。

关于“与之分货”的比例，据《管子·大匡》记载：“桓公践位十九年，弛关市之征，五十而取一。赋禄以粟，案田而税，二岁而税一。上年什取三，中年什取二，下年什取一，岁饥不税。岁饥弛而税。”①据此记载，研究者认为：“齐国的税制税率改革，放宽了商税，减轻了农业税，降低并统一了农业税税率和交纳时限，实行‘案田而税，二岁而税一’，那就是说：上等年景每年不过15%，下等年景每年不过5%，平均税率不过十分之一，荒年蠲免，深得人心。这在中外税制史上也是最轻的税率了。”②

（二）春秋时期山东的农业生产

在前述农业生产关系的调节外，春秋时期以齐、鲁两国为代表的山东农业生产获得了迅速发展，主要表现在以下五个方面：一是铁质生产工具投入使用；二是畜力应用于农业领域，以牛耕、马耕为代表；三是传统耕作技术初步形成；四是农田水利设施的兴修及管理；五是农林牧副渔五业形成一体。由于春秋时期鲁国农业经济的资料较少，故下文叙述中多用齐国作例证来说明各个特征。

1. 农业生产工具的种类

> 一农之事，必有一耜、一铫、一镰、一耨、一椎、一铚，然后成为农。一车必有一斤、一锯、一釭、一钻、一凿、一銶、一轲，然后成为车。一女必有一刀、一锥、一箴、一鉥，然后成为女。请以令断山木，鼓山铁，是可以毋籍而用足。③
>
> 令夫农，群聚而州处，察其四时，权节其用，耒、耜、枷、芟，及寒，击菒除田，以待时耕，及耕，深耕而疾耰之，以待时雨，时雨既至，挟其枪、刈、耨、镈，以旦暮从事于田野。④
>
> 今铁官之数曰：一女必有一针一刀，若其事立。耕者必有一耒一耜一铫，若其事立。行服连轺辇者，必有一斤一锯一锥一凿，若其事立。不尔而成事者，天下无有。⑤

---

① 黎翔凤撰，梁运华整理：《管子校注》卷七，中华书局2004年版，第368页。
② 李英森等：《齐国经济史》，载《齐文化丛书》第14册，齐鲁书社1997年版，第468页。
③ 黎翔凤撰，梁运华整理：《管子校注》卷二十四，中华书局2004年版，第1448页。
④ ［清］徐元诰撰，王树民、沈长云点校：《国语集解》，中华书局2002年版，第221页。
⑤ 黎翔凤撰，梁运华整理：《管子校注》卷二十二，中华书局2004年版，第1255—1256页。

美金以铸剑戟，试诸狗马；恶金以铸锄、夷、斤、斸，试诸壤土。[①]

据以上材料，春秋时齐国的农具种类有耒、耜、芟、枷、枪、刈、耨、镈、锄、夷、斤、斸、铫、铚、椎、镰、耰等近二十种。

耒、耜是耕垦工具，耒下岐头双齿，耜下单刃，本是两种不同用途的农具，在春秋时期合二者之长，发展为一种新的农具，合称为"耒耜"，亦单称为"耒"或"耜"。其具体形制，《考工记》云："车人为耒。庛长尺有一寸，中直者三尺有三寸，上句者二尺有二寸。自其庛，缘其外，以至于首，以弦其内，六尺有六寸，与步相中也。坚地欲直庛，柔地欲句庛。直庛则利推，句庛则利发。倨句磬折，谓之中地。"[②]枪，"桩也"。夷，"平也。夷所以削草平地"。斤，"形似鉏而小"。斸，"斫也"。《尔雅·释器》云："斫，谓之鐯。"郭璞注云"䦆也"，则知斸即䦆，是用于开荒深翻土地的主要工具。

芟为收割工具，"芟，大镰，所以芟草也"。刈，"镰也"。铚，一种小镰刀，《说文》云："铚，获禾短镰也。"

枷，或作"耞"，"耞，拂也，所以击草也"。《说文》曰："拂，击禾连枷也。"连枷为谷物脱粒工具。椎，《说文》云："椎，所以击也。"《广韵》曰："棒椎也"。

鉏，即锄。《说文》云："鉏，立薅所用也。"可知鉏是用于站立薅草的长柄锄。耨，或作"鎒"，韦昭云"镃錤也"。《广韵》云："如铲，柄长三尺，刃广二寸，以刺土除草。"《释名·释器》曰："耨，似锄，妪（伛）耨禾也。"《吕氏春秋·任地》载："耨，柄尺，此其度也。其耨六寸，所以间稼也。"可知耨是用于田间间苗、除草的短柄锄。镈，韦昭注"鉏也"。铫，是一种大锄。

耰，亦作"櫌"。韦昭注云："摩平也。"《说文》云："耰，摩田器。"由此知耰是一种碎土整地用的农具。

上述农具用途各异，适用于耕种、中耕、收割、加工等各个环节，种类已比较齐全，与后世工具相比，只缺了"耧车"之类的播种工具。

最为重要的是，据前引《管子》所言耕者的铁官之数，可知当时主要农具已为铁制。山东考古发掘已出土春秋中期的铁器，在临淄郎家庄东周墓中

① ［清］徐元诰撰，王树民、沈长云点校：《国语集解》，中华书局2002年版，第231页。
② 闻人军译注：《考工记译注》，上海古籍出版社2008年版，第128页。

出土铁削两件[①],在新泰郭家泉东周墓中发现铁条和铁箍各一件[②],青岛崂山区东古镇出土铁带钩一件[③]。虽没有发现春秋时期的铁制农具,但是从文献记载与冶铁发展的情形看,铁农具确实在使用了。铁农具的使用,促进了农业生产的大发展,构建了齐、鲁两国春秋时期为强国的物质基础,尤其是齐桓公称霸的物质基础。"齐桓公之所以能够划时代地成为五霸之首,在诸侯中特出一头地,在这儿可以找得出它的物质根据。煮海为盐积累了资金,铸铁为耕具提高了农业生产。所以桓公称霸并不是仅仅由于产生了一位特出的政治家管仲,而是由于这位特出的政治家找到了使国富强的基本要素。"[④]

2. 畜力应用于农业领域

春秋以后,农业耕作的主要工具是犁,"距国门以外,穷四境之内,丈夫二犁,童五尺一犁,以为三日之功。正月令农始作,服于公田"。这当是先秦文献中齐鲁地区使用犁耕的最早记载。躬耕用犁也已成为当时农耕的典型象征,故管子云:"今君躬犁垦田,耕发草土,得其谷矣"[⑤]。

"春日倳耜。"[⑥]这里的耜,并不是铁锹一类的手工农具,而是一种畜力做动力的大犁,其重量经计算大致为12.65市斤或15.84市斤[⑦]。这种耜史籍亦称"耜铁",研究者以为"耜铁"即"铁耜":"耜,西周以前为木制,春秋以后为铁制,故称铁耜。铁耜即犁头为铁。"[⑧]春天经营耜铁等铁制农具的财赋收入,管仲称之为"春之秋":"农事且作,请以什伍农夫赋耜铁,此之谓春之秋。"[⑨]"耜铁之重加七,三耜铁一人之籍也。"[⑩]

随着铁犁的出现,牛、马等大型家畜被训练成农用动力。牛在肉用与祭祀之外,又有了耕田的用途。牛耕是当时的新奇现象,备受人们推崇,因此常被用作人名,如孔子的弟子冉耕,字伯牛;司马耕,又名司马犁,字子牛。

---

① 山东省博物馆:《临淄郎家庄一号东周殉人墓》,《考古学报》1977年第1期。
② 山东大学历史系考古专业等:《山东新泰郭家泉东周墓》,《考古学报》1989年第4期。
③ 山东省文物管理处:《青岛市崂山郊区东古镇村东周遗址》,《考古》1959年第3期。
④ 郭沫若:《郭沫若全集》历史编第三卷,人民出版社1984年版,第195页。
⑤ 黎翔凤撰,梁运华整理:《管子校注》卷二十三,中华书局2004年版,第1432页。
⑥ 黎翔凤撰,梁运华整理:《管子校注》卷二十三,中华书局2004年版,第1426页。
⑦ 中国农业遗产研究室编:《中国农学史(初稿)》上册,科学出版社1959年版,第118页。
⑧ 陈冬生、王赛时主编:《山东经济史》古代卷,济南出版社1998年版,第104页。
⑨ 黎翔凤撰,梁运华整理:《管子校注》卷二十四,中华书局2004年版,第1467页。
⑩ 黎翔凤撰,梁运华整理:《管子校注》卷二十二,中华书局2004年版,第1256页。

由此知春秋后期,牛耕已比较普遍。马也被用作耕田动力,《管子》中有“匹马之壤”“一马之田”等记载,研究者认为这是指“一匹马一日所能耕种之田土面积而言”①。文献记载表明齐鲁地区确实是使用畜力耕作技术的地区之一。“夫范、中行氏不恤庶难,欲擅晋国,今其子孙将耕于齐,宗庙之牺,为畎亩之勤。”②

“畜力(牛、马)耕作不仅可以提高耕作效率,而且还能达到深耕的效果,这是耕作动力上的一大飞跃。”③牛耕、马耕在齐鲁地区的应用,推动了春秋后期齐鲁大地农业的迅速发展。

3. 传统耕作技术初步形成

《国语・齐语》云:

> 今夫农,群聚而州处,察其四时,权节其用,耒、耜、枷、芟,及寒,击菜除田,以待时耕,及耕,深耕而疾樱之,以待时雨,时雨既至,挟其枪、刈、耨、镈,以旦暮从事于田野,脱衣就功,首戴茅蒲,身衣袯襫,霑体涂足,暴其发肤,尽其四支之敏,以从事于田野。④

《管子・小匡》云:

> 今夫农,群萃而州处,审其四时权节,具备其械器,用比耒耜穀芨。及寒,击槁除田,以待时乃耕。深耕均种疾耰,先雨芸耨,以待时雨。时雨既至,挟其枪刈耨镈,以旦暮从事于田壄。⑤

由上引文献可知,春秋时期齐鲁地域耕作技术可总结为八字:深耕、均种、疾耰、速耨。

此前使用人力耕作工具,翻土不深,影响农作物生长。畜力犁耕的出现,提供了土地深翻的技术基础,深耕后的土地,可提高土层含水率,从而促

① 马非百:《管子轻重篇新诠》,中华书局 1979 年版,第 330 页。
② [清]徐元诰撰,王树民、沈长云点校:《国语集解》,中华书局 2002 年版,第 453 页。
③ 陈冬生:《春秋战国时期齐国农业文化述要》,《农业考古》1994 年第 1 期。
④ [清]徐元诰撰,王树民、沈长云点校:《国语集解》,中华书局 2002 年版,第 221 页。
⑤ 黎翔凤撰,梁运华整理:《管子校注》卷八,中华书局 2004 年版,第 401 页。

进作物的生长。深耕的程度，齐鲁本地文献虽然失载，但《吕氏春秋·任地》已提出了“其深殖之度，阴土必得”的要求，即深耕要达到有底墒的土层，只有这个深度，才能“大草不生，又无螟蜮”。

均种，是指播种要均匀，以便植株生长均匀，受水肥均一，也便于田间管理。有不均匀的地方，在后期中耕管理过程中要“别苗莠，列疏遫”，做间苗的工作。

疾耰，就是要求在播种后迅速及时地碎土磨平覆种，切断土壤的毛细管，减少水分蒸发，以达到抗旱保墒的目的。碎土磨平覆种后，种子与种土相亲相着，有利于发芽出苗和出苗后的生长。

速耨，即要求迅速中耕除草。“当夏三月，天地气壮，大暑至，万物荣华，利以疾薅杀草薉，使令不欲扰，命曰不长。”[①]中耕除草要把握好时机，在雨季到来之前“先雨芸耨”，这有利于疏松土壤，促进作物的根系生长。

为保持地力常新不衰，春秋时期已普遍使用施肥技术。“大概井田制度及与之相联系的轮耕方法破坏之时，当即为人工施肥方法开始问世之日，其具体的产生时间大约不会早过春秋，也不会迟于战国，总不外是在春秋中叶以后或者接近末年时，开始普遍实行的。”[②]《礼记·月令》云“大雨时行，烧薙行水，利以杀草”，烧薙行水形成草木灰肥，“以粪田畴”“以美土疆”，从而达到壮地养地的效果。现知春秋时期齐鲁两国都已使用“烧薙行水”的方法来制肥施肥。“齐之北泽烧，火光照堂下。管子入贺桓公曰：‘吾田野辟，农夫必有百倍之利矣。’是岁租税九月而具，粟又美。”[③]“鲁人烧积泽，天北风，火南倚。”[④]烧，本是当时捕猎的一种方法，“猎而行火曰烧”。而管子因北泽烧而立即入贺桓公，自是熟知因烧而形成的草木灰使土地变肥而能带来丰收的结果。“人们大概是从开垦被河水泛滥过的荒滩地的过程中获得启发，从而发明了淤灌和放淤的办法。”[⑤]齐国使用“淤田”的方法肥地，管子说“河埳诸侯，亩钟之国也”[⑥]。

---

① 黎翔凤撰，梁运华整理：《管子校注》卷十八，中华书局2004年版，第1063页。
② 傅筑夫：《中国封建社会经济史》第一卷，人民出版社1981年版，第223页。
③ 黎翔凤撰，梁运华整理：《管子校注》卷二十三，中华书局2004年版，第1420页。
④ 王先慎撰，钟哲点校：《韩非子集解》，中华书局1998年版，第226页。
⑤ 董恺忱、范楚玉主编：《中国科学技术史·农学卷》，科学出版社2000年版，第132页。
⑥ 黎翔凤撰，梁运华整理：《管子校注》卷二十四，中华书局2004年版，第1450页。

在具体的土地利用与种植技术上，齐国使用开沟作垄的畎亩技术。“亩”，即“垄”，是指农田上的条状高畦；“畎”指垄与垄之间的小沟。《大雅·绵》云：“乃疆乃理，乃宣乃亩。”《小雅·信南山》云：“我疆我理，南东其亩。”疆，指封疆，即划分土地的疆界。理，指治理土田，即开沟筑垄，起埂修道。宣，即宣泄，即开沟排水。故“乃宣乃亩”即开沟筑垄，治理土田。南、东，指沟垄的方向。《左传·成公二年》云：

晋师从齐师，入自丘舆，击马陉。齐侯使宾媚人赂以纪甗、玉磬与地。“不可，则听客之所为。”宾媚人致赂，晋人不可。曰：“必以萧同叔子为质，而使齐之封内，尽东其亩。”对曰：“萧同叔子非他，寡君之母也；若以匹敌，则亦晋君之母也。吾子布大命于诸侯，而曰必质其母以为信，其若王命何？且是以不孝令也。诗曰：‘孝子不匮，永锡尔类。’若以不孝令于诸侯，其无乃非德类也乎？先王疆理天下，物土之宜，而布其利。故诗曰：‘我疆我理，南东其亩。’今吾子疆理诸侯，而曰‘尽东其亩’而已；唯吾子戎车是利，无顾土宜，其无乃非先王之命也乎？反先王则不义，何以为盟主？其晋实有阙。”①

据上引，可知当时齐国按土宜，垄亩皆是南北向的，盖因齐国南临泰沂山系，南面地势高，垄亩南北向便于排水。而晋国则以苛刻的要求让齐国“尽东齐亩”，将垄沟方向都改为东西向，故宾媚人认为这种“不顾土宜”的行为“非先王之命也”。

畎亩技术根据土地实际情况，要实行“上田弃亩，下田弃圳”。它的具体做法是：在高田里，要将作物种在沟里，而不种在垄上。这种种植法对于降水少、土壤干旱的北方高田来讲是非常适用的，因为水往低处流，沟底的水分要高于垄，有利于作物的保墒抗旱。而在低田里，则要把作物种在垄上，以避免水分过多，又便于排水。这样，高田种沟不种垄，有利于抗旱保墒；低田种垄不种沟，有利于排水防涝，且有利于通风透光。②

---

① ［清］阮元校刻：《十三经注疏·春秋左传正义》，中华书局影印1980年版，第1895页。

② 曾雄生：《中国农学史》修订本，福建人民出版社2012年版，第127页。

4. 农田水利设施的修建及管理

在农业经济的背景下，管子认为“地者，政之本也”，“粟者，王者之本事，人立之大务，有人之途，治国之道”，故“善为国者，必先除其五害”。水、旱、风雾雹霜、厉、虫为农业五害之属。除五害之属，“以水为始，请为置水官，令习水者为吏大夫、大夫佐各一人，率部校长官佐各财足，乃取水左右各一人，使为都匠水工，令之行水道。城郭、堤川、沟池，官府寺舍及州中当缮治者，给卒财足”①。

除水害，就是要兴修水利系统。《考工记》是春秋末、战国初的齐国工艺官书，它记录了当时的水利系统由圳、遂、沟、洫、浍等要素构成。《考工记·匠人》云：

匠人为沟洫。耜广五寸，二耜为耦。一耦之伐，广尺、深尺，谓之甽。田首倍之，广二尺，深二尺，谓之遂。九夫为井，井间广四尺、深四尺，谓之沟。方十里为成，成间广八尺、深八尺，谓之洫。方百里为同，同间广二寻、深二仞，谓之浍。专达于川，各载其名。②

上述的甽、遂、沟、洫、浍水利系统，郑玄注云：“主通利田间之水道。”其主要用途是排水③，这与管仲所说的处国须“择地形之肥饶者。乡山，左右经水若泽，内为落渠之写，因大川而注焉”相一致。

管仲认为只有做好水利工程，才可得流水之利，是谓“流膏”：“春三月，天地干燥，水纠列之时也。山川涸落，天气下，地气上，万物交通。故事已，新事未起，草木荑生可食。寒暑调，日夜分。分之后，夜日益短，昼日益长，利以作土功之事。土乃益刚，令甲士作堤大水之旁，大其下，小其上，随水而行。地有不生草者，必为之囊。大者为之堤，小者为之防，夹水四道，禾稼不伤。岁埤增之，树以荆棘，以固其地，杂之以柏杨，以备决水。民得其饶，是谓流膏。”④

上引材料中的“囊”，指的是水库，即在一些不毛之地建成大大小小的水

① 黎翔凤撰，梁运华整理：《管子校注》卷十八，中华书局2004年版，第1059页。
② 闻人军译注：《考工记译注》，上海古籍出版社2008年版，第120页。
③ 赵俪生：《中国土地制度史》，齐鲁书社1984年版，第29页。
④ 黎翔凤撰，梁运华整理：《管子校注》卷十八，中华书局2004年版，第1062—1063页。

库，在汛期时可以分洪蓄水，在旱时又可以引水灌地，这是人民得流膏之利的关键。在修筑水利系统时，要顺着地势、水势而建。《考工记·匠人》云："凡沟必因水势，防必因地势；善沟者，水漱之；善防者，水淫之。"闻人军解释："凡修筑沟渠一定要顺水势，修筑堤防一定要顺地势。设计合理的水沟，会借助于水流冲刷杂物而保持通畅；设计合理的堤防，会靠水中堤前沉积的淤泥而增加坚厚。"①

对于水利系统，管子还提出了一整套维护管理的办法。《管子·度地》云：

> 常令水官之吏，冬时行堤防，可治者，章而上之都，都以春少事作之。已作之后，常案行。堤有毁，作大雨，各葆其所。可治者，趣治。以徒隶给大雨，堤防可衣者衣之，冲水可据者据之。终岁以毋败为故，此谓备之常时，祸何从来？所以然者，独水蒙壤自塞而行者，江、河之谓也，岁高其堤，所以不没也。春冬取土于中，秋夏取土于外。浊水入之，不能为败。②

准上引，官方要安排专门的护堤人员，不断巡防。发现有需要修整的地段，要及时上报，在来春农事之前修整。堤段需要加防护的地方，要加盖覆盖物；流水冲击比较严重的堤段，要增添防冲物。除此之外，大堤要"岁埤增之，树以荆棘，以固其地。杂之以柏杨，以备决水"，即在堤防的路基上，要种植荆棘防浪，要种植柏、杨之类的树，以防决堤。

所有水利工程的建设，均统决于司空，"决水潦，通沟渎，修障防，安水藏，使时水虽过度，无害于五谷，岁虽凶旱，有所粉获，司空之事也"③。在官方的部署下，春秋时期山东修建了很多水利系统，最有名的水利系统是在济水旁修建的防门（位于今山东平阴县东北）。

沟渠系统主要应用于大田耕作系统，而园圃系统多采用井灌。井灌主要依靠人工提取，利用机械桔槔还不普遍。

---

① 闻人军译注：《考工记译注》，上海古籍出版社2008年版，第120、123页。

② 黎翔凤撰，梁运华整理：《管子校注》卷十八，中华书局2004年版，第1068—1069页。

③ 黎翔凤撰，梁运华整理：《管子校注》卷一，中华书局2004年版，第73页。

5. 农、林、牧、副、渔形成一体

齐太公自立国之始，试图建立的经济系统就是一个综合的“三宝”经济。他曾对文王阐述过他的主张：“大农、大工、大商，谓之三宝。农一其乡，则谷足；工一其乡，则器足；商一其乡，则货足。三宝各安其处，民乃不虑。无乱其乡，无乱其族。臣无富于君，都无大于国。六守长，则君昌。三宝全，则国安。”[①]其中的“大农”，不仅是强调农业之意，还应作“综合农业”解，即建立农、林、牧、副、渔综合一体的大农业系统。《管子·立政》五事进一步阐释了大农思想：发展林果业，“草木殖成”“瓜瓠荤菜百果备具”；完善水利设施，“障水安其藏”；发展农业种植业，“桑麻殖于野，五谷宜其地”；发展畜牧业，“六畜育于家”；发展家庭小手工副业，“工事无刻镂，女事无文章”。[②] 应该说自齐太公时打下根基，经过桓管改革，齐国基本上建立了“三宝”经济系统。

(1)粮食种植业

《管子·国蓄》曰：“五谷食米，民之司命也。”《诗经·鲁颂·闷宫》云鲁国“黍稷重穋，稙稺菽麦。奄有下国，俾民稼穑。有稷有黍，有稻有秬，奄有下土，缵禹之绪”。由此知春秋时期齐鲁地区的粮食作物有粟、黍、稻、麦、菽等种类，统称为“五谷”。

粟，文献中又称禾、稷、谷子。粟是齐鲁地区最主要的粮食作物，齐、鲁两国统治者都高度重视。鲁《春秋》对于粟、菽、麦三类作物非常重视，其丰产、减收都被当作大事予以记录。董仲舒就此事对汉武帝说：“《春秋》它谷不书，至于麦禾不成则书之，以此见圣人于五谷最重麦与禾也。”[③]管仲甚至认为：“粟者，王之本事也，人主之大务，有人之涂，治国之道也。”[④]“故五谷粟米者，民之司命也”[⑤]。齐国的统治者把粟的生产视为“王之本事”“人主之大务”，提高到“治国之道”的高度，可见粟在齐国的经济生活中占有举足轻重的地位。青州凤凰台遗址东周文化层中发现了一个贮粮窖穴，容积约

① 曹胜高、安娜译注：《六韬·鬼谷子》，中华书局2007年版，第25—26页。
② 黎翔凤撰，梁运华整理：《管子校注》卷一，中华书局2004年版，第64页。
③ [东汉]班固：《汉书》卷二十四，中华书局1962年版，第1137页。
④ 黎翔凤撰，梁运华整理：《管子校注》卷十五，中华书局2004年版，第927页。
⑤ 黎翔凤撰，梁运华整理：《管子校注》卷二十四，中华书局2004年版，第1451页。

13.523立方米,“从底部发现的谷粒分析,这座粮食窖穴是存放谷子的”①。

黍,俗称大黄米。黍在先秦时期的用途,食用之外,主要是酿酒和祭祀。“夏尽而秋始,而黍熟。天子祀于太祖,其盛以黍。黍者,谷之美者也。”②

麦,有大、小麦之分,小麦又有冬、春小麦之别。春秋时期是冬小麦在齐国种植发展的重要时期,“乃请以令,使九月种麦,日至日获,则时雨未下而利农事矣”③。“以春日至始,数九十二日,谓之夏至,而麦熟。天子祀于太宗,其盛以麦。麦者,谷之始也。”④冬小麦在五谷粮食中收获最早,这是促使冬小麦种植发展迅速的一个很重要的原因。鲁庄公二十八年(前666),鲁国“大无麦、禾,臧孙辰告籴于齐”。

菽,即大豆,先秦时大豆又称荏菽或戎菽。齐桓公“北伐山戎,出冬葱与戎叔,布之天下”⑤。《墨子·尚贤》云:“耕稼树艺聚菽粟,是以菽粟多而民足乎食。”原有的大豆品种,加上新引入的戎菽,“至春秋末年和战国时代,菽已和粟并列为主要粮食作物。这在中国农业发展史上是一‘空前绝后’的现象”⑥。

稻,因其高产,在水源充足的地方,种植普遍。青州之域,“其谷宜稻麦”;兖州之域,“其谷宜四种”。郑注“四种”为黍、稷、稻、麦。⑦ 鲁国是当时山东的主要稻作区。孔子曰:“食夫稻,衣夫锦,于女安乎?”《左传》隐公元年(前722)八月,“有蜚,不为灾,亦不书”。庄公二十九(前665)秋,《经》亦载“有蜚”。蜚是一种草间能飞的小虫,“好以清旦集稻花上,食稻花”,从而导致稻谷大减产,由此知水稻为当时鲁国重要的农作物,否则就不会把“蜚”当作农业灾害记入史传。⑧

春秋时期冬小麦和大豆的推广种植,对齐鲁地区的种植业有着较深远的影响。菽既可以当粮食,也可以作蔬菜,尤其是它具有连种制下的肥地作

---

① 山东省文物考古研究所等:《青州市凤凰台遗址发掘》,载张学海主编《海岱考古》第一辑,山东大学出版社1989年版,第165页。

② 黎翔凤撰,梁运华整理:《管子校注》卷二十四,中华书局2004年版,第1536页。

③ 黎翔凤撰,梁运华整理:《管子校注》卷二十四,中华书局2004年版,第1455页。

④ 黎翔凤撰,梁运华整理:《管子校注》卷二十四,中华书局2004年版,第1535页。

⑤ 黎翔凤撰,梁运华整理:《管子校注》卷十,中华书局2004年版,第514页。

⑥ 梁家勉主编:《中国农业科学技术史稿》,农业出版社1989年版,第117页。

⑦ [清]阮元校刻:《十三经注疏·周礼注疏》,中华书局影印1980年版,第862页。

⑧ 葛蓬天:《春秋时期鲁国的水稻种植》,《中国历史地理论丛》1989年第2期。

用。“大豆的根瘤有肥地作用,它参加与禾谷类轮作,有利于在连种条件下用地与养地相结合。人们在实践中获得了这种经验,这是大豆在当时迅速发展的又一原因。”[①]冬小麦是秋种夏熟的作物。种植冬麦可利用晚秋和早春的生长季节,避免与其他谷类作物争地,以达到充分利用耕地的效果。新的作物和种植方法,促进了粮食的生产,也改变了人们的生产活动过程。

(2)纺织业

纺织业是与农业结合最紧密的副业之一,成为齐鲁之地许多家庭的重要生业。春秋末年鲁国南武城(今济宁嘉祥)人秋胡妻,“采桑力作,纺绩织纴,以供衣食,奉二亲,养夫子”[②]。鲁寡陶婴“纺绩为产”[③]。鲁成公二年(前589),楚伐鲁,“侵及阳桥,孟孙请往赂之,以执斫、执针、织纴,皆百人”[④]。由此知鲁国纺织从业人员之众。齐太公“劝其女工,极技巧”,齐国的桑麻农业于是乎发展起来。到春秋时期,桓公与管子更是制定了多种措施来促进桑麻纺织业的发展,“处女操工事者几何人?”不仅纺织为国家社会调查的内容之一,而且“民之通于蚕桑,使蚕不疾病者,皆置之黄金一斤,直食八石”[⑤]。鼓励蚕桑发展的结果,“故齐冠带衣履天下,海岱之间敛袂而朝焉”。临淄郎家庄一号东周墓出土了丰富的丝织品和麻织品,其中绢为平纹组织,每平方厘米经丝76根,纬丝36根。锦为经二重组织,每平方厘米约经丝56×2根,纬线32根,每根经丝又是双头合股,“这是迄今为止的我们看到的我国最早的织锦遗物”。刺绣残片,在绢地上以丝缕用锁绣针法刺绣,绣花的绢地密度为每平方厘米经丝48根,纬丝43根,并经碾砑加工,织物不仅表面平滑,缝隙亦不明显。丝编织物两种,分别是丝履鞋帮和鞋面的一部分。麻织品为平纹组织,每平方厘米经线19根,纬线13根。[⑥] 出土的绢锦、织履、刺绣等实物证据,反映出春秋时期齐国纺织业的成熟水平与生产种类。齐女徐吾与邻妇李吾之属“相从夜绩”[⑦],由此知织锦、织履、刺绣为齐人生业之一。

---

① 梁家勉主编:《中国农业科学技术史稿》,农业出版社1989年版,第117页。
② [西汉]刘向:《古列女传》,中华书局1985年版,第139页。
③ [西汉]刘向:《古列女传》,中华书局1985年版,第115页。
④ [清]阮元校刻:《十三经注疏·春秋左传正义》,中华书局影印1980年版,第1897页。
⑤ 黎翔凤撰,梁运华整理:《管子校注》卷二十二,中华书局2004年版,第1309页。
⑥ 山东省博物馆:《临淄郎家庄一号东周殉人墓》,《考古学报》1977年第1期。
⑦ [西汉]刘向:《古列女传》,中华书局1985年版,第185页。

纺织只是当时最为普遍的农业副业，实际生活中各种农业副业兼业经营纷纭呈现。现可考知的其他农业副业还有陶。《墨子》云：“鲁之南鄙有吴虑者，冬陶夏耕，自比于舜。”“鲁监门女相从绩，中夜而泣，其偶问其故，曰：宋司马得罪于（宋，出于鲁，马佚）食吾园葵，是岁吾园亡一半。”[①]可知鲁监门女的生业有园圃、纺织等。

（3）园圃业

春秋初年，齐国已有园圃生产，《诗经·齐风·东方未明》中的“樊圃”就是其一。齐国鼓励园圃业的发展，颁令“民之能树瓜瓠荤菜百果使蕃衮者，置之黄金一斤，直食八石”[②]。管子设计的社会调查提纲中有“问理园圃而食者几何家”一项。齐桓公时，都城北郭屦缕之甿“以唐园为本利”，可知齐都近郊有专门以园圃为生业者。樊迟曾向孔子请学“为稼”“为圃”，孔子因其志向不高而意兴索然，以“吾不如老农”“吾不如老圃”而婉拒之。现可知的鲁国园圃有“蒲圃”[③]。齐鲁园圃作物现所知有蒲、葵、姜、瓜、葱等。前述蒲园之蒲，是一种水草，可以编席，其嫩芽可食，至今齐鲁地区仍在食用。人们用嫩蒲草炒鸡蛋、做汤、做包子馅，味道极甘美。姜的种植较普遍，孔子生平“不撤姜食”；墨子曾云人家场园中有桃、李、瓜、姜等作物。值得特别说明的是，这一时期从河北北部引入了葱，《管子》云齐桓公“北伐山戎，出冬葱与戎菽，布之天下”。竹笋谓山珍之味，春秋时期山东能种植竹子，园圃中应有种竹取笋者，《晏子春秋》卷二载“景公树竹，令吏谨守之”。

（4）林业

草木殖成是齐国大农所追求的重大目标之一，“山林菹泽草莱者，薪蒸之所出，牺牲之所起也。故使民求之，使民籍之，因以给之”[④]。由于草木资源是居民生业的资源基础，故此官方鼓励草木种植业，“民之能树艺者，置之黄金一斤，直食八石”[⑤]。对于草木资源，要合理利用，“山林虽近，草木虽美，宫室必有度，禁发必有时”[⑥]。“禁发必有时”，是指在春天万物生长之

① ［北宋］李昉等：《太平御览》卷九百七十九，中华书局1960年版，第4338页。
② 黎翔凤撰，梁运华整理：《管子校注》卷二十二，中华书局2004年版，第1309页。
③ ［清］阮元校刻：《十三经注疏·春秋左传正义》，中华书局影印1980年版，第1932页。
④ 黎翔凤撰，梁运华整理：《管子校注》卷二十三，中华书局2004年版，第1426页。
⑤ 黎翔凤撰，梁运华整理：《管子校注》卷二十二，中华书局2004年版，第1309页。
⑥ 黎翔凤撰，梁运华整理：《管子校注》卷五，中华书局2004年版，第261页。

时，要禁止猎杀万物，因此，春三月“毋杀畜生，毋拊卵，毋伐木，毋夭英，毋拊竿，所以息百长也”[①]。草木的最大天敌是火灾，所以需要设“虞师”官“修火宪，敬(警)山泽林薮积草”[②]。若“山泽不救于火，草木不得成，国之贫也”，而“山泽救于火，草木殖成，国之富也”[③]。

《管子·地员》列出了齐地各种地形、土壤适宜种植的草木植物，“五粟之土，若在陵在山，在坟在衍。其阴其阳，尽宜桐柞，莫不秀长。其榆其柳，其檿其桑，其柘其栎，其槐其杨，群木蕃滋，数大条直以长。其泽则多鱼。牧则宜牛羊，其地其樊，俱宜竹箭，藻龟楢檀，五臭生之。薜荔白芷，蘪芜椒连，五臭所校。”“五沃之土，若在丘在山，在陵在冈，若在陬。陵之阳，其左其右，宜彼群木，桐柞枎櫄，及彼白梓，其梅其杏，其桃其李，其秀生茎起。其棘其棠，其槐其杨，其榆其桑，其杞其枋，群木数大，条直以长。其阴则生之楂藜，其阳则安树之五麻。若高若下，不择畴所。其麻大者如箭如苇，大长以美，其细者如蘆如蒸，欲有与各，大者不类，小者则治，揣而藏之，若众练丝。五臭畴生，莲与蘪芜，藁本白芷。其泽则多鱼，牧则宜牛羊。”“五位之土，若在冈在陵，在坟在衍，在丘在山，皆宜竹箭求黾楢檀。其山之浅，有茏与斥，群木安逐，条长数大。其桑其松，其杞其茸，种木胥容，榆桃柳楝。群药安生，姜与桔梗，小辛大蒙。其山之枭，多桔符榆。其山之末，有箭与苑。其山之旁，有彼黄虻，及彼白昌。山藜苇芒，群药安聚，以圉民殃。其林其漉，其槐其楝，其柞其谷，群木安逐。鸟兽安施，既有麋麃，又且多鹿。”[④]

(5)畜牧业

春秋之时，“四海之内，粒食之民，莫不犓牛羊，豢犬彘”[⑤]。《周礼·夏官》云青州“其畜宜鸡狗”、兖州“其畜宜六扰”。[⑥] 郑玄注“六扰”为马、牛、羊、豕、犬、鸡。《周礼》亦载有专管牛、马养殖的官职，其中牧人“掌牧六牲，

---

① 黎翔凤撰，梁运华整理：《管子校注》卷十七，中华书局 2004 年版，第 1017 页。

② 黎翔凤撰，梁运华整理：《管子校注》卷一，中华书局 2004 年版，第 73 页。

③ 黎翔凤撰，梁运华整理：《管子校注》卷一，中华书局 2004 年版，第 64 页。

④ 黎翔凤撰，梁运华整理：《管子校注》卷十九，中华书局 2004 年版，第 1100—1101、1106、1112 页。

⑤ 吴毓江撰，孙启治点校：《墨子校注》，中华书局 1993 年版，第 295 页。

⑥ [清]阮元校刻：《十三经注疏·周礼注疏》，中华书局影印 1980 年版，第 862 页。

而阜藩其物"[1];圉人"掌养马刍牧之事,以役圉师"[2]。鲁国设有相应的官职,"马有圉,牛有牧"[3]。乘田,"苑囿之吏也,主六畜之刍牧者也"。孔子曾为鲁国的乘田官,所做之事"牛羊茁壮,长而已矣"[4]。鲁国的养马业比较发达,其中以鲁僖公时期最为有名。"駉駉牡马,在坰之野",就是专门赞颂鲁僖公养马事业的诗句。诗以"駉"为题。"駉,颂僖公也。僖公能遵伯禽之法,俭以足用,宽以爱民,务农重谷,牧于坰野,鲁人尊之。于是季孙行父请命于周,而史克作是颂。"[5]

"六畜育于家,瓜瓠荤菜百果备具"是齐国国策之一。"六畜不育则国贫而用不足"[6],所以齐国鼓励畜牧业的发展,"民之能蕃育六畜者,置之黄金一斤,直食八石"[7]。《论语·季氏》云载齐景公"有马千驷",他死后有殉马六百匹以上,可装备兵车一百五十乘之多[8]。管子曰:"鹅鹜之舍近,鹍鸡鹄鵃之通远。"[9]鹜是家鸭的专称,野鸭称凫,说明春秋时期齐国鹅鸭的养殖已建有禽舍圈养。

(6)渔业

《周礼》云青、兖二州境域其泽薮曰望诸,其川淮泗,其浸沂沭,"其利蒲渔"[10],都有适合从事渔业的区域。

春秋时期鲁国渔业的情形仅见于"里革断罟"的典故。《国语·鲁语上》云:

宣公夏滥于泗渊,里革断其罟而弃之,曰:"古者大寒降,土蛰发,水虞于是乎讲罛罶,取名鱼,登川禽,而尝之庙,行诸国,助宣气也。鸟兽孕,水虫成,兽虞于是乎禁罝罗,矠鱼鳖,以为夏槁,助生阜也。鸟兽成,

① [清]阮元校刻:《十三经注疏·周礼注疏》,中华书局影印1980年版,第723页。
② [清]阮元校刻:《十三经注疏·周礼注疏》,中华书局影印1980年版,第861页。
③ [清]阮元校刻:《十三经注疏·春秋左传正义》,中华书局影印1980年版,第2048页。
④ [南宋]朱熹撰:《四书章句集注》,中华书局1983年版,第321页。
⑤ [清]阮元校刻:《十三经注疏·毛诗正义》,中华书局影印1980年版,第608页。
⑥ 黎翔凤撰,梁运华整理:《管子校注》卷二,中华书局2004年版,第111页。
⑦ 黎翔凤撰,梁运华整理:《管子校注》卷二十二,中华书局2004年版,第1309页。
⑧ 山东省文物考古研究所:《齐故城五号东周墓及大型殉马坑的发掘》,《文物》1984年第9期。
⑨ 黎翔凤撰,梁运华整理:《管子校注》卷二十三,中华书局2004年版,第1409页。
⑩ [清]阮元校刻:《十三经注疏·周礼注疏》,中华书局影印1980年版,第862页。

水虫孕,水虞于是乎禁罜麗,设穽鄂,以实庙庖,畜功用也。且夫山不槎蘖,泽不伐夭,鱼禁鲲鲕,兽长麑麌,鸟翼鷇卵,虫舍蚳蝝,蕃庶物也,古之训也。今鱼方别孕,不教鱼长,又行网罟,贪无艺也。"①

从上引材料看,鲁国设有管理渔业生产的官员,称为"水虞"。韦昭注云:"水虞,渔师也,掌川泽之禁令。"里革断密罟,表明当时已懂得渔业资源的保护和永续利用了。

齐国自立国之始,就利用海域与内陆湖河资源,"便渔盐之利",渔业一直是齐国传统的经济生产部门。春秋时管仲相齐,始"设轻重九府",对渔业更加重视,使鱼盐之利"通输海内"。对渔业的重视,使齐国非常注意保护水产资源。《管子·八观》云:"江海虽广,池泽虽博,鱼鳖虽多,网罟必有正。船网不可一财而成也,非私草木,爱鱼鳖也,恶废民于生谷也。"②为此,齐国设有专职官员负责资源保护,"山林之木,衡鹿守之。泽之萑蒲,舟鲛守之。薮之薪蒸,虞候守之。海之盐蜃,祈望守之"③。春秋时期,齐国渔民已能深海捕鱼,"渔人之入海,海深万仞,就彼逆流,乘危百里,宿夜不出者,利在水也"④。齐景公时,大贵族陈氏为招揽民心,以陈氏大量贷出,以齐国小量入,在渔业方面,"鱼盐蜃蛤,弗加于海"⑤。《晏子春秋》云晏婴治理东阿时,认为"陂池之鱼"可以济救贫人,遂致力于发展陂池淡水渔业。齐鲁之地大面积人工淡水渔业生产就此发展起来。

二、战国时期山东的农业

发生在海岱地区的"田氏代齐"是东周历史进入战国时期的标志性事件之一。"仲尼既没之后,田氏取齐,六卿分晋,道德大废,上下失序。至秦孝公,捐礼让而贵战争,弃仁义而用诈谲,苟以取强而已矣。夫篡盗之人,列为侯王;诈谲之国,兴立为强。是以传相放效,后生师之,遂相吞灭,并大兼小,暴师经岁,流血满野;父子不相亲,兄弟不相安,夫妇离散,莫保其命,湣然道

---

① [清]徐元诰撰,王树民、沈长云点校:《国语集解》,中华书局2002年版,第167—170页。
② 黎翔凤撰,梁运华整理:《管子校注》卷五,中华书局2004年版,第261页。
③ [清]阮元校刻:《十三经注疏·春秋左传正义》,中华书局影印1980年版,第2093页。
④ 黎翔凤撰,梁运华整理:《管子校注》卷十七,中华书局2004年版,第1015页。
⑤ [清]阮元校刻:《十三经注疏·春秋左传正义》,中华书局影印1980年版,第2031页。

德绝矣。晚世益甚,万乘之国七,千乘之国五,敌侔争权,盖为战国。”①

田氏代齐之后,山东的历史发展进入了一个新的阶段,农业生产关系进一步调整,春秋时期残存的公有制因素迅速消失,土地买卖盛行,土地私有制在这一时期确立起来。铁制农具已广泛使用,“用铁农具武装起来的‘一夫挟五口’的个体农户,基本上可以完成‘治田百亩’的任务”②,土地私有制下山东农民的生产规模、生活模式于此确立。

战国时期,反映鲁国农业的资料比较缺乏,因此下面主要以齐国为主要对象来讨论山东农业的发展。

(一) 稷下学者理想中的土地制度

面临战国时期“兴立为强”“传相放效”的局面,各诸侯国都有被吞没、兼并的威胁,于是如何“救亡图存”成了各国都必须思考的问题,由此在战国时期掀起了发展经济、富国强兵的变法革新浪潮。在春秋时期逐渐成长起来的“士”阶层在变法革新浪潮下,审时度势,纷纷提出自己的富国强兵主张,“度时君之能所行,出奇策异智,转危为安,运亡为存”③。各国君主为存亡计,对于这些奇策异智之士也竞相招揽。“稷下学宫”就是齐国为招揽策士人才而设立的接待机构。齐国统治者在稷门“开第康庄之衢,高门大屋”,给出封“上大夫”,“受上大夫之禄”的待遇,吸引了大量的策士前往。这些策士在稷下学宫“不治而议论”,最终形成了“数百千人”的规模,稷下学宫遂成为当时各家各派自由争鸣的场所和学术文化交流中心。

稷下学者“各著书言治乱之事,以干世主”④。学者们所著之书和文章,现多已失传,幸得银雀山汉墓出土一批竹简,其中的《守法守令等十三篇》,经学者考证,为稷下学者讨论如何治理齐国的论文集⑤,《田法》即其中一篇。

《田法》之“法”,是“方法、方案”之意,而不是“法律、规章”之意,它只是稷下学者结合齐国现状,对齐国土地制度与农业赋税提出的一些改革设想,藉

---

① [西汉]刘向集录:《战国策》,上海古籍出版社1985年第二版,第1196页。

② 梁家勉主编:《中国农业科学技术史稿》,农业出版社1989年版,第95页。

③ [西汉]刘向集录:《战国策》,上海古籍出版社1985年第二版,第1198页。

④ [西汉]司马迁:《史记》卷七十四,中华书局1959年版,第2346页。

⑤ 杨善群:《战国时期齐稷下学者的论文汇编——银雀山竹书〈守法〉等十三篇辨析》,《史林》2010年第1期。

此我们可以了解战国时期齐国土地制度的基本情况。《田法》全文如下：

量土地肥膮(硗)而立邑建城，以城再(称)……三相再(称)，出可以战……

……□与城三相再(称)，乃可以□□□……

……□□□于□□，百里〔而一〕县，千里而一国，古之……

……□示民明(萌)以作务□□□……

……□□□□□□示民明(萌)毋解(懈)怠。如此则外无诸侯之患，内无□□之忧，出可以御慯(敌)，入可……

……□□法之大术也。食口七人，上家之数也。食口六人，中家之数也。食口五人，下〔家之数也〕。□□□以上、年十三岁以下，皆食于上。年六十〔以上〕与年十六以至十四，皆为半作。什八人作者王，什七人作者朝(霸)，什五人作者存，什四人作者亡。一人而田大亩廿〔四者王，一人而〕田十九亩者朝(霸)，〔一人而田十〕四亩者存，一人而田九亩者亡。王者一岁作而三岁食之，霸者一岁作而二岁食〔之，存者一岁作□□□食〕之，亡者一岁作十二月食之。民之作务固□□□之。民之作务之器皆□……

……有技巧者为之，其余皆以所长短官职之。邑啬夫度量民之所田小……

……□明示民，乃为分职之数，齐其食酓(饮)之量，均其作务之业。……

……岁收：中田小亩亩廿斗，中岁也。上田亩廿七斗，下田亩十三斗，大(太)上与大(太)下相复(覆)以为衛(率)。五十家而为里，十里而为州，十乡，〈州〉而为州〈乡〉。州、乡以地次受(授)田于野，百人为区，千人为或(域)。人不举或(域)中之田，以地次相

……五人为伍，十人为连，贫富相……

……赋，余食不入于上，皆㔫(藏)于民也。卒岁田入少入五十斗者，□之。卒岁少入百斗者，罚为公人一岁。卒岁少入二百斗者，罚为公人二岁。出之之岁〔□□□□〕□者，以为公人终身。卒岁少入三百斗者，黥刑以为公人。叔(菽)萁(其)民得用之，稟民得用其什一，刍人一斗，皆㔫(藏)于民。上家畜一豕、一狗、鸡一雄一雌。诸以令畜者，皆

> 𤕰（藏）其本，齎其息，得用之。中家以下不能……
>
> ……粟九升，上为之出日大半升，以为卅日之休□……醪。卒岁大息，上予之十人而一斗肉，使相食之。酒食自因其所。上使公人可使畜长者，养牛马及狗豕鸡。先大息五日，上使民之壮者，吏将以邋（猎），以便戎事，及助大息之费。邋（猎）毋过二日必错。……
>
> ……民岁□□称□人邑啬夫□□吏邑□吏二人与田啬夫及主田之所□参也，而课民之……
>
> ……□□居焉，循行立稼之状，而谨□□美亚（恶）之所在，以为地均之岁……□巧（考）参以为岁均计，二岁而均计定，三岁而壹更赋田，十岁而民毕易田，令皆受地美亚（恶）□均之数也。大国为本作，中国有便作，小国以便作为本作。邑之名山林可以为田器及可以为国大器者，县不得之制也。恒山林□□□者，县得制之。……大材之用焉，五而当一。山有木，无大材，然而斤斧得入焉，九而当一。秃……□□蒹（镰）缨得入焉，十而当一。秃尺（斥）津□……罔（网）得入焉，七而当一。小溪浴（谷）古（罟）罔（网）不得入焉，百而当一。美霑（沈）泽蒲苇……□□石，百而〔当一〕。……□，百而当一。千六十四①

根据上面的材料，战国时期齐国利用所控制的公田进行授田，接受公田份地的农民要向国家交地租，同时承担国家的赋役。

国家授田按就地授予的原则，“州、乡以地次授田于野”。按授田的人家数组建三级属地管辖区域，“五十家而为里，十里而为州，十州而为乡”。这与《国语·齐语》所载管子制国“五家为轨”“十轨为里”的基层编制也是相通的。

《田法》没有说明授田的具体数目。但“量土地肥膮（硗）”的准则，与春秋时期“相地而衰征”的精神一致。而与春秋“相地而衰征”的分成地租不同，在授田制度下，竹书《田法》试图以“均岁”为原则，即确定平均年产量，实行定额地租。定额的标准是由吏、啬夫及田主等“循行立稼之状”，参照多年产量与土地美恶，确定租额，“中田小亩亩廿斗，中岁也。上田亩廿七斗，下田亩十三斗，太上与太下相覆以为率”。定额租税如果缴纳不足，则要另

---

① 银雀山汉墓竹简整理小组编：《银雀山汉墓竹简　1》，文物出版社 1985 年版，第 145—146 页。

以力役充抵:“卒岁田入少入五十斗者,□之。卒岁少入百斗者,罚为公人一岁。卒岁少入二百斗者,罚为公人二岁。出之之岁〔□□□□〕□者,以为公人终身。卒岁少入三百斗者,黥刑以为公人。”

《田法》中设计有“□□□□以上,年十三以下,皆食于上。年六十〔以上〕与年十六以至十四,皆为半作”,研究者据此认定在《田法》的国家授田制下,“存在定期还授制度”①。

田昌五认为“竹书田法只是战国时期的一种提封田制,另一种提封田制如李悝在魏国实行的,对农民的生产和生活考虑得就比较多,处理得也比较好。这也是奴隶社会向封建社会转变时的现象”②。然而实际上,与李悝田法相比,稷下学者所设计的田法,从“农民的受田、总收入、赋税、平均亩产、人均口粮、余粮等各项反映生产、生活情况的微观升斗计量分析来看,两种田法无论在哪一方面都处于同等水平之上”。“无论从微观或宏观方面来看,我们都不能得出李悝田法优于银雀山竹书田法的结论,二者根本不存在一种属先进的封建制剥削,另一种属落后的奴隶制剥削的差异,其土地所有制性质应当是相同的。”③

上述田法的设计思路,主要是督促国家授田农的生产,以保证地租和赋役,使齐国“富国强兵”。

在授田农之外,研究者指出尚有五种其他的土地所有制形式:一是贵族地主,他们是从奴隶主贵族转化而来的,他们原来都是王室宗亲,占有大量土地;二是军功官僚地主,由计功行赏而得到大量土地,租给农民耕种而成为官僚地主;三是一般地主,这些人本身不是贵族,也未立功,而是通过购买而得到土地;四是商人高利贷者,他们通过买卖的途径取得大量土地而成地主;五是自耕农,通过各种途径获得少量自有土地。④ 对于上述六种形式的土地所有者,齐国国君能够施予强大行政管理、征收租赋的对象只有自耕农与授田农。

到战国后期,齐国自耕农与授田农的租赋负担已比较沉重。《说苑·善说》云:

---

① 张金光:《从银雀山竹书〈田法〉等篇中看国家授田制》,《管子学刊》1990 年第 4 期。

② 田昌五:《谈临沂银雀山竹书中的田制问题》,《文物》1986 年第 2 期。

③ 杨兆荣:《银雀山竹书田法同于李悝田法——与田昌五先生商榷》,《思想战线》1996 年第 3 期。

④ 参见李英森等:《齐国经济史》,载《齐文化丛书》第 14 册,齐鲁书社 1997 年版,第 507—508 页。

> 齐宣王出猎于社山，社山父老十三人相与劳王。王曰：“父老苦矣！”谓左右：“赐父老田不租。”父老皆拜，闾邱先生独不拜。王曰：“父老以为少耶？”谓左右：“复赐父老无徭役。”父老皆拜，闾邱先生又不拜。王曰：“拜者去，不拜者前。”曰：“寡人今日来观，父老幸而劳之，故赐父老田不租。父老皆拜，先生独不拜，寡人自以为少，故赐父老无徭役，父老皆拜，先生又独不拜，寡人得无有过乎？”闾邱先生对曰：“惟闻大王来游，所以为劳大王：望得寿于大王，望得富于大王，望得贵于大王。”王曰：“夫杀生有时，非寡人所得与也，无以寿先生；仓廪虽实，以备灾害，无以富先生；大官无缺，小官卑贱，无以贵先生。”闾邱先生对曰：“此非人臣所敢望也。愿大王选良富家子有修行者以为吏，平其法度，如此，臣少可以得寿焉；春秋冬夏，振之以时，无烦扰百姓，如是，臣可少得以富焉；愿大王出令，令少者敬长，长者敬老，如是，臣可少得以贵焉。今大王幸赐臣田不租，然则仓廪将虚也；赐臣无徭役，然则官府无使焉。此固非人臣之所敢望也。”齐王曰：“善。愿请先生为相。”①

从上面材料看，即使在强盛的齐宣王时代，“烦扰百姓”也是一个显性的社会问题，反映出当时农民所承担的赋役已相当沉重。

（二）战国时期山东的农业

战国时期，山东地域已广泛使用铁制农具，农业已经比较发达，不仅创下了亩产量二石的生产力水平，而且创下了“齐纨鲁缟”这样的地方名牌产品。

1. 粮食种植业

铁制农具的广泛使用，是战国时期农业发展的重要标志，山东亦不例外。“许子以釜甑爨，以铁耕乎？”孟子对许行的质问之言，表明当时铁耕已成为人们的共同认知。在临淄齐国故城中出土了战国时期成套的铁制农具，共有18件，其中铁锛5件、铁斧4件、铁镢2件、铁锄2件、铁凿1件、铁铲1件、铁犁1件、铁镰1件、铁锯1件。铁犁呈“V”形，中间交接处有三角形脊。铁镢分两类：一类为长条形，上有竖向椭圆孔，长21厘米；另一类为筒式三齿形，残长15.5厘米，齿长11.5厘米。铁铲通长17.3厘米，筒长8厘米，刃宽11.3厘

① ［西汉］刘向撰，向宗鲁校证：《说苑校证》卷十一，中华书局2015年版，第269—270页。

米。铁镰弧背凹刃,长 27 厘米。铁锄,筒式,两件:一件为长方形,长 13.7 厘米;另一件为半圆形,高 14 厘米,宽 18.4 厘米。① 淄博市南韩村战国墓 M9 出土铁锄 1 件,长 22.8 厘米、宽 10.5 厘米、厚 4 厘米,六边形,凸方銎。② 临淄齐墓中发现铁插 1 件③。在滕县古薛城遗址中心黄殿岗发现冶铁遗址,并出土犁铧和铲④。青铜农具还在一定程度上使用着,在五莲小绿王村发现 1 件铜铲,圆肩,微弧刃,长方銎,长 13 厘米、宽 7.5 厘米;在鲁国故城乙组墓中出土 1 件战国早期铜铲,圆肩,方銎,全长 17 厘米⑤。战国时期,山东农田耕作的技术思想仍是与春秋时期一致的"深耕易耨"⑥,上述的铁制农具已能很方便地实现这一技术思想。

战国时期山东农业的最大变化是"辟草莱,任土地"⑦,将"易耨"与"肥田"结合起来,放弃了休耕制。"易耨"即"疾耨",主要指除草要迅速,以免其繁殖起来与田苗争水争肥,"农夫之务去草焉,芟夷蕴崇之,绝其本根,勿使能殖"⑧。春秋时期就已广泛使用的施肥技术,到战国时期,"粪田"已成为大众常识,积粪肥田已成为农夫的重要农事活动之一,故荀子云:"掩地表亩,刺屮殖谷,多粪肥田,是农夫众庶之事也。"⑨通过多粪肥田与除草,在战国时代,齐鲁之地已不再休耕,而是连种耕作,荀子云:"今是土之生五谷也,人善治之则亩数盆,一岁而再获之。"⑩对于"一岁而再获之","有可能是指在精耕细作条件下两年三熟制中的'再获',即两年中有一年是收获两次的"⑪。在连种制形成过程中,菽起了相当关键的作用,因为菽的根瘤菌有肥地作用,这一实践知识在战国时期广为知晓,故"菽在战国时代已是一种极重要的粮食作物"⑫。在实现连种耕作后,粮食生产量大为提高。依据齐

① 山东省文物管理处:《山东临淄齐故城试掘简报》,《考古》1961 年第 6 期。
② 于嘉芳:《淄博市南韩村发现战国墓》,《考古》1988 年第 5 期。
③ 山东省文物考古研究所编:《临淄齐墓》第一集,文物出版社 2007 年版,第 46 页。
④ 庄冬明:《滕县古薛城发现战国时代冶铁遗址》,《文物参考资料》1957 年第 5 期。
⑤ 吴诗池:《综述山东出土的农业生产工具》,《农业考古》1990 年第 1 期。
⑥ [清]阮元校刻:《十三经注疏·孟子注疏》,中华书局影印 1980 年版,第 2667 页。
⑦ [清]阮元校刻:《十三经注疏·孟子注疏》,中华书局影印 1980 年版,第 2722 页。
⑧ [清]阮元校刻:《十三经注疏·春秋左传正义》,中华书局影印 1980 年版,第 1731 页。
⑨ [清]王先谦撰,沈啸寰、王星贤点校:《荀子集解》卷六,中华书局 1988 年版,第 183 页。
⑩ [清]王先谦撰,沈啸寰、王星贤点校:《荀子集解》卷六,中华书局 1988 年版,第 184 页。
⑪ 梁家勉主编:《中国农业科学技术史稿》,农业出版社 1989 年版,第 121 页。
⑫ 梁家勉主编:《中国农业科学技术史稿》,农业出版社 1989 年版,第 117 页。

国《田法》的资料,“战国时代的粮食亩产量已逐步达到每周亩二大石的水平”①。而齐鲁之地每亩的产量,换算成今制约为94斤②。在这样的生产效率下,齐国才能“粟如丘山”。考古资料也证实了齐国积粟的情形,泰安康家河村战国墓M2的敦中发现有“厚3厘米的植物残骸,似谷物”③。

水利是农业发展的基础,战国时期齐国为防止黄河泛滥,危害农田,在距河流主干流二十五里处修筑了黄河大堤。“盖堤防之作,近起战国,雍防百川,各以自利。齐与赵、魏,以河为竟。赵、魏濒山,齐地卑下,作堤去河二十五里。河水东抵齐堤,则西泛赵、魏,赵、魏亦为堤去河二十五里。虽非其正,水尚有所游荡。”④战国时期完成的黄河大堤河道宽五十里,有足够的空间以行洪,确保了两岸农田生产的安全,有力地促进了战国时期黄河下游农业的大发展。

2. 畜牧家禽业

“鸡豚狗彘之畜,无失其时,七十者可以食肉矣。”⑤家畜、家禽成为家庭经济的重要组成部分,只不过在家庭个体经济情形下,其规模不大。战国时期,孟子津津乐道的理想家庭经济规模,在畜禽养殖方面仅只是五母鸡、二母彘而已:“五亩之宅,树墙下以桑,匹妇蚕之,则老者足以衣帛矣。五母鸡,二母彘,无失其时,老者足以无失肉矣。百亩之田,匹夫耕之,八口之家,足以无饥矣。”⑥

在战国时期,齐鲁之地的畜牧家禽业进一步发展,尤其家禽业育出了当地独有的品种。家禽主要有鸡、鸭、鹅三种。齐国的临淄“斗鸡走犬”⑦成风,这说明当地养鸡业发达,对家鸡品种的选育也有一定的促进作用。齐鲁之地特有的鸡品种称为鲁鸡,《庄子》曰:“越鸡不能伏鹄卵,鲁鸡固能矣。”⑧越鸡为小型鸡,鲁鸡为大型鸡,《尔雅·释畜》云“鸡大者蜀”。《庄子》释文云:“越鸡,小鸡,或云荆鸡。鲁鸡,大鸡也,今蜀鸡。”鲁国有地名蜀,鲁鸡即鲁国蜀地所产之鸡。

鹅在当时属上好礼物。田仲子隐于长白山中,终日为人灌园,其兄为齐大

---

① 李根蟠:《从银雀山竹书〈田法〉看战国亩产和生产率》,《中国史研究》1999年第4期。
② 吴存浩:《中国农业史》,警官教育出版社1996年版,第287页。
③ 山东省泰安市文物局:《山东泰安康家河村战国墓》,《考古》1988年第1期。
④ [东汉]班固:《汉书》卷二十九,中华书局1962年版,第1692页。
⑤ [清]阮元校刻:《十三经注疏·孟子注疏》,中华书局影印1980年版,第2666页。
⑥ [清]阮元校刻:《十三经注疏·孟子注疏》,中华书局影印1980年版,第2768页。
⑦ [西汉]刘向集录:《战国策·齐策一》,上海古籍出版社1985年第二版,第337页。
⑧ [清]郭庆藩撰,王孝鱼点校:《庄子集释》卷八,中华书局1961年版,第779页。

夫，食万钟禄，“有馈其兄生鹅者”①。鸭、鹅在齐国广泛养殖，连贵族家庭亦不例外，齐国的田需曾指责管燕说：“士三食不得餍，而君鹅鹜有余食。”②泰安康家河村战国墓出土了陶鸭4件，其中一件形体肥壮，颈细长弯曲下伸，作觅食状，长6厘米、高3厘米；另一件头颈斜上伸，饼形足，长5厘米、高4厘米；再一件高额扁喙，喙饰红彩，颈上伸，无足，长2.5厘米、高1.8厘米。③

3. 农副业

战国时期齐鲁农副业以纺织业最为典型。《史记·货殖列传》云齐国“膏壤千里，宜桑麻，人民多文采布帛鱼盐”；鲁国“颇有桑麻之业，无林泽之饶”。齐、鲁两地致力于农桑的结果，使齐鲁之地呈现出“齐、鲁千亩桑麻”的盛况。

据文献记载，齐鲁之地丝绢织品有“罗、绫、纨、绮、縠、缦帛、织文、缟、绨、绡、纺、纱、素、绢、绉、绣等近二十种”④。纺织品中最著名的产品是齐纨和鲁缟。

齐纨。《汉书·地理志》云齐国在桓公以后，“其俗弥侈，织作冰纨绮绣纯丽之物，号为冠带衣履天下”⑤。战国田齐时期，田需曾指责管燕贪欲过甚，说：“士三食不得餍，而君鹅鹜有余食。下宫糅罗纨，曳绮縠，而士不得以为缘。”⑥这些说明纨、绮等丝织品为当时的精品。冰纨即齐纨，以洁白、细致著称。制作冰纨所需的丝，使用《考工记》中“㡛氏湅法”炼制，此法亦即后来《齐民要术》所著录的“漱生衣绢法”。“㡛氏湅丝。以涗水沤其丝，七日。去地尺暴之，昼暴诸日，夜宿诸井，七日七夜，是谓水湅。湅帛，以栏为灰，渥淳其帛。实诸泽器，淫之以蜃，清其灰而盝之，而挥之，而沃之，而盝之，而涂之，而宿之，明日沃而盝之。昼暴诸日，夜宿诸井，七日七夜，是谓水湅。”⑦贾思勰云“漱生衣绢法：以水浸绢令没，一日数度回转之。六七日，水微臭，然后拍出，柔肕洁白，大胜用灰”⑧。由上引可知，绢、帛原料的练织方法略有不同，水湅法经长时间的实践检验，“大胜用灰”的“灰练法”。齐国的纺织水平较前一时期又有发展，济南千佛山战国墓出土的麻织品残片，经

---

① ［清］阮元校刻：《十三经注疏·孟子注疏》，中华书局影印1980年版，第2715页。
② ［西汉］刘向集录：《战国策·齐策四》，上海古籍出版社1985年第二版，第421页。
③ 山东省泰安市文物局：《山东泰安康家河村战国墓》，《考古》1988年第1期。
④ 姜颖：《山东丝绸史》，齐鲁书社2013年版，第55页。
⑤ ［东汉］班固：《汉书》卷二十八，中华书局1962年版，第1660页。
⑥ ［西汉］刘向集录：《战国策·齐策四》，上海古籍出版社1985年第二版，第421页。
⑦ 闻人军译注：《考工记译注》，上海古籍出版社2008年版，第75页。
⑧ ［北魏］贾思勰原著，缪启愉校释：《齐民要术校释》第二版，中国农业出版社1998年版，第233页。

纬密度为每平方厘米 10×9 根，单线直径约 0.7 毫米。[①]

缟，齐鲁两地都有生产，鲁国所产称鲁缟，齐国所产称阿缟。缟在生织而成之后，再加精练，具有洁白、精细、轻薄的特点，后世之人以“冲风之衰，不能起毛羽；强弩之末，不能入鲁缟”来形容鲁缟之细薄。鲁缟主要产于曲阜。颜思古注云：“缟，素也，曲阜之地，俗善作之，尤为轻细，故以取喻也。”[②]阿缟产于东阿，品质精良。秦国李斯以之为东方丝织品的代表，认为“阿缟之衣，锦绣之饰”。“遣册”，是生人赠送死者的物品清单。1953 年长沙仰天湖战国墓葬里的“遣册”上，明确记载有齐国的阿缟。[③]

鲁国的著名丝织品还有绨，“鲁梁之民，俗为绨”[④]。绨是一种厚缯，多染成绿色，平纹织品。

齐鲁之地的另一种著名丝产品是柞蚕丝。柞蚕丝又称檿丝，《尚书·禹贡》青州云：“莱夷作牧，厥篚檿丝。”苏注云：“檿丝惟出东莱，以织缯，坚韧异常，莱人谓之山茧。”以柞蚕丝坚韧，适合作琴弦。孔安国注云：“檿桑蚕丝，中琴瑟弦。”“檿，山桑也。”孔颖达疏云：“《释木》云：‘檿桑，山桑。’郭璞曰：‘柘属也。’‘檿丝’，是蚕食檿桑，所得丝韧，中琴瑟弦也。”[⑤]山东所产柞蚕丝琴弦，历代谓为名品。檿丝织成的丝绸亦是名品，《诗经·大雅·皇矣》云：“攘之剔之，其柘其檿。”宋传曰：“檿，山桑也。与柘皆美材，可为弓干，又可蚕也。”颜师古注曰：“檿，山桑之有点文者也。”柞蚕以柞树叶为食，考古已证实战国时期山东有大片的柞树林，栖霞杏家庄三座战国“古墓的椁都是用柞木板筑成，这些柞树直径都是 0.9—1.2 米。柞树生长缓慢，这样粗的柞树需近千年才能长成，因而为研究我国的柞蚕起源提供了实物例证”[⑥]。

三、春秋战国时期山东的农业文化

春秋战国时期，齐鲁地区尚属独立发展时期，在农业发展方面也表现出独特的地域特色，主要表现在农时历法与农学成就两个方面。

---

① 李晓峰、伊沛扬：《济南千佛山战国墓》，《考古》1991 年第 9 期。

② ［东汉］班固：《汉书》卷五十二，中华书局 1962 年版，第 2402—2403 页。

③ 于孔宝：《古代最早的丝织业中心——谈齐国“冠带衣履天下”》，《管子学刊》1992 年第 2 期。

④ 黎翔凤撰，梁运华整理：《管子校注》卷二十四，中华书局 2004 年版，第 1514 页。

⑤ ［清］阮元校刻：《十三经注疏·尚书正义》，中华书局影印 1980 年版，第 148 页。

⑥ 烟台市文物管理委员会、栖霞县文物事业管理处：《山东栖霞县占疃乡杏家庄战国墓清理简报》，《考古》1992 年第 1 期。

(一) 齐、鲁两国的历法

对于农事而言,只需知晓大致准确的农时节气即可,迟上或早上一两天,并不影响农事的推进以及农业的收成。然而,春秋以后历法愈来愈精准。历朝追求历法精准的意义,其实并不在于指导农事,而在于为神圣的祭祀提供精确的时辰。《国语·鲁语上》说:“夫祀,国之大节也。而节,政之所成也。故慎制祀,以为国典。”对于农业社会而言,农业祭祀亦属国典,尤其是在先秦时代,它是治国的根本要政之一。祭祀,需要在最佳的时刻献上最虔诚的贡献,所以历法的作用,一是为把握农时,二是提供祭祀的精确时刻。

自有国家以来,观象授时就是国家的职能之一。《尚书·尧典》云:“乃命羲和,钦若昊天,历象日月星辰,敬授民时。”随着各类农事活动的增多,农人对农时,即播种季节准确把握的需求越来越强烈,《周易》的“与时偕行”遂成为人们经济活动的重要行为准则。当时人们普遍认同,若不能与时偕行,就会导致经济衰退,故管子云:“举事而不时,力虽尽而功不成。”若与时偕行,农业发展,国家就会经济繁荣,“力地而动于时,则国必富矣”。农时既如此重要,齐鲁两地对农时的把握都非常重视,齐、鲁两国都发展出适合自己地域特点的历法,以准确把握农时,用以指导农业相关的各类生产。

年、月长短关乎农业生产节奏。早在尧的时代,就知“期三百有六旬有六日,以闰月定四时成岁”。在一年366日已确定的情形下,如何确定具体月时、节气就是一个关键。《春秋》记录有37次日食,经现代天文学的计算,有35次是可靠的。据此35次日食的纪年记录,发现春秋时鲁国的置闰法比较散乱,由此确知春秋时期鲁国尚不知“每十九年中应有七闰”的办法①。根据鲁僖公十二年(前648)三月庚午朔“日有食之”和鲁宣公十年(前599)四月丙辰朔“日有食之”,以及鲁宣公八年(前601)七月甲子朔日“日有食之”和鲁襄公二十一年(前552)九月庚戌朔“日有食之”的记录,测算两次日食都是相距605月,计17866日,平均月长为29.5305789日长,它与现代的天文常数(29.530588)相差甚微,大致是4000多年才差短一日,由此知鲁国所用朔策(朔望月的长度)为六百五分法而非四分法,春秋战国时期尚未曾出现四分法。《春秋》所反映的鲁国历法所用为六百五分法朔策。这也就是

---

① 关立言:《春秋时期鲁国历法状况考查》,《华侨大学学报(哲学社会科学版)》1998年第1期。

春秋时期鲁国的历法虽说由于置闰无方，月份常有差错，但朔、晦都准确无误的原因。① 现代科学研究已完整地复原了春秋时期鲁国的历法。②

朔望既然可以准确，只要有一个正确的计算起点，就可以准确无误地确定一年中的各个时节。春秋时期把冬至定为岁首，以此确定各个时节。“把冬至作为定岁首的标准，这在天文历法学上确为一大进步”③。鲁国天文学家准确地测定了冬至的时刻，《左传》记录了鲁国两次冬至的测定：一次在鲁僖公五年（前655），一次在鲁昭公二十年（前522）。当时“冬至”称为“日南至”，因为冬至那天，日中太阳的高度最低，人们以为是太阳处在最南端的位置，故称“日南至”。现代科学的研究表明，这两次“日南至”的时刻相当精准，这说明“当时春秋人已掌握了用土圭观测日影长短的变化来确定冬至（夏至）的日期”④。冬至既定，农事季节也就确定了。齐国的春季农事，在冬至日后的75天左右开始播种，至100天左右结束，中间一共是25天。齐桓公曾详问管子“何谓春事二十五日之内”，管子回答说：“日至六十日而阳冻释，七十日而阴冻释。阴冻释而杌稷，百日不杌稷，故春事二十五日之内耳也。”⑤

除了以冬至定岁首开始农事外，齐国历法的独特之处还在于它所使用的“四时五行时令系统”，有30个时节，与当今通用的二十四节气“月令”系统有着比较大的区别。这套时令系统记载于《管子》一书中的“幼官”与“幼官图”。在这套五行时令系统中，将一年360天分为30个时节，每个时节为12天，根据齐地春秋季节长、冬夏季节短的特点，分春、秋季各8个时节96天，冬、夏季各7个时节84天，从春至冬的30节气与相关活动见于下表。它的四季是以“地气发”“小郢”“期风至”“始寒”为起点，以“清明”“大暑至”“始前”“寒至”为中点，分别相当于二十四节气中的“立春”“立夏”“立秋”“立冬”“春分”“夏至”“秋分”“冬至”。中点以前的四个时节，一般两两相偶，以说明阴阳二气交替上升。中点以后的时节，如果是三个，则这三个时节自为一组，如“三卯”“三酉”；如果是两个，则连同中点组成一组，如“三暑”“三寒”。各个时节主要依据阴阳消长的“气”来定名，如“地气”“天气”

---

① 何幼琦：《〈春秋〉“日食”研究的新发现》，《管子学刊》1990年第3期。

② 参见关立行、关立言所著《春秋时期鲁国历法研究》第五章《春秋朔闰表》。

③ 关立行、关立言：《春秋时期鲁国历法研究》，电子工业出版社2007年版，第24页。

④ 关立行、关立言：《春秋时期鲁国历法研究》，电子工业出版社2007年版，第51页。

⑤ 黎翔凤撰，梁运华整理：《管子校注》卷二十一，中华书局2004年版，第1223页。

“义气”“绝气”等，不同于二十四节气以物候或农时的定名。

表 3－1　　　　齐国以 12 天为时段的三十节气①

季	编号	节气名	活动	时段日数	季	编号	节气名	活动	时段日数
春（共八个节气九十六天）	1	地气发	戒春事	12	秋（共八个节气九十六天）	16	期风至	戒秋事	12
	2	小卯	出耕	12		17	小卯	薄百爵	12
	3	天气下	赐与	12		18	白露下	收聚	12
	4	义气至	修门闾	12		19	复理	赐与	12
	5	清明	发禁	12		20	始（卯）前	节赋事	12
	6	始（卯）	合男女	12		21	始卯	合男女	12
	7	中卯	合男女	12		22	中卯	合男女	12
	8	下卯	合男女	12		23	下卯	合男女	12
夏（共七个节气八十四天）	9	小郢	至德	12	冬（共七个节气八十四天）	24	始寒	尽刑	12
	10	绝气下	下爵赏	12		25	小榆	赐与	12
	11	中郢	赐与	12		26	中寒	收聚	12
	12	中绝	收聚	12		27	中榆	大收	12
	13	大暑至	尽善	12		28	寒至	静	12
	14	中暑至	尽善	12		29	大寒之阴	静	12
	15	大暑终，或作小暑终	尽善	12		30	大寒终	静	12

三十时节是齐国根据自己的气候特点、地域生产特点而制作出来的地方性历法，用以指导齐国地区的农事活动，不具有普遍性，因此只能在齐鲁地区行用，难以在其他地区推广。

（二）农业祭祀

齐鲁地区的祭祀颇为繁杂，可祭祀对象及完整的祭祀典章见于展禽的“谏不祀海鸟”的言论。展禽，谥号惠，食邑在柳下，被后人尊称为“柳下惠”。其谏文云：

① 中国科学院自然科学史研究所地学组主编：《中国古代地理学史》，科学出版社 1984 年版，第 92 页。

夫圣王之制祀也，法施于民则祀之，以死勤事则祀之，以劳定国则祀之，能御大灾则祀之，能捍大患则祀之。非是族也，不在祀典。昔烈山氏之有天下也，其子曰柱，能殖百谷百蔬。夏之兴也，周弃继之，故祀以为稷。共工氏之伯九有也，其子曰后土，能平九土，故祀以为社。黄帝能成命百物，以明民共财，颛顼能修之，帝喾能序三辰以固民，尧能单均刑法以仪民，舜勤民事而野死，鲧鄣洪水而殛死，禹能以德修鲧之功，契为司徒而民辑，冥勤其官而水死，汤以宽治民而除其邪，稷勤百谷而山死，文王以文昭，武王以武烈，去民之秽。故有虞氏禘黄帝而祖颛顼，郊尧而宗舜。夏后氏禘黄帝而祖颛顼，郊鲧而宗禹。商人禘舜而祖契，郊冥而宗汤。周人禘喾而郊稷，祖文王而宗武王。幕，能帅颛顼者也，有虞氏报焉。杼，能帅禹者也，夏后氏报焉。上甲微，能帅契者也，商人报焉。高圉、大王，能帅稷者也，周人报焉。凡禘、郊、祖、宗、报，此五者，国之典祀也。加之以社稷、山川之神，皆有功烈于民者也。及前哲令德之人，所以为民质也。及天之三辰，民所以瞻仰也。及地之五行，所以生殖也。及九州名山川泽，所以出财用也。非是不在祀典。今海鸟至，己不知而祀之，以为国典，难以为仁且智矣。夫仁者讲功，而智者处物。无功而祀之，非仁也；不知而不能问，非智也。今兹海其有灾乎！夫广川之鸟兽，恒知避其灾也。①

准上引，齐鲁地区祭祀对象主要有祖先、前哲令德、社稷、山川、五行、日月星辰等，旨在希求福佑，以兴利除害、造福人类。

上述各类祭祀，与农业相关者颇多。农业祭祀之大者，莫过于蜡祭。《礼记·郊特牲》云：

天子大蜡八。伊耆氏始为蜡。蜡也者，索也，岁十二月，合聚万物而索飨之也。蜡之祭也，主先啬而祭司啬也。祭百种，以报啬也。飨农，及邮表畷、禽兽，仁之至、义之尽也。古之君子，使之必报之。迎猫，为其食田鼠也；迎虎，为其食田豕也，迎而祭之也。祭坊与水庸，事也。曰："土反其宅，水归其壑，昆虫毋作，草木归其泽。"皮弁素服而祭。素

① ［清］徐元诰撰，王树民、沈长云点校：《国语集解》，中华书局2002年版，第154—161页。

服,以送终也。葛带榛杖,丧杀也。蜡之祭,仁之至、义之尽也。黄衣黄冠而祭,息田夫也。野夫黄冠。黄冠,草服也。大罗氏,天子之掌鸟兽者也,诸侯贡属焉。草笠而至,尊野服也。罗氏致鹿与女,而诏客告也。以戒诸侯曰:"好田好女者亡其国。"天子树瓜华,不敛藏之种也。八蜡以记四方。四方年不顺成,八蜡不通,以谨民财也。顺成之方,其蜡乃通,以移民也。既蜡而收,民息已。故既蜡,君子不兴功。①

准上引,蜡祭之礼可溯源到"伊耆氏"。关于"伊耆氏",郑玄注云:"古天子号也。"孔颖达疏云:"《明堂》云'土鼓、苇籥,伊耆氏之乐'。《礼运》云'夫礼之初,始诸饮食,蕢桴而土鼓'。俱称土鼓,则伊耆氏,神农也。以其初为田事,故为蜡祭,以报天也。"由此知"伊耆氏"即神农氏。关于"先啬",郑玄注云:"先啬,若神农者。"关于"司啬",郑玄注云:"司啬,后稷是也。""蜡之祭也,主先啬及祭司啬也",蜡祭的目的,就是向神农与后稷这两位农业先圣报祭。蜡祭的报祭对象还有田畯、邮表畷以及对农业有益的益虫,共有八种,故称"蜡八",或称"八蜡"。可以说,自从有了农业,就有了蜡祭,用以报答上天对下民的恩赐。

齐鲁之地实行蜡祭,孔子就曾亲与鲁国蜡祭,"昔者仲尼与于蜡宾"。蜡祭场面宏大,李慧玲喻之为中国"古代的狂欢节"②。有关蜡祭的盛况,《礼记·杂记下》云:

子贡观于蜡,孔子曰:"赐也乐乎?"对曰:"一国之人皆若狂,赐未知其乐也。"子曰:"百日之蜡,一日之泽,非尔所知也。张而不弛,文武弗能也;弛而不张,文武弗为也。一张一弛,文武之道也。"③

孔颖达疏云:"言百日者,举其全数,喻久矣,实一年之劳苦也。今一日欢休,故恣其醉如狂,此是由于君之恩泽。"蜡祭这天之后,百姓可以获得休息时间,暂时不用再劳作了,故可尽情地释放自己,享受丰收的成果和生活

---

① [清]阮元校刻:《十三经注疏·礼记正义》,中华书局影印1980年版,第1453—1454页。

② 李慧玲:《试说中国古代的狂欢节——蜡祭》,《河南师范大学学报(哲学社会科学版)》2011年第2期。

③ [清]阮元校刻:《十三经注疏·礼记正义》,中华书局影印1980年版,第1567页。

的快乐。

祭祀是庄严而又虔诚的，祭祀所用的牲畜要在三个月前通过占卜选定，然后养于牢中以备在神圣的时刻奉献粢盛。《鲁颂·閟宫》云：“秋而载尝，夏而楅衡。”就是说秋天举行祭祀，夏天就要选定目标饲养起来。

“八蜡以记四方。四方年不顺成，八蜡不通，以谨民财也。顺成之方，其蜡乃通，以移民也。”意味着八蜡祭祀要看收成如何，通常只会在丰收的地区举行。歉收的地方不行蜡祭，以节省民财、民力。

蜡祭之后，随即就要举行乡饮酒礼、乡射礼，组成一连串的庆典活动，故蜡祭在汉代以后逐渐发展成为全民岁末庆丰收、会饮狂欢的蜡节。

蜡之后，又有腊。《礼记·月令》云孟冬之月“腊先祖、五祀”。所谓“腊”，孔颖达疏云：“腊，猎也，谓猎取禽兽以祭先祖、五祀也。”由此知腊祭的对象：一是先祖，即祖先；二是五祀，即五种家门内外和人们生活息息相关的神，即门神、户神、中霤神（土神）、灶神、行神（路神）。实际上，腊礼的祭品，不止于孔颖达所说的“猎”，还包括新获的五谷。《小雅·大田》云：“以其骍黑，与其黍稷，以享以祀，以介景福。”即以新收之谷黍、稷和牺牲一起，敬献祖先神灵，以求福佑。由此知腊礼亦为报祭礼，而且这个报祭礼，不管年成如何，都是要举行的，除非被人灭国灭族。《左传》僖公五年（前655）宫之奇云“虞不腊矣”，是说虞国即将要被灭亡了，不能再像以前一样按时举行祖先报祭礼。

蜡祭之外的农业祭祀还有社祭与雩祭。“社稷五祀”，即“所以生殖也”的“地之五行”。《左传》昭公二十九年（前513）云：“故有五行之官，是谓五官。实列受氏姓，封为上公，祀为贵神。社稷五祀，是尊是奉。木正曰句芒，火正曰祝融，金正曰蓐收，水正曰玄冥，土正曰后土。”自天子至庶民皆置社，行社祭，祭社稷五神。《礼记·月令》仲春之月云：“择元日，命民社。”郑注云：“社，后土也，使民祀焉，神其农业也，祀社日用甲。”

水是农业的命脉。每当天时不雨，作物干旱，人们就会通过各种方法祈告上苍降雨，此之为“雩”。郑玄云：“雩，吁嗟求雨之祭也。雩帝，谓为坛南郊之傍。”《左传》桓公五年（前707）“秋，大雩。书不时也。凡祀，启蛰而郊，龙见而雩，始杀而尝，闭蛰而烝，过则书。”《公羊传》桓公五年（前707）曰：“大雩者何？旱祭也。”“大雩”之祭本应在夏天举行，桓公五年（前707），鲁国因秋旱也举行了雩祭，所以为“书不时也”。《左传》僖公二十一年(前639)“夏,大旱,公欲焚巫尪。”杜注云:“巫尪,女巫也。主祈祷请雨者。或以为尪非巫也,瘠病之人,其面向上,俗谓天哀其病,恐雨入其鼻,故为之旱,是以公欲焚之。”齐国的雩祭比较多样化,其事见于晏子谏止雩祭事。《晏子春秋·内篇谏上第一》云:

> 齐大旱逾时,景公召群臣问曰:“天不雨久矣,民且有饥色。吾使人卜,云:祟在高山广水。寡人欲少赋敛以祠灵山,可乎?”群臣莫对。晏子进曰:“不可。祠此无益也。夫灵山固以石为身,以草木为发,天久不雨,发将焦,身将热,彼独不欲雨乎?祠之无益。”公曰:“不然,吾欲祠河伯,可乎?”晏子曰:“不可。河伯以水为国,以鱼鳖为民,天久不雨,泉将下,百川竭,国将亡,民将灭矣,彼独不欲雨乎?祠之何益!”景公曰:“今为之奈何?”晏子曰:“君诚避宫殿暴露,与灵山河伯共忧,其幸而雨乎!”于是景公出野居暴露,三日,天果大雨,民尽得种时。景公曰:“善哉!晏子之言,可无用乎!其维有德。”①

由上引材料,可知齐国有祠灵山、祠河伯的祈雨祭俗,还有君王暴野与民共苦、与神灵共苦的祈雨习俗。晏子并不反对祈雨,所反对的只是通过增加赋敛来求雨的做法。

四、齐鲁地区的农学成就

春秋战国时期,齐鲁地区的农学成就主要体现在《管子》与《野老》两书中,其他散见于儒、墨学派的论政言论中。

(一)《野老》

《野老》,又名《野老书》,一卷一十七篇,撰人名氏已阙,书佚已久。《汉书·艺文志》注云:“六国时,在齐楚间。应劭曰:‘年老居田野,相民耕种,故号野老。’”野老,可能并不是普通农民,而是隐居的士人。曾雄生指出:“春秋战国时期,的确是有不少读书人,因为种种原因而耕于垄亩,成为隐士。《论语》中就可以看到许多这样的身影。如楚狂接舆、长沮、桀溺以及荷

---

① 吴则虞:《晏子春秋集释》卷一,中华书局1962年版,第55页。

蓧丈人等。这些人并不是普通的老农，而是像孔子一样的知识分子，只是由于某种原因，他们选择了躬耕隐居，又由于他们具备写作能力，在从事农业生产实践的基础之上，写作《野老》一书是可能的。”①而马国翰等则认为《吕氏春秋》中的《上农》等四篇可能是吕不韦的门人宾客从《野老》等书中取材而来：“考《吕氏春秋》载《上农》《任地》《辩土》《审时》四篇，家宛斯先生《绎史》云：‘盖古农家野老之言，而吕子述之。’兹据补录。书中称后稷语，古奥精微，其论得时失时，形色情状，洵非老农不能道。以此劳民劝相，洵堪矜式宜。吕氏宾客取载多篇，与周公月令相辅而行也。历城马国翰竹吾甫。”②

（二）《管子》的农学成就

管夷吾，字仲，任齐国相，以“相地而衰征”等系列改革措施协助齐桓公治理齐国，实行农、工、商并重，齐国遂为春秋首霸。管仲也因此伟业而被后人尊称为“管子”。管子的言论见于《国语・齐语》，其为相 40 余年的经济言论及治国实践，被后人总结编纂为《管子》一书，现存 76 篇。管子辅国的农业思想与农学成就，在《管子》一书中有比较集中的反映。

1. 管子的重农思想

管子治国的根本思路首在重农。在他那里，农业是衣食之源，是一切社会文明发展的根本基础，所以管子说：“仓廪实则知礼节，衣食足则知荣辱。”治理国家必须高度重视农业，否则就会“四维不张，国乃灭亡”。“四维”，即礼、义、廉、耻，属古代中国文明最重要的四个基本要素。基于这样的理论认识，管子提出了他的“农本”理论：“粟者，王者之本事，人立之大务，有人之途，治国之道也。”“明王之务，在于强本事，去无用，然后民可使富。”而民富则易“知礼义”“知荣辱”，社会遂可以大治。

虽则管子只说了“王者之本事”在于粟，但这个“粟”，其实只是农业的代名词，故管子又陆续阐明了农业应当包含五谷、桑麻、六畜、果蔬等内容，即今日农业所说的农、林、牧、渔四大类。在“农本”的前提下，管子计算了各个项目共营的家庭经济规模：“食民有率，率三十亩而足于卒岁。岁兼美恶，

---

① 曾雄生：《中国农学史》修订本，福建人民出版社 2012 年版，第 104 页。

② ［清］马国翰：《玉函山房辑佚书》卷六十九《野老书》序，载《山东文献集成》第 1 辑第 49 册，山东大学出版社 2006 年版，第 263 页。

亩取一石，则人有三十石；果蓏素食当十石，糠秕六畜当十石，则人有五十石，布帛麻丝，旁入奇利，未在其中也。”由此知管子所说的农本，确实包括了粮食种植业、家畜养殖、园圃林果等各个可“食民”的项目。

管子既持农本论，所以在政策制定中亦注意落实农本。在他推行的“四民分业”规划中，农的比例大大超过了其他三民的比例。其时，齐国有21乡，总计492000户，管仲预设的“士”30000户，“工、商”各6000户，而“农”450000户，“农”所占的比例超过90%。而要把农业真正发展起来，还必须有相应的推动机构与激励措施，即农政。为此，管子将与农业有关的推进部门分为虞师、司空、司田、乡师、工师等，在《立政》篇中明确了各种农官的具体职责。而其激励措施则是对六类农事人员进行奖励：“能明于农事者”“能蕃育六畜者”“能树艺者”“能树瓜瓠荤菜百果使蕃衰者”“民之知时，曰岁且阨，曰某谷不登，曰某谷丰者”“通于蚕桑，使蚕不疾病者”。奖励力度是“皆置之黄金一斤，直食八石”。对于这些优秀的农业人才，国家要“谨听其言而藏之官，使师旅之事无所与，此国策之大者也”。

管子强调本事，但本事并不是只有“农本”，工、商业亦为“本”，所以“布帛麻丝，旁入其利，末在其中也”。

重农即当“不误农时”，使“耕耨者有时”，农业才能顺利发展，所以管子说“力地而动于时，则国必富也”。若“不知四时，乃失之国基。不知五谷之故，国家乃路”。为了保证农时，管子提出“春十日不害耕事，夏十日不害耘事，秋十日不害敛事，冬二十日不害除田”。

齐国重农的结果，“粟如丘山”，国强民富，成为当时各国效仿的楷模，所以“管子的农业观代表当时人们的共同看法，也影响了其后数千年中国农业的发展方向，奠定了近代以前中国农业结构的基本格局”①。

2.《管子》中的土壤分类与生态地植物学

农业生产的过程，本质是作物、土地与水资源互相配合使用的过程。作物或植物与土壤、水之间的配合关系，现代称之为生态地植物学。了解这三者之间的配合关系，对农业生产的推动大有裨益，《管子》“地员”篇探讨了这三者的配合关系，其配合关系见下表：

① 曾雄生：《中国农学史》修订本，福建人民出版社2012年版，第107页。

表 3－2 《管子·地员》所述植物、土壤关系配合表①

地形	地下水位深度(施)1施=7尺	地下水情况	土壤名称	土壤性状	肥力	土宜		备注
						草(含农作物)	木	
平原	1	黑而苦	黑埴	黑色，黏性大	五级	稻、麦、苹、蓨	白棠	低隰碱土
平原	2	水碱，易流动	赤埴	碱性，沾重	五级	大菽、麦、蒷雚	杞	低隰盐碱土
平原	3	黄而臭，易流动	黄唐	色黄，虚脆	五级	黍、秫、术、茅	櫄、桑	保水性差
平原	4	白而甘	赤垆	赤色，疏而坚	二级	五谷皆宜，白茅与雚	赤棠	盐质不易为害
平原	5	仓(水清)	悉徙	冲积土	二级	五谷皆宜，其草宜楚棘	櫄苍及杜、松	土质松，水质好，宜灌溉
平原	6		坟延					
丘陵	7		陕之芳					
丘陵	8		陑陕					
丘陵	9		杜陵					
丘陵	10		延陵					
丘陵	11		环陵					
山地	12		蔓山					
山地	13		付山					
山地	14		付山白徒					
山地	15		中陵					
山地	16		青山					不可得泉
山地	17		赤壤豪山					
山地	18		陞山白址					下有石层，不可得泉
山地	19		徒山					下有灰壤，不可得泉
山地	20		高陵土山					

① 参考王云森:《中国古代土壤科学》,科学出版社 1980 年版,第 205 页。

水、土与植物的水平分布关系,《地员》篇总结为"草土之道","凡草土之道,各有穀造。或高或下,各有草土。叶下于攀,攀下于苋,苋下于蒲,蒲下于苇,苇下于雚,雚下于蒌,蒌下于荓,荓下于萧,萧下于薜,薜下于萑,萑下于茅。凡彼草物,有十二衰,各有所归"。据考,叶即小荇,非夏纬瑛先生考释的荷。攀为菱,苋即莞,蒲即蒲草,苇即芦苇,雚即旱生的苇,蒌即蒌蒿,荓即扫帚菜,萧即艾蒿,薜是莎草之类,萑即蓷、益母草,茅即白茅,这些植物与水、土的配合分布关系,可见图 3－1:

图 3－1　植物与水土配合水平分布关系图①

由于地势高度不同,温度和水分相差很大,不同高度的地带,生长的作物也不同,《地员》篇对这种现象进行了观察,记载了山体不同部位所生长的树木及草类,其垂直分布关系可以描述为:在海拔 2000—3000 米处生长着落叶松之类树木;在 1500—2000 米处生长着山杨和山柳;在 1000—1500 米处生长着刺榆。研究者据此制作植被垂直分布对照图如图 3－2 所示:

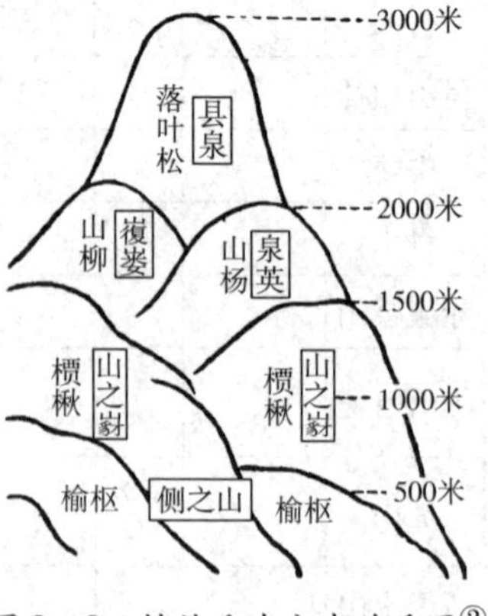

图 3－2　植被垂直分布关系图②

---

① 黎翔凤撰,梁运华整理:《管子校注》卷十九,中华书局 2004 年版,第 1100 页。
② 黎翔凤撰,梁运华整理:《管子校注》卷十九,中华书局 2004 年版,第 1090 页。

《地员》篇依据土壤肥力，对土壤等级进行了细致的划分，将九州之地的土壤共分为5等18类，每类5种，共计90种，各有土宜植物。具体物种情形对应关系见表3－3。

表3－3　不同类型土壤土宜植物表①

等级		土壤种类	色泽与性状	生产力百分比（上等一级为100%）及代表性作物特征	对性状的解释
上等	一级	粟土类（5种）	色：赤、青、白、黑或黄。泽：淖而不肕，刚而不觳，不泞车轮，不污手足，干而不垎，湛而不泽，无高下葆泽处	100%。秫：白茎白秀（穗）。白指淡绿色	性质良好，疏松，透水、蓄水良好，不干不湿
		沃土类（5种）	色：赤、青、黄、白或黑。泽：剽忞橐土，虫易全处，忞剽不白，下乃以泽。干而不泽，湛而不泽	100%。粟：秫（赤）茎黑秀。黑指深绿色	土多孔穴，坚密不发白，保水良好
		位土类（5种）	色：五色杂英，各有异章。泽：不塥不灰，青忞以落	100%。粱：秫茎白秀	不结块，不发散，如灰尘地，其质松软与苔相似
	二级	隐土类（5种）	色：黑土黑菭，青怵以肥。泽：芬然若灰	80%。稻	细而肥，粉碎如灰
		壤土类（5种）	芬然若泽、若屯土	80%。稻：秫茎黄秀以兹（黑）	土质柔细，保水好，耐旱
		浮土类（5种）	捍然如米，以葆泽，不离不坼	80%。穄：其叶如藿以长，狐茸，黄茎、黑秀，其粟大	质如米粒，善吸水，保旱

① 据《管子·地员》篇制作。另参见王云森：《中国古代土壤科学》，科学出版社1980年版，第198—199页；梁家勉主编：《中国农业科学技术史稿》，农业出版社1989年版，第130页；中国科学院自然科学史研究所地学史组主编：《中国古代地理学史》，科学出版社1984年版，第212页。

续表

等级		土壤种类	色泽与性状	生产力百分比（上等一级为100%）及代表性作物特征	对性状的解释
中等	一级	忢土类（5种）	廪焉如壏，润湿以处	70%。粟：觕茎黄秀以兹细粟如糜	干时变坚硬，耐旱
		垆土类（5种）	彊力刚坚	70%。稻：茎叶如扶䅉其粟大	刚土
		壏土类（5种）	芬焉若糠以肥	70%。粟：其青茎黄秀	土性细脆，是一种盐碱土
	二级	剽土类（5种）	华然如芬以脆	60%。黍：黑茎青秀	土性疏松，轻脆如芬
		沙土类（5种）	粟焉如屑尘厉	60%。黍：白茎青秀以蔓	状如细米，并参有细末
		塥土类（5种）	累然如仆累，不忍水旱	60%。黍：黑茎黑秀	形状如块垒，为砾土
下等	一级	犹土类（5种）	状如粪	50%。黍：白茎黑秀	舒软如粪
		弙土类（5种）	状如鼠肝	50%。黍：黑茎黑秀	赤色土，指南方的红壤
	二级	埴土类（5种）	甚泽以疏，离坼以臞堉	40%。粳稻：前者黑实，后者黄实	水多时疏霰，水干时龟裂，似重黏土
		觳土类（5种）	娄娄然，不忍水旱	40%。大豆：多白实	坚硬如石，贫瘠硗薄之土
	三级	舄土类（5种）	坚而不骼	30%。稜稻	坚实却不相粘连，似沙质盐渍土
		桀土类（5种）	甚咸以苦	30%。白稻	盐碱程度较高，严重的盐渍土

3.《管子》中的“三才”农学理论

农业生产的本质，是自然再生产与社会经济再生产的统一。农业生产的对象是作物与畜禽，它们的生长、发育、成熟、繁衍是一个自然生长的过程，这个自然生长过程必须以时令、土壤等要素构成的自然环境为依托。农业生产的主导者是人群共同体，人的劳动使农业生产按照人的预定目标进行，所以农业生产是作物畜禽、天、地、人诸因素构成的统一整体。农业是农业生物、自然环境和人构成的相互依存、相互制约的生态系统和经济系统，这就是农业的本质。

自有农业以来，为了顺利推进农业生产，人们就在探讨如何处理农业生物、自然环境和人三者之间的关系，进而形成了讲究天时、地利、人和的人文传统，三者和谐共处，是之谓“天”“地”“人”三才合一。在讲究三才合一的过程中，形成了中国传统的农学理论。通过对“天”的研究和认识，人们逐渐积累和发展了农时学和农业气象学的知识和理论。通过对“地”的研究和认识，人们逐渐积累和发展了农业土壤学的知识和理论。通过对农作物的认识，人们逐渐积累和发展了农业生物学的知识和理论。这一系列知识和理论构成了中国传统农学的基础学科，各种农业技术的原理、原则大都可以归属到这些学科之中。

春秋战国时期，齐鲁地区作为农业发达地区之一，也一直在探讨三才理论，如鲁国《左传》昭公元年云：“天有六气……六气曰：阴、阳、风、雨、晦、明也。分为四时，序为五节，过则为灾……”齐国对三才理论的探索，主要记载于《管子》一书中。

由于农业是古代社会最基础的生产部门，故管子治国牧民的思路首先是发展农业，而其发展农业的理论就是三才理论。管子曰：“凡有地牧民者，务在四时，守在仓廪”，“不务天时则财不生，不务地利则仓廪不盈”。[①] 在这里，三才之天时、地利被提高到治国理民的高度，所以管子一再强调：“不知四时，乃失国之基。不知五谷之故，国家乃路。”[②]“故明主有六务四禁。六务者何也？一曰节用，二曰贤佐，三曰法度，四曰必诛，五曰天时，六曰地宜。”[③]

“务天时”“务四时”，就是要“顺天之时”。而“顺天之时”的具体做法

① 黎翔凤撰，梁运华整理：《管子校注》卷一，中华书局2004年版，第2、3页。
② 黎翔凤撰，梁运华整理：《管子校注》卷十四，中华书局2004年版，第837—838页。
③ 黎翔凤撰，梁运华整理：《管子校注》卷十七，中华书局2004年版，第995页。

就是在农、工、商等各个方面都要“以时钧修”:“相高下,视肥墝,观地宜,明诏期前后,农夫以时均修焉,使五谷桑麻皆安其处,由田之事也。行乡里,视宫室,观树艺,简六畜,以时钧修焉,劝勉百姓,使力作毋偷,怀乐家室,重去乡里,乡师之事也。论百工,审时事,辯功苦,上完利,监壹五乡,以时钧修焉,使刻镂文采毋敢造于乡,工师之事也。”①

“春者阳气始上,故万物生。夏者阳气毕上,故万物长。秋者阴气始下,故万物收。冬者阴气毕下,故万物藏。故春夏生长,秋冬收藏,四时之节也。赏赐刑罚,主之节也。四时未尝不生杀也,主未尝不赏罚也。故曰:春秋冬夏,不更其节也。”②所以在农业上的“务天时”,就是要按照作物生长规律,“无夺民时”③,让“耕耨者有时”④。春夏秋冬“有时”的农事时间,“春事二十五日”,当夏三月“天地气壮,大暑至,万物荣华,利以疾薅杀草秽”,当秋三月“利以疾作,收敛毋留”“九月种麦,日至而获”,冬季“及寒,击藁除田,以待时乃耕”。

明主六务之一有“务地宜”,之所以必须“务地宜”,是因为“地者,政之本也”⑤。“地者,万物之本原,诸生之根菀也”⑥。务地宜者,是指要根据不同的土壤性状选择适宜的作物进行种植,是谓“五谷桑麻,皆安其处”。若“地宜不任”:“桑麻不殖于野,五谷不宜其地,国之贫也。”⑦天时、地宜这两个要素有机结合,就能使农业生产顺利进行,所以管子说:“力地而动于时,则国必富矣。”注云:“勤力于地力,其所动作,必合于天时。”⑧

在天时、地利之外,还必须有“人力”。农业生产需要大量人力、物力的投入,而且投入也不是无限的,因为“地之生财有时,民之用力有倦”⑨,所以需要“审天时,物地生,以辑民力”⑩。管子主张国家各项事务都要“量民力”,“用力不可以苦”,用民之力、取民之财都要有所节制,否则的话,“轻用

---

① 黎翔凤撰,梁运华整理:《管子校注》卷一,中华书局 2004 年版,第 73—74 页。
② 黎翔凤撰,梁运华整理:《管子校注》卷二十,中华书局 2004 年版,第 1168 页。
③ 黎翔凤撰,梁运华整理:《管子校注》卷八,中华书局 2004 年版,第 402 页。
④ 黎翔凤撰,梁运华整理:《管子校注》卷十五,中华书局 2004 年版,第 925 页。
⑤ 黎翔凤撰,梁运华整理:《管子校注》卷一,中华书局 2004 年版,第 84 页。
⑥ 黎翔凤撰,梁运华整理:《管子校注》卷十四,中华书局 2004 年版,第 813 页。
⑦ 黎翔凤撰,梁运华整理:《管子校注》卷一,中华书局 2004 年版,第 64 页。
⑧ 黎翔凤撰,梁运华整理:《管子校注》卷十六,中华书局 2004 年版,第 955 页。
⑨ 黎翔凤撰,梁运华整理:《管子校注》卷一,中华书局 2004 年版,第 51 页。
⑩ 黎翔凤撰,梁运华整理:《管子校注》卷十一,中华书局 2004 年版,第 594 页。

众，使民劳，则民力竭矣"[1]。人力的使用，要遵照"德""义""时"的原则，"天以时使，地以材使，人以德使"[2]。"时者得天，义者得人，既时且义，故能得天与人。"[3]"畜长树艺，务时殖谷，力农垦草，禁止末事者，民之经产也。""上使之以时，则人不患劳也。"按照"德""义""时"的原则及"均地分力"的方案，可以有效调节劳动者的生产积极性，"这种通过调整社会关系使民力得以合理使用和充分发挥，即属于'人和'的范围"[4]。

总结而言，管子强调只有天时、地利、人和，才能使农业生产顺利、社会发展和谐，"顺天之时，约地之宜，忠人之和。故风雨时，五谷实，草木美多，六畜蕃息，国富兵强，民材而令行，内无烦扰之政，外无强敌之患也"[5]。《管子》一书中已初步具有了"三才"农学思想。

（三）孔子、孟子的农学思想

儒家学派源起于山东地域，其代表人物孔子、孟子的农学思想影响了整个中国古代社会。

孔子改造了儒者之学，使"儒者"完成了由赞礼宾相到治国能臣的社会角色转换，齐鲁儒学因此逐渐成为古代统治者所倾心的社会管理学，影响不断扩大。农学思想作为儒者社会管理学中的有机成分，也在日后的社会发展中渐居于主导地位，主导了古代中国农学思想发展的基本方向。

孔子本人坚持"学而优则仕"。从社会分工的角度，他坚决主张儒者应当从事社会管理的工作而不是亲自从事农业，认为农乃小人之事，非君子之事。所以樊迟请学稼、圃，孔子以其志向不高远而以"吾不如老农""吾不如老圃"推辞之。但这并不意味着孔子不重视农业，相反，他从社会管理的角度，高度重视农业。子贡问"政"，孔子对以"足食，足兵，民信之矣"。将"足食"作为国政之首，显示了孔子对农业的高度重视。要足食，只能靠农业。为使农业顺利发展，孔子强调"使民以时""省力役，薄赋敛，则民富也"。在孔子这里，为国必先足食，足食必重农，重农而民富，民富而后教之，这与管

---

① 黎翔凤撰，梁运华整理：《管子校注》卷一，中华书局2004年版，第49页。
② 黎翔凤撰，梁运华整理：《管子校注》卷四，中华书局2004年版，第250页。
③ 黎翔凤撰，梁运华整理：《管子校注》卷四，中华书局2004年版，第245页。
④ 曾雄生：《中国农学史》修订本，福建人民出版社2012年版，第111页。
⑤ 黎翔凤撰，梁运华整理：《管子校注》卷十七，中华书局2004年版，第1018页。

子的治民思想是一脉相通的。“孔子的富、庶、教，即富民思想，是他的经济思想中的一个突出的部分”，也是后世儒者所信奉的治国为政的宗旨。尽管孔子没有明确地说出重农，但研究者指出：“他的重农思想已经渗透在治国治民的理论体系中，成为他仁政礼治思想不可分割的一部分。”①“有土此有财，有财此有用”，儒者奠定了此后古代中国社会重农的社会管理学基础。

孔子之后的孟子，高度认同孔子的社会分工论，认为儒者属于劳心者，不可能也不应该去从事劳力的农业，农业属“劳力者”即农夫之事。孟子同孔子一样重视农业，他把农事的重要性摆到了“王道之首”的高度，主张“民事不可缓也”“不违农时”。民事，即农业、农事。但孟子所规划的王道民事，仅只是自耕农的自给自足经济，其理想模式是“五亩之宅，树墙下以桑，匹妇蚕之，则老者足以衣帛矣。五母鸡，二母彘，无失其时，老者足以无失肉矣。百亩之田，匹夫耕之，八口之家足以无饥矣”。此即后来《农桑辑要》原序作者所总结的“读《孟子》书，见其论说王道，丁宁反复，皆不出乎‘夫耕、妇蚕，五鸡二彘，无失其时；老者衣帛食肉，黎民不饥不寒’数十字而已”②。

孔孟关于农业的观点，决定了古代儒者“重农而不从农”的择业立场和思想态度，而且“孟子关于农业结构的设想，也在很大程度上影响了中国传统农学的内容”③。

（四）墨家的重农思想

墨家创始人墨子，名翟，春秋末期战国初期“鲁人”。“鲁”的地望在今滕州，亦有说为今河南鲁山。

墨家提倡“兼爱”“非攻”“尚贤”“尚同”“天志”“明鬼”“非命”“非乐”“节葬”“节用”等观点，以兼爱为核心，以节用、尚贤为支点。墨家弟子根据墨子生平事迹，集其语录，撰集成《墨子》一书，现存53篇。儒、墨并为当时显学。孟子云：“杨朱、墨翟之言盈天下，天下之言，不归杨则归墨。”

在墨家的各种政治主张中，都有兼顾农业的成分，从而构成了墨家整体重农的经济思想。墨子直接讨论农业政治问题的篇章仅见于《七患》：

---

① 刘兴林：《孔子重农的特色》，《古今农业》1996年第1期。

② 石声汉校注：《农桑辑要校注》原序，农业出版社1982年版，第1页。

③ 曾雄生：《中国农学史》修订本，福建人民出版社2012年版，第123页。

凡五谷者，民之所仰也，君之所以为养也。故民无仰则君无养，民无食则不可事。故食不可不务也，地不可不力也，用不可不节也。五谷尽收，则五味尽御于主，不尽收，则不尽御。一谷不收谓之馑，二谷不收谓之旱，三谷不收谓之凶，四谷不收谓之馈，五谷不收谓之饥。岁馑，则仕者大夫以下皆损禄五分之一。旱，则损五分之二。凶，则损五分之三。馈，则损五分之四。饥，则尽无禄，稟食而已矣。故凶饥存乎国，人君彻鼎食五分之五，大夫彻县，士不入学，君朝之衣不革制，诸侯之客，四邻之使，雍食而不盛，彻骖騑，涂不芸，马不食粟，婢妾不衣帛，此告不足之至也。①

据上引“凡五谷者，民之所仰也”，墨子在揭示了“民以食为天”的本质后，指出必须发展农业来解决粮食问题，“地不可不力也”。接着列举了“馑”“旱”“凶”“馈”“饥”等五种由浅到深的粮食歉收状况。粮食歉收，则国计转辛，民生变艰，“凶饥存乎国，人君彻鼎食五分之五，大夫彻县，士不入学，君朝之衣不革制，诸侯之客，四邻之使，雍食而不盛”，“时年岁善，则民仁且良；时年岁凶，则民吝且恶”②。粮食歉收给国计民生带来如此不利的影响，因此，必须高度重视农业，以防止上述不利局面的发生。

墨家重视农业，以农业生产为中心，从“尚贤”“非乐”“非攻”“节葬”等各个方面的论述中表现出来。墨子讲“尚贤”，即以贤人治国，而以贤人治国的目的，就是要为农业创造安定生产的政治局面，“贤者之治邑也，蚤出莫入，耕稼树艺，聚菽粟，是以菽粟多而民足乎食”③。对于各种享乐，墨子“身知其安也，口知其甘也，目知其美也，耳知其乐也”④，但墨子强调“非乐”，是因为各种乐“上考之不中圣王之事，下度之不中万民之利”，尤其是各种乐事必然要废农事，“使丈夫为之，废丈夫耕稼树艺之时；使妇人为之，废妇人纺绩织纴之事。今王公大人唯毋为乐，亏夺民衣食之财，以拊乐如此多也。是故子墨子曰：为乐非也”⑤。“今惟毋在乎农夫说乐而听之，即必不能蚤出暮入，耕稼树艺，多聚叔粟，是故叔粟不足。今惟毋在乎妇人说乐而听之，即不必能夙兴夜寐，纺

① ［清］孙诒让撰，孙启治点校：《墨子间诂》，中华书局2001年版，第25—27页。
② ［清］孙诒让撰，孙启治点校：《墨子间诂》，中华书局2001年版，第27页。
③ ［清］孙诒让撰，孙启治点校：《墨子间诂》，中华书局2001年版，第50页。
④ ［清］孙诒让撰，孙启治点校：《墨子间诂》，中华书局2001年版，第251页。
⑤ ［清］孙诒让撰，孙启治点校：《墨子间诂》，中华书局2001年版，第255页。

绩织纴，多治麻丝葛绪，捆布縿，是故布縿不兴”①。墨子讲“非攻”，即不进行非义的战争，是因为战争会影响农业的生产：“今师徒唯毋兴起，冬行恐寒，夏行恐暑，此不可以冬夏为者也。春则废民耕稼树艺，秋则废民获敛。今唯毋废一时，则百姓饥寒冻馁而死者，不可胜数。”②“今大国之攻小国也，攻者农夫不得耕，妇人不得织，以守为事；攻人者，亦农夫不得耕，妇人不得织，以攻为事。”③战争“久者数岁，速者数月，是上不暇听治，士不暇治其官府，农夫不暇稼穑，妇人不暇纺绩织纴，则是国家失卒，而百姓易务也”④。墨子讲“节葬”，是因为厚葬、久丧需三年，农业生产既少了劳动力，又浪费生产时间，“使王公大人行此，则必不能蚤朝晏退。使士大夫行此，则必不能治五官六府，辟草木，实仓廪。使农夫行此，则必不能蚤出夜入，耕稼树艺。使百工行此，则必不能修舟车为器皿矣。使妇人行此，则必不能夙兴夜寐，纺绩织纴”⑤。总之，墨子从各个方面论述不能影响农业生产，其重农的态度显露无遗。

墨子指出：“农事缓则贫，贫且乱政之本。”⑥可见在墨子这里，农业是为政的根本，与孔子“足食”的目标一致。墨子学说的根本目标与儒家一致，都是试图使社会达到大治，所以墨家的重农，亦是同儒家一样站在社会管理的角度来加以阐述的。战国时期有农家学派，代表人物许行，与孟子是同时代人。“农家者流，盖出于农稷之官。播百谷，劝耕桑，以足衣食，故八政一曰食，二曰货。孔子曰：‘所重民食。’此其所长也。及鄙者为之，以为无所事圣王，欲使君臣并耕，诗上下之序。”⑦农家主张人人自食其力，通过提高农业技术来发展农业。研究者指出：农家只是一种专门讲农业生产技术的学派，属于形而下的“器”。“墨家与农家，在中国农业文明结构中是一体两面的关系。所谓一体，是说它们都植根于中国农业文明的社会土壤中，是从农民生活经验中升华出来的思想智慧。所谓两面，则是指它们恰好代表着中国古代社会的上层建筑与下层基础。”⑧

① [清]孙诒让撰，孙启治点校：《墨子间诂》，中华书局2001年版，第259页。
② [清]孙诒让撰，孙启治点校：《墨子间诂》，中华书局2001年版，第130页。
③ [清]孙诒让撰，孙启治点校：《墨子间诂》，中华书局2001年版，第432页。
④ [清]孙诒让撰，孙启治点校：《墨子间诂》，中华书局2001年版，第144页。
⑤ [清]孙诒让撰，孙启治点校：《墨子间诂》，中华书局2001年版，第174—175页。
⑥ [清]孙诒让撰，孙启治点校：《墨子间诂》，中华书局2001年版，第291页。
⑦ [东汉]班固：《汉书》卷三十，中华书局1962年版，第1743页。
⑧ 刘士林：《墨家与诸子十说》，《河南大学学报(社会科学版)》2012年第5期。

第四章　秦汉时期山东的农业

秦王政二十六年(前221),秦将王贲率军灭齐国,秦以“海内为郡县”,今山东地域遂归于秦朝帝制中央集权统治之下。秦亡汉兴,汉朝除在山东地域设郡县外,又立封国,“鲁国、齐国以及济南国、胶东国、城阳国等诸侯王国又屡屡出现在泰山南、北。但是,那只是统一帝国下的衣食租税的诸侯的封邑而已,不再是政治实体”①。自秦以后,齐鲁地区独立发展的局面结束了。

归于帝制中央统辖之后的山东,在土地、赋税等制度层面上与中央一致,在农业生产的技术层面上,山东仍保持着自己的地域特色。

一、秦汉时期山东农业概况

公元前219年,始皇登琅邪,刻石明志云:“皇帝之功,勤务本事。上农除末,黔首是富。”“勤务本事”“黔首是富”,可见秦始皇一统天下后的政治目标极其宏伟。可惜秦始皇面临着巨大的边防压力以及六国复辟势力,为保障政权的安全,他不得不从事筑长城、修驰道两大国防工程。而灭六国后的志得意满,又使秦始皇走向了追求生前享乐、死后舒泰的道路,大肆修建阿房宫和骊山陵寝。这四项庞大的工程牵动了举国的物力、财力和人力,国家的运转遂偏离了“黔首是富”的政治目标,巨额的工程费用成为人民的巨大负担,以致民生凋敝。而山东尤甚,“又使天下飞刍挽粟,起于黄、腄、琅邪负海之郡,转输北河,率三十钟而致一石。男子疾耕不足于粮饷,女子纺绩

① 安作璋、张汉东主编:《山东通史·秦汉卷》,人民出版社2009年版,第98页。

不足于帷幕。百姓靡敝,孤寡老弱不能相养,道死者相望”①。颜师古注云:“黄、腄,二县名,并在东莱。言自东莱及琅邪缘海诸郡,皆令转输至北河也。”“六斛四斗为钟,计其道路所费,凡用百九十二斛,乃得一石至。”

汉兴,以休养生息为务,轻徭薄赋,山东地域农业生产遂得复苏。司马迁云山东“河、济之间千树萩”“齐、鲁千亩桑麻”,山东农业一时为盛。

(一)生态环境与农业自然灾害

孟子的时代,齐鲁地区“草木畅茂,禽兽繁殖”。现代科学研究也证实了这一点,在“春秋战国时代,山东地区木本植物孢粉比重增至30%—58.5%,森林植被是以阔叶树为主的针阔叶森林,主要树种有栎属、栗属、榆属、桦属、鹅耳杨属、桑属、枫香属、胡桃属、枫杨属等多种乔灌木混交。当时山东的森林面积约有7万平方公里,覆盖率为46%”②。燕、齐之间曾有大量隙地,以致燕庄公进入了齐境而齐国尚无法察觉。草木畅茂的情况到秦汉时期有了较大的变化,随着秦汉时期垦草、垦林为田活动的扩大,平原地区的森林、草地已基本消失。这些地区的森林消失后,为人工经济林所取代,出现了前述齐鲁“千树萩”“千亩桑”的生产景观。只有泰沂山系深山区和胶东地区的远山针阔叶原始林依然存在,并延续直唐宋时期。魏人刘桢《鲁都赋》云:“山则连冈属岭,瞪魁峡北,紫金扬晖于鸿崖,水精潜光乎云穴,岱宗邈其层秀,干气雾以高越。其木则赤楝、青松、文茎、蕙棠,洪干百围,高径穹皇;竹则填彼山垠,陔弥阪域,夏荡攒包,劲条并殖,翠实离离,凤凰攸食;水产众伙,各有彝伦,颁首华尾,丰颅重断,戴兵挟刃,盘甲曲鳞。”③由于深山区的林、草植被保持完好,尚有鹿、兔等动物生存的自然环境。在烟台市区的汉墓中发现有殉鹿骨架一具④。在长清双乳山一号汉墓中亦有殉鹿2只⑤。在微山两城镇、济宁城南张、鱼台县武台等地汉画像石中经常发现有猎人猎鹿的场景。

根据历史气候学的研究,两汉时代处于中国近五千年来的第三个温暖

---

① [东汉]班固:《汉书》卷六十四,中华书局1962年版,第2800页。
② 马新:《两汉乡村社会史》,齐鲁书社1997年版,第7—8页。
③ [唐]欧阳询撰,汪绍楹校:《艺文类聚》卷六十一,上海古籍出版社1982年版,第1104页。
④ 林仙庭:《烟台市区发现殉鹿汉墓》,《考古》1985年第8期。
⑤ 山东大学考古系等:《山东长清县双乳山一号汉墓发掘简报》,《考古》1997年第3期。

期，年平均气温高于现代的年平均气温1℃—2℃，“到公元200年左右，气温陡然下降，进入寒冷期”①。秦汉时期包含山东在内的华北平原的气候虽是总体温暖湿润，但其间多有冷暖波动，只是幅度并不剧烈。西汉初期的气温较之前略有下降。战国时期山东麦熟时间在日至前后，《孟子·告子上》云：“今夫麰麦，播种而耰之，其地同，树之时又同，浡然而生，至于日至之时皆熟矣。”《管子·轻重乙》云：“令使九月种麦，日至日获，则时雨未下而利农事矣。”至汉代，《淮南子·天文训》云：“阴生于午，故五月为小刑，荠麦亭历枯，冬生草木必死。”“午”即北斗所指方位，时当夏至。由此知西汉初期的气温较战国时期为低，“小麦收割已推迟至夏至左右，比春秋时期的四月时要晚多了。西汉中叶后，气候略有回暖，文献已不见夏至收获小麦的记载，但其仍是‘至五月收’”②。

西汉中叶的气候回暖，带有气候突变的性质，渤海湾出现的大范围海侵现象，是这一时期气候变暖的一个佐证。据谭其骧考证，西汉中期的大范围海侵事件使“九河之地，已为海所渐”。“九河之地”相当于今渤海湾西岸的天津、宁河、宝坛、武清、静海、黄骅各一部分或大部分地区，即海侵的范围大体在海河平原上海拔4米的等高线附近，方圆数百里。直到东汉中叶以后，海侵地区的海水才渐渐后退。东汉末年，海陆形势基本恢复到海侵以前的局面。在这一区域的七里海北岸大海北村的汉代文化层内发现大量有孔虫壳体，其组合可能代表一个稳定的沼泽潟湖环境。③

秦汉时期，山东水环境优良。当时山东北部有著名的黄河水系、济河水系，南部地区“有汶水、泗水、沂水、桐水、南梁水、漷水、承水、祖水等”④。这只是其中的一部分，据东汉许慎《说文解字》水部，可知汉代时山东的著名水系包括：濮水，“出东郡濮阳，南入钜野”；泺水，“齐鲁间水也”；漷水，“在鲁”；净水，“鲁北城门池也”；湿水，“出东郡东武阳，入海”；泡水，“出山阳平乐，东北入泗”；菏水，“菏泽水，在山阳胡陵”；洹水，“在齐鲁间”；洙水，“出

① 马新：《两汉乡村社会史》，齐鲁书社1997年版，第2—3页。
② 邹逸麟主编：《黄淮海平原历史地理》，安徽教育出版社1997年版，第14页。
③ 谭其骧：《何以黄河在东汉以后会出现一个长期安流的局面——从历史上论证黄河中游的土地合理利用是消弭下游水害的决定性因素》，《学术月刊》1962年第2期。另参见邹逸麟主编：《黄淮海平原历史地理》，安徽教育出版社1997年版，第16页。
④ 马新：《两汉乡村社会史》，齐鲁书社1997年版，第10页。

泰山盖临乐山,北入泗”;沭水,“出青州浸”;洋水,“出齐临朐高山,东北入钜定”;浊水,“出齐郡厉妫山,东北入钜定”;溉水,“出东海桑渎覆甑山”;潍水,“出琅邪箕屋山,东入海”;浯水,“出琅邪灵门壶山,东北入潍”;汶水,“出琅邪朱虚东泰山,东入潍”;治水,“出东莱曲城阳丘山,南入海”;等等。①

山东的湖泊众多,当时山东位于华北地区第二湖沼带内。据《左传》等资料的记载,先秦时期山东著名的湖泊有阳谷东的阿泽、鄄城南的雷夏泽、鄄城西南的泽、巨野北的大野泽、定陶东北的菏泽等大湖泊。这些湖泊“是在古黄河冲积扇前缘湖沼带洼地的基础上发育形成的,当时黄河通过其分流济水和濮水等,为这一带湖沼提供大部分水源”②。这些大湖在两汉时期仍然存在,“第二湖沼带中的孟诸泽,汉代曾有人把它与南方大泽云梦泽相提并论,可见其范围不小,但此带最大的湖沼应属大野泽,尽管黄河泛滥泥沙充填此泽,但至唐代,据《元和郡县志》记载,范围尚有南北三百里、东西百余里”③。

总的看来,秦汉时期气候温暖,山东植被、水资源均属上佳,为本时期经济的发展提供了良好的生态支持。

但是,自然灾害是农业生产的不和谐音符。从长时段看,“山东省是一个自然灾害频发省份,又是自然灾害种类繁多、史料记载丰富的省份”④。但就两汉时期来说,山东地域农业自然灾害的频度还不大,详见表4-1。

旱灾、蝗灾是山东最频繁的灾害种类。由于山东地域位于北纬34度至39度,虽在北纬20度至40度最佳气候适宜带内,但已处在该带内偏北部的位置,故降雨量波动幅度较大,遂使旱灾、蝗灾成为山东最为频发的灾种。“山东省是历史上蝗灾危害严重的省份之一,赵传集编纂的《山东历代自然灾害志》中亦有详细的史料。农作物虫害中的蝗、螟、黏虫灾害按时间顺序收录,未进行分类。宋前时期没有森林病虫害方面的记载。”⑤蝗虫食尽禾稼、草木,危害性极大,《论衡·商虫篇》就详细描述过一起发生于山东的蝗虫灾情:“建武三十一年(55),蝗起太(泰)山郡,西南过陈留、河南,遂入夷

---

① [东汉]许慎:《说文解字》,中华书局影印1963年版,第227页。

② 参见邹逸麟主编:《黄淮海平原历史地理》,安徽教育出版社1997年版,第162、163页。

③ 邹逸麟主编:《黄淮海平原历史地理》,安徽教育出版社1997年版,第165页。

④ 魏光兴、孙昭民主编:《山东省自然灾害史》,地震出版社2000年版,第1页。

⑤ 魏光兴、孙昭民主编:《山东省自然灾害史》,地震出版社2000年版,第8页。

狄。所集乡县，以千百数。……蝗食谷草，连日老极，或蜚徙去，或止枯死。”①

山东发生的自然灾害常常使地域社会发展陷于停滞状态，如汉元帝初元二年（前47），天下大水，“关东饥，齐地人相食”②。汉平帝元始二年（2），“夏，郡国大旱，蝗，青州尤甚，民流亡”③。

各类农业生产自然灾害见表4－1。表中只列出了秦汉时期发生于山东的气象灾害和虫灾情况，至于地震等其他不可抗力的情形，在当时实属无法预防的事情，故未被列入。

表4－1　　秦汉时期山东地域农业自然灾害表④

灾害	时间	灾情发生地	资料来源
旱、蝗灾	汉鸿嘉四年（前17）	水旱为灾，关东流冗者众，青、幽、冀部尤剧	《汉书》卷十，第318页
	汉元始二年（2）	郡国大旱，蝗，青州尤甚	《汉书》卷十二，第353页
	汉建武二十二年（46）	青州蝗	《后汉书》卷一，第74页
	汉建武三十一年（55）	蝗起泰山郡	《论衡校释》，第715页
	汉永平十五年（72）	蝗起泰山，弥行兖、豫	《后汉书》志十五，第3317页
	汉永初四年（110）	四月，司隶、豫、兖、徐、青、冀六州蝗	《后汉书》卷五，第215页
	汉延熹九年（166）	青、徐炎旱	《后汉书》卷六十六，第2166页

① 黄晖：《论衡校释》，中华书局1990年版，第715页。

② ［东汉］班固：《汉书》卷九，中华书局1962年版，第282页。

③ ［东汉］班固：《汉书》卷十二，中华书局1962年版，第353页。

④ 魏光兴、孙昭民主编的《山东省自然灾害史》据方志资料补充有部分秦汉时期的山东灾害资料，但没有说明所据的方志版本，故无法复核，因此本表仅列正史资料所载灾害，方志部分请参考《山东省自然灾害史》。

续表

灾害	时间	灾情发生地	资料来源
雨、水、雹、霜、冻灾	汉文帝十二年(前168年)	汉兴三十有九年,孝文时河决酸枣,东溃金堤,东郡大兴卒塞之	《汉书》卷二十九,第1678页。《资治通鉴》卷十五,第491页
	汉建元三年(前138)	春,河水溢于平原,大饥,人相食	《汉书》卷六,第158页
	汉元光三年(前132)	复决濮阳瓠子,注巨野,通淮、泗,泛郡十六	《资治通鉴》卷十八,第584页
	汉建昭二年(前37)	十一月,齐楚地大雪,深五尺	《汉书》卷二十七,第1425页
	汉文帝后元四年(前160)	乐安雹如杆,杀人	《后汉书·五行志》第十五,第3314页
	汉太始年间(前96—前93)	山阳、济阳雨雹,如鸡子	《太平御览》卷八百七十八,第3901页
	汉地节四年(前66)	五月,山阳、济阴雨雹如鸡子,深二尺五寸,杀二十人,蜚鸟皆死	《汉书·五行志》卷二十七,第1428页
	汉建始四年(前28年)	大水,河决东郡金堤	《汉书》卷十,第308页
	汉元初六年(119)	沛国、渤海大风,雨雹	《资治通鉴》卷五十,第1601页
	汉天凤元年(14)	陨霜杀草、木,海濒尤甚	《资治通鉴》卷三十七,第1202页
	汉光和六年(183)	东海、东莱、琅琊井中冰厚尺余	《后汉书》卷八,第347页。《后汉书》志十五,第3313页
	汉建康元年(144)	五月,海水溢乐安、北海,溺杀人物	《后汉书》志第十五,第3310页
	汉永康元年(167)	六州大水,渤海海溢	《后汉书》卷七,第319页
	汉熹平二年(173)	六月,东莱、北海海水溢出,漂没人物	《后汉书》志第十五,第3312页
	汉中平五年(188)	山阳、梁、沛、彭城、下邳、东海、琅琊大水	《后汉书》志第十五,第3312页

(二)粮食种植业

汉代时“天下膏腴地,莫盛于齐者矣”①。为齐地赢得“膏腴地”之称的首要因素,非粮食种植业莫属。秦汉时期,山东的粮食作物品种仍为先秦时期的传统五谷,种植格局也一如前代,在水源充足的地方种植水稻、小麦、豆等 C_3 类单产高产作物,在水源缺乏地区种植粟、黍等 C_4 类等旱地单产略低作物。

稻,主要种植于降雨量较为丰富、水源充足的地区。东汉建初元年(76),秦彭任山阳郡(今山东巨野县一带)太守时,组织郡民“兴起稻田数千顷”②。琅琊郡的稻城县(今高密西南)蓄潍水溉田,广泛种植水稻,著名学者郑玄的“墓侧有稻田万顷,断水造鱼梁,岁收亿万,世号万匹梁”③。荣成梁南庄汉墓 Ml 出土的铜器上粘带着大量稻壳、谷壳,“证明汉代不夜县一带有着稻作农业”④。

麦,《淮南子·坠形训》云“济水通和而宜麦”⑤。齐地“岁比灾害,民有菜色。……今秋禾、麦颇伤”⑥。西汉元狩元年(前 122),汉武帝封城阳顷王子刘昌为侯,国名麦。西汉城阳国辖莒、阳都、东安及虑四县,“其地理范围大致相当于今鲁中南地区的莒县和沂南二县地。据考,‘麦’国在今莒县境内,既然国以麦名,说明此地产麦”⑦。汉泰山郡的莱芜县,居于鲁山山脉西麓“面山傍水”的平谷地带,“土人悉以种麦。云此丘不宜殖稷黍而宜麦”⑧。

粟、黍是山东各地水源缺乏地区广泛种植的旱地作物。汉章帝时,山东遇炎旱之灾,青州刺史王望“道见饥者,裸行草食,五百余人。愍然哀之,因以便宜出所在布粟,给其廪粮”⑨。公孙弘居官时,“身食一肉,脱粟饭”⑩。

---

① [西汉]司马迁:《史记》卷六十,中华书局 1959 年版,第 2115 页。
② [南朝宋]范晔:《后汉书》卷七十六,中华书局 1965 年版,第 2467 页。
③ [北宋]李昉等:《太平御览》卷一百八十,中华书局 1960 年版,第 877 页。
④ 烟台市文物管理委员会:《山东荣成梁南庄汉墓发掘简报》,《考古》1994 年第 12 期。
⑤ 何宁撰:《淮南子集释》卷四,中华书局 1998 年版,第 351 页。
⑥ [东汉]班固:《汉书》卷九,中华书局 1962 年版,第 282—283 页。
⑦ 陈冬生:《试述古代山东麦作生产的发展》,《古今农业》1993 年第 1 期。
⑧ [北魏]郦道元著,陈桥驿校证:《水经注校证》卷二十四,中华书局 2007 年版,第 579 页。
⑨ [南朝宋]范晔:《后汉书》卷三十九,中华书局 1960 年版,第 1297 页。
⑩ [东汉]班固:《汉书》卷五十八,中华书局 1962 年版,第 2621 页。

承宫与妻子在蒙阴山(今山东蒙阴县)“肆力耕种,禾黍将孰”①。考古发现西汉齐王墓随葬器物坑陶壶内有少量腐朽小米②;巨野红土山西汉墓锺器内发现有粟状物③;银雀山西汉墓葬M4的陶器内发现黍子和大麻子。1977年在临沂银雀山发现的7座西汉墓中,M7有许多黍子壳漂浮在棺内与边箱内的水面上。金雀山M1出土的残竹笥内有黍、稷等物;M14出土的四件残竹笥内有黍、稷、枣、栗等;M28出土的竹笥内发现有粟④。金雀山9号墓出土摺子一件,“宽约10厘米,用苇蔑编成长条围成囤形。现今鲁南一带尚用此物,称为‘摺子’。摺子内有谷子和枣等食物。谷子只有少部分尚具外形,枣子只余皮、核。这些食物,由于容器朽破而散落在边箱各处及耳杯中”⑤。

菽在先秦时已是山东的主粮之一,秦汉时期仍复如斯。秦末宋义奉令救赵,驻兵安阳(今山东曹县),“士卒食芋、菽”⑥。东汉延熹九年(166),因青、徐遭旱灾,陈蕃以此上疏云“青、徐炎旱,五谷损伤,民物流迁,茹菽不足”⑦。临淄人倪萌“常勤身田农。遭岁仓卒,兵革并起,人民馁饿相啖,与兄俱出城采蔬,为赤眉贼所得,欲杀啖之”⑧,经倪萌苦求,赤眉军同意倪萌归,以“豆”来赎其兄。东汉末年,高密志士邓子然告困,时任北海相的孔融为“伤烈士之心,与豆三斛,后乏复言”⑨。贡禹自云年老贫穷,“家赀不满万钱,妻子糠豆不赡”⑩。

芋,今称芋头、芋艿、毛芋。山东自古种芋,《说文》提及齐人称芋为莒⑪。莒既以芋名国,说明了芋在当地的广泛种植及其在生活中的重要地

---

① [南朝宋]范晔:《后汉书》卷二十七,中华书局1965年版,第944页。

② 山东省淄博市博物馆:《西汉齐王墓随葬器物坑》,《考古学报》1985年第2期。

③ 山东省菏泽地区汉墓发掘小组:《巨野红土山西汉墓》,《考古学报》1983年第4期。

④ 山东省博物馆、临沂文物组:《临沂银雀山四座西汉墓葬》,《考古》1975年第6期;临沂市博物馆:《山东临沂金雀山周氏墓群发掘简报》,《文物》1984年第11期;临沂市博物馆:《山东临沂金雀山九座汉代墓葬》,《文物》1989年第1期;金雀山考古发掘队:《临沂金雀山1997年发现的四座西汉墓》,《文物》1998年第12期;银雀山考古发掘队:《山东临沂市银雀山的七座西汉墓》,《考古》1999年第5期。

⑤ 临沂金雀山汉墓发掘组:《山东临沂金雀山九号汉墓发掘简报》,《文物》1977年第11期。

⑥ [西汉]司马迁:《史记》卷七,中华书局1959年版,第305页。

⑦ [南朝宋]范晔:《后汉书》卷六十六,中华书局1965年版,第2166页。

⑧ [东汉]刘珍等撰,吴树平校注:《东观汉记校注》卷十五,中华书局2008年版,第662页。

⑨ [北宋]李昉等:《太平御览》卷八百四十一,中华书局1960年版,第3761页。

⑩ [东汉]班固:《汉书》卷七十二,中华书局1962年版,第3073页。

⑪ [东汉]许慎:《说文解字》,中华书局1963年版,第16页。

位。前引秦末宋义部卒在山东即以"芋"为军食。汉代人已广泛种芋，人工种芋之法，首见于《氾胜之书》。

菽在作为主粮食用之外，汉代以来另开辟了新的利用方式，"开始用作造豉、作酱、作豆芽和豆腐等"①。芋与菽一样，在汉以后，也渐渐不再是主食，而是"逐步转为佐食的蔬菜了"②。

由于资料缺乏，现已无法确定当时山东各种粮食作物的种植面积，亩产量亦不可确考。汉代的平均亩产是粟、豆 2.82 石，折合今制 264 市斤/市亩③。山东在汉代时既以"膏腴地"著称，亩产量应当居于平均亩产量之上。

从技术上讲，当时可以大幅度提高亩产的方法有"区田法"。使用该技术，研究者折算出上农夫区亩产为600 市斤，中农夫区为400 市斤，这个产量对汉代来说无疑是特大丰产④。研究者以此产量讨论汉代山东粮食亩产量的提高⑤，但区田法对肥料、劳力的高需求，其实并不适宜大面积地块的种植。"区田，特别是小方形区种法，不适合使用畜力牵引工具，作为济时救急的办法是可以的，在技术发展上却不能说是一种进步。"⑥因此，区田法即便在山东有所应用，也不具备普遍性，其影响不能高估。

（三）经济作物种植业

太史公述论汉代山东经济作物种植盛况云："河、济之间千树萩""齐、鲁千亩桑麻"。萩、桑之外，山东大量种植的经济树种还有桐树、榆树、柞树。

"萩"，通作"楸"，即楸树。关于楸树的经济价值，《齐民要术》云："一树千钱，柴在外。车、板、盘、合（盒）、乐器，所在任用。以为棺材，胜于松柏。"⑦唐人韩鄂《四时纂要》亦云"楸，作乐器，亦堪作盘合。堪为棺材，更胜松柏"⑧。楸的种子可以入药，楸木更是制作船舶的上等原料。楸树可谓浑

---

① 吴存浩：《中国农业史》，警官教育出版社 1996 年版，第 404 页。

② 梁家勉主编：《中国农业科学技术史稿》，农业出版社 1989 年版，第 191 页。

③ 吴慧：《中国历代粮食亩产研究》，农业出版社 1985 年版，第 124 页。

④ 傅筑夫：《中国封建社会经济史》第 2 卷，人民出版社 1982 年版，第 317 页。

⑤ 陈冬生、王赛时主编：《山东经济史》古代卷，济南出版社 1998 年版，第 204 页。

⑥ 梁家勉主编：《中国农业科学技术史稿》，农业出版社 1989 年版，第 212 页。

⑦ ［北魏］贾思勰原著，缪启愉校释：《齐民要术校释》第二版，中国农业出版社 1998 年版，第 354 页。

⑧ ［唐］韩鄂撰，缪启愉校释：《四时纂要校释》，农业出版社 1981 年版，第 61 页。

身是宝，是当时制作大车、各类家具、乐器、棺材、船舶等器物的主要用材，因此，在“河、济之间千树楸”的背后，是山东北部地区乐器制造、家具制造、船舶制造等多种手工业产业链的繁荣。

桐树与楸树是古代山东地域最普遍的经济树种。山东桐树名品有峄阳孤桐。《风俗通》曰：“梧桐生于峄山阳岩石之上，彩东南孙枝为琴，声甚清雅。”[①]“兖州邹县峄山，南面半腹，东西长数十步。其处生桐，相传以为《禹贡》‘峄阳孤桐’者也。土人云：此桐所以异于常桐者，诸山皆发地土多，惟此山大石攒倚，石间周回，皆通人行，山中空虚，故桐木响绝，以是珍而入贡也。”[②]齐鲁之桐、楸所制作的琴类乐器，自先秦以来就负有盛名。

民间谚云：“要快富，种桐树”，盖桐树根、茎、花、叶均有相当高的经济价值，是古代极为重要的经济林木。青桐籽是北方著名的代谷食品，“成树之后，树别下子一石，炒食甚美。味似菱、芡，多噉亦无妨也”[③]。白桐无籽，“成树之后，任为乐器。于山石之间生者，乐器则鸣”。“青、白二材，并堪车、板、盘、合、木屧等用。”[④]其实青桐也合适作琴瑟、琵琶等弦乐器。桐叶入药，“味苦，寒，无毒。主恶蚀疮着阴。皮主五痔，杀三虫。疗奔豚气病。华，傅猪疮，饲猪肥大三倍”，“桐花”“花、叶取以饲猪，并能肥大，且易养”[⑤]。

秦汉时期山东最为广泛种植的经济作物莫过于桑麻。《淮南子·地形训》云：“中央之美者，有岱岳以生五谷桑麻，鱼盐出焉。”齐鲁各地土壤、气候尤宜桑麻，盖因山东地域位于北纬 34 度至 39 度，处于北半球北纬 20 度至 40 度最佳气候适宜带的北部位置，因此山东省“寒暑强烈之程度，不若东三省及河北，而夏季亦不若江苏与浙江之长久，故气候之优良，为北部各省之冠”[⑥]。山东雨热同季，降水集中，多年平均降水量亦可为北省之冠。作为北省之冠的山东地区的气候，多年平均气温为 11℃—14℃，全年无霜期较

① ［北宋］李昉等：《太平御览》卷九百五十六，中华书局 1960 年版，第 4245 页。

② ［北宋］王谠撰，周勋初校证：《唐语林校证》卷八，中华书局 1987 年版，第 722 页。

③ ［北魏］贾思勰原著，缪启愉校释：《齐民要术校释》第二版，中国农业出版社 1998 年版，第 356 页。

④ ［北魏］贾思勰原著，缪启愉校释：《齐民要术校释》第二版，中国农业出版社 1998 年版，第 356 页。

⑤ ［唐］苏敬等撰，尚志钧辑校：《新修本草》辑复本第二版，安徽科学技术出版社 2004 年版，第203 页。

⑥ 实业部国际贸易局编纂：《中国实业志·山东省》第一册，宗青图书公司 1934 年版，第甲 16 页。

长，鲁西北与胶东地区一般为 130 天，鲁西南地区可达 220 天。这样的气候条件，适宜于绝大多数农作物生长，所以司马迁说“齐带山海，膏壤千里，宜桑麻”，“邹鲁滨洙、泗……颇有桑麻之业”，“沂、泗水以北，宜五谷、桑麻、六畜”①。

山东桑树品种为鲁桑，汉代种桑技术已经成熟，氾胜之总结种桑法时说：“五月取椹著水中，即以手渍之，以水灌洗，取子阴干。治肥田十亩，荒田久不耕者尤善，好耕治之。每亩以黍、椹子各三升合种之。黍、桑当俱生，锄之，桑令稀疏调适。黍熟获之。桑生正与黍高平，因以利镰摩地刈之，曝令燥；后有风调，放火烧之，常逆风起火。桑至春生。”②

谚云：“鲁桑百，丰绵帛。”③齐鲁地域大面积种植的桑树，除了隐形的生态效益外，带来的第一项收益是桑葚。“椹熟时，多收，曝干之，凶年粟少，可以当食。”“今河以北，大家收百石，少者数十斛。”④数十斛干葚，对于农家而言，已是一笔不小的收入。现在桑葚除当水果鲜吃、干制外，还将其酿制为葚果酒，是当今送礼佳品。

榆是另一种在山东广泛种植的树种。龚遂在山东任渤海太守时，劝民务农桑，即“令口种一树榆”⑤。山东榆树品种齐全，用途广泛。“今世有刺榆，木甚牢肕，可以为犊车材。梜榆，可以为车毂及器物。……凡种榆者，宜种刺、梜两种，利益为多；其余软弱，例非佳木也。”⑥梜榆，或写作荚榆，以山东高平所生者为最好。“这种榆木特别宜于作镟材，可供镟成多种中空的器物，小者如盏、碗，大者如缸、毂，在木理上有其特性。”⑦由于高平荚榆木结实耐磨，尤其适宜于制作各种车辆部件，所以汉魏时代就形成了“作车，当取

① ［西汉］司马迁：《史记》卷一百二十九，中华书局 1959 年版，第 3265、3266、3270 页。
② 万国鼎辑释：《氾胜之书辑释》，中华书局 1957 年版，第 166 页。
③ ［北魏］贾思勰原著，缪启愉校释：《齐民要术校释》第二版，中国农业出版社 1998 年版，第 317 页。
④ ［北魏］贾思勰原著，缪启愉校释：《齐民要术校释》第二版，中国农业出版社 1998 年版，第 318 页。
⑤ ［东汉］班固：《汉书》卷八十九，中华书局 1962 年版，第 3640 页。
⑥ ［北魏］贾思勰原著，缪启愉校释：《齐民要术校释》第二版，中国农业出版社 1998 年版，第 338 页。
⑦ ［北魏］贾思勰原著，缪启愉校释：《齐民要术校释》第二版，中国农业出版社 1998 年版，第 340 页。

高平荚榆之榖”①的认识。高平，今山东邹城所辖，西汉时称橐县，新莽时改称高平，东汉时更置为高平侯国。

柞树是山东地域重要的经济树种之一。柞树，又称“杼”，民间俗称橡子树。橡子是古代著名的代谷食品，《齐民要术》种“柞”条云：“俗人呼杼为橡子，以橡壳为‘杼斗’，以剜剜似斗放也。橡子俭岁可食，以为饭；丰年放猪食之，可以致肥也。”②柞树成材后，可做房椽、屋樽及各种家具板。柞树因其具有经济价值，促使山东地域很早就广泛种植。东汉中期，北海淳于（今山东安丘东北）人淳于恭家有“山田橡树”③。

（四）畜牧、园圃业

秦汉时期山东畜牧养殖业仍是以传统的六畜为主，有猪、鸡、马、牛、狗、鹅、鸭等种类。

1. 猪

养猪在提供肉类食物外，还可以大量积肥，提供了农家肥的主要来源。猪还是当时家庭的财富象征符号之一，广泛用于祭祀与陪葬。以此之故，秦汉时期山东家畜养殖当以养猪最为普遍和重要。

山东养猪采取牧放与圈养相结合的方式。汉武帝时的丞相公孙弘，齐地淄川薛（今青州寿光南）人，青年时曾为薛邑狱吏，以罪免职，“家贫，牧豕海上”④。孙期，字仲彧，济阴成武（今菏泽成武县）人，“家贫，事母至孝，牧豕于大泽中，以奉养焉”⑤。“承宫字少子，琅邪姑幕人也。少孤，年八岁为人牧豕。”⑥

猪和猪圈模型在山东地区汉墓中出土较多。枣庄汉墓出土陶猪圈40余件，有单一陶猪圈，有五式；有带厕陶猪圈，有八式。台儿庄出土的一件单一陶猪圈，“圈的一角外侧建有门楼，前有一平台，门楼与猪圈有一椭圆形孔

---

① ［北宋］李昉等：《太平御览》卷五百九十八，中华书局1960年版，第2694页。

② ［北魏］贾思勰原著，缪启愉校释：《齐民要术校释》第二版，中国农业出版社1998年版，第358页。

③ ［东汉］刘珍等撰，吴树平校注：《东观汉记校注》，中华书局2008年版，第663页。按：《后汉书》卷三十九作“山田果树”（［南朝宋］范晔撰，中华书局1965年版，第1301页）。

④ ［东汉］班固：《汉书》卷五十八，中华书局1962年版，第2613页。

⑤ ［南朝宋］范晔：《后汉书》卷七十九，中华书局1965年版，第2554页。

⑥ ［南朝宋］范晔：《后汉书》卷二十七，中华书局1965年版，第944页。

相通,另一角的内侧建有专供猪歇息的敞棚,敞棚的两面附设在圈墙上,一面用一根立柱支撑,圈墙、门楼、敞棚其上皆覆瓦,在给猪添食的地方留有缺口,缺口下置有长方形食槽,圈内有一猪,捏塑,长嘴上翘,圆目,两耳前张,尾下垂,腹下有四个凸鼓的乳头,四肢短粗,通长7.5厘米、高4厘米"①。台儿庄出土的带厕陶猪圈为夹砂灰陶,有的为长方形,"下为猪圈,上为楼厕,通高20.5厘米、底长19厘米、宽8.5厘米。猪圈的四周有栏杆状通气孔,一侧附设七级台阶,拾级而上,上层的厕所设在猪圈上面的一端,留有门,四壁刻菱形和十字形镂孔装饰纹,底部有一长方形孔与猪圈相通"②。带厕陶猪圈以泗水南陈东汉画像石墓出土的陶厕圈最为精致,其"平面呈长方形。左侧为猪圈,凹墙,两外角墙上加盖人字形拐角顶,两坡瓦垄用竖凸线表示。圈内站立一陶猪,长咀、卷尾、粗短足,高5厘米,长12厘米。右侧后半部为方形厕,墙上加盖单独烧制的四阿式庑殿顶,瓦垄亦用细凸线表示。厕下一圆洞与猪圈相通,厕门前为斜坡平面。高18厘米、长23厘米、宽26厘米"③。为了放牧与人员出入方便,猪圈的围墙上开有小门。出土陶猪圈证实了这一点。

汉代山东农家放牧与圈养相结合的养猪方式,经贾思勰的总结,一直延续到近现代仍为农家所沿用。贾思勰指出:放牧的地方要在近水处,"猪性甚便水生之草,杷耧水藻等令近岸,猪则食之,皆肥"。养猪的圈要小,贾思勰总结说:"圈不厌小。圈小则肥疾。处不厌秽。泥秽得避暑。亦须小厂,以避风雪。""春夏草生,随时放牧。糟糠之属,当日别与。糟糠经夏辄败,不中停故。八、九、十月,放而不饲,所有糟糠,则蓄待穷冬春初。"④

猪作为财富的象征,被用于祭祀与陪葬。在章丘洛庄汉墓第3号陪葬坑中,出土有猪腿骨;在第34号动物陪葬坑中,有猪、羊、狗、兔等100余具完整骨架。⑤

猪作为财富的象征,以及猪在日常生活中的广泛影响,使猪成为人们艺

---

① 石敬东:《从出土文物看汉代枣庄地区的养猪业》,《农业考古》2001年第3期。

② 石敬东:《从出土文物看汉代枣庄地区的养猪业》,《农业考古》2001年第3期。

③ 泗水县文管所:《山东泗水南陈东汉画像石墓》,《考古》1995年第5期。

④ [北魏]贾思勰原著,缪启愉校释:《齐民要术校释》第二版,中国农业出版社1998年版,第443页。

⑤ 济南市考古研究所等:《山东章丘洛庄汉墓陪葬坑的清理》,《考古》2004年第8期。

术创作的对象之一。山东考古中发现了数量不少的玉猪、石猪艺术品。如曲阜大庄出土两件汉代玉猪，黄白色，玉质细润，有光泽，均长11.5厘米、高2.5厘米、宽2.5厘米，尾上刻一透孔小钮，四腿向前扒伸，作卧伏起来欲走状。① 临沂银雀山西汉墓出土圆雕卧猪一件，长7.4厘米、宽2.4厘米、高2.5厘米。② 济南大觉寺汉墓出土滑石猪6件，形制基本相同，其中M2:96，白色大理石质，鼻向下、尾短，中间各有一小孔，一侧平，一侧雕出足状，长10.3厘米、宽2.4厘米、高2.4厘米；M2:97，滑石质，圆耳，小目，粗腿，头顶有一道凹槽，舌部、尾根处各有一横空，鼻孔锥钻，长11.3厘米、宽3厘米、高3厘米。③

2. 鸡

先秦至汉魏时期，鸡都是采用"任之树林"的散养方式。贾思勰认为散养不利于鸡的生长和育肥，提倡"笼养""圈养"以育肥。"鸡雏，徐鲁之间谓之秋侯子。"④

鸡与黍相配食用是人们喜爱的食品，也是当时待客的佳肴。《论语·微子》云："止子路宿，杀鸡为黍而食之。""故人具鸡黍，邀我至田家"，直到唐代，鸡、黍相配仍是山东农家最常见的待客菜式。鸡蛋是人们重要的美味食品，在济南洛庄汉墓4号陪葬坑中，出土一箱鸡蛋，其中一枚保存十分完好。⑤

鸡易养、味美，而且鸡蛋是农家的收入来源，鸡粪也是农家肥之一，由此鸡在山东成为仅次于猪的家畜品种。鸡既是农家富源，官方遂鼓励农家养鸡。龚遂为渤海太守，令郡民"家二母彘、五鸡"⑥。琅琊郡不其县，地在今青岛市城阳区内。僮种任不其县令时，敦促县民务农桑，"耕织皆有章"，又令民养殖，"率民养一猪，雌鸡四头"。石声汉考证云："按僮种即童恢，见《后汉书》注。前'吏称其职'一条，采之本传。此条采之《齐民要术·序》，

① 鲁文辉：《曲阜县大庄发现汉代玉璧等文物》，《文物》1966年第4期。

② 银雀山汉墓发掘队：《临沂银雀山西汉墓发掘简报》，《文物》2000年第11期。

③ 济南市考古研究所等：《济南市长清区大觉寺村一、二号汉墓清理简报》，《考古》2004年第8期。

④ 华学诚汇证，王智群等协编：《扬雄方言校释汇证》，中华书局2006年版，第578页。

⑤ 济南市考古研究所等：《山东章丘洛庄汉墓陪葬坑的清理》，《考古》2004年第8期。

⑥ ［东汉］班固：《汉书》卷八十九，中华书局1962年版，第3640页。

以一人而两载其事。”[①]

济宁城南城张汉画像石中有二童子逗引二鸡相斗。鸡在人们生活中的日常性与重要性，在山东地区汉墓明器中也有所反映。在济南闵子骞祠堂东汉墓中发现有陶鸡 4 件，为泥质灰陶，尾后有孔与体腔通，皆双足直立，翘尾。其中，Ml：24，短喙，无冠，昂首，体肥，长 11.4 厘米、高 10 厘米；Ml：28，尖喙，短冠，体瘦，长尾，长 11 厘米、高 9 厘米；M1：29，尖喙，体肥，长11.2厘米、高 9.7 厘米；Ml：30，公鸡，长喙，弧形冠，体肥，长尾，长 11.6 厘米、高 9.8 厘米。[②] 济南青龙山汉墓发现陶鸡 2 件，其中标本 JQM1：105，立姿昂首，高冠翘尾，为公鸡，身长 18.9 厘米、宽 9.8 厘米、高 15.3 厘米；标本JQM1：103，立姿昂首，短冠翘尾，为母鸡，身长 17.7 厘米、宽 7.8 厘米、高 14.4 厘米。[③] 在长清大觉寺汉墓、济宁东汉墓[④]、乐陵汉墓[⑤]、泰安汉墓[⑥]等地亦出土有陶鸡。临沂金雀山西汉墓出土有木鸡模型[⑦]。在济宁潘庙汉墓“随葬 1 具鸡骨架”[⑧]。

3. 马

山东各地皆养马，秦汉时期“燕齐之间养马者谓之娠”[⑨]。“枥”，是一种养马器，“梁宋齐楚北燕之间或谓之樎，或谓之皁”[⑩]。“饮马橐，自关而西谓之裺囊，或谓之裺篼；或谓之幓篼；燕齐之间谓之帳。”[⑪]

汉代时各郡国都养马，在所属郡县设马丞，在王国设仆及其属吏厩长、厩丞等。《汉印文字征》《十钟山房印举》等书中著录的马官用印有数十个，其中属山东郡国的有“齐中左马”“齐中右马”“淄川厩长”“鲁厩垂”等[⑫]。济南王刘康拥有“厩马千二百匹”[⑬]。

---

① 石声汉校注：《农桑辑要校注》，中华书局 2014 年版，第 10 页。
② 济南市考古研究所：《济南市闵子骞祠堂东汉墓》，《考古》2004 年第 8 期。
③ 济南市文化局文物处：《山东济南青龙山汉画像石壁画墓》，《考古》1989 年第 11 期。
④ 济宁市博物馆：《山东济宁发现一座东汉墓》，《考古》1994 年第 2 期。
⑤ 轶名：《山东乐陵县发现古墓》，《文物参考资料》1955 年第 10 期。
⑥ 泰安市文物管理局：《山东泰安县旧县村汉画像石墓》，《考古》1988 年第 4 期。
⑦ 临沂市博物馆：《山东临沂金雀山周氏墓群发掘简报》，《文物》1984 年第 11 期。
⑧ 国家文物局考古领队培训班：《山东济宁郊区潘庙汉代墓地》，《考古》1991 年第 12 期。
⑨ 华学诚汇证，王智群等协编：《扬雄方言校释汇证》，中华书局 2006 年版，第 180 页。
⑩ 华学诚汇证，王智群等协编：《扬雄方言校释汇证》，中华书局 2006 年版，第 373 页。
⑪ 华学诚汇证，王智群等协编：《扬雄方言校释汇证》，中华书局 2006 年版，第 374 页。
⑫ 安忠义：《汉代的养马业及对马种的改良》，《农业考古》2006 年第 4 期。
⑬ ［南朝宋］范晔：《后汉书》卷四十二，中华书局 1965 年版，第 1431 页。

"肇牵车牛远服贾",牛、马为大型牲畜,都可用于负重致远,作车辆牵引的动力。洛庄汉墓第 9 号陪葬坑中,出土七匹马骨遗骸①;曲阜九龙山西汉四座大型崖墓"殉葬的车马,计车十二辆,马五十匹,都是'驷马安车'"②。莒县双合村汉墓出土的鎏金铜马十分传神,马作站立状,面颊较瘦,双耳直立,两目微凸,翘鼻,张口露齿,作引颈嘶鸣状。马尾下垂,后肢略前曲。马的肌肉发达,躯体矫健。高 9 厘米、身长 10.2 厘米。③ 济南危山汉墓兵马俑陪葬坑出土的陶马俑,做工精致,惟妙惟肖,栩栩如生。④

马在山东还用作耕畜、骑乘。山东滕州黄家岭出土的汉画像石上,有一牛一马共挽一犁,由此可知在山东,牛、马皆作为牵引动力用于农耕。微山县两城汉画像石中有射猎图,树下系一马,一人弯弓仰射树上之鸟。滕县城关画像石中有牛马食草的情景,桑村画像石中树下两马在吊袋中食草料。这些图画反映出山东人养马、用马的实景。

4. 牛

牛,是汉代农业的主要畜力。龚遂任渤海太守时,"见齐俗奢侈,好末技,不田作,乃躬率以俭约,劝民务农桑。……民有带持刀剑者,使卖剑买牛,卖刀买犊,曰:'何为带牛佩犊!'"⑤李章平定北海安丘大姓夏长思的叛乱,"得牛、马五百余头而还"⑥。在洛庄汉墓第 13 号陪葬坑内陪葬有 2 头牛⑦。北海集市内有以卖牛为业者,北海王君公曾"侩牛自隐"⑧。

牛还是优质的肉食。邹县城关、济宁城南张、滕县孙楼、汉画像石中均有椎牛图像,是汉代山东以牛为食品的历史记录。长清双乳山汉墓"除棺箱以外,尤其是东西边箱和南边箱内,器物空隙间放置着大量的牛、羊、鸡等家畜家禽,以及大量的鱼等"⑨。

---

① 济南市考古研究所等:《山东章丘洛庄汉墓陪葬坑的清理》,《考古》2004 年第 8 期。
② 山东省博物馆:《曲享九龙山汉墓发掘简报》,《文物》1972 年第 5 期。
③ 刘云涛:《山东莒县双合村汉墓》,《文物》1999 年第 12 期。
④ 房道国等:《济南危山汉兵马俑坑发掘纪实》,《大众考古》2015 年第 5 期。
⑤ [东汉]班固:《汉书》卷八十九,中华书局 1962 年版,第 3640 页。
⑥ [南朝宋]范晔:《后汉书》卷七十七,中华书局 1965 年版,第 2493 页。
⑦ 济南市考古研究所等:《山东章丘洛庄汉墓陪葬坑的清理》,《考古》2004 年第 8 期。
⑧ [南朝宋]范晔:《后汉书》卷八十三,中华书局 1965 年版,第 2760 页。
⑨ 山东大学考古系等:《山东长清县双乳山一号汉墓发掘简报》,《考古》1997 年第 3 期。

5. 墓地考古与画像石中的禽畜

先秦时期山东农家所养诸禽畜，在秦汉时期应当延续养殖，只是传世典籍少有记载，所幸考古资料尚能弥补一点缺憾。

鱼是山东地域的主要食品之一。先秦时齐鲁之地已有人工养鱼，同时还有内陆江河、湖泊、近海捕捞。现知汉代山东近海捕捞的高级鱼品有鳆鱼。东汉齐国临淄人吴良任齐郡议曹掾时，因向太守进言而获赐鳆鱼百枚[①]。鳆鱼，即鲍鱼，产于山东沿海。在汉墓中常有鱼骨出土，如济南洛庄汉墓4号陪葬坑出土的陶器中盛有鱼骨。山东出土的汉画像石图案中，有相当多与鱼相关的图案，目前所知共有15幅，其中微山4幅、邹县2幅、苍山2幅、临沂1幅、沂南1幅、滕县黄家岭1幅、临沂西张官庄1幅、嘉祥1幅、嘉祥五老洼1幅、肥城1幅。微山县的一幅鱼汉画像，“1989年发现于田野沟渠上。残长30厘米、宽69厘米。画面分上、下二格，上格露一阙角，三层斗拱，其中，一、二层斗拱上各吊一个人首形饰物。阙顶有一飞鸟，檐下挂三条鱼，旁边还有同头三鱼。下格有一鱼鹰正在吃鱼，勾勒简洁，但十分生动传神”[②]。邹县出土的一块画像石上，画面中有俯身抓鱼者，有提鱼站立者，还有一位捉鳖者；另一幅画像石上刻一垂钓者，钓绳下有三条鱼争尝饵食。微山两城、临沂市白庄、滕州市黄家岭出土的汉画像石中都有罩鱼的场景。微山湖画像石有用渔网捕鱼的图像，有一渔船，船右端的人正收网捕鱼。嘉祥五老洼发现驾船叉鱼画像石[③]。山东临沂西张官庄出土的汉画像石刻有两鱼两兽相对的场面，画中的兽短吻长尾，研究者将此画像定名为水獭捕鱼[④]。山东嘉祥宋山1980年出土的汉画像石第九石刻有饰鱼八条，其中三条鱼的胸鳍特别大，有点近似翅膀。第十石的八条饰鱼，其中三条为鲇鱼，五条为草鱼。[⑤]

鸭是山东家禽之一。闵子骞祠堂墓出土陶鸭2件，“泥质灰陶，遍体涂白色。M1:25，短喙，二目外突，短颈，头向右偏，体肥，短尾，双足外撇，趾间有蹼。实心。长8厘米、高8厘米。M1:26，长喙，二目突出，体肥，无足，小

---

① [东汉]刘珍等撰，吴树平校注：《东观汉记校注》卷十四，中华书局2008年版，第537页。
② 微山县文物管理所：《山东微山县出土的汉画像石》，《文物》2000年第10期。
③ 朱锡禄：《嘉祥五老洼发现一批汉画像石》，《文物》1982年第5期。
④ 陈文华：《中国农业考古图录》，江西科学技术出版社1994年版，第417页，
⑤ 济宁地区文物组等：《山东嘉祥宋山1980年出土的汉画像石》，《文物》1982年第5期。

尾。长12厘米、高11.2厘米”[①]。济南大觉寺村二号汉墓出土的陶鸭，其“身体向前倾，作行走状，昂首前视，尾巴略上翘。长28厘米、高22.2厘米”[②]。

鹅是山东家禽之一。济南大觉寺村汉墓出土的鹅，“昂首前伸，双翅塑造出羽毛的形状，头部细致逼真。通体饰白色陶衣。长24.2厘米、高25厘米”[③]。闵子骞祠堂汉墓中的3件陶鹅，“皆为泥质灰陶，通体涂白色。M1:23，短喙，眼外突，长颈，体肥胖，双足粗短立地，四趾分开，有蹼，翘尾。实心。长7.8厘米、宽5.4厘米、高7.8厘米……。M1:27，短喙，细眼，长颈，回首仰视，体肥，平尾，粗足，有蹼。尾下有孔与体腔通。高15.4厘米……。M1:31，长喙，二目外突，长颈，体肥，短尾，足粗短，有蹼。尾下有孔与体腔通。长14厘米、高14厘米”[④]。青龙山的陶鹅，“昂首站立。泥质红陶。身长17.7厘米、宽9.8厘米、高19.5厘米”[⑤]。

狗，山东自先秦以来养狗，既为提供食品，也是看家护院和辅助狩猎的猎犬。战国时期刺客聂政因除恶害而杀人，偕母亲及姐姐逃亡到齐国，“为狗屠”。诸城前凉台汉画像石庖厨图中有宰羊、杀猪、杀鸡、屠狗、椎牛的场景[⑥]，反映出山东人以狗肉为食料的情形。在济南洛庄汉墓第34号动物陪葬坑中有狗殉葬。济南大觉寺村二号墓出土的陶狗，“昂首向前，尾巴上卷，四肢直立，粗腿，项圈后有垫子。身上饰彩。长31厘米、高29厘米”[⑦]。济南闵子骞祠堂汉墓中的陶狗，“体中空，直立，尾及四足缺。短鼻，短耳，昂首而吠。颈部塑出项圈形状，颈后以圆形带扣固定，皮带垂到右侧。腹下有孔与体腔通。通体涂白色。长20.5厘米、残高20.2厘米”[⑧]。邹县西郭汉画像石中“船头坐一人，上有一犬”[⑨]。山东猎犬自古有名，画像石中有所反映。嘉祥宋山1980年出土的汉画像石有猎人带狗追捕野猪的场景[⑩]。微山

① 济南市考古研究所：《济南市闵子骞祠堂东汉墓》，《考古》2004年第8期。
② 济南市考古研究所等：《济南市长清区大觉寺村一、二号汉墓清理简报》，《考古》2004年第8期。
③ 济南市考古研究所等：《济南市长清区大觉寺村一、二号汉墓清理简报》，《考古》2004年第8期。
④ 济南市考古研究所：《济南市闵子骞祠堂东汉墓》，《考古》2004年第8期。
⑤ 济南市文化局文物处：《山东济南青龙山汉画像石壁画墓》，《考古》1989年第11期。
⑥ 参见山东省博物馆等编：《山东汉画像石选集》，齐鲁书社1982年版，第52页。
⑦ 济南市考古研究所等：《济南市长清区大觉寺村一、二号汉墓清理简报》，《考古》2004年第8期。
⑧ 济南市考古研究所：《济南市闵子骞祠堂东汉墓》，《考古》2004年第8期。
⑨ 山东省博物馆等编：《山东汉画像石选集》，齐鲁书社1982年版，第19页。
⑩ 济宁地区文物组等：《山东嘉祥宋山1980年出土的汉画像石》，《文物》1982年第5期。

县两城汉画像石中有“狩猎图”，有“十猎人执毕、荷弩、架鹰、牵犬，左有二犬跃起，扑捉鹿、兔”①。微山沟南画像石的狩猎图，“有荷毕、张弩、执戟、放犬的猎人，山中鹿、猪、虎、兔惊慌奔逃”②。嘉祥齐山画像石中“一人执弩牵犬，鹰、犬逐鹿、兔”③。

羊为六畜之一。秦汉时期山东养羊缺乏文献记载，考古中也只有少数例证，在洛庄汉墓第 3 号陪葬坑中有羊腿，第 34 号动物陪葬坑中有整只的陪葬羊。在章丘汉东平陵古城出土了骑羊俑，为“泥质灰陶。羊体肥硕，背上有鞍，其上骑坐一人，人面目仅有轮廓；羊腹中空，摇之有清脆的响声，其内应有丸状之物。通高 10 厘米”④。山东临沭县东盘乡后利城村出土一对汉代石羊，“一尊用当地青石料、一尊用水成岩石料做成。二羊造型基本相似，皆昂头，挺胸，屈膝卧地；仅有些细小的差别如白石羊背部平阔，各部位的轮廓雕凿的细致、清晰，体面光滑……；青石羊耳、角皆不清楚”⑤。莒县双合村汉墓的玉羊，“羊体浑圆，作跪卧状。昂首，弓背，屈肢，双角向前卷曲，腹侧面有一对穿圆孔，高 3.5 厘米、身长工 4.4 厘米”⑥。

6. 苗圃业

秦汉时期山东所需的菜肴大多出于园圃，间或采集野蔬。园圃作物有薤、葱、韭、西瓜、甜瓜、芜菁等。

龚遂曾令渤海郡郡民“令口种一树榆、百本薤、五十本葱、一畦韭”⑦，可知山东人日常菜蔬来自园圃。薤，根茎腌制食用，尤其味美，别称藠头。韭，齐地方言称为杜，“荄，杜，根也。今俗名韭根为荄，音陔。东齐曰杜，诗曰：“彻彼桑杜。”是也。或曰芨”⑧。

山东的甜瓜、西瓜种植未见于传世文献，只有临沂金雀山西汉墓金·民 4 号墓内的竹笥中有甜瓜子和西瓜子⑨。

---

① 山东省博物馆等编：《山东汉画像石选集》，齐鲁书社 1982 年版，第 16 页。

② 山东省博物馆等编：《山东汉画像石选集》，齐鲁书社 1982 年版，第 17 页。

③ 山东省博物馆等编：《山东汉画像石选集》，齐鲁书社 1982 年版，第 25 页。

④ 山东省文物考古研究所：《山东章丘市汉东平陵古城遗址调查》，载王仲殊主编《考古学集刊》第 11 集，中国大百科全书出版社 1997 年版，第 162 页。

⑤ 王亮：《山东临沭县出土汉代石羊》，《考古》1986 年第 1 期。

⑥ 刘云涛：《山东莒县双合村汉墓》，《文物》1999 年第 12 期。

⑦ [东汉]班固：《汉书》卷八十九，中华书局 1962 年版，第 3640 页。

⑧ 华学诚汇证，王智群等协编：《扬雄方言校释汇证》，中华书局 2006 年版，第 217—218 页。

⑨ 金雀山考古发掘队：《临沂金雀山 1997 年第发现的四座西汉墓》，《文物》1998 年第 12 期。

芜菁，"蘴、蕘，芜菁也。陈楚之郊谓之蘴；鲁齐之郊谓之蕘；关之东西谓之芜菁；赵魏之郊谓之大芥，其小者谓之辛芥，或谓之幽芥，其紫华者谓之芦菔。东鲁谓之菈遳"①。

二、秦汉时期山东农业技术的进步

秦汉时期山东农业技术的最大进步，主要表现在核心农具耕犁的轻便化和耕、摩耱生产体系的初步形成。

（一）山东汉画像石所显示的农业技术系统

汉代传世文献对山东地域的农业生产情况语焉不详，倒是山东出土的汉画像石农耕图像反映出了山东农业生产的具体情况。"山东地区发现的汉画像石农耕图像，有力地证明，在汉朝时代山东地区的农业耕作制度和农业生产水平已相当先进，大田作业农具的种类已相当齐全，耕、耙、耢旱地耕作法在山东地区已经形成。"②这个断语过于拔高了汉代山东农业生产的水平。盖山东汉画像石中并未出现"耙"这种工具，只有"摩"，所以不可能有"耙地"这样的工序。即便如此，画像石所反映的水平，也已从战国的"翻土—熟耰"体系转变到了"耕—摩—蔺"的耕作体系。

1. 牛耕方式的进步

秦汉时期，山东地区已经广泛使用了牛耕，出土的汉画像石展示了山东地区犁耕技术不断进步的历程。

金乡香城堌堆石埻上的牛耕图像，展示了《汉书·食货志》所记载的"用耦犁，二牛三人"的耕作情景。该耕作图"画面上二牛抬杠共挽一犁，牛前一人双手执系引牛倒进，右边牛的后边有一人执竿赶牛，牛肚下有一犊正在吃奶，长辕犁的后边一人扶犁掌握方向和深度"，两头牛之间"有一孩童扶辕，似在戏耍，扶犁人的上方还有一犊随耕前行"。这幅图像说明了当时人们对牛的驾驭"还不十分熟练，不能让它按照人们意愿行事，必须有人在前面牵引，有人在后面鞭赶，比常见的二牛抬杠要落后"③。

---

① 华学诚汇证，王智群等协编：《扬雄方言校释汇证》，中华书局2006年版，第195页。

② 杨晰智：《山东汉画像石刻中农耕图像的研究》，《安徽农业科学》2015年第13期。

③ 杨爱国：《山东汉画像石》，山东文艺出版社2004年版，第49—50页。

邹县（今邹城）面粉厂出土的画像石中，“有牛耕、人物、牛车在一起的图案。其牛耕为二牛拉一犁、一人扶犁”①。这是各地都比较常见的二牛抬杠的犁耕法。

图4－1　邹县面粉厂工地出土农耕图

滕州市黄家岭画像石的犁耕图是“一人驾一牛、一马犁地”，枣庄汉画像石显示的挽犁动力也是一牛一马，这表明“汉代山东地区牛马合犋是一种常见的套架形式”②。这种牛马合犋的犁耕方法，“说明汉代在犁耕技术和畜力使用以及套驾方面都积累了丰富的知识”③。更为重要的是，枣庄汉画像石的犁结构相当清晰，可见犁辕、犁床、犁梢、犁铧等部件，犁辕呈S形，辕长开始变短，从结构上讲，犁已开始向轻便化方向发展。

图4－2　滕州黄家岭农耕画像石

图4－3　枣庄出土汉画像石农耕图

① 杨晰智：《山东汉画像石刻中农耕图像的研究》，《安徽农业科学》2015年第13期。
② 杨晰智：《山东汉画像石刻中农耕图像的研究》，《安徽农业科学》2015年第13期。
③ 杨爱国：《山东汉画像石》，山东文艺出版社2004年版，第50页。

随着炼钢技术的发展，到东汉时犁铧已相当锋利，加上犁结构的优化与犁的轻便化，犁耕已可以一人一牛进行操作了。滕州宏道院东汉画像石的牛耕图所反映的正是一人一牛耕作的情形。图像画面中一牛挽一具犁，一人在后面扶犁执鞭，一牛挽犁耕田。[①]"这种一牛挽犁的牛耕须用犁索套驾的短辕犁，反映了犁耕方法的灵便和进步。"[②]

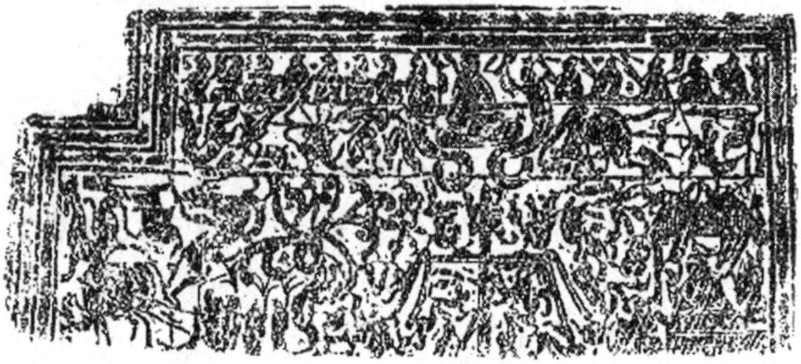

图 4－4　滕州宏道院农耕图

2. 翻土、整地、播种

耕地之后的整地工序——摩，在山东汉画像石中也有反映。

在黄家岭的牛耕图像之后，有一农夫驱牛摩田，所用工具是一横长条状木器。"从图像中看不出桯下有齿，……而很像在耙梃之间用树条编成的劳。近代北方农村摩田还曾使用这种农器，又叫作耱。用劳摩田，既可碎土，又可平地。"[③]"有了这道工序之后，禾苗会出得更齐更壮。"[④]嘉祥武梁祠汉画像石的耰作图像中，"两人一前一后皆执长柄拍板形物：前一人左手执柄扬起，右手向后拿一勺；后一人右手荷一曲柄板拍，左手前伸端一碗。……从图像分析，不论从执器物的形状，或者二人的动作姿态，都说明二人在执耰摩田，或者是在播种之后覆土镇击使平。图中所执的摩田器呈板状，更近于机，那靠近机头部的曲柄，则更适于拍击土壤"[⑤]。

---

① 蒋英炬：《略论山东汉画像石的农耕图像》，《农业考古》1981 年第 2 期。
② 杨爱国：《山东汉画像石》，山东文艺出版社 2004 年版，第 50 页。
③ 蒋英炬：《略论山东汉画像石的农耕图像》，《农业考古》1981 年第 2 期。
④ 杨爱国：《山东汉画像石》，山东文艺出版社 2004 年版，第 51 页。
⑤ 蒋英炬：《略论山东汉画像石的农耕图像》，《农业考古》1981 年第 2 期。

图4-5 嘉祥武梁祠耰作图

上述两种整地工具,一种适宜大地块的操作,一种适宜小地块的零散操作。小地块的翻土工具还有锸,整地工具用锄或木榔土。邹城画像石左侧第二人肩荷锸或锹,正跨步向前。嘉祥宋山汉画像石第四石绘有"荷臿登梯"的情形,铁锸刃部的形状为平板方形。武梁祠画像石有两幅神农、夏禹执耒图,其中锸的刃部有双歧头。"山东汉画像石中,也有执单头的刃部呈尖园状突出的锸,和今天的铁锹相似。汉代犁耕虽然已较普遍,但锸在农田耕翻土地中仍是重要的辅助工具。除此之外,在挖河、修路、筑城、起台等土方工程中都要用锸。"①翻地后要碎土,前引枣庄画像石的犁后有一人扛木榔头,邹城画像石的第五人肩负一木榔头,这些木榔头都是用于整地的工具,一直沿用到近代。锄也可用于平地、整地。黄家岭图像的左侧有三农夫耘锄,只是图像中没有显示出是锄草还是平地。在耘锄图像后面有一人手抱斗形容器,似在撒种或施肥。

3. 田间管理

古代农业的田间管理有锄草、施肥、浇水、治虫等几项工作。在山东泰安发现有榜题为"孝子赵荀"的画像石,其中有一农人执锄耘除杂草的情景,画面的禾稼在茁壮成长,这准确表明"那一农夫正在田间中耕熟耘"②。田间管理工作以锄草最为频繁和重要,贾思勰说:"苗出垄则深锄。锄不厌数,周而复始,勿以无草而暂停。锄者非止除草,乃地熟而实多,糠薄米息。锄得十遍,便得'八米'也。"③"八米",指出米率达到八成。山东素有重视锄草的生产传统,晚清时安邱(今山

① 蒋英炬:《略论山东汉画像石的农耕图像》,《农业考古》1981年第2期。

② 蒋英炬:《略论山东汉画像石的农耕图像》,《农业考古》1981年第2期。

③ [北魏]贾思勰原著,缪启愉校释:《齐民要术校释》第二版,中国农业出版社1998年版,第66—67页。

东安丘)人王筠注《马首农言》种谷时云:“锄之力,不但去草,实坚实好,皆锄力也。安邱……锄禾五六次以为常,斗粟可得六升五合米。闻锄九次者得米九升矣,以无秕而糠又薄也。”①

图4-6 泰安锄草画像石摹本

谚云:“庄稼一枝花,全靠肥当家。”前述养猪中所述的陶猪圈模型,“厕所和畜圈连在一起,人畜粪便综合管理贮存,发酵熟化”②。这些熟化后的粪肥通常用作“追肥”。《氾胜之书》首次明确记载了如何使用“追肥”:“麻生布叶,锄之。率九尺一树。树高一尺,以蚕矢粪之,树三升;无蚕矢,以溷中熟粪粪之亦善”③。农家除了收集圈养家畜的粪尿作肥料外,还拾集牛、马、鸡等畜禽户外遗粪作肥料。滕县龙阳店画像石中有拾粪图,画面里二马系于中间,马左一人扶杖而立,右边一马正在排粪,马后一人,右手执勾锄,左手执箕,正弯腰把掉下的马粪捡拾到箕中。“积肥和卫生,这在农家是一举两得的事。把牲畜和人的遗矢打扫起来,不仅有利环境卫生,而且为粪田积蓄了肥料。”④

浇地和除虫的情形,在山东汉画像石中虽没有反映,文献记载却表明当时人们相当重视除虫、防虫事宜,如“牵马令就谷堆食数口,以马践过为种,无虸蚄,厌虸蚄也”⑤。尽管用“厌”的办法除虸虫没有什么效果,但这说明当时人们已认识到虫害的危害性,并试图找到除虫的办法。也有对某些虫

① [北魏]贾思勰原著,缪启愉校释:《齐民要术校释》第二版,中国农业出版社1998年版,第72页。

② 吴存浩:《中国农业史》,警官教育出版社1996年版,第387页。

③ 万国鼎辑释:《氾胜之书辑释》,中华书局1957年版,第149页。

④ 蒋英炬:《略论山东汉画像石的农耕图像》,《农业考古》1981年第2期。

⑤ 万国鼎辑释:《氾胜之书辑释》,农业出版社1957年版,第35页。

害，如麦种生“白鱼”，能有效防治的方法：“无令有白鱼，有辄扬治之。取干艾杂藏之，麦一石，艾一把；藏以瓦器竹器。顺时种之，则收常倍。”①

（二）水利工程与农业基础设施

农业生产离不开水利设施，秦汉时期水利设施的兴建包括兴修灌溉工程、治理河患。

1. 灌溉工程与水井的利用

汉代时，山东境内有河流、湖泊之处，应该都得到了人们的利用，建立起或大或小的引水灌溉工程。前文已引东汉郑玄的家乡稻城县（今高密西南）“蓄潍水溉田”。郦道元作《水经注》，多引述汉魏水利工程旧迹。如《水经注》莱芜县引《从征记》云：“汶水出县西南流，又言自入莱芜谷，夹路连山百数里，水隍多行石涧中，出药草，饶松柏。……又有少许山田，引灌之踪尚存。”②莒县，“沭水又南，浔水注之，水出于巨公之山，西南流，旧堨以溉田，东西二十里，南北十五里”③。

在汉代，山东最著名的水利工程，莫过于官方修建的钜定湖和汶水引水灌溉工程。“自是之后，用事者争言水利。……东海引钜定，泰山下引汶水。皆穿渠为溉田，各万余顷。佗小渠披山通道者，不可胜言。”④秦汉时期，钜定湖纳淄水、时水、女水、浊水、洋水等河流入湖，向东北流入渤海，湖域面积相当大。湖在汉齐郡巨定县，治所在今山东广饶东北，属北海郡。东海郡当为北海郡之误⑤。其他不知名的地方水利工程尚多，如鲁丕任东郡太守时，“丕在二郡，为人修通溉灌，百姓殷富”⑥。

在或大或小的水利工程利用地表水之外，人们还通过水井利用地下水源，主要是将其作为生活水源，其次是用来井灌。考古已发现了多处汉代的水井设施。广饶县五村遗址发现汉代水井 1 座，“上口已残，填大量碎砖瓦片，下部有两节陶井圈，第一节井圈上部等距离立九块残砖。井底呈锥形。

---

① 万国鼎辑释：《氾胜之书辑释》，农业出版社 1957 年版，第 40 页。

② ［北魏］郦道元著，陈桥驿校证：《水经注校证》卷二十四，中华书局 2007 年版，第 578—579 页。

③ ［北魏］郦道元著，陈桥驿校证：《水经注校证》卷二十六，中华书局 2007 年版，第 615 页。

④ ［西汉］司马迁：《史记》卷二十九，中华书局 1959 年版，第 1414 页。

⑤ 参见安作璋、张汉东主编：《山东通史·秦汉卷》，人民出版社 2009 年版，第 182—183 页。

⑥ ［南朝宋］范晔：《后汉书》卷二十五，中华书局 1960 年版，第 884 页。

井上口径1.5米,深约3米。井圈为泥质夹草灰陶,直径0.9米,深0.22米,一端壁较厚,0.04米,一端较薄,0.02米,外饰竖绳纹,内饰重环纹”①。临淄金岭镇一号东汉墓出土陶井2件,均残存井亭,“亭顶为两面坡式,其上密布瓦陇,顶以下亭架两侧各一圆形小孔,应是为附挂滑轮使用的。宽18.3厘米、残通高30厘米”②。济南闵子骞祠堂墓出土陶井1件,“泥质灰陶。井身呈亚腰形筒状,方形井口,井沿上立一盛水器,平底。井架梯形,上方搭有小屋顶。底径22厘米、通高45厘米”③。曲阜县大庄汉墓出土灰陶井一口,“通高33厘米、口径18厘米、底径15厘米,全形似一个提篮,下部似一个圆罐形,罐口平沿宽边,平底鼓腹,上有一个圆提携,在提携上端有一个脊顶小屋,似为门楼,门楼内横一凹腰圆轮似滑车状”④。宁津县庞家寺东汉墓出土的釉陶井,“高49厘米。井上置水桶一个,井圈上有栱形圈架,有一滑车,上置两陶鸟,回眸相望,神态生动。圈架两边各有两个四孔花叶形陶饰”⑤。

山东汉画像石的图像反映了人们利用水井的实际场景。山东平邑县东埠阴汉代画像石墓第六石的水井饮马图像,“井上安装有辘轳架。井边一人,仰脸,头戴小平顶圆筒帽,身穿圆领窄袖长袍,手握细绳,绳另一端系一罐,正通过辘轳提水。此人身后,有一匹马,正低头欲饮盆中的水,故提水人应是马夫”⑥。济宁城南张画像石中,“井旁设桔槔,有人在井旁剥狗”⑦。嘉祥宋山汉画像石的汲水庖厨图亦是井旁设桔槔,一女子正在汲水,桔槔上有人剥狗。⑧ 梁山县百墓山庖厨画像石中有用桔槔汲水的场景。⑨

尽管山东汉画像石中没有发现用井水溉田的场景,但汉时家庭园圃应当是利用井灌,因为战国时就已将井水用于灌园,后世甚至称以井灌殖圃为业者为“灌园”,如张文诩“灌园为业”。从战国开始,井灌被后世一直沿用。井灌

---

① 山东省文物考古研究所、广饶县博物馆:《广饶县五村遗址发掘报告》,载张学海主编《海岱考古》第一辑,山东大学出版社1989年版,第97页。

② 山东省文物考古研究所:《山东临淄金岭镇一号东汉墓》,《考古学报》1999年第1期。

③ 济南市考古研究所:《济南市闵子骞祠堂东汉墓》,《考古》2004年第8期。

④ 鲁文辉:《曲阜县大庄发现汉代玉璧等文物》,《文物》1966年第4期。

⑤ 德州地区文物组等:《山东宁津县庞家寺汉墓》,载文物编辑委员会编《文物资料丛刊》第4辑,文物出版社1981年版,第126页。

⑥ 平邑县文物管理站:《山东平邑东埠阴汉代画像石墓》,《考古》1990年第9期

⑦ 山东省博物馆等编:《山东汉画像石选集》,齐鲁书社1982年版,第23页。

⑧ 嘉祥县武氏祠文管所:《山东嘉祥宋山发现汉画像石》,《文物》1979年第9期。

⑨ 山东省博物馆等编:《山东汉画像石选集》,齐鲁书社1982年版,第42页。

必须根据田亩大小设置数量不等的水井，井的位置以使用方便且不妨碍用地为原则。贾思勰总结说："井必相当，斜角则妨地。地形狭长者，井必作一行；地形正方者，作两三行亦不嫌也。井别作桔槔、辘轳。井深用辘轳，井浅用桔槔。柳罐令受一石。罐小，用则功费。"①

2. 山东的河患与治理

公元前4世纪战国时代中叶，由齐、赵、魏三国完成的黄河下游大堤，河道宽25公里，黄河水有所归，山东遂得免于河患。但好景不长，随着黄河上中游尤其中游山、陕地区的农业开发，到汉代时，黄河所携带的泥沙在下游河道内产生堆积，"据公元前1世纪的记载，今浚县境内的一段黄河，河堤高出地面一至五丈（汉时一尺等于今23.1厘米），'河水高于平地'，形成了黄河最早的悬河段。河道经过滑、浚窄段，进入河北平原中部的宽河段，流速减弱，泥沙大量落淤，在河堤内淤出大片肥沃的滩地。平时水不漫滩，吸引了许多农民来滩地垦种，日久形成聚落"②。这些在黄河河道内新垦出的农田与聚落以及这些聚落为防洪而在河道大堤内所修的小圩堤，显然有碍于黄河主道行洪，进而威胁黄河大堤的安全而形成水灾。位于浚仪下游的山东清河郡便因这种情形时常受到洪灾威胁。"当时清河郡与东郡、平原郡接壤（今冀鲁交界地段）的河段，地势较低，'城郭所居尤卑下，土壤轻脆易伤'"③，因此从西汉初期至王莽执政末年，清河郡屡受洪灾，十分不利于清河郡的持续发展。

西汉元光三年（前132），"河决于瓠子，东南注钜野，通于淮、泗。于是天子使汲黯、郑当时兴人徒塞之，辄复坏。……自河决瓠子后二十余岁，岁因以数不登，而梁、楚之地尤甚"④。汉武帝下定决心要堵住瓠子决口，"卒塞瓠子，筑宫其上，名曰宣房宫。而道河北行二渠，复禹旧迹，而梁、楚之地复宁，无水灾"⑤。自此，瓠子以下的黄河下游地区得以安宁，山东得受其益。

汉武帝元封二年（前109），黄河在山东馆陶境内决口，冲出一条与原黄河主道深、宽相当的"屯氏河"，流经魏郡、清河、信都至渤海郡入海。屯氏河

---

① ［北魏］贾思勰原著，缪启愉校释：《齐民要术校释》第二版，中国农业出版社1998年版，第181页。

② 邹逸麟主编：《黄淮海平原历史地理》，安徽教育出版社1997年版，第90页。

③ 邹逸麟主编：《黄淮海平原历史地理》，安徽教育出版社1997年版，第90页。

④ ［西汉］司马迁：《史记》卷二十九，中华书局1959年版，第1409—1412页。

⑤ ［西汉］司马迁：《史记》卷二十九，中华书局1959年版，第1413页。

因有行洪之利，因此官府有意不加堵塞，与原黄河主水道一起分河水为两股入海，水流畅通，水灾大为减少。山东颇受其益，“此开通后，馆陶东北四五郡虽时小被水害，而兖州以南六郡无水忧”①。

然而汉元帝永光五年（前39），黄河在清河郡灵县（今山东省高唐县）境内再次决口，屯氏河因此淤塞而断流，导致此后河水出口不畅。

建始四年（前29），馆陶及东郡金堤决口，“泛溢兖、豫，入平原、千乘、济南，凡灌四郡三十二县”②。汉成帝派遣河堤使者王延世堵塞决口，王延世“以竹落长四丈，大九围，盛以小石，两船夹载而下之。三十六日，河堤成”③。

随后的三四十年间，大河不断在魏郡、东郡、平原、清河、信都、渤海等沿河诸郡决口，终于导致王莽始建国三年（11）的特大洪灾。这次黄河特大洪灾在魏郡元城（今河北大名东）决口，向清河以东数郡泛滥而去。此次决口因使王莽的元城祖坟免于被淹没，因此未堵塞决口而听凭洪水肆虐。灾难延续达六十年之久，直到东汉明帝永平十三年（70）王景治河才告结束。王景治河，根据水势和地势高低，勘测了一条从河南荥阳至山东千乘入海口的新河道，然后通过疏浚壅塞、开凿高阜、裁弯取直、修筑堤防和水门等措施，对下游河道进行了全面的整治。经过此次整治，再加上黄河中游地区游牧民族的迁入，中游地区的生产方式发生了较大变迁，生态植被逐渐恢复，黄河下游河患减少，直到唐朝晚期，黄河出现了大约八百年相对稳定的时期④。从王景治河到东汉灭亡，共发生四次河溢，平均每37.5年一次。而在随后的魏晋南北朝368年中只发生过六次河溢，平均每61年一次。

王景治河后，山东农业才逐渐恢复。元和三年（86）二月，汉章帝颁告常山、魏郡、清河、钜鹿、平原、东平等郡太守、国相诏书，其中谈到他亲历这些地区时，发现这些地区仍然是“肥田尚多，未有垦辟”，因此要“悉以赋贫民，给予粮种，务尽地力”⑤。随着东汉以来黄河的安澜，山东农业迎来了它的持续发展时期，在经过近百年的发展后，到东汉桓帝时，已是“今青、徐、兖、

---

① ［东汉］班固：《汉书》卷二十九，中华书局1962年版，第1687页。
② ［东汉］班固：《汉书》卷二十九，中华书局1962年版，第1688页。
③ ［东汉］班固：《汉书》卷二十九，中华书局1962年版，第1688页。
④ 谭其骧：《长水粹编》，河北教育出版社2000年版，第418—517页。
⑤ ［南朝宋］范晔：《后汉书》卷三，中华书局1965年版，第154页。

冀,人稠土狭,不足相供”①。

(三) 铁农具的使用

相对于战国时期,秦汉时期山东地区的农具已经比较齐全。只是同样的工具,因地域方言不同,各地叫法不一致。如扬雄《方言》云:“臿,燕之东北朝鲜洌水之间谓之㪻;宋魏之间谓之铧,或谓之鍏;江淮南楚之间谓之臿;沅湘之间谓之畚;赵魏之间谓之喿;东齐谓之梩。”②“齐鲁谓四齿杷为欋。”③“锄,助也。去秽助苗长也。齐人谓其柄曰橿,僵然正直也。”④椎,“击也。齐谓之终葵。”⑤欘,“斫也,齐谓之镃錤。一曰斤柄,性自曲者”⑥。

借由考古发掘的实物证据,更多种类的成套农具呈现出来,其中直接用于农业生产的工具有犁、铧、镢、锸、双齿镢、三齿镢、四齿耙、五齿镢、铲、锄、镰等,辅助生产工具有斧、锛、锯、锤、夯锤、凿、刀、削、钻、钎等。

铁犁是战国以后古代农业生产的核心工具,至汉代时各地已广泛使用。山东地区考古发现了多个铁犁实物,而且用途更加明确,有专门用于开沟修渠的巨型犁,也有用于翻耕整地的小型犁。1958 年,山东滕县长城村出土的一件汉代大铁犁铧,呈三角形,边长 48 厘米、顶宽 45 厘米;小铁犁两件,呈三角形,边长 20 厘米、顶宽 25 厘米。⑦ 经研究者模拟实验使用,大铁犁铧是用于“开田间沟渠及作陆堑”的专用犁铧。⑧ 高密城阴城出土的铁犁,呈三角形,尖部,刀部锋利,有明显的使用痕迹,通长 27 厘米,最宽处在肩部,宽 19 厘米、厚2.5厘米⑨。章丘汉东平陵城出土的犁“器形较大,锈蚀严重,器略作‘U’形,前锋圆钝,两侧向后延伸成刃,中空成銎。正面因锈蚀残缺,背面平整。侧刃残长 36 厘米,残存最宽处 34 厘米”;出土铧冠四件,“范铸,形制大小相同。器作‘V’字形,刃端隆起成脊,一翼之上铸有一‘’铭文标

① ［唐］杜佑撰,王文锦等点校:《通典》卷一,中华书局 1988 年版,第 14 页。
② 华学诚汇证,王智群等协编:《扬雄方言校释汇证》,中华书局 2006 年版,第 377 页。
③ ［东汉］刘熙:《释名》,中华书局 1985 年版,第 18 页。
④ ［东汉］刘熙:《释名》,中华书局 1985 年版,第 104 页。
⑤ ［东汉］许慎:《说文解字》,中华书局 1963 年版,第 123 页。
⑥ ［东汉］许慎:《说文解字》,中华书局 1963 年版,第 122 页。
⑦ 庄冬明:《滕县长城村发现汉代铁农具十余件》,《文物参考资料》1958 年第 3 期。
⑧ 张传玺:《两汉大铁犁研究》,《北京大学学报(哲学社会科学版)》1985 年第 1 期。
⑨ 李储森:《山东高密城阴城调查简报》,《考古与文物》1991 年第 5 期。

记。标本0205,两翼各长23.7厘米,宽3.6厘米—4.7厘米,裆距30.2厘米……。经电子探针测试分析,确认此铧冠由珠光体可锻铸铁制成"①。沂水县黄挨头村出土犁铧两件,"一件平锋,锋中间一棱脊,两翼。锋长6厘米、翼各长12厘米、宽5厘米……。另一件漫圆锋,锋中间一棱脊,两翼。锋长4厘米、翼长各11.5厘米、宽4厘米"②。沂水县何家庄子出土铧三件,"大小形制相同。翼长4厘米、锋长5.5厘米"③。枣庄张山子镇出土"V"形铁铧冠,"共十一件,均已残断。通高17.8厘米、翼长19.8厘米、翼尾宽3.6厘米、銎口宽1.5厘米、尾部间距17.5厘米。前锐后阔,两翼外侧均有刃,翼侧呈弧形"④。

汉代的铁犁采用模范铸制,莱芜出土了汉代铁范二十四件。其中"犁范,二合四件,形制相同。阴阳双合。范高25.5厘米、宽28.2厘米。每合重7.3公斤。前端近直角。范表两面各有长方形把手。范内犁槽呈'V'形,刃宽5—7厘米、上宽26.3厘米。后尾注槽,阴范呈半月形,阳范呈圆锥形。范左右边缘各有凹凸接榫两对。阳范右翼犁槽上有阴文'山'字标志……。同出犁一件,是'山'字犁范铸件。'V'形,前端近直角,有凸脊,两侧有孔。犁高13厘米、宽22.5厘米,重0.3公斤……。犁阳范,三件。大小同上,形制稍异,属于另一种犁范。前述二合犁范的阳范作展翅鹰状,后尾两翼之间形成两圆弧曲线;这三件后尾两翼连成直线。犁铸槽断面较弯曲。每件重4.15公斤。范内左侧铸槽上有阴文'氾'字标志"⑤。

掘土、翻土类工具有锸、镢、镐等种类。锸,又称"耜",汉代锸的主要形制为凹口形,圆弧刃,是起土、培土的农业生产工具。微山县汉画像石墓出土的锸"残,銎部存有木屑",还出土了形制相同的耒耜两件,"背平,方銎,銎内见有木屑,刃部薄,向上渐厚。……木柄已朽"⑥。淄博西汉齐王墓随葬器物坑出土臿一件,"'凹'字形,上端有銎,下端有外弧双面刃。高8厘

① 山东省文物考古研究所:《山东章丘市汉东平陵古城遗址调查》,载王仲殊主编《考古学集刊》第11集,中国大百科全书出版社1997年版,第169页。

② 马玺伦:《山东沂水出土窖藏铁器》,《考古》1989年第11期。

③ 沂水县文物管理站:《山东沂水县发现汉代铁器窖藏》,《考古》1988年第6期。

④ 文光:《山东枣庄市出土的古代铁农具》,《农业考古》1987年第2期。

⑤ 山东省博物馆:《山东省莱芜县西汉农具铁范》,《文物》1977年第7期。

⑥ 微山县文物管理所:《山东微山县汉画像石墓的清理》,《考古》1998年第3期。

米、刃部宽7.2厘米”[①]。沂水县何家庄子出土“铧锸2件。大小形制相同。似安装V形铧的脚支架。前锋V形为扁平铁，两翼为立扁铁，至锋翼扭处向上折40°，锸锋正好套上铧铆。两翼至锋通长50厘米、立宽1.2厘米、厚3.5厘米”[②]。章丘汉东平陵故城出土锸四件，其中三件“呈长方形，体扁，长端上边中空成銎，横剖面为长方形。标本0719，器身较宽，首宽与刃宽相等，刃平直。宽13.3厘米，高6.8厘米，首厚1.9厘米。标本0186，宽器身，首部略宽于刃部，刃微弧。首宽14厘米，刃宽13.6厘米，高7.7厘米，首厚1.6厘米。标本0214，器身较窄，首部较刃部略宽，刃残。首宽17厘米，刃宽16.6厘米，高5.4厘米。首厚2厘米”。另一件器呈“凹”字形，“中空成銎，弧刃。宽13.8厘米，高8厘米，厚0.9厘米”[③]。临淄金岭镇一号东汉墓出土锸1件，“器呈扁平长方形，首宽略大于刃宽，刃微弧。首宽14.1厘米、厚1.4厘米、刃宽13.2厘米、高6.3厘米”[④]。

镢，或写作“镬”，是一种单纯的挖土、碎土工具，不适于田间培土。临淄西汉齐王墓出土镬一件，“呈长方形，上端有长方形銎，下端有外弧双面刃。长16厘米、刃宽5.5厘米”[⑤]。临淄金岭镇一号东汉墓出土镬一件，“器体正面略作长方形，首部中空成銎，銎口外侧有凹槽一周，刃部较首部略窄，弧刃，正锋。首宽6.4厘米、厚2.8厘米、刃宽4.5厘米、长11.2厘米”[⑥]。沂水县出土“镢3件。大小形制相同，刃部使用磨成漫圆形。长27厘米、宽9厘米、厚0.5—4厘米，重2.75公斤。锸2件。大小形制相同。刃部使用磨成漫圆形，长18—19厘米、宽11—12厘米、厚0.5—2厘米”[⑦]。滕县长城村出土“铁镬三件，高14、顶宽5厘米”[⑧]。枣庄市张子山镇出土镢“共四件，已残。器作楔形，合范铸成。两面刃，刃部呈弧形。顶部有长方形銎。残长10.5厘米、宽7厘米、刃长7.5厘米、銎5.1×3.2厘米”[⑨]。威海市环翠区

---

① 山东省淄博市博物馆：《西汉齐王墓随葬器物坑》，《考古学报》1985年第2期。

② 沂水县文物管理站：《山东沂水县发现汉代铁器窖藏》，《考古》1988年第6期。

③ 山东省文物考古研究所：《山东章丘市汉东平陵故城遗址调查》，载王仲舒主编《考古学集刊》第11集，中国大百科全书出版社1997年版，第169页。

④ 山东省文物考古研究所编：《山东临淄金岭镇一号东汉墓》，《考古学报》1999年第1期。

⑤ 山东省淄博市博物馆：《西汉齐王墓随葬器物坑》，《考古学报》1985年第2期。

⑥ 山东省文物考古研究所编：《山东临淄金岭镇一号东汉墓》，《考古学报》1999年第1期。

⑦ 沂水县文物管理站：《山东沂水县发现汉代铁器窖藏》，《考古》1988年第6期。

⑧ 庄冬明：《滕县长城村发现汉代铁农具十余件》，《文物参考资料》1958年第3期。

⑨ 文光：《山东枣庄市出土的古代铁农具》，《农业考古》1987年第2期。

桥头镇黑石屯村出土铁䦆一件,“该铁䦆保存较为完好,只是刃部稍有崩残。体呈长条形,两侧略内弧,直刃,双面刃,顶部为长方形竖銎以纳柄。通长19.5厘米、刃宽6.5厘米……。器身正面铸有阳文隶书‘莱一’二字铭”①。研究者推定这件铁䦆是东莱铁官所属第一号作坊的作品。章丘汉东平陵城遗址出土䦆五件,其中三件“器身窄长,首宽略大于刃宽,中部束腰明显,刃微弧”。一件“首部略宽,微束腰,平刃。侧面有合范铸痕”。另一件“器略显宽短,首宽与刃宽等同,微束腰,平刃。侧面有合范铸痕”。② 莱芜出土镢范“一合两件。阴阳双合。范近长方形,高20、宽9.7—11.8厘米,两侧略向内凹进。一合重5.2公斤。范表两面各有长方形把手。范内铸槽高12.5、下宽10.3厘米。銎部弦纹两道,后为浇注和卡“芯子”(内范)的沟槽,左右边缘凹凸接榫一对。阳范銎部有阴文‘口’字标志”。研究者考定“镢即《管子》一书中所载‘恶金以铸锄夷斤櫔’的櫔,是除草、刨土的主要农具”③。

铁镐也是单纯的掘土工具。莱芜城子里出土的铁镐,“全器呈楔形,上端为圆角方形,向下徐徐内收为钝尖,背微鼓,上端有方形直銎,中部有一竖向椭圆形孔”④。

齿䦆主要用于翻地、整地。章丘东平陵故城出土双齿䦆2件,“范铸。器体厚重,顶部有方穿,二齿略作‘八’字形,齿断面呈半圆形。标本0219,齿长16.8厘米,齿距5厘米,穿5.2厘米×5.6厘米,通长24.2厘米”⑤。三齿䦆两件,“范铸。标本0243,顶部有正方穿,圆肩,齿较短,中齿长于两侧齿,齿之断面为半圆形。中齿长7.2厘米,齿距14厘米,穿3厘米×3厘米,通长13.2厘米……。标本0244,顶部有长方穿,溜肩,三齿较长,齿之断面呈梯形。齿长10.2厘米,齿距16.8厘米,穿1.9厘米×2.8厘米,通长15.6厘米”⑥。

---

① 刘晓燕:《山东威海市发现一件汉代铁䦆》,《考古》1997年第5期。

② 山东省文物考古研究所:《山东章丘市汉东平陵故城遗址调查》,载王仲舒主编《考古学集刊》第11集,中国大百科全书出版社1997年版,第169页。

③ 山东省博物馆:《山东省莱芜县西汉农具铁范》,《文物》1977年第7期。

④ 山东省文物管理处、山东省博物馆合编:《山东文物选集·普查部分》,文物出版社1959年版,第68页。

⑤ 山东省文物考古研究所:《山东章丘市汉东平陵故城遗址调查》,载王仲舒主编《考古学集刊》第11集,中国大百科全书出版社1997年版,第171页。

⑥ 山东省文物考古研究所:《山东章丘市汉东平陵故城遗址调查》,载王仲舒主编《考古学集刊》第11集,中国大百科全书出版社1997年版,第171页。

齿耙与齿䦆一样,也是翻地、整地用的农具,有三齿或四齿。枣庄张子山镇出土三齿耙"一件(缺一齿)。通高14.7厘米、齿长10厘米。广肩,顶部有3.7×2.8厘米长方形穿。现存二齿已卷曲"①。临朐王家圈出土的三齿耙,左齿残,齿尖稍钝,上部有横向圆角长方孔,通高11.8厘米、宽18厘米。② 莱芜出土西汉耙范一件,"舌形阳范,高19.5厘米、宽13.5厘米,重1.9公斤。范表有长方形把手。范内有耙齿铸槽八条,槽长12.7—13.4厘米,中间两条稍短。齿径0.9厘米左右。后为浇注口。边缘凹凸接榫三对。无标志……。耙是平土灭草、翻劈土块的农具,后来的铁搭和手耙大抵是它的改进和演变。一般为五齿,此为八齿"③。

锄是田间管理的重要农具,主要是用作中耕松土、培土和锄草。枣庄张子山镇出土的铁锄,"共三件,整体呈凹字形。通高8.5厘米。刃部呈半月形,弧长10.5厘米,刃两侧外伸呈斜肩。銎口宽1.5厘米"④。滕楼村出土长柄铁锄两件,"锄头为斜肩,肩宽25厘米,刃部已残。背上有3.1×1厘米长方形裤,裤上安插铁锄钩,铁锄钩长57厘米,前端弯曲,后部空心为20厘米长的半裤,裤口直径3厘米,外加一道铁箍,锄钩后半部可安装木柄"⑤。长清大觉寺出土的铁锄,"凹形,内侧有三角形槽,内残留木痕。长14厘米、高10厘米、厚1.6厘米"⑥。临淄西汉齐王墓随葬器物坑出土锄一件,"呈六角形,上部有长方形横銎,下端有外弧单面刃。高11.4厘米、刃宽18.6厘米"⑦。微山汉墓出土锄一件,"锈蚀严重,銎部残留朽木屑,锄宽14厘米、高8厘米"⑧。章丘东平陵故城出土锄两件,"范铸。器扁平而薄,正面呈钟形,刃平直,器身中部有一圆穿。标本0215,器较宽短,残把突出,圆穿在中部偏下。穿径3厘米,刃宽10.6厘米,器厚0.15厘米,残长12厘米……。标本0216,器较瘦长,圆穿在中部偏上,把、刃皆残。穿径2.5厘米,

---

① 文光:《山东枣庄市出土的古代铁农具》,《农业考古》1987年第2期。

② 山东省文物管理处、山东省博物馆编:《山东文物选集·普查部分》,转引自房道国、刘会先《山东地区汉代农业考古资料概述》,《农业考古》2006年第4期。

③ 山东省博物馆:《山东省莱芜县西汉农具铁范》,《文物》1977年第7期。

④ 文光:《山东枣庄市出土的古代铁农具》,《农业考古》1987年第2期。

⑤ 文光:《山东枣庄市出土的古代铁农具》,《农业考古》1987年第2期。

⑥ 济南市考古研究所等:《济南市长清区大觉寺村一、二号汉墓清理简报》,《考古》2004年第8期。

⑦ 山东省淄博市博物馆:《西汉齐王墓随葬器物坑》,《考古学报》1985年第2期。

⑧ 微山县文化馆:《山东省微山县发现四座东汉墓》,《考古》1990年第10期。

刃宽约12厘米,器厚0.15厘米,残长16.6厘米"①。

铲有挖土用的大铁铲和间苗挖菜的小铁铲。滕州出土小铁铲两件,"残长柄小铁铲二件,柄长8厘米"②。枣庄张山子镇出土铲三件,"已残。斜肩,肩以下逐渐加宽。刃部呈弧形,銎为长方形,合范铸成。残长12.5厘米、刃长16.4厘米、銎4.8×2.3厘米"③。临淄金岭镇一号东汉墓出土铲一件,"刃部残缺,铲作空首布形。长方形銎,銎口外侧凸棱两周,侧面有合铸范痕,弧形肩,肩以下渐宽,刃残缺不明。銎长8.2厘米、宽4.4厘米、残长16.6厘米"④。章丘东平陵故城出土铁铲5件,均是范铸,分为三型,其中A型一件"器形较大,铲作空首布形,长方銎,两侧各有一道合范铸痕,刃残。銎长5.6厘米、宽2.9厘米,铲身宽10厘米,通长20.8厘米。经电子探针分析,此铲属珠光体可锻铸铁";B型1件,"铲作空首布形,长方銎,銎口外侧有凹槽一周,两侧各有一道合范铸痕,铲身较短,弧刃。銎长6.4厘米、宽2.6厘米,刃宽10.4厘米,通残长15厘米,电子探针分析结果表明,此铲由铁素体可锻铸铁制成"。C型3件,"均残。铲作镈形,圆肩,长方銎,正、背面各有两道竖筋,两侧各有一道合范铸痕,銎口外侧有凸棱二周"⑤。莱芜出土西汉铲范,有大小两种:"大铲范,三合六件。阴阳双合。范近梯形,高20厘米、宽7.8—12.8厘米。每合重4.4公斤。两面各有把手。范内铸槽高14.2厘米、刃宽11.5厘米、銎宽5.7厘米。方銎,周有弦纹两道。后尾为浇注和卡'芯子'沟槽,两侧边缘凹凸接榫二对。阳范内銎部有阴文'山'字标志……。此外大铲阳范一件,形同上,范内也有'山'字标志,重2.25公斤。小铲阳范,四件。形同大铲范,尺寸略小,高17.5厘米、宽11.5厘米,每件重1.6公斤。阳范内也有阴文'山'字标志,部位同上"⑥。

铁镰是一种长条形带锯齿刃的庄稼收割工具。滕县柴胡店东汉墓出土铁镰两件,"M16:4直身,形如铁刀,后端向里微卷,长23厘米;M18:3弯身,

---

① 山东省文物考古研究所:《山东章丘市汉东平陵古城遗址调查》,载王仲舒主编《考古学集刊》第11集,中国大百科全书出版社1997年版,第171页。

② 庄冬明:《滕县长城村发现汉代铁农具十余件》,《文物参考资料》1958年第3期。

③ 文光:《山东枣庄市出土的古代铁农具》,《农业考古》1987年第2期。

④ 山东省文物考古研究所:《山东临淄金岭镇一号东汉墓》,《考古学报》1999年第1期。

⑤ 山东省文物考古研究所:《山东章丘市汉东平陵故城遗址调查》,载王仲舒主编《考古学集刊》第11集,中国大百科全书出版社1997年版,第169页。

⑥ 山东省博物馆:《山东省莱芜县西汉农具铁范》,《文物》1977年第7期。

后端向里扭卷，长 20.5 厘米”[①]。济宁郊区潘庙汉墓出土的铁镰，弧形，残长 19 厘米。[②]

莱芜西汉墓中出土有双镰范，“一合两件。阴阳双合。弯月形。长 22 厘米、高 10 厘米。一合重 5.4 公斤。范表两面各有长方形把手。范内钩镰铸槽两道，长 25.5 厘米、高 1.8—2.6 厘米。槽尾有浇注口，上下边缘有凹凸接榫四对。阴范把手前有阳文‘李’字标志”[③]。

三、土地赋役制度与山东的农业生产关系

“至于始皇遂并天下，内兴工作，外攘夷狄，收泰半之赋，发闾左之戍。”研究者指出：秦帝国的人口，估计在四千万左右，而帝国庞大的工程与战争，“仅阿房宫、骊山陵、长城、南越两疆的人力动员，数量已在九百万，连累家属，已经超过四千万，几乎牵动帝国的全部人口”[④]。覆巢之下，安有完卵！秦时期山东农业生产关系极为紧张。汉兴，西汉初期实行重农的轻徭薄赋政策，农业生产关系遂得稍为舒缓，但到西汉中期以后，农业生产关系又重归于紧张。

（一）土地制度与山东地域各社会阶层的土地流转

自秦并天下，建立起中央集权制国家，从此，“封建土地国有制、封建地主大土地所有制和自耕农小土地所有制便组成了我国封建社会农业生产中的一切经济关系的基础”[⑤]。

封建官府掌握的国有土地，通常有以下几种用途：赏赐贵族、官僚和有功之臣与将士；以“分地”的形式授予直接生产者；以“假”的方式直接把国有土地分配给农民；以“屯”的形式将国有土地直接与生产者结合起来[⑥]。

山东境内的国有土地，一部分被赐给贵族、官僚和有功勋的将士，成为他们的私田，张家山二四七号汉墓竹简《二年律令·户律》中有详细的田亩

---

① 山东省博物馆：《山东滕县柴胡店汉墓》，《考古》1963 年第 8 期。

② 国家文物局考古领队培训班：《山东济宁郊区潘庙汉代墓地》，《考古》1991 年第 12 期。

③ 山东省博物馆：《山东省莱芜县西汉农具铁范》，《文物》1977 年第 7 期。

④ 李开元：《复活的历史——秦帝国的崩溃》，中华书局 2007 年版，第 98 页。

⑤ 吴存浩：《中国农业史》，警官教育出版社 1996 年版，第 333 页。

⑥ 参见吴存浩：《中国农业史》，警官教育出版社 1996 年版，第 337—343 页。

赐授规定。刘邦建汉后,“兵皆罢归家”,“以有功劳行田宅”①。秦末汉初随刘邦夺取天下而获得军功的山东将士们,如齐将虞将军、卢罢师、刘到、卢卿等,东郡宛朐(今山东菏泽西南)人信武侯靳歙、阳夏侯陈豨、东郡定陶人桃侯刘襄等,回归山东后,因所立军功而获赐的大量田地就成为其私田,属于山东的军功地主阶层。而且刘邦建立汉朝后,承认前朝爵位,下令“各归其县,复故爵田宅”②,这使得前朝产生的功勋地主阶层在汉代仍得以维系。汉代实行分封制,山东有不少封国,如东汉时的济南王刘康,“以平原之祝阿、安德、朝阳、平昌、隰阴、重丘六县益济南国”。这只是将六县的税赋赐给济南王,不成为其私田,但济南王本人利用其所得的赋税,“多殖财货,大修宫室,奴婢至千四百人,厩马千二百匹,私田八百顷”③。

山东地域尚有各类自然成长起来的豪族地主,是为地方大姓。如“济南瞯氏宗人三百余家,豪猾,二千石莫能制”④。另外还有靠经商起家而后“买田宅,为富人”⑤的工商地主。西汉中期的鲁人曹邴氏,“以铁冶起,富至巨万”;齐人刀间,“逐渔盐商贾之利”。⑥ 自西汉起,儒学兴盛的齐鲁之地兴起一批以经学起家的世家地主。他们在以经学起家后,凭借优厚的俸禄,在家乡逐渐置办田产,成为新兴的官僚地主阶层,如济南伏氏、曲阜孔氏、邹县韦氏、兰陵萧氏、琅琊王氏、泰山羊氏、东平夏侯氏、清河崔氏、清河房氏、千乘欧阳氏等。

汉初军功少、爵位低的返乡吏卒,只能成为自耕农。自购小块土地或者以“分地”或“假田”的方式获得国家土地的人,也只能成为自耕农,作为国家的“编户齐民”。

土地的所有者变动不居,民间最主要的方式是买卖。东海兰陵(今山东苍山西南)人疏广致仕回归乡里,以其致仕所得,日与族人、故旧宾客宴饮娱乐,不思置办田产,其子孙乃请人劝说疏广“买田宅”⑦。马端临总结秦汉以

---

① [东汉]班固:《汉书》卷一,中华书局 1962 年版,第 54 页。
② [东汉]班固:《汉书》卷一,中华书局 1962 年版,第 54 页。
③ [南朝宋]范晔:《后汉书》卷四十二,中华书局 1965 年版,第 1431 页。
④ [东汉]班固:《汉书》卷九十,中华书局 1962 年版,第 3647 页。
⑤ [西汉]司马迁:《史记》卷一百一十七,中华书局 1959 年版,第 3001 页。
⑥ [西汉]司马迁:《史记》卷一百二十九,中华书局 1959 年版,第 3279 页。
⑦ [东汉]班固:《汉书》卷七十一,中华书局 1962 年版,第 3040 页。

来的土地流转情形时说:“富者有赀可以买田,贵者有力可以占田”①。有权势者凭借其“贵”的地位,不以公平买卖而是强占或者以低价强买民人田宅,这在秦汉时期的山东亦不少见。山阳防东(今山东金乡西南)人侯览,“前后请夺人宅三百八十一所,田百一十八顷。起立第宅十有六区,皆有高楼池苑,堂阁相望,饰以绮画丹漆之属,制度重深,僭类宫省”②。“小黄门段珪家在济阴,与览并立田业,近济北界,仆从宾客侵犯百姓,劫掠行旅。”③

土地流转的情形,通常是从自耕农向富者、贵者集中,这主要是自耕农的赋役负担沉重,时常破产。当然也有富者、贵者土地卖出的情形,只是目前史料中尚没有发现山东地域的案例。张传玺主编的《中国历代契约会编考释》中辑录的其他地区各种买卖土地的契约可作为旁证④。

(二)汉代赋役制度与农民的经济负担

“汉代农民对政府所承担的经济义务主要有三大项:一曰田租、刍稿,二曰口赋、算赋,三曰徭役、兵役”⑤。

作为国家“编户齐民”的自耕农,首先要承担国家赋税。西汉时期,汉高祖实行田租十五税一,不久之后又提高了税率,直到汉惠帝即位后又“复十五税一”。到汉景帝二年(前155),“令民半出田租,三十而税一也”⑥。“这种三十税一制,一直沿用到西汉末年”⑦。东汉初年,田税为什一之制,“在建武六年(30)就恢复了三十税一制,而且终东汉一世,没有改变”⑧。然而税率归税率,两汉政府实际上实行的赋税制度是“户税制”。“田虽三十,而以顷亩出税”⑨,即实际按人户所占顷亩出税,以当时的生产力水平,一夫可以耕种百亩。但这只是一种理论数量,实际上并不是人人都能实际占田百亩,然而交税却要按百亩来计算。“汉代田租的征收,是以提封计,落实到民

---

① [南宋]马端临著,上海师范大学古籍研究所等点校:《文献通考》卷二,中华书局2011年版,第49页。

② [南朝宋]范晔:《后汉书》卷七十八,中华书局1965年版,第2523页。

③ [南朝宋]范晔:《后汉书》卷七十八,中华书局1965年版,第2522页。

④ 参见张传玺主编:《中国历代契约会编考释》,北京大学出版社1995年版。

⑤ 马新:《两汉乡村社会史》,齐鲁书社1997年版,第137页。

⑥ [东汉]班固:《汉书》卷二十四,中华书局1962年版,第1135页。

⑦ 马新:《两汉乡村社会史》,齐鲁书社1997年版,第138页。

⑧ 马新:《两汉乡村社会史》,齐鲁书社1997年版,第140页。

⑨ 王利器校注:《盐铁论校注》卷三,中华书局1992年版,第191页。

户,则是以顷亩计,亦即不管是否占足顷亩,一律以顷亩收税。既然是以顷亩收税,而一夫又被认定占田百亩,这样,所谓的三十税一的田税,实际上也就成了户税。"①

按户收税应该只是通常的情况,在山东某些地区还是稍有些区别,仍准制度的规定,按田亩及肥瘠等级确定税额,与齐国"相地而衰征"的精神相通。如秦彭任山阳郡太守时,"每于农月,亲度顷亩,分别肥瘠,差为三品,各立文簿,藏之乡县。于是奸吏局蹐,无所容诈"②。

"已奉谷租,又出稿税。"③汉代刍稿税的情形,目前不知详情,研究者据秦代刍稿税的情况指出:"秦征收刍、稿的办法与田税一样也是以顷亩为单位,税率为顷入刍三石、稿二石。刍稿多是直接供军需官用,汉代需求量不会小于秦朝,估计应当是沿袭了秦代的刍稿率。"④

汉代还按人头征收口赋、算赋。15—56 岁的成年人,每人交算赋 120 钱;7—14 岁,每人交口赋 23 钱。

汉代还征收财产税,称为赀算。以户为单位征收,每万钱纳一算 120 钱。"赀算的范围主要包括车马牛、田宅、奴婢三大类。其实在向农民征收时,统治者往往把赀算范围扩大到羊、猪、狗、鸡及衣、釜一类的家庭生活日用品方面。"⑤

秦汉时期还有兵役和徭役,都是每年一个月,外加一生服役两年,负担是均等的。⑥"还有每年要戍边三日的义务。由于每年戍边三日无法实行,所以就把它折合为更赋三百钱,称为过更,实际上成了成年男丁的一种人头税。"⑦

上述各种制度都在山东地域实施。比如远戍西北的山东兵卒,现知有"终古燧卒东郡临邑高平里古胜""惊虏燧卒东郡临邑吕里王广"⑧等人。东郡,治濮阳;临邑,今山东东阿。

---

① 马新:《两汉乡村社会史》,齐鲁书社 1997 年版,第 142 页。
② [南朝宋]范晔:《后汉书》卷七十六,中华书局 1965 年版,第 2467 页。
③ [东汉]班固:《汉书》卷七十二,中华书局 1962 年版,第 3075 页。
④ 马新:《两汉乡村社会史》,齐鲁书社 1997 年版,第 144 页。
⑤ 马新:《两汉乡村社会史》,齐鲁书社 1997 年版,第 147 页。
⑥ 孙言诚:《秦汉的徭役和兵役》,《中国史研究》1987 年第 3 期。
⑦ 马新:《两汉乡村社会史》,齐鲁书社 1997 年版,第 149 页。
⑧ 张传玺主编:《中国历代契约会编考释》,北京大学出版社 1995 年版,第 41、43 页。

实际上的按顷亩出税，以及口赋、算赋，让农民承受的负担相当沉重，已达到“率一人之作，中分其功”①。王莽云：“豪民侵陵，分田假劫，厥名三十，实十税五。”若再加上不可预料的天灾人祸，自耕农家庭经济时常处于崩溃边缘。晁错指出：

> 今农夫五口之家，其服役者不下二人，其能耕者不过百亩，百亩之收不过百石。春耕夏耘，秋获冬藏，伐薪樵，治官府，给徭役；春不得避风尘，夏不得避暑热，秋不得避阴雨，冬不得避寒冻，四时之间亡日休息；又私自送往迎来，吊死问疾，养孤长幼在其中。勤苦如此，尚复被水旱之灾，急政暴赋，赋敛不时，朝令而暮改。当具有者半贾而卖，亡者取倍称之息，于是有卖田宅鬻子孙以偿责者矣。②

赋役制度带给农民沉重的负担是当时的普遍现象，山东地域自然不能例外。

四、秦汉时期山东乡村生活

刘邦与秦始皇是同一时代的人，年龄相差也不大。李开元曾经复原过汉高祖刘邦在秦朝时期的青年乡村生活：“老三刘季似乎对于务农经商置业没有兴趣，虽说有些不安分，却也向学友爱，识字读书，得到乡里的称誉，照此发展下去，通过乡里的推荐，再通过政府的选拔，如果能够入仕作乡县政府的小吏，倒也是一条不错的出路。乡里的推荐，首先要家境富裕，财产达到一定的标准；同时，被推荐人要品德优良，声誉良好。在刘太公看来，这两个条件，刘季都是具备的；政府的选拔考试，主要是读写会算，刘季是从小练就准备了的，也当不成问题。”③

汉高祖刘邦的青年生活，可以说是完全按照秦朝制度所规定的仕进道路方向行进。至少在他出任泗水亭长之前，刘邦可称是乡里生活的楷模，在德、财、学三方面都有可称道之处，故得以为吏。汉承秦制，其中之一就有上

---

① 王利器校注：《盐铁论校注(定本)》卷三，中华书局1992年版，第191页。

② [东汉]班固：《汉书》卷二十四，中华书局1962年版，第1132页。

③ 李开元：《复活的历史——秦帝国的崩溃》，中华书局2007年版，第15页。

述刘邦青年生活中就存在的“乡举里选”制度，因为这一制度，使得秦汉时期的乡村生活成为当时人们极为重要的生活舞台。在这个舞台上，人们为着入仕的目标，进行着积财、积德、积学的努力。

（一）两汉乡村基层组织与评价标准

乡村，既是农业生产的场所，也是农民生活的场所。所以乡村生活不单单是农业生产的技术问题，还有生活准则的秩序问题。这个生活准则，既有当地约定俗成的乡规民约，也有来自官方意志确立秩序的法令规章。而法令规章制度性的长期运转，强势制导着人们的思维方式与行为方式，进而形成人们生活中的价值准则，长期地指导着人们的行为规范。秦汉时期官方牵引人们行为最显著的规章法令莫过于“乡举里选”和“通经致仕”，通过这两种制度，官方给在乡村生活的人们开辟了两条阶层流动的路径，并且引导着人们把乡村当成生活的主舞台之一，并形成了“经明行修”的价值评价准则。

秦朝的乡村生活给刘邦留下了深刻的烙印，刘邦登帝位的第二年二月，即下令组建乡村行政系统：“举民年五十以上，有修行，能帅众为善，置以为三老，乡一人。择乡三老一人为县三老。与县令丞尉以事相教，复勿徭戍。以十月赐酒肉。”①刘邦的三老行政系统，显然是在秦朝乡三老制度的基础上，将其扩展到县一级。汉代以三老为首的乡行政系统的职能，司马彪总结说：“乡置有秩、三老、游徼。本注曰：有秩，郡所署，秩百石，掌一乡人；其乡小者，县置啬夫一人。皆主知民善恶，为役先后，知民贫富，为赋多少，平其差品。三老掌教化。凡有孝子顺孙，贞女义妇，让财救患，及学士为民法式者，皆扁表其门，以兴善行。游徼掌徼循，禁司奸盗。又有乡佐，属乡，主民收赋税。亭有亭长，以禁盗贼。”②

就上面所列的职能而言，三老是汉代“乡举里选”的执行子系统。实施乡举里选，要求被推举者必须满足德、财、学三个方面的基本条件，这些都要由三老系统来“平其差品”。在汉代的乡举里选中，“乡里行政组织在基层属吏任用上拥有推举权”“乡里组织掌握着乡民的基本状况”“乡里组织对

---

① ［东汉］班固：《汉书》卷一，中华书局1962年版，第33—34页。

② ［南朝宋］范晔：《后汉书》志第二十八，中华书局1965年版，第3624页。

被举者的人品与能力有考核的责任”。①

汉代的乡举里选制度在山东地域确实被严格地执行了，其中最著名的个案就是度尚。度尚是山阳郡湖陆（今山东金乡西）人，“家贫，不修学行，不为乡里所推举”②。不是山东人的淮阴侯韩信是另一个不满足德行、财产基本条件而在秦朝不被推举的显例，韩信“始为布衣时，贫，无行，不得推择为吏”。《集解》引李奇的注解说：“无善行可推举选择。”③度尚在德、财、学三个方面都不满足推选条件，所以不被乡里推举。从另一个方面讲，能被推荐的人，则是在这三个方面的条件都能满足的人，足以说明当时整个乡村，为了“吏”的仕进之路，都在按照乡举里选的德、财、行原则进行着积德、积财、积学的准备，从而引导着人们在乡村的修“行”，这才是汉章帝所说“夫乡举里选，必累功劳”的本意。

“通经致仕”是汉代确立的新制度，同样引导着人们的行为。“通经致仕”是当时人们得官的途径之一，鲁国邹县（今山东邹城东南）人韦贤以经学起家，子孙皆习经，以明经一道而光大门庭，所以邹鲁一带有谚云：“遗子黄金满籯，不如一经。”④在制度的牵引下，各地域乡村生活中，也都重视习经，如琅邪姑幕（今山东诸城）人承宫少年时半工半读，勤学《春秋》，成人后以《春秋》授徒，后被征召为博士。

在汉代的“乡举里选”与“通经致仕”两种选官制度下，时人为了仕途的顺利，既注重乡里声誉积累方面的“行修”，以获得“乡举里选”的资格；同时又注重经学研究方面的“经明”，以便于“通经致仕”，遂使“经明行修”成为乡村社会中人物评品的准则。琅邪皋虞（今山东即墨东北）人王吉“少时好学明经，以郡吏举孝廉为郎”⑤，可以说是按照“经明行修”的道路起家，其子王骏也循此道出仕，陈咸举荐他的理由就是他“经明行修，宜显以厉俗”⑥。

（二）汉代山东农民的生计与生活

战国时期，孟子设计的理想家庭经济规模是“五亩之宅，树墙下以桑，匹

---

① 卜宪群：《秦汉“乡举里选”考辨》，《社会科学战线》2008 年第 5 期。

② ［南朝宋］范晔：《后汉书》卷三十八，中华书局 1965 年版，第 1284 页。

③ ［西汉］司马迁：《史记》卷九十二，中华书局 1959 年版，第 2609 页。

④ ［东汉］班固：《汉书》卷七十三，中华书局 1962 年版，第 3107 页。

⑤ ［东汉］班固：《汉书》卷七十二，中华书局 1962 年版，第 3058 页。

⑥ ［东汉］班固：《汉书》卷七十二，中华书局 1962 年版，第 3066 页。

妇蚕之,则老者足以衣帛矣。五母鸡,二母彘,无失其时,老者足以无失肉矣。百亩之田,匹夫耕之,八口之家足以无饥矣"。到了汉代,山东农民家庭经济规模大抵还是如此,最理想的状态是有百亩耕地与园圃经营相结合。但百亩耕田,一般家庭都不能保证有此足数,而园圃规模基本上符合孟子所提出的标准。西汉的龚遂和东汉的童恢给山东民众设计的庭院经济规模也只是"口种一树榆、百本薤、五十本葱、一畦韭,家二母彘、五鸡"①。

1. 农耕的生计选择

农耕是当时人们最普遍的生计选择之一。东海兰陵(今山东苍山西南)人萧望之在徙家杜陵前,"家世以田为业"②。济阴句阳(今山东菏泽北)魏霸,"妇亲蚕桑,服机杼,子躬耕农"③。东海兰陵(今苍山西南)人王良未居官时以种地和教授为生,"教授诸生千余人"④。王良居官以后,其妻仍在家乡种地,鲍恢有公事经其家乡,顺道过访王良家,"良妻布裙曳柴,从田中归"⑤。北海淳于(今山东安丘东北)人淳于恭"家有山田果树","常独力田耕"。⑥ 临淄人倪萌"常勤身田农"⑦。西汉千乘(今山东高青县高苑镇北)人董永,"少偏孤,与父居。肆力田亩,鹿车载自随"⑧。"前汉董永,千乘人,少失母,独养父。父亡,无以葬,乃从人贷钱一万。"⑨嘉祥武氏墓群石刻中有董永"田耕养父"的图景。

由于乡村中中、小地主的存在,"其田产尚不足以租佃经营或田庄经营,主要在农忙季节雇请若干劳动力进行耕作,而日常的田间管理也是或临时佣雇,或由家内劳动力自行劳作。而外出佣耕者,也多有自己的家产或拥有自己的小块土地,他们外出佣作一个时日之后,一般都要返回家园,这是一般情况"⑩。在这样的背景下,"佣作"是当时只有小块土地自耕农民的生计选择之一。如东海承(今山东峄城)人匡衡,"父世农夫,至衡好学,家贫,庸

---

① [东汉]班固:《汉书》卷八十九,中华书局 1962 年版,第 3640 页。
② [东汉]班固:《汉书》卷七十八,中华书局 1962 年版,第 3271 页。
③ [东汉]刘珍等撰,吴树平校注:《东观汉记校注》卷十三,中华书局 2008 年版,第 481 页。
④ [南朝宋]范晔:《后汉书》卷二十七,中华书局 1965 年版,第 932 页。
⑤ [南朝宋]范晔:《后汉书》卷二十七,中华书局 1965 年版,第 933 页。
⑥ [南朝宋]范晔:《后汉书》卷三十九,中华书局 1965 年版,第 1301 页。
⑦ [东汉]刘珍等撰,吴树平校注:《东观汉记校注》卷十五,中华书局 2008 年版,第 662 页。
⑧ [东晋]干宝:《搜神记》卷一,中州古籍出版社 2010 年版,第 32 页。
⑨ 张传玺主编:《中国历代契约会编考释》,北京大学出版社 1995 年版,第 69 页。
⑩ 马新:《两汉乡村社会史》,齐鲁书社 1997 年版,第 80 页。

作以供资用”[①]。千乘（今山东广饶）人兒宽，“贫无资用，尝为弟子都养。时行赁作，带经而锄”[②]。这当是兒宽自家小块土地的收入不敷支用，以致家贫，只好通过给学生做饭和佣耕赚取钱帛来贴补家用。东平任城（今山东济宁）人郑均，因其兄郑仲为县游徼，时常收受他人钱财，郑均劝谏不听，“即脱身为佣，岁余，得钱帛，归以与兄”[③]，其兄感其言行，遂转为廉洁。齐国临淄人江革，“行佣以供母”[④]。

佣作之外，租佃土地耕种也是农民的一种生计选择。北海高密人郑玄，“少为乡啬夫”，由此知郑玄家中是有田地的，否则无资格担任乡啬夫。但郑玄不乐为吏，外出游学，“十余年乃归乡里”，由于游学耗费不少家资，“家贫，客耕东莱”[⑤]。“客耕”，即是指佃地耕作。

采集与渔猎仍是农家的生业构成成分之一。宋代之前，山东尚有野虎生存，大片林地的存在为采集提供了资源。山阳南平阳（今山东邹县）人龚遂对生长于斯的自然环境相当了解，所以他任渤海太守时，不仅敦促郡人农耕，“春夏不得不趋田亩”，而且还注重采集，秋课收敛，使郡民秋冬“益蓄果实菱芡”[⑥]。果实菱芡，尤其是菱芡，以自然野生的居多。其时山东水域颇广，昌邑（今山东金乡）人彭越“常渔钜野泽中”[⑦]。水生植物极多，以至“获黍西秦，采菱东齐”[⑧]成为铭记于时人心中的生产印象。农民们利用农作闲隙，采集野菜、野果或拾薪，常见于史册，如齐国临淄人江革，“常采拾以为养”[⑨]。齐国临淄人倪萌与兄“俱出城采蔬”[⑩]。承宫为了旁听徐子盛讲儒经，“为诸生拾薪”[⑪]。《四民月令》中有安排采集野生果实药材的环节。

汉画像石中有大量的渔猎场景，如微山县两城画像石中，有摇船捕鱼、鱼鹰捉鱼、罩鱼、叉鱼、拉网捕鱼等场景；滕县黄家岭画像石中，有执竿垂钓、

---

① ［东汉］班固：《汉书》卷八十一，中华书局 1962 年版，第 3331 页。
② ［东汉］班固：《汉书》卷五十八，中华书局 1962 年版，第 2628 页。
③ ［南朝宋］范晔：《后汉书》卷二十七，中华书局 1965 年版，第 946 页。
④ ［南朝宋］范晔：《后汉书》卷三十九，中华书局 1965 年版，第 1302 页。
⑤ ［南朝宋］范晔：《后汉书》卷三十五，中华书局 1965 年版，第 1207 页。
⑥ ［东汉］班固：《汉书》卷八十九，中华书局 1962 年版，第 3640 页。
⑦ ［西汉］司马迁：《史记》卷九十，中华书局 1959 年版，第 2591 页。
⑧ ［北宋］李昉等：《太平御览》卷八百四十二，中华书局 1960 年版，第 3762 页。
⑨ ［南朝宋］范晔：《后汉书》卷三十九，中华书局 1965 年版，第 1302 页。
⑩ ［东汉］刘珍等撰，吴树平校注：《东观汉记校注》卷十五，中华书局 2008 年版，第 662 页。
⑪ ［南朝宋］范晔：《后汉书》卷二十七，中华书局 1965 年版，第 944 页。

执罩捕鱼的场景；费县潘家幢画像石中的山林狩猎图，刻有树木丛茂的山岗，内有禽兽，猎者荷毕牵犬，发矢射野猪。“在渔猎画像中有张弩、荷毕、执戟、擎鹰、放犬、射鸟、罩鱼、垂钓、投刺、櫂舟下网等形象，有的猎罢归来，抬着猎获之物趋趋而行。”这些渔猎场景，“它一方面是表现封建统治阶级的田猎游幸，他们轻车肥马，纵猎山林，逐走射飞，但大部分狩猎、捕鱼画像，都是劳动人民的形象，属于生产活动的景象，这些内容表现了当时社会生产和地主庄园中的经济活动及其社会意义”①。总之，从画像石中可以看出渔猎仍是山东农民生业经济的一部分。

2. 山东农民家庭的小手工业

现可考知汉代与山东农家紧密结合在一起的家庭小手工业有纺织和制陶，以纺织最为常见。

农历三月清明节，“命蚕妾治蚕室，涂隙穴，具槌、持、薄、笼”②。山东养蚕的准备工作也是如此，这可由西汉扬雄在《方言》中记录的山东农家养蚕缫丝用具得到证实。如上引所说“槌”，是搁架蚕箔之木椿，《农政全书·蚕桑》云：“夫槌，随屋每间竖之，其立木外旁，刻如锯齿而深。各每茎挂桑皮绕绳。蚕不宜麻。四角按二长椽。椽上平铺苇箔，稍下缒之。凡槌十悬，中离九寸，以居。抬饲之间，皆可移之上下。”《方言》曰：“槌，宋魏陈楚江淮之间谓之植，自关而西谓之槌，齐谓之样。其横，关西曰㯂，宋魏陈楚江淮之间谓之㭼，齐部谓之持。胡以县㯭，关西谓之㡘，东齐海岱之间谓之㡚，宋魏陈楚江淮之间谓之缳，或谓之环。”③又如络丝的䉶，“䉶，榬也。兖豫河济之间谓之榬。络谓之格”④。再如纺车上的收丝器具繀，“繀车，赵魏之间谓之轣辘车，东齐海岱之间谓之道轨”⑤。金雀山西汉帛画纺绩场景中的纺纱工具正可与文献记载相互印证，“右边一个身着左衽上衣的劳动妇女正在操一架纺车，右手用力运转，左手执一工具扬起抽纱，对面的两个妇女都在看她操作，小孩也在招手向她呼唤，颇有生活气息。画中的纺车，基本结构与使用方法

① 山东省博物馆等编：《山东汉画像石选集》，齐鲁书社1982年版，前言第5页。

② ［东汉］崔寔著，缪启愉辑释：《四民月令辑释》，农业出版社1981年版，第37页。

③ 华学诚汇证，王智群等协编：《扬雄方言汇释校证》，中华书局2006年版，第391页。

④ 华学诚汇证，王智群等协编：《扬雄方言汇释校证》，中华书局2006年版，第406页。

⑤ 华学诚汇证，王智群等协编：《扬雄方言汇释校证》，中华书局2006年版，第407页。

同近代民间使用的木制纺车极其相似”[①]。《方言》中的纺织工具还可以从山东出土的汉画像石中得到图像证据，目前山东共出土有纺织画像的画像石共九块：“山东境内的有滕县宏道院、黄家岭、后台、西户口各一块，龙阳店两块，嘉祥武梁祠、长清孝堂山郭巨祠、济宁晋阳山慈云寺各一块，共九块。”[②]图像中所用的工具正是《方言》中所说的籆、䊪车等。在九幅纺织图中，有络丝图像四幅、摇纬图像六幅、织布（帛）图像十幅，反映了络丝—摇纬—织布（帛）的纺织生产全过程。[③] 山东汉画像石中尚有数幅织机图案，“汉代的纺织机，在武梁祠石刻画像曾母投杼图中可以看到，与现时农村所用形式变化不大”，其生产效率，“每日成二尺五寸，十六日成一匹”[④]。

图 4－7　金雀山西汉帛画纺绩图（摹本）[⑤]

九幅纺织图像反映出山东的私营纺织手工业主要由家庭纺织手工业、官僚地主经营的纺织手工业和城市私营纺织手工业等三部分组成。其中，后台织布图像中，织者忙于织布，还得照顾小孩；慈云寺纺织图像中，也仅是一女络丝，一女织布。构图简单，正是家庭纺织手工业的真实写照。[⑥]

制陶也是山东农家副业之一。《三国志·董卓传》裴注引《续汉书》云：“杜陵南山下有孝武故陶处，作砖瓦，一朝可办。”[⑦]可知古人云“陶”，非单指陶器，还包括砖瓦、烧炭等内容。按山东的农业生产节奏，冬季农闲时间较多，在农闲时，农民可从事砖瓦、陶器、木炭等窑烧产品的制作，俗谓之“烧窑”，此即墨子所云鲁国人吴虑“冬陶夏耕，自比于舜”的生活。齐鲁之地木

① 刘家骥、刘炳森：《金雀山西汉帛画临摹后感》，《文物》1977 年第 11 期。

② 赵丰、金琳：《纺织考古》，文物出版社 2007 年版，第 70 页。

③ 吴文祺：《从山东汉画像石图象看汉代手工业》，《中原文物》1991 年第 3 期。另参见山东省博物馆等编：《山东汉画像石选集》，齐鲁书社 1982 年版，第 31—32 页。

④ 陈直：《两汉经济史料论丛》，陕西人民出版社 1980 年版，第 79 页。

⑤ 刘家骥、刘炳森：《金雀山西汉帛画临摹后感》，《文物》1977 年第 11 期。

⑥ 吴文祺：《从山东汉画像石图象看汉代手工业》，《中原文物》1991 年第 3 期。

⑦ 参见［西晋］陈寿撰，［南朝宋］裴松之注：《三国志》卷六，中华书局 1959 年版，第 177 页。

炭的使用比较广泛，济南洛庄汉墓的陪葬坑中出土有100公斤木炭[①]，目前不知其生产方式，从近代烧炭多为个体农民来看，秦汉时期亦当如是。山东考古发现有汉代的各类陶器、砖瓦。在曲阜汉城汉墓遗址出土两件有戳记的陶器，其中一件陶器座上有“丁复孺印”阳文戳记，另一件陶拍上有“朱已公”三字刻印[②]，这应当是丁复孺、朱已公等私人出产的窑烧产品。由于书缺有间，现已无法得知丁复孺、朱已公等人的窑烧，是他一家独资烧造还是数家农夫合伙经营，而近代山东农民采用合伙方式的居多。

陈直指出：“陶器价值比漆器铜器为低，为一般人民所需用。除官府制造大量砖瓦外，而私人的作坊，注重在陶质的用器及明器。”[③]目前山东考古发现的汉代陶器大抵为日常用器与明器。其中明器种类繁多，逄振镐概括总结为三大类：一是陶俑类，有顶水壶女俑、女侍俑、厨俑、骑马俑、牧马俑、养牛俑、凶丑俑等，可以说是当时现实生活的一个侧面的缩影。二是屋舍、用具类，主要有陶质的屋、仓、楼、方阙、井、猪圈及厕所、马车、灶、鼎、壶、盘、耳杯、奁、案、甑、勺、礁、臼、磨、炉、灯等30余种，是实用器物的一个缩影。三是动物模型类，主要有陶质的鸡、狗、鹅、鸭、猪、马、牛、朱雀、鱼等[④]。

3. 农民的小生意——“治生商贾”

韩信既不得推为吏，又“不能治生商贾”，遂为乡人所笑。这个“治生商贾”，应该是指个体小农以农村为依托而经营的农副小商品买卖，主要是指自己的农产品和家庭小手工业产品的经营，不是指大型的手工业工商经营。

农副产品经营的渠道有市，尤其是亭市。乡里有亭，有亭长，是秦汉乡村生活的一个重要部分。汉代陶文中的“菑亭”“临亭”等戳记，“‘菑’为临淄省文，‘临’为临朐或亦为临淄的省文”[⑤]，陶器为临亭所属手工业作坊的产品。临沂银雀山四号汉墓出土了烙印“筥市”“市府草”“市”等戳记的漆器，是城阳国直辖的莒地方市府经营的漆器手工业作坊的制品[⑥]。齐三服官是汉代山东境内最有名的官手工业作坊，其著名品种有冰纨、方空縠、吹纶

---

① 胡思永：《惊世汉王陵：济南洛庄汉墓揭秘》，济南出版社2001年版，第13页。

② 山东省文物考古研究所等：《曲阜鲁国故城》，齐鲁书社1982年版，第200、201页。

③ 陈直：《两汉经济史料论丛》，陕西人民出版社1980年版，第161页。

④ 陈冬生、王赛时主编：《山东经济史》古代卷，济南出版社1998年版，第227—228页。

⑤ 俞伟超：《汉代的“亭”“市”陶文》，《文物》1963年第2期。

⑥ 蒋英炬：《临沂银雀山西汉墓漆器铭文考释》，《考古》1975年第6期。

絜[①]。这些冠以某亭、某市戳记的陶、铜、漆器等地方官手工业产品，其运输、销售自然会循着官方设置的亭驿系统流动，因此，秦汉时期的亭长不仅掌地方的军事治安，还职掌当地的"邮驿馆舍"[②]。亭长的邮驿馆舍业务与治安业务，迎来送往，常致使大量人员汇集于亭下，山东嘉祥狼山屯汉画像石的"亭长出迎图"反映了这样的场景，其画面中有一亭，"亭下二人立，亭长出迎，右二卒荷戟行"[③]。北海都昌（今山东昌邑县都昌镇）人逢萌为亭长，"时尉行过亭，萌候迎拜谒"[④]。由于各类人员汇集于亭，各种相关的服务于乡亭下常自成市[⑤]，农民会于市亭馆舍售卖自家的农产品，这也是乡村贫户积财的途径之一。

各地皆有集市。钟离意任堂邑（今冠县冠城镇南）令，"初到县，市无屋，意出奉钱帅人作屋。人赍茅竹或持材木，争起趋作，浃日而成"[⑥]。售卖农产品于集市的山东案例，以胶东人公沙穆卖家养猪最为有名。"穆尝养猪，猪有病，使人卖之于市，语之云：'如售，当告买者言病，贱取其直；不可言无病，欺人取贵价'也。卖猪者到市即售，亦不言病，其直过价。穆怪之，问其故。赍半直，追以还买猪人。告语云：'猪实病，欲贱卖，不图卖者人相欺，乃取贵直'。买者言卖买私约，亦复辞钱不取。穆终不受钱而去。"[⑦]

东平宁阳（今宁阳南）人刘梁，"少孤贫，卖书于市以自资"[⑧]。在汉代，书籍流传都是靠抄写，是谓写本时代，"洛阳纸贵"说的就是抄写一时极盛的情况。刘梁于市中所卖之书自然是他自己在家中抄写的书，抄书在之后的南北朝时期成为很多落魄世家子弟谋生的主要手段。

农民家庭最多的小手工业品莫过于纺织品，太史公云山东"人民多文彩布帛鱼盐"[⑨]。民间手工业织品主要品种有缣、缟、纨等。秦汉时期东阿所产的缟、缣最为有名，"阿缟之衣，锦绣之饰"誉满关中，"齐、阿之缣"行销各

---

① ［南朝宋］范晔：《后汉书》卷三，中华书局 1965 年版，第 135 页。
② 参见黄义军：《关于汉代"亭"的几个问题》，《中国历史地理论丛》2006 年第 2 期。
③ 山东省博物馆等编：《山东汉画像石选集》，齐鲁书社 1982 年版，第 27 页。
④ 参见［南朝宋］范晔：《后汉书》卷八十三，中华书局 1965 年版，第 2759 页。
⑤ 参见马新：《两汉乡村社会史》，齐鲁书社 1997 年版，第 102、196 页。
⑥ ［东汉］刘珍等撰，吴树平校注：《东观汉记校注》，中华书局 2008 年版，第 691 页。
⑦ ［南朝宋］范晔：《后汉书》卷八十二，中华书局 1965 年版，第 2730 页。
⑧ ［南朝宋］范晔：《后汉书》卷八十，中华书局 1965 年版，第 2635 页。
⑨ ［西汉］司马迁：《史记》卷一百二十九，中华书局 1959 年版，第 3265 页。

地,张衡《七辩》曾盛赞“京城阿缟,譬若蝉羽。制为时服,以适寒暑”。东莱亦有名品,《说文》云:“幓布,出东莱。”“刺绣文”是在农家丝绢生产基础上衍生出来的又一种手工业产品,在太史公那里,“刺绣文”是仅次于“倚市门”的以贫求富手段[①]。齐地的刺绣在秦汉时期天下知名,技艺水平相当高,所谓“齐部世刺绣,恒女无不能;襄邑俗织锦,钝妇无不巧”[②]。有赖于出土汉简,可确知一些山东丝绢在丝绸之路上销售的情况,“任城国亢父缣一匹,幅广二尺二寸,长四丈,重二十五两,直钱六百一十八”[③]。农家纺织者十六日成一匹,一月可得钱千余,收益还是比较可观的。

(三)乡村的地主庄园

“乡举里选”征辟入仕的制度设计,促使时人高度重视在乡里的发展、注重在乡里的声誉。乡里成为当时人们谋求仕途发展的重要舞台。由于征辟制度将人的活动重心导引向乡里地方,在外为官者不得不在居官之地和原籍乡里各维持着一个家庭形态,是谓“双家制形态”。为了子孙的仕途计,乡里的家成为生活的重心,于是为官者的俸禄大部分都流回了他们的家乡。汉代实行厚禄制度,使官员们能既“贵”且“富”,官员们数十倍于富裕农夫家庭的俸禄收入[④],使得他们的家人可以很容易地在原籍乡里置办起田产,从而发展出如石崇那样“百道营生”的庄园经济系统。而从家乡庄园生产中所获得的经济效益又有效地支持了在外做官的官员能够清廉为官,官员以此获得、维持着良好的官声而有利于升迁,从而更加有利于其家族在地方上的发展。对于这一发展途径,太史公曾总结性地说:“是以廉吏久,久更富,廉贾归富。”[⑤]在上述的制度背景下,从西汉开始,山东地域逐渐成长出一批世家大族,如清河崔氏、清河房氏、济南伏氏、曲阜孔氏、邹县韦氏、兰陵萧氏、琅琊王氏、泰山羊氏、东平夏侯氏、千乘欧阳氏等等。

在上述世家形成的同时,山东也成长出一批豪族大姓地主,这批地主大多势力强横而能与官府抗衡。如清河大姓赵纲、北海安丘大姓夏长思、北海

① [西汉]司马迁:《史记》卷一百二十九,中华书局1959年版,第3274页。
② 黄晖:《论衡校释》卷十二,中华书局1990年版,第539页。
③ 罗振玉、王国维:《流沙坠简》,中华书局1993年版,第186页。
④ 参见张兆凯:《两汉俸禄制度研究》,《中国社会经济史研究》1996年第1期。
⑤ [西汉]司马迁:《史记》卷一百二十九,中华书局1959年版,第3271页。

大姓公孙丹、北海豪族徐房、平原郡的李子云等。阳平县，故城在今魏州莘县。光武帝即位，李章拜阳平令，“时赵、魏豪右往往屯聚，清河大姓赵纲遂于县界起坞壁，缮甲兵，为在所害”①。李章到任后，即设计除掉了赵纲。李章后改任琅邪太守，“北海安丘大姓夏长思等反”②，李章募勇敢与长思战，斩杀夏长思等三百余级。逢萌的势力也很大，因不礼北海太守，太守遣吏捕捉逢萌，“行至劳山，人果相率以兵弩捍御，吏被伤流血，奔而还”③。

世家地主与豪族地主都拥有大量土地。山阳高平（今邹城西南）人仲长统以其所见，指出：“豪人之室，连栋数百，膏田满野，奴婢千群，徒附万计。船车贾贩，周于四方；废居积贮，满于都城。琦赂宝货，巨室不能容；马牛羊豕，山谷不能受。”④

拥有良田广宅的大地主，其最理想的生活模式是庄园经济。仲长统曾描述过这个庄园的理想情景：“使居有良田广宅，背山临流，沟池环匝，竹木周布，场圃筑前，果园树后。舟车足以代步涉之艰，使令足以息四体之役。养亲有兼珍之膳，妻孥无苦身之劳。良朋萃止，则陈酒肴以娱之；嘉时吉日，则烹羔豚以奉之。踟躇畦苑，游戏平林，濯清水，追凉风，钓游鲤，弋高鸿。讽于舞雩之下，咏归高堂之上。安神闺房，思老氏之玄虚；呼吸精和，求至人之仿佛。与达者数子，论道讲书，俯仰二仪，错综人物。弹南风之雅操，发清商之妙曲。消摇一世之上，睥睨天地之间。不受当时之责，永保性命之期。如是，则可以陵霄汉，出宇宙之外矣。岂羡夫入帝王之门哉！”⑤

庄园经济的经营，应该是按庄园主的指令，由专人负责打理经营，其人有点类似于后世的“管家”。度尚贫困时就曾为当时的大地主权宦侯览经营过田园，“积困穷，乃为宦者同郡侯览视田，得为郡上计吏”⑥。

地主庄园使用徒附、奴隶从事农业生产，如北海郡徐房、李子云“养徒各千人”⑦。为防农人怠工，庄园农业生产设有监工督课，仲长统曰：“稼穑不修，桑果不茂，畜产不肥，鞭之可也；杝落不完，垣墙不牢，扫除不净，笞之可

---

① ［南朝宋］范晔：《后汉书》卷七十七，中华书局1965年版，第2492页。
② ［南朝宋］范晔：《后汉书》卷七十七，中华书局1965年版，第2493页。
③ ［南朝宋］范晔：《后汉书》卷八十三，中华书局1965年版，第2760页。
④ ［南朝宋］范晔：《后汉书》卷四十九，中华书局1965年版，第1648页。
⑤ ［南朝宋］范晔：《后汉书》卷四十九，中华书局1965年版，第1644页。
⑥ ［南朝宋］范晔：《后汉书》卷三十八，中华书局1965年版，第1284页。
⑦ ［南朝宋］范晔：《后汉书》卷八十三，中华书局1965年版，第2760页。

也。”贾思勰云：“此督课之方也。”[①]滕县黄家岭农耕图像中，“一农夫在驱牛扶犁而耕；其右，一农夫驱牛拉一物碎土摩田；左边，三农夫执锄中耕，又一人手捧斗形器，似在撒播下种。画面左端，有人担食而来，为田间农夫送饭。画面右端有一棵大树，树荫下一人执杖悠然而坐，看起来，他确像一个地主监工”[②]。山东地主庄园种植的粮食作物及经济作物品种，史籍已失载，但崔寔《四民月令》中的作物种类可作为大致的参考。《四民月令》中大田作物有谷子、大小穬麦、黍、稻、大小豆、大麻、芝麻等十多种；蔬菜有葵、芥、芜菁、瓜、瓠、芋艿、韭、薤、生姜、大小蒜、大小葱等十余种；种植术、艾、乌头、葶苈等药材；染料作物有蓝和地黄；经济林木有竹、桐、梓、松、柏、榆、柳、漆等[③]。

田农之外，庄园还牧养畜禽，《四民月令》中谈到了养马、牛等耕畜和家畜，种植苜蓿作饲料。考古发现展示了山东地域庄园的畜禽养殖情形：“淄博市临淄区永流乡尧王村，发现一批珍贵的东汉彩陶俑，包括陶狗、陶鸡、陶鸟等，还有陶井。动物俑有公鸡、蹄鸡、母鸡生蛋、花狗啃骨等，形象逼真，栩栩如生，真实地反映了东汉时期临淄地区新生地主阶级的庄园生活场面。”[④]

货殖，在太史公时代公认为是求富最快的手段，因此，庄园主必定从事货殖经营，船车贾贩，“豪人货殖，馆舍布于州郡”[⑤]。但庄园的货殖与城市工商业者的货殖略有不同，庄园的货殖经营主营农副产品及其加工品，其次是手工业品，以纺织品、农具居多。在《四民月令》的农事安排中，农产品的加工酿造是相当重要的一个环节，加工酿造“包括酒、醋、酱、饴糖、脯腊、果脯、腌菜、酱瓜等”，手工业“有纺织手工业，有修造农具和各种兵器的工匠和作坊”[⑥]。山东汉画像石中有庄园经营酿造、纺织、冶铸锻打等行业的场景。

目前已发现的酿酒图像有四幅：嘉祥县洪山、华林、沂南县北寨和诸城市前凉台等村汉墓各出土一块。四幅酿酒图像展示当时山东酿酒工艺的全

① [北魏]贾思勰原著，缪启愉校释：《齐民要术校释》第二版，中国农业出版社 1998 年版，第 9 页。

② 蒋英炬：《略论山东汉画像石的农耕图像》，《农业考古》1981 年第 2 期。

③ 参见[东汉]崔寔著，缪启愉辑释：《四民月令辑释》，农业出版社 1981 年版，前言第 6—8 页。

④ 房道国、刘会先：《山东地区汉代农业考古资料概述》，《农业考古》2006 年第 4 期。

⑤ [南朝宋]范晔：《后汉书》卷四十九，中华书局 1965 年版，第 1651 页。

⑥ [东汉]崔寔著，缪启愉辑释：《四民月令辑释》，农业出版社 1981 年版，前言第 8 页。

过程："灶上大甑所蒸着的应是作为酿酒的主要原料稻谷之物。在大缸、瓮边执勺者应是正在放置酒曲或捞取酒醪。执棍搅拌者可能是把酒曲与谷物拌匀。安置于大缸木架上的小缸，当为漏酒器，其下有一小孔，酒醪放于漏缸中，酒液由小孔流入大缸，糟粕留于漏缸中，即沥酒。持袋在放置于大缸木框架上挤压的，应为挤酒，即把酒醪放于布袋中，通过挤压，除去糟粕，获得好酒。近代浙江绍兴酿酒就是采用这种绸袋压榨法。至于图中的勺、壶、樽、缸、瓮等器具，应该为取酒、储酒、发酵之用。"北寨、前凉台的酿酒图像为整个庖厨活动的一部分，规模较大，"有监督酿酒的人员，这正说明当时官僚地主庄园有着自己的酿酒作坊，除了供应自己饮用外，大部分酒还是售卖"①。

前述的西户口、宏道院、黄家岭、龙阳店等地的纺织图像，"仅占整个画像场面的一小部分。整个画面为连台楼阁，主人欢歌燕舞，宾客满座，车骑出行，显然是汉代官僚地主豪侈生活的真实反映。何况纺织者的周围有执物监工。因此，我们认为这些纺织图像所反映的应是官僚地主经营的纺织手工业作坊的景象"②。

滕县宏道院和黄家岭画像石中的冶铁、锻打制刀图像反映了汉代炒钢生产和锻制器具的场面。前述农具范中的"氾"、"李"字犁、镰范，应当就是庄园农具作坊中所用的范。

五、秦汉时期山东的农业文化

山东地域在先秦生活习俗基础上，秦汉以来又演绎出一些新的农业生产文化，这主要表现在生活习俗、饮食习惯、农学理论等方面。

（一）两汉山东农业生产习俗

秦汉时期，山东农业生产中颇多习俗行为，主要表现为择日禁忌。

1. 择日禁忌习俗

自先秦以来，民间就存在着一种选择时日吉凶的数术。举凡婚嫁、生子、营葬、出行、农作等诸多事项，都要按照吉凶理论进行一番预测，然后确

---

① 吴文祺：《从山东汉画像石图象看汉代手工业》，《中原文物》1991 年第 3 期。

② 吴文祺：《从山东汉画像石图象看汉代手工业》，《中原文物》1991 年第 3 期。

定可为和不可为，进而系统地形成了于某日可行某事、不可行某事的文字记录，是谓《日书》。从事吉凶预测、导人避凶趋吉者，称为日者或卜者。日者可择吉凶之事，在古人那里极为重视，太史公《日者列传》云："自古受命而王，王者之兴何尝不以卜筮决于天命哉！"[①]

齐地之日者，首载于《墨子》，"子墨子北之齐，遇日者"[②]。东汉时，北海安丘（今山东安丘）人郎颉之父郎宗，"学《京氏易》，善风角、星算、六日七分，能望气占候吉凶，常卖卜自奉"[③]。至于郎颉本人，"少传父业"[④]。北海大姓公孙丹即因卜者之预言吉凶而杀人，"丹新造居宅，而卜工以为当有死者。丹乃令其子杀道行人，置尸舍内，以塞其咎"[⑤]。

日者吉凶之事，在生活中就反映为某事或某行为的普遍禁忌，进而成为一种习俗。对于农副业生产而言，占侯或禁忌等习俗也制约着人们的生产行为。如源起于齐鲁地域的"雷不作酱"即其一例。王充《论衡》云："世讳作豆酱恶闻雷，一人不食，欲使人急作，不欲积家逾至春也。"[⑥]一人不食，指孔子纪念子路事。"子路感雷精而生，尚刚好勇，亲涉卫难，结缨而死。孔子闻而覆醢，每闻雷鸣，乃中心恻怛。故后人忌焉，以为常也。"此一纪念行为辗转相传，至汉代遂形成为"有雷声，不作酱"的禁忌。然而真实的原因，是当时作酱的时间定在正月，此时农事未起，"俾民乘此间隙，备一岁调鼎之用。故绐云雷鸣不作酱，腹中当鸣。所贵令民不于二三月作酱，恐夺农时也"。因此王充指出"雷不作酱"的本意是要人抓紧时间作酱，"不欲积家逾至春也"，即不要等到春末雨季来了之后而误农事。所以为了不夺农时，结合孔子纪念子路之事，至汉代遂演而为"雷不作酱"的生活生产禁忌，《风俗通》记云："雷不作酱，俗说令人腹内雷鸣。谨按：子路感雷精而生，尚刚好勇，死，卫人醢之，孔子覆醢，每闻雷，心恻怛耳。"[⑦]

"九谷有忌日"，是秦汉时期择日之事在农业生产上的反映。氾胜之曰："小豆忌卯，稻麻忌辰，禾忌丙，黍忌丑，秫忌寅未，小麦忌戌，大麦忌子，大豆

---

① ［西汉］司马迁：《史记》卷一百二十七，中华书局 1959 年版，第 3215 页。
② 吴毓江：《墨子校注》，中华书局 1993 年版，第 689 页。
③ ［南朝宋］范晔：《后汉书》卷三十，中华书局 1965 年版，第 1053 页。
④ ［南朝宋］范晔：《后汉书》卷三十，中华书局 1965 年版，第 1053 页。
⑤ ［南朝宋］范晔：《后汉书》卷七十七，中华书局 1965 年版，第 2489 页。
⑥ 黄晖：《论衡校释》卷二十三，中华书局 1990 年版，第 979 页。
⑦ 黄晖：《论衡校释》卷二十三，中华书局 1990 年版，第 979 页。

忌申卯，凡九谷有忌日，种之不避其忌，则多伤败，此非虚语也。”[①]此条被贾思勰在《齐民要术》中引用并加以辩证，指出当“以时及泽”为上策。这说明直到北魏时，山东地域还遵守着种植“九谷有忌日”的习俗，所以贾思勰要予以指正。

《汉书·食货志》云：“种谷必杂五种，以备灾害。”不同谷物品种种植、收割时间不同，可以有效错开水旱虫灾的干扰，这应当是当时普遍的生产行为，山东地区可种谷物品种齐全，应当遵循上述原则以备灾害。

2. 相从夜绩

“齐鲁千亩桑麻”，汉代山东地域纺织业兴旺发达。自春秋时起，民间即有“相从夜绩”的习俗，如前章所举鲁监门女、齐女徐吾等人与邻居“同巷相从夜绩”。这一习俗在秦汉时期仍然存在，班固云：“冬，民既入，妇人同巷，相从夜绩，女工一月得四十五日。必相从者，所以省费燎火，同巧拙而合习俗也。”[②]

在相从夜绩的过程中，省费燎火只是一个小因素，“同巧拙而合习俗”才是关键。同巧拙的结果，使山东地域纺织业的整体水平相当高，尤以刺绣为最。所谓“齐部世刺绣，恒女无不能；襄邑俗织锦，钝妇无不巧”[③]。汉代山东刺绣产品的确给时人留下了深刻印象，西汉史游的《急就篇》，东汉人增附了两篇，其中首篇首句就提到了山东的刺绣产品：“齐国给献素缯帛，飞龙凤凰相追逐。”日照海曲西汉墓出土了大量丝织品，其中一块“一侧刺绣有精致的花草和云气纹，图案制作相当精美。这是山东乃至北方地区迄今发现保存最好的汉代丝织品”[④]。

但更为关键的是“合习俗”。在汉代山东“织作冰纨、绮绣、纯丽之物，号为冠带衣履天下。”冰纨，是指“一种细密坚韧、光鲜洁白如冰的绢”[⑤]。这类单靠质地的产品，其实各地都能生产，不足以产生拉动市场的强大动力。但山东号称“冠带衣履天下”，并不是单靠质地，而是靠产品中所蕴含的文化

---

① 万国鼎辑释：《氾胜之书辑释》，中华书局1957年版，第100页。

② ［东汉］班固：《汉书》卷二十四，中华书局1962年版，第1121页。

③ 黄晖：《论衡校释》卷一十二，中华书局1990年版，第539页。

④ 何德亮等：《日照海曲汉代墓地考古的主要收获》，《文物世界》2003年第5期。

⑤ 姜颖：《山东丝绸史》，齐鲁书社2013年版，第103页。

内涵。刺绣与纯丽之物，不只是质地，而是其色彩、图案、题材、样式，即地域产品中的文化内涵才是真正吸引消费者的地方，而这也正是相从夜绩“合习俗”的真意所在。“合习俗”，是指地域民众整体的审美意趣所产生的吸引力。正是因为齐鲁之地纺织业“绮绣”等产品所蕴含的文化魅力，才能让山东纺织产品“冠带衣履天下”。

（二）汉代山东饮食的咸鲜风格

饮食，是农业生产的产后加工阶段。山东粮食蔬菜的产后阶段主要表现为三个方面：一是贮藏，二是副食品加工，三是饮食方式。

1. 粮食加工及储藏

粮食收获后的加工、贮藏是粮食生产产后的第一个重要环节。

汉代谷物脱粒用连枷。连枷，或写作连架，“佥，今连架，所以打谷者。宋魏之间谓之摄殳，或谓之度，自关而西谓之棓，或谓之拂；齐楚江淮之间谓之柍，或谓之桲”①。邹城汉画像石中“犁后一人右肩抗一连枷，处于步行状态”②。

谷实、秕糠分离贮藏以适用于食用、饲养用途也是一个重要环节，山东滕州宏道院画像石中有对舂、扬场的场景③：有二人各执一杵在臼前对面而舂，他们左边立一巨扇，在利用弯形弹力装置反复拉扯而产生风源，以扬去秕糠。

扬去秕糠后，粮食用仓贮。东平县王陵山汉墓出土了一件长方形楼阁式陶仓，“顶与身可分开，上为一‘歇山式’屋顶，下为仓身，平顶有檐，平顶上有一椭圆形仓口”④。

食用前的脱皮、磨碎工具有磨、臼、碓等。章丘东平王陵山遗址出土石磨两件，皆仅存上扇。其中“标本0329，磨顶凸起一周，中部形成一圆形凹槽，中间有一道隔梁将其分成两部分，每部分各有一长方形漏孔；底部中央亦有一圆形榫槽，其外密布长条形磨齿。磨侧边有二对称的长方形榫孔，可以纳柄。直径53厘米，厚11.5厘米……。标本0330，形制与0329近同，无

① 华学诚汇证，王智群等协编：《扬雄方言校释汇证》，中华书局2006年版，第382页。
② 杨晰智：《山东汉画像石刻中农耕图像的研究》，《安徽农业科学》2015年第13期。
③ 夏亨廉、林正同主编：《汉代农业画像砖石》，中国农业出版社1996年版，第47页。
④ 山东省博物馆：《山东东平王陵山汉墓清理简报》，《考古》1966年第4期。

齿。直径43.5厘米,厚11厘米”①。1957年,山东济南出土一盘石转磨,“上扇剖面略呈‘凸’字形。顶部中央为相对的平面作半月形的进料口,中隔横梁。上扇边缘较薄,边缘侧面有长方形洞,为安装推磨棍之处。上扇边缘表面刻满斜线纹。下扇中心凸起榫,磨齿的形状是凹坑式的,排列成同心圆,凹坑亦略呈枣核形”②。山东安丘出土汉代石磨两盘,“两盘石磨均为白砂岩质,造型、纹饰基本相同。较大的一盘通高18厘米,直径51厘米,上扇厚5.5厘米,下扇厚6.1厘米。上扇顶部有一隆起的圆形漏斗,内有一大一小两漏孔,为石磨的快慢眼。上扇边缘有一长方形卯眼,为安装磨把所用。下扇中央装有圆柱形铁轴,恰与上扇底部中心的磨脐对合。上下扇磨齿均为人字形,有明显的使用痕迹”③。东平王陵山石磨的磨齿采用圆环形环布列,这种布局颗粒大,磨粉效率和效果并不理想,而安丘石磨已非常接近于后世成熟的八区斜线磨,其磨粉效率已比较高。

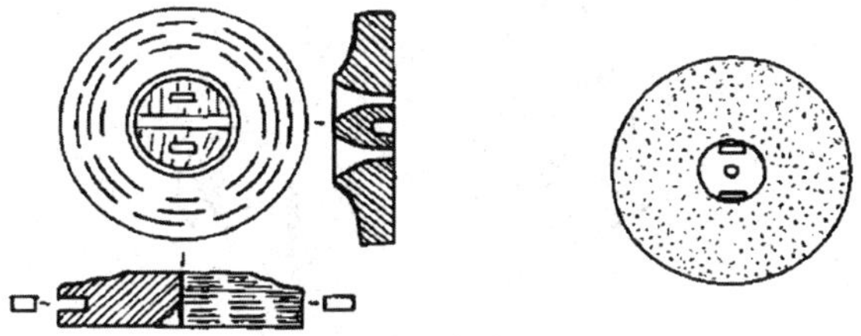

图4-8　东平王陵山出土的石磨

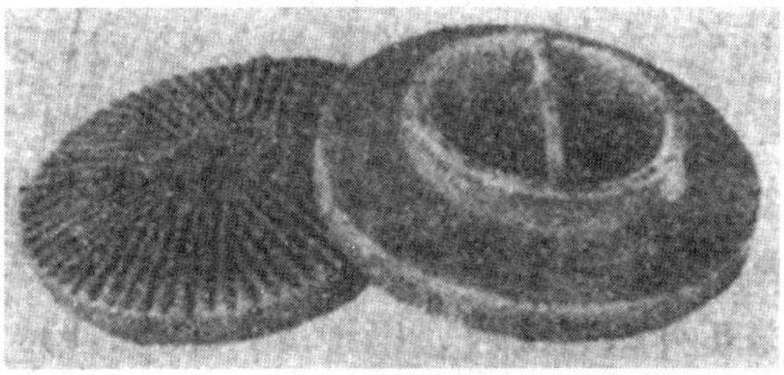

图4-9　山东安丘出土的汉代石磨

非实用的明器陶磨在山东地区汉墓中也有出土。其中,章丘东平陵故城的陶磨比较具有代表性,“仅存上扇。磨顶外侧凸起二周,其间形成深槽,磨顶中部亦为圆槽,其中心尖凸,圆槽外侧有对称的两个圆形漏孔;磨顶外

① 山东省文物考古研究所:《山东章丘市汉东平陵故城遗址调查》,载王仲殊主编《考古学集刊》第11集,中国大百科全书出版社1997年版,第162页。

② 李发林:《古代旋转磨试探》,《农业考古》1986年第2期。

③ 贾德民:《山东安丘发现汉代石磨》,《考古》1995年第11期。

缘还有二圆形榫孔，可以纳柄；磨底内凹，中心有一圆形榫孔，以与下扇结合。直径40.8厘米，厚11.6厘米”①。临沂银雀山四号西汉墓中出土的陶磨，“上下两扇，相对的磨面中心有圆孔，示以穿轴；磨顶有凸槽，里面两个磨眼，未透；上扇一侧有一方孔，以按把手转动。径9.2厘米、高4.2厘米。下附一活动的圈座，高5.8厘米”②。

北海胶东(今山东平度)人公沙穆游太学，“无资粮，乃变服客佣”，为吴佑“赁舂”③。临沂银雀山西汉墓M4出土陶臼一件，“大口，深腹，里面为小圜底，下附一平座。高5.8厘米”④。

踏碓是由杵臼发展出来的更高效率的脱皮工具，它利用杠杆原理将一根长杆装在木架上，杆的一端装着碓头，下面置放一石臼。宁津庞家寺东汉墓出土一件罕见的釉陶碓，“由臼、锥、栏三部分组成”⑤，十分逼真。

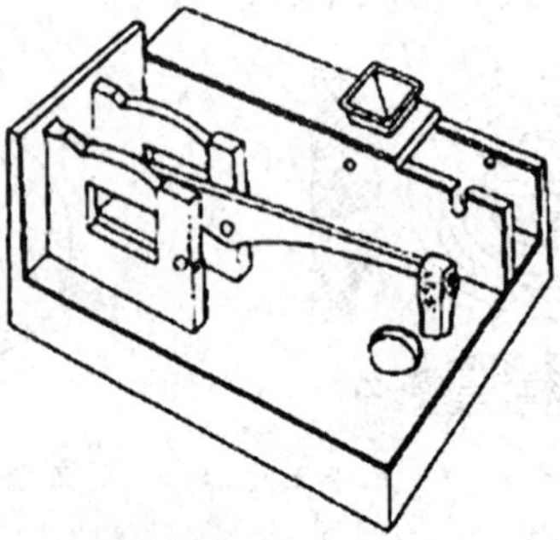

图4-10 临淄金岭镇一号东汉墓出土的米碓风车

临淄金岭镇一号东汉墓出土米碓风车一件，“平面为长方形，左侧是米碓，右侧为风车。米碓前有圆口的碓窝，碓窝底部残缺，形状不明，杵与杵杆烧制成一体，从其形式看，当为杵杆插入杵上部内纳杵杆的长方形榫孔中。杵的形状上方下圆，杵杆呈扁平状。碓架的两侧各有一对称的圆形轴孔，系装设杵杆中心支轴用的，碓架后侧有壁，可供舂人依靠。风车位于米碓右

① 山东省文物考古研究所：《山东章丘市汉东平陵故城遗址调查》，载王仲殊主编《考古学集刊》第11集，中国大百科全书出版社1997年版，第162页。

② 山东省博物馆、临沂文物组：《临沂银雀山四座西汉墓葬》，《考古》1975年第6期。

③ [南朝宋]范晔：《后汉书》卷六十四，中华书局1965年版，第2100页。

④ 山东省博物馆、临沂文物组：《临沂银雀山四座西汉墓葬》，《考古》1975年第6期。

⑤ 德州地区文物组等：《山东宁津县庞家寺汉墓》，载文物编辑委员会编《文物资料丛刊》第4辑，文物出版社1981年版，第126页。

侧,长方形风箱,车的上部有一方形漏斗状高栏供装卸粮食用,风箱的前端两侧壁上各有一对称的圆形曲轴孔,但未见曲轴及风扇”①。

2. 副食品加工

副食品加工包括腌制或干制肉、菜,以及酱、醋酿制等。

腌制或干制肉、菜,是古代长期保存肉、菜的一种方法。郑玄注《周礼》腊人云:“薄析曰脯。捶之而施姜桂曰锻脩。腊,小物全干”。具体的区别,“大动物牛猪等肉析成条或片的叫做脯,小动物鸡鸭等整只作的叫做腊,加姜桂等香料并轻捶使干实的叫做‘锻脩’(脩也是干肉)。”②腊脯是肉干,亦称“脩”。孔子云“自行束脩以上,吾未尝无诲焉”。西汉平原厌次(今山东陵县东北)人东方朔云:“生肉为脍,干肉为脯。”肉脯是古代待客的美好食品,《云仙杂记》卷七记东汉陈蕃待客,“拌饭以鹿脯,芼羹以牛脯,未尝别为异馔”。

菜的干制以芜菁为代表。山东自先秦以来,广泛种植芜菁。成熟收获之时,除鲜吃外,还制作酸菜、干菜,“中为咸淡二菹,亦任为干菜”③。

前文已指出,汉代山东有“雷不作酱”习俗,汉代山东制作各种材料的酱。现可考知的只有鱁鮧酱:“昔汉武帝逐夷至于海滨,闻有香气而不见物。令人推求,乃是渔父造鱼肠于坑中,以至土覆之,香气上达。取而食之,以为滋味。逐夷得此物,因名之,盖鱼肠酱也。”④鱼肠都已酿成酱,鱼肉更会酿酱,《盐铁论》云“莱、黄之鲐,不可胜食”,如此之多的鲐鱼,在没有冰冻保存技术的古代,就只能制作成鲐鱼干和鲐鱼酱。《四民月令》云正月“可以作鱼酱、肉酱、清酱”。

各种菹、酱,为便于长期保存,无不重盐,是以酱菜以盐咸为主味。

3. 饮食方式与鲁菜咸鲜风格的形成

秦汉时期山东饮食最豪华的图景,以诸城前凉台汉墓画像石庖厨图为最。画像中上边挂着猪头、猪腿、鸡、兔、鱼等各种家畜、野味,下面有汲水、烧灶、劈柴、宰羊、杀猪、杀鸡、屠狗、椎牛、切肉、切鱼、洗涤、搅拌、烤饼、烤肉串等各种操作,“诸城前凉台庖厨图上的烤肉串图是极为罕见和珍贵的。该

---

① 山东省文物考古研究所:《山东临淄金岭镇一号东汉墓》,《考古学报》1999 年第 1 期。

② [北魏]贾思勰原著,缪启愉校释:《齐民要术校释》第二版,中国农业出版社 1998 年版,第 582 页。

③ [北魏]贾思勰原著,缪启愉校释:《齐民要术校释》第二版,中国农业出版社 1998 年版,第 205 页。

④ [北魏]贾思勰原著,缪启愉校释:《齐民要术校释》第二版,中国农业出版社 1998 年版,第 545 页。

图位于庖厨画面之右上部,剖鱼图之右,宰羊图之上。图像上刻着二人斜对跪坐于烤箱前,箱上放五串肉,左边之人单手翻肉串,右边之人右手持便面扇风助火,左手翻肉串。其下一人正在把切好的肉丁穿成串,他的身前放着二盆,上边的盆内放有穿好待烤的肉串,下边的盆内放有备穿的肉丁”①。整幅图像“庖厨人员达43人之多。其中包括取肉者(1人)、剖鱼者(1人)、烤肉者(4人)、切肉者(3人)、汲水者(1人)、炊煮者(2人)、屠宰者(9人)、劈柴者(1人)、酿酒者(3人)、运送食物食具者(9人)、其他(9人)。庖厨队伍虽然庞大,但庖厨人员有着明确分工,他们各司其职,互不干扰,整个庖厨活动进行得井然有序”②。

图4-11 诸城前凉台汉画像石的庖厨图

汉代山东人对狗肉、鱼肉有所偏好。在山东出土的44幅画像石庖厨图中,刻有剥狗图的16幅,占36.4%;刻有杀猪图的15幅,占34.1%;椎牛、宰

① 杨爱国:《汉画像石中的庖厨图》,《考古》1991年第11期。

② 王凤娟:《汉画像石与齐鲁风俗》,山东师范大学2005年硕士学位论文,第34页。

羊图更少。[①] 由此显示出当时人们对狗肉的嗜好,著名刺客聂政在齐国就以屠狗为业。山东自古多鱼盐,人民将鱼作为主要食材之一。《黄帝内经》云:“东方之域,天地之所始生也。鱼盐之地,海滨傍水,其民食鱼而嗜盐,皆安其处,美其食。”[②]《孟子·尽心下》中曾讨论过“脍炙”的味道,所谓“脍”,即将鲜鱼与嫩牛、羊肉切成薄片,用调料腌制好后直接食用。鱼脍用芥酱佐之生食,至今犹受人喜爱,但山东济南一带不食脍,应劭《风俗通》云:“祝阿(汉置祝阿县,今济南历城西南)不食生鱼。俗说:祝阿凡有宾婚吉凶大会,有异馔,饭食自极至蒸鱼也。”[③]

汉代山东人“嗜盐”的日常饮食习惯,渐渐形成咸鲜口味,奠定了后世鲁菜菜系的基本风格。自春秋以来,山东人推崇“食不厌精,脍不厌细”,以此形成了人们注重刀功精细的特点,鲁菜非常讲究刀功,画像石切菜图像可作为佐证之一。

日常生活调料以葱、姜、蒜、薤、酱为主。汉代时,葱、薤、韭、姜已成为山东人日常生活的必需品,以此龚遂在设计家庭日常生活所需时,令家家种榆、葱、薤、韭。种榆,亦是为解决家庭日常生活所需,榆籽仁可作酱。“作榆子酱法:治榆子人一升,捣末,筛之。清酒一升,酱五升,合和。一月可食之。”[④]各种酱已成为当时山东人日常食用的必需品,孔子“不得其酱,不食”。做菜则必添加酱料作调鼎之用,而酱制品大多颜色浓赤、重盐,遂使山东菜有了浓赤酱香的咸鲜特点。

总结而言,汉代山东人日常生活中喜盐,而又以葱、姜、蒜等提升菜品味道,复以酱入菜调色、味,遂使山东菜具有了咸、鲜、酱的特点,奠定了日后鲁菜的咸鲜风格。

(三)《氾胜之书》的农学成就

宋人《广韵》“氾”字条:“国名,又姓,出敦煌、济北二望。皇甫谧云:本

---

① 王凤娟:《汉画像石与齐鲁风俗》,山东师范大学2005年硕士学位论文,第40页。杨爱国亦有此论。

② [清]张志聪集注,方春阳等点校:《黄帝内经集注》卷二,浙江古籍出版社2002年版,第92页。

③ [东汉]应劭撰,王利器校注:《风俗通义校注》,中华书局1981年版,第563页。

④ [北魏]贾思勰原著,缪启愉校释:《齐民要术校释》第二版,中国农业出版社1998年版,第543页。

姓凡氏，遭秦乱，避地于氾水，因改焉。汉有氾胜之，撰书言种植之事，子辑为敦煌太守，子孙因家焉。又音汎。”[①]氾胜之“成帝时为议郎”，“使教田三辅，有好田者师之，徙为御史”[②]。由上引可知，氾胜之先祖自秦末乱时定居于氾水，氾氏一族一直居住于氾水之地。直到西汉末年，氾胜之之子氾辑出任敦煌太守，其子孙遂定居于敦煌散枝开叶，自此氾姓有济北、敦煌二望。氾水是济水的支流，在山东曹县北四十里，与定陶县交界。由此可以认定氾胜之是山东曹县人。

“氾胜之敦睦九族”，按汉代以乡里为主要生活舞台的惯例，除去短期访学可能的出外，氾胜之为官之前青少年时代的生活场所，应该是在曹县。因此，氾胜之对山东乡里的农业生产情形不会陌生。在他后来写作农书时，曹县家乡的农业生产情形是其理所当然的参照体系。齐鲁之地盛行的阴阳五行之说掺杂于《氾胜之书》中，即是其家乡生活经历的深刻烙印。所以《氾胜之书》中的农业技术及农学理论，在某种程度上讲，也是对山东地域农业生产情形的一个总结。

《氾胜之书》在宋以后失传，今有万国鼎《氾胜之书辑释》、石声汉《氾胜之书今释》[③]两种辑佚本，分为耕田、收种、溲种法、区田法以及种禾、黍、麦、稻、稗、大豆、小豆、枲、麻、瓜、瓠、芋、桑等作物栽培分论，共 17 篇，加上杂项 1 篇，总计 18 篇，约 3700 字。

1.《氾胜之书》的重农思想

青少年时代生活于乡里的经历，使氾胜之充分地认识到“民以食为天”。因此，他在撰写农书时，高度重视衣食这个天下根本问题，指出粮食生产实为天下命脉之所系：“神农之教，虽有石城汤池，带甲百万，而无粟者，弗能守也。夫谷帛实天下之命。”[④]他还指出要保障农业生产这个根本，就要有足量的投入，否则的话，其产出的功效就会相差甚远，“农士惰勤，其功力相什倍”[⑤]。

---

① 周祖谟校：《广韵校本》卷二，中华书局 2011 年版，第 233 页。
② ［东汉］班固：《汉书》卷三十，中华书局 1962 年版，第 1743 页。
③ 石声汉：《氾胜之书今释（初稿）》，科学出版社 1956 年版。
④ 万国鼎辑释：《氾胜之书辑释》，中华书局 1957 年版，第 169 页。
⑤ 万国鼎辑释：《氾胜之书辑释》，中华书局 1957 年版，第 169 页。

2.《氾胜之书》的农学理论

氾胜之对当时的农业生产进行了高度的理论性总结，提出了农耕生产的根本性原则："凡耕之本，在于趣时和土，务粪泽，早锄早获。"①

耕作的第一要务，就是把握好农时，举凡耕地、播种、中耕、除草等农事活动都要"趣时"，如果趣时而主动应时生产，"得时之和，适地之宜，田虽薄恶，收可亩十石"②，否则的话，"反为败田"。曾雄生据《氾胜之书》中所说的"得时"与"失时"制作了对比表，其间的效果差异一目了然，见表4－2。

表4－2　　中耕得、失时对比表③

耕作	得时	失时
秋耕	夏至后九十日，昼夜分，天地气和。以此时耕田，一而当五，名曰膏泽，皆得时功	秋无雨而耕，绝土气，土坚垎，名曰腊田。及盛冬耕，泄阴气，土枯燥，名曰脯田。腊田与脯田，皆伤田，二岁不起稼，则二岁休之
春耕	须草生，至可耕时，有雨即耕，土相亲，苗独生，草秽烂，皆成良田。此一耕而当五也。立春后，土块散，上没橛，陈根可拔。以此时耕，一而当四	春气未通，则土历适不保泽，终岁不宜稼，非粪不解。慎无旱耕，不如此而旱耕，块硬，苗秽同孔出，不可锄治，反为败田。此时二十日以后，和气去，即土刚。和气去耕，四不当一

"和土"是指通过"耕、摩、蔺"等耕作技术手段使土壤松软、燥湿合宜，"杏始华荣，辄耕轻土弱土。望杏花落，复耕。耕辄蔺之。草生，有雨泽，耕重蔺之。土甚轻者，以牛羊践之。如此则土强。此谓弱土而强之也"④。这就把战国时期的"'深耕熟耰'技术发展为'耕''摩''蔺'相结合的崭新体系，而扬弃了甽亩结构的形式，使北方旱地耕作技术进入一个新的阶段"⑤。

"务粪泽"，即施肥和灌溉。《氾胜之书》各作物分论中详细记述了施肥与灌溉的具体技术，"《氾胜之书》提出的'务粪、泽'的技术原则，是指尽力保持土壤的肥沃和湿润，包括了灌溉和施肥，但不限于灌溉和施肥。事实上，《氾胜之书》更重视通过精细耕作的措施，千方百计使土壤接纳可能接纳

① 万国鼎辑释：《氾胜之书辑释》，中华书局1957年版，第21页。
② 万国鼎辑释：《氾胜之书辑释》，中华书局1957年版，第27页。
③ 曾雄生：《中国农学史》修订本，福建人民出版社2012年版，第184页。
④ 万国鼎辑释：《氾胜之书辑释》，中华书局1957年版，第25页。
⑤ 董恺忱、范楚玉主编：《中国科学技术史·农学卷》，科学出版社2000年版，第204页。

的一切降水(包括降雨和降雪),并减少自然蒸发,以保证作物生长对水分的需要。"①

早获,是指庄稼成熟后要及时收获,以"芒张叶黄"作为判断成熟与否的标志,"获不可不速,常以急疾为务。芒张叶黄,捷获之无疑"②。

《氾胜之书》对先秦以来农业生产技术进行的理论总结,已达到了西汉时期的最高水平,故贾公彦注《周礼》"草人"条时说:"汉时农书有数家,氾胜为上。故《月令》注亦引氾胜,故云氾胜之术也。"③《氾胜之书》"是在铁犁牛耕基本普及条件下对我国农业科学技术的一个具有划时代意义的新总结,是中国传统农学的经典之一"④。"《氾胜之书》不仅提出了耕作的总原理和具体的耕作技术,还列举了十几种作物具体的栽培方法,奠定了中国传统农学作物栽培总论和各论的基础,而且其写作体例也成了中国传统综合性农书的重要范本。从《齐民要术》到《农桑辑要》《王祯农书》,再到《农政全书》《授时通考》莫不如此。凡此种种足以说明氾胜之对中国农学的贡献。"⑤

3.《氾胜之书》的技术成就

《氾胜之书》中突出的农业技术成就有三个:一作物高产栽培法,即区田法;二是穗选良种法;三是浸种壮苗法。

《氾胜之书》详细介绍了"区田法"。区田法有宽幅带状区种法和小方穴区种法两种。宽幅带状区田法是代田法的引申和发展。"它是一种适于平原地区的方法,它要求深耕作区,等距全苗,是一种近似园艺式的精耕细作的方法"⑥。小方形点播区种法,可分为上农夫区、中农夫区、下农夫区,其技术要求是"深挖作区,施用美粪,及时灌溉,适时除草,精耕细作"。区种法可以收到小面积丰产的功效,但达不到他所说"一亩常收百斛"的产量,最多"验美田至十九石,中田十三石,薄田一十石"⑦。

谚云:"苗好一半谷,秧好半年稻。"良种是丰产的前提条件,氾胜之提出

---

① 董恺忱、范楚玉主编:《中国科学技术史·农学卷》,科学出版社2000年版,第204—205页。
② 万国鼎辑释:《氾胜之书辑释》,中华书局1957年版,第102页。
③ [清]阮元校刻:《十三经注疏》,中华书局影印1980年版,第746页。
④ 董恺忱、范楚玉主编:《中国科学技术史·农学卷》,科学出版社2000年版,第206页。
⑤ 曾雄生:《中国农学史》修订本,福建人民出版社2012年版,第193页。
⑥ 梁家勉主编:《中国农业科学技术史稿》,农业出版社1989年版,第210页。
⑦ 万国鼎辑释:《氾胜之书辑释》,中华书局1957年版,第49页。

通过“穗选法”选择良种：“取麦种，候熟可获，择穗大强者，斩束立场中之高燥处，曝使极燥”；“取禾种，择高大者，斩一节下，把悬高燥处，苗则不败”。[①]为了能生出壮苗，氾胜之提出了溲种法，即农家肥、马骨汁等制作肥液浸种以达到幼苗生长壮实的效果。

① 万国鼎辑释：《氾胜之书辑释》，中华书局1957年版，第40页。

第五章　魏晋南北朝时期山东的农业

魏晋南北朝时期，山东地域的农业生产用“战乱中的盛世”来形容似乎并不为过。这主要表现在两个方面：一是山东的农业生产技术体系基本成熟，通过贾思勰《齐民要术》的系统总结，山东农业生产的运转模式被广为效仿，农史研究者遂认定这一时期是中国“传统旱作农业的定型”时期[①]；二是这一时期可以说是古代中国农村文化积淀最为深厚、农村文化发展高位运行的时期，以世家大族长期聚族居于农村为核心，农业生产、农村文化发展获得了稳定而持久的财力、智力支持，农村文化一时为盛。直到隋唐两代皇室以科举制破局，实施中央化策略，将大批文化精英从农村吸引向城市，农村文化一时为盛的局面才被迫改变。

一、魏晋南北朝时期山东农业概况

“黄巾起来二十余年，海内鼎沸，百姓流离。”[②]自东汉中平元年(184)黄巾军起事，在今山东地域形成了青州黄巾军。青州黄巾军一度发展到拥众百万，战斗力极强。他们在青、徐、兖、冀四州长期流动作战，且战且耕，沉重打击了当地的豪强地主及其割据势力。其间又发生了初平元年(190)诸路军阀讨伐董卓的事件，益增时局纷乱。直到建安十二年(207)曹操平定青州，统一山东。前后二十余年的混乱，山东农业生产几近于停滞。曹操据有山东后，即安排官吏恢复农业生产，粮食渐“有兼年之储”[③]，山东地域经济

① 吴存浩：《中国农业史》，警官教育出版社1996年版，第436页。

② ［西晋］陈寿撰，［南朝宋］裴松之注：《三国志》卷十二，中华书局1959年版，第382页。

③ ［西晋］陈寿撰，［南朝宋］裴松之注：《三国志》卷二十七，中华书局1959年版，第742页。

进入到相对稳定发展的魏晋时期。然而好景不长，西晋太熙元年（290）爆发了诸王纷争的"八王之乱"，时局陷入动荡之中。八王酣战未已，边境上匈奴、鲜卑、羯、氐、羌等游牧部落乘隙进入中原，遂形成西晋末年"永嘉之乱"。自此时起，直到南朝宋泰始五年（469）刘宋势力完全退出山东地域，"在长达一个半世纪的战乱期间，山东人民经受了一场又一场的浩劫，山东地区的经济也遭到了严重的破坏，再次跌入谷底"[①]。这一时期，"诸夏纷乱，无复农者"[②]。自南朝宋泰始五年（469）北魏接管山东地域后，实施为民置产的均田制，山东农业遂日渐恢复，之后虽有北魏分裂、北周灭齐的动荡不安，但总体上讲，直到杨坚代周之前，山东农业生产基本上在稳定地发展。

（一）寒冷期山东农业生产环境与自然灾害

持续影响魏晋南北朝时期农业生产的非政治因素，以生态环境的变化最突出。生态环境的变化有两个方面：一是年平均气温降低，进入中国近5000年来的第二个寒冷期，影响到农事季节和作物产量；二是为躲避战乱，人们向深山区迁徙谋生，由于人口的耗损与迁移，一些地区的次生林植被恢复较快。

1. 山东的寒冷事件与农事活动的变动

史籍可考的山东异常寒冷事件有13次，详见后面的山东农业自然灾害表（表5-1）。但这并不是山东境内的孤立事件，而是全国范围的普遍事件。郑景云等研究者将各地寒冷事件进行综合考察，绘出了魏晋南北朝时期东部温度变化图，发现魏晋南北朝时期的霜雪日期大多明显超出了各地的现代初、终霜雪平均日期[③]，这就意味着当时的无霜期比现代短许多。

魏晋南北朝时期山东有八月初霜、四月终霜的记录，这直接影响到农事的安排与农作物的收获量。如农事安排，《齐民要术》云当时石榴过冬必须要有人工保暖措施，"十月中，以蒲、藁裹而缠之。不裹则冻死也。二月初乃解放"[④]。青州种蜀椒，"此物性不耐寒，阳中之树，冬须草裹"[⑤]，不裹即死。栗树未成

---

① 赵凯球、马新：《山东通史·魏晋南北朝卷》，人民出版社2009年版，第4页。

② ［唐］房玄龄等：《晋书》卷一百零七，中华书局1974年版，第2795页。

③ 郑景云等：《魏晋南北朝时期的中国东部温度变化》，《第四纪研究》2005年第2期。

④ ［北魏］贾思勰原著，缪启愉校释：《齐民要术校释》第二版，中国农业出版社1998年版，第304页。

⑤ ［北魏］贾思勰原著，缪启愉校释：《齐民要术校释》第二版，中国农业出版社1998年版，第309页。

材之前,“三年内,每到十月,常须草裹,至二月乃解”①,不裹则冻死。青桐树,“至冬,竖草于树间令满,外复以草围之,以葛十道束置”②,否则会冻死。再如种黍的农时安排,“常记十月、十一月、十二月冻树日种之,万不失一”。而冻树日,贾思勰解释说:“冻树者,凝霜封著木条也。假令月三日冻树,还以月三日种黍;他皆仿此。十月冻树宜早黍,十一月冻树宜中黍,十二月冻树宜晚黍。若从十月至正月皆冻树者,早晚黍悉宜也。”③冻树,今称为“雾凇”。贾思勰以雾凇为物候指示来安排农事生产活动,说明当时雾凇能经常而又有规律地出现,而雾凇出现的季节,气温都比较低。

研究者认为魏晋南北朝时期是一个可与小冰期相比拟的寒冷气候阶段,但从历史文献及自然证据所记录的寒冷事件次数变化趋势看,魏晋南北朝的气候存在“冷—暖—冷”的世纪波动,其中两个冷谷分别为三世纪七十年代至四世纪五十年代和五世纪五十年代至六世纪三十年代,而四世纪六十年代至五世纪四十年代则相对温暖一些。魏晋南北朝时期整个时段中国东部冬半年的平均温度较现代约低 0.5℃,其中最冷的 30 年(480—509)较现代约低 1.2℃。两个明显寒冷时段的温度距平分别较现代低0.5℃④。《齐民要术》记载,种谷以“三月上旬及清明节、桃始花为中时,四月上旬及枣叶生、桑花落为下时”,所记述的春季物候比现在要迟 5—7 日,这说明“当时华北平原的春季温度多年平均较现代低 0.95℃,相当于东部地区的冬半年平均温度低 0.8℃”⑤。气温的降低,无霜期的缩短,直接导致中高纬度地带的农作物减产。现代研究表明:年平均气温 0.5℃—1℃的幅度变化已足以引起自然生产力与社会生产力的变化。根据张家诚的研究,年平均气温均匀变化 1℃,我国南方的年积温变化可达 365℃,而主要粮食作物每差一个熟级,所需的积温相差 100℃—200℃。因此,年均温度每变化 1℃,各季作物的熟级可相应变化大约两级。据农业生产经验,每相差一个熟级,产量

---

① [北魏]贾思勰撰,缪启愉校释:《齐民要术校释》第二版,中国农业出版社 1998 年版,第 293 页。

② [北魏]贾思勰撰,缪启愉校释:《齐民要术校释》第二版,中国农业出版社 1998 年版,第 356 页。

③ [北魏]贾思勰撰,缪启愉校释:《齐民要术校释》第二版,中国农业出版社 1998 年版,第 102 页。

④ 郑景云等:《魏晋南北朝时期的中国东部温度变化》,《第四纪研究》2005 年第 2 期。

⑤ 郑景云等:《魏晋南北朝时期的中国东部温度变化》,《第四纪研究》2005 年第 2 期。

变化约为10%。相差两个熟级,产量变化即可达二成[①]。魏晋南北朝时期山东地域的温度降幅已超过0.5℃,这对中高纬度地区的山东农业生产的影响尤为明显,直接导致当地减产一到二成。

2. 次生植被的恢复与深山区的人类活动

曹操在《蒿里行》中提及,三国战乱时"生民百遗一","白骨露于野,千里无鸡鸣"。十六国时期,"自丧乱已来六十余年,苍生殄灭,百不遗一"[②]。在北魏与刘宋争夺青齐之地时,"自江淮至于清、济,户口数十万,自免湖泽者,百不一焉。村井空荒,无复鸣鸡吠犬"[③]。在人口大量损耗的情形下,一些地区的原生植被得以生息,次生植被迅速恢复。如曹操与吕布战于定陶、馆陶间,其兵"屯西有大堤,其南树木幽深"[④]。随战事时间的加长,有些地方的植被恢复期甚至长达二十年,虎、獐、鹿、狐、兔等各种野生动物得以生存其间。例如北魏"世宗景明元年(500)六月,雍、青二州大雨雹,杀獐鹿"[⑤]。北魏"延昌四年(515)四月,兖州献白狐";"元象元年(538)四月,光州献九尾狐。二年(539)二月,光州献九尾狐"。[⑥] 太和元年(477)"三月,白鹿见于青州";"延昌二年(513)五月,齐州献白鹿";"肃宗熙平元年(516)五月,济州献白鹿";北齐"武定元年(543)六月,兖州献白鹿"。[⑦] 白鹿出现的地区,必须有种群数量相当大的梅花鹿群生息,才会有概率极低的白花基因显性变异鹿出现。[⑧] 何德章先生根据《齐民要术》的记载,认为獐、野兔、野鸡、野猪、野鸭、熊等动物成为黄河中下游地区人们的日常食物,表明这一时期有较多的森林或次生林。[⑨]

前文已述及秦汉时期山东地域的远山深谷林区并未受到过多的人类扰动,稍有采集与狩猎的人群活动。但魏晋南北朝时期,为了躲避战乱,大量人口迁入深山区,据险自保,所以山区森林受到人类扰动的程度比前一时期

---

① 参见张家诚:《气候与人类》,河南科学技术出版社1988年版,第123—125页。
② [唐]房玄龄等:《晋书》卷五十六,中华书局1974年版,第1545页。
③ [南朝梁]沈约:《宋书》卷九十五,中华书局1974年版,第2359页。
④ [西晋]陈寿:《三国志》卷一,中华书局1959年版,第12—13页。
⑤ [北齐]魏收:《魏书》卷一百一十二,中华书局1974年版,第2904页。
⑥ [北齐]魏收:《魏书》卷一百一十二,中华书局1974年版,第2928—2929页。
⑦ [北齐]魏收:《魏书》卷一百一十二,中华书局1974年版,第2930—2931页。
⑧ 参见盛和林等:《中国鹿类动物》,华东师范大学出版社1992年版,第267页。
⑨ 何德章:《中国经济通史·第三卷》,湖南人民出版社2002年版,第41—43页。

剧烈。曹子建的《泰山梁甫行》描述了当时人们躲进山林后的生活情形："八方各异气，千里殊风雨。剧哉边海民，寄身于草墅。妻子象禽兽，行止依林阻。柴门何萧条，狐兔翔我宇。"当时人们向山里迁移的规模也不小，郗鉴率千余家躲进鲁之峄山就是明显的例子。"鉴得归乡里。于时所在饥荒，州中之士素有感其恩义者，相与资赡。鉴复分所得，以恤宗族及乡曲孤老，赖而全济者甚多，咸相谓曰：'今天子播越，中原无伯，当归依仁德，可以后亡。'遂共推鉴为主，举千余家俱避难于鲁之峄山。"①鲁之峄山以出产松、桐著称，林深地险，乱时足以据地自保。此外，根余山，即今昆嵛山，林深谷幽，且又近海，治生资源丰富，也很适合避乱自保。"自永嘉丧乱，青州沦没石氏。东莱人曹嶷为刺史，造广固城，后为石季龙所灭。"②身为东莱人的曹嶷对根余山的情形自然知之甚稔，他在受到石季龙步骑四万的攻击时，就考虑到率兵退进根余山自保，"先是，嶷议欲徙海中，保根余山，会疾疫甚，计未及就"③。

尽管有人类的扰动，但是山东的森林面貌并没有因此发生大的改变，在之后的隋唐时期，各地的森林状况仍然良好。

3. 农业自然灾害

战乱影响农业生产，气象的异常状况也影响农业生产。魏晋南北朝时期山东的农业自然灾害主要有四种，即旱灾、虫灾、水灾、冻灾，详情见表5－1。

表5－1　　魏晋南北朝时期山东农业自然灾害表④

灾害	时间	灾情发生地	资料来源
旱、蝗灾	晋咸宁元年(275)	九月，青州螟	《晋书》卷三，第65页
	晋咸宁四年(278)	荆、扬、司、冀、充、豫郡国二十螟	《晋书》卷二十九，第889页
	晋太康六年(285)	三月，青、梁、幽、冀郡国旱	《晋书》卷二十八，第839页

① ［唐］房玄龄等：《晋书》卷六十七，中华书局1974年版，第1797页。

② ［唐］房玄龄等：《晋书》卷十五，中华书局1974年版，第450页。

③ ［唐］房玄龄等：《晋书》卷一百零五，中华书局1974年版，第2740页。

④ 据正史记录制表。魏光兴、孙昭民主编的《山东省自然灾害史》所列的正史记录多有遗漏，其所录方志资料可资参考。

续表

灾害	时间	灾情发生地	资料来源
旱、蝗灾	晋永宁元年(301)	自夏至秋,青、徐、幽、并四州旱	《晋书》卷二十八,第839页
	晋建兴五年(317)	七月,司、冀、青、雍四州螽蝗	《晋书》卷五,第131页
	晋大兴元年(318)	八月,冀、青、徐三州蝗	《晋书》卷六,第151页
	晋太元十五年(390)	八月,兖州蝗	《晋书》卷二十九,第881页
	晋太元十六年(391)	五月,飞蝗从南来,集堂邑县界,害苗稼	《晋书》卷二十九,第881页
	刘宋大明元年(457)	(济宁)时天旱,水泉多竭	《宋书》卷八十八,第2218页
	北魏太和六年(482)	七月,青、雍二州虸蚄害稼八月,徐、东徐、兖、济、平、豫、光七州,平原、坊头、广阿、临济四镇,蝗害稼	《魏书》卷一百一十二,第2921页
	北魏太和八年(484)	四月,济、光、幽、肆、雍、齐、平七州蝗六月,相、齐、光、青四州虸蚄害稼	《魏书》卷一百一十二,第2921页
	北魏景明元年(500)	青、齐、徐、兖、光、南青六州虸蚄害稼	《魏书》卷一百一十二,第2921页
	北魏景明四年(503)	东莱郡虸蚄害稼	《魏书》卷一百一十二,第2921页
	北魏正始四年(507)	青州步屈虫害枣花	《魏书》卷一百一十二,第2921页
	北魏延昌元年(512)	五月,青州步屈虫害枣花八月,青、齐、光三州虸蚄害稼,三分食二	《魏书》卷一百一十二,第2922页
	北魏熙平元年(516)	青、齐、光、南青四州虸蚄虫害稼	《魏书》卷一百一十二,第2922页
	北魏永熙元年(532)	属时亢旱,士民劝令祷于海神	《魏书》卷七十一,第1574页
	北齐乾明元年(560)	光、青州往因螽水,颇伤时稼	《北齐书》卷五,第75页

续表

灾害	时间	灾情发生地	资料来源
雨、雹、霜、冻灾	魏景初元年(237)	景初元年夏,大水,伤五谷。九月,淫雨,冀、兖、徐、豫四州民遇水	《三国志》卷三,第109页
	晋泰始四年(268)	九月,青、徐、兖、豫四州大水	《晋书》卷三,第57页
	晋泰始五年(269)	二月,青、徐、兖三州大水	《晋书》卷三,第58页
	晋咸宁三年(277)	八月,平原、安平、上党、泰山四郡霜,是月河间暴风寒冰	《晋书》卷二十九,第873页
	晋咸宁三年(277)	九月,青、徐、充、豫、荆、益、梁七州大水,伤秋稼	《晋书》卷三,第68页
	晋咸宁四年(278)	七月,荆、扬、司、冀、兖、豫郡国二十大水,伤秋稼,坏屋室,有死者	《晋书》卷三,第68页;《晋书》卷二十七,第814页
	晋太康元年(280)	东平、济南雨雹,伤禾麦三豆	《晋书》卷二十九,第873页
	晋太康二年(281)	二月,济南、琅邪陨霜。六月,江夏、泰山大水	《晋书》卷三,第73页;《晋书》卷二十九,第973页
	晋太康四年(283)	七月,兖州大水	《晋书》卷二十七,第814页
	晋太康五年(284)	七月,任城、梁国、中山雨雹,伤秋稼	《晋书》卷三,第75页
	晋太康八年(287)	夏四月,齐国陨霜	《晋书》卷三,第77页
	晋元康五年(295)	六月城阳、东莞大水杀人。荆、扬、徐、兖、豫五州又大水	《晋书》卷二十七,第814页
	晋元康七年(297)	五月,鲁国雨雹	《晋书》卷四,第94页
	晋永宁元年(301)	十月,襄城、河南、高平、平阳风雹,折木伤稼	《晋书》卷二十九,第874页

续表

灾害	时间	灾情发生地	资料来源
雨、雹、霜、冻灾	晋太安元年(302)	七月,兖、豫、徐、冀等四州大水	《晋书》卷四,第99页
	晋太元十五年(390)	八月,沔中诸郡及兖州大水	《晋书》卷九,第238页
	刘宋元嘉十七年(440)	徐、兖、青、冀四州大水	《宋书》卷五,第87页
	刘宋元嘉二十四年(447)	徐、兖、青、冀四州大水	《南史》卷二,第50页
	刘宋大明四年(460)	南徐、兖二州大水	《宋书》卷六,第127页
	北魏承明元年(476)	青、齐、徐、兖大风,雹	《魏书》卷一百一十二,第2904页
	北魏太和二年(478)	兖州大霖雨	《魏书》卷一百一十二,第2902页
	北魏太和六年(482)	七月,青、雍二州大水。八月,徐、东徐、兖、济、平、豫、光七州,平原、坊头、广阿、临济四镇大水	《魏书》卷一百一十二,第2902页
	北魏太和九年(485)	雍、青二州陨霜	《魏书》卷一百一十二,第2906页
	北魏太和二十三年(499)	六月,青、齐、光、南青、徐、豫、兖、东豫八州大水	《魏书》卷一百一十二,第2902页
	北魏景明元年(500)	六月,雍、青二州大雨雹,杀獐鹿	《魏书》卷一百一十二,第2904页
	北魏景明元年(500)	七月,青、齐、南青、光、徐、兖、豫、东豫,司州之颍川、汲郡大水,平隰一丈五尺	《魏书》卷一百一十二,第2903页
	北魏景明二年(501)	齐州陨霜,杀桑麦	《魏书》卷一百一十二,第2907页
	北魏景明四年(503)	暴风,大雨雹,起自汾州,经并、相、司、兖,至徐州而止,广十里,所过草木无遗	《魏书》卷一百一十二,第2905页

续表

灾害	时间	灾情发生地	资料来源
雨、雹、霜、冻灾	北魏景明四年(503)	齐州陨霜,杀桑麦	《魏书》卷一百一十二,第2907页
	北魏正始二年(505)	三月,青、徐州大雨霖	《魏书》卷一百一十二,第2902页
	北魏正始二年(505)	三月,齐、济二州大雹,雨雪。四月,齐州陨霜	《魏书》卷一百一十二,第2907页
	北魏永平四年(511)	时仲冬寒盛,兵士冻死者,朐山至于郯城,二百里间僵尸相属	《魏书》卷五十二,第1148页
	东魏元象元年(538)	是夏,山东大水	《魏书》卷一十二,第302页
	北齐乾明元年(560)	河南、定、冀、赵、瀛、沧、南胶、光、青九州,水	《北齐书》卷五,第75页
	北齐河清二年(563)	兖、赵、魏三州大水	《隋书》卷二十二,第622页
	北齐河清三年(564)	是岁,山东大水	《北齐书》卷七,第93页
	北齐河清四年(565)	三月,西兖、梁、沧、赵州,司州之东郡、阳平、清河、武都,冀州之长乐、渤海遭水潦	《北齐书》卷七,第94页
	北齐天统三年(567)	是秋,山东大水	《北齐书》卷八,第100页

卜风贤以《中国农业自然灾害史料集》为基本资料库,统计了三国魏晋南北朝时期的各种农业自然灾害,得到的结论是江南、山西、山东成为三大农业重灾区,雨灾(59次)、水灾(149次)频率高于旱灾(190次)频率。[①] 但他所指的山东乃是广义的山东,并非指今山东省,所以只能作为大致的参考。而据上表资料,魏晋南北朝时期山东水灾记录20次,旱灾记录5次,水灾的频率的确要高于旱灾。另外,山东有虫灾记录14次,历来认为旱、蝗有正关联度,即所谓"旱极而蝗""久旱必有蝗"。但现代科学研究证明二者之间并不具备正关联度,而是水灾之后的湿润土壤提供了蝗虫孕生的适宜环

① 卜风贤:《三国魏晋南北朝时期农业灾害时空分布研究》,《中国农学通报》2004年第5期。

境,水灾之后的干旱才会催生蝗虫产生和群体迁徙,进而食尽所过地带的植被,即水而后旱,才与蝗灾有正关联度。山东水灾多发生于夏季雨季,而山东的气候常常秋后少雨,易发生秋旱,夏季水灾秋后旱,比较容易满足蝗虫产生的条件,所以造成山东秋后常多蝗虫之灾。

魏晋南北朝时期山东水灾频率高,虽然这与降雨量有关,但与这一时期战乱频仍、水利设施废弃也不无关系,是天灾和人祸相互作用的结果。

(二)山东的农业资源及其利用

虽然魏晋南北朝时期的年平均气温略低,但当时山东的降雨量、水体并不缺乏,所以并不影响当时农作物的种类以及可利用的野生动植物资源,百姓的生计策略比较多样化。

1. 野生动植物资源及其利用

以理推之,当时能利用的野生动植物资源都应该被利用到了。但现在文献记载可考的只有十数种。

陆玑作《毛诗草木鸟兽虫鱼疏》,常用山东地域所利用到的野生动植物资源作例证。现撮举如下:

"蓷,似萑,方茎白华,华生节间。旧说及魏博士济阴(今山东定陶)周元明皆云'菴蕳',是也。"①

"蒹,水草也。坚实,牛食之,令牛肥强。青、徐州人谓之蒹,兖州、辽东通语也。"②

"蘩,皤蒿。凡艾白色为皤蒿,今白蒿。春始生,及秋香美,可生食,又可蒸食。一名游胡,北海(今青州)人谓之旁勃。"③

"蕨,鳖也,山菜也。周秦曰蕨,齐鲁曰鳖,初生似蒜,茎紫黑色,可食如葵。"④

"芑菜,似苦菜也。茎青白色,摘其叶,白汁出,肥可生食,亦可蒸为茹,青州谓之芑。"⑤

---

① [三国吴]陆玑撰,[明]毛晋参:《毛诗草木鸟兽虫鱼疏》,中华书局1985年版,第2页。
② [三国吴]陆玑撰,[明]毛晋参:《毛诗草木鸟兽虫鱼疏》,中华书局1985年版,第7页。
③ [三国吴]陆玑撰,[明]毛晋参:《毛诗草木鸟兽虫鱼疏》,中华书局1985年版,第9页。
④ [三国吴]陆玑撰,[明]毛晋参:《毛诗草木鸟兽虫鱼疏》,中华书局1985年版,第12页。
⑤ [三国吴]陆玑撰,[明]毛晋参:《毛诗草木鸟兽虫鱼疏》,中华书局1985年版,第14页。

"莱，草名。其叶可食，今兖州人蒸以为茹，谓之莱蒸。"①

"鲔，鱼形似鳣而色青黑，头小而尖，似铁兜鍪，口亦在颔下，其甲可以磨姜，大者不过七八尺，益州人谓之鳣鲔。大者为王鲔，小者名鮇鲔，一名鮥。肉色白，味不如鳣也。今东莱、辽东人谓之尉鱼，或谓之仲明鱼。仲明者，乐浪尉也，溺死海中化为此鱼。"②清人郝懿行在《尔雅义疏·释鱼》中提及："今馆陶县屯氏河所经，其中有鱼青黑色，长二尺许，彼人珍之，呼尉王鱼。"

鲂鱼，"鲂，今伊、洛、济、颍鲂鱼也，广而薄肥，恬而少力，细鳞，鱼之美者"③。

贾思勰作《齐民要术》时，也常谈到山东这些野生动植物的利用方式。如前引的"莱"，《齐民要术》种藜条曰："《诗》云'北山有莱。'义疏云：'莱，藜也。茎、叶皆似菉王刍。今兖州人蒸以为茹，谓之莱。'"又如《齐民要术》菹法条云："苣，似苦菜，茎青。摘去叶，白汁出，甘脆可食，亦可以为茹。青州谓之苣。"再如《齐民要术》种蔓菁条，"《字林》云：蘴，芜菁苗也。乃齐鲁云。""乃齐鲁云"，意即只是齐鲁之地独特的方言说法，而非其利用方法上的差别。

西晋郭璞注前人典籍，亦常采用山东事例来加以说明，如注《尔雅》释鱼部分："鲣，大鲖，小者鲵。"郭璞注云："今青州呼小鲡为鲵。"再如："鰝，大虾也。"郭注云："虾大者出海中，长二三丈，须长数尺。今青州呼虾鱼为鰝，音酆鄗。"《尔雅》释草部分，"果蠃之实，栝楼"。郭注云："今齐人呼之为天瓜。"④

西晋崔豹撰《古今注》，亦有引用山东事例作例证，如"蟋蟀，一名吟蛩。秋初生，得寒则鸣。一云济南呼为懒妇"⑤。"獐，有牙而不能噬，鹿有角而不能触。獐，一名麇，青州人谓麇为獐。"⑥"兖州谓赤鲤为赤骥，谓青鲤为青马，谓白鲤为白骐，谓黄鲤为黄雉。"⑦

以上所举，足以说明魏晋南北朝时期山东人的采集、鱼捕生计策略，诸如采蕨、采舜、采樣、伐檀、伐杞以及捕鲂鱼等。案例有乐安博昌（今博兴县博兴

---

① ［三国吴］陆玑撰，［明］毛晋参：《毛诗草木鸟兽虫鱼疏》，中华书局1985年版，第17页。
② ［清］阮元校刻：《十三经注疏》，中华书局影印1980年版，第2640页。
③ ［三国吴］陆玑撰，［明］毛晋参：《毛诗草木鸟兽虫鱼疏》，中华书局1985年版，第53页。
④ ［清］阮元校刻：《十三经注疏》，中华书局影印1980年版，第2626页。
⑤ ［西晋］崔豹：《古今注》卷中，商务印书馆1956年版，第16页。
⑥ ［西晋］崔豹：《古今注》卷中，商务印书馆1956年版，第15页。
⑦ ［西晋］崔豹：《古今注》卷中，商务印书馆1956年版，第18页。

镇东南)人任昭先,家贫,以卖鱼为生。[①] 也有一些很好的野生资源在齐鲁之地被视而不见,如四月初夏新出的嫩青草本是上好的饲料,但齐地弃而不用。贾思勰引以为憾:"《家政法》曰:'四月伐牛茭。'四月青草,与茭豆不殊,齐俗不收,所失大也。"[②] 上引材料中可供狩猎的兽类记载甚少,但狩猎是存在的,如"清河令徐季龙使人行猎"[③];鲁国邹人唐彬,"少便弓马,好游猎"[④];长广掖(今山东莱州)人苏峻组织坞壁之人"射猎于海边青山中"[⑤];齐州东清河绎幕人(今济南历城东南)房法寿"少好射猎"[⑥]。由于书阙有间,上所撮举,只是挂一漏万而已,实际生活中的采集、猎捕、山伐要丰富得多。

2. 粮食作物的生产

从前所列灾害表中,可知魏晋南北朝时期山东各地的作物主要是禾、麦、三豆。小麦属 C_3类作物,亩产量高,再加上魏晋南北朝时期水碓、旋转磨等粉碎工具大有改进,尤其八区斜线石磨的普及,小麦已从粒食演化为面食,从粗粮变成人们心目中的细粮、精粮,所以种植面积不断扩大。

曹操与吕布战于定陶、馆陶间,军中乏粮,"兵皆出取麦,在者不能千人"[⑦]。由此可从侧面推知鲁西南地区的百姓种麦。西晋城阳营陵(今山东潍坊南)人王裒隐居教授、躬耕,"诸生密为刈麦"。其学生有为本县所役使者,王裒"乃步担干饭,儿负盐豉草履,送所役生到县"[⑧]。则知王裒家中所种粮食作物为麦、粟、豆三种。平原(今山东平原)人刘善明家种粟,"元嘉(424—453)末,青州饥荒,人相食,善明家有积粟,躬食饘粥,开仓以救乡里,多获全济,百姓呼其家田为'续命田'"[⑨]。南燕慕容超曾自夸他所据有的青齐之地,"拥富庶之民,铁骑万群,麦禾布野"[⑩]。

---

① [西晋]陈寿撰,[南朝宋]裴松之注:《三国志》卷二十七,中华书局1959年版,第748页。
② [北魏]贾思勰原著,缪启愉校释:《齐民要术校释》第二版,中国农业出版社1998年版,第421页。
③ [西晋]陈寿撰,[南朝宋]裴松之注:《三国志》卷二十九,中华书局1959年版,第824页。
④ [唐]房玄龄等:《晋书》卷四十二,中华书局1974年版,第1217页。
⑤ [唐]房玄龄等:《晋书》卷一百,中华书局1974年版,第2628页。
⑥ [北齐]魏收:《魏书》卷四十三,中华书局1974年版,第969页。
⑦ [西晋]陈寿撰,[南朝宋]裴松之注:《三国志》卷一,中华书局1959年版,第12页。
⑧ [唐]房玄龄等:《晋书》卷八十八,中华书局1974年版,第2278页。
⑨ [南朝梁]萧子显:《南齐书》卷二十八,中华书局1972年版,第522页。
⑩ [北宋]司马光编著,[元]胡三省音注,"标点资治通鉴小组"校点:《资治通鉴》卷一百一十五,中华书局1956年版,第3616页。

在水源充足的地区仍是种水稻。如北海剧县(今山东昌乐西)人高聪“启请青州镇下治中公廨,以为私宅,又乞水田数十顷,皆被遂许”①。

应该说,只要生产进程不被战乱、灾害所打断,山东的粮食积贮还是比较可观的。刘宋管辖山东期间,近半个世纪内相对比较安宁,粮贮颇丰。以此之故,皇兴元年(467)慕容白曜攻打青齐之地时,很容易地在青齐之地获得了大量粮储,在肥城获粟三十万斛,在垣苗(今山东长清)获粟十余万斛。② 东阳城(今青州市东)在被围困三年之后,慕容白曜仍能从东阳城“获仓粟八十五万斛,米三千斛”③。

粟、麦、豆只是百姓种植最普遍的大田粮食作物,更多的其他兼种粮食作物可见于贾思勰的记载,详见表5-2。

表5-2　《齐民要术》所记粮食作物种类表

名称	释　义
谷	本是五谷的总称,后专指“稷”,亦名“粟”“禾”。子实为圆形或椭圆小粒,俗称“小米”
穄	不黏的黍类,黍之秫熟者,又名“糜子”,去壳后称为“穄米”
黍	籽实淡黄色,去壳后称为“黄米”
梁	即梁秫,粟之糯者,不是“蜀黍”(高粱)
秫	指粘粟,俗称“秫米”
菽	豆的总称,有时又特指大豆,大豆又名黄豆、青豆、黑豆
小豆	亦称小菽、赤菽等,别名红小豆、赤豆
绿豆	因其颜色青绿而得名,又称青小豆、绿豆、植豆等
稻	籽实成熟时穗呈金黄色,称稻谷;去壳后称为稻米、大米;有时专指“水稻”
旱稻	水稻的变异型,指需水量少、可种于旱地的稻子
大麦	亦称辫麦,禾本科大麦属谷类植物
小麦	禾本科小麦属谷类植物
稗	一年生草本植物,叶似稻,常杂生于稻田中。籽实可食,平时作饲料,灾荒年亦作粮食用
稊	一种类似稗子的草,籽实类糜子

① [北齐]魏收:《魏书》卷六十八,中华书局1974年版,第1522页。
② [北齐]魏收:《魏书》卷五十,中华书局1974年版,第1117页。
③ [北齐]魏收:《魏书》卷五十,中华书局1974年版,第1119页。

3. 经济作物种植

贾思勰所列举的经济作物有纤维作物枲麻,饲料作物苜蓿、大豆等,染料作物红蓝、栀子、蓝、紫草等,油料作物胡麻、荏、蔓菁等,香辛料作物椒等。这些作物,山东农家或多或少都有种植,大庄园更是大面积种植,只是史籍散佚,记载不多。

麻的种植。平原刘氏随慕容德南迁,居北海之都昌(今山东潍坊东北)。刘峻"父珽,宋始兴内史",刘峻出生后不久,父亡,其母将其携还都昌乡里,"峻好学,家贫,寄人庑下,自课读书,常燎麻炬,从夕达旦"①。是知北海百姓种麻。

蓝是著名经济作物,效益极高。贾思勰记载了红蓝、蓝、紫草等染料作物的种植技术,并计算了种染料比种谷物多收三百匹绢的经济利益。"负郭良田种一顷者,岁收绢三百匹。一顷收子二百斛,与麻子同价,既任车脂,亦堪为烛,即是直头成米。二百石米,已当谷田;三百匹绢,超然在外。"②因为种植染料作物的超额利润,在王洪范任青、冀二州刺史之前的官吏,"或强借百姓麦地以种红花,多与部下交易,以祈利益。洪范至,一皆断之"③。

蜀椒是这一时期山东成功引入并广为栽培的新经济作物品种。贾思勰云:"今青州有蜀椒种,本商人居椒为业,见椒中黑实,乃遂生意种之。凡种数千枚,止有一根生。数岁之后,便结子,实芬芳,香、形、色与蜀椒不殊,气势微弱耳。遂分布栽移,略遍州境也。"④

大田经济作物还有林特产品,主要是各种果树。当时山东地区普遍种植枣、梨、樱桃、杏、桃、柰、柿、栗、榛、安石榴等品种,以乐氏枣、颜回李、蓬莱杏、朐山梨、峄阳栗、齐柿等为名品。

贾思勰云:"青州有乐氏枣,丰肌细核,多膏肥美,为天下第一。父老相传云:'乐毅破齐时,从燕赍来所种也。'齐郡西安、广饶二县所有名枣即是

---

① [唐]姚思廉:《梁书》卷五十,中华书局 1973 年版,第 701 页。

② [北魏]贾思勰原著,缪启愉校释:《齐民要术校释》第二版,中国农业出版社 1998 年版,第 364 页。

③ [唐]李延寿:《南史》卷七十,中华书局 1975 年版,第 1711—1712 页。

④ [北魏]贾思勰原著,缪启愉校释:《齐民要术校释》第二版,中国农业出版社 1998 年版,第 309 页。

也。今世有陵枣、幪弄枣也。”①乐氏枣之外，尚有东郡穀城(今山东东阿)的紫枣，枣长二寸。

晋傅玄《李赋》云“河、沂黄建”，即今山东沂水所产黄建李。颜回家乡所产的李酸甜可口，世称“颜回李”。“今世有木李，实绝大而美。又有中植李，在麦后谷前而熟者。”②

蓬莱杏。贾思勰引《西京杂记》云：“蓬莱杏，东海(郡治今山东郯城)都尉于台献，一株花杂五色，云是仙人所食杏也。”③

朐山梨。《广志》记山阳钜野、齐国临淄并出梨。左思在《齐都赋》中云：“果则朐山之梨。”朐山，在今山东临朐东南。

峄阳栗。《西京杂记》云：“峄阳栗，都尉曹龙所献，其大如拳。”峄阳，指峄山之南坡。峄山位于山东邹城，故又称“邹峄山”。邹峄山之名，自先秦以来就以《禹贡》所载“峄阳孤桐”而广为人知。峄阳孤桐，又称“峄阳桐”。故“峄阳栗”，当是指广为人知的邹峄山南坡所产之栗，而非缪启愉所说的江苏邳县“葛峄山”所产之栗。若如缪启愉所说的峄山指“葛峄山”④，就会出现东海郡同时有曹龙、于台两个都尉的情形。只有是邹峄山，才不会出现东海郡一郡同时两个都尉供献名果的情形。邹峄山在山阳郡，曹龙为山阳郡都尉，于台为东海郡都尉。

齐柿。东汉乐安(今山东高青)相李尤云：“鸿柿若瓜。”陆羽引三国傅巽《七诲》云：“蒲桃、宛柰、齐柿、燕栗、峘阳黄梨、巫山朱橘、南中茶子、西极石蜜。”⑤是知齐地之柿自汉以来已为名品，贾思勰云种柿如插梨之法。

柰，一种类似花红的果子。贾思勰引《广志》云：“柰有白、青、赤三种。张掖有白柰，酒泉有赤柰。西方例多柰，家以为脯，数十百斛以为蓄积，如收藏枣栗。”山东所种者为赤柰，又称丹柰。王祥幼时，家中“有丹柰结实，母命

---

① [北魏]贾思勰原著，缪启愉校释：《齐民要术校释》第二版，中国农业出版社1998年版，第260页。

② [北魏]贾思勰原著，缪启愉校释：《齐民要术校释》第二版，中国农业出版社1998年版，第275页。

③ [北魏]贾思勰原著，缪启愉校释：《齐民要术校释》第二版，中国农业出版社1998年版，第280页。

④ [北魏]贾思勰原著，缪启愉校释：《齐民要术校释》第二版，中国农业出版社1998年版，第294页。

⑤ 吴觉农主编：《茶经述评》第二版，中国农业出版社2005年版，第199页。

守之”[1]。

园圃蔬菜作物亦是经济作物。《齐民要术》记录有86种水、陆蔬菜，现择其常用者分述如下：

芦菔，即今萝卜。

芜菁，俗称大头菜，也叫蔓菁。

葵，即“青青园中葵”之葵，又称“滑菜”，是中古时期最主要的蔬菜，有春葵、秋葵、冬葵之分。

芋，即今芋艿，俗称芋头。

胡荽，即今香菜。

胡葈，即菊科的葈耳。

䪥，即薤，别称藠头。

葱，青绿色，作蔬菜、香辛料，兼作药用。

韭，即今多年生韭菜。

蒜，有泽蒜、大蒜。

姜，根茎作蔬菜、香辛料，并作药用。

瓜，有甜瓜，俗名香瓜；有冬瓜；有胡瓜，即黄瓜。

瓠子，又称瓠瓜，为葫芦的变种，果实长圆形，嫩时柔软多汁。

菘，即白菜，食叶。

茄子，花紫色，果可供蔬食。根、茎、叶均可入药。

蜀芥，味辛辣，芥菜的一种，原产于蜀地。贾思勰称其为大芥。

芸薹，即油菜，此时仅作叶用蔬菜，到宋代时籽实才被用作榨油原料。亦称胡菜，今称苔菜。

芥子，芥菜中的一种，贾思勰称其为小芥。

蘧，即苦荬菜，菊科多年生宿根草本植物。白蘧，叶白色，折之有白汁。

堇，即堇菜，叶似蕺，花紫色，味略苦。

蕨，嫩叶可食，俗名蕨菜。

菱，又称芰，果实硬壳，有角，蔬、食两用。

芡，一名鸡头，一雁头，花梗多刺，八月中收取。

蒿，有青蒿、蓬蒿。

---

① ［唐］房玄龄等：《晋书》卷三十三，中华书局1974年版，第987页。

荏，嫩叶可食，亦称白苏，种子称苏子，可榨油。

兰香，嫩叶作香菜供食。

蓼，茎叶味辛辣，可用以调味。

苋，即苋菜，茎叶可吃。

蘘荷，花穗和嫩芽可供食用，地下根茎既可食用，也可供药用。

芹，有旱芹、水芹。水芹为多年生水生宿根草本植物，以其嫩叶和叶柄作蔬菜。

马芹，又称胡芹。

苜蓿，即紫花苜蓿，可用作蔬菜和饲料，不可多食。

蒲，指香蒲草，可作蔬菜，自先秦时起，齐鲁之地就已广泛种植。

草蒿，其籽实可作为调味香料。

蓴，即莼菜，水生宿根草本，春夏季可作蔬菜。

藕，即荷的根茎。

莲子，莲的种实。

茱萸，果实味辛香，供食用，亦用作香剂。在辣椒传入中国之前，茱萸充当着辣椒的角色。

荜拨，胡椒科，药用，亦作调料用，可除肉类腥味。

苏，即白苏，一年生草本植物，种子可榨油。

菌，即蕈，生长在树林里或草地上的高等菌类植物，形状略像伞。

笋，竹子根状茎上长出的幼嫩芽茎，春季甫出地面即收采，只能嫩时食用。

荇，多年生水生草本，生于淡水湖泊中，茎细长，沉没水中。叶卵圆形，漂浮在水面上，嫩茎叶可食。

上述各种蔬菜，自用之外，市卖以贴补家用的目的非常明确，贾思勰云“薤可拔卖之”、小豆“其藿可卖”、葵“自四月八日以后，日日剪卖”、胡荽“都邑粜卖”等等。《诗经》云“周原膴膴，堇荼如饴”，乃是指野生堇菜。齐地已园圃人工种植堇菜，春天的堇荼，尤其味美。青州崔和之母李氏“春思堇”，崔和嫌其价高，“惜钱不买”①。由此知农家的菜蔬瓜果在当时已是相当重要的经济作物。蔬、果、林等经济作物，既属生民所需，也是官方大力鼓励百

① ［唐］李延寿：《北史》卷四十四，中华书局1974年版，第1640页。

姓种植的。如郑浑出任山阳、魏郡太守时，兴修陂堨，发展农业，“又以郡下百姓，苦乏材木，乃课树榆为篱，并益树五果；榆皆成藩，五果丰实。入魏郡界，村落齐整如一，民得财足用饶”①。

二、魏晋南北朝时期山东的农业生产技术

前文提及山东“战乱中的盛世”的表现之一是旱作农业技术体系的基本成熟，这在两个方面可以得到体现：一是由氾胜之时代的“耕、摩、蔺”耕作体系变革为贾思勰总结的“耕、耙、耱、耢”耕作体系，二是水利技术与水利工程的兴建。

（一）旱作技术体系基本确立

旱作技术体系的基本确立包括两个方面：一是旱作技术体系主要是耕地技术体系的确立，二是耕作技术指导思想的确立。

1. 山东的农具

山东自古冶铁铸造业兴旺，官府、私家都制造农具。北魏孝文帝时，崔挺为光州（今山东莱州）刺史，“先是，州内少铁，器用皆求之他境，挺表复铁官，公私有赖”②。崔鉴为东徐州（今山东沂水）刺史，“于州内冶铜以为农具，兵民获利”③。官造农具外，又有私造，今山东邹平、章丘交界处的长白山中，“诸州豪右，在山鼓铸”④。

魏晋以来，已使用灌钢技术生产高碳钢，用以制作锋利耐用的刃口。铁齿鳎楱这种工具的出现，必须依赖高碳钢的生产。它使用的齿，要切碎土垡和各种根茎，如果没有锋利而耐用的高碳钢齿是无法普遍应用的。当时，山东的农具中，犁等较大型的农具采用铸制技术，而凿、刀等小型工具采用锻打技术制造。采用锻打技术制作的农具不仅锋利，而且经久耐用。山东牟平出土了十六国时期的铁器，既有铸造的铁犁，也有锻打的斧、凿、刀、削、锯等工具。其中，铁犁保存尚好，其他均已大部分锈蚀。出土的犁铧“尖端宽钝，平底弧背，背面中部为一长方形凹槽，槽的前端为深 1.4 厘米的窝，应由

① ［西晋］陈寿撰，［南朝宋］裴松之注：《三国志》卷十六，中华书局 1959 年版，第 511—512 页。
② ［北齐］魏收：《魏书》卷五十七，中华书局 1974 年版，第 1265 页。
③ ［北齐］魏收：《魏书》卷四十九，中华书局 1974 年版，第 1103 页。
④ ［北齐］魏收：《魏书》卷四十五，中华书局 1974 年版，第 1028—1029 页。

此槽安装于犁的木质部分上。后端平直，略残。残长34厘米、宽24厘米”[①]。

这一时期山东所使用的耕翻工具，有犁、锋、镢、两齿耙等，其中齐人蔚犁比较先进。贾思勰指出：“今自济州以西，犹用长辕犁、两脚耧。长辕耕平地尚可，于山涧之间则不任用，且回转至难，费力，未若齐人蔚犁之柔便也。两脚耧种，垅穊，亦不如一脚耧之得中也。”[②]齐人的蔚犁与一脚耧适于小块土地的耕播，能满足在“山阜之曲”这样的狭小地块上“熟耕”的技术要求，这种柔便工具比较适合只有小块耕地的自耕农家庭，而且耕作效率也高。

山东自先秦以来就种植水稻，然而使用何种工具进行水稻生产，史籍缺载。贾思勰记载了魏晋以来山东水稻田整地用的陆轴，种水田，“先放水，十日后，曳陆轴十遍”[③]。陆轴，缪启愉援引王祯《农书》解释说是“用畜力牵引磙碾田间土块和场上谷物的农具”[④]。吴存浩认为其是“带刺的辊耙，可以碾碎耙平稻田中的土块，使其平坦，并把已发芽的草压入土中”[⑤]。现今南北方水田用的陆轴，在其转辊上安装有刺齿或者片棱，其功用就是将杂草或谷桩压入土中，无论如何也不可能兼具打场的功能，故当以吴说为是。

《齐民要术》中提到的工具及一些种植技术，直到近代山东农村中仍有较多保存[⑥]。

2. 旱地耕作技术体系的确立

在贾思勰的时代，土地翻耕完后，“铁齿镉楱再遍杷之，漫掷黍穄，劳亦再遍”[⑦]。至此，耕地、整地使用犁、耙、摩耢等工具，实行“耕、耙、糖、耢”的系列操作工序，这一工序体系意味着传统旱作耕整技术体系基本成熟。

---

① 林仙庭等：《山东牟平发现十六国时期文物》，《考古》1994年第2期。

② ［北魏］贾思勰原著，缪启愉校释：《齐民要术校释》第二版，中国农业出版社1998年版，第50页。

③ ［北魏］贾思勰原著，缪启愉校释：《齐民要术校释》第二版，中国农业出版社1998年版，第138页。

④ ［北魏］贾思勰原著，缪启愉校释：《齐民要术校释》第二版，中国农业出版社1998年版，第136页。

⑤ 吴存浩：《中国农业史》，警官教育出版社1996年版，第528页。

⑥ 参见丛林：《齐民要术调查研究的尝试》，载《农史研究集刊》第一册，科学出版社1959年版，第119—124页。

⑦ ［北魏］贾思勰原著，缪启愉校释：《齐民要术校释》第二版，中国农业出版社1998年版，第37页。

工序变化的关节点是耙的使用。耙的功用是利用畜力将耕垡土块用铁齿割碎后以便摩压，贾思勰称这种工具为“铁齿镉榛”，以有别于之前的人力耙。有了“耙”这道工序，表层以下的土垡也能破碎，从而有效切断和打乱了土壤的毛细管通道，阻止土壤底层的水分上升，将水分留在土层中，从而达到保墒抗旱的目的。与氾胜之时代“耕—摩—蔺”技术体系仅能摩压表层土壤相比，“耕、耙、耱、耢”体系的土壤保墒抗旱能力已大为提高。

由于上述耕地、整地工序出色的保墒效果，之后无论春耕、夏耕、秋耕、冬耕，都是使用该工序，只是视具体情况，有耕、耙、耢数量上的差别，但都以“熟”为要求。如种黍穄，“地必欲熟”；种小豆，“熟耕”；种麻，“耕不厌熟”；种旱稻，“速耕，杷、劳频烦令熟”；种瓜，“使之极熟”；种芜菁，“耕地欲熟”；种蒜，“三遍熟耕”；种胡麻，“令好调熟，调熟如麻地”；种姜，“纵横七遍尤善”。

为了保证耕整效果，贾思勰还提出了耕地的具体技术要领，即“凡秋耕欲深，春夏欲浅。犁欲廉，劳欲再“犁廉耕细，牛复不疲；再劳地熟，旱亦保泽也”[①]。春夏要浅耕，秋季要深耕，随季节具体把握。无论深耕浅耕，都要求“廉”，即要求土垡犁条要小，才能耕得深细，而且牛也不易疲倦。多次劳地，即使旱也保墒。

耕地、摩地、劳地、锄地等诸农事效果的火候把握，“不问春秋，必须燥湿得所为佳”[②]。至于如何把握好燥湿程度，以水分蒸发到“地白背”为标志，视作物情形，及时耕、劳、锄。如地势低下的下田，“地白背时，速耕”“秋耕待白背劳”。种谷，“苗既出垅，每一经雨，白背时，辄以铁齿镉榛纵横杷而劳之”。种小豆，“未生白背，劳之极佳”。种麻，“待地白背，耧耩，漫掷子”。种蓝，“待地白背，耧耩，漫掷子”。

3. 耕作技术的指导思想

“耕”以“养地”为核心指导思想，为此贾思勰提出了形式多样的耕作概念，如深耕、浅耕、初耕、转耕、纵耕、横耕、顺耕、逆耕、春耕、夏耕、秋耕、冬耕等。每种耕作方式都配套有相应的技术措施和方法，耕者可视具体情形而

① ［北魏］贾思勰原著，缪启愉校释：《齐民要术校释》第二版，中国农业出版社 1998 年版，第 38 页。

② ［北魏］贾思勰原著，缪启愉校释：《齐民要术校释》第二版，中国农业出版社 1998 年版，第 37 页。

灵活运用。这一系列的概念与技术,都围绕着一个中心——养地保墒。一切耕法,"不问春秋,必须燥湿得所为佳",使"地恒润泽而不坚硬"。若耕不得法,"非直逆天道,害蛰虫,地亦无膏润,收必薄少也"①。这是贾思勰赋予传统耕作技术的思想"灵魂"。

"作"以"量地利"为核心指导思想。收获更多的农作物是农业生产的根本目的,所以作物种植必须充分发挥"地利",前述精耕以养地的目的亦是为此。为了达到这个目的,贾思勰在论种穀时特别强调说:"顺天时,量地利,则用力少而成功多。任情返道,劳而无获。"②"地势有良薄,山泽有异宜",要因地、因时选择具体的作物和技术。在贾思勰那里,发挥地利主要有三点必须注意:一是"底",二是"锄",三是"肥"。

"底"的含义是指考察现下土地的肥、水状况是否适合将种作物的养分需求。按现代农业科学的说法,即前茬作物主要利用了土壤氮、磷、钾中的何种养分,留下的养分中以何种居多,适合种植何种作物。古人通过经验总结出了作物对土地养分的利用规律,以"底"来指称这种有规律的现象。贾思勰总结了当时的二十多种"底"。"凡谷田,绿豆、小豆底为上,麻、黍、胡麻次之,芜菁、大豆为下。常见瓜底,不减绿豆,本既不论,聊复记之。"③"凡黍穄田,新开荒为上,大豆底为次,谷底为下。"④"种茭者,用麦底。"⑤"小豆,大率用麦底。"⑥种蔓菁,"取根者,用大小麦底"⑦。种瓜,"小豆底佳,黍底次之"⑧。魏晋南北朝时期,大田作物基本靠"底",尤其是与豆底轮流,所以形成了以豆为中

---

① [北魏]贾思勰原著,缪启愉校释:《齐民要术校释》第二版,中国农业出版社1998年版,第45页。

② [北魏]贾思勰原著,缪启愉校释:《齐民要术校释》第二版,中国农业出版社1998年版,第65页。

③ [北魏]贾思勰原著,缪启愉校释:《齐民要术校释》第二版,中国农业出版社1998年版,第65页。

④ [北魏]贾思勰原著,缪启愉校释:《齐民要术校释》第二版,中国农业出版社1998年版,第102页。

⑤ [北魏]贾思勰原著,缪启愉校释:《齐民要术校释》第二版,中国农业出版社1998年版,第109页。

⑥ [北魏]贾思勰原著,缪启愉校释:《齐民要术校释》第二版,中国农业出版社1998年版,第115页。

⑦ [北魏]贾思勰原著,缪启愉校释:《齐民要术校释》第二版,中国农业出版社1998年版,第185页。

⑧ [北魏]贾思勰原著,缪启愉校释:《齐民要术校释》第二版,中国农业出版社1998年版,第155页。

心来安排前后茬农作物种植的思维习惯。

锄地，是古代农作中最为频繁的农事。贾思勰云："春锄起地，夏为除草。"①缪启愉注释云："北方春季旱干多风，所以春锄重在起地松土，切断毛管水的连通，以利抗旱保墒。夏季气温高，雨水又多，杂草长得快，而苗已长高，需肥量大，所以夏锄重在锄草壮苗。这是适应北方旱农特点的管理措施"②。锄地的效果，"锄者非止除草，乃地熟而实多，糠薄米息。锄得十遍，便得'八米'也。"锄既有如此功效，所以贾思勰提倡农人要"锄不厌数"，最少要有三遍。"多锄则饶子，不锄则无实。五谷、蔬菜、果蓏之属皆如此。"

肥料是补充地力的有效手段。"与《氾胜之书》相比，《齐民要术》肥料种类增加，制肥和用肥的方法也有进步；其中最突出的是绿肥的栽培利用和蔬菜栽培上施肥水平的提高。"③贾思勰在继承氾胜之天然青绿肥的基础上，提出了人工栽培绿肥的耕作方法，即在秋耕之前密植绿豆、小豆等作物，候苗生，犁入地下作肥料："凡美田之法，绿豆为上，小豆、胡麻次之。悉皆五、六月中穊种，七月、八月犁稀杀之，为春谷田，则亩收十石，其美与蚕矢、熟粪同。"④用肥技术的进步，体现在基肥、种肥、追肥的使用上。

详考《齐民要术》"作"的各个方面，都是围绕着"量地利""尽地利""不失地利"来展开技术工作的，所以"作"的核心思想就是"不失地利"。

自贾思勰赋予"耕""作"的模式和思想后，后世农者大多沿袭不替，在此基础上继续发展，旱作技术体系基本确立。

（二）水利资源的综合利用

魏晋南北朝时期山东的湖泊尚多，《水经注》所记载的大小湖泊有 25 个，详见表 5－3。

---

① ［北魏］贾思勰原著，缪启愉校释：《齐民要术校释》第二版，中国农业出版社 1998 年版，第 67 页。

② ［北魏］贾思勰原著，缪启愉校释：《齐民要术校释》第二版，中国农业出版社 1998 年版，第 72 页。

③ 董恺忱、范楚玉主编：《中国科学技术史 · 农学卷》，科学出版社 2000 年版，第289 页。

④ ［北魏］贾思勰原著，缪启愉校释：《齐民要术校释》第二版，中国农业出版社 1998 年版，第38 页。

表5－3　　魏晋南北朝时期山东湖泊分布表①

湖泊名	今　地	湖泊名	今　地
雷泽	菏泽、鄄城间	菏泽	定陶东北
巨野泽	巨野、郓城间	濛泽	嘉祥西北
黄湖	巨野东北	育陂	嘉祥西
茂都淀	汶上西南	薛训渚	嘉祥北
大荠陂	曹县西南	泽渚	东平南
秽野薄	济阳北	湄湖	长清西南
孟渚泽	单县、商丘间	黄陂	单县东南
落里坑	高唐东	沙邱堰	冠县西南
马常坑	利津南	巨淀湖	广饶东
别画湖	潍坊东北	皮邱坑	广饶东北
平州湖	博兴南	堂池	莘县南
柯泽	阳谷东北	白鹿渊	乐陵西南
漏泽	泗水县东南		

除《水经注》所记湖泊外，尚有许多著名湖泊，如济南的大明湖、莲子湖；其他不知名的湖泊更多，青州尤以为甚，在略阳桓道（今陕西南郑）人垣护之的印象中，“青州北有河、济，又多陂泽”②。可以确认当时山东的水体资源极为丰富。

丰富的水体带给人们丰富的治生之资。湖泊中水族极多，如《水经注》卷二十五所云“方十五里”的漏泽，直到唐朝时还是如此规模，《元和郡县图志》云其“水族山积”。莲子湖，又名鹊山湖。“历城北二里有莲子湖，周环二十里，湖中多莲花，红绿间明，乍疑濯锦。又渔船掩映，罟罾疏布，远望之者，若蛛网浮杯也。魏袁翻曾在湖晏集”③。各水体中水生植物也很茂盛，所以才有晋人“获黍西秦，采菱东齐”④的咏叹。而考山东各地之菱，以巨野泽所产者最为有名。贾思勰引《广志》云：“钜野大蔆，大于常蔆。淮汉之南，

① 参考邹逸麟主编：《黄淮海平原历史地理》，安徽教育出版社1997年版，第166—168页。另据《水经注》卷二十五增补“漏泽”。

② ［南朝梁］沈约：《宋书》卷五十，中华书局1974年版，第1451页。

③ ［唐］段成式撰，方南生点校：《酉阳杂俎》卷十一，中华书局1981年版，第107页。

④ ［北宋］李昉等：《太平御览》卷八百四十二，中华书局1960年版，第3762页。

凶年以芰为蔬，犹以预为资也。钜野，鲁薮也。"[①]预，即中国传统作物薯蓣，或写作"署预"，是百姓大田、园圃常种之物。而水中采菱可与园圃治田之功相当，具有很好的资生之用。可惜巨野、莲子湖等早已湮废，如今山东只有微山湖能略微踵继其迹。

如同汉武帝时利用巨淀湖修引水灌溉工程一样，历朝在其他各湖泊也修有类似的工程。刘宋时，东海郯城人何承天就曾谈到巨野泽旁的水利工程："钜野湖泽广大，南通洙、泗，北连青、齐，有旧县城，正在泽内。宜立式修复旧堵，利其埭遏"[②]。"旧堵"，就是说巨野泽周围之前修有不少堤防、引水灌渠，只需略加修复，"立式"加以管理，即可有效地"利其埭遏"。西晋杜预著名的两篇《陈田农疏》亦曾谈到山东境域内的陂塘水利工程事宜，提出"汉氏旧陂旧堨及山谷私家小陂，皆当修缮以积水"，至于"诸魏氏以来所造立，及诸因雨决溢蒲苇马肠陂之类，皆决沥之"。[③] 在决破兖、豫东界这些不合宜之陂以后，"随其所归而宣导之"，建立统一的水利工程，"交令饥者尽得水产之饶"，又可使水去"填淤之田，亩收数钟"。[④] 只可惜杜预立意虽好，但工程量庞大，而且触及私人利益，终归只是良好意愿而已。虽然如此，杜预指出的"私家小陂"却是随处可见的，郦道元在《水经注》中多记载有各条河流、湖泊"引灌之踪"，如莒县"沭水又南，浔水注之，水出于巨公之山，西南流，旧堨以溉田，东西二十里，南北十五里"[⑤]。

山东河流亦多。在黄河之外，《水经注》卷七、卷八详记济水源起及其支流所经。卷二十五、卷二十六所记诸水俱发源于今山东省中部山区，包括泗水、沂水、洙水、沭水、巨洋水、淄水、汶水、潍水、胶水等河流。四卷所载各河流主干、支流，远比东汉许慎所著的《说文》记载的河流更为丰富。加之魏晋南北朝时期植被状态良好，故各河流水量丰富，可兼有灌溉与船运之利，最为有名的莫过于"清河运漕"与"济漕流通"[⑥]。

清水是流经山东西北部的一条重要河流。清水在历史上之所以重要，

---

① ［北魏］贾思勰原著，缪启愉校释：《齐民要术校释》第二版，中国农业出版社1998年版，第723—724页。

② ［南朝梁］沈约：《宋书》卷六十四，中华书局1974年版，第1710页。

③ ［唐］房玄龄等：《晋书》卷二十六，中华书局1974年版，第789页。

④ ［唐］房玄龄等：《晋书》卷二十六，中华书局1974年版，第787页。

⑤ ［北魏］郦道元著，陈桥驿校证：《水经注校证》卷二十六，中华书局2007年版，第615页。

⑥ ［南朝梁］沈约：《宋书》卷五十，中华书局1974年版，第1449页。

是因为曹操为了统一北方而在清水的上流白沟修建了著名的堰头工程，从而使清河成了华北运河的主干道。为了统一北方，曹操开凿的第一条运渠是睢阳渠。建安七年(202)春，曹操军队“遂至浚仪，治睢阳渠，遣使以太牢祀桥玄。进军官渡”①。睢阳渠沟通了从浚仪到官渡的水路，使粮运通至官渡，军粮无不继之忧，有力地支持了曹操与袁绍的决战。领略到水道运粮迅捷的好处后，曹操为了攻下袁氏兄弟所占据的河北重镇邺城，也是先修运道。建安九年(204)，曹军渡过黄河，“遏淇水入白沟以通粮道”②。曹魏政权以白沟为主干道与清河连接后，将其运道逐渐延伸，之后又陆续开挖了平虏渠、泉州渠和新河等渠道，沟通了南起黄河、北到海河，中间包括清水、漳水、淇水、洹水、滱水、易水、涞水、沽水、滹沱河等各水系，形成了以白沟、清河为主干的运河漕运网。“曹操在河北平原上完成了一个庞大的水运系统工程，从豫东北的淇水由白沟顺着清河、平虏渠，跨过泒水、潞水，通过泉州渠、新河直抵濡水，纵贯了整个河北平原。如果与黄河以南鸿沟水系相联系的话，那就是说整个黄淮海平原从南端至北端都有运河可以通达，成了我国运河史上一大壮举。”③

白沟清河漕运渠道的开挖，对于曹魏政权而言，具有极其关键的战略意义，它绝不仅仅是战时的运兵、运粮通道，更为关键的是，它是和平时期的经济大动脉。白沟本是一条小水，不足以承载规模性航运，所以遏淇水入白沟增大水量的堰头工程设施就极为重要。《水经注》中记述了这个工程的一再修建。“汉建安九年(204)，魏武王于水口下大枋木以成堰，遏淇水东入白沟以通漕运，故时人号其处为枋头。是以卢谌《征艰赋》曰：后背洪枋巨堰，深渠高堤者也。自后遂废。魏熙平(516—518)中复通之，故渠历枋城北，东出今渎，破故堨。其堰，悉铁柱木石参用，其故渎南迳枋城西，又南分为二水，一水南注清水，水流上下更相通注，河清水盛，北入故渠自此始矣。……淇水右合宿胥故渎，渎受河于顿丘县遮害亭东、黎山西，北会淇水处立石堰，遏水令更东北注。魏武开白沟，因宿胥故渎而加其功也。”④因为白沟堰头工程的一再维持，以白沟和清河为主干的运河系统一直可以通航，成为整个

① ［西晋］陈寿撰，［南朝宋］裴松之注：《三国志》卷一，中华书局1959年版，第23页。
② ［西晋］陈寿撰，［南朝宋］裴松之注：《三国志》卷一，中华书局1959年版，第25页。
③ 邹逸麟主编：《黄淮海平原历史地理》，安徽教育出版社1997年版，第151页。
④ ［北魏］郦道元撰，陈桥驿点校：《水经注校证》卷九，中华书局2007年版，第236—237页。

魏晋北朝时期重要的经济通道。

源出河内修武县之北黑山的清水，“又东北过馆陶县北，又东北过清渊县西，又东北过广宗县东，为清河，又东北过东武城县西”①。东武城，即今山东武城，晋太康年间去“东”字而称武城至今。明嘉靖《武城县志·疆域志》云：“武城为东郡要区，实古赵地，平广旷阔，四无山阜，东毗强齐，岁饬武备，邑之得名。”武城“实古赵地”这个地利，意味着它与同为古赵地的重镇邺城是近邻，而且白沟、清河运漕系统又将这两个近邻十分紧密地联结在一起，东武城遂成为运河经济动脉主干道上的必经节点。邺城先后被曹魏、后赵、冉魏、前燕、东魏、北齐选作都城，其在北朝时期的重要地位无与伦比，并不亚于洛阳。邺城居黄河流域政治、经济、军事、文化中心长达四个世纪之久，由此带给武城巨大的发展契机，该城所属的清河郡等诸郡甚至还一度被作为皇畿。② 整个华北东部地区大量的人员、物质流通都需要经过武城向邺城汇集，由此带给鲁西北地区手工业、农业生产前所未有的发展机遇。随着运河经济的发展及沿运河城市带的兴起③，清河沿线地区经济相当繁荣，武城遂成为鲁西北平原上经济发展的重镇，在魏晋北朝时期给鲁西北地区的农业发展带来了巨大的契机，魏晋至隋朝“清河绢为天下第一”④，就是因了这个机遇。

济漕流通是指以济水为干道的运输系统。巨野泽在五代以后逐渐淤塞消失，在它没有消失之前，从巨野泽东到入海口的“这一段济水在唐代仍畅流无阻。《元和郡县志》备载济水沿流距附近各县城道里数目，较为清晰明确”⑤。济水航运优势的发挥，在于利用了山东南部泗水运河网络。公元前484年，吴王夫差在今山东定陶东北开挖了一条深沟，引菏泽之水东南流而通于泗水，因水源发自于菏泽而被称为菏水，菏水的开凿使得当时原来互不相通的江、淮、河、济四渎得以贯通。史念海先生已有考证菏水在桓温北伐时就已偃塞，其故道的一部分相当于今山东西南成武、金乡北的万福河。但

---

① ［北魏］郦道元撰，陈桥驿点校：《水经注校证》卷九，中华书局2007年版，第238—240页。

② ［北齐］魏收：《魏书》卷十二，中华书局1974年版，第298页。

③ 关于曹魏运河修建以后经济的发展与城市带的兴起，参见邹逸麟主编：《黄淮海平原历史地理》，安徽教育出版社1997年版，第330—332页。

④ ［北宋］乐史撰，王文楚等点校：《太平寰宇记》卷五十八，中华书局2007年版，第1199页。

⑤ 史念海：《论济水和鸿沟（中）》，《陕西师大学报（哲学社会科学版）》1982年第2期。

在郦道元所处的时代，巨野泽广大，济水航道还是十分畅通的，“自河入济，自济入淮，自淮达江，水径周通”①，这个水径四通的关键枢纽就是位于临邑县故城西的四渎口。北齐崔季舒为齐州刺史，“遣人渡淮互市”②，自当是利用济水航运至淮河。济泗水航道沟通中原、山东与东南地区，成为中原地区东西往来的主要航道，也成为济南郡四达的主要航道，对济南经济、文化的发展起到了重要作用。因为济水航运的重要性，战国末年齐国还利用时水开挖了淄水与济水间的淄济运河，造成淄水下游枯竭，以后淄水入于济而不入于海的情形。③

自济水、泗水航道系统形成以后，历代多有整治。曹魏时期，胡质督军青、徐，“广农积谷，有兼年之储，置东征台，且佃且守。又通渠诸郡，利舟楫。”④胡质的“广农、通渠”应当是整治了济水航道，只是不知详情。到了东晋时，有三次整治与济水相关的运河航道。永和十二年(356)，东晋荀羡为解青州之围，“自光水引汶通渠，至于东阿以征之”⑤。光水即洸水，是汶水的支流，汶水又是济水的主支流，所以荀羡开挖的渠道经汶水越济水到东阿，直接沟通了泗水与济水，使之成为四渎口之外的另一条南北水道交通枢纽和军事要地，重要性不在四渎口之下⑥。太和四年(369)，桓温北伐，派遣毛穆之“监凿钜野百余里，引汶会于济川”⑦，此即后来的“桓公沟”。太元九年(384)，谢玄北伐，想先平定兖州，“患水道险涩，粮运艰难，用督护闻人奭谋，堰吕梁水，树栅，立七埭为派，拥二岸之流，以利运漕，自此公私利便”⑧。经过这几次整治，济、汶、泗诸水系相互沟通，江、淮、河、济间“水径周通”的情形得到有效维持，形成了当时“公私利便”的航运网络，齐州刺史崔季舒“遣人渡淮互市”就是这种“公私便利”的典型。

清水，因水质清澄而名清河。济南古称泺邑，都是以水名地。《战国策》

---

① [北魏]郦道元著，陈桥驿校证：《水经注校证》卷五，中华书局2007年版，第143页。
② [唐]李百药：《北齐书》卷三十九，中华书局1972年版，第512页。
③ 史念海：《中国的运河》，陕西人民出版社1988年版，第35—36页。
④ [西晋]陈寿撰，[南朝宋]裴松之注：《三国志》卷二十七，中华书局1959年版，第742—743页。
⑤ [唐]房玄龄等：《晋书》卷七十五，中华书局1974年版，第1981页。
⑥ 史念海：《中国的运河》，陕西人民出版社1988年版，第141页。
⑦ [唐]房玄龄等：《晋书》卷八十一，中华书局1974年版，第2125页。
⑧ [唐]房玄龄等：《晋书》卷七十九，中华书局1974年版，第2083页。

云齐有“清济、浊河，可以为固”。白居易诗云“济水澄而洁，河水浑而黄”[①]。杜佑说：“今东平、济南、淄川、北海界中有水流入于海，谓之清河，实菏泽、汶水合流，亦曰济河”[②]。可知自古至唐朝，济水就以水清闻名。郦道元之前的济水清，是因为有荥阳泽与巨野泽前后沉淀黄河泥沙，而出巨野泽之后，济水所接纳的支流汶水、淄水等，直到唐代以前也都是以水清而闻名的。“汶水滔滔”，出自山东中部的原山，汶水所经地区“夹路连山百数里，水隍多行石涧中，出药草，饶松柏，林藿绵濛……。谷中林木致密，行人鲜有能至矣”[③]。由于生态环境好，发源自原山的汶水、淄水都很清澈。在太和四年(369)桓温北伐之前，黄河的泛滥已使黄河至巨野泽之间的济水上游淤塞断流，此后“汶水实际成为济水的主流，于是就用大清河的名称代替了济水”[④]。由于巨野泽淤塞之后济水以菏泽、汶水作为水源，此时鲁中山区森林植被状况良好，诸水源发地泥沙少而清澈，济水的名称遂逐渐为清水的名字所替代。泺水亦汇入济水，《水经注》云：“济水又东北，泺水入焉，水出历城县故城西南，泉源上奋，水涌若轮。……其水北为大明湖，西即大明寺，寺东北两面侧湖，此水便成净池也。”[⑤]泺水源泉既为地下泉水，中途所纳祝阿涧水等亦是发源于当时生态植被良好的朗公谷，所以泺水亦以清闻名。

清河、济水、泺水的水清，不仅为当地的农业提供了优质的灌溉水源，而且是当地手工经济发展的重要物质基础。贾思勰指出，种稻“选地欲近上流”，“地无良薄，水清则稻美也”[⑥]。水清，不仅对种稻等农业种植业是有利条件，对其他手工行业的发展更是充要条件，尤其是桑麻业。沤麻，“沤欲清水，生熟合宜”，“浊水则麻黑，水少则麻脆”[⑦]。丝织业的发展则更需要有上好清水的支持，澡丝需要清水，其后的加工更需要清洁的水源。唐代以前生丝的加工方法有灰练法与水湅法。以石灰、草木灰等碱剂脱胶的灰练法，需

---

① ［清］彭定求等编：《全唐诗》卷四百二十八，中华书局1960年版，第4724页。

② ［唐］杜佑撰，王文锦等点校：《通典》卷一百七十二，中华书局1988年版，第4485页。

③ ［北魏］郦道元著，陈桥驿校证：《水经注校证》卷二十四，中华书局2007年版，第578—579页。

④ 史念海：《论济水和鸿沟(中)》，《陕西师大学报(哲学社会科学版)》1982年第2期。

⑤ ［北魏］郦道元著，陈桥驿校证：《水经注校证》卷八，中华书局2007年版，第209—210页。

⑥ ［北魏］贾思勰原著，缪启愉校释：《齐民要术校释》第二版，中国农业出版社1998年版，第138页。

⑦ ［北魏］贾思勰原著，缪启愉校释：《齐民要术校释》第二版，中国农业出版社1998年版，第118页。

要反复清、盝、挥、沃,也被称为擣练法。而水湅法是指"漱生衣绢法:以水浸绢令没,一日数度回转之。六七日,水微臭,然后拍出,柔肕洁白,大胜用灰"①。无论采用灰练法还是水湅法,均需要上好清水,清河郡在汉唐时期能发展起"清河绢为天下第一"的丝织品产业,没有清水这样的自然条件也是不可能的。总之,"清河运漕"与"济漕流通"除给农业生产带来灌溉与运输之利外,还是农业生产最直接的资源。

山东水利资源利用的极致,非水排、水碓莫属。韩暨出身于南阳,那里是水排的源发地。韩暨任监冶谒者时,曾在全国冶铁领域中推广水排。"旧时冶,作马排,每一熟石,用马百匹;更作人排,又费功力。暨乃因长流为水排,计其利益三倍于前。在职七年,器用充实,制书褒叹"②。韩暨曾在山东乐陵为太守,由乐陵太守任上转监冶谒者,山东又为冶炼大区,应当是水排技术推广区。西晋名士琅琊临沂人王戎,"性好兴利,广收八方园田、水碓,周遍天下"③。任城樊(今山东济宁兖州镇西南)人魏舒少时,其堂叔魏衡"使守水碓"④。由此知当时临沂、兖州等地广用水碓。水排、水碓已有轮机机械装置,是古代水力利用的高级阶段。

三、土地制度与山东的生产关系

山东地域经济发达,泰沂山系的隆起又形成了山东"凭山、负海、临河、顺流"的地理特点,使其具备了雄视天下的军事地理战略地位,遂使山东在战时成为各方势力重点争夺的地区之一,由此导致山东地域人口损耗极为严重。据东汉永和五年(140)与西晋太康初年(约280)的官方户口数据,太康初年西晋统一全国后,"山东地区的总户数和各州郡户数,仍大大低于东汉永和五年的户数,总户数仅为永和五年的16%,其户口减耗的数量是十分惊人的。而同期全国总户数则为永和五年的27%。两者相比,山东地区户数减耗数超过全国减耗数的比例达11%,足以证明,山东确是受战祸破坏最

---

① [北魏]贾思勰原著,缪启愉校释:《齐民要术校释》第二版,中国农业出版社1998年版,第233页。

② [西晋]陈寿撰,[南朝宋]裴松之注:《三国志》卷二十四,中华书局1959年版,第677页。

③ [唐]房玄龄等:《晋书》卷四十三,中华书局1974年版,第1234页。

④ [唐]房玄龄等:《晋书》卷四十一,中华书局1974年版,第1185页。

严重的地区之一”[①]。山东人口损耗之后，出现大量无主土地，“民人分散，土业无主，皆为公田”[②]。官方遂利用新获公田与私家地主争夺户口，遂有曹魏屯田制、西晋占田制与北魏均田制等土地制度的出现。

（一）屯田制

东汉初平三年（192），曹操率军追击青州黄巾军至济北（今山东长清南），黄巾军主动乞降，“冬，受降卒三十余万，男女百余万口，收其精锐者，号为‘青州兵’”[③]。有研究者认为曹操为了解决“青州兵”家口生计问题而在兖州济北国东阿县境内开始了士家屯田，早于民屯和兵屯。[④] 当时曹操在山东立足未稳，四面有敌，缺乏组织屯田的安定环境。可能的情形是，青州兵家口仍按未降之前所在屯聚的方式在曹操控制的区域内自行垦荒种地。

建安元年（196），曹操下令在许下募民屯田，“得谷百万斛”，取得了成功，遂于次年推行到其他地区。“当曹操在建安二年下令‘州郡例置田官’，把屯田推广到各地的时候，他所控制的地区，主要是兖、豫二州，兖州即今山东中西部、西南部，因此，这个地区无疑是推广屯田的主要地区之一。”[⑤]

官府组织的民屯，仿照军事编制对屯田农民进行部勒管理，每屯 50 人，由屯司马管理，县设有屯田都尉，郡有典农中郎将或典农校尉，中央有大司农。屯田农民对土地只有耕种权，没有所有权，屯田农与国家的关系是租佃关系。

建安二十三年（218），曹操开始实施军屯。山东地域境内也有军屯，胡质“迁征东将军，假节都督青、徐诸军事。广农积谷，有兼年之储，置东征台，且佃且守”[⑥]。

为了吸引农民加入民屯，第一年免收地租。“魏氏故事，一年中与百姓，二年分税，三年计赋税以使之，公私兼济。”[⑦]自第二年开始“计牛输谷”：“持

---

① 赵凯球、马新:《山东通史·魏晋南北朝卷》，人民出版社 2009 年版，第 27 页。

② ［西晋］陈寿撰，［南朝宋］裴松之注:《三国志》卷十五，中华书局 1959 年版，第 467—468 页。

③ ［西晋］陈寿撰，［南朝宋］裴松之注:《三国志》卷一，中华书局 1959 年版，第 9—10 页。

④ 赵克尧、许道勋:《略论曹魏的士家屯田》，《中国社会经济史研究》1984 年第 1 期。

⑤ 赵凯球、马新:《山东通史·魏晋南北朝卷》，人民出版社 2009 年版，第 127 页。

⑥ ［西晋］陈寿撰，［南朝宋］裴松之注:《三国志》卷二十七，中华书局 1959 年版，第 742—743 页。

⑦ ［唐］房玄龄等:《晋书》卷二十六，中华书局 1974 年版，第 792 页。

官牛田者官得六分，百姓得四分，私牛而官田者与官中分。”①将收获物的50%—60%作为地租，负担已经相当沉重，而到曹魏后期，“持官牛者，官得八分，士得二分；持私牛及无牛者，官得七分，士得三分”②。在沉重的地租负担下，民屯田客与军屯佃兵的生活都无法维持，大批逃亡。不得已，咸熙元年(264)，曹魏政权下令“罢屯田官，以均政役，诸典农皆为太守，都尉皆为令长”③，屯田制被废除。

(二) 占田制

西晋泰始二年(266)十二月，“罢农官为郡县”，原屯田农民重新变为国家的编户齐民。恢复齐民身份的农民，可以向官府申请土地登记，合法占田。按法令规定，丁男有权占田70亩，丁女30亩，其中丁男50亩、丁女20亩要向国家课纳租税，每亩交租谷8升。次丁男、丁女占田、课田均半之。丁男之户，还要向国家交纳户调绢三匹，绵3斤；丁女及次丁男立户的，纳半数。官员按品级的差别占田，一品官可占田50顷，以下每品减5顷，直到九品可占田10顷。而且士族官僚还免除赋役，享有荫客、荫亲属的特权。

晋太康四年(283)，兖州大水，朝廷“复其田租”。太康五年(284)，任城等地雨雹，“减天下户课三分之一”。在山东受灾后“既有复田租、减户课之事，说明山东地区肯定是推行了占田制的”④。

(三) 均田制

北魏太和九年(485)，孝文帝接受李安世的建议，颁布均田令，实施均田制。法令规定：凡十五岁以上的男子，每人授给种植谷物的露田40亩，女子20亩。在二圃或三圃轮作地区，按休耕周期加一或两倍授田，也称“倍田”。奴婢和耕牛也能获得授田，奴婢同普通农民一样受田，人数不限，土地归主人；丁牛(4岁以上)每头受露田30亩，一户限4头。所受之田不准买卖，年老身死，还给官府。丁男每人另授桑田20亩，桑田可作为世业田，不用还授，不能买卖。在不宜种桑的地区，男子每人另授麻田10亩，女子5亩，奴

---

① [唐]房玄龄等：《晋书》卷一百零九，中华书局1974年版，第2823—2824页。
② [唐]房玄龄等：《晋书》卷四十七，中华书局1974年版，第1321页。
③ [西晋]陈寿撰，[南朝宋]裴松之注：《三国志》卷四，中华书局1959年版，第153页。
④ 赵凯球、马新：《山东通史·魏晋南北朝卷》，人民出版社2009年版，第129页。

婢同样受田，按露田法还授。新定居的民户还可分到少量的宅田，每3口一亩，奴婢5口一亩，宅田也属世业田。

皇兴三年（469），北魏控制山东后，设平齐郡，忙于迁豪以稳定在山东的统治，而山东的动荡及青齐人士的南奔时有发生。北魏开始实施均田制时，其在山东的统治根基尚未稳固，所以没有在山东实施均田。直至太和十一年（487），齐州刺史韩麒麟因“耕者日少，田有荒芜”，上表“计口授田”[①]，山东才开始实施均田制。

北魏分裂后，东魏、北齐先后控制山东，也实行均田制。北齐于河清三年（564）再次颁布均田令，规定男子受露田80亩，妇人40亩，不再给倍田。丁男受桑田20亩，为永业田。奴婢受田同于平民，其人数按官品从高到低限300人至60人之间，丁牛每头受田60亩，每户限4头。

（四）土地兼并与山东的社会生产关系

自西汉中期以来，土地越来越集中于少部分人手中，进而形成少地或失地的农民依附于大地主豪强为“客”的情形，而且其社会地位愈来愈卑微。“客的卑微化始于生活上和权势上依托豪强，而不是开始于以劳动者的地位和豪强发生关系。”[②]随着客的卑微化，客对地主豪强的人身依附关系也越来越强，到东汉后期，客的地位几乎等同于奴，并且普遍用于农业生产。地主豪强控制的客愈来愈多，客与奴皆成为地主豪强们的私属。这种情形延续到魏晋，并在门阀政治下得到一定强化。但另一方面，魏晋以后的战乱及农民的起事反抗，使得私客对于豪强地主的人身依附关系在逐渐减弱，大量的私客得以重新回复到具有平民身份地位的国家编户齐民。其中为民置产的均田制起到了关键性的作用。

客的称呼有很多，如“僮隶”“僮客”“私附”“佃客”“宾客”“家兵”“部典”“奴客”等。山东拥有大量私属奴客的豪强地主很多，在东汉末年的大乱中，这些地主豪强各选一方强者依附之，以图成就大业，如李典、吕虔、臧霸等人投奔曹操，糜竺投奔刘备等。山阳郡钜野（今山东巨野）人李典“宗族部曲三千余家，居乘氏（今巨野西南）”，“典从父乾，有雄气，合宾客数千

---

① ［北齐］魏收：《魏书》卷六十，中华书局1974年版，第1333页。

② 唐长孺：《魏晋南北朝史论拾遗》，中华书局1983年版，第2页。

家在乘氏，初平中，以众随太祖”[①]。任城（今山东济宁）人吕虔归投曹操后，“将家兵守湖陆（今山东鱼台东南）”[②]。泰山华（今山东费县东北）人臧霸之父被太守执送州府，“霸年十八，将客数十人径于费西山中要夺之”[③]。东海朐（今山东临沭东南）人糜竺“祖世货殖，僮客万人，赀产巨亿”，投靠刘备时进献“奴客二千，金银货币以助军资”[④]。济南郡主簿刘节“旧族豪侠，宾客千余家”[⑤]。

豪强地主所控制的宾客受到豪强们的荫护，多不应役。如司马芝任菅（今山东济阳）长，征济南郡主簿刘节的宾客王同等人为兵，而刘节“家前后未尝给徭”“宾客每不与役”，司马芝乃驰檄济南，太守郝光不得不以刘节代替其宾客王同应兵役，“青州号芝‘以郡主簿为兵’”[⑥]。豪强地主使用部曲僮客的场合较多，有一部分要从事农事生产。《太平寰宇记》卷二十二东海县“县理城”条云：“朐县东北海中有大洲，谓之郁州。……古老传言：此岛上人皆糜家之隶。今有牛栏一村，旧有糜家庄牧。犹祀祭之，呼曰糜郎。临祭之日，著犁铧，执耕鞭。又言初取妇者，必先见糜郎，否则为祟。”唐长孺据此指出：糜家之隶，即糜家僮客，他们被安置在郁州岛，在糜家的庄田、牧场上从事农牧劳动，并且世代相承，长期固着于土地上[⑦]。糜竺家如此，其他山东豪强亦当如此。从事农耕的客，要向豪强地主交纳分成制地租，通常为收获物的一半，即“田之所入，豪民得其半，耕者亦得其半”。山东的这种农业生产关系并不是个案，而是在全国具有共性的现象。唐长孺指出：“到三国时代使用佃客生产已相当普遍。客的私属身份业已确立，他只向主人（这个主人可能即是国家）交纳分成地租，也只对主人提供某些劳役，而不承担国家的赋役。”[⑧]曹魏时期，做依附客的租赋负担比官方的略轻，生活又相对安宁，所以人们愿意做依附客。“魏氏给公卿已下租牛客户数各有差。自后小

---

① ［西晋］陈寿撰，［南朝宋］裴松之注：《三国志》卷十八，中华书局 1959 年版，第 533、534 页。
② ［西晋］陈寿撰，［南朝宋］裴松之注：《三国志》卷十八，中华书局 1959 年版，第 540 页。
③ ［西晋］陈寿撰，［南朝宋］裴松之注：《三国志》卷十八，中华书局 1959 年版，第 537 页。
④ ［西晋］陈寿撰，［南朝宋］裴松之注：《三国志》卷三十八，中华书局 1959 年版，第 969 页。
⑤ ［西晋］陈寿撰，［南朝宋］裴松之注：《三国志》卷十二，中华书局 1959 年版，第 386 页。
⑥ ［西晋］陈寿撰，［南朝宋］裴松之注：《三国志》卷十二，中华书局 1959 年版，第 387 页。
⑦ 唐长孺：《魏晋南北朝史论拾遗》，中华书局 1983 年版，第 3 页。
⑧ 唐长孺：《魏晋南北朝隋唐史三论》，武汉大学出版社 1992 年版，第 36 页。

人惮役,多乐为之,贵势之门,动有百数"①。

私客的存在,既意味着地方豪强势力日渐强大,也意味着国家所控制人口的减少和财政收入的降低,这是官方极不愿意看到的事情。地方豪强常常凭借自己掌控的私客力量与官府相对抗。如三国时高密孙氏"素豪侠,人客数犯法""胶东人公沙卢宗强,自为营堑,不肯应发调"②;山阳郡"郡内李朔等各拥部曲,害于平民"③;济南郡刘节"宾客千余家,出为盗贼,入乱吏治"④;长广(今山东海阳西北)人管承"徒众三千余家,为寇害";东牟人王营"众三千余家,胁昌阳县为乱"⑤。这些地方豪强凭着所掌握的势力"若遇间隙,先为乱阶"⑥,这是一个令任何中央政权都不能安心的政治问题。所以,西晋开始试图限制地方豪强势力的发展。晋武帝即位之初,"诏禁募客"⑦,泰始五年(269)正月,下令"豪势不得侵役寡弱,私相置名"⑧。其中的私相置名,即私下登记姓名募客。这些诏令得到一定程度的执行,唐长孺已据史料指出"禁令并非具文"⑨。太康元年(280),晋武帝颁布户调式,试图通过制度来限制士族官僚私客的规模,但这个制度受到官僚们的集体抵制,除了荫客权利被合法化以外,并没有收到多少实效。

晋末大乱后,北方各地人们以坞壁自存,坞壁中私客依附关系进一步强化,山东亦不例外。山东境内著名的坞壁有刘遐、郗鉴、苏峻等人建立的坞壁。刘遐为坞主,"遂壁于河济之间"⑩。郗鉴逃回高平金乡老家,其家乡民"遂共推鉴为主,举千余家俱避难于鲁之峄山"⑪。苏峻,"永嘉之乱,百姓流亡,所在屯聚,峻纠合得数千家,结垒于本县。于时豪杰所在屯聚,而峻最强"⑫。

在随后的十六国时期,战乱的频繁使私客依附关系发展到极致,尤以山东

---

① [唐]房玄龄等:《晋书》卷九十三,中华书局1974年版,第2412页。
② [西晋]陈寿撰,[南朝宋]裴松之注:《三国志》卷十一,中华书局1959年版,第345页。
③ [西晋]陈寿撰,[南朝宋]裴松之注:《三国志》卷二十六,中华书局1959年版,第721页。
④ [西晋]陈寿撰,[南朝宋]裴松之注:《三国志》卷十二,中华书局1959年版,第386页。
⑤ [西晋]陈寿撰,[南朝宋]裴松之注:《三国志》卷十二,中华书局1959年版,第379页。
⑥ [唐]杜佑撰,王文锦等点校:《通典》卷三,中华书局1988年版,第62页。
⑦ [唐]房玄龄等:《晋书》卷九十三,中华书局1974年版,第2412页。
⑧ [唐]房玄龄等:《晋书》卷二十六,中华书局1974年版,第786页。
⑨ 唐长孺:《魏晋南北朝隋唐史三论》,武汉大学出版社1992年版,第37页。
⑩ [唐]房玄龄等:《晋书》卷八十一,中华书局1974年版,第2130页。
⑪ [唐]房玄龄等:《晋书》卷六十七,中华书局1974年版,第1797页。
⑫ [唐]房玄龄等:《晋书》卷一百,中华书局1974年版,第2628页。

为突出代表,其具体表现为青齐土民集团的形成。为避战乱,山东一大部分土著豪强率宗族和私客南迁,如著名的琅琊王氏、高平郗氏、兰陵萧氏、泰山羊氏、东莞徐氏、琅琊颜氏等等。只有一小部分选择就地结坞堡自保,现史籍中可考的就地自保者唯有兖州人王蒲。在慕容德攻青齐之地建南燕时,王蒲"率众二千来降,献千里马一匹,羊须去地九寸。拜蒲长水校尉,廪丘公"[①]。慕容德在青齐建立南燕,一大批河北豪强也追随着他进入了青齐之地,填补了青齐土著南迁后留下的势力空间。如清河崔氏到青齐之后,"世为三齐大族";清河傅氏南迁盘阳,"豪勇之士多相归附"。清河房氏在齐州"家有旧业,资产素殷"[②],荫庇了大量人口,这些人口被组建成"乡部"。因政见不同,房元庆被刺史沈文秀杀害,其子房爱亲为报父仇,"率勒乡部攻文秀"[③]。

南迁北豪能大量荫庇人口是南燕政权所给予他们的特权。南燕在青齐实行"务在遵养,矜迁萌之失土,假长复而不役;愍黎庶之息肩,贵因循而不扰"[④]的政策。唐长孺指出:这一政策"对'迁萌',亦即河北迁来的人,给予永远不服役的权利,这和东晋之待侨人一样。第二是对'黎庶',亦即当地人,则因循过去旧习,不加检查"[⑤]。利用政策赋予的特权,南迁青齐的河北豪强荫庇了大量的南迁侨人与当地土著居民,"当时最有资格荫庇人户的除了慕容部贵族之外,便是迁萌中的大族豪强,不仅准许免役的'迁萌'原是他们的宗族、门附,而且凭借免役规定,使许多困于谋役的非'迁萌'的本地人也成为他们的私属,而且在合户共籍的办法下变成户内成员,从而也变成'迁萌'"[⑥]。在"迁萌"的特权下,南迁的河北豪族广占土地、荫庇人口,迅速压倒留居在青齐的土著豪强,成为青齐地域上的绝对控制力量,之后在刘宋统治山东时期发展成为鼎鼎有名的青齐土民集团。总之,南燕在青齐地域十余年的统治,相当大一部分劳动人口依附于豪强世族,南燕尚书韩諲所说

---

① [北宋]李昉等:《太平御览》卷八百九十五,中华书局 1966 年版,第 3973 页。赵凯球认为王蒲献马之事发生在南燕时期,见赵凯球、马新:《山东通史·魏晋南北朝卷》,人民出版社 2009 年版,第 63 页。

② [唐]魏征等:《隋书》卷六十六,中华书局 1973 年版,第 1566 页。

③ [北齐]魏收:《魏书》卷四十三,中华书局 1974 年版,第 976—977 页。

④ [唐]房玄龄等:《晋书》卷一百二十七,中华书局 1974 年版,第 3169—3170 页。

⑤ 唐长孺:《魏晋南北朝史论拾遗》,中华书局 1983 年版,第 100 页。

⑥ 唐长孺:《魏晋南北朝史论拾遗》,中华书局 1983 年版,第 101 页。

的“或百室合户,或千丁共籍”[①]现象已相当普遍。

北魏孝文帝改革后,实施均田制,通过给予百姓永业的桑麻田和宅田,为民置产,同时又实施薄赋政策,调整了户调、田租的课征额,按一夫一妇每年出帛或麻一匹,粟一石。15 岁以上未婚男女 4 人、从事耕织的奴婢 8 人、耕牛 20 头,分别出一夫一妇的租调。设均田制的本意是“课有常准,赋有恒分”,使“苞荫之户可出”。在调整户调征额后,较之以前的税额以及荫庇户与地主的对半分成,新的税额负担已大为减轻,这样被荫庇的户口才逐渐又回到了国家编户的体系中。前已述山东是均田制实施地区,一大批无地、少地的农民和依附于豪强的荫户重新成为国家控制下的自耕农,青齐土民集团的势力发展由此受到一定程度的削弱。

自北魏历东魏、北齐、北周、杨隋以迄于唐初,百数年间山东地域豪强势力都受到了来自帝制中央一以贯之的强行压制。自北魏占据青齐地区,先是青齐士望数百家尽迁于“平齐郡”。然而这只是人事上的暂时抑制,并不具备制度上的长效机制以彻底瓦解这股地域势力。等到这批“平齐民”历尽艰辛,终于可以循例回到青齐地区,其地域势力发展仍复如初。地域势力的形成,实有汉魏以来制度运转的长效性机制蕴藏于其中,这就是仲长统所说的“选士而论族姓阀阅”[②]、王符所谓“以族举德,以位命贤”[③],察举、荐举制度及其运转成为地方豪族掌控地方权力、发展地域势力的制度化工具。前已述山东地方豪族挟荫庇人口啸聚地方,操控地方行政,不应发调,与中央隐然分权,为皇廷所不能容忍。北齐初年,文宣帝高洋抓住时机于天保七年(556)采取并省郡县、设镇迁豪的方式大规模地打击豪族地域势力。之后,武成帝高湛又颁“河清(562—565)新制”,堵塞了豪族利用佛教邑义树声威、拓展势力的途径[④]。经此打击,北方汉姓士族的元气大伤。尽管如此,北齐合并郡县减少官吏人数、迁豪于异地以动摇其根基等方法仍然只是人事上的抑制性措施,还是不具备制度上的长效消解机制,因为它没有涉及地方

---

① [唐]房玄龄等:《晋书》卷一百二十七,中华书局 1974 年版,第 3170 页。

② [清]严可均辑:《全后汉文》卷八十九,商务印书馆 1999 年版,第 900 页。

③ [东汉]王符撰,龚祖培校点:《潜夫论》,辽宁教育出版社 2001 年版,第 6 页。

④ 侯旭东:《地方豪右与魏齐政治——从魏末启立州郡到北齐天保七年并省州郡县》,《中国史研究》2004 年第 4 期。

豪族成为豪族、士族的制度工具。“操人主之威福，夺天朝之权势”[①]，地方豪族通过选举制度把持郡县属吏用人权、世代掌控地方行政权力才是郡级豪族一再产生的根源，宗族乡里的“乡推领袖”实际上同时是地方“政治领袖”，才是郡级豪族地域势力的真正底蕴。北齐抑制豪族的措施显然并没有撼动豪族群体地方政治领袖的地位，故在北齐的打击措施下，具体的某一家豪族的确会受到抑制而削弱，但是新的豪族会在掌控地方权力的制度化运转过程中一再产生。直到隋文帝以“中央化”策略对地方豪族势力进行消解才具备了制度的意义。隋文帝开皇三年(583)，州郡中正的选举品第权被废止，“中正”称“乡官”，成为“不知时事”的闲职。开皇十五年(595)，又裁革乡官，士族豪族与地方政权之间的联系就此被切断。在废止中正职权的同时，隋文帝又将地方刺史、郡守自辟僚属的权力收归中央，统由吏部任命，地方官员与当地士族豪族互相勾连的纽带亦被切断。豪族凭借家族势力在地方上世代为官的制度基础在隋文帝的新制度设计下不存在了，豪族再也不可能成为地方上实际的“政治领袖”，抑制地域势力发展的措施从此具有了制度钳制的长效性，他们的衰落也就只是时间长短的问题了。只是隋朝短暂，抑制效果还没能真正显露出来，因此“到了唐代，与大姓的关系仍是治理地方的关键”[②]。随着自北魏到隋唐历朝官府的持续抑制和打击，尤其均田制百多年的持续实施，人身依附关系减弱。到了唐代，私家佃客只有土地租佃关系，已不存在人身依附的问题。

总结而言，魏晋南北朝时期山东的农业生产关系分两个阶段：前一阶段承汉代客的卑微化余绪，私家佃农对豪强地主的人身依附关系不断强化，至南燕统治山东时期达到“百室合户，千丁共籍”的极致。后一阶段承西晋制度化削弱豪强势力的思路，北魏初行均田制，设轻税之法，苞荫自出，百数年间，“浮客悉自归于编户”[③]，私家佃农对豪强地主的人身依附关系渐次减弱，再经科举制、中央化策略对豪强势力的制度化消解，直到唐代，私家佃农对豪强地主的人身依附关系消失。

---

① [北宋]司马光编著，[元]胡三省音注，“标点资治通鉴小组”校点：《资治通鉴》卷八十一，中华书局1956年版，第2587页。

② 韩昇：《南北朝隋唐士族向城市的迁徙与社会变迁》，《历史研究》2003年第4期。

③ [唐]杜佑撰，王文锦等点校：《通典》卷七，中华书局1988年版，第156—157页。

四、魏晋南北朝时期山东乡村生活

秦以三老制管理乡村、以乡举里选预留乡村阶层流动孔径，汉因之。曹魏改流通孔径为九品中正制。北魏以三长制代替乡老制。基层组织形式的变化，对细民生计生活策略并没有什么太大的影响。

（一）乡村基层组织形式的变化

永嘉大乱后，民间只能结坞自保。齐涛将当时的坞壁分为四类：流民坞壁、乞活坞壁、兵士坞壁和乡里坞壁[①]。无论何种类型的坞壁，都具有一定的独立性和组织形式。其中，乡里坞壁主要借用原官府的乡里组织形式，以自定的行为准则进行生产和生活管理。

从目前仅知的山东三个坞壁的情形看，其组织形态比较高级。苏峻组建的坞壁不仅设有长史，立定规则，而且还和周围的坞壁联合自保，“峻纠合得数千家，结垒于本县。于时豪杰所在屯聚，而峻最强。遣长史徐玮宣檄诸屯，示以王化，又收枯骨而葬之，远近感其恩义，推峻为主”[②]。史籍不载苏峻宣檄和示以王化的具体内容，但同一时期庾衮在河南禹山、林虑山建立坞壁的“德、义”规则可为参考。庾衮被选立为坞主，先立标准，乃誓之曰：“无恃险，无怙乱，无暴邻，无抽屋，无樵采人所植，无谋非德，无犯非义，勠力一心，同恤危难。”庾衮所立准则被众人接受并执行，“众咸从之。于是峻险厄，杜蹊径，修壁坞，树蕃障，考功庸，计丈尺，均劳逸，通有无，缮完器备，量力任能，物应其宜，使邑推其长，里推其贤，而身率之。分数既明，号令不二，上下有礼，少长有仪，将顺其美，匡救其恶”[③]。史书也没有记载郗鉴在峄山所立坞壁的行为准则，但其坞壁是在“当归依仁德，可以后亡”[④]的旗帜下设立的，可见其规则应与苏峻的“王化”、庾衮的“德义”相类似。

坞壁组织形态只是战乱时期官府统治失序时的应急情形，并不是常态，常态的组织形态还是官府的乡里组织。现所知魏晋南北朝时期的山东乡里有东平寿张清乡吉里、兖州高平平阳县都乡箱陵里、齐郡益都县都乡营丘

---

① 齐涛：《魏晋隋唐乡村社会研究》，山东人民出版社1995年版，第13—17页。
② ［唐］房玄龄等：《晋书》卷一百，中华书局1974年版，第2628页。
③ ［唐］房玄龄等：《晋书》卷八十八，中华书局1974年版，第2283页。
④ ［唐］房玄龄等：《晋书》卷六十七，中华书局1974年版，第1797页。

里、饶安城之西南孝义里、泰山郡梁父县卢乡□里、齐郡安平县黄山里、昌邑西乡原里、历城县荣山乡石沟里和百尺里[①]。

北魏太武帝太延元年(435)十二月的一通诏令表明当时乡里的行政系统还是传统的三老制:"自今以后,亡匿避难,羁旅他乡,皆当归还旧居,不问前罪。民相杀害,牧守依法平决,不听私辄报复,敢有报者,诛及宗族;邻伍相助,与同罪。州郡县不得妄遣吏卒,烦扰民庶。若有发调,县宰集乡邑三老计赀定课,裒多益寡,九品混通,不得纵富督贫,避强侵弱。太守覆检能否,核其殿最,列言属州。刺史明考优劣,抑退奸吏,升进贞良,岁尽举课上台。特守荷治民之任,当宣扬恩化,奉顺宪典,与国同忧。"[②]

原先魏晋政权所承认的豪强地主荫庇权,北魏官府以"宗主督护"的名义予以承认。地主获得"宗主"的称号,督护其所荫庇的佃客从事生产,宗主及其荫庇人口作为"一户"归属于乡里行政机构管辖。故研究者指出:"宗主督护不是一种地方基层行政组织,而是一种特殊的大户。宗主所督护的含有大量荫附人口的大户是乡里制度管辖之下的一个大户,户主就是宗主,其成员只有部分登记于国家户籍上,并向国家交纳赋税,而大量荫附者的收入则归宗主本人所得。这种特殊大户的存在是北魏前期君主与豪强大族之间相互妥协的结果,是北魏前期君主对拥有雄厚实力的地方强宗大族既有权利的认可"[③]。大户的规模,通常是"五十、三十家户方为一户"[④],在宗主督护的大户形态下,"民多荫附。荫附者皆无官役,豪强征敛,倍于公赋"[⑤]。

在实施均田制后的次年,即太和十年(486),北魏孝文帝在李冲的建议下实施新的里党行政系统,以三长制取代了之前的乡三老制。李冲的具体办法如下:

> 五家立一邻长,五邻立一里长,五里立一党长,长取乡人强谨者。邻长复一夫,里长二,党长三。所复复征戍,余若民。三载亡愆则陟用,

① 参见侯旭东:《北朝村民的生活世界——朝廷、州县与村里》,商务印书馆2005年版,第165—170页。

② [北齐]魏收:《魏书》卷四,中华书局1974年版,第86页。

③ 高贤栋:《南北朝乡村社会组织研究》,山东大学出版社2008年版,第28—29页。

④ [北齐]魏收:《魏书》卷五十三,中华书局1974年版,第1180页。

⑤ [北齐]魏收:《魏书》卷一百一十,中华书局1974年版,第2855页。

陟之一等。其民调，一夫一妇帛一匹，粟二石。民年十五以上未娶者，四人出一夫一妇之调；奴任耕，婢任绩者，八口当未娶者四；耕牛二十头当奴婢八。其麻布之乡，一夫一妇布一匹，下至牛，以此为降。大率十匹为公调，二匹为调外费，三匹为内外百官俸，此外杂调。民年八十已上，听一子不从役。孤独癃老笃疾贫穷不能自存者，三长内迭养食之。①

孝文帝的实施诏令云：

夫任土错贡，所以通有无；井乘定赋，所以均劳逸。有无通则民财不匮，劳逸均则人乐其业。此自古之常道也。又邻里乡党之制，所由来久。欲使风教易周，家至日见，以大督小，从近及远，如身之使手，干之总条，然后口算平均，义兴讼息。是以三典所同，随世洿隆；贰监之行，从时损益。故郑侨复丘赋之术，邹人献盍彻之规。虽轻重不同，而当时俱适。自昔以来，诸州户口，籍贯不实，包藏隐漏，废公罔私。富强者并兼有余，贫弱者糊口不足。赋税齐等，无轻重之殊；力役同科，无众寡之别。虽建九品之格，而丰埆之土未融；虽立均输之楷，而蚕绩之乡无异。致使淳化未树，民情偷薄。朕每思之，良怀深慨。今革旧从新，为里党之法，在所牧守，宜以喻民，使知去烦即简之要。②

上引两则材料，表明了乡党三长制具有行政、经济、治安、教化等诸项功能，具体负责落实户籍管理、土地还授、征发赋役、监督生产、淳周风教以及社区救助等诸项事宜。“三长制是以家、户为中心而又与均田制、新租调制共为一体的乡村基层行政系统，它是半血缘、半地缘性质的新兴乡里组织。”③

前文已述山东是均田制实施地区，与之相应的三长制也在山东实施。北魏孝文帝时，高祐任西兖州（治今山东省菏泽市定陶区定陶镇）刺史，令“县立讲学，党立教学，村立小学”④。三长制实施后检索出大量的荫户人

① ［北齐］魏收：《魏书》卷一百一十，中华书局1974年版，第2855页。
② ［北齐］魏收：《魏书》卷一百一十，中华书局1974年版，第2855—2856页。
③ 高贤栋：《南北朝乡村社会组织研究》，山东大学出版社2008年版，第52页。
④ ［唐］李延寿：《北史》卷三十一，中华书局1974年版，第1136页。

口，官府为此重新"分置州郡"，在毕元宾的主持下，山东兖州新置了濮阳、乘氏、阳夏三郡，新设的濮阳郡之后改属齐州①。

当时人们对于自己生产生活的居停场所，或是沿袭之前的乡里称呼，或是以村落称之，魏晋南北朝时期山东可考知的村落有青州南邓村、东平寿张安乐村、太山博县商王村、高平金乡富民村、青州齐郡临淄县高柳村、青州北海郡都昌县新王村、泰山郡牟县上梅村和临沂北林在村等②。村落属地缘组织，其行政系统先是乡老制，北魏后是三长制。村落有大小，各村里党无定数。

魏晋南北朝时期山东村落生活的具体情形，现所知的只有各村建设预警系统以防盗匪，其发明者为时任兖州刺史的李崇。"兖土旧多劫盗，崇乃村置一楼，楼悬一鼓，盗发之处，双槌乱击。四面诸村始闻者挝鼓一通，次复闻者以二为节，次后闻者以三为节，各击数千槌。诸村闻鼓，皆守要路，是以盗发俄顷之间，声布百里之内。其中险要，悉有伏人，盗窃始发，便尔擒送。诸州置楼悬鼓，自崇始也。"③

村落里的具体布局，当是靠近水源或打井，菜地园圃近在宅旁。据《高士传》记载，北海朱虚（今山东临朐）人管宁"所居屯落，会井汲者，或男女杂错，或争井斗阋。宁患之，乃多买器，分置井傍"④。定陶那时当水陆要冲，商旅行人甚多，高祐为便行旅及整肃风化，令"一家之中，自立一碓，五家之处，共造一井，以给行客，不听妇人寄舂取水"⑤。管宁少时丧母，不识形象，非常顽皮，"居宅离水七八十步，夏时诣水中澡洒手足，窥于园圃"⑥。

（二）小民生计与生活

魏晋南北朝时期，山东小民的生计策略大致以躬耕为首选，其次为治生

① 参见侯旭东：《北朝村民的生活世界——朝廷、州县与村里》，商务印书馆2005年版，第122页。

② 参见侯旭东：《北朝村民的生活世界——朝廷、州县与村里》，商务印书馆2005年版，第29—30页；刘再聪：《村的起源及"村"概念的泛化——立足于唐以前的考察》，《史学月刊》2006年第12期。

③ ［北齐］魏收：《魏书》卷六十六，中华书局1974年版，第1465—1466页。

④ ［西晋］陈寿撰，［南朝宋］裴松之注：《三国志》卷十一，中华书局1959年版，第355页。

⑤ ［唐］李延寿：《北史》卷三十一，中华书局1974年版，第1136页。

⑥ ［西晋］陈寿撰，［南朝宋］裴松之注：《三国志》卷十一，中华书局1959年版，第358页。

商贩。

以农桑生产为生计，是当时乡村百姓最普遍的生计策略。大量无名百姓的农耕生活虽已消失于历史长河，但他们要干的那些农事活计，经由贾思勰的记载流传下来，具体情形见表5－4。

表5－4　《齐民要术》所载农家生产内容一览表①

种植业	粮食生产	谷(粟)、黍穄、梁秫、大豆、小豆、麻子、大麦、小麦、瞿麦、水稻、旱稻、胡麻等
	纤维生产	麻
	蚕桑生产	栽桑养蚕
	饲料生产	大豆、苜蓿等
	绿肥种植	绿豆、小豆、胡麻等
	染料生产	红蓝花、栀子、蓝、紫草、地黄等
	油料作物	麻子、荏、蔓菁等
	香料生产	椒、茱萸等
	蔬菜生产	茄子、瓠、芋、葵、芜菁、菘、芦菔、蒜、葱、韭、蜀芥、胡荽、兰香、荏、蓼、姜、襄荷、芹蘧等
	瓜果生产	瓜、越瓜等
	果树生产	枣、桃、李、梅、杏、梨、栗、柰、柿、安石榴、木瓜、葡萄等
	用材林木	桑、柘、榆、白杨、棠、榖楮、漆、槐、柳、楸、梓、梧、柞、竹等
养殖业	家畜	牛、马、驴、骡、羊、猪
	家禽	鸡、鸭、鹅
	其它	养鱼、养蚕等
食品加工	饮料调味品	酿酒、酿醋、造豉、造酱等
	肉类加工	做脯、腊、鲊等
	蔬果加工	做蔬菹、果脯、果沙等
其他杂项	制作笔墨、油衣、化妆用品等	

民间百姓耕农养蚕的生活虽然史籍缺载了，儒家学者们的躬耕生涯却

① 王利华主编：《中国农业通史·魏晋南北朝卷》，中国农业出版社2009年版，第280—281页。

因他们的道德学术成就偶而记载了一些。儒家学者在基本的农耕衣食生计之外,还有生活品质的追求,改善生活品质的方式主要是读书或教授,史籍称此种心态为"安贫乐道",这与当时的人才选拔制度密切有关。"于时青土隐逸之士刘兆、徐苗等皆务教授"①,徐苗是高密淳于人,"少家贫,昼执锄耒,夜则吟诵","乡邻有死者,便辍耕助营棺椁"②。城阳郡(今山东莒县)营陵人王裒隐居教授,"家贫,躬耕,计口而田,度身而蚕"③。清河人王经,本"田家子"④。高平金乡人郗鉴,"少孤贫,博览经籍,躬耕陇亩,吟咏不倦"⑤。以上材料所显示的山东乡村生活有两种情形:一是躬耕与教授结合,不求显达,这种情形在当时的山东较为普遍,如济南东平人刘兆"从受业者数千人",虽不知他是否也躬耕,但其生活品质追求是"安贫乐道,潜心著述"⑥。青州乐陵人王欢"安贫乐道,专精耽学,不营产业,常丐食诵《诗》,虽家无斗储,意怡如也"⑦。第二种情形是边耕边读,然后仕进显达,如王经、郗鉴等人。后世"耕读传家"的传统在这里似乎已露些许端倪。

乡村生计以手工产品治生商贩、佣工也比较普遍。东海郯(今山东郯城)人王谌"少贫,常自纺绩"⑧。平原高唐人刘寔,"少贫苦,卖牛衣以自给,然好学,手约绳,口诵书"⑨。刘寔的弟弟刘智贞素有兄风,"少贫窭,每负薪自给,读诵不辍,竟以儒行称"⑩。房景先不忍"其兄佣赁以供"其读书,乃"昼则樵苏,夜诵经史"⑪。任昭先"家贫,卖鱼"⑫。纺绩、织牛衣、樵薪、卖鱼等,与刘备广为人知的"织席贩履"一样,是面向城市或乡村自身消费市场,赚取利润谋生,与汉代乡村"推择为吏"第一、"治生商贾"第二的生计策略一脉相承。

---

① [唐]房玄龄等:《晋书》卷九十一,中华书局1974年版,第2351页。
② [唐]房玄龄等:《晋书》卷九十一,中华书局1974年版,第2351页。
③ [唐]房玄龄等:《晋书》卷八十八,中华书局1974年版,第2278页。
④ [西晋]陈寿撰,[南朝宋]裴松之注:《三国志》卷九,中华书局1959年版,第304页。
⑤ [唐]房玄龄等:《晋书》卷六十七,中华书局1974年版,第1796页。
⑥ [唐]房玄龄等:《晋书》卷九十,中华书局1974年版,第2350页。
⑦ [唐]房玄龄等:《晋书》卷九十,中华书局1974年版,第2366页。
⑧ [唐]李延寿:《南史》卷四十九,中华书局1975年版,第1213页。
⑨ [唐]房玄龄等:《晋书》卷四十一,中华书局1974年版,第1190—1191页。
⑩ [唐]房玄龄等:《晋书》卷四十一,中华书局1974年版,第1198页。
⑪ [北齐]魏收:《魏书》卷四十三,中华书局1974年版,第978页。
⑫ [西晋]陈寿撰,[南朝宋]裴松之注:《三国志》卷二十七,中华书局1959年版,第748页。

魏晋南北朝时期,山东乡村以农产品、农副加工品而治生商贾成功的典型为济阴单父(今山东单县)人郤诜。王隐《晋书》云:“郄诜母病,苦车,及亡,不欲车葬。而贫无以得马。乃养鸡种蒜,竭其方术,丧过三年,得马八匹,举棺至家。”[①]竭尽方术等,意味着郄诜的经营并不单只是把养鸡种蒜的产品直接出售,还应包括鸡、蒜的后续衍生加工产品,如利用《齐民要术》中所述的三十余种菹法。菹是把动植物原料用盐、酱、醋等调料腌渍处理,以便长期保存的一种方法。用菹法,鸡肉可做成鸡肉酱,鸡蛋可腌成咸蛋、五香蛋,蒜可腌制成醋蒜等。任昭先与人合买牲口,各出雇价 8 匹绢,至主人家来赎回时,时价已涨为 60 匹[②]。可见当时的牛、马等农业牲口最低价为一口值绢 16 匹。郄诜靠养鸡种蒜,竭其方术,得马八匹,三年内至少累积了 128 匹绢,当时已是相当大的一笔财富。

佣书是古代读书人常用的谋生策略。济北(郡治博阳,今泰安市岱岳区境)人张景仁,“幼孤家贫,以学书为业,遂工草隶”[③]。青齐土民集团各成员家族在被徙平齐郡后也多“佣书”谋生。清河房氏的房景伯“家贫,佣书自给”[④];清河崔氏的崔亮“居家贫,佣书自业”,想看书时可以“观书于市”[⑤];刘芳在平齐郡“常为诸僧佣写经论,笔迹称善,卷直以一缣,岁中能入百余匹,如此数十年,赖以颇振”[⑥]。

贾思勰曾谈到种榆“其岁岁料简剶治之功,指柴雇人——十束雇一人——无业之人,争来就作”[⑦]“人家八月收获之始,多无庸暇,宜卖羊雇人,所费既少,所存者大”[⑧]。按贾思勰说的情形,乡村中本身就存在着各种佣作机会。所以在前述的佣书之外,山东乡村应该还有各种佣作存在,贫者可以此为生,只是具体情形语焉不详。居于青州的清河傅永在被徙为“平齐

---

① [北宋]李昉等:《太平御览》卷九百一十七,中华书局 1960 年版,第 4071 页。

② [西晋]陈寿撰,[南朝宋]裴松之注:《三国志》卷十七,中华书局 1959 年版,第 748 页。

③ [唐]李百药:《北齐书》卷四十四,中华书局 1972 年版,第 591 页。

④ [北齐]魏收:《魏书》卷四十三,中华书局 1974 年版,第 977 页。

⑤ [北齐]魏收:《魏书》卷六十六,中华书局 1974 年版,第 1476 页。

⑥ [北齐]魏收:《魏书》卷五十五,中华书局 1974 年版,第 1219 页。

⑦ [北魏]贾思勰原著,缪启愉校释:《齐民要术校释》第二版,中国农业出版社 1998 年版,第 342 页。

⑧ [北魏]贾思勰原著,缪启愉校释:《齐民要术校释》第二版,中国农业出版社 1998 年版,第 427 页。

民”时，“戮力佣丐，得以存立”①。傅永的“佣丐”虽是其落魄时的行为，但也未必不是其在青州乡村生活习见行为的下意识模仿。

采集、狩猎也是乡村生计策略之一。如前所述的“钜野大蔆”就是采集于钜野泽中。任城樊人魏舒四十多岁才为官，在此之前，“性好骑射，著韦衣，入山泽，以渔猎为事”②。

牛是农人积肥、耕地的重要资产，通常会倍加爱惜。琅玡临沂（今山东临沂）人王祥未显达前，其后母“每使扫除牛下”③，即清扫牛圈，堆而为粪肥。齐州清河房氏的房法寿少年豪侠，不遵约束，“常盗杀猪牛，以共其母”④。管宁“邻有牛暴宁田者，宁为牵牛着凉处，自为饮食，过于牛主”⑤。“过于牛主”之意，应当是指给予了精料。当时喂养马、牛等要将草料切碎。切草料用铡刀，考古出土十六国时期实用铡刀1件，“长方形，厚背薄刃，刃中部经使用磨损成凹形。刀背两端各有一小孔，估计原在背部装有木柄，双手自上向下按压，供切铡饲草之用。长21.5厘米、宽10.8厘米”⑥。

鸡、鸡子为乡村、都市家庭常见之物。山东平原人管辂以卜闻名于世，清河令徐季龙取十三种物置箧中，令管辂卜测。管辂“先说鸡子，后道蚕蛹，遂一一名之，惟以梳为枇耳”⑦。南迁的清河傅氏是青齐土民集团的重要成员之一，傅融追随慕容德“南徙渡河，家于磐阳（今山东淄博），为乡闾所重”⑧，傅乾爱“嗜鸡肉葵菜食”⑨。

乡村生活中岁时节令之外的重大集体活动以“社”为最。社祭是先秦以来对土地神的祭祀活动，自汉代以后，社祭已由民众自行祭祀，通常以里为单位进行组织，常常称为某某里社，社祭已成为乡村生活中重要的娱乐宴饮活动。山东乡村普遍实行社祭，北海营陵（今山东潍坊南）人王脩“年七岁丧母，母以社日亡，来岁邻里社，脩感念母，哀甚。邻里闻之，为之罢社”⑩。曹植被

① ［北齐］魏收：《魏书》卷七十，中华书局1974年版，第1551页。
② ［唐］房玄龄等：《晋书》卷四十一，中华书局1974年版，第1185页。
③ ［唐］房玄龄等：《晋书》卷三十五，中华书局1974年版，第987页。
④ ［北齐］魏收：《魏书》卷四十三，中华书局1974年版，第969页。
⑤ ［唐］房玄龄等：《晋书》卷十一，中华书局1974年版，第355页。
⑥ 林仙庭等：《山东牟平发现十六国时期文物》，《考古》1994年第2期。
⑦ ［西晋］陈寿撰，［南朝宋］裴松之注：《三国志》卷二十九，中华书局1959年版，第824页。
⑧ ［北齐］魏收：《魏书》卷七十，中华书局1974年版，第1555页。
⑨ ［北齐］魏收：《魏书》卷七十，中华书局1974年版，第1557页。
⑩ ［西晋］陈寿撰，［南朝宋］裴松之注：《三国志》卷十一，中华书局1959年版，第345页。

徙封于东阿,“登鱼山,临东阿,喟然有终焉之心,遂营为墓”①。曹植于东阿置田社,“田则一州之膏腴,桑则天下之甲第,故封此桑,以为田社”②。

社祭有春社、秋社,举行社祭的日子被称为“社日”。魏晋南北朝时的社日各不相同,晋嵇含所著的《社赋序》云:“有汉卜日丙午,魏氏释丁未,至于大晋则社孟月之酉日,各因其行运。”社在古代乡村生活中的重要意义,在于农人调节身心、指引生产,所以它是生产活动的调节器与指示器。贾思勰云种穬麦“八月中戊社前种者为上时,下戊前为中时,八月末九月初为下时”③。种小麦“八月上戊社前为上时,中戊前为中时,下戊前为下时”④。收葵“至八月社日止,留作秋菜”⑤。作“菹菘,以社前二十日种之;葵,社前三十日种之”⑥。由此知,社日已成为乡村农事活动的重要指示标志。

汉以后佛教大兴,依托佛门、佛事也成为乡村生计策略之一。北魏据山东,北海都昌人刘峻被徙代都,“居贫不自立,与母并出家为尼僧,既而还俗”⑦。《续高僧传》卷六《真玉传》云:“释真玉,姓董氏,青州益都人。生而无目,其母哀其不及。年至七岁,教弹琵琶,以为穷乏之计。……后乡邑大集,盛兴斋讲。母携玉赴会,一闻欣领,曰:‘若恒予听,终作法师,不忧匮馁矣!’母闻之,欲成斯大业也,乃弃其家务,专将赴讲,无问风雨艰关,必期相续。玉包略词旨,气摄当锋,年将壮室,振名海岱。”⑧董氏子最先的生计策略是学习弹唱,依托天下闻名的齐倡“以为穷乏之计”,在知晓斋讲之后,遂将所学唱功改学斋讲,以“不忧匮馁”,显然董氏子起先非为信佛,实为解决生计问题。不入佛而以佛事谋生也是当时的生计策略之一,这主要表现为农村工匠凿刻石佛像、造塔、刻石经等。山东造像刻经极多,赖非所著《山东

---

① [西晋]陈寿撰,[南朝宋]裴松之注:《三国志》卷十九,中华书局1959年版,第576页。

② [北宋]李昉等:《太平御览》卷五百三十二,中华书局1960年版,第2416页。

③ [北魏]贾思勰原著,缪启愉校释:《齐民要术校释》第二版,中国农业出版社1998年版,第126—127页。

④ [北魏]贾思勰原著,缪启愉校释:《齐民要术校释》第二版,中国农业出版社1998年版,第127页。

⑤ [北魏]贾思勰原著,缪启愉校释:《齐民要术校释》第二版,中国农业出版社1998年版,第181页。

⑥ [北魏]贾思勰原著,缪启愉校释:《齐民要术校释》第二版,中国农业出版社1998年版,第659页。

⑦ [唐]李延寿:《南史》卷四十九,中华书局1975年版,第1219页。

⑧ [唐]道宣:《续高僧传(一)》卷六,台湾文殊出版社1988年版,第182页。

北朝佛教摩崖刻经调查研究》已为详说。北魏时期,青州清河崔氏的崔懃敬造佛像,"像主崔懃用钱九千""法仪兄弟廿五人,各钱一百,裁佛金色"①。这是崔懃所在邑义出钱,而石工造像得钱。还有一种情形是事先无人出钱,石工刻好石像,信佛者交钱500文,石工随时将交钱者的名字刻于佛像题记上②。

(三)大地主庄园生产与生活

自汉代以来,官员"在中央、地方行政机关所在地的城市拥有住所"③。同时,由于乡举里选、征辟制度将人的活动重心导引向乡里地方,在外为官者不得不在居官之地和原籍乡里各维持着一个家庭形态,即"双家制形态"。为了子孙的仕途计,乡里的家成为生活的重心,于是为官者的俸禄大部分都流回了他们的家乡,使得他们的家人可以很容易地在原籍乡里置办起田产,从而发展出如石崇那样"百道营生"的庄园经济系统。从家乡庄园生产中所获得的经济效益又有效地支持了在外做官的官员能够清廉为官,官员以此获得、维持着良好的官声,从而有利于升迁,更有利于其家族在地方上的发展。对于这一发展途径,太史公曾总结性地说:"是以廉吏久,久更富,廉贾归富。"④魏晋南北朝时期的山东出仕为官者仍属这种双家模式。一旦城市中的为官者出事,他们通常会回归乡里。如平原人刘寔被军人劫掠,于是"潜归乡里"⑤。齐州清河房氏的房崇吉守升城(今山东长清西南,在济南市西部),为慕容白曜所败,崔道固遣人招揽房崇吉,"崇吉不肯见道固,遂东归旧村"⑥。房崇吉兵败时"母妻见获",这说明房崇吉在升城有家舍。而房崇吉东归的旧村,在历城赵山之阳(今济南东部历城彩石乡)。

以乡村田庄的经济支持做官者在外清廉为官,这种方式称为"家馈"。东魏太山钜平(今山东宁阳南)人羊敦任广平太守时,"属岁饥馑,家馈未至,使人外寻陂泽,采藕根而食之"。"朝廷以其清白,赐谷一千斛,绢一百

---

① 《北京图书馆藏中国历代石刻拓本汇编》第四册,中州古籍出版社1990年版,第71页。
② 详见郝春文:《中古时期社邑研究》,新文丰出版公司2006年版,第126—128页。
③ 〔日〕谷川道雄:《中国中世社会与共同体》,马彪译,中华书局2002年版,第310页。
④ [西汉]司马迁:《史记》卷一百二十九,中华书局1959年版,第3271页。
⑤ [唐]房玄龄等:《晋书》卷四十一,中华书局1974年版,第1196页。
⑥ [北齐]魏收:《魏书》卷四十三,中华书局1974年版,第975页。

匹。”[①]上洛丰阳(今陕西商洛)人泉企,“性又清约,纤毫不扰于民。在州五年,每于乡里运米以自给”[②]。“家馈”这种方式还是比较普遍的。

双家的经营情形,以平原高唐人华表、华廙父子的庄园比较明确。华表“有赐客在鬲(今山东平原县)”[③],其中的赐客是曹魏给予官僚们的荫庇户,赐客的相关手续由其子华廙亲自办理,说明华表在其家乡有庄园。华廙在洛阳为官,当时“城内有地,可以为园”[④],华廙遂在其所居之地迟家巷附近营建产业,“栖迟家巷垂十载,教诲子孙,讲诵经典”,“与陈勰共造猪阑于宅侧”,其家“苜蓿园,阡陌甚整”[⑤]。华廙在都城洛阳尚且建猪阑、苜蓿园养猪,在其家乡亦当如此。

高聪的双家制庄园与华氏相同。高聪“本渤海蓨人。曾祖轨,随慕容德徙青州,因居北海之剧县”[⑥]。渤海高氏本是河北有名的强宗大族,高轨随慕容德入居青齐之地后,按前述的南燕优待政策,高氏在北海剧县迅速成长为青齐大族。北魏攻下山东后,高聪被迫徙入平城,与蒋少游等人俱为云中兵户,备历艰辛。孝文帝迁都洛阳,当时高聪早已摆脱了“平齐民”的身份,“迁通直散骑常侍、兼太府少卿,转兼太子左率”。高聪为官后,依托权臣茹皓在青州故里请占田、宅,“启请青州镇下治中公廨,以为私宅,又乞水田数十顷,皆被遂许”[⑦]。他又在洛阳营建私宅,世宗时因党与高肇而罢官,闲居私宅,“聪遂停废于家,断绝人事,唯修营园果,以声色自娱”[⑧]。

清河张氏随慕容德南渡,“因居齐郡之临淄”,齐郡属青州,清河张氏是青齐土民集团成员之一。清河张烈,字徽仙,“时青州有崔徽伯、房徽叔,与烈并有令誉,时人号曰‘三徽’”[⑨]。张烈兄弟同居共财,“兄弟同居怡怡然,为亲类所慕”。“烈家产畜殖,僮客甚多”[⑩],其弟张僧晧“好营产业,孜孜不

---

① ［北齐］魏收:《魏书》卷八十八,中华书局 1974 年版,第 1912 页。
② ［唐］令狐德棻等:《周书》卷四十四,中华书局 1971 年版,第 786 页。
③ ［唐］房玄龄等:《晋书》卷四十四,中华书局 1974 年版,第 1260 页。
④ ［西晋］陈寿撰,［南朝宋］裴松之注:《三国志》卷二十九,中华书局 1959 年版,第 807 页。
⑤ ［唐］房玄龄等:《晋书》卷四十四,中华书局 1974 年版,第 1261 页。
⑥ ［北齐］魏收:《魏书》卷六十八,中华书局 1974 年版,第 1520 页。
⑦ ［北齐］魏收:《魏书》卷六十八,中华书局 1974 年版,第 1520—1522 页。
⑧ ［北齐］魏收:《魏书》卷六十六,中华书局 1974 年版,第 1522 页。
⑨ ［北齐］魏收:《魏书》卷七十六,中华书局 1974 年版,第 1685 页。
⑩ ［北齐］魏收:《魏书》卷七十六,中华书局 1974 年版,第 1686 页。

已，藏镪巨万，他资亦称是”[①]。由此知张氏家族用僮客经略庄园、货殖。

清河房氏的房谌“避地渡河，居于齐州之东清河绎幕焉”[②]，是谓齐州清河房氏。《新唐书·宰相世系表》明确记载了房谌“随慕容德南迁，因居济南”[③]。《大唐故通议大夫鄂州刺史上柱国卢府君夫人清河郡君墓志铭并序》云“十代祖谌，南燕广平郡守；随燕南度，遂居于齐，今为济南人焉。自后汉尚书令司空公讳植，十有八代，累侍金闺，咸分虎竹，焜煌簪组，炳燿台阶”[④]。由此知房谌南迁后的双家，一是其居官之地的济南，二是离历城不远的东绎幕县赵山之阳。齐州清河房氏的大量田产来自两个时期，一是房谌在南燕时所得；二是房谌的重孙房法寿主动归降北魏，“以法寿为上客，崇吉为次客，崔刘为下客。法寿供给，亚于安都”[⑤]。北魏给予上客的待遇相当丰厚，杨椿云其家“入魏之始，即为上客，给田宅，赐奴婢、马牛羊，遂成富室。自尔至今二十年，二千石、方伯不绝，禄恤甚多”[⑥]。房法寿与杨椿同为上客，通过所得田宅、奴婢一样能成为富室。房氏传到房玄龄的父亲房彦谦时，“家有旧业，资产素殷”[⑦]。

房氏田产采用庄园制经营，房家园直到唐代晚期还享有盛名。

> 历城房家园，齐博陵君豹之山池。其中杂树森竦，泉石崇邃，历中祓禊之胜也。曾有人折其桐枝者，公曰：“何谓伤吾凤条。”自后人不复敢折。公语参军尹孝逸曰：“昔季伦金谷山泉，何必踰此？”孝逸对曰：“曾诣洛西，游其故所。彼此相方，诚如明教。”孝逸尝欲还邺，词人饯宿于此。逸为诗曰：“风沦历城水，月倚华山树。”时人以此两句，比谢灵运“池塘”十字焉。[⑧]

由上引文字可知，房家园为房谌第七代孙房豹所建，房豹曾任北齐博陵

① ［北齐］魏收：《魏书》卷七十六，中华书局 1974 年版，第 1687 页。
② ［北齐］魏收：《魏书》卷四十三，中华书局 1974 年版，第 976 页。
③ ［北宋］欧阳修等：《新唐书》卷七十一，中华书局 1975 年版，第 2397 页。
④ 周绍良主编：《唐代墓志汇编》，上海古籍出版社 1992 年版，第 1493 页。
⑤ ［北齐］魏收：《魏书》卷四十三，中华书局 1974 年版，第 970 页。
⑥ ［北齐］魏收：《魏书》卷五十八，中华书局 1974 年版，第 1289 页。
⑦ ［唐］魏征等：《隋书》卷六十六，中华书局 1973 年版，第 1566 页。
⑧ ［唐］段成式撰，方南生点校：《酉阳杂俎》卷十二，中华书局 1981 年版，第 114 页。

（治今河北安平）太守、乐陵太守，有政声，人称其为“博陵君”。房豹自豪地称“昔季伦金谷山泉，何必逾此”。

“齐奴”石崇的金谷园在洛阳河南县界金谷涧中，“去城十里，或高或下，有清泉茂林，众果、竹、柏、药草之属，金田十顷，羊二百口，鸡猪鸭鹅之类，莫不毕备。又有水碓、鱼池、土窟，其为娱目欢心之物备矣”①。金谷园集经济林木种植、畜禽养殖、粮食加工、休闲娱乐等多种经营于一体，房豹既自诩房家园超过了石崇的金谷园，则上述各种经营自当有之。

房家园内种植有桐树，房豹雅称其为“凤树”。桐树为古代四大木本油料作物之一，桐树板材可造船，桐子可榨油，用途广泛。山东自汉以来造船业发达，如景初元年（237），魏明帝为讨伐辽东叛乱的公孙渊，“诏青、兖、幽、冀四州大作海船”②。后赵石虎为击燕，“令青州造船千艘”。私人所造渔船、商船更多。桐油是古代造船手工业防水、防腐的必备原材料，故山东对板材、桐油有着旺盛的需求，房家园内种桐树，有板材、桐油等多种经济利益。房家园内“杂树森竦”，可见园内种植的经济林木非一。据《齐民要术》记载，可堪种植的经济林木有楸、榆、柞、桑、柘等二十多种。

石崇的金谷园规模宏大，仅其养殖用田就有十顷。石崇所著《思归引序》记其河阳别业云“其制宅也，却阻长堤，前临清渠，柏木几于万株，流水周于舍下，有观阁池沼，多养鱼鸟”，金谷园为石崇举行各种主要活动之所，其规模不亚于河阳别业。房豹既自诩房家园超越金谷园，段成式亦云房家园“泉石崇邃”，可见房家园的规模确实不小，应当也有“柏木几于万株”这样的规模。

房家园为“历中祓禊之胜”，亦有多种利益。尹孝逸从济南返邺，亲朋好友于房家园设宴送别，词人饯宿于此，于此写下名句“风沦历城水，月倚华山树”，时人以此两句之风采实不亚于谢灵运的“池塘生春草，园柳变鸣禽”之句。诗中的历城水，即前文提及的莲子湖。莲子湖与华山所形成的山水美景，赵孟頫绘制成著名的《鹊华秋色》图。美景在前，莲子湖一直为历中宴集之地。由此知房家园内有食宿、宴饮设施。祓禊，乃古人“除恶之祭”，其方式有二：一是于洁净水源之所洗濯沐浴，二是秉火求福。祓禊有春秋二次，

① ［清］严可均辑：《全上古三代秦汉三国六朝文·全晋文》卷三十三，上海古籍出版社2009年版，第228页。

② ［西晋］陈寿撰，［南朝宋］裴松之注：《三国志》卷三，中华书局1959年版，第109页。

春季在三月初三上巳日，在这一天，人们至水滨以药草浸水沐浴，采兰草沾水拂拭周身，然后嬉游、宴饮，尽欢而归。房家园既为“历中祓禊之胜”，其嬉游、宴饮之所，必然也有经营收益。

房氏在济南城的产业只是其中的一部分，在赵山之阳的乡村之家亦应当有大量田产。房氏乡村田产的经营方式也只能采用庄园式经营，因为庄园是我国中古时代各种“农业生产要素”的一种“高效能配置形态”，不仅可以满足自身的基本需求，与其生产相配套的货殖经营更能给庄园主带来高额利润，这是魏晋六朝动荡社会里基层力量超强凝聚力的经济基础。这一时期史籍所载山东庄园主从事手工业加工的只有东平毕氏家族。

东平须昌（今山东东平西北）人毕众敬，入北魏为上客，与房法寿相友善。“众敬善持家业，尤能督课田产，大致储积。”[①]善持家业，即贾思勰所说的诸种以农作物生产为基础的加工、货殖，不止于督课生产。毕氏的加工货殖以纺织品为最，毕众敬致仕还乡前，献给孝文帝“真珠珰四具、银装剑一口、刺彪矛一枚、仙人文绫一百匹”。至毕众敬重孙毕义云时，“私藏工匠，家有十余机织锦，并造金银器物”[②]。毕氏亦经营餐饮，从事公私接待，毕义远“兄弟善营鲑膳，器物鲜华，常兼长史，接宴宾客”[③]。

同一时期，琅玡颜氏颜之推曾强调过庄园的自给性，认为“生民之本，要当稼穑而食，桑麻以衣。蔬果之畜，园场之所产；鸡豚之善，埘圈之所生。爰及栋宇器械，樵苏脂烛，莫非种殖之物也。至能守其业者，闭门而为生之具已足，但家无盐井耳”[④]。但自给只是庄园经济的一个方面，具有以庄园所产为初级原材料进行加工再生产特点的货殖经营是庄园经济的另一个方面，而这些加工品大都是用于货殖，如毕氏庄园的纺织品、金银器。即便初级农产品，也有用来货殖的，如“园田水碓周遍天下”的王戎，“家有好李，常出货之”[⑤]。庄园货殖，自汉以来就是如此，仲长统就庄园货殖特征说：“豪人之室，连栋数百，膏田满野，奴婢千群，徒附万计。船车贾贩，周于四方；废居积贮，满于都城。琦赂宝货，巨室不能容；马牛羊豕，山谷不能受”。房氏

① ［北齐］魏收：《魏书》卷六十一，中华书局1974年版，第1361页。
② ［唐］李延寿：《北史》卷三十九，中华书局1974年版，第1426、1428页。
③ ［北齐］魏收：《魏书》卷六十一，中华书局1974年版，第1364页。
④ 王利器：《颜氏家训集解（增补本）》卷一，中华书局1993年版，第43页。
⑤ ［唐］房玄龄等：《晋书》卷四十三，中华书局1974年版，第1234页。

在赵山之阳的庄园所产、房家园中所种植的大面积的树木等，显然不是自给产品。房氏的货殖经营收入是其家族经济的重要组成部分，而房氏所定居的济南也提供了货殖经营的环境，房彦诩墓志中曾特意提到的“三齐殷阜，一方都会”[①]与其“家富于财”之间绝不是没有关系的。

“秦汉以来，风俗转薄，公侯之尊，莫不殖园圃之田，而收市井之利”[②]，以庄园生产为基础兼营工商业是中古时期的普遍现象，而尤以石崇为最，所谓“石崇百道营生，积财如山”[③]，金谷园为其治生代表之一。“殖园圃之田，收市井之利”的金谷园“百道营生”治生模式，显然成为房氏极力模仿的对象，所以才有了历城房家园。透过房家园，可考知房氏的治生经营涉及饮食、粮食加工、药材、娱乐、果林种植、粮食生产等多种行业，的确可以称得上“百道营生”。

总结而言，魏晋南北朝时期，山东的地主过着庄园经营生活，周、隋间的萧大圜曾描写过这种生活：“面修原而带流水，倚郊甸而枕平皋，筑蜗舍于丛林，构环堵于幽薄。近瞻烟雾，远睇风云。藉纤草以荫长松，结幽兰而援芳桂。仰翔禽于百仞，俯泳鳞于千浔。果园在后，开窗以临花卉；蔬圃居前，坐檐而看灌畦。二顷以供饘粥，十亩以给丝麻。侍儿五三，可充纴织；家僮数四，足代耕耘。沽酪牧羊，协潘生之志；畜鸡种黍，应庄叟之言。获菽寻汜氏之书，露葵征尹君之录。烹羔豚而介春酒，迎伏腊而候岁时。披良书，探至赜，歌纂纂，唱乌乌，可以娱神，可以散虑。有朋自远，扬搉古今。田畯相过，剧谈稼穑。斯亦足矣，乐不可支。”[④]

---

① 吴钢主编：《全唐文补遗》第七辑，三秦出版社2000年版，第240页。

② ［唐］房玄龄等：《晋书》卷五十六，中华书局1974年版，第1537页。

③ ［东晋］王隐：《晋书》，载《续修四库全书》第1210册，上海古籍出版社1995年版，第194页。

④ ［唐］令狐德棻等：《周书》卷四十二，中华书局1971年版，第758页。

第六章　隋唐五代时期山东的农业

“天下膏腴地，莫盛于齐者矣！”[①]汉代时，人们对山东肥沃之地的誉称，至隋唐时依然。“自蛇丘、肥成，南届钜野，东达梁父，循岱岳众山之阳，以负东海。又滨泗水，经方与、沛、留、彭城，东至于吕梁，乃东南抵淮，并淮水而东，尽徐夷之地，得汉东平、鲁国、琅邪、东海、泗水、城阳，古鲁、薛、郳、莒、小邾、徐、郯、鄫、鄅、邳、邿、任、宿、须句、颛臾、牟、遂、铸夷、介、根牟及大庭氏之国。奎为大泽，在陬訾下流，当钜野之东阳，至于淮、泗。娄、胃之墟，东北负山，盖中国膏腴地，百谷之所阜也。”[②]

一、隋唐五代时期山东农业概况

“在农业生产上，隋唐是一个大发展时期，也是一个大转变时期。”[③]这个转变主要是指唐代中期以后以水稻生产为代表的南方地域经济崛起，全国经济重心由北方逐渐向南方转移。这个转移过程对山东地域农业生产的影响不甚明显，因为山东地域自先秦以来就是水旱兼作区，水稻生产技术的进步同样会促进山东地域农业的发展，而且山东位于中国东部南北方“南船北马”物质中转的枢纽地带，南方经济的崛起足以成为山东商品性农业大发展的经济背景。

这一时期山东农业生产有着从繁盛到衰弱的波折，这主要是中唐以后，藩镇割据，五代纷争，动荡不安的时局严重影响了农业生产的正常进行。隋

---

① ［西汉］司马迁：《史记》卷六十，中华书局 1959 年版，第 2115 页。
② ［北宋］欧阳修等：《新唐书》卷三十一，中华书局 1975 年版，第 821 页。
③ 梁家勉主编：《中国农业科学技术史稿》，农业出版社 1989 年版，第 316 页。

及唐前期都推行均田制，加上官府又实行重农政策，在一定程度上推动了这一时期的农业发展。山东地域作为有名的膏腴之地，农业生产尤其可观，史称贞观时期“频致丰稔，米斗三四钱，行旅自京师至于岭表，自山东至于沧海，皆不赍粮，取给于路。又山东村落，行客经过者，必厚加供待，或发时有赠遗，此皆古昔未有也”①。唐玄宗开元时期，“是时，海内富实，米斗之价钱十三，青、齐间斗才三钱，绢一匹钱二百”②。开元十三年(725)，“米斗至十三文，青、齐谷斗至五文。自后天下无贵物”③。

唐后期至五代，山东农业生产颇有起伏。安史之乱后，齐鲁大地上形成了淄青藩镇，节度使李正己“据齐、鲁之地，既而递相胶固，联结姻好，职贡不入，法令不加，率以为常”④，拉开了以军士集团为基础的淄青镇近六十年藩镇割据的序幕。李正己极盛时，拥有淄、青、齐、海、登、莱、沂、密、德、棣、曹、濮、徐、兖、郓十五州之地，“内视同列，货市渤海名马，岁岁不绝。法令齐一，赋税均轻，最为强大”⑤。赋税均轻的状态大约维持到李师古时，乃是利用了山东丰富的盐铁资源和海路交通来发展地域商品经济，“李师道前据河南十二州，其兖、郓、淄、青、濮州界，旧有铜铁冶，每年额利百余万”⑥，山东密、莱、青、登、棣等州皆产盐，棣州的蛤蜾盐池，“岁产盐数十万斛”⑦，“往来粜盐价钱，近取七十万贯，军资给费，优赡有余”⑧。元和十四年(819)，唐王朝收复淄青镇后，农业生产一度颇为艰难，主要表现是人口流散、耕牛和种子缺乏，史称“百姓自用兵已来，流移十分只有二分，伏乞赐麦种、耕牛等”⑨。马总任天平军节度使时，着力恢复所领郓、曹、濮三州的农业生产，“居一年，人尽安，田益辟”⑩。唐末秦宗权、孙儒叛乱，“西至关内，东极青、齐，南出江淮，北至卫、滑，鱼烂鸟散，人烟断绝，荆榛蔽野”⑪。

---

① [唐]吴兢撰，谢保成集校:《贞观政要集校》卷一，中华书局2003年版，第52页。
② [北宋]欧阳修等:《新唐书》卷五十一，中华书局1975年版，第1346页。
③ [唐]杜佑撰，王文锦等点校:《通典》卷七，中华书局1992年版，第152页。
④ [后晋]刘昫等:《旧唐书》卷一百二十四，中华书局1975年版，第3541页。
⑤ [后晋]刘昫等:《旧唐书》卷一百二十四，中华书局1975年版，第3535页。
⑥ [后晋]刘昫等:《旧唐书》卷一百六十九，中华书局1975年版，第4404页。
⑦ [北宋]欧阳修等:《新唐书》卷二百一十三，中华书局1975年版，第5991页。
⑧ [后晋]刘昫等:《旧唐书》卷四十八，中华书局1975年版，第2109页。
⑨ [北宋]王钦若等编:《册府元龟》卷一百零六，中华书局1960年版，第1267页。
⑩ [清]董诰等编:《全唐文》卷七百一十四，中华书局1983年版，第7335页。
⑪ [后晋]刘昫等:《旧唐书》卷二百下，中华书局1975年版，第5398页。

五代时,农业生产常常中断。一方面是自然灾害,在后面的自然灾害表(表6－2)中,五代时期山东境内就有七次黄河大决口,再算上河南境内决堤对山东的影响,农业生产受河患影响很大,最严重的一次是后周显德元年(954),洪水“汇为大泽,漫漫数百里,……滥坏民庐舍,占民良田,殆不可胜计”[①]。自然的河患之外,复重以人祸,如后梁掘黄河大堤阻敌,在酸枣县(今河南延津西北)“引河水东注,至于郓、濮”[②]。五代时期的五十多年间,山东战火不断,兵燹交加,北宋济州钜野(今山东巨野县)人王禹偁(954—1001)回忆旧事,称五代时期“沂、密之民被乱尤甚,不死于馁,即死于兵”[③]。频繁的战乱,使山东农业生产颇受重创。

(一)隋唐五代时期山东膏腴地的自然背景

山东被誉称为膏腴之地,从自然生产力方面讲,一是气候温暖湿润,二是土地肥沃、植被茂盛。

依据物候、动物分布、雪线和海平面等相关资料,隋唐时期是一个总体温暖的时期,与现代气温相比,当时的年平均气温高1℃左右,气候带的纬度北移1°左右。[④] 但“唐代不是一个稳定的温暖期。从百年以上的尺度来看,以8世纪中叶为界至少可以分为两个大的阶段,前期的气候尚缺少坚实的证据,无法确定寒暖的程度,从一些已有的记载,估计与现代相差不大,但后期气候明显转寒,寒冷顶峰时的程度可与明清小冰期相比较。从50年左右的尺度来看,后期的寒冷阶段也存在波动,最冷的时期位于9世纪前期和9世纪末”[⑤]。从后面所列的霜雹冻灾表(表6－2)中可知,山东的寒冷记录共有9条,始自七世纪末,其极冷事件是唐长庆二年(822)的青州海冻二百里。唐后期的转冷,对农业生产有一定的影响,需要在冬季做好农作物防寒措施。韩鄂在《四时纂要》中记载当时的葡萄在十月里要盘起枝蔓深埋入土中。

在总体温暖的同时,隋唐时期也是一个总体湿润的时期。从630年到992

---

① [北宋]王钦若等编:《册府元龟》卷四百九十七,中华书局1960年版,第5957页。

② [北宋]王钦若等编:《册府元龟》卷四百九十七,中华书局1960年版,第5955页。

③ [北宋]王禹偁:《小畜集》卷二十九,载《景印文渊阁四库全书》第1086册,台湾商务印书馆影印1985年版,第293页。

④ 吴宏岐等:《隋唐时期气候冷暖特征与气候波动》,《第四纪研究》1998年第1期。

⑤ 满志敏:《关于唐代气候冷暖问题的讨论》,《第四纪研究》1998年第1期。

年是一个相对湿润的多雨时期，是最近3000年来北方历时最长的多雨期，尤其是从630年到834年，是降雨特多的时期。① 在这个温暖湿润期，考古研究证明豫西洛河流域的多年平均降雨量达1220毫米，可以大面积种植竹子②。唐末韩鄂在《四时纂要》中所辑录的是渭河下游和黄河下游地区的农事活动③，其中有正月种竹、五月移竹、九月斫竹等农事安排。关中地区能种竹，在贞元十二年(796)十二月的大雪极寒事件中，关中地区"竹柏柿树多死"④。竹子的正常生长除需气温条件外，主要是多年平均降雨量必须大于1200毫米。圆仁在河北阜平大复岭，见"峰上松林，谷里树木，直而且长。竹林麻园，不足为喻"⑤，而位于今山东荣成的赤山法华院，"每房灶里，烧竹叶及草，从突出烟"⑥。杜甫于济南历下亭见"修竹不受暑，交流空涌波"⑦。裴耀卿主持修复济州(治卢县，今属山东长清)黄河大堤后，"北河回其竹箭，东郡郁为桑田"⑧。由此知唐时包括河北、山东在内的黄河中下游地区皆有野生竹林，寺院甚至可用竹叶作为日常生活的燃料，表明隋唐时期今山东地域具有温暖湿润的自然环境，多年平均降雨量至少与同纬度带的豫西地区大致相当，可以达到1200毫米。这样良好的自然生产力状况，至少可以使农作物提高一至二个熟级，农作物产量增加一到二成⑨。

在湿润多雨的背景下，隋唐五代时期今山东地域的水环境比较优越，见于《水经注》的各条河流，如济水、汶水、泗水、桓水、菏水、洙水、沂水、渑水、淄水、胶水、百脉水、氾水、潍水、濮水、漯水、清水、沭水、承水、灉水、滳水、卢水、沮水、瓠子河、马颊河等，在唐代的《元和郡县图志》中仍有明确记载，其详情见表6-1。

---

① 王邨、王松梅：《近五千年来我国中原地区在降雨量方面的变迁》，《中国科学(B辑)》1987年第1期。

② 王邨：《中原地区历史旱涝气候研究及预测》，气象出版社1992年版，第4—6页。

③ [唐]韩鄂撰，缪启愉校释：《四时纂要校释》，农业出版社1981年版，前言第3页。

④ [北宋]欧阳修等：《新唐书》卷三十六，中华书局1975年版，第936页。

⑤ [日]释圆仁原著，白化文等校注：《入唐求法巡礼行记校注》卷二，花山文艺出版社2007年版，第260页。

⑥ [日]释圆仁原著，白化文等校注：《入唐求法巡礼行记校注》卷二，花山文艺出版社2007年版，第197页。

⑦ [清]彭定求等编：《全唐诗》卷二百一十六，中华书局1960年版，第2253页。

⑧ [清]董诰等编：《全唐文》卷三百二十六，中华书局1983年版，第3306页。

⑨ 张家诚：《气候与人类》，河南科学技术出版社1988年版，第123—125页。

表6-1　　隋唐五代山东河流湖泊分布表

州	属县	河流	湖泊	《元和志》境内物产描述
徐州	滕县			故薛城:薛中六万家,其中富厚,天下无比
泗州	下邳县	沂水、沭水		
郓州	东平县			
	须昌县	济水、清水		清水石桥
	阳谷县	黄河		
	寿张县			梁山,隋末百姓筑以为堡
	卢县	黄河、济水		有碻磝津、刘公桥
	东阿县			东阿大井巨若车轮,每岁取此井水煮胶入贡,《本草》所谓阿胶也
	郓城县			
	钜野县		钜野泽	钜野泽:南北三百里,东西百余里
	平阴县	黄河		
	中都县	汶水、桓水		
兖州	瑕丘县	洙水、泗水		
	金乡县	菏水		穿山得金,故名金乡
	鱼台县	菏水、泗水		
	邹县			峄山:峄阳孤桐
	龚丘县			有石池,冬夏澄清,祈雨辄应,故古今皆祀焉 故汶阳城侧土田沃壤,号汶阳之田
	乾封县	汶水		徂徕之松 县界凡有五汶,皆源别而流同
	莱芜县			韶山:其山出铁,至今鼓铸不绝
	曲阜县	曲阜、洙水、泗水、沂水	埛泽	埛泽,俗名连泉泽,牧马之地
	泗水县	泗水	盗泉、漏泽、	漏泽,水族山积也
	任城县	桓公沟		

续表

州	属县	河流	湖泊	《元和志》境内物产描述
青州	益都县	淄水		
	临淄县	淄水	天齐池	
	千乘县	淄水		
	临朐县			
	北海县	海水、潍水、胶水、白浪水		
	寿光县	淄水、海水、渑水		
	博昌县	昌水、济水、海浦、时水		
齐州	历城县	泺水	莲子湖（峼山湖）；历城到营城三十里，自城以东，水渺漫数十里，南则迫山，实为险固也	鱼鳖水族，无所不有
	全节县	济水		
	章丘县	济水		
	亭山县	百脉水		
	临邑县	黄河、济水、漯水		
	长清县	黄河、济水、清水	湇（涓）沟泊	湇沟泊：东西三十里，南北二十五里，水族生焉，数州取给
	临济县	黄河、济水		
	丰齐县	济水		
	禹城县			

续表

州	属县	河流	湖泊	《元和志》境内物产描述
曹州	济阴县	氾水	菏泽	
	冤句县			
	乘氏县			
	南华县	濮水		
濮州	甄城县	黄河		
	雷泽县	溫水、沮水	雷夏泽	
	临濮县			
密州	诸城县	卢水、潍水、	卤泽、潍水故堰、百尺陂	卤泽九所，煮盐，今古多收其利 潍水故堰，方二十余里，溉水田万顷
	高密县	潍水、胶水	夷安泽	夷安泽：周迴四十里，多麋鹿蒲苇
	辅唐县		浯水堰	浯水堰：今尚有余堰，稻田畦畛存焉
	莒县	潍水、沭水		
沂州	临沂县	沂水		
	沂水县	沂水		雹山，出紫石英，好者表里映徹，形若雹状，故曰雹山
	费县			
	氶县			县界有陂十三所，并贞观元年已来修立，以溉田焉
	新泰县			障山，出销石、石脑、炬火等石，居人常采以为货
莱州	掖县	掖水、胶水		
	即墨县	墨水		东南有堰；有盐
	昌阳县		奚养泽	有黄银坑
	胶水县	胶水		有土山，古今煮盐处

续表

州	属县	河流	湖泊	《元和志》境内物产描述
淄州	淄川县	淄水		
	长山县	济水		
	邹平县	济水、黄河		
	济阳县	济水		有八会津
	高苑县	济水		
登州	蓬莱县			
	文登县			
	黄县			
魏州	冠氏县	王莽河		
	莘县			
	昌乐县			
博州	聊城县	黄河		
	武水县	黄河		
	堂邑县			
	高唐县	黄河		
贝州	历亭县	永济渠		
	东武城县	永济渠		
	临清县	永济渠		
	夏津县	屯氏河		
	永济县	永济渠		
澶州	临黄县	黄河		
	观城县			
德州	安德县	黄河、马颊河		
	平原县	黄河		
	平昌县	马颊河		
	将陵县			
	长河县	漳水河、永济渠		

续表

州	属县	河流	湖泊	《元和志》境内物产描述
棣州	厌次县	黄河、滴河		
	滴河县	黄河、滴河		
	渤海县	黄河		
	阳信县	钩般河、马颊河		
	蒲台县	黄河		
沧州	无棣县	无棣沟		

总体来讲，隋唐五代时期山东1200毫米以上的年均降雨量及各条河流的存在，既为农业生产提供了充沛的水资源，同时也使得雨、水之灾成为影响山东地域农业经济发展的主要因素之一。据现有史料记载，隋唐五代时期山东共有雨水灾40次，旱灾9次，雨水灾频率明显高于旱灾。这一时期山东的蝗螟虫灾有17次之多，上一章已述及蝗螟虫卵的孕生必须要有湿润的环境，山东多陂泽河流及夏季多雨湿润、秋后干燥的季节性气候，极易产生秋螟蝗灾，食尽秋稼。山东蝗虫孕生的环境，唐人已有一定认识："是时，山东诸州蝗虫。五月末，在处生于陂泽，卤田尤甚，县官或随处掘井埋瘗，放火焚灭，杀百万余石"①。

表6－2　　　隋唐五代时期山东地域农业自然灾害表

灾害	时间	灾情发生地	资料来源
雨水灾	隋开皇四年(584)	正月壬午，齐州水	《隋书》卷一，第21页
	隋开皇五年(565)	青、兖、汴、许、曹、亳、陈、仁、谯、豫、郑、洛、伊、颍、邳等州大水，百姓饥馑	《隋书》卷二十四，第684—685页
	隋开皇十四年(594)	山东频年霖雨，杞、宋、陈、亳、曹、戴、谯、颍等诸州，达于沧海，皆困水灾，所在沉溺	《隋书》卷二十四，第685页
	隋大业七年(611)	山东、河南大水，漂没四十余郡。……因属疫疾，山东尤甚	《隋书》卷二十四，第688页

① ［北宋］王钦若等编：《册府元龟》卷一百四十四，中华书局1960年版，第1750页。

续表

灾害	时间	灾情发生地	资料来源
雨水灾	隋义宁元年(617)	河南、山东大水，饿殍满野	《资治通鉴》卷一百八十四，第5752页
	唐贞观三年(629)	秋，贝、谯、郓、泗、沂、徐、豪、苏、陇九州水	《新唐书》卷三十六，第927页
	唐贞观四年(630)	许、戴、集三州水	《新唐书》卷三十六，第927—928页
	唐贞观七年(633)	九月，山东、河南四十余州大水，遣使赈之	《资治通鉴》卷一百九十四，第6103页
	唐贞观八年(634)	七月，山东、淮、海之间大水	《资治通鉴》卷一百九十四，第6106页
	唐贞观十六年(642)	秋，徐、戴二州大水	《新唐书》卷三十六，第928页
	唐永徽元年(650)	齐、定等州十六，水	《新唐书》卷三十六，第928页
	唐永徽二年(651)	汴、定、濮、亳等州水	《新唐书》卷三十六，第928页
	唐永徽六年(655)	秋，冀、沂、密、兖、滑、汴、郑、婺等州水，害稼。十月，齐州河溢	《新唐书》卷三十六，第928页
	唐上元三年(676)	青州大风，海溢，漂居人五千余家。齐、淄等七州大水	《新唐书》卷三十六，第929页
	唐永淳元年(682)	山东大雨水	《新唐书》卷三十六，第929页
	唐长寿二年(693)	五月，棣州河溢，坏居民二千余家	《新唐书》卷三十六，第929页
	唐景龙三年(709)	九月，密州水，坏民居数百家	《新唐书》卷三十六，第930页
	唐开元十年(722)	河决博、棣等州	《新唐书》卷五，第129页

续表

灾害	时间	灾情发生地	资料来源
雨水灾	唐开元十二年(724)	兖州大水	《新唐书》卷三十六,第931页
	唐开元十四年(726)	秋,天下州五十水,河南、河北尤甚,河及支川皆溢,怀、卫、郑、滑、汴、濮人或巢或舟以居,死者千计	《新唐书》卷三十六,第931页
	唐开元二十年(732)	宋、滑、兖、郓四州水	《新唐书》卷五,第136页
	唐建中元年(780)	幽、镇、魏、博大雨……苗稼荡尽	《新唐书》卷三十六,第932页
	唐元和八年(813)	沧州水潦,浸盐山等四县棣城百里,顿成泽国,田园禾稼皆尽,村屯树木尽杀	《新唐书》卷三十六,第932页。参《无棣县志》,见前揭《山东自然灾害史》第14页
	唐元和十一年(816)	六月,密州大风雨,海溢,毁城郭	《新唐书》卷三十六,第933页
	唐长庆二年(822)	郓、曹、濮三州雨,水坏州城、民居、田稼略尽	《新唐书》卷三十六,第933页
	唐长庆四年(824)	秋七月,郓、曹、濮暴雨水溢,坏城郭庐舍。八月,陈、许、蔡、郓、曹、濮等州水害秋稼	《旧唐书》卷17,第510—511页
	唐宝历元年(825)	秋,兖、海、华三州及京畿奉天等六县水,害稼	《新唐书》卷三十六,第934页
	唐太和二年(828)	河决,坏棣州城;河南郓、曹、濮、淄、青、齐、德、兖、海等州并大水	《新唐书》卷三十六,第934页
	唐太和四年(830)	郓、曹、濮等州雨,坏城郭庐舍殆尽	《新唐书》卷三十四,第877页
	唐开成三年(838)	陈、许、鄜、坊、鄂、曹、濮、襄、魏、博等州大水	《新唐书》卷三十六,第934页

续表

灾害	时间	灾情发生地	资料来源
雨水灾	唐开成四年(839)	沧景、淄青大水,害稼及民庐舍,德州尤甚,平地水深八尺	《旧唐书》卷一十七,第578页;《新唐书》卷三十六,第934页
	唐大中十二年(858)	八月,魏、博、幽、镇、兖、郓、滑、汴、宋、舒、寿、和、润等州水,害稼	《新唐书》卷三十六,第935页
	唐乾符初	大水,山东饥	《新唐书》卷五十二,第1362页
	后唐同光二年(924)	七月,曹州大水,平地三尺。郓、曹等州大风雨,损稼。八月,大雨,河水溢漫流入郓州界	《旧五代史》卷三十二,第438、440页。《旧五代史》卷一百四十一,第1882页
	后唐长兴二年(931)	四月,棣州上言,水坏其城。是月己巳,郓州上言,黄河水溢岸,阔三十里,东流	《旧五代史》卷一百四十一,第1882—1883页
	后晋天福三年(938)	八月,郓州奏阳谷县界河决;十月,河决郓州	《旧五代史》卷七十七,第1018页。《资治通鉴》卷二百八十一,第9193页
	后晋天福四年(939)	八月,河决博平,甘陵大水	《旧五代史》卷一百四十一,第1883页
	后晋天福六年(941)	九月,河决于滑州,一概东流。兖州、濮州界皆为水所漂溺	《旧五代史》卷一百四十一,第1883页
	后晋开运元年(944)	四月,滑州河决,漂注曹、单、濮、郓等州之境,环梁山合于汶、济	《旧五代史》卷八十二,第1090页
	后周显德元年(954)	河自杨刘至于博州百二十里,连年东溃,分为二派,汇为大泽,弥漫数百里。又东北坏古堤而出,灌齐、棣、淄诸州,至于海涯,漂没民田庐不可胜计,流民采菰稗、捕鱼以给食,朝廷屡遣使者不能塞。十一月,戊戌,帝遣李谷诣澶、郓、齐按视堤塞,役徒六万,三十日而毕	《资治通鉴》卷二百九十二,第9519页

续表

灾害	时间	灾情发生地	资料来源
雪、霜、雹灾	唐圣历元年(698)	曹州大雨雹	《新唐书》卷三十六,第944页
	唐久视元年(700)	曹州大雨雹	《新唐书》卷三十六,第944页
	唐景龙元年(707)	曹州大雨雹	《新唐书》卷三十六,第944页
	唐开元十一年(724)	自京师至山东、淮南大雪,平地三尺余	《旧唐书》卷八,第186页
	唐元和十四年(819)	四月,淄青陨霜	《新唐书》卷三十六,第943页
	唐长庆二年(822)	青州奏海冻二百里	《旧唐书》卷一十六,第494页
	唐开成二年(837)	濮州雨雹如拳,杀人三十六,牛马甚众	《新唐书》卷三十六,第945页
	唐会昌元年(841)	登州雨雹,文登尤甚,破瓦害稼	《新唐书》卷三十六,第945页
	唐景福二年(893)	曹州大雪,平地二尺	《新唐书》卷三十六,第936页
旱灾	隋大业八年(612)	是岁,大旱,疫,人多死,山东尤甚	《隋书》卷四,第83页
	唐贞观元年(627)	是夏,山东诸州大旱	《旧唐书》卷二,第32页
	唐永徽四年(653)	夏,旱,光(今山东掖县)、婺、滁、颍等州尤甚	《新唐书》卷三十五,第915页
	唐总章元年(668)	京师及山东、江淮大旱	《新唐书》卷三十五,第916页
	唐神龙二年(706)	冬不雨,至于明年五月,京师、山东、河北、河南旱、饥	《新唐书》卷三十五,第916页

续表

灾害	时间	灾情发生地	资料来源
旱灾	唐神龙三年(707)	山东、河北大旱,疾疫饥馑死者二千余人	《旧唐书》卷七,第144页;卷三十七,第1357页
	唐开元十一年(723)	山东旱,俭	《旧唐书》卷一百,第3132页
	唐开元十二年(724)	山东旱	《资治通鉴》卷二百一十二,第6759页
	唐咸通九年(868)	自关东至海大旱,冬蔬皆尽	《新唐书》卷五十二,第1362页
蝗、螟虫灾	唐贞观三年(629)	秋,德、戴、廓等州蝗	《新唐书》卷三十六,第938页
	唐贞观四年(630)	秋,观、兖、辽等州蝗	《新唐书》卷三十六,第938页
	唐贞观十一年(647)	八月,莱州螟	《新唐书》卷三十五,第904页
	唐开元三年(715)	六月,山东诸州大蝗	《旧唐书》卷八,第175页
	唐开元四年(716)	是夏,山东、河南、河北蝗虫大起。螟蝗害稼	《旧唐书》卷八,第176页。卷三十七,第1364页
	唐开元二十五年(737)	贝州蝗,食苗。有白鸟数千万,群飞食之,一夕而尽,禾稼不伤	《旧唐书》卷三十七,第1364页。《新唐书》卷三十六,第939页
	唐天宝三年(744)	青州紫虫食田	《新唐书》卷三十五,第904页
	唐兴元元年(784)	秋,螟蝗自山而东际于海,晦天蔽野,草木叶皆尽	《新唐书》卷三十六,第939页
	唐贞元元年(785)	夏,蝗,东自海,西尽河、陇,群飞蔽天,旬日不息,所至草木叶及畜毛靡有孑遗,饿殣枕道	《新唐书》卷三十六,第939页

续表

灾害	时间	灾情发生地	资料来源
蝗、螟虫灾	唐开成二年(837)	六月,魏博、昭义、淄青、沧州、兖海、河南蝗	《新唐书》卷三十六,第939页
	唐开成三年(838)	八月,魏、博六州蝗食苗皆尽	《旧唐书》卷一十七,第570页
	唐开成四年(839)	魏博管内蝗食秋稼	《旧唐书》卷一十七,第577—578页
	唐开成五年(840)	夏,幽、魏、博、郓、曹、濮、沧、齐、德、淄、青、兖、海、河阳、淮南、虢、陈、许、汝等州螟蝗害稼	《新唐书》卷三十六,第939页
	后晋天福七年(942)	山东、河南、关西郡蝗害稼	《旧五代史》卷一百四十一,第1887页
	后晋天福八年(943)	是岁,春夏旱,秋冬水,蝗大起,东自海壖,西距陇坻,南逾江、湖,北抵幽蓟,原野、山谷、城郭、庐舍皆满,竹木叶俱尽	《资治通鉴》卷二百八十三,第9257—9258页
	汉乾祐元年(948)	七月,青、郓、兖、齐、濮、沂、密、邢、曹皆言蝝生	《旧五代史》卷一百四十一,第1887页
	后汉乾祐二年(949)	兖州奏捕蝗二万斛;滑、濮、澶、漕、兖、淄、青、齐、宿、怀、相、卫、博、陈等州奏蝗	《旧五代史》卷一百二,第1358页
风沙灾	唐景龙三年(709)	曹州大风拔木	《新唐书》卷三十五,第900页
	唐元和八年(813)	富平大风,拔枣木千余株	《新唐书》卷三十五,第901页
	唐元和十二年(817)	青州一夕暴风自西北,天地晦冥	《新唐书》卷三十五,第901页
	唐乾宁二年(895)	钜野南,狂风暴起,沙尘沸涌	《旧五代史》卷一,第17页

续表

灾害	时间	灾情发生地	资料来源
饥馑	隋大业五年(609)	燕、代、齐、鲁诸郡饥	《隋书》卷二十二,第623页
	唐垂拱三年(687)	是岁,天下大饥,山东、关内尤甚	《资治通鉴》卷二百四,第6447页
	唐垂拱四年(688)	山东、河南甚饥甚	《旧唐书》卷六,第118页
	唐会昌五年(845)	时成德、魏博皆饥	《资治通鉴》卷二百四十八,第8014页

据表6－2[①],隋唐五代时期,今山东地域共发生雨水灾40次、雪霜雹灾9次、旱灾9次、蝗螟虫灾17次、风沙灾4次,共计79次。在此之外,唐长寿元年(692)在惠民附近(N37.4°、E117.6°)发生过一次震中烈度六度的五级地震[②]。

今山东在隋唐五代时期约380年的时间里,有灾年份共计78年次,绝大部分时间还是处于正常年景的,这是山东农业经济发展的自然前提,充沛的降雨、湖河水体以及较少的自然灾害,构成了这一时期山东“膏腴地”的自然背景。

作为膏腴地的山东,土层肥沃,植被茂盛。在前文河流湖泊分布表(表6－1)中,李吉甫记载了滕县古薛地的土壤肥沃,其民富厚。从该地出土的隋唐造像铭文内容看,“隋唐时期薛河两岸土地肥沃,乡民聚居,佛寺兴盛,佛教徒都参与立碑、造像、建桥活动,方便乡民,积德行善”[③]。兖州龚丘县有史上著名的汶阳之田,在故汶阳城“城侧土田沃壤,故鲁号汶阳之田”[④]。

① 魏光兴、孙昭民主编的《山东省自然灾害史》亦有列表,但其漏列正史中部分记载,而其增列的方志记载,均可见于正史。任显坤、李取勉亦有列表,但是涉及河南、河北道所发生的宽范围的山东灾情,他们都将其计入今山东范围内,失于宽泛。另参见李取勉:《隋唐山东农业经济研究》,南京师范大学2010年博士学位论文;任显坤:《隋唐山东农业地理》,西北师范大学2009年硕士学位论文。

② 魏光兴、孙昭民主编:《山东省自然灾害史》,地震出版社2000年版,第16页。

③ 微山县文物管理所:《山东微山县出土唐代石刻》,《考古》2001年第9期。

④ [唐]李吉甫撰,贺次君点校:《元和郡县图志》卷十,中华书局1983年版,第267页。

胶东文登县的育犁,“以地良沃,故以育犁名邑”①。泰山以北,河、济之间的青齐平原,自汉以来即称膏壤千里,“青齐沃壤,号曰‘东秦’”②。僧一行曾描述齐鲁之地“盖中国膏腴地,百谷之所阜也”。即使是滨海的斥卤之地,在当时多雨的前提条件下,也被改造成了良田沃壤。当时人们对咸卤土地的利用方式有两种:一是煮盐,二是种稻。如密州诸城县的滨海地带“海潮侵荡,久成咸土”,有“卤泽九所”,人们“以土煮盐,多收其利”③。咸卤之土盐分高,水稻耐盐卤,人们遂种稻洗盐。诸城堰潍水以为陂塘,史称潍水故堰,“方二十余里,溉水田万顷”④,潍水故堰的余水“散流下注夷安泽”,夷安泽在高密县境。高密县也是滨海之地,“大海,在县东南六十里”,其地亦多斥卤,含盐分较高,只宜种稻,夷安泽“东西百余里,灌田万顷,民尤赖之,是多豪富”⑤。现在山东年降雨量远不及隋唐时期,无法广种水稻,遂使盐卤地失其早先膏腴之称也。

隋唐时期山东降雨充沛,植被自然生产力旺盛,原生、次生植被生长良好,自我恢复速度较快,虽有人力斫伐,尽其物用,但植被覆盖率大抵能保持在33%⑥,维持着良好的生态环境。唐初密州诸城县“柴阜榛棘森然,故云柴阜”⑦。入唐求法日僧圆仁从楚州(今江苏淮安)到登州,在胶东丘陵山地区,“道路尽是山坂旷野,草木高深,蚊虻如雨。终日踰山行野,村栅迢远,希见人家”⑧;“从海州直到登州已来路境不可行得,旷野路狭,草木掩合,寸步过泥,频失前路。若无知道人引,即一步不可行也。出野入山,出山入野。山坂峻,沟谷幽深。涧水流而寒冷,涉者入骨觉痛。入山行,即一日百遍逾山,百遍渡水,入野行,即树稠草深,微径难寻。见草之动,方知人行也。蚊虻如雨,打力不及。草下淤泥至膝至腰”⑨。因登、莱之地林稠草深,武后时

① [北宋]乐史撰,王文楚等点校:《太平寰宇记》卷二十,中华书局2007年版,第411页。

② [唐]房玄龄等:《晋书》卷一百二十七,中华书局1974年版,第3166页。

③ [北宋]乐史撰,王文楚等点校:《太平寰宇记》卷二十四,中华书局2007年版,第496页。

④ [唐]李吉甫撰,贺次君点校:《元和郡县图志》卷十一,中华书局1983年版,第299页。

⑤ [北宋]乐史撰,王文楚等点校:《太平寰宇记》卷二十四,中华书局2007年版,第504页。

⑥ 樊宝敏、董源:《中国历代森林覆盖率的探讨》,《北京林业大学学报》2001年第4期。

⑦ [唐]徐坚等:《初学记》卷八,中华书局2004年版,第170页。

⑧ 〔日〕释圆仁原著,白化文等校注:《入唐求法巡礼行记校注》卷四,花山文艺出版社2007年版,第477页。

⑨ 〔日〕释圆仁原著,白化文等校注:《入唐求法巡礼行记校注》卷四,花山文艺出版社2007年版,第485页。

甚至筹划“市河南河北牛羊、荆益奴婢，置监登、莱，以广军资”[①]。唐朝新建济州于钜野县，当时钜野县“山幽薮深，亡命攸萃。灌莽悉伏戎之地，萑蒲为聚盗之资”[②]。诗人高适路经钜野，恰遇大水，林薮中动物四处狂奔以避水，“傍沿巨野泽，大水纵横流。虫蛇拥独树，麋鹿奔行舟”[③]。贞观十三年(639)，“济州献白鹿”[④]。十八年(644)，“郓州献白狼”[⑤]。上一章已述及白鹿出现的前提条件是当地要有大范围的林草地和大量的鹿群存在，由此知唐代鲁西南的确仍是森林密布区。在鲁中南丘陵山地区，唐五代时仍是大片松林分布区。“神宝寺者，宝山南面，岱宗北阴，冈峦隐辚而石壁万寻，林薮蒙龙而涧壑千仞”[⑥]。李白曾经徂徕往鲁城(地在今山东曲阜)北访友范十居士，结果因林深茂密，中途竟然迷失道路，身上衣服沾满了苍耳，遂作诗叙其事云：“城壕失往路，马首迷荒陂。不惜翠云裘，遂为苍耳欺。”[⑦]杜甫第一次壮游齐鲁时作有诸多纪实咏怀诗：“岱宗夫如何，齐鲁青未了。”[⑧]“野亭逼湖水，歇马高林间。”[⑨]“春山无伴独相求，伐木丁丁山更幽。涧道余寒历冰雪，石门斜日到林丘。”[⑩]石门山，古称云山，又名龙门山，位于今山东曲阜东北部，杜甫第二次齐鲁之游时又于石门作《刘九法曹郑瑕丘石门宴集》。“伐木丁丁山更幽”，表明唐代鲁中南山地丘陵区仍然存在着大片林区。沂蒙山区森林深邃，武德九年(626)，“沂州言驺虞见”[⑪]。驺虞，即白虎。白虎的出现概率极低，也得有大量的虎群存在，很多年才能出现一例。贞观八年(634)，“沂州言白鹿见”[⑫]。中唐萧颖士在《蒙山作》中写道：“东蒙镇海沂，合沓余百里。……云气杂虹霓，松声乱风水。微明绿林际，杳𥨍丹洞里。仙鸟时可闻，羽人邈难视。此焉多深邃，贤达昔所止。”[⑬]可见唐时沂蒙山区的

---

① [北宋]欧阳修等：《新唐书》卷一百一十八，中华书局1975年版，第4261页。
② [清]董诰等编：《全唐文》卷八百六十二，中华书局1983年版，第9041页。
③ [清]彭定求等编：《全唐诗》卷二百一十二，中华书局1960年版，第2214页。
④ [北宋]王钦若等编：《册府元龟》卷二十四，中华书局1960年版，第254页。
⑤ [北宋]王钦若等编：《册府元龟》卷二十四，中华书局1960年版，第256页。
⑥ [清]董诰等编：《全唐文》卷九百五十九，中华书局1983年版，第9962页。
⑦ [清]彭定求等编：《全唐诗》卷一百七十九，中华书局1960年版，第1822页。
⑧ [清]彭定求等编：《全唐诗》卷二百一十六，中华书局1960年版，第2253页。
⑨ [清]彭定求等编：《全唐诗》卷二百二十四，中华书局1960年版，第2393页。
⑩ [清]彭定求等编：《全唐诗》卷二百二十四，中华书局1960年版，第2391页。
⑪ [北宋]王钦若等编：《册府元龟》卷二十四，中华书局1960年版，第254页。
⑫ [北宋]王钦若等编：《册府元龟》卷二十四，中华书局1960年版，第254页。
⑬ [清]彭定求等编：《全唐诗》卷一百五十四，中华书局1960年版，第1597页。

确森林深邃。天宝五年(746)冬,高适追随李邕至北海郡(今山东青州)[①],作《同群公出猎海上》以纪行:“畋猎自古昔,况伊心赏俱。偶与群公游,旷然出平芜。层阴涨溟海,杀气穷幽都。鹰隼何翩翩,驰骤相传呼。豺狼窜榛莽,麋鹿罹艰虞。高鸟下骍弓,困兽斗匹夫。尘惊大泽晦,火燎深林枯。”[②]可见青州林地规模不小。

综上所述,在隋唐五代时期,山东各地的深山区尚有着良好的植被覆盖,这种情况大体延续到北宋初。如曹州济阴县(今山东定陶)“左冈,在县东北五里。冈阜连属,林木交映,以近左城,故以名焉”[③]。在北宋初,山东仍可称“膏腴之地”。直到北宋中期以后,山东各林区遭到大规模砍伐,沈括才无奈地说“今齐、鲁间松林尽也”[④],故在北宋中期以后山东已逐渐失去“膏腴地”这一誉称了。

(二)隋唐五代时期山东的粮食生产

隋唐五代时期山东的粮食作物主要是麦、稻、粟、豆、黍、蜀黍。

1. 麦

后晋少帝石重贵在《收复青州大赦文》中说:“应青州管内及郓、齐、棣、兖、沂、密等州诸县人户,自攻讨已来,差役科配频并,其今年夏麦残欠,并沿征钱物,并与除放。”[⑤]由此知唐五代时期山东各地均种植冬小麦。

麦一茎生多穗,古人以为祥瑞,故史籍多有记载,由此稍知山东诸地的种麦情况。唐开元八年(720)五月,“德州奏:平原县麦一茎两岐分秀”[⑥]。开元二十四年(736)七月辛巳,“沂州庆云见,瑞麦生”[⑦]。后唐同光三年(925)五月,“兖州奏:任城县百姓大麦地内,有两岐三穗至四穗者”[⑧]。后汉乾祐三年(950)五月,“曹州乘氏县民王丰麦一茎三穗”[⑨]。

---

① 周勋初:《高适年谱》,上海古籍出版社1980年版,第48页。

② [清]彭定求等编:《全唐诗》卷二百一十二,中华书局1960年版,第2205页。

③ [北宋]乐史撰,王文楚等点校:《太平寰宇记》卷十三,中华书局2007年版,第259页。

④ [北宋]沈括著,胡道静校证:《梦溪笔谈校证》卷二十四,上海古籍出版社1987年版,第745页。

⑤ [清]董诰等编:《全唐文》卷一百一十九,中华书局1983年版,第1208页。

⑥ [北宋]王钦若等编:《册府元龟》卷二十四,中华书局1960年版,第258页。

⑦ [北宋]王钦若等编:《册府元龟》卷二十四,中华书局1960年版,第261页。

⑧ [北宋]王钦若等编:《册府元龟》卷二十五,中华书局1960年版,第272页。

⑨ [北宋]王钦若等编:《册府元龟》卷二十五,中华书局1960年版,第272页。

唐代棣州开元贡有绢、粟、麦[①]。元和十四年(819),唐军收复淄青镇,兵火中人口流散,十年之后仍未得到恢复。唐文宗太和三年(829)七月,"齐、德州奏:百姓自用兵已来,流移十分只有二分,伏乞赐麦种、耕牛等。敕量赐麦三千石,牛五百头"[②]。马总再领郓州,韩愈奉和诗云:"再领须句国,仍迁少昊司。暖风抽宿麦,清雨卷归旗。"[③]由此知郓州种冬小麦。唐末朱宣节度郓州,朱全忠攻伐朱宣,于郓州境内"刈其麦"[④]。前引济州钜野县(今山东巨野,唐代属郓州)人王禹偁出生于五代末期,其家以磨麦制面为生,俗称"磨家儿"[⑤]。

2. 粟

粟是春播作物,是魏晋以来以冬小麦为核心的粟—麦—豆二年三熟作物轮作中的重要一环,种植相当普遍。当时所说的秋收,如果没有特别指明,人们都首先认为是粟收。颜师古云:"秋者,谓秋时所收谷稼也。今俗犹谓麦豆之属为杂稼。"[⑥]唐太宗早期锐意于治,为防止谷贱伤农,遂于洛、相、幽、徐、齐、并、秦、蒲等八州设常平仓,藏粟、稻以平抑粮价,"粟藏九年,米藏五年,下湿之地,粟藏三年,米藏三年,皆著于令"[⑦]。

在唐前期的租庸调制度下,农民每丁须向国家纳粟二石。这是国家的正租,因此北方各地都要种粟,山东亦不例外。天授元年(690)山东应纳租粟被贮存于洛阳含嘉仓北数第十二行第十二窖,现残存的铭砖铭文云:"合纳德、濮、魏、沧等州天授元年租粟八千六百九十五石,耗在内。"[⑧]隋唐五代时期,山东地域无论庄园地主还是自耕农,都会安排种粟。曹州离狐人(今山东东明东南)李勣自称"山东田夫","家多僮仆,积粟数千钟"[⑨]。齐州全节(今山东历城东北)人员半千未曾显达前为自耕农,"家赀不满千钱,有田三十亩,粟五十石"[⑩],勉强能维持温饱而已。

---

① [唐]李吉甫撰,贺次君点校:《元和郡县图志》卷十七,中华书局1983年版,第497页。
② [北宋]王钦若等编:《册府元龟》卷一百零六,中华书局1960年版,第1267—1268页。
③ [清]彭定求等编:《全唐诗》卷三百四十四,中华书局1960年版,第3863页。
④ [北宋]欧阳修等:《新唐书》卷一百八十八,中华书局1975年版,第5465页。
⑤ 徐规:《王禹偁事迹著作编年》,商务印书馆2003年版,序第1页。
⑥ [东汉]班固:《汉书》卷九,中华书局1962年版,第288页。
⑦ [北宋]欧阳修等:《新唐书》卷五十一,中华书局1975年版,第1344页。
⑧ 河南省博物馆、洛阳博物馆:《洛阳隋唐含嘉仓的发掘》,《文物》1972年第3期。
⑨ [后晋]刘昫等:《旧唐书》卷六十七,中华书局1975年版,第2483页。
⑩ [北宋]欧阳修等:《新唐书》卷一百一十二,中华书局1975年版,第4161页。

日僧圆仁前往山西五台山求法，履经山东，在其最初登岸的牟平县，得知“此州但有粟，其粳米最贵云云”[①]。在文登县真庄村天门院“便吃新粟米饭”[②]。随后居停于赤山法华院，赤山院僧人和村人告知圆仁，若秋谷未熟之时出行，化缘乞食无人布施，原因是“青州以来诸处，近三四年来有蝗虫灾，吃却谷、稻”[③]。他之后向山西进发，在登州城，见其市中“粟米一斗三十文，粳米一斗七十文”[④]；在莱州城外西南市，“粟米一斗五十文，粳米一斗九十文”[⑤]；在青州北海县中，“米一斗六十文，又小豆一斗三十五文”[⑥]；在青州城内，“粟米一斗八十文，粳米一斗一百文”[⑦]；在禹城县，“粟米一斗卌五文，粳米一斗百文，小豆一斗十五文，面七八十文”[⑧]。圆仁返国，在海州到登州一线，他的体验是沿线“山村县人飡物粗硬，爱吃盐茶粟饭”[⑨]。圆仁求法，往、返程纵横山东全境，所见各地都吃粟饭。山东粟的种植之普遍，亦给时人留下了“邹鲁封疆禾稼浓”[⑩]的深刻印象。

由于种植普遍，禾苗生长偶有异本，当地认为其是嘉禾而上奏朝廷。如开元八年(720)十二月，“齐州嘉禾生”[⑪]；郓州东平县“有禾异陇双本，合成一穗”[⑫]，图形上报。隋唐时期，山东降雨既足，又复土地膏腴，故粟的品质

---

① ［日］释圆仁原著，白化文等校注：《入唐求法巡礼行记校注》卷一，花山文艺出版社2007年版，第148页。

② ［日］释圆仁原著，白化文等校注：《入唐求法巡礼行记校注》卷二，花山文艺出版社2007年版，第167页。

③ ［日］释圆仁原著，白化文等校注：《入唐求法巡礼行记校注》卷二，花山文艺出版社2007年版，第200页。

④ ［日］释圆仁原著，白化文等校注：《入唐求法巡礼行记校注》卷二，花山文艺出版社2007年版，第217页。

⑤ ［日］释圆仁原著，白化文等校注：《入唐求法巡礼行记校注》卷二，花山文艺出版社2007年版，第232页。

⑥ ［日］释圆仁原著，白化文等校注：《入唐求法巡礼行记校注》卷二，花山文艺出版社2007年版，第234页。

⑦ ［日］释圆仁原著，白化文等校注：《入唐求法巡礼行记校注》卷二，花山文艺出版社2007年版，第238页。

⑧ ［日］释圆仁原著，白化文等校注：《入唐求法巡礼行记校注》卷二，花山文艺出版社2007年版，第249页。

⑨ ［日］释圆仁原著，白化文等校注：《入唐求法巡礼行记校注》卷四，花山文艺出版社2007年版，第485页。

⑩ 陈尚君辑校：《全唐诗补编》，中华书局1992年版，第498页。

⑪ ［北宋］王钦若等编：《册府元龟》卷二十四，中华书局1960年版，第258页。

⑫ ［清］董诰等编：《全唐文》卷六百四十四，中华书局1983年版，第6520页。

很好，曹州贡大蛇粟[①]，淄、棣二州皆贡粟[②]。

唐前期时局稳定，山东粟的种植较多，故积粟亦多，粮价远比别处低。开元时期，山东的粮价比东都洛阳甚至要便宜一半。山东地域粮价比东都低，乃是当地连年丰收的成果。[③] 天宝中期，韦坚“凿广运潭以挽山东之粟，岁四百万石”。张泽咸指出这里所称的“山东”虽并非单纯指山东平原，但可以肯定的是包括了今山东地域在内，那里通常连年丰收[④]。山东粮食外运的记录较多，如开元年间，裴耀卿“益漕晋、绛、魏、濮、邢、贝、济、博之租输诸仓”“凡三岁，漕七百万石”[⑤]。天宝年间，唐玄宗有志于东北边事，设海运使以运山东粮秣，胡三省注其事云：“自帝事边功，运青、莱之粟，浮海以给幽、平之兵。”[⑥]即便到了唐末，山东粟的供给能力还是很强，如唐末罗弘信为魏博节度，朱全忠讨黄巢，罗弘信供“饷粟三万斛”，秦宗权作乱，“复诏弘信以粟二万斛助军”[⑦]。

3. 水稻

自先秦以来，青州、兖州的土壤已发育成熟为“白坟”“黑坟”。史念海指出：兖州黑坟土是由于兖州森林草地最多，草森繁盛，土壤中腐殖质也相应地增多，所以显得色黑。腐殖质多必然增加土壤的肥力。[⑧] “海岱惟青州”，青州地处海滨与岱岳之间，其“海滨广斥”，杂有盐碱土，因而称“白坟”。而青州海滨以外与泰沂山系为邻的地带却是“膏壤千里”[⑨]。山东土地膏腴，所以自先秦以来青州之地宜稻、麦，兖州之地宜稻、麦、黍、稷。到了隋唐时期，山东降雨量增多，水源充足，无论是白坟还是黑坟，种稻都尤为适宜。

前文已说明隋唐五代时期山东各地山区植被茂密情形，平原地带桑麻密植，泥土少有流失，所以当时山东境内各河流的水都还比较澄清。贾思勰

---

① ［北宋］欧阳修等：《新唐书》卷三十八，中华书局 1975 年版，第 993 页。

② ［唐］李吉甫撰，贺次君点校：《元和郡县图志》，中华书局 1983 年版，第 309、497 页。

③ 张泽咸：《汉晋唐时期农业》，中国社会科学出版社 2003 年版，第 236 页。

④ 张泽咸：《汉晋唐时期农业》，中国社会科学出版社 2003 年版，第 235 页。

⑤ ［北宋］欧阳修等：《新唐书》卷五十三，中华书局 1975 年版，第 1366 页。

⑥ ［北宋］司马光编著，［元］胡三省音注，“标点资治通鉴小组”校点：《资治通鉴》卷二百一十七，中华书局 1956 年版，第 6941 页。

⑦ ［北宋］欧阳修等：《新唐书》卷二百一十，中华书局 1975 年版，第 5939 页。

⑧ 史念海：《河山集·三集》，人民出版社 1988 年版，第 34 页。

⑨ ［西汉］司马迁：《史记》卷一百二十九，中华书局 1959 年版，第 3265 页。

说:“稻,无所缘,唯岁易为良。选地欲近上流。地无良薄,水清则稻美也。”[①]前文已列淄州境内的主要河流为济水、淄水,也已述及济水、淄水清澈,虽然淄水中有一段“土石黑,数里之中,波流若漆,故谓之淄水”[②],但此处黑土石,严耕望早已指出这是煤炭层外露所致。况且这段黑土石也不影响整条水流的清澈品质,仅数里而已。考古研究已证明沿淄水地带自先秦以来就种植水稻,土地既肥,济、淄水又清澈,所以淄州所产水稻品质很好,是唐代北方仅有的两个贡“米、粟”州之一(另一个为关中盆地的邠州[③])。

清清济水旁的济南也产水稻,著名诗人李邕任北海郡守,游历下亭,作诗记云:“负郭喜(一作皆)粳稻,安时歌吉祥。”[④]秔稻,即粳稻。现今济南所产水稻名品惟称“黄河大米”,产于济南近郊到滨州以西可以用黄河水直流灌溉的地带。这一带地势低下,地下盐碱成分潜升,水稻生长过程中吸取盐碱,赋予了大米先天的碱性,煮饭时不需加碱就已香味十足,因此山东人誉称其为“黄河大米”。前文已介绍山东虽“海滨广斥”,但利用那时水源足、雨量大的自然条件,广修水利设施,以煮盐、种稻之法使咸卤成为膏壤,其中多富豪之家。当时,滨海地区所产水稻,其品质几乎同于今日黄河大米。唐时济南历下邑用泺源清济之水种出的大米,别有清香之味,与滨海之米含碱的那种淡清香不同,所以淄州用济、淄清水种出的水稻才能成为贡品。

水稻产量高,只要条件许可,以种稻所得为多。故隋唐时期山东各地广修水利设施,大量种植水稻。晋人《三齐记》所记载的密州辅唐县的浯水堰,堰浯水南入荆水,灌田数万顷,到唐代时因其旧迹,“今尚有余堰,而稻田畦畛存焉”[⑤]。隋初薛胄为兖州太守,“先是,兖州城东沂、泗二水合而南流,汎滥大泽中”,薛胄使人“积石堰之,使决令西注,陂泽尽为良田。又通转运,利尽淮海,百姓赖之,号为‘薛公丰兖渠’”[⑥]。这条渠开挖后不仅有效解决了水患问题,可利用水淤地开展水稻生产,还可以沿沂水、泗水通航江淮。入唐后,“丰兖渠”仍能很好地发挥作用,唐人在丰兖渠基础上续修支渠至盲山

① [北魏]贾思勰原著,缪启愉校释:《齐民要术校释》第二版,中国农业出版社1998年版,第138页。

② [唐]李吉甫撰,贺次君点校:《元和郡县图志》,中华书局1983年版,第310页。

③ [唐]李吉甫撰,贺次君点校:《元和郡县图志》,中华书局1983年版,第61、309页。

④ [清]彭定求等:《全唐诗》卷一百一十五,中华书局1960年版,第1168页。

⑤ [唐]李吉甫撰,贺次君点校:《元和郡县图志》卷十一,中华书局1983年版,第300页。

⑥ [唐]魏征等:《隋书》卷五十六,中华书局1973年版,第1388页。

（今山东省嘉祥县嘉祥镇萌山）。至唐后期崔弘礼还利用这支故渠深挖后以运粮饷至徐泗，“时徐泗节度使王智兴檄兖、海、郓、曹、淄、青当徐道者，出车五千乘，转粟馈军，弘礼度道远，乃自兖开盲山故渠，自黄队抵青丘，师人大济”①。贞观年间，沧州刺史薛大鼎在无棣县（今山东无棣）开挖、疏通无棣河。“州界有无棣河，隋末填废，大鼎奏开之，引鱼盐于海。百姓歌之曰：‘新河得通舟楫利，直达沧海鱼盐至。昔日徒行今骋驷，美哉薛公德滂被。’”②莱州即墨县，“东南有堰，贞观十年（636），令仇源筑，以防淮涉水”③。唐长安年间（701—704），青州北海（今山东潍坊）令窦琰“引白浪水曲折三十里以溉田，号窦公渠”④。沂州承县（今山东枣庄峄城区）“县界有陂十三所，并贞观元年（627）已来修立，以溉田焉”⑤。

上述莱、青、兖、沂、齐、棣等州的水利工程修筑后，以种水稻为主，圆仁在从登州牟平到齐州禹城沿途所经的市场中所销售的主要粮食品种就是粟和粳稻，偶有面粉，稻即为沿线各地所生产。因圆仁先是在赤山法华院被寺僧、村人等告知从登州到青齐各处，蝗虫为灾，“吃却谷、稻”，而且在他实际经过后，确认了“从登州文登县至此青州，三四年来蝗虫灾起，吃却五谷，官私饥穷”⑥。

时移事易，宋元以后山东降雨量变少，森林植被破坏严重，水利事业难再，水稻生产再无昔日唐时旧观。如上引承县唐代兴修十三陂渠处，元代仍能得其余利，明清时已淤塞而不能再建，治史者因之痛惜地说：“南境濒大河，地卑泾，不利种植，昔时居民治渠陂以资灌溉，所殖禾、稻，岁收数千斛，唐元和志盖详言之，亦沟洫旧制也。今皆湮废，无一存者已。”⑦

4. 豆

豆本是传统五谷之一，但在汉代以后，菽（豆类的总称）已失去主食的地

---

① ［北宋］欧阳修等：《新唐书》卷一百六十四，中华书局 1975 年版，第 5051 页。

② ［后晋］刘昫等：《旧唐书》卷一百八十五，中华书局 1975 年版，第 4787—4788 页。

③ ［北宋］欧阳修等：《新唐书》卷三十八，中华书局 1975 年版，第 995 页。

④ ［北宋］欧阳修等：《新唐书》卷三十八，中华书局 1975 年版，第 994 页。

⑤ ［唐］李吉甫撰，贺次君点校：《元和郡县图志》卷十一，中华书局 1983 年版，第 306 页。

⑥ ［日］释圆仁原著，白化文等校注：《入唐求法巡礼行记校注》卷二，花山文艺出版社 2007 年版，第 238 页。

⑦ 光绪《峄县志》卷六，载《中国地方志集成·山东府县志辑》第 9 册，凤凰出版社等 2004 年版，第 84 页。

位,唐代时人们已视其为杂稼,彻底沦为副食和家畜的精饲料,而且即便食菽,也已成了生活俭朴的象征以及艰苦之时不得已的行为。唐元和十四年(819)后,天平节度使设治于郓州。《天平军节度使厅壁记》云:“罢供第无名钱岁巨万,菽粟如之。”[①]这是说淄青镇平定后,为政理当由奢入俭,以安地方。“粗支菽粟防饥歉,薄有杯盘备送迎。”[②]这是说普通人家平素俭朴度日以防饥歉。

但通常而言,人们只是将豆作为副食与饲料,如青州幕府判官施给圆仁“粮米二斗,驴料小豆二斗”[③]。唐开元十五年(727)东封泰山,杜丰之子杜钟,“时为兖州参军,都督令掌厩马刍豆。钟曰:‘御马至多,临日煮粟,恐不可给,不如先办。’乃以镬煮粟、豆二千余石,纳于窖中。”[④]由于豆是饲料,所以丰收之时,“豆、麦不列于市”[⑤]。只有在时艰之际,人们才会考虑将豆作为主粮以度日,圆仁所见“普通院深山无粥饭,吃小豆为饭”,而以小豆为饭的原因是“三四年来有蝗虫灾。五谷不熟,粮食难得”[⑥]。

本来“豆麦不列于市”,但圆仁在山东各地市场上均看到了豆的出售,价格从十五文到三十五文不等。由此知即便时艰之际,豆的价格也不甚高。

尽管豆是杂稼,随着粟、麦在山东的广泛种植,豆作为二者间的调茬作物,其种植面积也在不断扩大,尤其是产量高、能肥地的豌豆。唐代实行两税法后,夏收作物豌豆很快就成为夏税征收的对象,而且“据时估豌豆每斗七十价已上,大豆每斗三十价已下”[⑦],农民还是很有积极性的。后唐长兴元年(930),后唐明宗下制,含山东齐、棣、兖、沂、濮、郓、曹等州在内的天下四十七州“节候常早,大小麦、麴麦、豌豆取五月十五日起徵,至八月一日纳足”[⑧]。

---

① [清]董诰等编:《全唐文》卷六百零六,中华书局1983年版,第6118页。

② [清]彭定求等编:《全唐诗》卷七百一十一,中华书局1960年版,第8186页。

③ 〔日〕释圆仁原著,白化文等校注:《入唐求法巡礼行记校注》卷二,花山文艺出版社2007年版,第243页。

④ [北宋]李昉等编:《太平广记》卷四百九十四,中华书局1961年版,第4056页。

⑤ [北宋]王钦若等编:《册府元龟》卷三十六,中华书局1960年版,第393页。

⑥ 〔日〕释圆仁原著,白化文等校注:《入唐求法巡礼行记校注》,花山文艺出版社2007版,第259页。

⑦ [清]董诰等编:《全唐文》卷四百七十五,中华书局1983年版,第4845页。

⑧ [北宋]王钦若等编:《册府元龟》卷四百八十八,中华书局1960年版,第5840页。

5. 黍、蜀黍

黍、蜀黍在唐代农业中的重要性越来越低,唐末韩鄂的《四时纂要》中,关于麦、粟、稻的农事活动很多,而“大豆和杂豆出现次数不算多,黍穄出现次数更少”①。

唐代人们种黍、蜀黍,主要是酿酒,所以种植不多。山东种植黍、蜀黍的记载仅各有一例。冀州故观城(今山东莘县观城镇)人姜胜生“于武德初年,在黍地里打雀”②;梁祖亲征郓州,村落前有沟坑,“忽见沟内蜀黍秆积以为道,正在马前,遂腾跃而过”③。

(三)隋唐五代时期山东的经济作物种植及其农业经营

王赛时已指出隋唐五代时期山东农业“多种经营的展开”④,但言之过简,难究其详。今据敦煌出土写本文献,稍加补充。

1. 隋唐五代时期山东的农业经营思想

隋唐五代时期,贾思勰在《齐民要术》中记载的各种富家要术及其经营指导思想业已深入人心,山东尤其如此,遂有齐地有心之人将运用贾氏各项要术的心得撰为《杂说》一篇,附置于《齐民要术》的卷首,合贾氏本人所撰《杂说》货殖之道而光大之⑤。

《齐民要术》卷首齐人《杂说》的要旨,概而言之,共有五个方面:

一是要有生产规划,诸事如法。“若昧于田畴,则多匮乏。只如稼穑之力,虽未逮于老农;规画之间,窃自同于‘后稷’。”⑥在强调生产经营要仔细规划之后,还强调要诸事如法,并将各法摘要简列于后,而其详则有待于贾氏本文。

二是要坚持“少而精”的指导思想。“凡人家营田,须量己力,宁可少好,不可多恶。”

---

① 梁家勉主编:《中国农业科学技术史稿》,农业出版社1989年版,第337页。

② [北宋]李昉等编:《太平广记》卷一百一十六,中华书局1961年版,第809页。

③ [北宋]李昉等编:《太平广记》卷四百六十二,中华书局1961年版,第3798页。

④ 陈冬生、王赛时主编:《山东经济史》古代卷,济南出版社1998年版,第287页。

⑤ 《齐民要术》卷首《杂说》为唐代齐人的作品,已为学界所公认。详见[北魏]贾思勰原著,缪启愉校释:《齐民要术校释》第二版,中国农业出版社1998年版,第22—23页。

⑥ [北魏]贾思勰原著,缪启愉校释:《齐民要术校释》第二版,中国农业出版社1998年版,第22页。

三是具体耕作上要“精耕”“勤锄”“岁易”“多粪”。耕地“无问耕得多少，皆须旋盖磨如法”；种后要“锄耨以时”，务得“锄头三寸泽”之功；每一地块作物要进行轮作，“每年一易，必莫频种。其杂田地，即是来年谷资”。无论种何种作物，皆须务多粪，“凡田地中有良有薄者，即须加粪粪之”。

四是要“悦以使人”，主动调节好生产关系，要为佣作准备好锋利的农器，对佣作要“抚恤其人，常遣欢悦”。

五是要勤加经营，以货殖之道来免于匮乏。各种农产园圃之物供家之外，“有余出卖”。

以上五个方面，实是贾思勰富民思想及实现措施的高度浓缩，可视为《齐民要术》的简本与总纲。齐人撰者在实际经营中特别注意到要主动调节好生产关系，务使农业经营步入良性运转轨道，实是山东地域农业经营的思想精髓。山东地域各种农业生产尤其经济作物的种植形成一系列产业链，即是上述经营思想实现的具体表现。

2. 隋唐五代时期山东的农业经济作物及其产业经营

隋唐五代时期，山东农业经济作物的种类，可借由敦煌石室写卷P.3723《记室备要》和传世史籍记载的各种贡品得知其详。

《记室备要》有上、中、下三卷，是泰宁节度监军使记室郁知言为其上司护军常侍太原王公预先撰写的各种书信格式，“这本小书的发现，对于唐代宦官的官制研究，颇有帮助”①。目前对《记室备要》的研究，也的确是利用上、中卷进行宦官官制研究②。对于下卷送礼书状所列举的七十六种鲁地送礼物品，学界迄今利用不多。赵和平先生在录校该文书时，仅是顺带提及这些物品“有助于对晚唐时上层社会的交往加深认识”③，未展开进一步的探讨。而这七十六种物品，不仅有助于认识上层社会的人情往来情况，而且更

---

① 荣新江：《敦煌学十八讲》，北京大学出版社2001年版，第198页。

② 赵和平：《〈记室备要〉的初步研究》，载敦煌研究院编《段文杰敦煌研究五十年纪念文集》，世界图书出版公司北京公司1996年版；赵晨昕：《唐代宦官权力的制度解析——以宦官墓志及敦煌本〈记室备要〉为中心》，首都师范大学2012年博士学位论文；赵晨昕：《敦煌本〈记室备要〉“西院直公”考》，《敦煌学辑刊》2012年第1期；马高强：《敦煌写本书仪〈记室备要〉探究》，西北师范大学2008年硕士学位论文；马高强：《从敦煌写本书仪〈记室备要〉看唐末官宦的送礼》，《黑龙江史志》2009年第6期；杜文玉：《唐代内诸司使考略》，《陕西师范大学学报(哲学社会科学版)》1999年第03期。

③ 赵和平：《〈记室备要〉的初步研究》，载敦煌研究院编《段文杰敦煌研究五十年纪念文集》，世界图书出版公司1996年版，第266页。

有助于认识唐代山东地域下层百姓的社会生产状况。

《记室备要》下卷所列送礼物品清单如下[①]:

> 书籍、古画、诗篇、药方、障子、花鸟障、州县图、牙笏、木笏、剑、衣段、毛袄段、幞头、縠子、靴裁具、生蕉、竹鞋、琴、阮咸、镜子、棋局、长行局、弓箭、竹柱杖、鞍辔、鞭、牋纸、角器、越器、砚瓦、竹簟、水葱席、笔、墨、毬杖、扇子、毡、襜子、毡车子、襜子女二人、蒲扇、蝇拂、衣香、口脂、生药、木枕、交床、暖座、樱桃、藕子、蒲桃、笋、蓭萝、柑橘、杏子、甘蔗、桃子、李柰、榇栗、橄榄子、笋笴、烘柿、榠楂、梅子、林擒、枣子、石榴、茶、酒、马、鹰鷂、猎狗、猧子、鹤、鹦鹉、茶酒。

上述七十六种物品,是郁知言考虑其上司太原王公的各种送礼需求而精选出来的鲁地特色产品。其事情之来龙去脉,他曾作序言其经过:

> 知言谬学雕虫,曾亲射鹄,知难而退,适意所从。时以咸通七年(866),偶游于鲁,遇护军常侍太原王公,好习儒墨,常以文字饰以缄章,染翰抽毫,皆成四六。至于毬酒娱乐之际,虽有掌笔之吏,亦未尝委焉。因命愚怀,备述所要,以防其阙。时之愚深沐知眷,诚难固辞,偶率荒芜,撰成三卷,分其事类,合二百八十六首。其间空阙者,临时改更,故以为任斐文词,不足以资翰墨,聊书短序,用述所因。

准上引序文:郁知言咸通七年(866)科举落第后游历山东鲁地,得到护军常侍太原王公的赏识而获得"记室"一职,感怀知遇之恩,于是为其作《记室备要》三卷。郁知言"偶游于鲁"的"鲁","指泰宁节度使(或称兖海节度使)的治所兖州,其辖区有兖、海、沂、密四州,即习称之鲁地","'护军常侍太原王公'应是泰宁节度监军使"[②]。唐后期监军使由宦官充任,王姓宦官既由京中到鲁地作监军使,"不仅和在京的南衙系统发生关涉,甚至于和地

---

① 所引录文俱出自赵和平辑校:《敦煌表状笺启书仪辑校》,江苏古籍出版社 1997 年版,第 76、105 页。

② 赵和平:《〈记室备要〉的初步研究》,载敦煌研究院编《段文杰敦煌研究五十年纪念文集》,世界图书出版公司 1996 年版,第 261 页。

方的节镇有频繁的往来,至少地方上的监军使和他们有经常性的往来,保持着‘热线联系’”[①]。既然要与上司、僚旧、友朋们保持热线联系,那么礼物馈遗加深印象之事就在所难免,因此郁知言为其主人挑选出七十六种鲁地有地域特色的礼品,并预做书状以备不时之需,即“粗表土宜,不避尘渍,辄敢持送,伏惟眷念,俯赐容留”[②]之意。

除郁知言所列物品外,还有一份更具地域代表性的山东物品清单,这就是历代官府“任土所出”的土贡。土贡,从来都是各地最富于地域特色的农副产品和手工业品。唐至宋初山东地域的土产贡赋,如表 6-3 所示。

表 6-3　唐至宋初山东地域土贡名物表

州府	贡赋品名	州府	贡赋品名
郓州	绢、緜、防风、阿胶、蛇床子	沂州	緜、绢、黄银、紫石英、钟乳
兖州	镜花绫、双距绫、绢、緜、防风、紫石英、云母、茯苓	莱州	緜、绢、赀布、黄银、文蛤、滑石器、牛黄、决明、海藻、茯苓
青州	仙纹绫、丝、绢、緜、枣、糖、海物、红蓝、紫草、海鱼、盐、猫儿	淄州	緜、绢、防风、理石
齐州	丝、葛、绢、緜、防风、滑石、云母、阳起石、白墡石(姜石)	登州	麻、布、牛黄、水葱席、石器、文蛤、海砂
曹州	绢、緜、蛇床子、葶苈、犬	德州	绫、绢、緜
濮州	緜、绢、犬	博州	平紬、绫、緜、绢
密州	细布、绝布、牛黄、海蛤、	棣州	緜、绢

资料来源:《元和郡县图志》卷十、十一、十六、十七,《太平寰宇记》卷十四至卷二十四,《新唐书》卷三十八,《唐六典》卷六。

上述两份物品清单,从官、私两个方面互为补苴,较为全面地展示了唐代山东特色物品的面貌。考察两种物品清单中各物品的前向、后向、侧向及其回波生产情形,它们共展示出唐代山东地域十八类农副产业经营的脉络。兹分叙如下:

(1)柞树、柞蚕、琴弦、鹰鹞、网鹰人、熬鹰人、鹤、鹦鹉

柞树,亦称山桑,又别称杼,民间俗称橡子树。橡子是古代著名的代谷

① 赵和平:《〈记室备要〉的初步研究》,载敦煌研究院编《段文杰敦煌研究五十年纪念文集》,世界图书出版公司 1996 年版,第 264 页。

② 赵和平辑校:《敦煌表状笺启书仪辑校》,江苏古籍出版社 1997 年版,第 182 页。

食品,《齐民要术》种柞条云:"俗人呼杼为橡子,以橡壳为'杼斗',以剜剜似斗放也。橡子俭岁可食,以为饭;丰年放猪食之,可以致肥也。"①柞树成材后,可做房椽、屋榑及各种家具板。柞树所具有的经济价值,促使其很早就在山东地域得到广泛种植。圆仁在山东,见"百姓饥穷,吃橡为饭"②。柞树种植、野生以胶东半岛为最多,"登州界专吃橡子为饭"③。

柞林中生长有以柞叶为食的野蚕,谓之柞蚕。人工种植的柞树,加上丘陵地带的天然柞林,山东野生柞蚕茧甚丰,如唐长庆四年(824),"登州蓬莱山谷间,约四十里,野蚕成茧,其丝可织"④。柞蚕丝极为坚韧,是制作琴弦的最好材料。《尚书·禹贡》云:"莱夷作牧,厥篚檿丝。"孔安国注云:"檿桑蚕丝,中琴瑟弦。""檿,……山桑也。"孔颖达疏云:"《释木》云:'檿桑,山桑。'郭璞曰:'柘属也。''檿丝',是蚕食檿桑,所得丝韧,中琴瑟弦也。"⑤山东所产柞蚕丝琴弦,历代谓为名品。

柞树林中还生长着一种土黄鹰鹞,唐段成式云:"土黄,所在山谷皆有。生柞栎树上,或大或小。"⑥野生鹰鹞需要人力捕捉、训练,方能为人所用,郁知言的礼品清单中既有当地鹰鹞为礼品,则当地必有以捕捉、训练鹰鹞为生的网鹰人、熬鹰人。"唐永徽(650—655)中,莱州人刘聿性好鹰,遂于之罘山悬崖,自缒以取鹰雏。"⑦敦煌文献中的职业网鹰人也可以作为异地佐证,如S.6306《归义军时期破历》中支"网鹰人麦三斗",P.4640"又同曰,支与把鹰人程小迁等叁人各支粗布半匹"等等。

山东是鹤类南北迁徙所必经之地,今山东地名有大鹤陂、鹤伴山等,当是鹤类迁徙经停之所。网鹰人既能网捕凶猛的鹰,则其他驯善珍贵鸟类如鹤、鹦鹉等自然也能网捕。所以鹤、鹦鹉等鸟类会出现在郁知言的礼品清单中。

---

① [北魏]贾思勰原著,缪启愉校释:《齐民要术校释》第二版,中国农业出版社1998年版,第358页。

② [日]释圆仁原著,白化文等校注:《入唐求法巡礼行记校注》卷二,花山文艺出版社2007年版,第218页。

③ [日]释圆仁原著,白化文等校注:《入唐求法巡礼行记校注》卷二,花山文艺出版社2007年版,第238页。

④ [北宋]王溥撰:《唐会要》卷二十九,中华书局1955年版,第538页。

⑤ [清]阮元校刻:《十三经注疏·尚书正义》,中华书局影印1980年版,第148页。

⑥ [唐]段成式撰,方南生点校:《酉阳杂俎》卷二十,中华书局1981年版,第196页。

⑦ [北宋]李昉等编:《太平广记》卷四百六十,中华书局1961年版,第3771页。

(2)楸树、桐树、琴、阮咸、木枕

楸树、桐树是古代山东地域最普遍的经济树种。《史记·货殖列传》记载齐鲁"河、济之间千树萩"。"萩"通"楸",《齐民要术》记载楸"一树千钱,柴在外。车、板、盘、合(盒)、乐器,所在任用。以为棺材,胜于松柏"[①]。唐人韩鄂在《四时纂要》中也有"楸,作乐器,亦堪作盘合。堪为棺材,更胜松柏"[②]等记载。

民间谚语说"要快富,种桐树",大概是因为桐树根、茎、花、叶、籽均有相当高的经济价值,是古代极为重要的经济林木。青桐籽是北方著名的代谷食品,"成树之后,树别下子一石,炒食甚美","味似菱、芡,多噉亦无妨也"[③]。白桐无籽,"成树之后,任为乐器。于山石之间生者,乐器则鸣"。"青、白二材,并堪车、板、盘、合、木屧等用。"[④]其实,青桐也合适作琴瑟、琵琶等弦乐器。"桐花饲猪,肥大三倍。"[⑤]晚唐时,段成式犹记济南房玄龄家族的私家花园——历城房家园中广种着桐树[⑥]。

用齐鲁之地的桐、楸制作的琴乐器,自先秦以来就负有盛名,以"峄阳之桐"所制琴为最。《风俗通》曰:"梧桐生于峄山阳岩石之上,采东南孙枝为琴,声甚清雅。"[⑦]"兖州邹县峄山,南面半腹,东西长数十步。其处生桐,相传以为《禹贡》'峄阳孤桐'者也。"[⑧]

既有上好的柞蚕琴弦,又有上好的桐、楸琴木,山东之琴遂名扬天下。琴、阮咸等弦乐器被郁知言选作礼品。

桐木亦能做枕,颇有安神之效,至今沂蒙桐枕还是馈赠佳品。唐时山东

---

① [北魏]贾思勰原著,缪启愉校释:《齐民要术校释》第二版,中国农业出版社1998年版,第354页。

② [唐]韩鄂撰,缪启愉校释:《四时纂要校释》,农业出版社1981年版,第61页。

③ [北魏]贾思勰原著,缪启愉校释:《齐民要术校释》第二版,中国农业出版社1998年版,第356页。

④ [北魏]贾思勰原著,缪启愉校释:《齐民要术校释》第二版,中国农业出版社1998年版,第356页。

⑤ [唐]苏敬等撰,尚志钧辑校:《新修本草》辑复本第二版,安徽科学技术出版社2004年版,第203页。

⑥ [唐]段成式撰,方南生点校:《酉阳杂俎》卷十二,中华书局1981年版,第114页。

⑦ [北宋]李昉等:《太平御览》卷九百五十六,中华书局1960年版,第4244页。

⑧ [北宋]王谠撰,周勋初校证:《唐语林校证》卷八,中华书局1987年版,第722页。

的送礼木枕更有可能是柳枕，贾思勰云“凭柳可以为楯、车辋、杂材及枕”①。凭柳，缪启愉注：“未详。《农政全书校注》释为较粗大的柳材，凭藉之以制作较大的器物。未知其的。”②凭柳或当写如“平柳”，按：“柜柳，即平柳，荚如燕。”③

(3)东齐羝羊、角器、毡、毡车子、毛袄段、暖座

山东产羊，至晋代时，“东海巨盐，东齐羝羊”④已成为山东的标志性商品。唐代山东各地例皆养羊，齐地齐州辅公祏姑姑家“以牧羊为业”⑤，鲁地滕州人王希夷“父母终，为人牧羊”⑥。

“东齐羝羊”，实是贾思勰在《齐民要术》中所说的绵羊，毛长而厚，其毛、皮、筋、角均有较高的经济价值。角器，指用动物骨角制作的器皿。用象牙、犀角、羚羊角制成的角器珍贵，用羊角、牛角制作的角器比较普遍，此类角器是日常封信函、盛茶叶的用品。“东齐羝羊”的养殖，为角器制作提供了上好的原材料，再辅以山东自汉以来“俗弥侈泰”⑦的消费文化，角器制作自然是刻意求工求奇，遂成为不可多得的地域特产物品。

“东齐羝羊”最有价值的部分非羊毛莫属，羊毛最常见的日用制品是毡。贾思勰特意记录了山东的“作毡法”：“春毛秋毛，中半和用。秋毛紧强，春毛软弱，独用太偏，是以须杂。三月桃花水时，毡第一。凡作毡，不须厚大，唯紧薄均调乃佳耳。”⑧郁知言将“毡”作为礼品之一，当是基于“东齐羝羊”的养殖。

车是古代陆上最重要的交通工具，因其要载重和长途奔波，必须用上好的原材料制作，方能持久使用。而“作车，当取高平荚榆之毂”⑨。高平，今

---

① [北魏]贾思勰原著，缪启愉校释：《齐民要术校释》第二版，中国农业出版社1998年版，第352页。

② [北魏]贾思勰原著，缪启愉校释：《齐民要术校释》第二版，中国农业出版社1998年版，第353页。

③ 民国《临沂县志》卷三，载《中国地方志集成·山东府县志辑》第58册，凤凰出版社等2004年版，第31页。

④ [北宋]李昉等：《太平御览》卷五百九十八，中华书局1960年版，第2694页。

⑤ [后晋]刘昫等：《旧唐书》卷五十六，中华书局1975年版，第2266页。

⑥ [后晋]刘昫等：《旧唐书》卷一百九十二，中华书局1975年版，第5121页。

⑦ [唐]魏徵等：《隋书》卷三十，中华书局1973年版，第862页。

⑧ [北魏]贾思勰原著，缪启愉校释：《齐民要术校释》第二版，中国农业出版社1998年版，第428页。

⑨ [北宋]李昉等：《太平御览》卷五百九十八，中华书局1960年版，第2694页。

山东邹城所辖地域,西汉时称橐县,新莽时改称高平。山东榆树品种齐全,“今世有刺榆,木甚牢肕,可以为犊车材。梜榆,可以为车毂及器物。……凡种榆者,宜种刺、梜两种,利益为多;其余软弱,例非佳木也。”①梜(荚)榆木,“这种榆木特别宜于作镟材,可供镟成多种中空的器物,小者如盏、碗,大者如釭、毂,在木理上有其特性。”②大约梜榆以山东高平所生者为最好,所以汉魏时形成了“作车,当取高平荚榆之毂”的认识。山东梜榆、楸、桐等木,皆是制车的上好木材,所以古代山东的车诚属名品。既有好车,再用上好毛毡加以装饰,毡车子无疑是上佳的礼物。

山东羊毛除可用于制作毡毯外的其他用途,传世史籍失载。根据《记事备要》,可知其尚能用于制作毛袄段和暖坐。暖坐是兽毛皮或夹层絮绵制成的用于保暖的鞍马坐垫③,并非今日用于座椅的坐垫。

(4)桑树、蚕丝、蚕种、縠子、衣段、益都盛服、幞头、牋纸、桑皮纸、葛布、毬杖

隋唐五代时期山东的桑柘业生产延续了汉以来“齐、鲁千亩桑麻”的兴旺局面。密州,“饮马胶川上,傍胶南趣密。……落晖隐桑柘,秋原被花实”④;青州,“农桑连紫陌,分野入青州”⑤;李白曾言单县一带,“秋山入远海,桑柘罗平芜”⑥;王维在清河,“行复见城市,宛然有桑麻”⑦;岑参描述德州平原“鱼盐隘里巷,桑柘盈田畴”⑧。敦煌文书S.529背记载五代后唐时一名僧人游历天下名寺,自河北沧州入山东青州,再经兖、郓州达于陈、许州,沿途所见“桑麻暎日,柳槐交阴,原野膏腴,关闹好邑”⑨。

齐鲁地域大面积种植的桑树,除具有隐形的生态效益外,带来的第一项

① [北魏]贾思勰原著,缪启愉校释:《齐民要术校释》第二版,中国农业出版社1998年版,第338页。

② [北魏]贾思勰原著,缪启愉校释:《齐民要术校释》第二版,中国农业出版社1998年版,第340页。

③ 杜朝晖:《敦煌文献名物研究》,中华书局2011年版,第331页。

④ [清]彭定求等:《全唐诗》卷七十三,中华书局1960年版,第797页。

⑤ [清]彭定求等:《全唐诗》卷二百八十五,中华书局1960年版,第3264页。

⑥ [清]彭定求等:《全唐诗》卷一百八十,中华书局1960年版,第1833—1834页。

⑦ [清]彭定求等:《全唐诗》卷一百二十五,中华书局1960年版,第1250页。

⑧ [清]彭定求等:《全唐诗》卷一百九十八,中华书局1960年版,第2036页。

⑨ 郝春文编著:《英藏敦煌社会历史文献释录》第三卷,社会科学文献出版社2003年版,第51页。

收益是桑葚,“椹熟时,多收,曝干之,凶年粟少,可以当食”。“今自河以北,大家收百石,少者尚数十斛。”[①]现在桑葚除当水果鲜吃、干制外,还将其酿制为椹果酒,也是当今山东送礼佳品。齐鲁桑树属低干型鲁桑,桑叶肥大甘甜,能养好蚕,山东蚕种海内知名。萧翼为唐太宗到越州骗取辩才的《兰亭序》,就是扮成山东卖蚕种的落拓书生[②]。

桑柘的广泛种植为丝织业的发展提供了坚实的原料基础。隋唐时期山东的纺织业的确值得骄傲,山东单县所产绢为一等绢,曹州等地所产为二等绢,即使一般的绢如沂州、密州、淄州等地所产,在全国而言仍能入评五等品级。山东丝织成品以“齐纨鲁缟”称名于世,尤其北海(今山东青州)绢还赢得“天下唯北海绢最佳”[③]的盛誉。礼物清单中的“縠子”,即平织皱纹轻纱,属“鲁缟”中的名品。齐纨名品更多,如贡品表中的镜花、双距等。

“纤华不让于齐纨,轻楚能均于鲁缟”[④],齐纨在唐代既以“纤华”著称,这需要有高超的染色技艺。齐鲁染色技艺在唐代以青州北海郡(治益都)为最高,如“李清,北海人也,代传染业。……子孙及内外姻族,近百数家,皆能游手射利于益都”[⑤]。北海郡出色的染色技艺,为北海所产丝绢赢得了“天下唯北海绢最佳”的美誉。而用北海绢制作的服装,唐人赞其为“益都盛服”:“唐天宝中,益州士曹柳某妻李氏,容色绝代。……着黄罗银泥裙,五晕罗银泥衫子,单丝罗红地银泥帔子,盖益都之盛服也。裴顾衣而叹曰:‘世间之服,华丽止此耳。’”[⑥]

以华丽誉称于唐代的北海绢,当然是送礼佳品,只是郁知言概以“衣段”称之。送礼时自当随对象之不同,再行挑选不同品色的丝绢。

山东织染业的发展,强力拉动了染料作物的种植。贾思勰记载了红蓝、蓝、紫草等染料作物的种植技术,并计算了种染料作物比种谷物多收三百匹绢的经济利益:“负郭良田种一顷者,岁收绢三百匹。一顷收子二百斛,与麻

① ［北魏］贾思勰原著,缪启愉校释:《齐民要术校释》第二版,中国农业出版社 1998 年版,第 318 页。
② ［清］董诰等编:《全唐文》卷三百零一,中华书局 1983 年版,第 3059 页。
③ ［北宋］李昉等编:《太平广记》卷三百,中华书局 1961 年版,第 2384 页。
④ ［清］董诰等编:《全唐文》卷七百七十,中华书局 1983 年版,第 8019 页。
⑤ ［北宋］李昉等编:《太平广记》卷三十六,中华书局 1961 年版,第 230 页。
⑥ ［北宋］李昉等编:《太平广记》卷三十一,中华书局 1961 年版,第 197—198 页。

子同价，既任车脂，亦堪为烛，即是直头成米。二百石米，已当谷田；三百匹绢，超然在外。"[①]唐代益都盛服的兴盛，红蓝、紫草在青州当有大面积的种植，以满足本地染业的发展需求，而红蓝、紫草两种染料正是唐代青州具有代表性的贡品。

唐人衣着中有头饰，称为"幞头"。"幞头之下，别施巾，象古冠下之帻也。巾子制，顶皆方平。"[②]"隋制桐木巾子，盖取便于事。"[③]桐木透气性强，有防蛀、防霉、防潮等功效，故制巾子必以桐木为衬。山东既有上好桐木，又有天下第一的亮丽丝绢作巾，山东"幞头"之美由此可知，自然要列入郁知言的礼品单。

山东桑蚕业的发展还有两项副产品：一是以到龄桑树之皮制作的桑皮纸；二是用丝绵染色过程中积淀下来的绵絮制成的彩色絮纸，即郁知言礼品清单中所说的"幓纸"。

山东纺织贡品中还有齐州的葛，只是不知其是人工种植还是野生。葛皮纤维用于制葛布，而割剥葛皮之后的藤干则是制作毬杖的主材料。据考：毬杖是一根周围绘有花纹、顶端呈半弦月形的棍，类似今日的曲棍球。毬杖杖杆一般用藤条制成。[④] 即便在现代，马球运动所使用的球杆仍是用藤条制作。礼品单中有毬杖。

(5)笋、笋笴、竹簟、竹鞋、竹柱杖、水葱席、蒲扇

前文已说明唐代山东能种竹。笋是竹子在春季萌生的嫩芽，鲜食，"二月，食淡竹笋；四月、五月，食苦竹笋"，"蒸、煮、炰、酢，任人所好"[⑤]。笋笴，即笋干，是由鲜竹笋经腌制、曝晒而成。笋与笋笴，属"山珍海味"中的山珍第一品，自古至今为送礼佳品。

成竹的用途，贾思勰只提到了如何选材做器："其欲作器者，经年乃堪杀。未经年者，软未成也。"至于做何种器，传世史籍阙载，据《记事备要》，可知山东竹子用来制作竹簟、竹鞋、竹柱杖等，它们是竹制品中较为高档的东西，所以被当作礼物。至于竹筐、竹帚、竹笼等物，则属竹制品中的百姓日

① [北魏]贾思勰原著，缪启愉校释：《齐民要术校释》第二版，中国农业出版社1998年版，第364页。

② [唐]封演撰，赵贞信校注：《封氏闻见记校注》，中华书局2005年版，第45—46页。

③ [北宋]钱易撰，黄寿成点校：《南部新书》，中华书局2002年版，第32页。

④ 杜朝晖：《敦煌文献名物研究》，中华书局2011年版，第406—407页。

⑤ [北魏]贾思勰原著，缪启愉校释：《齐民要术校释》第二版，中国农业出版社1998年版，第359页。

常用品。

当时山东地域的水环境比较优越,各地湖泊水体也相当丰富,因此随处都生长着水葱和香蒲草。这两种植物都能编织席、扇、帽等物品。春秋时期鲁地就已有人工种植的蒲园,李白曾亲见鲁地收割蒲草,其有诗云:“鲁国寒事早,初霜刈渚蒲。挥镰若转月,拂水生连珠。此草最可珍,何必贵龙须。织作玉床席,欣承清夜娱。罗衣能再拂,不畏素尘芜。”①水葱席是山东东牟、东莱两地的著名贡品,唐玄宗曾将水葱席赐予安禄山。而今山东水环境大不如昔,已少见蒲草与水葱,更不论竹。

(6)甘蔗、糖

唐代山东的甘蔗为民间礼品,食糖为青州贡品。“太宗遣使取熬糖法,即诏扬州上诸蔗,拃沈如其剂,色味愈西域远甚。”②自唐太宗从天竺引入蔗糖生产技术后,甘蔗成为重要的经济作物。唐时山东的自然热量能够满足甘蔗的生长,再加上当时1000毫米以上的年均降雨量,甘蔗与食糖生产遂成为当时山东生产与生活的一个重要方面。直到民国时期,甘蔗在山东省还有零星种植,如东平县的甘蔗,“俗名甜棒,可以作糖,本邑产量有限,只供春冬生食解渴之品而已”③。沾化县亦产甘蔗,“为制糖原料,本县间有之,味亦较逊闽广”④。广饶县物产表中有“甘蔗”⑤。

(7)茶、石器、石鍑、交床、越器

郁知言的礼物清单中有茶,是否山东本地所产,笔者未见材料说明。但王洪军在《唐代的茶叶生产》中统计的98个产茶州中有“莱州”⑥,未知引出何据。韩鄂在《四时纂要》中记录黄河中下游和渭河流域农事,其中有种茶技术要领,且山东当时的气候条件确实能种茶。唐以后有史料明确记载山东产茶,《金史》卷九十九记载鲁中、鲁东丘陵一带“茶树随山皆有”。

---

① [清]彭定求等编:《全唐诗》卷一百八十三,中华书局1960年版,第1868页。

② [北宋]欧阳修等:《新唐书》卷二百二十一上,中华书局1975年版,第6239页。

③ 民国《东平县志》卷四,载《中国地方志集成·山东府县志辑》第66册,凤凰出版社等2004年版,第34页。

④ 民国《沾化县志》卷一,载《中国地方志集成·山东府县志辑》第25册,凤凰出版社等2004年版,第259页。

⑤ 民国《续修广饶县志》卷一,载《中国地方志集成·山东府县志辑》第29册,凤凰出版社等2004年版,第28页。

⑥ 王洪军:《唐代的茶叶生产——唐代茶叶史研究之一》,《齐鲁学刊》1987年第6期。

唐时登州、莱州均向皇室供送石器，莱州最有名的石器之一是作为煮茶器的“石鍑”。煮茶器，通常用铁铸造，然“洪州以瓷为之，莱州以石为之，瓷与石皆雅器也”①。煮茶器需配支架，唐人以交床为之。交床“以十字交之，剜中令虚，以支鍑也”②。唐代皇室饮茶成风，则煮茶雅器“石鍑”必是唐代贡品之一，也当是民间送礼佳品。送石鍑必配送交床，则郁知言礼物清单中的交床，未必是行坐用的绳式交床，当是与石鍑配套的茶器交床。

越器，即青瓷器。陆游《老学庵笔记》卷二云：“耀川出青瓷器，谓之越器，似以其类余姚县秘色也。”③唐代山东产白瓷器，也产青瓷器，尤其临淄窑烧造的油滴黑釉瓷器，是我国黑釉瓷器的名品之一④。淄博磁村窑出产的黑釉瓷器最为有名，在唐后期，其产品“釉色日益纯正，釉面光洁晶莹，施釉厚薄均匀，脱釉、垂釉现象较少，胎骨的制作也日渐规整，器类复杂，形制多样，在同期以烧造黑釉为主的民窑中，烧造水平还是比较突出的”⑤。山东产青瓷器烧成火候较高，致使泪滴状垂釉较多，内底常见深绿色积釉或天蓝色窑变。唐后期山东出产的越器器形轻巧秀气，“釉色纯正，釉面光洁晶莹，玻璃质感强”⑥，非常美观，这正是茶圣陆羽所说的“青则益茶”的佳品。山东油滴釉黑瓷、越器，既是名品，自然要出现于郁知言的礼品清单中。

(8)生药、药方

自唐《新修本草》标示药材所在的道、地，中医就有了“道地药材”之说。治病疗效如何，要看药材是否“道地”。隋唐五代时期山东的植被情况尚属良好，天然生产的药材品类甚多，在前述贡品表中所列药材之外，据《新修本草》，山东的道地药材共有115种，详见表6-4。

---

① 吴觉农主编：《茶经述评》第二版，中国农业出版社2005年版，第114页。

② 吴觉农主编：《茶经述评》第二版，中国农业出版社2005年版，第114页。

③ [南宋]陆游撰，李剑雄等点校：《老学庵笔记》卷二，中华书局1979年版，第23页。

④ 张光明、毕思良：《山东淄博窑址出土的油滴黑釉瓷器》，《考古》1988年第9期。

⑤ 山东省文物考古研究所编著：《山东20世纪考古发现与研究》，科学出版社2005年版，第556页。

⑥ 山东省文物考古研究所编著：《山东20世纪考古发现与研究》，科学出版社2005年版，第558页。

表 6－4　　唐初山东地域道地药材分布表

区域	药材
太山山谷	云母、石钟乳、滑石、紫石英、白石英、青石脂、白石脂、太一禹余粮、石硫黄、阳起石、石膏、玄石、长石、青芝、女萎、远志、络石、千岁虆汁、丹参、景天、徐长卿、茵陈蒿、石龙芮、瞿麦、泽漆、藜芦、茵芋、连翘、狼毒、茯苓、柏实、木兰、秦椒、龙骨、伏翼、蛞蝓、遂石、麻蕡、桃核
宛朐	远志、柴胡、龙胆、沙参、蘼芜、杜若、薇衔、黄芩、玄参、白鲜、地榆、桔梗、贯众、虎掌、牙子、白及、陆英、鬼臼、牡荆实、五加、厚朴、猪苓、山茱萸、吴茱萸、秦皮、莽草、蓬虆、柒紫
临淄	长石、防葵、防风、蛇床子
琅玡	云母、防风、秦椒、柳华、山茱萸、阳起石
东海	海藻、昆布、藿菌、牡蛎、海蛤、文蛤、魁蛤、贝子、山茱萸、禹余粮、石硫黄
青州	甘草、防风、麻黄、半夏、水苏、大枣、牛膝、五味子、盐
齐、鲁间	侧子、格注草、王瓜、滑石$_{\text{掖县}}$、青石脂$_{\text{济南}}$、阳起石$_{\text{齐州}}$、代赭$_{\text{齐州}}$、姜石$_{\text{齐州}}$、防风$_{\text{齐州}}$、石膏$_{\text{蒙山}}$、萹蓄$_{\text{东莱}}$、皂荚$_{\text{邹县}}$、牛黄$_{\text{莱州}}$、阿胶$_{\text{东阿}}$、水蛭、水萍、蓼实、鸡头实$_{\text{雷泽}}$

据表 6－4，当时天然药材的主要集中地是生态环境比较好的泰山周边地域及沿海丘陵山区。在这些地区形成了采药、售药、制药的生产链，仆仆先生“家于光州乐安县黄土山，凡三十余年，精思饵杏丹，衣服饮食如常人，卖药为业。开元三年(715)，前无棣县令王滔寓居黄土山下，先生过之”①；“郝公景于泰山采药，经市过”②；唐开元(713—741)中，张姓道士于泰山学道，采山中茯苓等药材售与药铺，“今有二千余贯钱在药行中”③；鲁人赵瑜，累举不第，因于泰山专合巴豆丸药售卖，“饵其药者，病无不愈，获利甚多”④。其实在天然药材富集地，各地人们依赖采药、制药、卖药为生是普遍的情形，如复州“有儒生，以卖药为业”⑤。

由于唐代医学的进步及医学知识的普及，人们重视养生与食疗，常以药苗为蔬，对药苗的需求量较大，以至有人专门以“药圃茶园为产业”⑥，济州

---

① ［北宋］李昉等编：《太平广记》卷二十二，中华书局 1961 年版，第 150 页。
② ［北宋］李昉等编：《太平广记》卷二百一十八，中华书局 1961 年版，第 1673 页。
③ ［北宋］李昉等编：《太平广记》卷二十三，中华书局 1961 年版，第 158 页。
④ ［北宋］李昉等编：《太平广记》卷三百一十三，中华书局 1961 年版，第 2477 页。
⑤ ［北宋］李昉等编：《太平广记》卷三百八十八，中华书局 1961 年版，第 3096 页。
⑥ ［清］彭定求等编：《全唐诗》卷四百三十九，中华书局 1960 年版，第 4890 页。

赵叟就是以“药圃”为产业的人之一。“道言庄叟事，儒行鲁人余。深巷斜晖静，闲门高柳疏。荷锄修药圃，散帙曝农书。”[①]以上表明，依托丰富的天然药材及食疗养生的文化背景，唐代山东确实形成了一条采药、种药、卖药、制药的生产链。

根据《记录备要》，知山东药材除医疗之用外，尚有作礼物的用途。郁知言所云“生药”，当是山东“道地药材”的一个总称。

自魏晋以来，山东以医名世的世家甚多，如清河崔氏、馆陶李氏、东海徐氏等[②]，这些医药世家中有许多经典药方。世家之外，尚有许多民间验方，如前文所举鲁人赵瑜。在注重养生的唐代，搜集到的这些药方，无疑成为送礼佳品。

(9)书籍、古画、诗篇、州县图、障子、花鸟障、扇子

山东地域自先秦以来好尚儒学，人喜聚书。奉旨编撰《氏族志》的高士廉“普责天下谱谍，仍凭据史传考其真伪”[③]，定398姓氏族，于贞观八年(634)奏请唐太宗定夺。据高士廉奏本的敦煌文书抄件[④]，知唐初期今山东地域有魏晋旧门65姓。这些魏晋旧门多富藏书，如琅琊王氏世代聚书，至唐代王方庆时仍“聚书甚多，不减秘阁，至于图画，亦多异本”[⑤]。直到五代时，山东士庶仍有聚书积学的传统，如濮州鄄城人翟光邺“日与宾客饮酒聚书为乐”[⑥]；青州人王师范“颇好儒学，聚书至万卷”[⑦]。由于士庶大量聚书，故山东多有稀见本、珍本，这类书籍自然是上等礼品。

障子，是带有卷轴的字画[⑧]，并非今人所指的屏风。花鸟障，即绘着花鸟内容的卷轴画。文人字画，自古以来就是高雅礼品。“犹轻昔日墨池学，未许前贤团扇书”[⑨]，可知扇子上亦有字画，实是与障子同类的物事，只是载体形式有异而已。礼物清单中列有扇子。

---

① [清]彭定求等编：《全唐诗》卷一百二十七，中华书局1960年版，第1290页。
② 参见廖育群等：《中国科学技术史·医学卷》，科学出版社1998年版，第224、227页。
③ [后晋]刘昫等：《旧唐书》卷六十五，中华书局1975年版，第2443页。
④ 参见王仲荦：《蜡华山馆丛稿》，中华书局1987年版，第328、349页。
⑤ [后晋]刘昫等：《旧唐书》卷八十九，中华书局1975年版，第2901页。
⑥ [北宋]欧阳修：《新五代史》卷四十九，中华书局1974年版，第554页。
⑦ [北宋]欧阳修：《新五代史》卷四十二，中华书局1974年版，第453页。
⑧ 杜朝晖：《敦煌文献名物研究》，中华书局2011年版，第360页。
⑨ [清]彭定求等编：《全唐诗》卷三百二十七，中华书局1960年版，第3665页。

书籍、古画、诗篇、州县图、障子、花鸟障、扇子，这一类礼物是以地域文化积淀为基础的。以地域文化积淀为基础的上佳礼物还有各种器玩，然礼物清单未见器玩踪影，或许与唐代朝廷禁止器玩有关，如开元二年（714）“禁采珠玉及为刻镂器玩、珠绳帖绦服者”①。

（10）砚瓦、羯鼓、棋局、长行局、笔、墨

山东各地拥有相当丰富的石材资源，如沂州莒州县“障山，在县东八十里。出销石、石脑、炬火等石，居人常采为货”②；滑石，“其出掖县者，理粗质青白黑点，惟可为器，不堪入药。齐州南山神通寺南谷亦大有，色青白不佳，至于滑腻，犹胜掖县者”③。

山东石材或药用，或为器，名品甚多，尤以石砚为最。晋张华在《博物志》中云“天下名砚四十有一，以青州红丝石为第一”。唐柳公权“常评砚，以青州石末为第一，言墨易冷，绛州黑砚次之”④。宋代蔡襄在《端明集·文房四说》中亦以青州砚为天下第一，而米芾在《砚史》中则提到了山东有青州青石砚、淄州砚、青州蕴玉石砚及红丝石砚等多种产品。可知在唐宋时代，青州石砚享有盛名。

山东石砚、石鍑之外，现所能知的著名石器尚有青州制作的羯鼓。“宋开府璟虽耿介不群，亦深好声乐，尤善羯鼓。始承恩顾，与玄宗论鼓事曰：‘不是青州石末，即是鲁山花瓮。’”⑤

棋，亦作“碁”，大概是因为围棋子、长行局棋子多用木材、石材制作。山东既有好木材，也有好石材，皆可用于制作棋枰、棋子。掖县青白石尤其适合作碁子，故山东石制棋局、长行局亦有佳品。郁知言的礼物清单中有棋局、长行局。

据《齐民要术》笔墨第九十一，知山东所制笔为羊毫与兔毫两类。唐代山东临淄郡人段公路论笔，以兔毫为上佳，甚至认为闻名天下的均州鼠须笔

---

① ［北宋］欧阳修等：《新唐书》卷五，中华书局1975年版，第123页。

② ［唐］李吉甫撰，贺次君点校：《元和郡县图志》，中华书局1983年版，第306页。

③ ［唐］苏敬等撰，尚志钧辑校：《新修本草》辑复本第二版，安徽科学技术出版社2004年版，第53页。

④ ［后晋］刘昫等：《旧唐书》卷一百六十五，中华书局1975年版，第4312页。

⑤ ［北宋］李昉等编：《太平广记》卷二百五十，中华书局1961年版，第1561页。

等各种名笔均"未若兔毫"[1]。此是其习见习用山东兔毫而产生的个人偏好,未为的论。唐代山东笔的生产缺乏详细记载,只知山东清河、博平等县专为内库书手生产笔,"岁给河间、景城、清河(今山东武城)、博平(今山东聊城博平镇)四郡兔千五百皮为笔材"[2]。由此知唐代山东笔必有可称名于世者,方能被选作内库书手专用笔,今世山东齐笔、安徽宣笔、浙江湖笔、河北衡笔并称中国四大名笔。

《齐民要术》所记山东墨为麝香松烟墨,又加有梣、胶益发墨色,是谓上等好墨。制墨中所用胶是关键,而兖州东阿产上等好胶,故山东墨亦以兖州所产为上佳,世称"兖墨",唐宋时期一直为馈赠佳品。宋人冯山《谢人惠兖墨》诗云"故人山东来,遗我数丸墨"[3]。宋《元丰九域志》所载天下贡墨之州唯两州,兖州即其一。由此知郁知言在鲁地选墨作为礼品实非偶然。

齐笔、鲁砚、兖墨、牋纸,礼物单中所见唐代山东的文具生产蔚然可观。

(11)生蕉、菴萝、橄榄子、柑橘、牙笏、木笏、衣香、口脂、面脂

"又登州贾者马行余转海,拟取昆山路适桐庐"[4];李洞"题诗在琼府,附舶出青州"[5]。由此知唐代山东诸海港至江南、两广地区存在着商船航路。李洞搭随商舶从青州到琼府游历,但这类商船通常并不是从青州直驱两广、琼府之地,而是沿途经江南诸港卸装部分货物、补给食水后再前往目的地,山东、江南的丝织品就这样经由商船运到了南方诸港。宋人秦观在雷州做官,所见"裔土桑柘希,蚕月不纺绩。吴绡与鲁缟,取具舺船客"[6]。

赖《记室备要》,可知唐代从两广、琼府返回山东的青州商船沿途运回了生蕉、象牙、檀木、香料、菴萝果、橄榄子、柑橘等物。

香蕉产自两广地区,以古代的运输条件,熟透了的香蕉运往山东必定腐烂,所以能长途运输的必定是生蕉。生蕉到达山东,在唐代尚属稀罕品,故

① [唐]段公路:《北户录》卷二,载《景印文渊阁四库全书》第589册,台湾商务印书馆影印1984年版,第43页。

② [北宋]欧阳修等:《新唐书》卷五十七,中华书局1975年版,第1422页。

③ [北宋]冯山:《安岳集》卷四,载《景印文渊阁四库全书》第1098册,台湾商务印书馆影印1985年版,第304页。

④ [北宋]李昉等编:《太平广记》卷四百八十一,中华书局1961年版,第3961页。

⑤ [清]彭定求等编:《全唐诗》卷七百二十二,中华书局1960年版,第8284页。

⑥ [北宋]秦观:《淮海集》卷六,载《景印文渊阁四库全书》第1115册,台湾商务印书馆影印1985年版,第457页。

此被当作礼物。菴萝果、橄榄子、柑橘三种南方物产，其主要产地分别在两广、闽清、江南，自然是商船沿途补给食水时就便采购装船。

唐时琼府、两广地区本身的物产并不丰富，但通过海路从外域传入的货物甚多。韩愈、王建送郑权到南海的诗、序，描述了琼府、两广地区香药遍地、象牙成堆："外国之货日至，珠、香、象、犀、玳瑁，奇物溢于中国，不可胜用"[①]；"七郡双旌贵，人皆不忆回。戍头龙脑铺，关口象牙堆。"[②]返回山东的青州商船将南海珍珠、名香、象牙、犀角、檀木等本地稀缺的产品运回山东，成为山东手工业者的常见原材料，用以制作牙箱、镂檀之类器皿[③]，礼物单中的牙笏，即是山东手工业者利用象牙的又一产品。象牙还能做成角器、扇柄、拂尘柄等，蝇拂被郁知言选作礼物，自然不是以竹、木为柄的那种普通蝇拂，当是以象牙、檀香木为柄的高档物件。礼物单中的木笏，山东本地青檀木、桐木皆能制作，亦有可能是用南海檀香木制作。

"异国名香满袖薰"[④]，无论孙思邈《备急千金要方》还是王焘《外台秘要》，其"衣香"的配方中都少不了来自异域的檀香与苏合香，山东制作各类衣香、口脂、面脂所需的这两种香料只能是青州商船从南海运回。

（12）酒、茶酒

鲁酒酿造历史悠久，尤以兰陵酒为最。徐州狮子山西汉楚王墓考古发掘出完封的"兰陵贡酒"，其封泥上有"兰陵丞印"等戳印[⑤]。兰陵酒的制造工艺，《齐民要术》中进行了总结，贾思勰详细记述了山东元仆射、皇甫吏部等家族用酒曲制作优质黍米、糯米酒的方法。这些家族千酝万酿所得到的 1∶1∶0.1 的米、水、曲比例确实恰到好处，所以鲁酿香醇可口，深得人们喜爱，为当地宴宾馈赠的佳品："鲁酒若琥珀，汶鱼紫锦鳞。山东豪吏有俊气，手携此物赠远人。"[⑥]这样令人铭记的特色物品，自然要纳入郁知言的礼品清单。

茶酒，文书原件右下有"郊外迎送"的小注。在郊外迎送的场合，茶酒之

---

① ［清］董诰等编：《全唐文》卷五百五十六，中华书局 1983 年版，第 5626 页。
② ［清］彭定求等编：《全唐诗》卷二百九十九，中华书局 1960 年版，第 3400 页。
③ ［北宋］李昉等编：《太平广记》卷五十五，中华书局 1961 年版，第 340—341 页。
④ ［清］彭定求等编：《全唐诗》卷五百零六，中华书局 1960 年版，第 5756 页。
⑤ 黄石林、朱乃诚：《中国重要考古发现》，商务印书馆 1998 年版，第 163 页。
⑥ ［清］彭定求等编：《全唐诗》卷一百七十八，中华书局 1960 年版，第 1815 页。

茶,或当包含有“茶果”之意,所谓“村家何所有,茶果迎来客”①,“晚来恣偃俯,茶果仍留欢”②。当时,山东茶果是相当有名的,《齐民要术》中记载了各种茶果的制作方法。茶果,即今日点心。各种特色点心,至今仍为馈赠佳品。

(13)马、鞍辔、鞭、檐子、檐子女二人

鲁地适宜养马,直到近代,鲁地《沂蒙小调》仍以“风吹草低现牛羊”作为咏叹。唐玄宗曾派人“求龙马于齐鲁之间”③,其中的“龙马”,或许是指野马。前文已说明,隋唐时期山东森林很多,连白虎、白狼、白鹿这类稀有变种都有出现,驯服后的野马自然是马力时代的上好礼物。但鲁地作礼物的马,更有可能是来自于渤海名马,李正己据“曹、濮、徐、兖、郓,共十有五州,内视同列,货市渤海名马,岁岁不绝”④。既有名马,当然是比较好的礼品。

有马则需马鞭、鞍鞯。高档马鞭,用金银、象牙等作手柄,作礼物的马鞭只能是这些高档品。山东贡品表中有“决明”,但此“决明”并非中药“决明子”,而是登州沿海特有的鱼种“石决明”,登州“有嘉鯕鱼,皮厚于羊,味胜鲈鳜。至春乃盛,他处则无之。鳆鱼亦出此州,石决明是也”。石决明,今称鲍鱼,“一枚直数千钱”⑤。与石决明一样属登、莱州独有的物品是用海豹皮制作的鞍辔,“登、莱傍海”,海豹“甚多,其皮染绿,可作鞍鞯”⑥。当时属于山东海滨独有的海物还有不少,如登州文登县的海牛岛有一种鱼,“性捷疾,见人则飞赴水,皮堪弓鞬,脂可燃灯”⑦。海驴岛“岛上多海驴,常以八九月于此岛上乳产,皮毛可长二分,其皮水不能润,可以御雨。时有获者,可贵”⑧。莱州掖县“成山有牛岛,常于五月有海貍上岛产乳,逢人则化鱼入水”⑨。山东用海貍、海豹皮制作的“鱼服”,自汉魏以来就已名闻天下,属高

---

① [清]彭定求等编:《全唐诗》卷四百二十九,中华书局1960年版,第4728页。

② [清]彭定求等编:《全唐诗》卷一百一十四,中华书局1960年版,第1159页。

③ [北宋]李昉等编:《太平广记》卷四百三十五,中华书局1961年版,第3532页。

④ [后晋]刘昫等:《旧唐书》卷一百二十四,中华书局1975年版,第3535页。

⑤ [北宋]庞元英:《文昌杂录》卷二,载《景印文渊阁四库全书》第862册,台湾商务印书馆影印1985年版,第665页。

⑥ [北宋]朱彧、[南宋]陆游:《萍州可谈　老学庵笔记》,上海古籍出版社2012年版,第45页。

⑦ [北宋]乐史撰,王文楚等点校:《太平寰宇记》卷二十,中华书局2007年版,第412页。

⑧ [北宋]乐史撰,王文楚等点校:《太平寰宇记》卷二十,中华书局2007年版,第412页。

⑨ [北宋]乐史撰,王文楚等点校:《太平寰宇记》卷二十,中华书局2007年版,第417页。

档商品，自然也是高档礼品。由此知郁知言礼单中的鞍辔必是此类登、莱州独有的豹皮鞍韀产品。用海豹皮制作的鞍韀、战甲，不沾泥水，不惧箭矢，直到清代还为军中所宝。

檐子，一种无屏障的肩舆。因无屏障，唐人刘肃认为只坐檐子“过于轻率，深失礼容”[①]。王守恩乘檐子迎接后周高祖，高祖大怒，谓白文珂曰：“王守恩乘檐子俟吾，诚无礼也。”[②]从某种意义上讲，以檐子为礼物是不太合适的。然而如果加上送檐子女就不存在这个问题了。齐歌赵舞，自先秦以来，山东女子就以善歌舞著称，“齐郡旧曰济南，其俗好教饰子女淫哇之音，能使骨腾肉飞，倾诡人目。俗云‘齐倡’，本出此也”[③]。鲁地作为礼物的檐子女，自当是经过精挑细选的善能歌舞的女子，因此送檐子及檐子女，实则送“齐倡”也。

(14)剑、弓箭、靴裁具、镜子、铸镜、磨镜

自先秦以来，山东冶铸业就相当发达，钢铁制品名品甚多，尤以宝剑出名。东汉章帝给以才能见称的三位尚书韩棱、郅寿、陈宠特赐宝剑，“自手书署名曰：‘韩棱楚龙渊，郅寿蜀汉文，陈宠济南椎成’。”[④]李贤注云：“《汉官仪》‘椎成’作‘锻成’。”则济南椎成剑，即用锻制工艺制作出来的名剑，这当然是上好礼物。运用制剑的技术工艺，也能生产名刀。礼物中的靴裁具，是制作各类皮制品尤其是靴所用的刀具。

唐代锻工已遍布于乡村镇市，如圆仁所借宿的山东淄州偏远山村长山县古县村郭家“主人锻工，本是沛州人”[⑤]。使用锻制工艺，即便手艺寻常的匠人也可以利用高碳钢材锻打出相当锋利的刀剑、工具及农具，因此唐代各地刀剑、工具在锋利、坚韧程度上的差异已然不大，而据以展示它们地域差异的主要因素在于刀剑形制及柄、鞘装饰的方面。卢照邻《刘生》诗云“翠羽装刀鞘，黄金饰马铃”[⑥]，由此知刀剑等类礼物带给人们的关注点，其实并不在于它的锋利程度，而是柄鞘等附属装饰物的华丽。柄、鞘使用何种材

① ［北宋］刘肃撰，许德楠等点校：《大唐新语》卷十，中华书局1984年版，第151页。

② ［北宋］薛居正等：《旧五代史》卷一百二十五，中华书局1976年版，第1642页。

③ ［唐］魏徵等：《隋书》卷三十，中华书局1973年版，第862页。

④ ［南朝宋］范晔：《后汉书》卷四十五，中华书局1965年版，第1535页。

⑤ ［日］释圆仁原著，白化文等校注：《入唐求法巡礼行记校注》卷二，花山文艺出版社2007年版，第244页。

⑥ ［清］彭定求等编：《全唐诗》卷四十二，中华书局1960年版，第522页。

料,镂刻何类花纹样式,均与地域文化积淀有关。在山东“俗弥侈泰”的消费文化背景下,山东商人从南方运来了象牙、檀香木等高档制器材料,而匠人则精心镂刻各类花纹以迎合人们“侈泰”的心理,这样的华丽产品自然是送礼的佳品。

山东弓箭还有特别的地方,即其弓韃是用上述山东沿海特有的鱼皮制作,遇水不湿,他处无此等产品,这自然是上好的礼物。

可以说,唐时山东剑、弓箭、弓韃、靴裁具、镜等类物产,真正吸引人的地方在于其形制与华丽侈泰的装饰。而其实用性的方面,只要勤加磨砺即可,如铜镜,“杜贞孟宗周览求师,经历齐鲁,资用将乏,磨镜自给”①。

(15)藕子

如前述,汉唐时期,山东陆地淡水水体相当丰富,各类水产甚多,贾思勰为立“养鹅、鸭”“养鱼”等条目,并于“养鱼”目下附蓴、藕、莲、芡、芰等水产植物的种植方法。山东各类水产植物布满水体,“采菱东齐”②成为铭刻于时人心中的物质文化印象。

藕只是当时山东淡水物产的一种。然藕能健脾开胃,益血补心,故主补五脏,有消食、止渴、生肌的功效。汉唐时期医家、仙家谓藕“久服轻身耐寒,不饥,延年”,以故“神仙家重之,功不可说。其子能益气,即神仙之食,不可具说”③。在汉唐仙道长生食散的文化背景下,世人特重莲藕,以此“藕子”成为馈遗珍品之一。济南历城以泺泉水、明湖莲子和藕子制作的“莲子血羹”④,世称名馔,益增山东藕子之名。山东藕子遂成为当时著名礼品之一。

(16)樱桃、蒲桃、杏子、桃子、李奈、榛栗、烘柿、榠楂、梅子、林擒、枣子、石榴

《齐民要术》中详列枣、桃、樱桃、葡萄、李、梅、杏、梨、栗、柰、林檎、柿、木瓜、安石榴十四种果实的种植方法,是贾思勰对山东果品种植技术的大总结。

山东水果名品甚多,前章已述魏晋时期有乐氏枣、颜回李、蓬莱杏、朐山

---

① [北宋]李昉等:《太平御览》卷七百一十七,中华书局1960年版,第3178页。

② [北宋]李昉等:《太平御览》卷八百四十二,中华书局1960年版,第3762页。

③ [唐]孟诜撰,张鼎增补,尚志钧辑复:《食疗本草》,安徽科学技术出版社2003年版,第87页。

④ 参见[唐]段成式撰,方南生点校:《酉阳杂俎》卷十一,中华书局1981年版,第107页。

梨、峄阳栗、齐柿等多种。隋唐时期又增加不少，如曹州夏梨[①]、青州水梨[②]、济南金杏等。济南金杏“大如梨，色黄如橘”[③]，如此大杏，别处皆无，诚属名品。又引入西域葡萄，贝丘（今山东省博兴县郝乡境）之南有葡萄谷，谷中葡萄，可就其所食之[④]。运用嫁接技术培育出一些新品种，如“贞观中，顿丘县有一贤者，于黄河渚上拾菜，得一树栽子大如指。持归，莳之三年，乃结子五颗，味状如柰，又似林檎多汁，异常酸美。……后树长成，渐至三百颗，每年进之，号曰‘朱柰’，至今存。德、贝、博等州，取其枝接，所在丰足”[⑤]。礼单中的“榠楂”，即木瓜。总而言之，当时山东所产果品大多列入了郁知言的礼物清单。

（17）犬、猎狗、猧子、猫

曹州、濮州历来出产名犬，是以两地贡品中都有“犬”。唐中宗时宰相唐休璟出张君为曹州刺史，张君前往辞行，休璟就向张君索要曹州犬，云“常闻贵郡多善犬，愿得神俊非常者二焉”[⑥]。曹州犬“其警如神，其猛如虎”[⑦]，的确是善犬，因此官方、民间都愿得一曹州犬以为护身护院。如此稀缺之物，自然是送礼佳品，故此曹州“猎狗”得入郁知言礼物清单。

狗须驯导，方能“其警如神”，曹州既有善犬，则必定有好的驯犬师。

青州贡品中有“猫”，其具体情况现已不得而知。

（18）海物、海鱼、文蛤、海蛤、海藻、海砂

各类海产物品概称海物。山东傍海，海物贡品甚多，如前述的独有品种鳆鱼、石决明等。

海鲜能入贡，亦适合作礼物，只是囿于古代技术条件，海鲜保鲜不易，运输成本极高。私人礼物又不能如官方贡品那样不计成本，故郁知言礼物清单中不见各类海鲜踪影。山东海产干品亦多，列入贡品中的有莱州海藻。海藻，即海苔。其他干品如鹿角菜，“出海州，登、莱、沂、密州并有，生海中，

① ［唐］段成式撰，方南生点校：《酉阳杂俎》续集卷九，中华书局1981年版，第282页。
② ［清］董诰等编：《全唐文》卷一百二十二，中华书局1983年版，第1227页。
③ ［唐］段成式撰，方南生点校：《酉阳杂俎》卷十八，中华书局1981年版，第174页。
④ ［唐］段成式撰，方南生点校：《酉阳杂俎》卷十八，中华书局1981年版，第175页。
⑤ ［唐］张鷟撰，赵守俨点校：《朝野佥载》卷三，中华书局1979年版，第68页。
⑥ ［北宋］李昉等编：《太平广记》卷九十四，中华书局1961年版，第626页。
⑦ ［北宋］李昉等编：《太平广记》卷一百九十四，中华书局1961年版，第1453页。

又能解面热”[①]。各类海产干品虽无保鲜的难题，却是南北沿海地域都能出产，又运输容易，殆为各地平常之物，难以作为礼物。

登州所贡海砂，并非今日建筑、冶铁领域用的“海砂”，而是术士炼丹用品，即海盐。在唐代，山东北海、东海盐皆为名品。东海盐当即前文所云“东海巨盐”，北海盐主要用于制鲊、菹等腌制品，“今有东海、北海供京都及西川南江用。……北海盐黄，草粒大。以作鱼鲊及咸菹，乃言北海胜”[②]。

3. 隋唐五代山东农家涉农五业的商品化

综观前述十八类社会生产，实不出涉农五业的范畴。涉农五业，即除粮食生产外的种植业、林业、牧业、渔业、副业等五个方面。

首先，粮食生产之外的种植业，如红蓝、紫草、甘蔗、药材等非粮经济作物，在前述十八类社会生产中可以见到它们在山东有较大面积的商品化种植。在非粮经济作物种植的背后，是染料、食糖、药品等行业的兴旺。

涉农五业中的林业，指的是竹木林果树的生产。从前述十八类社会生产中，可见到柞树、楸树、桐树、桑树、柳树、榆树、樱桃树、桃树、李树、柿子树、石榴树等林果木种植、培育的情形。而笋、笋笴、竹簟、竹鞋、竹柱杖等系列竹制商品，说明了当时竹子种植、竹器生产及销售的情形。

牧业，指的是畜牧养殖业。前述十八类社会生产中的东齐羝羊、马、犬等礼物，说明唐代山东农家的畜牧养殖产品已确实投向了商品市场。“郓城县有一农家，豢豕十余头，时于陂泽间”[③]。农家养猪十余头，其目的显然已不属单纯的家庭自给，而是一种商品生产。

渔业，在前述生产中只能看出山东海产渔业之一斑，至于淡水渔产情形，礼物、贡品表中都无从显现。但唐代山东年降雨量既高达1000毫米以上，且湖泊众多，其淡水渔产其实有可观者，如密州诸城县有“百尺陂，在县东南三十四里。中多菱莲萑蒲，水族生焉，百姓取给”[④]。“历城北二里有莲子湖，周环二十里。湖中多莲花，红绿间明，乍疑濯锦。又渔船掩映，罟罾疏

---

① ［唐］陈藏器撰，尚志钧辑释：《〈本草拾遗〉辑释》，安徽科学技术出版社2002年版，第301—302页。

② ［唐］苏敬等撰，尚志钧辑校：《新修本草》辑复本第二版，安徽科学技术出版社2004年版，第286—287页。

③ ［北宋］李昉等编：《太平广记》卷四百七十九，中华书局1961年版，第3949页。

④ ［北宋］乐史撰，王文楚等点校：《太平寰宇记》卷二十四，中华书局2007年版，第497页。

布，远望之者，若蛛网浮杯也”[1]；“平原高苑城东有渔津”[2]；“开元末，登州渔者，负担行海边，遥见近水烟雾朦胧，人众填杂，若市里者”[3]。可证水产作物、鱼类，百姓们也将其投向了市场。

涉农五业中与农家关系最为密切的是副业及家庭小手工业，这一点在两份物品清单中体现尤为充分。

自古农家副业以采集业最为典型。在上述的十八类生产中可以看到农家的采集物品有橡实、野生柞蚕茧、桑葚、桐籽、桐叶、松子、榆钱、野生竹笋、水葱、萑蒲草、野葛、菱芡、野生药材等多种，而不见于两份表中的农家采集品种尚有各类野菜、野果等物。

农家的农副产品加工及家庭小手工业情形，在两份物品清单中有多重反映。农家小手工制作以条编产品最为明显，有水葱席、竹箪、蒲扇三种作为礼物的精品，而不见于物品清单却更为普遍的农家编艺产品当属柳编、竹编，如筐、箕、罐、笼等日常生产和生活用品。清单中尚有更多的家庭小手工业制品，如用柞蚕丝绕制琴弦；剜刻木枕、交床；用石材打磨石鍑、棋子；镂制角器；晒制笋笴；缝制暖座；染造鞍韉；蒙制弓鞬等等。

齐纨、鲁缟的发达程度，已说明“耕且织”是山东农家副业中最为常见的小手工类型，无须赘述。“耕且陶”可算是山东农家副业中常见而又比较大型的项目。“陶”的内容是砖瓦建材、日用陶瓷器、木炭等窑烧产品，通常是数家合作，在播种、收割农忙之外的农闲时节准备好各种材料胚胎，自行装烧或者请装窑师傅来把握火候。唐代改进窑烧技术后，白瓷、彩瓷生产讲究器形、图案及色彩的艺术创作，这已不是普通农家所能完成的工作，因此在白瓷、彩瓷生产地区，“耕且陶”无法存续下去，陶逐渐从农家五业中分离出去。但“耕且陶”的情形在山东比较明显，自龙山文化以来山东烧造黑陶，瓷器烧成技术出现后，山东又烧制成黑釉瓷器，“釉质晶莹滋润和色黑如漆是它的特色”[4]。既然黑陶、黑瓷讲究色黑如漆，色彩上的艺术创新不是黑陶瓷生产的重点，故“耕且陶”这种农工结合形式在山东得以存续。郁知言礼物单中的越器，无疑就是这种“耕且陶”中的精品。考古发现已证实隋唐时

① ［唐］段成式撰，方南生点校：《酉阳杂俎》卷十一，中华书局 1981 年版，第 107 页。
② ［唐］段成式撰，方南生点校：《酉阳杂俎》卷九，中华书局 1981 年版，第 86 页。
③ ［北宋］李昉等编：《太平广记》卷四百零五，中华书局 1961 年版，第 3268 页。
④ 中国硅酸盐学会编：《中国陶瓷史》，文物出版社 1982 年版，第 212 页。

期山东诸窑烧遗址皆为民窑[①]。泗水县尹家城窑址刻有草体"章"字铭文的越瓷碗,表明它"与湖南长沙窑注壶上的'张'字具有同样的商品性质"[②]。淄博磁村窑的黑瓷产量又超出河南、陕西等地[③],在北方地区为最高。可知当时山东市场上广泛销售的黑瓷器、越器都来自本地农民农闲时的民间窑。

从以上十八类涉农五业的情形看,唐代山东农家的农副手工产品投向了市场,且品种繁多,所以郁知言可以很方便地为王监军挑选所需要的特色礼物,反映出山东地域极为密切的农商依存关系。史籍所缺载的山东农家生产文化、自然背景、农副结合的生活情形,借由敦煌材料得到了具体而清晰的阐释,弥补了历史的缺隙。

二、农业生产关系的调整与农业生产力的进步

土地是农业的最根本要素。中唐以后,自北魏以来实行近三百年的均田制退出了历史舞台,帝制中央政权放弃了对土地所有制结构的调整,自此国家"不抑兼并",农村经济由此出现了新的变化。唐末至宋代,租佃经济的主导地位逐渐在乡村中确立。

(一) 农业生产关系的调整

在均田制下,由于各地域内国家所掌控的国有土地数额不同,各地农民的授田数大有区别,足额授田的少,例如前文所述的齐州全节人员半千实际只有三十亩,但其承担的赋役是按丁口百亩的足额应受田数来确定,赋役负担并不轻。由于日渐沉重的赋役负担及天灾人祸等原因,加上富者、贵者的土地兼并,自耕农被迫失去小块土地或成为逃户,"逃亡问题自武周以来日益突出",逃亡农民的生计,"或流入城市,成为商贩""或成为雇佣""然而更多的则成为庄田上的租佃农民"[④]。

---

① 宋百川、刘凤君:《山东地区北朝晚期和隋唐时期瓷窑遗址的分布与分期》,《考古》1986 年第 12 期。

② 宋百川、刘凤君:《山东曲阜、泗水隋唐瓷窑址调查》,《考古》1985 年第 1 期。

③ 中国硅酸盐学会编:《中国陶瓷史》,文物出版社 1982 年版,第 212 页。

④ 唐长孺:《魏晋南北朝隋唐史三论——中国封建社会的形成和前期的变化》,武汉大学出版社 1992 年版,第 268、269 页。

逃户流移使大量的人口脱离了帝制国家的管控,也使计丁征税的租庸调制无法实施,官府需要寻找新的计征办法来扩大财源,无法流移的土地成了最好的固定计征对象,于是“据地出税”的土地税种出现了。建中元年(780),唐德宗下诏推行杨炎提出的两税法。其具体内容如下:

> 凡百役之费,一钱之敛,先度其数而赋于人,量出以制入。户无主客,以见居为簿;人无丁中,以贫富为差。不居处而行商者,在所郡县税三十之一,度所与居者均,使无侥利。居人之税,秋夏两征之,俗有不便者正之。其租庸杂徭悉省,而丁额不废,申报出入如旧式。其田亩之税,率以大历十四年垦田之数为准而均征之。夏税无过六月,秋税无过十一月。[①]

唐德宗的宰相陆贽在讨论两税法的税基时说:“两税以资产为宗,不以丁身为本,资产少者税轻,多者税重。”[②]相比于租庸调制,“在两税法下,不论土著、客籍,一律按资产丰杀、田亩广狭为税负等差,至少从理论上说,失业贫民、无地佃客已无两税负担,这是最大的合理之处”[③]。在这个合理性下,失地或少地农民租佃地主的耕地,只向地主交租而不再承担国家的赋税,农业生产关系得到了调节,“山东地区的阶级关系相对来说有所稳定,农业生产继续发展。地主庄园尽管要向国家多交赋税,但仍然保持着良好的增长势头,而个体自耕农逐渐维持住了自己的产业,也能够缓慢地发展小农经济”[④]。

制度作为经济发展的内生变量,对生产关系起着长期的稳定调节作用。两税法在唐代创制以后,的确有效缓解了当时社会上下层之间紧张的矛盾冲突关系,起着长时段的生产促进作用,遂为后世广泛遵循。“两税法开创了‘据地出税,天下皆同’的新时代,标志着汉唐以来以人丁为本的赋役征取结构,开始向以地产为本的新轨道转移,并由此而奠定宋元明清时期赋役制

---

① [后晋]刘昫等:《旧唐书》卷一百一十八,中华书局1975年版,第3421页。
② [北宋]欧阳修等:《新唐书》卷五十二,中华书局1975年版,第1354页。
③ 葛金芳:《中国近世农村经济制度史论》,商务印书馆2013年版,第264页。
④ 陈冬生、王赛时主编:《山东经济史》古代卷,济南出版社1998年版,第283页。

度的基本模式。在这个意义上,两税法是一个里程碑,一个意义重大的里程碑。"①

在制度对生产关系进行普遍调整之外,还有来自地方官员个人原因的局部调适,这主要表现为官员在当政期间通过建设基础设施、制定地方政策稳定局面、缓解冲突有关,如唐朝地方官员有的以抑制豪强著称、有的以均平力役著称。举凡这些官员都会得到地方人民的爱戴,在他们离任时,通常会有德政碑记述其业绩②。唐代山东有三例德政碑反映了当时生产关系的局部调适。

开元十三年(725)任济州刺史的裴耀卿就曾因促进农业发展的业绩被劝农官考评为"理行第一"。孙逖《唐齐州刺史裴公德政颂》云:"西自于阳谷,东尽于长清,造舟为三桥,置骑为万驿,辟野为两顷,除道为九逵。或总或秸,或薪或槱,或饔或饩,或粮或糗。爨之踖踖,积之栗栗,其崇如墉,其比如栉。皆先之以方略,继之以生聚,因吏禄之奇赢,杂官用之余羡。通变合度,丰省中程,编户之民,秋毫勿与。繇是邑无征令,乡无敛法,贾不利于乘急,农不伤于甚贱。且狎其野而安其业,人所谓勤而不得(疑作德),施而弗费,虽小必济,不亦宜乎?……监顿使刘日政、劝农使卢怡并奏公理行第一,议者以为当矣。"③莱州刺史唐贞休亦因劝务农桑有功而为郡民所爱戴,立德政碑以纪其功:"训□学行务农桑,□四壁之孤贫,资其食业;变一出之□□,劝以淳和,设法而恶子革心。□□□数多,征剥尤切。公审知难办,表请延期,遂得物免流离,人锐耕□,风雨调顺,禾□盈□,□□□之惠也。"④颜真卿所书《龚丘县令庾贲德政颂》:"明命乃崇礼让,省刑罚,纾力役,辟土田,宣兹□□,□俭□□,润作时雨,和为春风,于是齐鲁丕变,井闾咸复。三载考绩,一方归最。都□□□御史清河张公曰:昌牧伯之贤也。"⑤

总而言之,在两税法实行后,自耕农或者租佃农能够相对稳定地从事农业生产,因此在唐后期五代史传中出现较多的"家世力田"的记录,如莱州掖

---

① 葛金芳:《中国近世农村经济制度史论》,商务印书馆 2013 年版,第 264 页。

② 刘琴丽:《德政碑与唐代州县官员的政绩书写》,《四川师范大学学报(社会科学版)》2015 年第 4 期。

③ [清]董诰等编:《全唐文》卷三百一十二,中华书局 1983 年版,第 3171 页。

④ [清]董诰等编:《全唐文》卷九百九十,中华书局 1983 年版,第 10254—10255 页。

⑤ [清]王昶:《金石萃编》卷九十五,载《石刻史料新编》第 3 册,新文丰出版公司 1982 年版,第 1586 页。

人王景(889—963),“家世力田”[1]。徐州滕人王晏(890—966),“家世力田”[2]。

(二)农业生产力的进步

隋唐五代时期山东农业生产力的进步主要表现为及时采用先进技术。

首先是工具制造方面。唐人韩延所撰写的算术书,因在宋代被冠以《夏侯阳算经》之名而得以流传下来,该书中记载有生铁炼黄铁、黄铁炼钢铁的生产过程及用多少生铁炼多少钢铁的计算题[3],表明唐代炒铁技术的应用已比较广泛,成为数学计算中核算成本的必要练习题。“隋唐以后,炒铁是从生铁得到熟铁的几乎唯一的方法。”[4]在得到熟铁后,以灌钢工艺生产出钢铁,再用锻制方法制作成所需要的各种工具与器件,由此,唐代的工具生产,锻制方式逐渐占据了主体地位,而铸制方式则退居其次。“唐宋以后,除犁铧、犁镜等有数几种外,镬、臿、锄、铲、锹、搭、镰等农具几乎全是锻制。”[5]随着先进制钢技术的普及,制作刀剑、工具所必备的高碳钢已比较容易获得,即使寻常的铁匠铺也能通过锻制工艺制作出非常优质的刀剑与工具,于是运用锻制工艺的铁匠铺便日渐出现在乡村镇市。圆仁所借宿的山东淄州长山县古县村郭家,“主人锻工”[6]。

锻工在山东僻远地区的出现,可以确证当时山东的农具已采用锻制工艺打造。锻制工具的好处是体积小,锋利、轻巧、耐用,大大提高了单位工作效率,从而释放出大量的劳动人手和时间,因此唐代农民有足够的时间从事兼业经营,这是社会历史发展的一大转变。在唐代,“具有现行手作农具形制的‘一个半巴掌大’或者‘两三个巴掌大’的锄、锹、镰、耙等锻铁农具,逐步代替了旧有的套刃式韧性铸铁农具,这是中国古代农具发展史的一件大

---

① [元]脱脱等:《宋史》卷二百五十二,中华书局1977年版,第8845页。

② [元]脱脱等:《宋史》卷二百五十二,中华书局1977年版,第8847页。

③ 参见钱宝琮校点:《算经十书》,中华书局1963年版,第551—552、586—587页。钱氏考订传本《夏侯阳算经》的写作年代应是唐代宗在位时期(763—779年)。而黄永年据其中的官制内容考订为天宝元年(742)到八年(749)之间。见黄氏:《六至九世纪中国政治史》,上海书店出版社2004年版,第377页。

④ 华觉明:《中国古代金属技术——铜和铁造就的文明》,大象出版社1999年版,第430页。

⑤ 华觉明:《中国古代金属技术——铜和铁造就的文明》,大象出版社1999年版,第434页。

⑥ 〔日〕释圆仁原著,白化文等校注:《入唐求法巡礼行记校注》卷二,花山文艺出版社2007年版,第244页。

事,也是促成唐宋时期社会生产力巨大发展的一个重要技术因素”[①]。

唐代最先进的核心农具为江东犁,又称曲辕犁。山东与江东近邻,二者间的经济联系极为紧密。圆仁遇到了从密州用船载炭到楚州售卖的商队[②],经由江东到山东的茶商更多,“自邹、齐、沧、棣,渐至京邑,城市多开店铺煎茶卖之,不问道俗,投钱取饮。其茶自江、淮而来,舟车相继,所在山积,色额甚多”[③]。曲辕犁产生后,迅速传播到其他地区,敦煌莫高窟445窟盛唐弥勒经变壁画中的犁已经是曲辕犁[④],说明了盛唐时曲辕犁的使用已比较普遍。山东枣庄邹坞出土了一件犁镜铜范,经测定:“这件犁镜铜范造型大体和《耒耜经》所载相符,其成型后的尺寸与唐尺出入不大。结合铸文字体分析,当为唐宋时物。”[⑤]这表明唐代山东地域确实采用了曲辕犁。由于山东与江东近邻,且经济联系又如此紧密,从技术传播途径来讲,山东是江东犁北向传播的最直接辐射区。因此,山东应该是较早采用曲辕犁的地域之一。

江东犁本是水田耕犁,与之相配套的水田工具还有齿耙、礰礋。“耕而后有爬,渠疏之义也。散坺去芰者焉。爬而后有砺礋焉,有磟碡焉。自爬至砺礋,皆有齿。磟碡,觚棱而已。咸以木为之,坚而重者良。江东之田器尽于是。”[⑥]如前文所述,隋唐五代时期山东是大片水稻耕作区,江东犁既已传入,则相应的配套工具亦应传入,可惜史籍不载,考古中也没有发现相关的材料。

郓州司法关某家的日常用具有镬、斧[⑦]。其他农具,有中国历史博物馆收藏的发现于山东莒县的唐代铁镵,以及发现于莱芜西温石遗址的木锨(该木锨由整木砍凿而成)。[⑧]

养蚕、丝织是与家庭农业联系最为密切的手工行业,山东蚕桑纺织行业及时采用了最先进的生产技术。自北魏以来,治茧有盐杀和日曝两种方法,

---

① 华觉明:《中国古代金属技术——铜和铁造就的文明》,大象出版社1999年版,第368页。

② 〔日〕释圆仁原著,白化文等校注:《入唐求法巡礼行记校注》卷一,花山文艺出版社2007年版,第136页。

③ [唐]封演撰,赵贞信校注:《封氏闻见记校注》卷六,中华书局2005年版,第51页。

④ 王进玉:《漫步敦煌艺术科技画廊》,科学普及出版社1989年版,第6页。

⑤ 李锦山:《山东枣庄出土犁镜铜范》,《农业考古》1984年第1期。

⑥ 周昕:《〈耒耜经〉校注》,《中国农史》1986年第1期。

⑦ [北宋]李昉等编:《太平广记》卷二百八十六,中华书局1961年版,第2281页。

⑧ 泰安市文物考古研究室等:《山东省莱芜市古铁矿冶遗址调查》,《考古》1989年第2期。

"用盐杀茧,易缲而丝肕;日曝死者,虽白而薄脆"①,因日曝法所产之丝薄而脆,虽色白而不堪用,入唐后已逐渐弃用日曝法,自是民间均用盐杀茧。唐后期实行榷盐后,盐价上涨,致使"理生业者乏蚕酱之具"②。五代时,盐税高,严重影响了山东境内蚕桑、纺织业的发展,因此周世宗柴荣发《减盐税敕》特意减免、降低山东盐税,"齐州管内,元于秋苗上俵配蚕盐,谓之察头盐。每一石征钱三千文,苗亩虽减于旧时,盐数不侈于往日。且闻黎庶,颇亦艰辛,其沧、棣、滨、淄、青五州管内所请蚕盐,每一石征绢一匹,地里相接,苦乐顿殊,输轻者量与增添,赋重者时宜蠲减,庶无偏党,用示均平。其齐州所纳盐价钱,特与减放一半,只征一千五百文。其沧、棣、滨、淄、青等州,每盐一石,旧征绢一匹,起来年后加一匹"③。

唐人云"鲁缟如玉霜"④"齐纨鲁缟如霜雪"⑤。齐纨、鲁缟既以"霜白"见称,就意味着生丝必须经过深加工。唐代丝的加工有灰练和胰酶剂精练两种工艺。灰练法是用石灰、蜃矿或者草木灰作为碱剂脱胶,灰练过程中要反复清、盝、挥、沃,谓之"捣练",唐张萱《捣练图》绘有四女子立捣的情景。但是灰练脱胶并不完全,离"鲁缟如白烟"⑥的效果尚远,还必须通过酶剂精炼进一步脱胶才能使其达到柔韧洁白的效果。隋唐以前,山东采用的精炼法是"水湅法",这种方法虽然能达到柔韧洁白的效果,但突出的缺陷是费工费时,唐人寻找到新的技术手段以提高时效,发现了猪胰"堪合膏练缯帛"⑦。用猪胰制作的胰酶剂精练丝绢,不仅脱胶完全,色泽艳丽,而且省时省工,后世一直沿用,"以猪胰脂陈宿一晚,入汤浣之,宝色烨然"⑧。唐代以猪胰合膏练缯帛为山东医者所熟知,且山东丝绢以"白烟"见称,则其丝绢生产过程中必然采用了这一新的技术手段。

---

① [北魏]贾思勰原著,缪启愉校释:《齐民要术校释》第二版,中国农业出版社1998年版,第333页。

② [后晋]刘昫等:《旧唐书》卷四十八,中华书局1975年版,第2109页。

③ [清]董诰等编:《全唐文》卷一百二十五,中华书局1983年版,第1263页。

④ [清]彭定求等编:《全唐诗》卷一百八十四,中华书局1960年版,第1879页。

⑤ [清]彭定求等编:《全唐诗》卷八百六十七,中华书局1960年版,第9814页。

⑥ [清]彭定求等编:《全唐诗》卷一百七十六,中华书局1960年版,第1795页。

⑦ [唐]苏敬等撰,尚志钧辑校:《新修本草》辑复本第二版,安徽科学技术出版社2004年版,第407页。

⑧ [明]宋应星著,潘吉星译注:《天工开物译注》,上海古籍出版社2008年版,第105页。

三、隋唐五代时期山东地域的小农经济与地主庄园

“种桑百余树,种黍三十亩。衣食既有余,时时会亲友。”这是储光羲眼中的小农耕织生活。《新唐书》卷五十九云储光羲“兖州人,开元进士第”,由此知储光羲生活于盛唐时代。开元时期青齐地区“绢一匹钱二百”①,按唐代布一日成匹、绢三日成端的生产效率,农家种桑百余树养蚕纺织,一年织绢最多百端,可得钱二万文。按唐代一石至二石之间的粮食亩产量,种田三十亩可得六十石左右,一唐石合今制八十一市斤②。如果没有时局动荡和额外租赋劳役,的确可以“衣食既有余,时时会亲友”。唐前期齐州全节(今章丘)人员半千“有田三十亩,粟五十石”。员半千“凡举八科,皆中”③。科举是一项需要庞大资金支持的活动,它包括应举之前十年苦读的书籍、文具、生活及束脩费用、应考期间的行旅住宿费用、考前行卷费用等。比如在京应举考试期间的费用一项,“在京应举,每年常用二千贯文”④。青齐地区粮价开元时最便宜为斗米五文,圆仁所记灾荒年粮价贵时粟八十文、粳米一百文。一石为十斗,以此知六十石粟最低值三千文,最高值四万八千文,合四十八贯文。员半千“凡八举”之后才得实职,其应制举所需的费用不是那三十亩地的收入所能支撑,必定别有经济来源,这个来源应当是其家庭兼营纺织或其他手工副业之所得,由此知唐代山东农民的兼业收入不算低。

(一)山东地域农家兼业的经济背景

地域环境的差异往往导致居民生计策略的差异。隋唐五代时期山东农民的兼业生计策略受制于三个要素:一是本地人口增长所产生的内在经济需求;二是长期的生产习惯所形成的生计行为;三是外域需求所产生的外部市场拉力。

---

① [北宋]欧阳修等:《新唐书》卷五十一,中华书局1975年版,第1346页。

② 参见胡戟:《唐代粮食亩产量——唐代经济述论之一》,《西北大学学报(哲学社会科学版)》1980年第3期。

③ [北宋]欧阳修等:《新唐书》卷一百一十二,中华书局1975年版,第4161页。

④ [北宋]李昉等编:《太平广记》卷四九六,中华书局1961年版,第4072页。

1. 人口增殖所产生的内在经济需求

区域经济发展的内生动力之一是本地人口增长所带来的需求增加，从而推动经济发展。经唐前期的百余年承平，至唐玄宗天宝年间（713—741）山东各州人口大增，如表 6－5 所示。

表 6－5　　唐代山东地域户口数目表

<table>
<tr><th rowspan="2">州府</th><th colspan="4">贞观十三年</th><th colspan="4">天宝十二载</th><th colspan="2">元和三年后</th></tr>
<tr><th>县数</th><th>户数</th><th>口数</th><th>密度</th><th>县数</th><th>户数</th><th>口数</th><th>密度</th><th>县数</th><th>户数</th></tr>
<tr><td>德州</td><td>8</td><td>10135</td><td>52141</td><td>6.22</td><td>7</td><td>83311</td><td>659855</td><td>143.57</td><td>6</td><td>9356</td></tr>
<tr><td>棣州</td><td colspan="4">未置，辖县割属沧州</td><td>5</td><td>39150</td><td>238159</td><td>38.73</td><td>5</td><td>5447</td></tr>
<tr><td>博州</td><td>6</td><td>7682</td><td>37394</td><td>7.43</td><td>6</td><td>52631</td><td>408252</td><td>81.15</td><td>8</td><td>2430</td></tr>
<tr><td>齐州</td><td>8</td><td>11593</td><td>61771</td><td>8.09</td><td>8</td><td>62485</td><td>365972</td><td>47.93</td><td>9</td><td rowspan="12">此时淄青节度使所辖州不申户口</td></tr>
<tr><td>淄州</td><td>5</td><td>6323</td><td>34425</td><td>6.93</td><td>5</td><td>42737</td><td>203821</td><td>44.49</td><td>5</td></tr>
<tr><td>青州</td><td>7</td><td>10658</td><td>56317</td><td>4.52</td><td>7</td><td>73148</td><td>402704</td><td>32.49</td><td>7</td></tr>
<tr><td>济州</td><td>5</td><td>6905</td><td>34510</td><td>8.22</td><td>5</td><td>38749</td><td>216979</td><td>51.66</td><td>–</td></tr>
<tr><td>莱州</td><td>6</td><td>11568</td><td>63396</td><td>2.35</td><td>4</td><td>26998</td><td>171516</td><td>11.23</td><td>4</td></tr>
<tr><td>登州</td><td colspan="4">未置，辖县割属莱州</td><td>4</td><td>20298</td><td>108900</td><td>9.30</td><td>4</td></tr>
<tr><td>郓州</td><td>3</td><td>4141</td><td>21692</td><td>4.87</td><td>6</td><td>44299</td><td>284530</td><td>50.81</td><td>10</td></tr>
<tr><td>曹州</td><td>5</td><td>9244</td><td>54981</td><td>8.64</td><td>6</td><td>100352</td><td>716848</td><td>104.30</td><td>6</td></tr>
<tr><td>濮州</td><td>5</td><td>8628</td><td>44135</td><td>18.25</td><td>5</td><td>57781</td><td>400648</td><td>165.70</td><td>5</td></tr>
<tr><td>兖州</td><td>8</td><td>9368</td><td>15428</td><td>1.13</td><td>10</td><td>88987</td><td>580608</td><td>38.02</td><td>10</td></tr>
<tr><td>密州</td><td>4</td><td>3580</td><td>28593</td><td>1.73</td><td>4</td><td>28292</td><td>146524</td><td>8.86</td><td>4</td></tr>
<tr><td>沂州</td><td>5</td><td>4652</td><td>23900</td><td>1.25</td><td>5</td><td>33510</td><td>195737</td><td>22.39</td><td>5</td></tr>
</table>

资料参见翁俊雄：《唐初政区与人口》，北京师范学院出版社 1990 年版，第 277—288 页；《唐朝鼎盛时期政区与人口》，首都师范大学出版社 1995 年，第 197—200 页。

据表 6－5，唐前期山东各地区的人口密度前后增加了 5 至 30 多倍不等。旧有的管理机构不敷使用，由此引发州县析置。在表 6－5 中可以清楚地看到，东部的莱州因人口密度增加了 7 倍多，只好从莱州中另行分析出了登州，又新设了 2 县。兖州的人口密度增加了 30 多倍，增设了 2 个县。郓州的人口密度增加了 10 多倍，不得不将原来的 3 个县析为 6 个县，东平县就是在这种背景下而分析出来的县，“景云二年（711）以郡邑颇大，人物繁极,复分须昌置宿城县。贞元四年(788)改宿城为东平县”①。唐前期山东地域如此大规模的人口、户数增加,产生了巨大的内在需求,提供了多样化的生计策略。单开门七件事的“柴米油盐酱醋茶”就成为一个庞大的消费市场。齐州“穷贱至极”的刘十郎就因经营醋、油而成为巨富,“齐州有一富家翁,郡人呼曰刘十郎,以鬻醋油为业。自云壮年时穷贱至极”②。

人口众多而产生的需求,还催生了草市。德州的人口密度数值从唐初期贞观十三年的6.22到天宝十二载的143.57,增加了22倍。以如此人口基数发展到唐后期,人口聚集成市,不得不析置新县,德州归化县即其例。元和十三年(818),“横海军节度使郑权奏:当道管德州安德县,渡黄河南,与齐州临邑县邻接,有灌家口草市一所。顷者,成德军于市北十里筑城,名福城,割管内安德、平原、平昌三县五都,置都知管勾当。臣今请于此置前件城,缘隔黄河与齐州临邑县对岸,又居安德、平原、平昌三县界,疆境阔远,易动难安。伏请于此置县,为上县,请以归化为名”③。归化县的特殊性,在于人口聚集后自然形成草市,而官府于草市之所设县管理。之后为抑制节镇势力复撤县仍为草市,“归化县本是草市,请废县依旧属德州”④。

山东各地均有草市。鱼台县有黄台草市,“淄青节度使李师道请移鱼台县置于黄台市”⑤。圆仁于登州见“城外则近有人家”⑥、莱州“州城外西南置市”⑦。城外之市,自然是草市。草市是乡村中自然形成的集市,农民的粮食、手工产品大多售卖于此,是农民实现兼业经营的重要场所之一。

2. 长期的生产习惯所形成的生计行为

自先秦时起,山东依赖自身的山、丘、海、原地利资源,形成丘原以农桑、山海以盐铁为内容的生产结构,迄至隋唐五代一无变化。山东山、海以盐铁生产为内容的经济运转,养就了人们农闲时加入盐、铁等行业取雇佣值的行

---

① [北宋]乐史撰,王文楚等点校:《太平寰宇记》卷十三,中华书局2007年版,第251页。

② [北宋]李昉等编:《太平广记》卷一百三十八,中华书局1961年版,第997页。

③ [北宋]王溥:《唐会要》卷七十一,中华书局1955年版,第1264页。据《旧唐书》卷一百六十一,郑权于元和十三年任横海军节度使,故《唐会要》原文“开元十三年”当为“元和十三年”之误。

④ [后晋]刘昫等:《旧唐书》卷一百六十一,中华书局1975年版,第4223页。

⑤ [北宋]王溥:《唐会要》卷七十,中华书局1955年版,第1254页。

⑥ [日]释圆仁原著,白化文等校注:《入唐求法巡礼行记校注》卷二,花山文艺出版社2007年版,第217页。

⑦ [日]释圆仁原著,白化文等校注:《入唐求法巡礼行记校注》卷二,花山文艺出版社2007年版,第232页。

为习惯。

管子曰:“孟春既至,农事且起。大夫无得缮冢墓,理宫室,立台榭,筑墙垣。北海之众无得聚佣而煮盐。”①考管子此条本意,是官府要求在春播农忙季节,建筑、煮盐、冶铁等这些大量雇佣工人的行业要暂时停工,“无得聚佣”,以便工人回家春播,不务农时、农事。这恰恰说明了齐鲁之地农民在农闲季节依托山海盐铁资源从事佣作的生计行为。贾思勰的亲身经历也表明农民在农忙季节会回家务农忙,“多无庸暇”,以致他家的羊乏人喂养而饿瘦、饿死:“余昔有羊二百口,茭豆既少,无以饲,一岁之中,饿死过半。假有在者,疥瘦羸弊,与死不殊,毛复浅短,全无润泽。余初谓家自不宜,又疑岁道病瘦,乃饥饿所致,无他故也。人家八月收获之始,多无庸暇,宜卖羊雇人,所费既少,所存者大。”②

唐人杜佑云:“青州古齐,号称强国,凭负山海,擅利盐铁。”应该说,自齐太公以大工、大农、大商立国,开渔鱼盐、山海之利,在这些行业中就产生了大量的雇工位置,以致铸就了山东地域人们在农闲时加入盐、铁等行业取雇佣值的行为习惯。一种经济行为习惯既已养成,遂成习俗,相沿不替,唐代仍复如斯。如蒲台县,“海,在县东一百四十里。海畔有一沙阜,高一丈,周回二里,俗人呼为斗口淀,是济水入海之处,海潮与济相触,故名。今淀上有甘井可食,海潮虽大,淀终不没,百姓于其下煮盐”③。

3. 外域需求所产生的外部市场拉力

山东农业、手工业有诸多名品,行销外地。前已述黑釉陶瓷器为唐代北方产量之最,行销远方。下面再举木炭为例证。至唐代,山东仍林木深邃,人们多伐薪烧炭。考古研究已证实“莱芜古代冶铁所需要的燃料,自汉至唐均以木炭为主,至元代仍‘伐木为炭,溶矿成金’”④。山东多松柏、栗林,木炭质量好,不仅本地取用,还远销外地,如前引圆仁行旅途中所遇从密州船载木炭到楚州售卖的商队。密州诸城县庐山有庐水,庐水“侧有胜火木,方

---

① 黎翔凤撰,梁运华整理:《管子校注》卷二十三,中华书局 2004 年版,第 1423 页。

② [北魏]贾思勰原著,缪启愉校释:《齐民要术校释》第二版,中国农业出版社 2009 年版,第 427 页。

③ [唐]李吉甫撰,贺次君点校:《元和郡县图志》卷十七,中华书局 1983 年版,第 499 页。

④ 泰安市文物考古研究室等:《山东省莱芜市古铁矿冶遗址调查》,《考古》1989 年第 2 期。

俗多为铤子,烧之成炭而不灰,东方朔曰不灰之木”①。点校者考证云:“多为”乃“音曰”之误,铤子即梃子②。铤子是纺车上用的锭子,用坚实细密之木制作。胜火木既俗称为铤子,乃云其木质细密,烧制成炭后火力旺盛,少灰,为上好木炭,所以密州炭能远销楚州。烧炭是农民农闲生计之一,因白居易《卖炭翁》一诗已广为人知,无须赘言。

总上言之,隋唐五代时期山东地域有比较好的地域经济环境,为人们的兼业行为提供支撑。

(二)小农生计与生活

因隋唐五代时期山东良好的森林与水环境资源,小农的农副业经营,随所居处而主业、兼业略有差异。

前文已详述本时期山东的主种粮食作物为麦、豆、粟、稻、蜀黍等,由此形成的农事节奏,韩鄂《四时纂要》述之甚明。有研究者逐月列举大田农事如下:

正月:耕地,准备农具种子,粪田,锄麦,种春麦、豍豆、苜蓿、藕等,开荒。

二月:耕地,种谷子(粟)、大豆、旱稻、胡麻、芋、薯蓣、百合、枸杞、红花、地黄、桑、茶等。

三月:种谷子、麻子、大豆、黍穄、水稻、胡麻、柴草、蓝、薏苡、荏等。

四月:锄禾,种谷子、黍、稻、胡麻、旱稻,收蔓菁子压油。

五月:翻晒麦地,种小豆、苴麻、胡麻,种绿肥作物(绿豆、小豆、胡麻等),收红花子,种晚红花,栽蓝,栽旱稻,种桑葚,储麦种,收豌豆。

六月:翻晒大小麦(杀虫防蛀),种小豆、宿根蔓菁、荞麦。

七月:耕开荒田,为明年春谷地翻压绿肥,种苜蓿、荞麦、芸苔。

八月:为明年春谷地翻压绿肥,种大麦、小麦、苜蓿(苜蓿可与大小麦混播)、芸苔,收薏苡、油麻、秫、豇豆,压油。

---

① [北宋]乐史撰,王文楚等点校:《太平寰宇记》卷二十四,中华书局2007年版,第495页。
② [北宋]乐史撰,王文楚等点校:《太平寰宇记》卷二十四,中华书局2007年版,第507页。

九月：收五谷种。

十月：种豌豆，种麻，收诸谷种、大小豆种。

十一月：试谷种。

十二月：造农器，粪田。[①]

依前述山东地域的农作物种类、齐人规划经营的思想及其荞麦地的运用、韩鄂农书中的农事节奏，按照当时“豆底”“岁易”的耕作原则，可拟出唐五代山东地域春种粟则休耕、冬种小麦或豌豆则复种杂粮的二年三作作物安排示意表。

表 6－6　　唐五代山东地域二年三作作物安排示意表

时间		第一块田	第二块田	第三块田
第一年	春	粟	黍	（豌豆）
	夏	（粟）	（黍）	荞麦
	冬	休耕	小麦	休耕
第二年	春	高粱	（小麦）	粟
	夏	（高粱）	大豆	（粟）
	冬	小麦	休耕	休耕
第三年	春	（小麦）	粟	高粱
	夏	大豆	（粟）	（高粱）
	冬	休耕	休耕	豌豆

上述的农事节奏与种植项目构成农民的主业。如贝州漳南（今山东省武城县漳南镇）人窦建德“世为农”[②]，“尝有乡人丧亲，家贫无以葬，时建德耕于田中，闻而叹息，遽辍耕牛，往给丧事，由是大为乡党所称”[③]。“兖州有民家妇姓贺氏，里人谓之织女，父母以农为业。”[④]“唐史无畏，曹州人也，与张从真为友。无畏止耕垅亩，衣食窘困。”[⑤]隋末唐初青州寿光人任某“及国

① 参见梁家勉主编：《中国农业科学技术史稿》，农业出版社1989年版，第336—337页。

② ［北宋］欧阳修等：《新唐书》卷八十五，中华书局1975年版，第3696页。

③ ［后晋］刘昫等：《旧唐书》卷五十四，中华书局1975年版，第2234页。

④ ［北宋］李昉等编：《太平广记》卷二百七十一，中华书局1961年版，第2131页。

⑤ ［北宋］李昉等编：《太平广记》卷三百九十五，中华书局1961年版，第3156页。

步初康,言旋旧里,乐箪瓢而日用,肆耕凿而年徂”[①]。

单纯“止耕垅亩”的农家应不多见,因为按照均田令的规定,农家应当进行多种经营,田令规定至少每家要种桑五十根以上,榆、枣各十根以上。曹州人“单雄信幼时,学堂前植一枣树。至年十八,伐为枪,长丈七尺”[②]。李白诗云:“鲁女东窗下,海榴世所稀。”[③]由此知当时房前屋后种榆、枣等果树比较常见。

据上列大田农事活动,农忙季节在三月前后的播种、五月的夏收、八月的播种和秋收、十月的收获季。十一、十二、正月为农闲,二、四、六、七月为相对农闲,几乎与现代的农闲时间相当。这应当是唐代使用先进的锻制工具、提高生产效率之后才有的状况。在这些相对农闲或农闲时间,农家即可从事农业副业经营了。前已据敦煌资料所反映的十八类社会生产叙述了农闲季山东农家所从事的一部分采集、手工编织与制作活动,此处再于十八类生产之外稍加补苴说明之。

“如去城郭近,务须多种瓜、菜、茄子等,且得供家,有余出卖”[④],这是唐代齐人落实贾思勰农业经营思想的具体措施之一,隋唐五代时期山东农家正是以此思想进行农业经营。隋末唐初,青州北海人张允济任武阳县(今山东莘县朝城镇西)令时,“道逢一老母种葱者,结庵守之”[⑤],大道旁需要结庵守之的葱,自然不是只种三五棵供自家用的葱。唐代山东有专门种植园圃作物灌园为业者,“园客者,济阴(今山东定陶)人也”[⑥]。五代时齐地大量种瓜售卖,陶谷(907—970)《清异录》云:“瓜最盛者,无逾齐、赵。车担列市,道路浓香。”[⑦]“郓城县有一农家,豢豕十余头”[⑧]。通常而言,农家养一、两头猪是为了自家食用,而养十余头,就不止于自食了。种葱、种瓜、养猪、园客等,这正是山东农家积极经营的具体表现。

---

① [清]董诰等编:《全唐文》卷二百三十六,中华书局 1983 年版,第 2386 页。

② [唐]段成式撰,方南生点校:《酉阳杂俎》卷一十二,中华书局 1981 年版,第 114 页。

③ [清]彭定求等编:《全唐诗》卷一百八十三,中华书局 1960 年版,第 1868 页。

④ [北魏]贾思勰原著,缪启愉校释:《齐民要术校释》第二版,中国农业出版社 1998 年版,第 29 页。

⑤ [后晋]刘昫等:《旧唐书》卷一百八十五,中华书局 1975 年版,第 4784 页。

⑥ [北宋]李昉等编:《太平广记》卷五十九,中华书局 1961 年版,第 363 页。

⑦ [北宋]陶谷撰,李益民等注释:《清异录(饮食部分)》,中国商业出版社 1985 年版,第 140 页。

⑧ [北宋]李昉等编:《太平广记》卷四百七十九,中华书局 1961 年版,第 3949 页。

以农耕而兼营小贩者大有人在。“止耕垅亩”的史无畏在富家翁张从真的建议和本钱支持下，“父子江淮射利，不数岁，已富”。由此知张从真本人也当是从事货易的农家或庄园主。前引父母以农为业的贺氏织女，“其丈夫则负担贩卖，往来于郡”。证诸姚合“借问屋中人，尽去作商贾”[①]诗句，可知唐时在农耕之外，自耕农兼营小贩货易乃是常见的生计形态。

前文已列表说明了隋唐五代时期山东各地有许多“水族山积”的湖泊、河流，在近水与湖泊地带，人多以渔为主业。隋末翟让部卒并是“齐、济间渔猎之手，善用长枪”[②]，则齐、济二地沿济水、黄河等河流湖泊之处，居民之兼业为渔捕业。“李子通，东海丞人也。少贫贱，以鱼猎为事。”[③]“唐建中初，青州北海县北有秦始皇望海台，台之侧有别浕泊，泊边有取鱼人张鱼舟结草庵止其中”[④]；“曹、宋二州西界有大鹤陂，陂左村人陈君稜，少小捕鱼为业”[⑤]；临沂县其沙村西“有水焉，南北数百步，东西十丈”[⑥]，水中产逆鳞鱼，村人于此钓、捕，岸旁立有神祠以祈雨。“唐齐州有万顷陂，鱼鳖水族，无所不有。”[⑦]各地渔者既多，自有鱼市兴旺，“平原高菀城东有渔津”[⑧]；兖州泗水城边有早鱼市，张籍有诗云：“泗水流急石纂纂，鲤鱼上下红尾短。春冰销散日华满，行舟往来浮桥断。城边鱼市人早行，水烟漠漠多棹声。”[⑨]

凭借着丘陵山地区的森林资源，隋唐五代时期山东民间多有以射猎为生者。“王虔裕，琅琊临沂人也，家于楚丘。少有胆勇，多力善射，以弋猎为事”[⑩]；“史论在齐州时，出猎，至一县界，憩兰若中”[⑪]；“唐曹州武城人方山开，少善弓矢，尤好游猎，以之为业，所杀无数”[⑫]。

隋唐五代时期山东的林草、湖泊不止提供了渔猎的环境，也为农家养殖

① ［清］彭定求等编：《全唐诗》卷四百九十八，中华书局1960年版，第5661页。
② ［唐］温大雅：《大唐创业起居注》卷二，上海古籍出版社1983年版，第24页。
③ ［后晋］刘昫等编：《旧唐书》卷五十六，中华书局1975年版，第2273页。
④ ［北宋］李昉等编：《太平广记》卷四百二十九，中华书局1961年版，第3486页。
⑤ ［北宋］李昉等编：《太平广记》卷一百三十三，中华书局1961年版，第946页。
⑥ ［北宋］李昉等编：《太平广记》卷四百六十六，中华书局1961年版，第3842页。
⑦ ［北宋］李昉等编：《太平广记》卷四百六十九，中华书局1961年版，第3868页。
⑧ ［唐］段成式撰，方南生点校：《酉阳杂俎》卷九，中华书局1981年版，第86页。
⑨ ［清］彭定求等编：《全唐诗》卷三百八十二，中华书局1960年版，第4291页。
⑩ ［北宋］薛居正等：《旧五代史》卷二十一，中华书局1976年版，第288页。
⑪ ［唐］段成式撰，方南生点校：《酉阳杂俎》卷二，中华书局1981年版，第21页。
⑫ ［北宋］李昉等编：《太平广记》卷一百三十三，中华书局1961年版，第937页。

提供了条件。《四时纂要》八月“牧豕”条云:“豕入此月即放,不要喂,直至十月。所有糟糠,留备穷冬饲之。猪性便水生之草,收浮萍、水藻饲之则易肥。”[1]这种牲畜散养及以水生藻类为饲料的生产习俗,正是基于当时成片的林草地与陂泽地湖泊。前引郓城县农家所养的十余头猪,就是“时于陂泽间”[2];水面上养有鹅、鸭,“济南郡张公城西北有鹅浦”[3],有渔人居于水侧。

俗语云:“靠山吃山,靠水吃水。”隋唐五代时期山东居民很好地阐释了这句俗谚。古代民间将能为居民提供各种治生资源的山都称之为“八宝山”,八云其多也,殆非实指。据嘉庆七年《甘州府志》,祁连山的松林在时,不唯有采集之益,尤能蓄冰雪水入黑河溉田而无洪、旱之虞,故甘州人称其为八宝山。原曲阜县东10公里处的宋家村就有这么一座八宝山。宋家村北的这座小山,因为出产瓷土、铁等矿藏而被当地人亲切地称为八宝山,隋唐五代时期宋家村即依托此山资源从事瓷器、冶铁生产。考古研究证实:曲阜境内隋唐时期的古窑址,以宋家村古窑址的面积最大,距瓷土产地最近。曲阜境内隋代的青瓷生产可能是以宋家村为中心发展起来的。宋家村窑的青瓷器,青灰胎的器物釉色青绿,釉层较厚;灰白胎的器物釉色淡青。这两类瓷器均胎质坚硬,胎釉结合紧密,釉面光泽度好。宋家村窑的器物脱釉现象较少,说明当时的工匠已能比较熟练地掌握住烧制青瓷器的基本工艺。宋家村窑瓷器种类较多,造型规整,体态稳重。最为重要的是:宋家村窑瓷器“在刻花、贴花和模塑工艺方面,都达到了较高的水平。如刻花盘,模印圆形龙纹贴花罐、盘和花蕾形砚足等,尤以狮首人身砚足的造型最为生动,甚似佛坛托扛力士的形象,是不多见的模塑艺术品”[4]。毫无疑问,宋家村古代村民依此八宝山,农忙时轮流耕作,农闲时从事青瓷器生产,比较完美地阐释了乡村农耕与小手工业结合的情形。在煮盐地、铁冶地、采矿地,农民与小手工业结合的情形大致同于宋家村,如沂州莒州县的障山,“在县东八十里。出销石、石脑、炬火等石,居人常采为货”[5]。

水域的应用,前已述养殖、渔捕,此再申述采集。水中菱芡、莲藕亦生业

① [唐]韩鄂撰,缪启愉校释:《四时纂要校释》,农业出版社1981年版,第200页。

② [北宋]李昉等编:《太平广记》卷四百七十九,中华书局1961年版,第3949页。

③ [唐]段成式撰,方南生点校:《酉阳杂俎》卷十六,中华书局1981年版,第154页。

④ 宋百川、刘凤君:《山东曲阜、泗水隋唐瓷窑址调查》,《考古》1985年第1期。

⑤ [唐]李吉甫撰,贺次君点校:《元和郡县图志》卷十一,中华书局1983年版,第306页。

之资。唐李峤咏菱诗云:“钜野韶光暮,东平春溜通。影摇江浦月,香引棹歌风。日色翻池上,潭花发镜中。五湖多赏乐,千里望难穷。”①可见前代天下闻名的钜野大菱在唐代时仍然广为人用。现史籍只记山东采菱,未见“踏耦”,与山东近邻的江东高邮,有百姓张存“以踏藕为业”②,隋唐山东湖泊菱莲之多,也当有以踏藕为业者。沿海的海洋植物采捞也很兴旺,鹿角菜,“出海州,登、莱、沂、密并有,生海中,又能解面热”③。见于贡品表中的有莱州海藻,山东沿海所产昆布、紫菜质地甚佳,“昆布今亦出登、莱诸州,功用乃与海藻相近也”。

前文十八类生产中所云诸物有来自山间采集者,如编织水葱席所用的水葱、编苇席用的蒲草、登州专以橡为饭的橡实等等,虽是实际情况,终无史籍明文。隋唐五代时期史籍明载的山东采集仅见一例,即“鲁郡任城野黄山瑞像,盖生于石,状如胚混焉。昔有采梠者,山中见像,因往祈祷”④。梠,芋之别称,采梠,即采集山间野芋。杜甫于安史乱中曾采秬、采橡实以为生计,秬为野生的谷子,与梠不类。

总而言之,隋唐五代时期山东小农依托自然环境与经济环境,以耕农为本,养殖家畜,种植各类经济作物,农闲时进行采集、渔猎、佣作、制作,售卖手工制品和农产品,积极展开农业经营,过着亦小农、亦小工、亦小商的兼业生活。

(三) 隋唐五代时期山东的庄园经济

庄园经济是隋唐五代时期山东农业的主体成分之一。山东境内有官庄和私庄。郓州东平县所供献的嘉禾即出自东平县官庄地内。⑤ 山东官庄资料甚少,姑置不论。

隋唐五代时期山东的私庄不少,既有本地人的庄园,也有外地人在山东购置的别业。曹州离狐(今山东东明)人李勣的庄园“家多僮仆,积粟数千

---

① [清]彭定求等编:《全唐诗》卷六十,中华书局1960年版,第716页。

② [北宋]李昉等编:《太平广记》卷二百三十二,中华书局1961年版,第1776页。

③ [唐]陈藏器撰,尚志钧辑释:《〈本草拾遗〉辑释》,安徽科学技术出版社2002年版,第301—302页。

④ [北宋]李昉等编:《太平广记》卷一百零一,中华书局1961年版,第680页。

⑤ [清]董诰等编:《全唐文》卷六百四十四,中华书局1983年版,第6520页。

钟”[①]。河北钜鹿人魏某“以魏州馆陶县(今山东冠县冠城镇西北)西北一十四里遵隗乡尹才村浅口镇城南二百步而为别业”[②]。潘府君于魏州永济县(今山东冠县北馆陶镇)西北界八里太平乡孟相村有别庄。[③] 赵申眕在青州益都县南五里有建德庄,又在易州涞水县有别业。[④] 李白的朋友范十居士在鲁城北应有一个庄园,李白云其“闲园养幽姿”,又云其庄“酸枣垂北郭,寒瓜蔓东篱”[⑤]。杜甫随李白访其庄,“入门高兴发,侍立小童清。落景闻寒杵,屯云对古城”[⑥]。济州赵叟的隐居之所也应当是一个庄园,王维云赵叟“荷锄修药圃,散帙曝农书。上客摇芳翰,中厨馈野蔬”[⑦]。

五代时,山东著名的庄园有王氏庄园、石氏庄园。

王氏世居于密州莒县,其庄园自唐季王子舆的曾祖王甲结寨自保,父子相继,至于王子舆之父王琏。“唐末,淄、青、徐、兖皆南结吴人以拒梁,梁得三镇,吴人北侵益急,沂、密尤被其害。州民聚为八砦以扞寇,遂署甲为八砦都指挥使。祖徽,袭父职,晋末,贼帅赵重进掠高密,徽战没。父琏,复嗣其事。周世宗平淮南,始去兵即农,厚自封殖。”[⑧]王琏厚自封殖的具体情形,据王禹偁所作《王府君墓志铭》云:“世宗以一代英主,削平淮夷。府君始去兵即农,厚自封植,僮奴数百指,奔走供事,树桑垦土衣食以丰,马牛豚羊蕃息蔽野,槌鲜酿黍以享宾客,聚书讲学以教子弟,任侠自许,弋猎为娱。”[⑨]

石氏庄园至北宋石介时,石氏一族已在此生活了一百五十余年。石介,兖州奉符(今山东泰安市泰安镇,唐乾符县)人。“丁父母忧,耕徂徕山下,葬五世之未葬者七十丧。以《易》教授于家,鲁人号介‘徂徕先生’。”[⑩]石氏本乐陵县人,唐季迁到徂徕,“石氏之迁,其当唐季乎!”石氏先祖“六世祖自沧州乐陵县迁焉,今为兖州人也。吾祖初迁而南,得邑曰乾封,乡曰梁甫,里

---

① [后晋]刘昫等:《旧唐书》卷六十七,中华书局1975年版,第2483页。

② 吴钢主编:《全唐文补遗》第四辑,三秦出版社1997年版,第496页。

③ 吴钢主编:《全唐文补遗》第四辑,三秦出版社1997年版,第496页。

④ [清]董诰等编:《全唐文》卷八百一十七,中华书局1983年版,第8605页。

⑤ [清]彭定求等编:《全唐诗》卷一百七十九,中华书局1960年版,第1822页。

⑥ [清]彭定求等编:《全唐诗》卷二百二十四,中华书局1960年版,第2394页。

⑦ [清]彭定求等编:《全唐诗》卷一百二十七,中华书局1960年版,第1290页。

⑧ [元]脱脱等:《宋史》卷二百七十七,中华书局1977年版,第9429—9430页。

⑨ [北宋]王禹偁:《小畜集》卷二十九,载《景印文渊阁四库全书》第1086册,台湾商务印书馆影印1985年版,第294页。

⑩ [元]脱脱等:《宋史》卷四百三十二,中华书局1977年版,第12833页。

曰云亭，村曰商王。负泰山，挟徂徕，有二大山之镇。且汶水注其后，经其西，遂筑居焉。”[①]石氏先祖所迁到的商王村，地当交通要道，泰山羊氏的羊深曾在此村结垒招诱民众抵抗东魏。[②] 最重要的是，这里的土地乃鼎鼎有名的汶阳之田，适宜经营农业。故石氏先祖迁到徂徕后，经营农庄和果园。“吾祖之初来，既鲜兄弟，亦无族姻，有田百亩，专以农为业。久之，始生高祖逵。高祖乃生曾祖七人，石氏于是遂蕃。长曾祖性严毅，善于治家，每晨起，令诸子弟毕，先趋田亩，群子弟无敢后者，故石氏富于粟。”[③]石介三曾祖曾与寇庄之敌接战，“息于栗林西数十步”[④]。

据以上庄园看，庄园生产还是以农为主，从事粮、桑、林、畜牧、酿造，与此前的庄园在生产形式上无大的差别。但在经营上却有一些新的变化，唐代山东庄园已出现了部分城居的庄园主，而庄园生产则委托他人经营。兖州人王鉴“开元中，乘醉往庄，去郭三十里。鉴不涉此路，已五六年矣”[⑤]。王鉴五六年都没有到过离自己只有三十里路远的负郭田庄，显然庄田不是他自己打理而是委托经营。前面的魏某、潘某、赵申驴都有数处庄园和别业，分隔悬远，显然也不可能是亲自打理，只能是委托经营。倒是五代时期的两个庄园都是庄园主自己打理，这与时局动荡有关。

前述魏某、陶某、赵申驴的庄园、别业分布于河北、山东两地，所以他们的经营特点是在两地之间“南北贸贾，利有攸往”[⑥]。严耕望指出：“中古时代，海岱地区，有东西两条重要之南北交通线。西线自青齐分由泰山东西两侧，南循汶泗经兖州至徐州；东线由青州南踰大岘山、穆陵关，循沂水河谷，经沂州至下邳”“西道之北段三线，东线汶水、莱芜谷道为古代齐鲁交通之捷径。而西线为中古时代黄河南北交通之主线，南北用兵与通使，多取此道，由碻磝津渡河，经东平（郓州）、瑕丘（兖州）、至彭城（徐州）也。且此西线之西侧，又有清泗水道，略与此陆路相平行……此西线之西道，既居黄河以南大平原之东缘，为南北交通走廊，又有水路与之相辅，宜其在南北交通史上

---

① ［北宋］石介著，陈植锷点校：《徂徕石先生文集》，中华书局 1984 年版，第 251 页。
② ［北齐］魏收：《魏书》卷七十七，中华书局 1974 年版，第 1705 页。
③ ［北宋］石介著，陈植锷点校：《徂徕石先生文集》，中华书局 1984 年版，第 251 页。
④ ［北宋］石介著，陈植锷点校：《徂徕石先生文集》，中华书局 1984 年版，第 252 页。
⑤ ［北宋］李昉等编：《太平广记》卷三百三十，中华书局 1961 年版，第 2622 页。
⑥ ［清］董诰等编：《全唐文》卷八百一十七，中华书局 1983 年版，第 8605 页。

居于重要干线之地位矣"[1]。石氏庄园在汶水之侧,则石氏庄园处于海岱干线西线主节点上。王氏庄园虽具体地点未明,但其所在的整个莒县却是位于东线要道的沂沭水系内,乃是经沂河河谷下行下邳、南北舟车相继的节点之一。因此,这两个庄园的经营同样具有"南北贸贾"的特点。可以说,货殖已成为山东庄园经济的有机成分,庄园是一个农商结合的经济体。

四、地域文化与农业、手工业的行业繁荣

隋唐五代时期,山东各行各业都很繁荣,突出的有铜铁矿冶业、铜铁器制造业、陶瓷业、制盐业、纺织业、造船业、酿酒业、制糖业、药材业。各行业繁荣的具体表现已有经济史专著论说[2],于此不赘。此处所论,在于山东上述行业与农业、地域文化发展的互动关系。

山东铜铁矿冶业、制造业、陶瓷业、制盐业的发达,虽是因为本地丰富的自然资源,但也是与本地农林业发展提供了优质的木炭资源有关。纺织业、陶瓷业的深层次发展,与本地文化积淀深厚密切相关。纺织、造船、酿酒、制糖等行业的发展,则无不基于农业为其提供原材料。

(一)栗林与栎、栗炭:煤炭之前的最佳燃料

栗、栎等木材是烧炭的最佳原料。栎,即柞,俗称橡子树[3],前文已指出山东大范围种植。贾思勰《齐民要术》有"种栗"一节。泰沂山系诸地皆适宜种栗,前述徂徕山石氏庄园即经营有栗园。高适等人游蒙阴中山寺,沿路多见栗林,其《同群公题中山寺》诗云:"平原十里外,稍稍云岩深。遂及清净所,都无人世心。名僧既礼谒,高阁复登临。石壁倚松径,山田多栗林。"[4]

山东有著名的峄阳栗行于商界,但种栗的作用非止于销售其栗子,因栗树生长迅速,其效益固有多重,所以人家爱种。栗子皮是著名的植物染料,可染布为象牙白色。栗叶可作蚕饲料养蚕,栗蚕丝莹光灿然。栗木纹理直,

---

① 严耕望:《唐代交通图考》第六卷《河南淮南卷》,上海古籍出版社 2007 年版,第 2109、2136 页。

② 参见张泽咸:《唐代工商业》,中国社会科学出版社 1995 年版。

③ 参见[唐]韩鄂撰,缪启愉校释:《四时纂要校释》,农业出版社 1981 年版,第 63 页。

④ [清]彭定求等编:《全唐诗》卷二百一十二,中华书局 1960 年版,第 2205—2206 页。

结构粗,坚硬,耐水湿,是优质木材,这样的木质适合作车船部件,尤其适合烧炭,栗炭火力最佳。在宋代石炭(即煤炭)成为新的普遍燃料之前,栗炭是冶铸、陶瓷等领域中最好的燃料。

唐人已经证实炼钢以栎、栗炭为最佳。唐人苏游论述"灌钢"生产时,特别强调必须用栎、栗炭:"又灌刚(应为"钢",下同)之时,必须栎、栗等炭,余皆不堪用。调停火色,唯须善别生熟,失宜即不任用。其方曰:刚铁一百斤,取自然成刚铁上,次取捣刚五灌已上者佳。"[①]山东是冶铸大区,"其兖、郓、淄、青、濮州界,旧有铜铁冶,每年额利百余万"[②]。这还只是官方铜铁冶,私家冶铸还在其外。因此,山东本地对栗、栎炭的需求量不少。山东地域大范围种植的栗、柞林及山间野生栎、栗树,正足以满足本地的需求。

前文已述山东产好炭,而且还外销江东等地,则知山东农林生产不仅为本地矿冶、制器行业的发展提供了基础,同时也是其他地区行业发展的重要基础。栎松、栗木能烧好炭,故山东各地竞营炭窑,终至于在北宋中期石炭大行之前,"齐、鲁间松林尽也"。因此唐五代时山东境内诸业虽然繁荣,但经济繁荣背后的"消聚性衰退"现象亦潜然相随,在北宋中期以后骤然显现,山东地域经济遂入于下行通道。

陶瓷、煮盐业虽不必须用栎、栗等做成的上好炭,但也要用木炭,它们的发展同样离不开农林业的支持。前引考古材料已证实,直到元代,山东诸瓷窑还是习于用木炭作燃料,用煤者少。

(二)农业与药材业的发展

前已据《新修本草》列出了山东矿石类、动植物类道地药材 115 种。而动植物类的药材多有赖于农业生产。

魏晋以来,道教信奉者讲求食散、服饵养生,"黄精、白术、枸杞、薯蓣,朝夕采掇,以供服饵"[③]。山东自魏晋以来就是道教文化盛行区域,因此,山东本地的药材需求量就比较大,所以有专门的采药、种药为业者,如前文提到的仆仆先生、济州赵叟等。兖州市上有药店,前引杜丰之子杜钟因职事不

---

① 上海书店出版社编:《道藏》第 22 册,上海书店出版社等 1988 年版,第 551 页。
② [后晋]刘昫等:《旧唐书》卷一百六十九,中华书局 1975 年版,第 4404 页。
③ [清]董诰等编:《全唐文》卷一百三十一,中华书局 1983 年版,第 1322 页。

力,惧罪,竟于市上买半夏半升,食之以求死。

黄精、白术、枸杞、薯蓣等这类需求量大的养生药材,唐五代已成为普通农家的种植之物,并不局限于专业种植者。《四时纂要》于二月中备载薯蓣、地黄、五茄、决明、牛蒡、牛膝、枸杞、白术、黄精等药材的种法。其中,“术与黄菁,仙家所重,故附于此”①。白术与黄精就是因为所谓仙家养生的需求才广泛种植起来,韩鄂才特意记载了它的种植技术。农家乐意种植,既为经济效益,亦有蔬用之益。黄精的叶苗作蔬菜用,其味甚美。现代已无昔日仙家养生的文化氛围,黄精、白术叶苗味道虽美,普通农家已无人种植。

山东地域养牛、驴甚多,如唐贞元中沂州宫山僧值遇大雪,“忽得人家牛坊,遂隐身于其中”②。“青州北海人吕元简,四代同居,至所畜牛马羊狗,皆异母共乳。”③驴、马是山东的主要运输工具。唐人王严光“任棣州司户。时刺史有马,州佐已下多乘驴”④。百姓亦多以驴为乘载工具,也可于行道中雇驴,圆仁在山东旅行时,驴的雇价是“驴一头行廿里,功钱五十文。三头计百五十文”⑤。开成五年(840)三月六日,军事押衙王长宗布施给圆仁一头驴,“以宛驮粮”⑥。

牛皮是山东著名药材阿胶的主原料,《水经注》中已扬其名。至唐代,东阿阿胶入于药典《新修本草》,阿胶“生东平郡,煮牛皮作之。出东阿,故名阿胶。……凡三种:清薄者,书画用;厚而清者,名为盆覆胶,作药用之,用之皆火炙,丸散须极燥,入汤微炙尔。浊黑者,可胶物用,不入药也”⑦。胶物用之胶,亦用于在农田中沾固害禽。⑧ 今山东阿胶的主用料已是驴皮。

---

① [唐]韩鄂撰,缪启愉校释:《四时纂要校释》,农业出版社1981年版,第62页。

② [北宋]李昉等编:《太平广记》卷三百六十五,中华书局1961年版,第2902页。

③ [后晋]刘昫等:《旧唐书》卷一百八十八,中华书局1975年版,第4934页。

④ [唐]封演撰,赵贞信校注:《封氏闻见记校注》卷十,中华书局2005年版,第100页。

⑤ [日]释圆仁原著,白化文等校注:《入唐求法巡礼行记校注》卷一,花山文艺出版社2007年版,第140页。

⑥ [日]释圆仁原著,白化文等校注:《入唐求法巡礼行记校注》卷二,花山文艺出版社2007年版,第224页。

⑦ [唐]苏敬等撰,尚志钧辑校:《新修本草》辑复本第二版,安徽科学技术出版社2004年版,第213页。

⑧ [清]董诰等编:《全唐文》卷八百零一,中华书局1983年版,第8414页。

(三) 地域文化与纺织、陶瓷业产业繁荣

杜甫以齐鲁纺织业的兴旺作为唐代开元盛世的重要表征,其《忆昔》诗云:“齐纨鲁缟车班班,男耕女桑不相失。”①鲁缟,主要是指鲁地所产的薄绢,亦有厚缯。齐纨是齐地生产精美染织品的总称。这两种产品在唐代时一个以纤华著称,一个以轻巧著称,几乎成为行业标准,其他地域的纺织品都是以向二者看齐为美,唐人谓之“纤华不让于齐纨,轻楚能均于鲁缟”。齐鲁纺织品产量极多,号称“海岱贡篚,衣履天下”②,尤其青州益都所产,被誉称为“益都盛服”。

唐代“天下唯北海绢最佳”,但青州北海的素绢,按《唐六典》中所评定的等级只能列入第五等。可见纯单色的素绢,齐鲁纺织品并无多少优势。齐纨鲁缟既以“纤华”“轻巧”著称于天下,不在于素绢,而在于经过染、绣、裁等加工处理过的深加工品,其特点在于图案、花纹、色彩之精妙。高密县令之女“于女工特妙”,高密人王玄之的各色衣服,“皆其裁制,见者莫不叹赏之”③,可见其在纹样、式样设计配合上的玄妙。虽今已无法知晓那些设计师的姓名,但他们在唐代山东“海岱贡篚,衣履天下”“益都盛服”赞誉中所作的贡献则是无疑的。

隋唐五代时期,山东陶瓷业相当繁荣。曲阜宋家村隋代陶瓷窑已使用了匣钵装烧技术,是北方地区较早使用匣钵技术的地区,而大量使用匣钵装烧瓷器是在唐代中期以后④。山东产瓷器的精品有茶叶末釉瓷器、油滴黑釉瓷器。瓷器的种类,有盛贮器罐、盘口壶、盆;饮食器碗、杯、盘、高足盘、钵;文房用具砚;生活用具枕等。唐代山东产的瓷器,“釉色打破了青一色的传统色调,呈现出以白釉、青釉、黑釉为主,辅以黄釉、酱釉的绚丽多彩的局面。由于胎体表面多施一层化妆土,釉汁纯正明翠,施釉厚薄均匀,釉色光洁晶莹,玻璃质感强。胎釉结合紧密,基本克服了以前垂釉、积釉和脱釉的现象。

---

① [清]彭定求等编:《全唐诗》卷二百二十,中华书局 1960 年版,第 2325 页。

② [清]董诰等编:《全唐文》卷三百九十,中华书局 1983 年版,第 3969 页。

③ [北宋]李昉等编:《太平广记》卷三百三十四,中华书局 1961 年版,第 2652—2653 页。

④ 宋百川、刘凤君:《山东地区北朝晚期和隋唐时期瓷窑遗址的分布与分期》,《考古》1986 年第 12 期;宋百川、刘凤君:《山东曲阜、泗水隋唐瓷窑址调查》,《考古》1985 年第 1 期。

以前流行的堆塑贴花已经很少见到,多素面无纹,追求的是釉面的色彩美”①。

地域文化特征决定地域产品的文化风格。汉魏至唐初,齐、鲁之地的地域文化风貌,《隋书·地理志》云:

> 吴札观乐,闻齐之歌曰:“泱泱乎大风也哉,国未可量也。”在汉之时,俗弥侈泰,织作冰纨绮绣纯丽之物,号为冠带衣履天下。始太公以尊贤尚智为教,故士庶传习其风,莫不矜于功名,依于经术,阔达多智,志度舒缓。其为失也,夸奢朋党,言与行谬。齐郡旧曰济南,其俗好教饰子女淫哇之音,能使骨腾肉飞,倾诡人目。俗云“齐倡”,本出此也。祝阿县俗,宾婚大会,肴馔虽丰,至于蒸脍,尝之而已,多则谓之不敬,共相诮责,此其异也。大抵数郡风俗,与古不殊,男子多务农桑,崇尚学业,其归于俭约,则颇变旧风。②
>
> 彭城、鲁郡、琅邪、东海、下邳,得其地焉。……考其旧俗,人颇劲悍轻剽,其士子则挟任节气,好尚宾游,此盖楚之风焉。大抵徐、兖同俗,故其余诸郡,皆得齐、鲁之所尚。莫不贱商贾,务稼穑,尊儒慕学,得洙泗之俗焉。③

上述文化风貌历唐代至宋初未发生大的嬗变,《太平寰宇记》云郓州“地连邹、鲁,境分青、齐。硕学通儒无绝,今古家尚质直。人多魁岸,不规商贾,肆力农桑,亦风土之使然也”④。濮州、济州风俗同郓州。“《舆地志》云:‘夫齐东有即墨之饶,南有泰山之固,悬隔千里,齐得十二焉,此得东秦之地。’《汉书》云:‘太公以齐地负海舄卤,少五谷而人民寡,乃劝以女工之业,通鱼盐之利,而人物辐辏。故其俗弥侈,织作冰纨绮绣纯丽之物。太公治齐,修道术,尊贤智,赏有功,故至今其土多好经术,矜功名,舒缓阔达而足智。其失则奢夸朋党,言与行谬,虚诈不情,急之则离散,缓之则放纵。’南燕尚书潘聪曰:‘青齐沃壤,号曰东秦,土方二千,户余十万,四塞之固,负海之

① 刘凤君:《山东古代瓷器艺术简说》,《文史知识》1989 年第 3 期。
② [唐]魏徵等:《隋书》卷三十,中华书局 1973 年版,第 862 页。
③ [唐]魏徵等:《隋书》卷三十,中华书局 1973 年版,第 872—873 页。
④ [北宋]乐史撰,王文楚等点校:《太平寰宇记》卷十三,中华书局 2007 年版,第 248 页。

饶，可谓用武之国。'《货殖传》云：'齐俗贱奴虏。'"[①]潍州、淄州、齐州、登州、密州、沂州风俗同青州。兖州"地狭人众，颇有桑麻之业，无林泽之饶。其俗俭啬爱财，趋商贾，好訾毁，多巧伪，其丧葬之礼文备实寡，然而好学犹愈于它俗"[②]。德、博、棣州，"又山东之人，性缓尚儒，仗气任侠是也"[③]。只有莱州风俗稍有例外，"土疏水阔，山高海深，人性刚强，志气缓慢，语声上形容大，此水土之风也"[④]。据上述，隋至宋初山东各地区的文化风俗传承，"务稼穑""崇尚学业""性质直"等是其共同的地域文化特征。

上述诸地域文化特点通过设计人员的创意而渗透于产品中。以瓷器为例，晚唐以降至于元代，"南方各窑竞相争烧样式新颖，轮廓线条优美的执壶、熏炉、梅瓶、粉盒和高足碗等奢侈用品"，但山东瓷器"仍以黑釉的光鉴照人为好尚，并成功地烧制出了茶叶末釉和油滴黑釉，虽没有钧瓷海棠红、玫瑰紫等灿如晚霞的窑变色调，也没有汝窑青瓷器汁水莹润如堆脂的美感，但茶叶末釉透体的叠晕，油滴黑釉银漆分明的艺术效果，和端庄稳重的瓷器造型相协调，反映了齐鲁地区浑厚朴实的艺术风格"[⑤]。

产品要富有创意，才能被消费者认可而购买。从山东产瓷器看，产品的确富于创意，茶托子即史籍明载山东创意之例。"茶拓子，始建中蜀相崔宁之女，以茶杯无衬，病其熨手，取碟子承之。既啜，杯倾，乃以蜡环碟中央，其杯遂定。即命工以漆环代蜡。宁善之，为制名，遂行于世。其后传者，更环其底，以为百状焉"，作者于此条下特别标示山东所产的创意产品，"贞元初，青、郓犹绘为碟形，以衬茶碗，别为一家之样"[⑥]。

山东纺织品能被消费者广泛喜爱，也是因为产品中所蕴含的文化创意。自汉以来，山东地域"俗尚夸侈"，养成了山东"士女被服，咸以奢丽相高"的生活习俗，从而使整个纺织行业沉浸于持续创新的文化氛围中，产品在纹样、图案、色彩等多方面竞相争艳，不断创新，从而造就了隋唐时期山东众多的"刺绣倚市者"[⑦]。山东唐代时发达的地域文化造就了纺织业从业者丰富

---

① ［北宋］乐史撰，王文楚等点校：《太平寰宇记》卷十八，中华书局2007年版，第351页。
② ［北宋］乐史撰，王文楚等点校：《太平寰宇记》卷二十一，中华书局2007年版，第433页。
③ ［北宋］乐史撰，王文楚等点校：《太平寰宇记》卷六十三，中华书局2007年版，第1284页。
④ ［北宋］乐史撰，王文楚等点校：《太平寰宇记》卷二十，中华书局2007年版，第416页。
⑤ 刘凤君：《山东古代瓷器艺术简说》，《文史知识》1989年第3期。
⑥ ［北宋］王谠撰，周勋初校证：《唐语林校证》卷八，中华书局2008年版，第731页。
⑦ ［清］董诰等编：《全唐文》卷三百九十，中华书局1983年版，第3969页。

的艺术创新能力，才有“天下唯北海绢最佳”的盛誉。

纹样、图案、样式的不断创新，其基本的审美意识乃是基于文化素养。而山东地域“好学”的文化传统给予了地域从业者深厚的美学素养，瓷器业所显示的“厚朴”风格、齐纨中的“纤华”风格，均是来自于地域文化所赋予的美学素养，所附载的正是山东数百年地域文化的深厚积淀。

（四）圆仁笔下的山东乡村文化与生活

赖圆仁在山东地域的旅行日记，唐代山东乡村生活的具体情形可窥一斑。圆仁于唐文宗开成三年（838）入唐往五台山求法，唐宣宗大中元年（847）回日本，历时九年七个月左右，其中在山东居停时间前后有三年又二个月。圆仁于开成四年（839）四月十七日，进入登州牟平县唐阳陶村，到开成五年（840）四月十六日到进入冀州南宫县境内，前后一年时间，旅途行经登州、莱州、青州、淄州、齐州、德州、贝州。圆仁求法返国，于会昌五年（845）七月二十一日，由江东至山东莒县，到大中元年（847）九月二日，由登州赤山浦登船归国，前后二年多。他在此期间路过密州的莒县、诸城县、高密县，莱州的即墨县、昌阳县，登州的蓬莱县、牟平县、文登县等地。圆仁在山东期间，在赤山法华院居停时间最长。

1. 村民的宗教生活

由于圆仁是求法僧，日记内容侧重于宗教生活。信奉佛教的村民，其宗教生活主要有行义事、兴造像、听斋讲、办斋会等活动。

行义事是指以邑义为组织进行的修桥、补路、掘井等利于社区和大众的功德活动。圆仁的日记中虽未见记述山东邑义组织，但考古发现了隋唐时期山东邑义组织的诸多功德活动。如隋时兖州高平县石里村的邑义，开皇六年（586），大邑义主仲思那等四十人见“村南分派成池，〔滞水竞〕流以起漂涛之浪，阻隔长衢，致使阳朱〔泣分歧〕之泪，厌伪身形。遂登高楼，焚香启发，奖〔他众〕缘，四部崇助，谨于此处敬造石桥，一济之〔所〕，〔急〕缓通传，永绝稽留之叹”[①]。山东兰山普照寺遗址发现的隋开皇九年（589）两村法义造桥碑，刻有交龙碑首和佛像真容，碑文内容记述了邑义的造桥功德，“率起

---

① 赵明程等：《隋开皇六年〈仲思那等造桥碑〉》，《文物》1991 年第 2 期。标点为笔者所加。

慈悲，造桥济溺”[①]。前已述及唐代滕县薛河两岸佛教信徒立碑、造像、建桥的活动，在此不一一赘述。

开成四年(839)十一月十六日至开成五年(840)正月十五日，赤山法华院组织讲《法华经》，“十方众僧及有缘施主皆来会见”，正月十五日法会毕，当天有二百来人与会，“结愿已后，与集会众授菩萨戒。”[②]二月十四日，圆仁应新罗僧常寂请，往刘村举行佛像修复斋会，“到彼，便见白石弥勒像体上着土”“夜头，礼佛。道俗会集，施舍通夜”[③]。开成五年(840)二月二十八日，庐山寺为登州刺史乌角设祈福斋会，由当寺寺主僧一行主持，寺附近“村人廿有余，各于自宅随力所办，修理饭食，擎将来。寺主僧一行表叹。村人于堂前同斋，各自所将饭食各自吃，不分与人，各割自食分以供僧也”[④]。

隋唐五代至宋初，佛教信徒各种值得庆祝的活动，都有可能举行斋会，如生日、满月、造像、造桥等，斋会是乡村中重要的晏乐活动。敦煌石窟所出斋文文献详细地描述了各类斋会的情形，与山东斋会的情形大体相同，而又有小异，此不衍伸。赖圆仁的行记，稍得窥山东乡村斋会的一点实情。

2. 茶饼食与唐代山东乡村的饮食习惯

唐代北方饮茶风尚的兴起，佛教兴盛的山东地域为源发地区之一。“茶，早采者为茶，晚采者为茗。《本草》云：‘止渴，令人不眠。’南人好饮之，北人初不多饮。开元中，泰山灵岩寺有降魔师大兴禅教，学禅务于不寐，又不夕食，皆许其饮茶。人自怀挟，到处煮饮，从此转相仿效，遂成风俗。自邹、齐、沧、棣，渐至京邑”[⑤]。圆仁行山东诸州，都有用茶的记录，尤其记载了山东习于“盐茶粟饭”“茶饼食”的食物搭配，今已没有了这种饮食搭配说法，其实只是以另一种方式存在而已，须于此分说一二。

茶在山东兴起时，山东人所习尚的饮茶方式为煮饮方式。茶如何煮？

---

① 北京图书馆金石组编：《北京图书馆藏中国历代石刻拓本汇编》九，中州古籍出版社 1989 年版，第 49 页。

② ［日］释圆仁原著，白化文等校注：《入唐求法巡礼行记校注》卷二，花山文艺出版社 2007 年版，第 194 页。

③ ［日］释圆仁原著，白化文等校注：《入唐求法巡礼行记校注》卷二，花山文艺出版社 2007 年版，第 203、204 页。

④ ［日］释圆仁原著，白化文等校注：《入唐求法巡礼行记校注》卷二，花山文艺出版社 2007 年版，第 214 页。

⑤ ［唐］封演撰，赵贞信校注：《封氏闻见记校注》卷六，中华书局 2005 年版，第 52 页。

最早的茶饮方式源起于荆巴间。三国时张揖所撰《广雅》云:“荆、巴间采茶作饼,成以米膏出之。若饮,先炙令色赤,捣末置瓷器中,以汤浇覆之,用葱、姜芼之。其饮醒酒,令人不眠。”[①]热葱姜茶能消腹气,令发汗,使人舒坦爽利,唐人仍沿袭这种饮法,王建有诗云“消气有姜茶”[②]。茱萸“主温中下气,止痛咳逆、寒热,除湿血痹,逐风邪,开腠理”[③]。至迟晋时,茱萸开始入茶饮。晋郭义恭《广志》曰:“茶,丛生。直煮饮为茗茶,茱萸、檄子之属膏煎之;或以茱萸煮脯,冒汁为之曰茶;有赤色者,亦米和膏煎,曰无酒茶。”荆巴间的气候自古至今都很湿热,当地居民为促进体内水分循环,发泄体内湿热之气,是以有葱姜茶。而加了茱萸的茶,其发泄效果比葱姜茶更好,所以唐初官修本草时,就认定了茶饮“加茱萸、葱、姜等,良”[④]。随着唐官修《本草》的颁行应用,茶饮“加茱萸、葱、姜等,良”成为唐人的常识性知识。因此,唐代茶饮风行后,人们是按照药典的常识饮茶,即煮制茱萸茶。

茶饮日渐风行后,唐后期人们又在茱萸茶饮中逐渐加入了橘皮、大枣、芝麻等营养性食材,再加盐以调味,称为“盐茶”。然而陆羽却很不满这种饮法,认为这种饮法还不如沟渠间弃水,“饮有觕茶、散茶、末茶、饼茶者,乃斫、乃熬、乃炀、乃舂,贮于瓶缶之中。以汤沃焉,谓之痷茶;或用葱、姜、枣、橘皮、茱萸、薄荷之属煮之百沸,或扬令滑,或煮去沫,斯沟渠间弃水耳,而习俗不已,于戏!”[⑤]尽管陆羽不满意,然而民间却很喜欢这种茱萸茶,习俗不已,直到南宋,还“有很多人都喜欢饮用以茱萸入茶同煎的茱萸茶,陆游曾有诗句说:‘土铛争响茱萸茶’”[⑥]。因此,在陆羽《茶经》提倡清饮且清饮实际并未流行之前,唐、宋时人们所习尚的是葱姜茱萸橘皮茶饮,这些材料煮制出来的茶汤,唐人亦称为“茗粥”。兖州人储光羲《吃茗粥作》诗云:“淹留膳茶粥,共我饭蕨薇。”茗粥不是我们今天冲泡的清茶可以直接“喝”,只能是吃

---

① [北宋]李昉等:《太平御览》卷八百六十七,中华书局1960年版,第3843—3844页。

② [清]彭定求等编:《全唐诗》卷二百九十九,中华书局1960年版,第3392页。

③ [唐]苏敬等撰,尚志钧辑校:《新修本草》辑复本第二版,安徽科学技术出版社2004年版,第187页。

④ [唐]苏敬等撰,尚志钧辑校:《新修本草》辑复本第二版,安徽科学技术出版社2004年版,第191页。

⑤ [唐]陆羽:《茶经·六之饮》,见吴觉农《茶经述评》第二版,中国农业出版社2005年版,第164页。

⑥ 吴觉农:《茶经述评》第二版,中国农业出版社2005年版,第204页。

和啜，圆仁在山东正是“啜茶”“吃茶”。如开成四年(839)六月八日，圆仁偶谒寺家，相看啜茶；开成五年(840)三月三日，开元寺行香，吃茶；三月十三日，乘夫馆吃茶；三月廿三日，萧判官家吃粥，汤药茗茶周足；四月一日，茶饼食，啜茶；四月五日，不村史家吃茶。所以唐末皮日休说：“称茗饮者必浑以烹之，与夫瀹蔬而啜者无异也。”①

人们为何爱茱萸茶？前章已讨论过山东用茱萸制作香辣味食品。橘皮入馔，有酸甜的口感，所以唐人制作出来的橘皮、茱萸茶，其口感类同于今天的酸辣汤。圆仁云山东“山村县人飡物粗硬，爱吃盐茶粟饭”②。以香辣酸甜的茱萸盐茶汤下饭，口感其实很美。同样的道理，以香辣茶汤、小咸菜就饼吃，口感也很不错。所以人家“上客殷重极者，便与空饼、冷菜，以为上馔”③。

但茱萸茶汤虽好吃，却绝不可多吃，多吃会导致一些身体不适。因为茱萸茶汤实际也是一种汤药，即前引圆仁所说的“汤药茗茶周足”的话，过饮则有害。敦煌文书 P. 2718、P. 3910、P. 2792、S. 5774、S. 406 等《茶酒论》云一日吃十杯茶的不良后果：“茶吃只是腰痛，多吃令人患肚。一日打却十杯，腹胀又同衙鼓。若也服之三年，养虾蟆得水病报。”茱萸，阴虚火旺者忌服，故茱萸入茶饮，必须分别饮用对象。茶固有益于人，“但过量饮用或空腹饮浓茶，亦损人”④。因此唐代饮茶若不当，会导致上述腰痛、腹胀、患肚等诸多负面效果。多吃“盐茶”会引起“胸痛”之类的负面后果，但圆仁误以为是餐物粗硬所致。

茶，“今关西、山东闾阎村落皆吃之。累日不食犹得，不得一日无茶也”⑤。茶饼食、盐茶粟饭，唐代山东人新添的美味。至若汉代以来山东的酱、鲊、盐菜佐食，馎饦面食等，圆仁日记亦有记载，学人多与论说⑥，此处不

---

① ［清］彭定求等编：《全唐诗》卷六百一十一，中华书局 1960 年版，第 7053 页。

② ［日］释圆仁原著，白化文等校注：《入唐求法巡礼行记校注》卷四，花山文艺出版社 2007 年版，第 485 页。

③ ［日］释圆仁原著，白化文等校注：《入唐求法巡礼行记校注》卷四，花山文艺出版社 2007 年版，第 485 页。

④ ［唐］孟诜原著，［唐］张鼎增补，郑金生等译注：《食疗本草》，上海古籍出版社 2007 年版，第 40 页。

⑤ 杨晔：《膳夫经》，载《丛书集成续编》第 86 册，新文丰出版公司 1989 年版，第 590 页。

⑥ 王福昌：《日人圆仁视野中的唐代乡村社会》，《华南农业大学学报（社会科学版）》2007 年第 1 期；李取勉：《唐开成大中年间山东的社会经济生活——主要依据〈入唐求法巡礼行记〉》，《遵义师范学院学报》2012 年第 5 期；张葳：《唐中晚期山东北部地区民众的经济生活与社会信仰初探——以日僧圆仁〈入唐求法巡礼行记〉为中心》，《江西师范大学学报（哲学社会科学版）》2001 年第 2 期。

再赘述。

3. 圆仁所记录乡村市场与乡民的商业意识

圆仁穿行山东全境，见到城市、草市、村店三级市场系统。圆仁眼中的州城、县城规模都不太大，如牟平县城，“东西一里半，南北二里已上”[①]。莱州“州城东西一里，南北二里有余。外廓纵横各应三里，城内人宅屋舍盛全。”[②]北海县，“县城东西二里，南北一里。是先代潍州，今为北海县。”[③]圆仁记录了所经一些城市的粮价，这应是山东地域的一级市场。

和平时期，山东这些一级市场非常繁荣，城市总体呈现出经济与人文并盛的面貌，如郓州“书社万室”的面貌：“予昔仕鲁，盖尝之郓。书社万室，带以鱼山济水；旗亭千隧，杂以郑商周客。有邹人之风以厚俗，有汶阳之田以富农。齐纨在笥，河鲂登俎，一都会也。”[④]任城（今山东济宁）“土俗古远，风流清高，贤良间生，掩映天下。地博厚，川疏明。汉则名王分茅，魏则天人列土。所以代变豪侈，家传文章，君子以才雄自高，小人则鄙朴难治。况其城池爽垲，邑屋丰润。香阁倚日，凌丹霄而欲飞；石桥横波，惊彩虹而不去。其雄丽块圠，有如此焉。故万商往来，四海绵历，实泉货之橐籥，为英髦之咽喉”[⑤]。

前已讨论过山东各地的草市，草市在城市与乡村间建立了固定或非固定的二级市场，尤其是建立于城市附近的草市，学界称之为城关经济区，“沟通城乡市场，以及由点向面的扩展和渗透，则是城关经济区和农村乡镇各种类型的市（集市、草市、墟市等）在发挥着作用”[⑥]。圆仁记录的莱州城外西南所形成的草市，就是这样一个城关经济区。

三级市场则是固定于乡村中的店，如圆仁曾于寿光县“韭味店张家断中”[⑦]。有研究者统计过“圆仁所经过的以‘店’为名的村落有10多个。这

---

① 〔日〕释圆仁原著，白化文等校注：《入唐求法巡礼行记校注》卷二，花山文艺出版社2007年版，第213页。

② 〔日〕释圆仁原著，白化文等校注：《入唐求法巡礼行记校注》卷二，花山文艺出版社2007年版，第235页。

③ 〔日〕释圆仁原著，白化文等校注：《入唐求法巡礼行记校注》卷二，花山文艺出版社2007年版，第234页。

④ ［清］董诰等编：《全唐文》卷三百二十五，中华书局1983年版，第3296—3297页。

⑤ ［清］董诰等编：《全唐文》卷三百五十，中华书局1983年版，第3543页。

⑥ 宁可主编：《中国经济通史·隋唐五代经济卷》，经济日报出版社2000年版，第572页。

⑦ 〔日〕释圆仁原著，白化文等校注：《入唐求法巡礼行记校注》卷二，花山文艺出版社2007年版，第235页。

些以'店'为名的村落原来大多是一个路边商店或客栈。司马光《资治通鉴》卷272引晋崔豹《古今注》解释'景店'之名的由来曰:'店,所以置货鬻物也。有姓景者先尝设店于其地,因以为名。'"①

往来于各地的贩夫走卒活跃于城市、草市、乡村之间,使城乡联系日渐紧密。"兖州有民家妇姓贺氏,里人谓之织女,父母以农为业。其丈夫则负担贩卖,往来于郡。"②圆仁在山东沿途所经,一路"啜茶""吃茶",即便在深山区,也是"爱吃盐茶粟饭"。这些乡村中所需的茶叶,自当是贩夫小商负担运入。随着商品交换的频繁,乡村百姓日常生活中的商业意识也日渐浓厚,"此药家口多有舟船,贪载往还人,每人出五文,一头驴十五钱"③;"就主人乞菜、酱、酢、盐,总不得。遂出茶一斤,买得酱菜"④;"到孤山村宋家修餐,主人悭极。一撮盐,一匙酱酢,非钱不与。斋后,卅里到寿光县界半城村李家宿,主人贪爱停客取宿钱"⑤。主人贪爱停客取宿钱,实际上将近大路的自家房屋办成了家庭旅馆。

① 王福昌:《日人圆仁视野中的唐代乡村社会》,《华南农业大学学报(社会科学版)》2007年第1期。

② [北宋]李昉等编:《太平广记》卷二百七十一,中华书局1961年版,第2131页。

③ 〔日〕释圆仁原著,白化文等校注:《入唐求法巡礼行记校注》卷二,花山文艺出版社2007年版,第249页。

④ 〔日〕释圆仁原著,白化文等校注:《入唐求法巡礼行记校注》卷二,花山文艺出版社2007年版,第233页。

⑤ 〔日〕释圆仁原著,白化文等校注:《入唐求法巡礼行记校注》卷二,花山文艺出版社2007年版,第235页。

第七章　宋金元时期山东的农业

在宋代，今山东地域绝大部分地区属京东路管辖，京东路"西抵大梁，南及淮、泗，东北至于海，有盐、铁、丝、石之饶"①。"京东土地沃饶"②；山东"膏腴之地，财赋所出"③。尽管宋代山东仍可称为膏腴地，但此时的膏腴地与宋代之前的膏腴地已不可同日而语。随着宋代山东煮盐、矿冶、陶瓷、烧炭等行业的高歌猛进，"齐、鲁间松林尽也"④。山东地域自然资源存量的减少，尤其是自然森林资源消耗殆尽，水土流失、湖泊堙废、水系紊乱自此与山东地域长相伴随，农业生产因此遭受持续不断的重创，山东地域农业生产的历史澜然为之一变，"从生产部门上来说，农业的发展波动较大，北宋时期有明显进步，金元时期唯有局部发展"⑤。这真是山东农业史上不幸的一个历史转折。

一、宋金元时期山东农业概况

生态环境是社会生产尤其是农业生产的有机构成成分，以此视点来考察宋金元时期山东农业生产行进的轨迹，其变化则有三个方面：一是自然生产力下降，生态环境的水土涵护能力变差，有学者估算山东的原生植被覆盖率已降低至1.3%⑥，虽有茶树林作为经济替代林布于山野，然低矮的茶树，其生态效益不及原生的松林；二是棉花开始种植于山东地域，且种植面积在

---

① ［元］脱脱等：《宋史》卷八十五，中华书局1977年版，第2112页。

② ［清］徐松辑：《宋会要辑稿》兵五之七，中华书局1957年版，第6843页。

③ 李心传：《建炎以来系年要录》卷一百一十，商务印书馆1936年版，第1784页。

④ ［北宋］沈括撰，胡道静校注：《梦溪笔谈校正》卷二十四，上海古籍出版社1987年版，第745页。

⑤ 张熙惟、赵文坦主编：《山东通史·宋金元卷》，人民出版社2009年版，第192页。

⑥ 参见张照东：《宋元山东区域经济研究》，齐鲁书社2006年版，第42页。

不断扩大中，棉花逐渐取代原先遍布于原野的桑树林，民间生产也在经历夜绩麻到夜纺纱的嬗变，尽管这一替代过程在宋元时期并不普遍，而二者间的生态效益差异固不可以道里计；三是纵贯山东南北的元大运河，其对山东经济发展的推进作用固然很大，然其所致的北水南泄，改变了山东的水体总存量以及地下水质，使其此后不能再称“泉甘土肥”。有此三个方面，山东在元代以后遂不复为天下膏腴之地。

（一）宋金元时期山东的生态环境与自然灾害

在宋金元时期，气候变化成为影响社会生产格局变化的最主要诱因，对于山东地域的影响较为显著。

竺可桢依据物候记录，认为南宋时代是一个寒冷时期，整个宋金元时期经历了一个“温暖—寒冷—温暖”的变化周期，12 世纪初期中国气候加剧转寒，13 世纪初期和中期比较温暖的期间是短暂的[①]。满志敏详搜各种资料，对竺可桢的结论进行了证实和部分修正，他认为：在五代的中叶中国东部气候开始转暖，后唐冬麦作物已经扩展到山西北部的大同一带，显示了当时的冬季气温偏暖，出现了第一个暖峰；10 世纪 70 年代以后中国东部气候向偏冷方向转变，出现了第一个冷谷，这个冷谷的最低平均温度比 1880—1979 年平均值偏低 0.2℃。11 世纪 10 年代以后，中国东部的气候又向温暖转化，11 世纪后 50 年温度达到最高，形成这个历史时期的第二个暖峰，要比 20 世纪我国最暖的 1920—1949 年（1980 年以前）这 30 年冬季平均气温偏高 0.2℃，海平面出现上升；12 世纪 00 年代以后，中国东部气候转入寒冷阶段，东部地区相当集中地出现一系列寒冷事件，这个寒冷期持续到 12 世纪末；13 世纪进入温暖阶段，在整个 13 世纪中总体的气候偏暖且较稳定，是目前可证实的 2000 年以来最长的连续温暖时间，中国东部以黄淮南部为中心的地区的年平均气温比现代略高 0.7℃—0.8℃；13 世纪末到元代末近 70 年是一个寒冷期，寒冷事件高频率地持续发生[②]。

山东地域所处的地理位置正处于上述的黄淮南部之偏北位置，气候波动幅度明显。气候的冷暖波动对农业生产的影响极大，农作物种植带产生

---

① 竺可桢：《竺可桢全集》第四卷，上海科技教育出版社 2004 年版，第 454、457 页。

② 参见满志敏：《中国历史时期气候变化研究》，山东教育出版社 2009 年版，第 229—247 页。

了一个纬度的南北移动,200 多里的南北移动幅度,对于小农家庭经济的影响至为明显,多年形成的家庭生计模式会因为作物带的波动而不得不改变。气候变化也影响作物品质,金代山东山陵地带普遍种植茶树,但因气候条件不佳,茶叶质量较差,时人以其同于温桑茶①。

宋代以来,山东冶铁、瓷器等行业迅猛发展,如兖州莱芜监为全国驰名的四大冶铁中心之一,郓州和青州亦是著名冶铁基地,每岁制造诸般军器及上供简铁之类,数目浩瀚②。官冶之外,尚有私冶,尤以莱芜吕正臣的私冶规模为最,其墓志铭云其"募工徒,斩木鼓铁,制器利用,视他工尤精密。人入予一,己独予三。人出取三,我独取一。凡东州之人,一农一工,家爨户御,其器皆吕氏作也"③。宋代中期以后,煤虽已作为燃料用于制瓷业,但山东诸窑还是习惯于用木柴,考古证实,"山东地区共发现宋至元代的窑炉 20 余座,均属馒头窑,多数以木柴为燃料"④,只有中陈郝窑址、磁村窑址的部分窑采用煤燃料,"煤烧窑的平面近似圆马蹄形,较之柴烧窑略短一些,火膛较大并设有炉栅"⑤。随着上述行业的高歌猛进,对森林的砍斫加剧,已向深山区发展,"伐材采木,山谷渐深,辇致劳苦"⑥。山东尤甚,"齐、鲁间松林尽也!"由此导致人们日常生活、各行业薪炭难得,不得不砍伐生计之树——桑、枣以解急,"河朔、山东养蚕之利,逾于稼穑。而村人寒月盗伐桑枝以为柴薪,为害甚大",虽然官府严禁砍伐桑枣树,然"每有败获,估赃不多。薄刑不足以戒,欲禁系以苦之,则惮于囚众"。只有兖州人聂忞"起于白屋,知民间利病",在任单州成武(今山东成武)令时,依法严惩盗伐者,且不"惮于囚众",于是"一邑桑柘,春阴蔽野,人大受赐"⑦。但成武县只是因为县令一时的强势才得以暂保于一时,大多数地区还是伐桑不止,甚至于"岁伐桑、枣,

① [元]脱脱等:《金史》卷四十九,中华书局 1975 年版,第 1108 页。

② [南宋]李焘撰,上海师范大学古籍整理研究所等点校:《续资治通鉴长编》卷三百三十九,中华书局 1995 年版,第 8172 页。

③ [北宋]李昭玘:《乐静先生李公文集》卷二十九,载四川大学古籍研究所编《宋集珍本丛刊》第 27 册,线装书局 2004 年版,第 754 页。

④ 山东省考古研究所编著:《山东 20 世纪的考古发现和研究》,科学出版社 2005 年版,第 584 页。

⑤ 山东省考古研究所编著:《山东 20 世纪的考古发现和研究》,科学出版社 2005 年版,第 584 页。

⑥ [南宋]李焘撰,上海师范大学古籍整理研究所等点校:《续资治通鉴长编》卷一百,中华书局 1995 年版,第 2318 页。

⑦ [北宋]庄绰:《鸡肋编》卷上,中华书局 1983 年版,第 9 页。

鬻而为薪”①。山东地域信奉佛、道，出于信仰与法令，在宋代以前，人们对佛道驻地的山场森林一般不会樵采斫伐，但在宋代以后禁忌全无，如长清县（今山东长清）著名的灵岩寺诸下院，“时常有一等不畏公法僧俗人等，往往于寺家山场内置立炭窑，斫伐树木，损坏常住产业，久而荒废”②。于是，山东地域不得不承受森林大规模减少后的生态灾难！

宋金元时期，山东的水资源还称得上丰富，前代所记诸湖泊、河流在元人于钦所撰《齐乘》中尚有记载，水系密布，如潍水沿途所纳折泉水、涓水、扶淇水、庐水、密水、浯水、汶水、昌水；淄水沿途所纳圣水、天齐渊水、巨淀湖、时水；巨洋水沿途所纳熏冶泉、沙河、石沟水、龙岗水、建德水、南阳水、康浪水、尧水、黑冢泊等。各水流量尚可，如时水从发源处细流浅行，行流至般阳新城索镇口，即“可通舟楫”。《齐乘》所记山东山水分布详见下表：

表 7－1　　《齐乘》所记山东山水表

地区	山		水	
	山名	相关描述	水名	相关描述
益都	沂山	临朐县南百里	沂水	出沂山
	大岘山	有穆陵关	岘水	
	仰天山	临朐南七十里		
	丹山	临朐县东北三十里	丹水	
	逄山	临朐西十里	有泉	金末避兵于此者多获免
	灵山	临朐东北廿里		
	丸山	临朐东北三十里		
	云门山	府城南五里。云门之东有劈山，西则驼山，三山连翠，障城如画	有泉	极甘冽
	尧山	有尧祠，柏木	尧水	地名尧沟
	峓山	剧县西南，无事树木	康浪水	康浪水发其南，尧水迳其东
	牛山	临淄南十里		

① ［南宋］李焘撰，上海师范大学古籍整理研究所点校：《续资治通鉴长编》卷一百四十三，中华书局 1995 年版，第 3439 页。

② 蔡美彪编：《元代白话碑集录》，科学出版社 1955 年版，第 53 页。

续表

地区	山		水	
	山名	相关描述	水名	相关描述
益都	稷山	临淄西南十三里		
	猛山	临淄南十五里		
	愚山	临淄西二十里	时水	
	商山	临淄西三十里。山有铁冶，逮今鼓铸不绝		
	孤山	潍州西四十里		
	陆山	昌邑县南四十里。山在潍水东岸	潍水	陆山南有岞山,又南峡山,皆濒潍水
	潍山	莒州莒县北百里	潍水	
	浮来山	莒州西三十里	黄华水	合浮来众水潴为莒之西湖
	焦原山	莒州南四十里	溪	山临百仞之溪
	雹山	沂水县西北三十里,出紫英石		
	高柘山	沂水东北百里	浯水	出高柘山,入于潍水
	望仙山	沂水西南百里		
	蒙阴山	蒙阴县南八里		
	龟山	费县西北七十里		
	蒙山	在龟山东,二山连属,长八十里	漏泽	山西南有漏泽,春夏积水,秋冬漏竭,将漏之时,先有声,居人扈穴取鱼,随种麦,比水至,麦已收矣
	羽山	沂州东南百二十里	羽泉	其水恒清,牛羊不饮
	艾山	沂州城西三十里	官沟水	自小沂分流,经艾山西注
	君山	峄州北六十里。有平田数顷	有池	
	鲁卿山	峄州东北七十里		
	夹山	峄州北七十里		
	尼丘山	邹县东北六十里		
	凫山	邹县西南五十里		

续表

地区	山		水	
	山名	相关描述	水名	相关描述
益都	峄山	邹县东南二十里		
	桃山	滕州南五十里		
	牟娄山	密州安丘南二十里		
	常山	密州南二十里	雩泉	
	庐山	密州东南四十五里		
	马耳山	密州西南六十里		
	九仙山	密州东南百二十里		
	琅琊山	密州东南百五十里		
	大朱山	胶州西南百二十里	错水	东入海
	白貌山	大朱山之东	风水	东入海
	劳山	即墨东南六十里		
	阴山	即墨东南八十里	池	水量水旱不增减
	不期山	即墨东南四十里。有草生如薤，长尺余，坚韧异常		
	天井山	即墨东十余里		
	女姑山	即墨西南三十里		
宁海	昆嵛山	州东南四十里		
	庐山	州东二十里	庐水	
	文登山	文登县东二里		
	斥山	文登东南六十里。斥山之文皮		
	之罘山	州西北五十里		
	召石山	文登之东		
	成山	文登东北百五十里		
	铁官山	文登西百四十里		
	五垒山	文登南五十里。甚奇秀，图经不载		

续表

地区	山		水	
	山名	相关描述	水名	相关描述
宁海	白鹿山	文登北四十里		
	昌山	文登西南四十里	昌水	
般阳	九目山	登州东南七十里。北二十里有龙山,又北羽山	之罘水	东北合流石门水入海
	金山	栖霞县东北二十里,以产金得名		
	艾山	栖霞西北三十里	温泉	山前有温泉,可浴
	莱山	黄县西南五十里		
	蹲狗山	黄县西南三十里		
	芦山	黄县南四十里,出茯苓		
	三山	莱州北二十里		
	福禄山	莱州西五里,出温石,可为器		
	万里沙	莱州北三十里,夹万岁水两岸	万岁水	
	大基山	莱州东十里,流泉花竹,郡之甲胜		
	七子山	莱阳县东南九十里		
	五龙山	莱阳南二十里	五龙水	四水自西北、昌水自东北,皆南流至山前,合而为五龙水,南入于海
	高丽山	莱阳西南九十里		
	火山	莱阳北三十里,出赤石,故以火名		
	大豁山	胶水县西北二十里,北又有小豁山		

续表

地区	山		水	
	山名	相关描述	水名	相关描述
般阳	嵖岈山	胶水北三十里		
	明堂山	胶水东北四十余里	药石水	合石渎水北入于海
	墨山	胶水东北六十里，石色如墨	墨水	
	金泉山	胶水东南四十里。出桔梗、防风		
	凤喙山	招远县北三十里，有汤泉		
	梓桐山	般阳府城东十余里。梓桐东曰吉磨山，出磨石		
	原山	府东南七十里	淄水	淄水、汶水所出
	甲山	府西南三十里	萌水	萌水出焉。萌水，即明水
	黉山	府北十里		
	长白山	长山县南三十里		
济南	历山	府南五里		
	庙山	府城东南十里		
	函山	府南二十里		
	奎山	府城西南十五里。又北药山，出阳起石极佳		
	华不注山	府东北十五里	华泉水	与小清合流
	鹊山	府北二十里		
	黄山	府西南六十里	池	岱阴诸谷之水奔流至山西，汇为池。围数亩，不溢而伏，伏流至府城之西而出，即趵突泉也
	西龙洞山	府南六十里		
	东龙洞山	府东南三十里		
	龙盘山	章丘县南二十八里		
	乐盘山	章丘南二十七里		

续表

地区	山		水	
	山名	相关描述	水名	相关描述
济南	东陵山	章丘南二十八里		
	危山	章丘东北五里		
	女郎山	章丘东南七里		
	鸡山	章丘西南四十里	巨合水	
	湖山	章丘正南五十里		
	亭山	章丘西南六十里		
	哑妇山	邹平县西十三里		
	大山	无棣县东北八十里		
	小山	无棣西北一百二十里		
	平原岭	德州东南七十里		

上述各山的天然森林被大量砍伐的后果，一是山不藏珍，致使人们的采集生活资料减少；二是环境开始恶化，主要是水土流失。总的看来，前代河流湖泊在宋元时期虽未见彻底堙废，但含沙量在明显增多，如时水的支流澅水，“又名宿留水，俗谓之泥河”①。澅水位于杜山，前代只有澅水又称宿留水的记录，而俗称的泥河，显然是宋代杜山森林减少以后泥土流失的结果。

丹水，源出丹山，于昌乐县界汇而为流，称为丹河。于钦于“丹水”条下云：“《寰宇记》：丹水入昌乐县界，引以溉田。今按，齐地众水可引溉者极多，古人陂渠遗迹犹有存者。自金人入中原，民俗偷惰，为政者何虑及此！然则史令所讥，岂特西门豹也哉！”②自唐代以来，人们引丹水溉田，到元代时陂渠遗迹犹在，但元代时已有很多不能再行利用，于钦认为这是金代以来民俗偷惰、统治者怠政的结果。实则不然，史料显示，金代农人与官府在水利修建上还是比较积极的。只是各河流含沙量自宋代以来逐渐增加，河道淤浅、陂塘淤塞已是常态，舟楫、灌溉之利逐渐失去，一些陂渠即使想修缮也已无法再行利用。丹水如此，之后巨淀湖如此，清河如此，前章所述的承水灌区在元代最后辉煌后，在明代也终于彻底堙废，只要森林不存，那都只是

① [元]于钦撰，刘敦愿等校释：《齐乘校释》卷二，中华书局2012年版，第104页。
② [元]于钦撰，刘敦愿等校释：《齐乘校释》卷二，中华书局2012年版，第120页。

时间早晚的差异。

最主要的问题是森林减少后，地表涵水能力变差，河道开始淤浅后，小雨即有可能成冲决之灾。三月只是蒙蒙细雨，本不至于为灾，宋太祖开宝九年(976)三月，“淄州水害田”①。明水，本是章丘境内的一条小河，“明水亦曰萌水，出县西南夹谷山，东流入于泷水”②。明水流经明水镇后下注入陇水，流程并不长。但在地表涵水能力变差后，遇雨水齐流入河，小河亦能酿成大灾，宋太宗淳化二年(991)，“七月，齐州明水涨，坏黎济砦城百余堵”③。

生态环境恶化后，在农业生产上表现为灾害频仍，其详细情况，魏光兴、孙昭民主编的《山东省自然灾害史》及张照东《宋元山东区域经济研究》已据正史及方志资料详为具列，于此不再赘述。根据上述灾害资料，与隋唐五代时期380多年历史中山东不论大小灾只有78年次的农业灾害相比较而言，宋金元时期400多年，山东几乎每年都有的自然灾害已使频率统计失去了意义。但总的看来，这些自然灾害大部分属于局域发生，还不能上升为总体全局变化的情形，因此，宋金元时期山东的生态环境只是处于恶化的量变过程中，其恶化的严重后果在元代还没有完全表现出来，要到明代中期时才深刻地显露，山东遂由富饶之地变为瘠薄之乡。明嘉靖时修地志，山东各地区都在感叹“今不如昔”，下面选取青州府部分地区的几个案例以见其由微渐而至显。

> 青郡为州县者十有四，而山居十三，水居十一，濒海斥卤之地又强半焉。且生齿日繁，舟楫不通，所赖以为养育者，山坂蹊涧之田，止有此数，而水旱蝗蝻之灾岁仍有之。吾不知夫民之寄命于天者为何如也！④
>
> 齐擅富强，绖织鱼盐盖居其半，即今时异势迁，女红、海错不能为利，上所取给及下之所以给上者，惟田亩耳。旱潦不时，潴泄政废，洳卤

① [元]脱脱等:《宋史》卷六十一，中华书局1977年版，第1320页。

② [清]顾祖禹撰，贺次君等点校:《读史方舆纪要》卷三十一，中华书局2005年版，第1469—1470页。

③ [元]脱脱等:《宋史》卷六十一，中华书局1977年版，第1323页。

④ 嘉靖《青州府志》卷六，载《天一阁藏明代方志选刊(一三)》，新文丰出版公司1973年版，第156页。

蓬藋，接踵弥目，沂、莒、高、蒙，凋悴尤甚！①

其地斥卤居半，赋产瘠薄，不能了公家，以致户口转徙。彼所谓通鱼盐、设轻重，以富称者而何，其今不古若也！②

夫此一海也，在昔则擅利鱼盐，而今也则濒海千里一望萑葭，岂天地自然之利，独盛于昔而啬于今耶！③

淄川之地，为国为路为州为县，不一而已。其风物山川，则未之有改也。独以山水之揜蚀，旱蝗之因仍，吾淄之民，非复昔日之殷饶矣！④

沿于今日，淄之都鄙甚，非古之青齐富疆矣！⑤

（济水清河）国初通盐商，舟楫自乐安、高家港等各盐课司以达济南府历城县燕家渡下卸，道里城店俱存。旧时民富庶者，清河通舟楫之交，居民逐鱼盐之利，高苑因设税课一局，岁得商税银一百六两一钱九分五厘，上堪以资国用，下堪以业贫民。今是水如故，舟楫不通，课局亦革。四野斥卤，无可耕之田；小民株守，困穷庐之内。无怪乎民之昔富而今贫！⑥

淄之都由繁华到鄙甚，今不若昔，前后异势，为山东农业发展之深痛！

（二）宋元时期山东粮食作物生产

中唐以后，山东大部分地区的粮食生产已形成相对固定的“二年三熟”轮作制，韩茂莉名其为“两年三熟冬小麦杂粮区”。“这一区域包括河北的全部及京东、京西、陕西、河东的一部分，与现代农作物两年三熟南界一致，

---

① 嘉靖《青州府志》卷七，载《天一阁藏明代方志选刊（一三）》，新文丰出版公司1973年版，第165页。

② 嘉靖《青州府志》序，载《天一阁藏明代方志选刊（一三）》，新文丰出版公司1973年版，第3—4页。

③ 嘉靖《青州府志》卷六，载《天一阁藏明代方志选刊（一三）》，新文丰出版公司1973年版，第151页。

④ 嘉靖《淄川县志》卷一，载《天一阁藏明代方志选刊（一三）》，新文丰出版公司1973年版，第675页。

⑤ 嘉靖《淄川县志》卷二，载《天一阁藏明代方志选刊（一三）》，新文丰出版公司1973年版，第680页。

⑥ 嘉靖《青州府志》卷六，载《天一阁藏明代方志选刊（一三）》，新文丰出版公司1973年版，第152—153页。

秦岭—淮河一线是这一分布区的最南端。”[①]这一熟制的主要作物是豆、麦、粟，适用于旱地。而旱地之外，凡有灌溉条件的地方，均是种水稻。

1. 旱地粮食作物

这一时期山东地域的冬播夏收粮食作物有冬小麦、豆，春播秋收粮食作物有穬麦、黍、粟等。

山东冬季粮食作物为小麦、豌豆。山东常有秋旱，苏轼与欧阳修都曾记录过京东因遭逢秋旱以致小麦无法播种，“今又不雨，自秋至冬，方数千里，麦不入土”[②]；“京东自去冬无雨雪，麦不生苗，已及暮春，粟未布种”[③]。山东亦有春种穬麦，“山东、河北人正月种之，名春穬”[④]。

山东各地种麦、豆、粟比较普遍，宋孔平仲《青州作》诗云：“富饶足鱼盐，饱煖遍牟麦。”[⑤]单州“垄麦未秀，村民尚饥”[⑥]。密州“今岁秋旱，种麦不得”[⑦]。范讽任淄州通判时，遭遇旱、蝗之灾，民间以“蝗不食菽，犹可艺”[⑧]。济州南李堰、濮州马陵泊水利工程修复后，“昨来夏秋民间耕种，所取菽、麦约三二百万余硕”[⑨]。“长清县之灵岩寺，有屋三百余间，且连接泰安之天胜寨，介于东平、益都之间”，金人侯挚在此驻兵防秋，“身居相职而往来山堌水寨之间，保庇农民收获二麦”[⑩]。金兴定二年（1218），宋高太尉与金完颜霆各率兵陈于朐山（今山东临朐县境），“霆军乏粮，采野菜、麦苗杂食之”[⑪]。宋端拱元年（988）闰五月，“郓州风雪伤麦”[⑫]。蒙山西南利用漏泽种麦，“山西南有漏泽，春夏积水，秋冬漏竭，将漏之时，先有声，居人匽穴取鱼，随种

---

① 韩茂莉：《宋代农业地理》，山西古籍出版社1993年版，第191页。

② ［北宋］苏轼著，孙凡礼点校：《苏轼文集》卷二十六，中华书局1986年版，第753页。

③ ［北宋］欧阳修：《欧阳修全集》奏议集卷十二，中国书店1986年版，第853页。

④ ［北宋］唐慎微：《重修政和经史证类备用本草》卷二十五，人民卫生出版社影印1982年版，第493页。

⑤ ［北宋］孔文仲等：《三孔先生清江文集》卷二十一，载四川大学古籍研究所编《宋集珍本丛刊》第16册，线装书局2004年版，第268页。

⑥ ［北宋］王禹偁：《王黄州小畜集》卷二十一，载四川大学古籍研究所编《宋集珍本丛刊》第1册，线装书局2004年版，第677页。

⑦ ［北宋］苏轼著，孙凡礼点校：《苏轼文集》卷二十六，中华书局1986年版，第754页。

⑧ ［元］脱脱等：《宋史》卷三百零四，中华书局1977年版，第10061页。

⑨ ［清］徐松辑：《宋会要辑稿》食货一之二九，中华书局1957年版，第4816页。

⑩ ［元］脱脱等：《金史》卷一百零八，中华书局1975年版，第2388页。

⑪ ［元］脱脱等：《金史》卷一百零三，中华书局1975年版，第2271页。

⑫ ［元］脱脱等：《宋史》卷六十二，中华书局1977年版，第1341页。

麦，比水至，麦已收矣”。金世宗大定四年（1164）八月，“以山东大熟，诏移其粟以实京师”[①]。元至元七年（1270）夏，“东平府进瑞麦，一茎五穗”[②]。至元元年（1264）十月，“历亭县进嘉禾，一茎九穗”[③]。至元二十七年（1290），“六月，棣州厌次、济阳二县大风雹，伤禾、黍、菽、麦、桑、枣”[④]。元大德元年（1297）十一月，“曹州禹城县进嘉禾，一茎九穗”[⑤]。大德七年（1303），“济南、东昌、般阳、益都等路虫食麦”[⑥]。元至正十五年（1355），太平总制诸军驻于济宁，“命有司给牛具以种麦，自济宁达于海州，民不扰而兵赖以济”[⑦]。

平阳县，遗址在今山东邹城。金泰和八年（1208）七月，金章宗诏“诸路按察司规画水田”[⑧]。水田，即有水利设施之农田，并非水稻田。当时议者即以平阳县为例，部官谓：“水田之利甚大，沿河通作渠，如平阳掘井种田俱可灌溉。比年邳、沂近河布种豆麦，无水则凿井灌之，计六百余顷，比之陆田所收数倍。以此较之，它境无不可行者。”[⑨]

济宁汶上梁庄遗址发现宋金时期的房址20余座，陶窑、沟、灰坑、灶等遗迹数百座，获取大量陶、瓷、铁、石器和炭化植物颗粒等遗物，铁器主要为刀、镢、镰、钉等，为我们再现了当时的生产和生活情景。经研究，炭化植物颗粒为可食用植物种子粟、黍、小麦、大麦、稻、大豆、豇豆、甜瓜、枣、菱角等，杂草类植物种子黍亚科、早熟禾亚科、豆科、蓼科、藜科、菊科、唇形科、锦葵科等。这些资料显示了梁庄的区域经济生产结构，“梁庄人是以粟、小麦为主要粮食作物，兼有大麦、黍、大豆和豇豆属等粮食，水稻还有少量种植，整体反映的是旱作农作的特点。此外，发现的枣、菱角和大量甜瓜籽也表明这些梁庄人普遍食用瓜果类食物”[⑩]。

---

① ［元］脱脱等：《金史》卷二十七，中华书局1975年版，第683页。
② ［明］宋濂等：《元史》卷五十，中华书局1976年版，第1085页。
③ ［明］宋濂等：《元史》卷五十，中华书局1976年版，第1085页。
④ ［明］宋濂等：《元史》卷五十，中华书局1976年版，第1061页。
⑤ ［明］宋濂等：《元史》卷五十，中华书局1976年版，第1085页。
⑥ ［明］宋濂等：《元史》卷五十，中华书局1976年版，第1081页。
⑦ ［明］宋濂等：《元史》卷一百四十，中华书局1976年版，第3369页。
⑧ ［元］脱脱等：《金史》卷五十，中华书局1975年版，第1122页。
⑨ ［元］脱脱等：《金史》卷五十，中华书局1975年版，第1122页。
⑩ 吴文婉等：《济宁汶上梁庄遗址炭化植物遗存分析》，载山东大学东方考古研究中心编《东方考古》第7集，科学出版社2010年版，第376页。

2. 水稻生产

水稻单位面积产量高，凡有灌溉条件的地方，均是种水稻。

北宋淳化年间（990—994），宋太宗下诏，令江北诸州“就水广种粳稻，并免其租”①，博、棣、德、滨等州遂大开水利，种植水稻。

济南附山麓，溪泉广布，趵突泉水等汇而为泺水，在华不注山与华泉水相汇，人们在华不注“山之西南引水溉田”②，大种水稻，苏辙曾描述此地水稻种植的美景：“山穷水泉见，发越遍溪谷。分流绕途巷，暖气烝草木。下田满粳稻，秋成比禾菽。”③泺泉以下称为小清河，小清河沿岸居民利用水源种植水稻，“悉为稻畦、莲荡”④。阳丘（今山东章丘绣惠镇），“厥土旷衍，原泽相错，有麻麦、桑果、稻鱼之饶”⑤。

沂州（治今山东临沂）有沂水、沭水，其渠系远处布种麦豆，水量丰富之处种水稻，“其民杂有桑麻之业，其田兼备鱼稻之饶”⑥。郰国，故地在今临沂市临沂城北南坊乡郰古城村，这一地区历来种植水稻。司马光《送王校理守琅琊》诗云：“金门倦鸣玉，千骑出东方。封略依沧海，枌榆近故乡。秦碑苔蚀字，郰稻日翻芒。国吏遥应识，当年丞相郎。”⑦

滕州亦属水稻生产区域，修有供水稻生产用的渠系，称“稻堰”。元朝官府有诏令决滕州稻堰、磨堰之水以保障运河运输用水，“并滕州开决稻堰，泗源磨堰……不令阻滞客旅”⑧。

鲁西平原著名的梁山泊湖区，人们利用湖水广种水稻，苏辙云梁山泊“近通沂泗麻盐熟，远控江淮粳稻秋”。诗中有原注云：“时议者将干此泊以种菽麦。”⑨其言外之意谓议者过于短视，实则水田之利不下于菽麦。

---

① ［元］脱脱等：《宋史》卷一百七十三，中华书局1977年版，第4159页。

② ［元］于钦撰，刘敦愿等校释：《齐乘校释》卷二，中华书局2012年版，第137页。

③ ［北宋］苏辙著，曾枣庄等校点：《栾城集》卷七，上海古籍出版社1987年版，第167页。

④ ［元］王恽：《秋涧先生大全文集》卷三十八，载《四部丛刊初编集部》第225册，上海书店1989年版，第587页。

⑤ ［元］刘敏中：《中庵集》卷八，载《景印文渊阁四库全书》第1206册，台湾商务印书馆影印1985年版，第66页。

⑥ ［北宋］刘攽：《彭城集》卷二十一，载《丛书集成》初编本，中华书局1985年版，第294页。

⑦ ［北宋］司马光：《传家集》卷十三，载《景印文渊阁四库全书》第1094册，台湾商务印书馆影印1985年版，第136页。

⑧ ［明］宋濂等：《元史》卷六十四，中华书局1976年版，第1615页。

⑨ ［北宋］苏辙著，曾枣庄等校点：《栾城集》卷六，上海古籍出版社1987年版，第141页。

峄州城北许池一带，泉源众多，种稻香美，元大德十年(1305)《许池龙神庙碑》云："源流混混，不舍昼夜，散漫四郊，灌溉稻田，无虑万顷，居民受无穷之利。"[①]唐代于承水流域曾修有十三处陂塘种植水稻，元代仍然如此。《齐乘》峄州"泇水"条云：东泇水流入芙蓉湖，"溉田数千顷"。此水灌之地为亩钟高产之田，芙蓉山下，"香粳钟亩，古称琅玡之稻"。三合村的水稻生产又倍于芙蓉灌区。三合村，是东泇水、西泇水、鱼沟水三水合于此处，故名三合村，南贯四湖，"溉田倍芙蓉"[②]。"承水溉田千余顷，旁多美竹，人赖其利。"[③]此即"《元和志》所云'承县界有陂十三所，皆贞观以来修立，以溉田者。'今沂、峄二州仰泇、承二水溉田，青、徐水利莫与为匹，皆十三陂之遗迹也"[④]。

有研究者认为"山东各地的每亩单产少则一石，多则高达四五石"[⑤]；也有研究者估算"宋代山东粮食亩产量约为 2.38 石左右，每亩耕地大约比唐朝增加粮食 0.88 石左右"；"金代山东的粮食亩产量基本接近北宋时期的水平，陆田平均亩产粮食约 1—2 石，水田亩产约 3—5 石。"[⑥]粮食亩产量还是相当不错的。

(三) 经济作物种植

宋金元时期山东的经济作物沿袭前代，仍是以桑枣林果业为主，辅以园圃作物种植，唯这一时期山东引种茶树成为经济作物最大的亮点。

1. 桑

"山东自古丝纩窟"[⑦]，宋元时期山东蚕桑业尚能勉力维持隋唐时期的发达局面。影响宋元时期山东桑蚕纺织业发展的不和谐音符来自两个方面：一是前述的村人盗伐桑树；二是在宋元的二个气候寒冷期频繁的陨霜杀桑，废蚕事。然这两个影响毕竟不是主流，在宋代，"河朔、山东养蚕之利，逾

---

① 光绪《峄县志》卷二十四，《中国地方志集成·山东府县志辑》第 9 册，凤凰出版社等 2004 年版，第 549 页。

② [元]于钦撰，刘敦愿等校释：《齐乘校释》卷二，中华书局 2012 年版，第 132 页。

③ [元]于钦撰，刘敦愿等校释：《齐乘校释》卷二，中华书局 2012 年版，第 133 页。

④ [元]于钦撰，刘敦愿等校释：《齐乘校释》卷二，中华书局 2012 年版，第 132 页。

⑤ 张熙惟：《论宋代山东经济的发展》，《山东大学学报(哲学社会科学版)》1993 年第 3 期。

⑥ 张照东：《宋元山东区域经济研究》，齐鲁书社 2006 年版，第 110—111 页。

⑦ [元]王恽：《秋涧先生大全文集》卷九，载《四部丛刊初编集部》第 224 册，上海书店 1989 年版，第 280 页。

于稼穑”①。在元代,“山东农家因之致富者,皆自丝蚕旬月之劳”②。齐鲁之地以桑麻致富已成为当时各地学习的标板。元仁宗(1311—1320)时,顺德路总管王结为鼓励民众种桑,作劝民书《善俗要义》云:“古人云:‘十年之计,种之以木。’若栽桑或栽地桑,何必十年,三五年后便可享其利也。更能修治得法,久远则益无穷。本路官司虽频劝课,至今不见成效,盖人民不为远虑,或又托以地不宜桑,往往废其蚕织,所以民之殷富不及齐、鲁。然栽桑之法,其种堪移栽、压条、接换,效验已著,苟能按其成法,多广栽种,则数年之间丝绢繁盛亦如齐、鲁矣。”③由此知宋元时期山东蚕桑纺织行业仍然如唐代盛世般兴旺。

“君看齐鲁间,桑柘皆沃若。麦秋载万箱,蚕老簇千箔。余粮及狗彘,衣被遍城郭。”④齐州、棣州“间数百里,榆柳桑枣,四望绵亘”⑤。曾巩于熙宁四年(1071)由越州通判改任齐州(治今山东济南)知州,他在济南游历北渚亭、凝香斋等地时,多有诗作咏及齐州农蚕之事。如“一尊风月身无事,千里耕桑岁有秋”⑥“耕桑千里正无事,况有樽酒聊开颜”⑦“陇上雨余看麦秀,桑间日永问蚕眠”⑧等。

密州在东魏时为东武郡,其后密州遂又别称东武。苏轼任职于密州,甫入密州,就见到桑麻布野的景象,“自从舍舟入东武,沃野便到桑麻川”(《和蒋夔寄茶》)。

苏轼离任时路经潍州北海县,见桑麻布野,其后忆及前事,作《送孙勉》诗云:“昔年罢东武,曾过北海县。白河翻雪浪,黄土如蒸面。桑麻冠东方,一熟天下贱。”司马光云潍州“茫茫四野潢汙竭,郁郁万行桑柘新”⑨。

---

① ［北宋］庄绰:《鸡肋编》卷上,中华书局 1983 年版,第 9 页。

② ［元］王恽:《秋涧集》卷六十二,载《景印文渊阁四库全书》第 1200 册,台湾商务印书馆影印 1985 年版,第 806 页。

③ ［元］王结:《文忠集》卷六,载《景印文渊阁四库全书》第 1206 册,台湾商务印书馆影印 1985 年版,第 251 页。

④ ［北宋］苏辙著,曾枣庄等校点:《栾城集》卷一十六,上海古籍出版社 1987 年版,第 399 页。

⑤ ［南宋］李焘撰,上海师范大学古籍整理研究所等点校:《续资治通鉴长编》卷二百三十五,中华书局 1995 年版,第 5707 页。

⑥ ［北宋］曾巩著,陈杏珍等点校:《曾巩集》卷七,中华书局 1984 年版,第 106 页。

⑦ ［北宋］曾巩著,陈杏珍等点校:《曾巩集》卷七,中华书局 1984 年版,第 112 页。

⑧ ［北宋］曾巩著,陈杏珍等点校:《曾巩集》卷七,中华书局 1984 年版,第 111 页。

⑨ ［北宋］司马光:《传家集》卷一十三,载《景印文渊阁四库全书》第 1094 册,台湾商务印书馆影印 1985 年版,第 135 页。

金代“济阳有桑蚕之饶，户口殷庶”[①]。天眷元年(1139)夏，岳飞率军攻东平时，“桑柘方茂”[②]。

元初，经兵乱后的滨州“田桑多荒”，姜彧任滨州(今山东滨州滨城区)知州，“设赏罚，课民栽桑，岁余新桑遍野，人呼曰‘太守桑’”[③]。文天祥兵败后被解送大都，途经山东，沿途见桑麻布野，其《新济州》诗云：“时时见桑树，青青杂阡陌。”[④]《发东阿》诗云：“秋雨桑麻地，春风桃李天。”《发陵州》(陵州即今山东德州)诗云：“远树乱如点，桑麻郁苍烟。”[⑤]陈孚行经陵州，“五里行尽桑麻畴，十里一见蘋花州”[⑥]。潍州“桑枣荣茂，良谷美稷，无不丰收”[⑦]。高伯温在长清(今山东济南长清)“植桑十七万株有奇”[⑧]。观城尹于克明“劝民耕稼，多树桑枣榆柳，凡三年郁然成林”[⑨]。

2. 果木林

前代生产的各种果林，宋元时期应当继续生产，只不过史籍中记载甚少。

魏晋以来号天下第一的青州乐陵枣在宋元时期仍享有盛名，“形大核细，多膏甚甜”，是青州著名的贡品之一。王安石咏《枣》诗云：“悯怀青齐间，万树荫平陆。”梅尧臣《送杨辩青州司理》诗云：“青土饶嘉枣，无以人钝蒙。”元代陵州(今山东德州)种植梨枣之多，竟至于“陵州梨枣贱如土”[⑩]。

前章已说明栗树种植有多重经济效益，人们乐于种植。元代禹城知县刘事义任职期间，曾劝课农民种植水果杂木等24万株，其中应当有栗树。

---

① [清]张金吾编纂：《金文最》卷七十八，中华书局1990年版，第1138页。

② [元]脱脱等：《金史》卷八十四，中华书局1975年版，第1886页。

③ [元]赵孟頫：《松雪斋文集》卷八，台湾学生书局影印1979年版，第330页。

④ [南宋]文天祥：《文山先生全集》卷二十，载四川大学古籍研究所编《宋集珍本丛刊》第88册，线装书局2004年版，第800页。

⑤ [南宋]文天祥：《文山先生全集》卷二十一，载四川大学古籍研究所编《宋集珍本丛刊》第89册，线装书局2004年版，第1页。

⑥ [南宋]陈孚：《陈刚中诗集》卷一，载《景印文渊阁四库全书》第1202册，台湾商务印书馆影印1985年版，第624页。

⑦ 民国《潍县志》卷四十，载《中国地方志集成·山东府县志辑》第41册，凤凰出版社等2004年版，第185页。

⑧ 光绪《山东通志》卷六十九，商务印书馆1934年版，第2296页。

⑨ 道光《济南府志》卷四十八，载《中国地方志集成·山东府县志辑》第2册，凤凰出版社等2004年版，第500页。

⑩ 陈孚：《陈刚中诗集》卷一，载《景印文渊阁四库全书》第1202册，台湾商务印书馆影印1985年版，第624页。

杜梨树是禹城果树之一，济南章丘人刘敏中经行禹城，见路旁“鲜红两树杜梨叶，雪白一川荞麦花”①。灵岩寺在元朝大德年间，曾绕寺遍栽梨、柿等果树。

3. 茶树

自唐代茶事大兴，北方自南方引入茶叶，耗费甚大。金人甚至一度商议禁茶，泰和五年（1205）“十一月，尚书省奏：‘茶，饮食之余，非必用之物。比岁上下竞啜，农民尤甚，市井茶肆相属。商旅多以丝绢易茶，岁费不下百万，是以有用之物而易无用之物也。若不禁，恐耗财弥甚’”②。

因茶利甚大，山东、河南、陕西等地的南部山区在唐末以后也都种茶。唐末韩鄂《四时纂要》中已记载有种茶的技术。发展到金代时，山东鲁中、鲁东丘陵一带各地“茶树随山皆有”③。承安四年（1099）三月，官府“于淄、密、宁海、蔡州各置一坊，造新茶，依南方例每斤为袋，直六百文”④。官方管控造茶后，茶利既大，山东遂有造私茶者，官府遂又颁律例禁止私造，“五月，以山东人户造卖私茶，侵侔榷货，遂定比煎私矾例，罪徒二年”⑤。

承安三年（1098），金章宗委派尚书省令史承德郎刘成考察北产茶叶的品质，结果“以不亲尝其味，但采民言谓为温桑，实非茶也，还即白上”⑥。温桑，是指用非茶树的叶子制作的类茶用品，晋代早已有之。温桑不是茶叶，在市面上温桑价值低，以犯禁真茶叶计值减等论罪，宋雍熙二年（985），“民造温桑伪茶，犯真茶计直十分论二分之罪”⑦。元代亦有“温桑茶”，“出黑峪”⑧。因气温、降雨等条件上的差异，北方产茶的品质固不如南方茶，但亦非温桑，也是真茶，只是比南方茶的口感稍差一些，并不影响使用。泰和四年（1204），金章宗曾与宰臣等谈北方茶事，云：“朕尝新茶，味虽不嘉，亦岂

---

① 参见陈高华、史卫民：《中国经济通史·元代经济卷》，经济日报出版社 2000 年版，第 121 页。

② ［元］脱脱等：《金史》卷四十九，中华书局 1975 年版，第 1108 页。

③ ［元］脱脱等：《金史》卷九十九，中华书局 1975 年版，第 2191 页。

④ ［元］脱脱等：《金史》卷四十九，中华书局 1975 年版，第 1108 页。

⑤ ［元］脱脱等：《金史》卷四十九，中华书局 1975 年版，第 1108 页。

⑥ ［元］脱脱等：《金史》卷四十九，中华书局 1975 年版，第 1108 页。

⑦ ［元］脱脱等：《宋史》卷一百八十三，中华书局 1977 年版，第 4479 页。

⑧ ［元］忽思慧：《饮膳正要》卷二，转引自陈高华、史卫民《中国经济通史·元代经济卷》，经济日报出版社 2000 年版，第 153 页。

不可食也。”[①]

山东茶叶生产遭逢元代寒冷期后开始萎缩，到明清寒冷期时再度加剧，“随山皆有”的生产局面萎缩到仅剩莱阳、费县、历城、齐河等少数几县尚可维持生产。新中国成立后，山东在政府的扶持下，又从皖浙一带引进30余种新品茶种，才又重新焕发生机，山东遂成为北方著名的产茶地。

4. 棉花

唐代后期，棉花从南方、西域二路向中原地区传播，唐末韩鄂《四时纂要》三月已有种木棉的农事安排，“种木绵法：节进则谷雨前一二日种之，退则后十日内树之，大槩必不违立夏之日”[②]。元代初亦是谷雨前后下种，至元十年(1273)编成的《农桑辑要》“木棉”云“至谷雨前后，捡好天气日下种”[③]。其时陕西已广种木棉：“近岁以来，苎麻艺于河南，木棉种于陕右，滋茂繁盛，与本土无异。二方之民，深荷其利。遂即已试之效，令所在种之。”[④]“令所在种之”，看来元初官方对木棉种植还进行过一定程度的推广，到东鲁王祯撰《农书》时，已云木棉“服被渐广”[⑤]。种植范围已扩大，“江东、陕右亦多种，滋茂繁盛，与本土无异。种之则深荷其利”[⑥]。研究表明：“最迟在元后期，棉花的栽培区即已由西路或南路扩展到了黄河下游。”[⑦]经过官方的推广，“到14世纪即元朝中后期，南道棉和北道棉在江淮流域会合，棉花种植遍及全国多数地区，棉纺织业也随之发展起来”[⑧]。

山东何时开始种植棉花，史无明文。研究者根据东平路设杂造提举并纺织胖袄等军用棉品等材料，推断元代东平路已种植棉花[⑨]。陈冬生指出：“此时棉花刚刚传入到黄河流域地区，想必在山东的种植尚不普及。”[⑩]其时

---

① [元]脱脱等：《金史》卷四十九，中华书局1975年版，第1108页。

② [唐]韩鄂撰，缪启愉校释：《四时纂要校释》，农业出版社1981年版，第107页。

③ 石声汉校注：《农桑辑要校注》卷二，中华书局1982年版，第50页。

④ 石声汉校注：《农桑辑要校注》卷二，中华书局1982年版，第52—53页。

⑤ [元]王祯撰，王毓瑚校注：《王祯农书》农器图谱集之十九，农业出版社1981年版，第414页。

⑥ [元]王祯撰，王毓瑚校注：《王祯农书》百谷谱集之十，农业出版社1981年版，第161页。

⑦ 吴宏岐：《元代农业地理》，西安地图出版社1997年版，第158页。

⑧ 葛金芳：《中国经济通史·第五卷》，湖南人民出版社2002年版，第328页。

⑨ 史学通、周谦：《元代的植棉与纺织及其历史地位》，《文史哲》1983年第1期。

⑩ 陈冬生：《明代以来山东植棉业的发展》，《中国农史》1992年第3期。

“齐鲁之柔纩纤缟”皆“焜煌可喜,驰人心神”[①],在市场上享誉方隆,棉花于小民生计的替代作用尚不显著,元代山东的棉花种植确实只局限于小部分地区。

元代棉花在山东的应用,据考古发现,邹城李裕庵元墓发现了棉布交领长袖单袍[②],嘉祥元代曹元用墓在垫板与棺底之间塞满棉花[③]。出土的棉花、棉衣是否为本地生产不得而知。但棉花在山东的广泛生产已成必然之势,因为相对于农家而言,种棉花的总体收益要高过养蚕。农家零散的桑树养不了多少蚕箔,唐人已有“中妇桑村挑叶去”的咏叹,葛金芳讨论过“树桑一亩,饲蚕三箔”的问题,指出若农家要从丝纺织业中获益,须得从市场上购进桑叶[④],而蚕月之际,桑叶价格较高,农家的成本太大,所以农家有养蚕不起转而杀蚕卖叶者。再者养蚕的劳动投入太大,摘叶、洗叶、晾叶、喂叶、看蚕等事务需要投入大量的人力,而且又时值春播农忙季节。相比之下,种植棉花的各种成本都要低很多,“夫木绵为物,种植不夺于农时,滋培易为于人力,接续开花而成实,可谓不蚕而绵,不麻而布,又兼代毡毯之用,以补衣褐之费,可谓兼南北之利也”[⑤]。东鲁王祯比较桑、麻、棉的经济效益时说:“且比之桑蚕,无采养之劳,有必收之效,埒之枲苎,免绩缉之工,得御寒之益,可谓不麻而布,不茧而絮。虽曰南产,言其适用,则北方多寒,或茧纩不足,而裘褐之费,此最省便。”[⑥]最为重要的是,在宋代以后山东开始薪材难得、盗伐桑枣树之后,种植二三亩棉花的棉秆就解决了农家一年的薪材所需。比较而言,农家种棉的综合效益高于养蚕。所以元代山东少数地区植棉的综合示范效应显露后,在明代种棉已成燎原之势。

二、农田水利与生产技术的进步

水利是农业的命脉,宋元时期山东地域的水利建设主要是治理黄河水患,疏导积水。两脚耧、麦钐等工具的使用可以算是农业生产技术上的细微

① [元]马祖常撰,李叔毅点校:《石田先生文集》卷九,中州古籍出版社1991年版,第181页。
② 山东邹县文物保管所:《邹县元代李裕庵墓清理简报》,《文物》1978年第4期。
③ 山东省济宁地区文物局:《山东嘉祥县元代曹元用墓清理简报》,《考古》1983年第9期。
④ 葛金芳:《中国经济通史·第五卷》,湖南人民出版社2002年版,第230页。
⑤ [元]王祯撰,王毓瑚校注:《王祯农书》百谷谱集之十,农业出版社1981年版,第161页。
⑥ [元]王祯撰,王毓瑚校注:《王祯农书》农器图谱集之十九,农业出版社1981年版,第414页。

进步。

（一）农田水利的建设

宋代山东地域位于黄河水灾频发区内。“北宋时期黄河流域的水涝之灾都是历朝历代中最为严重的，在这一百多年内，每两三年黄河即发生一次决口，每三四十年就有一次重大改道。宋初黄河基本循京东故道而行，庆历八年（1048）商胡决口，水流冲泻向北，形成黄河北流，北流存在不到三十年，即于熙宁十年（1077）再一次冲开曹村埽，南下夺淮。自此黄河水流大致以澶州、濮州一带为顶点，在北起太行，南到淮河，方圆千里内往返摆动，频频而至的水灾对这一地区的农业生产造成严重的威胁”①。

鉴于黄河为患，自宋太祖乾德五年（967）起，诏“开封大名府、郓、澶、滑、孟、濮、齐、淄、沧、棣、滨、德、博、怀、卫、郑等州长史，并兼本州河堤使，盖以谨力役而重水患也”，由此山东地域各级官府每年征发民工修治河堤，沿河州县还组织当地农民在河堤种植榆、柳、桑、枣及土地所宜之木，以巩固河堤②。经过治理，黄河下游河患稍得抑制。

由于黄河在下游山东境内频繁为灾，所以宋代山东的水利建设总体表现为疏导积水。宋真宗景德二年（1005），曹州（今山东定陶西南）广济渠两岸的积水浸占农田千顷，“民用匮乏，莫输其租”，官府“度其地宜，置水门导之入河，人获其利”③。宋真宗大中祥符二年（1009），“京东徐、济、淄、青、兖等七州水”，“遣使臣督京东路导治积水”④。宋真宗初年，黄河决溢，夺济水入海，“并济为一，河水一石，其泥六斗，泥淤为岸数百尺。河水复，济遂失故道，不复能流入于海，仍停于郓之西南，为大泽”⑤。此次黄患使山东地域水患三十年，“民良田百万顷水宅焉。三十年民不得一垅耕、一穗收”⑥。在官府主持下，天圣十年（1032）新济河修成，积水得到有效疏导，“民得是良田，

---

① 韩茂莉：《宋代农业地理》，山西古籍出版社 1993 年版，第 11 页。

② ［元］脱脱等：《宋史》卷九十一，中华书局 1977 年版，第 2257 页。

③ ［北宋］夏竦：《文庄集》卷二十九，载《景印文渊阁四库全书》第 1087 册，台湾商务印书馆影印 1985 年版，第 288 页。

④ ［南宋］李焘撰，上海师范大学古籍整理研究所等点校：《续资治通鉴长编》卷七十二，中华书局 1995 年版，第 1625、1629 页。

⑤ ［北宋］石介著，陈植锷点校：《徂徕石先生文集》卷十九，中华书局 1984 年版，第 227 页。

⑥ ［北宋］石介著，陈植锷点校：《徂徕石先生文集》卷十九，中华书局 1984 年版，第 226 页。

播殖五谷以衣食之。新济之功，此益为大"①。熙宁四年(1071)，"久来为积水所占"的济州南李堰、濮州马陵泊等处疏治后，"修复良田约四千二百余顷"。这次修治山东境内得益甚多，"又修导过曹、单等九州一十三处沟洫、河道，疏决畿内以来诸处逐年夏秋积潦东入清河等处，遂入于海，无横流之虞"②。王安石推行新法后，奖励各地兴修水利。据研究者统计，"从熙宁三年至九年(1070—1076)短短6年时间内，山东各地兴修的水利工程达177处，灌溉农田面积约2594114亩，约占全国农田水利灌溉总面积的13.92%。其中位于鲁西平原的京东西路兴修水利工程最多，达106处，灌溉农田约1709176亩；京东东路稍次，兴修水利工程约71处，灌溉农田面积达884938亩左右"③。

宋仁宗(1023—1063年在位)时，郓州须城人龚鼎臣任平阴县主簿，主持"疏泄潴水，得良田数百千顷"④。

金代初期，政局动荡，无暇水利，直到金立国七十多年后的金章宗(1189—1208年在位)"明昌之治"时期才有所改观。章宗明昌五年(1194)，"言事者谓郡县有河者可开渠，引以溉田，诏下州郡"。泰和八年(1208)又诏"诸路按察司规画水田"⑤。东平、沂州等地即规划水田作渠系，"水田之利甚大，沿河通作渠，如平阳掘井种田俱可灌溉。比年邳、沂近河布种豆麦，无水则凿井灌之，计六百余顷，比之陆田所收数倍。以此较之，它境无不可行者"⑥。大定八年(1168)，黄河在河南李固渡决口，"水溃曹州城，分流于单州之境"，然而这两州水利设施较好，受灾较轻，故而河南统军使宗叙言曰："今曹、单虽被其患，而两州本以水利为生，所害农田无几。"⑦

元代中央设有都水监以主持水利事宜。长清县境"潴水没田百顷"，县尹高伯温"乃立表，相地开渠泄水，悉为膏腴之地，民乐其业"⑧。元仁宗

---

① [北宋]石介著，陈植锷点校：《徂徕石先生文集》卷十九，中华书局1984年版，第226页。

② [清]徐松辑：《宋会要辑稿》食货一之二九，中华书局1957年版，第4816页。

③ 张照东：《宋元山东区域经济研究》，齐鲁书社2006年版，第103页。

④ [元]脱脱等：《宋史》卷三百四十七，中华书局1977年版，第11012页。

⑤ [元]脱脱等：《金史》卷五十，中华书局1975年版，第1122页。

⑥ [元]脱脱等：《金史》卷五十，中华书局1975年版，第1122页。

⑦ [元]脱脱等：《金史》卷二十七，中华书局1975年版，第670页。

⑧ 嘉靖《山东通志》卷二十五，载《天一阁藏明代方志选刊续编》第52册，上海书店1990年版，第167页。

(1311—1320年在位)时,王结任职东昌路,“境有黄河故道,而会通堤遏其下流,夏月潦水,坏民麦禾”,王结“疏为斗门以泄之,民获耕治之利”[①]。前揭峄州泇水渠系溉田数千顷,沂州承水溉田千余顷,“今沂、峄二州,仰泇、承二水溉田,青、徐水利莫与为匹”[②]。

北宋官修《水利图经》自仁宗嘉祐五年(1060)付州县遵行后,沿黄河州县均依法放水淤田,“迨今十七年,闻董村田亩,旧值两三千,所收谷五七斗,自淤后其直三倍,所收至三两硕。今权领都水淤田,窃见累岁淤变,京东、西咸卤之地,尽成膏腴,为利极大”[③]。自唐以来,农历六月中旬的黄河水,称矾山水。“朔野之地,深山穷谷,固阴沍寒,冰坚晚泮,逮乎盛夏,消释方尽,而沃荡山石,水带矾腥,并流于河。故六月中旬后,谓之‘矾山水’。”[④]矾山水简称矾水,管辖京东淤田的李孝宽为了放黄河水淤田,曾奏请暂停漕运再旬,“矾山涨水甚浊,乞开四斗门,引以淤田,权罢漕运再旬”[⑤]。研究者统计在王安石变法期间,山东地域淤田达数百万亩之多[⑥]。还有一种淤田是黄河泛滥后的变相淤田,苏辙曾论述过黄河泛滥后的利弊,认为“河之所行,利害相半。夏潦涨溢,浸败秋田,滨河数十里为之破税,此其害也。涨水既去,淤厚累尺,宿麦之利,比之他田,其收十倍”[⑦]。

元朝以大都为统治中心,开启了中国的北京时代。为了解决政治中心与经济中心悬远的问题,至元二十年(1283)到三十年(1293),官府先后挖通了北京到通县的通惠河、山东临清到东平的会通河、东平到济宁的济州河,将原先隋唐时期经开封的京杭大运河进行取直改造,比隋代京杭运河缩短了900多千米。会通河、济州河的开通,对山东地域而言,既是机遇,亦有积弊。运河的开通对沿河两岸的农业生产商品化经营有促进作用,后文再论。但亦形成运河沿线与农业生产、农业加工经营争水的弊端,如为保障运河运输用水,元朝官府有诏令决“稻堰”“磨堰”之水以输运河,如“滕州开决

---

① [明]宋濂等:《元史》卷一百七十八,中华书局1976年版,第4144页。
② [元]于钦撰,刘敦愿等校释:《齐乘校释》卷二,中华书局2012年版,第132页。
③ [清]徐松辑:《宋会要辑稿》食货七之三十,中华书局1957年版,第4920页。
④ [元]脱脱等:《宋史》卷九十一,中华书局1977年版,第2265页。
⑤ [元]脱脱等:《宋史》卷九十五,中华书局1977年版,第2372页。
⑥ 参见张照东:《宋元山东区域经济研究》,齐鲁书社2006年版,第104页。
⑦ [北宋]苏辙著,曾枣庄等校点:《栾城集》卷四十二,上海古籍出版社1987年版,第922页。

稻堰，泗源磨堰……不令阻滞客旅”[①]。“山东的会通河，此河全赖鲁中山地的各泉为源，先后截拦入运的泉水有四百多眼，最多时达六百多眼。因为沿运设置了多个人工湖泊作为水柜（水库），需不时将汶泗流域的各泉引纳入湖蓄积，以备漕运通过时放水入运，所以在非漕船通过的时间里也严禁引用河湖灌溉。”[②]

运河还导致山东土壤盐碱化。元代南北向纵贯的运河两岸大堤，使“两岸的河流无法流入，潴积成许多陂塘，雨季沥水无法排泄，遂成沮洳卑湿，土壤盐碱化严重”。“京杭大运河全线筑堤后，如同一道地上长城屹立在东部平原，运西的河流只有两处出路，黄河以北诸水汇于天津入海，黄河以南诸水汇于黄淮交汇口淮阴一带入海。所以，明清以来海河平原洪涝灾害不断，受害最深的要数鲁西南平原，此地南面有高于运河的黄河拦阻，北面有狭窄的卫河约束，东面则为会通河堤所挡。这一地区的沥水宣泄存在很大困难。每遇暴雨季节，黄运并涨，河溢湖满，洪水到处汹涌洄荡，日久土壤严重碱化，至今淮北、鲁西南的菏泽地区仍是黄淮间经济较落后、贫困的地区。”[③]

（二）农业生产工具使用上的细微变化

宋元时期的农具在前代基础上又有新的改良和创新，这些新的工具在山东地域已得到广泛应用。

在唐代曲辕犁的基础上，宋代在犁的使用上有两处改进，主要是采用了钩环和加装了犁刀。唐代曲辕犁使用可以转动的犁盘与耕索与牛轭相连，但犁盘固定在犁辕上，使用中仍有不灵便之处，“宋元时代在犁盘与犁辕之间加上一副钩环，使其‘耕时旋擐犁首，与轭相为本末，不与犁为一体’，从而增加了它的灵活性，并形成了我国传统耕地方式‘牛犁相联’的新形制”[④]。山东东平人王祯总结南、北农具，其《农书》中所绘的人字耙、犁、犁刀、耕盘等图像中都有钩环，可佐证元代时山东地域确已使用了耕索、钩环。

---

① ［明］宋濂等：《元史》卷六十四，中华书局1976年版，第1615页。

② 邹逸麟：《从生态文明角度看大运河的负面影响》，《中国社会科学报》2014年第4月4日第580期。

③ 邹逸麟：《从生态文明角度看大运河的负面影响》，《中国社会科学报》2014年第4月4日第580期。

④ 梁家勉主编：《中国农业科学技术史稿》，农业出版社1989年版，第383页。

犁刀又称翣刀、劚刀,“它是一种形似短镰背宽而厚的钢刃工具,具有破土和切断根株的良好作用。主要是在耕地前使用,为耕犁的耕翻创造条件”①。“山东曲阜、嘉祥出土的铁犁铧,都装置有钢刃熟铁犁刀。”②

宋代利国监设置于北宋太平兴国四年(979),1985 年枣庄市市中区渴口村发现宋代利国监制造的犁镜、踏犁铧。犁镜由白口铁铸成,上端呈椭圆形,下端斜直,光面内凹,背面饰三鼻纽,呈三角形分布。铸有竖文四行,阳文楷书,自左至右,自上而下为“徐丘”“铸造”“利国监”“□清”共九字。通高 26 厘米、下端长 27.5 厘米、厚 1.6 厘米,重 3.7 公斤。③

唐代的长镵,宋人加以改进后称为踏犁。④“形如匙,长六尺许,末施横木一尺余,此两手所捉处也。犁柄之中,于其左边施短柄焉,此左脚所踏处也。踏,可耕三尺,则释左脚,而以两手翻泥,谓之一进。迤逦而前,泥垄悉成行列,不异牛耕。”⑤踏犁的效率,陈尧叟云“踏犁之用,可代牛耕之功半,比镢耕之功则倍”⑥;周去非云“踏犁五日,可当牛犁一日”。由于缺牛,曹州是宋代最早推广踏犁的地区之一。山东各地均有用踏犁者,渴口村出土踏犁铧两件,均残,由白口铁铸成。残长 18 厘米、上部宽 13 厘米,呈舌状,前端套有铧头,刃弧长 18.7 厘米、銎口 8.7×2 厘米,可安装木辕。⑦

元代山东播种使用两脚耧。《王祯农书》云:“今燕赵齐鲁之间多有两脚耧,关以西有四脚耧,但添一牛,功又速也。夫耧,中土皆用之,他方或未经见”⑧。

前已述宋元时期山东属冬小麦杂粮生产区,夏季麦收任务很重。元代开发出了快速收割麦子的工具——麦钐。它由麦笼、麦钐、麦绰构成,麦笼是竹编的盛麦器,下装四轮,随割麦而行进。麦钐即钢制的割麦刀,用于割麦。麦绰是竹编的拢麦器,麦拢好后即用安装在上的麦钐切断,推而前进。

---

① 梁家勉主编:《中国农业科学技术史稿》,农业出版社 1989 年版,第 383 页。
② 张照东:《宋元山东区域经济研究》,齐鲁书社 2006 年版,第 113 页。
③ 文光:《山东枣庄市出土的古代铁农具》,《农业考古》1987 年第 2 期。
④ 宋兆麟:《我国古代踏犁考》,《农业考古》1981 年第 1 期。
⑤ [南宋]周去非著,杨武泉校注:《岭外代答校注》,中华书局 1999 年版,第 156 页。
⑥ [清]徐松辑:《宋会要辑稿》食货一之十六、十七,中华书局 1957 年版,第 4809—4810 页。
⑦ 文光:《山东枣庄市出土的古代铁农具》,《农业考古》1987 年第 2 期。
⑧ [元]王祯撰,王毓瑚校注:《王祯农书》农器图谱集之二,农业出版社 1981 年版,第 211—212 页。

“芟麦等器,中土人皆习用。盖地广种多,必制此法,乃易收敛,比之镰获手莱,其功殆若神速。”①

三、宋金元时期山东乡村的生业

自宋不立田制,农村租佃经济与小农经营并存,农村生活与生产并没有产生根本性的变化。然而宋代以来商品经济的发展又使农村全方位地沉浸于商业的氛围之下。山东地域因处于南船北马之东线交换枢纽位置,其商业氛围尤浓,于山东农村生活的牵引相当明显。

(一) 农人生计

尽管宋元时期山东地域的整体生态环境在日渐变差,但大多数地方还是比较适合于农耕。如青州“厥壤广衍”,其城“萦带山岳,控引川渎。气候高爽,风物楙盛,雅俗杂处,修涂四达,富焉庶焉”②。沂州土地肥沃,“为守之贵,仕宦之美”③。齐州“其地富饶”④。“平原、厌次,沃野千里”⑤。郓州“其土沃衍,其民乐厚”⑥。郓城“邑壤素膏沃”⑦。东昌路“地平土沃,无名山大川之限”⑧。在适于农耕的地方,大多形成了“好稼穑”的民风民俗。宋代郓州、濮州、济州等地风俗相同,“硕学通儒无绝,今古家尚质直。人多魁岸,不规商贾,肆力农桑,亦风土之使然也”⑨。曹州、单州、宋州等地风俗相同,“好稼穑”⑩。这些地区到了元代仍是“好稼穑”,如曹、濮等州“其民朴

① [元]王祯撰,王毓瑚校注:《王祯农书》农器图谱集之十五,农业出版社 1981 年版,第 363 页。

② [北宋]夏竦:《文庄集》卷二十一,载《景印文渊阁四库全书》第 1087 册,台湾商务印书馆影印 1985 年版,第 228 页。

③ [北宋]刘攽:《彭城集》卷二十一,中华书局 1985 年版,第 294 页。

④ [北宋]曾巩:《曾巩集》卷十三,中华书局 1984 年版,第 215 页。

⑤ [北宋]苏轼著,孔凡礼点校:《苏轼文集》卷三十九,中华书局 1986 年版,第 1116 页。

⑥ [北宋]刘敞:《公是集》卷三十六,载《景印文渊阁四库全书》第 1095 册,台湾商务印书馆影印 1985 年版,第 711 页。

⑦ [北宋]李昭玘:《乐静先生李公文集》卷三十,载四川大学古籍研究所编《宋集珍本丛刊》第 27 册,线装书局 2004 年版,第 759 页。

⑧ [元]孛兰肹等撰,赵万里校辑:《元一统志》卷一,中华书局 1966 年版,第 94 页。

⑨ [北宋]乐史撰,王文楚等点校:《太平寰宇记》卷十三,中华书局 2007 年版,第 248 页。

⑩ [北宋]乐史撰,王文楚等点校:《太平寰宇记》卷十二,中华书局 2007 年版,第 219 页。

厚,好稼穑,务蚕织”[①]。

以农为业是农民的本分。史籍所见宋代郓州须城人赵邻几“家世为农”[②]。吕颐浩的先祖居于乐陵,后来迁徙到齐州,“父丧家贫,躬耕以赡老幼”[③]。金朝登州栖霞人丘处机家世业农,幼年孤贫,长大后入道都,为全真七子之一。元代兖州嵫阳人王思诚“家本业农”,自思诚时起始业儒,其祖王祐曾反对说“儿大不教力田,反教为迂儒耶!”[④]。土地较足的富裕自耕农民尚有一些收入,可以勉力供子弟上学、考科举,而无地或少地的农民只能佃种地主土地或为人佣耕。山东的经典个案为刘廷式不负婚约事。刘廷式[⑤],字得之,齐州(今山东济南)人。进士出身,曾出任齐州通判等职。“朝士刘廷式,本田家。邻舍翁甚贫,有一女,约与廷式为婚。后契阔数年,廷式读书登科,归乡闾访邻翁,而翁已死,女因病双瞽,家极困饿。廷式使人申前好,而女子之家辞以疾,仍以佣耕,不敢姻士大夫”[⑥]。“濮州临濮县徐村农民鲍六,贫甚,为富家佣耕”[⑦]。孟温舒为濮州雷泽令时,有“人佣于某家,累年负其值不偿”[⑧]。

农家养殖六畜。宋代潍县屠者以宰猪为业,因被发现不孝,即日改业[⑨]。“政和(1111—1118)初,济州村民家马生驹”[⑩]。济南人张养浩至治年间(1321—1323)归乡,访亲友田家,醉归,“兹晨饮田家,翁媪良勤劬。呼僮为割鸡,催妇仍鲙鱼”[⑪]。

宋元时期,农民一方面以农为业,另一方面又从事小手工业、小商贩以维持生计,农耕与家庭小手工业、小商贩业的结合更加紧密,史称京东东、西

---

① [元]孛兰肹等撰,赵万里校辑:《元一统志》卷一,中华书局1966年版,第96页。

② [元]脱脱等:《宋史》卷四百三十九,中华书局1977年版,第13009页。

③ [元]脱脱等:《宋史》卷三百六十二,中华书局1977年版,第11319页。

④ [明]宋濂等:《元史》卷一百八十三,中华书局1976年版,第4211页。

⑤ 《宋史》中作“刘庭式”,见[元]脱脱等:《宋史》卷四百五十九,中华书局1977年版,第13471页。

⑥ [北宋]沈括撰,胡道静校注:《新校正梦溪笔谈》卷九,中华书局1957年版,第115页。

⑦ [南宋]洪迈撰,何卓点校:《夷坚志》三补,中华书局1981年版,第1804页。

⑧ [南宋]洪迈撰,何卓点校:《夷坚志》甲志卷十,中华书局1981年版,第87页。

⑨ [南宋]洪迈撰,何卓点校:《夷坚志》丙志卷十九,中华书局1981年版,第526页。

⑩ [南宋]洪迈撰,何卓点校:《夷坚志》丁志卷七,中华书局1981年版,第592页。

⑪ [元]张养浩:《归田类稿》卷十六,载《景印文渊阁四库全书》第1192册,台湾商务印书馆影印1985年版,第612页。

两路“趋坑冶以逐末，贩茶盐而冒禁”[1]。宋代济州钜野人王禹偁“世为农家”[2]，同时又以磨面为生，民间俗称之为“磨家儿”[3]。李全，有三胞胎兄弟三人，本是“潍州北海农家子”[4]，李全有武勇，蒙古兵大掠山东时，他与仲兄李福聚众数千，结寨自保。李全在农闲时作小贩，曾“以贩牛马来青州。有北永州牛客张介引至涟水”[5]。贩盐亦是农民的生计方式之一，苏轼曾云京东民“孤贫无业，惟务贩盐”[6]。金代的徐文原是莱州掖县人，后徙居于胶水县业农，“少时贩盐为业，往来濒海数州”[7]。元代泰安长清人严实出身于农家，“不治生产，喜交结施与，落魄里社间”[8]。

宋元时期山东地域草生、灌木植被还比较丰富，如“滨、棣、淄、齐、郓、博州茭莽翳荟”[9]，德州平原岭“高峻延袤，其中多猿猱獐鹿之所”[10]等。因此，采集、猎捕经济仍是宋元时期农民家庭收入的有机补充。如荻是一种多用途的草类，嫩叶的营养价值较高，人可食用，也是牛、羊春天最好的青饲草之一，夏秋根茎长大以后亦可供放牧利用。荻草茎还可用作编织材料编织薕，济州“尤出荻薕”[11]。荻草广泛生长于山坡草地和平原岗地、河湖岸湿地。因此，采集荻草是山东地域农民的经济活动之一。《齐乘》云即墨东南四十里的不期山，“有草生如薙，长尺余，坚韧异常”，可作编织、结绳之用。在宋元时期的水环境下，山东诸地水葱、萑蒲仍能四处野生，则前代流传下来的水葱席、苇席亦为当地农民编艺之一。野生杨柳的枝条当属山东农家传统采集对象之一，王祯《农书》种绵柳云：“下田停水、不得五谷之处，及山涧河旁，至春、冻释，于山陂河坎之旁，刈取‘箕柳’，三寸截之。漫散即劳，劳讫，引水停之。至

---

① [南宋]李焘撰，上海师范大学古籍整理研究所等点校：《续资治通鉴长编》卷一百五十九，中华书局1995年版，第3849页。

② [元]脱脱等：《宋史》卷二百九十三，中华书局1977年版，第9793页。

③ 徐规：《王禹偁事迹著作编年》序言，商务印书馆2003年版，第1页。

④ [元]脱脱等：《宋史》卷四百七十六，中华书局1977年版，第13817页。

⑤ [南宋]周密撰，张茂鹏点校：《齐东野语》卷九，中华书局1983年版，第157页。

⑥ [北宋]苏轼著，孔凡礼点校：《苏轼文集》卷二十六，中华书局1986年版，第755页。

⑦ [元]脱脱等：《金史》卷七十九，中华书局1975年版，第1785页。

⑧ [明]宋濂等：《元史》卷一百四十八，中华书局1976年版，第3505页。

⑨ [南宋]李焘撰，上海师范大学古籍整理研究所等点校：《续资治通鉴长编》卷八十九，中华书局1995年版，第2052页。

⑩ [元]孛兰肹等撰，赵万里校辑：《元一统志》卷一，中华书局1966年版，第97页。

⑪ [北宋]乐史撰，王文楚等点校：《太平寰宇记》卷十四，中华书局2007年版，第280页。

秋收刈，任为箕箱之类。山柳赤而脆，河柳白而韧。”①

山东所产道地药材防风、蛇床子、茯苓等为历代贡品。据《齐乘》记载，胶水东南四十里的金泉山，出桔梗、防风；黄县南四十里的芦山，出茯苓。济南府城西南十五里北药山，“出阳起石极佳”。这些道地药材自然是居民的主要采集、挖掘的对象。

前文已详述了宋元时期山东的山、水环境，水体资源尚称丰富，因此，渔捕、水生植物采集是居民的重要生计来源。“曹州定陶县之北有陂泽，民居其傍者，多采螺蚌鱼鳖之属鬻以赡生。”②苏辙记载“济南多甘泉，流水被道，蒲鱼之利，与东南比，东方之人多称之”③。梁山泊有“蒲、鱼、荷、芡之利”，然而官方“皆日计月课，纤悉无遗，遂致泺傍之人无所衣食”④。滨、棣等州多有塘泺，平时居民贩卖鱼、果，官府都要收税，只有在水灾之时，官方才会偶尔减免税收。如宋神宗元丰元年(1078)，滨(治今山东滨州市北滨城镇)、棣(治今山东惠民县)、沧(治今河北沧县东南)三州第四等以下被水灾民，“零贩竹木、鱼果、炭箔等物，税百钱以下听权免一季”⑤。塘泺中鱼蟹甚多，居人多制作成糖蟹保存，亦称霜蟹，“河朔雄(治今河北雄县)霸(治今河北霸州)与沧(治今河北沧县东南)棣(治今山东惠民)皆边塘泺，霜蟹当时不论钱也。每岁诸郡公厨糟淹，分给郡僚，与转饷中都贵人”⑥。济南大明湖、莲子湖等地所产鱼蟹极多，苏辙云大明湖“蒲莲自可供腹，鱼蟹何尝要钱”⑦。

“采菱东齐”，山东地域水生植物采集以采集芡、菱、莲、菰最为常见。巨野泽在宋元时期尚未湮废，筑山泺实“古钜野泽，绵亘数百里，济、郓数州，赖其蒲鱼之利”⑧。前代盛赞的钜野大菱即巨野蒲鱼之利之一。陈师道途经巨野泽，感慨“灯火鱼成市，帆樯藕带泥”⑨；“兹山昔谁游，巨野传自古。菰

---

① ［元］王祯撰，王毓瑚点校：《王祯农书》百谷谱集之九，农业出版社 1981 年版，第 153—154 页。

② ［南宋］洪迈撰，何卓点校：《夷坚志》支乙卷一，中华书局 1981 年版，第 797 页。

③ ［北宋］苏辙著，曾枣庄等校点：《栾城集》卷十八，上海古籍出版社 1987 年版，第 429 页。

④ ［南宋］李光：《庄简集》卷九，载《景印文渊阁四库全书》第 1128 册，台湾商务印书馆影印 1985 年版，第 526 页。

⑤ ［南宋］李焘撰，上海师范大学古籍整理研究所等点校：《续资治通鉴长编》卷二百九十一，中华书局 1995 年版，第 7125 页。

⑥ ［北宋］何薳撰，张明华点校：《春渚纪闻》卷三，中华书局 1983 年版，第 47 页。

⑦ ［北宋］苏辙著，曾枣庄等校点：《栾城集》卷六，上海古籍出版社 1987 年版，第 138 页。

⑧ ［元］脱脱等：《宋史》卷四百六十八，中华书局 1977 年版，第 13664 页。

⑨ ［北宋］陈师道：《后山居士文集》上册，上海古籍出版社 1984 年版，第 102 页。

鱼无凶年，末利犹不御。荷陕活万人，梨埒视千户”①。芡实，俗称“鸡头”。苏辙在济南大明湖，就曾见人采食芡实，其《食鸡头》诗云：“芡叶初生绉如縠，南风吹开轮脱毂。紫苞青刺攒猬毛，水面放花波底熟。森然赤手初莫近，谁料明珠藏满腹。剖开膏液尚模糊，大盎磨声风雨速。清泉活火曾未久，满堂坐客分升掬。纷然咀嚅惟恐迟，势若群雏方脱粟。东都每忆会灵沼，南国陂塘种尤足。东游尘土未应嫌，此物秋来日尝食。”②菱芡可生食，炒食更美，“生食性冷，煮熟为佳。蒸作粉，蜜和，食之尤美”，王祯云“江淮及山东曝其实以为米，可以当粮，犹以橡为资也”③。

沿海居民的采集对象与内陆湖泊多有不同，采集、鱼捕的对象皆为海物，小手工制品也以海物为原料。如用鱼皮制作鱼服、用海豹皮制作鞍鞯、用鲨鱼皮作箭囊等等。宋元时期山东沿海居民以海物为资源的生计方式如表 7－2 所示。

表 7－2　　　　宋元时期山东沿海居民海物生计资源表④

生计资源名称	形态特征	使用用途	分布区域	时代
海狗，又称腽肭兽	其状非狗非兽，亦非鱼。其身有短密淡青白毛，似牛毛，皮厚且韧	魏晋以来用其皮制作鱼服：皮虽干燥，以为弓鞬矢服，经年海水将潮及天将雨，其毛皆起，水潮还，及天晴，其毛复如故。其肉食用，海狗肾等亦可入药	登州、莱州，黄海、渤海海域	北宋
海豹	其大如豹，文身五色，丛居水涯。有斑纹如豹而无尾	其皮染绿可饰鞍鞯	登州、莱州傍海甚多	北宋
海驴	皮毛可长二分	其皮水不能润	文登海驴岛	北宋
鲨鱼		鲨鱼皮用于制作鱼服，即箭囊	益都近海海域	金朝

① ［北宋］陈师道：《后山居士文集》上册，上海古籍出版社 1984 年版，第 120 页。

② ［北宋］苏辙著，曾枣庄等校点：《栾城集》卷五，上海古籍出版社 1987 年版，第 112 页。

③ ［元］王祯撰，王毓瑚点校：《王祯农书》百谷谱集之三，农业出版社 1981 年版，第 106 页。

④ 参考张照东所著《宋元山东区域经济研究》（齐鲁书社 2006 年版，第 46—48 页）中的宋元山东海洋动植物生态类群构成表并增添相关资料制作。

续表

生计资源名称	形态特征	使用用途	分布区域	时代
嘉骐鱼	春季最多	其皮厚于羊,其味胜鲈鳜	登州近海	北宋
鰤鱼	鳞肥多刺,游动甚速	食用	登州、莱州近海海域	元朝
鳆鱼,亦称鲍鱼	虽有鱼名,固非鱼类。生长于海水乱石中	食用,海味之珍。汉以来为送礼嘉品,其壳入药,称石决明	登州、莱州近海海域	北宋
海牡蛎	海中蚌属,牡者为良	食用,二三月采集	莱州滨海区域	北宋
海蛤	生长于海滨沙湍中	食用,三、四、五月海潮上下淘沙采集	登州、莱州、密州海域	北宋
海带,亦称昆布	海带者青色,纠结如绳索状,柔韧可以束物	食用	登、莱、沂、密近海海域	北宋
石花菜,又称松子菜	色微白,细如柏叶,生长于浅海中	食用	莒州日照、莱州掖县近海	元代
龙须菜,又称江蓠	生长于海中浅海岩石层,茎如缯,长仅尺许,青色	食用	莱州近海	元代
鹿角菜	形似鹿角,附石而生	食用	登、莱、密、青近海岩石层中	北宋

由于上述登、莱沿海州与内陆州存在的资源环境差异,导致人们的生计策略大有差异,人们靠海为生,农耕并不是生计重点。如莱州“其地瘠薄,负海舄卤,蚕谷少而人民寡”,“男通鱼盐之利,女习缉纺之业”①。登州“登之为郡,凭负山海,擅利鱼盐。僻在东陲,土田狭窄,瘠卤半之”②。

山东地域石材资源极多,也是人们农闲之时采掘加工的对象。据《齐

① [元]孛兰肹等撰,赵万里校辑:《元一统志》卷一,中华书局1966年版,第100页。
② [元]孛兰肹等撰,赵万里校辑:《元一统志》卷一,中华书局1966年版,第100页。

乘》记载,般阳府城东十余里的吉磨山,出磨石,人们采集此石后,可加工成为各种磨扇、舂、磨刀石等。阳丘(今山东章丘绣惠镇)出各种优质石材,可为诸器,阳丘宋氏即据其所居之地的石材发家。“阳丘之南,其乡为锦川。乡之东南皆山,山之下皆良畴,林落远近相属”[①],宋氏于此买地而居。其地“有阜,隆然而瘠。始以为刍牧之所,有攻石者过之,识其下有石,可砥砺舂硙,厚直将购之,宋氏弗许。斸而视之,果然。乃使其子孙自为攻石,倍工而薄售。其子孙皆能驯其教命,勤劬质厚,循循焉有孝悌之懿,以是家益饶”[②]。登州沙门鼍矶岛产黑白石,可磨为棊子。莱州城西五里的福禄山,出温石,可为器。前章已云唐代莱州制作的石器有茶鍑、棋子等,陆羽《茶经》认为莱州石茶器要优于铜铁茶器。宋元时期莱州亦是这些日常用器,诸如茶鍑、酒杯、蒜臼子、镇纸之类,而且还是送礼佳品,京东西转运使王益柔就曾将莱石茶酒器赠送给邵雍,二人有诗相唱和,莱石类玉,王益柔《莱石茶酒器寄邵先生作诗代序》道尽了莱石器的特点:“宝刀切石如春泥,雕剜成器青玻璃。”这些应当只是农家零散的小手工制品。较大规模的山东地域前代留传下来的农闲“趋坑冶以逐末”的生计方式,在宋元时代更加普遍。如峄州,“元时钧台居民业陶者甚多,作治什器,贾数千里,获利尤厚”[③]。

农家生计最普遍的小手工业非纺织业莫属。前文已述宋元时期山东桑、榆、栗等可用于养蚕的经济林种植情况,秦观“游济、河之间,见蚕者豫事时作。一妇不蚕,比屋詈之。故知兖人可为蚕师”。齐鲁之地的养蚕技术为北国之最,秦观《蚕书》云:“今予所书,有与吴中蚕家不同者,皆得兖人也。”[④]京东所产丝绢名品甚多,如唐代以来的镜花绫、双丝绫、仙纹绫等,到宋代还是京东的贡品。尤其以单州成武县所产薄缣最为人称道,“单州成武县织薄缣,修广合于官度,而重才百铢,望之如雾,著故浣之,亦不纰疏”[⑤]。

---

① [元]刘敏中:《中庵集》卷十八,载《景印文渊阁四库全书》第1206册,台湾商务印书馆影印1985年版,第169页。

② [元]刘敏中:《中庵集》卷十八,载《景印文渊阁四库全书》第1206册,台湾商务印书馆影印1985年版,第170页。

③ 光绪《峄县志》卷七,载《中国地方志集成·山东府县志辑》第9册,凤凰出版社等2004年版,第91页。

④ [北宋]秦观:《蚕书》,载《景印文渊阁四库全书》第730册,台湾商务印书馆影印1985年版,第193页。

⑤ [北宋]庄绰:《鸡肋编》卷上,中华书局1983年版,第28页。

山东农家传统产品齐纨、鲁缟在南方天热之地十分畅销，李觏诗云："江湖限南鄙，秋令到还稀。节换空看历，人闲未趁衣。齐纨方得意，厦燕莫言归。"[①]山东丝绢产量巨大，史称"青齐之国，沃野千里，麻桑之富，衣被天下"[②]。最为关键的是，山东丝绢形成了小商贩于村店、墟市等地收买布货，然后再行转销于大中城市的集散销售方式。"邢州富人张翁，本以接小商布货为业。"[③]布货从乡间集中于城市之后，再由行商兴贩于各地。如"兴仁府乘氏县豪家傅氏子，岁贩罗绮于棣州"[④]。"宗立本，登州黄县人。世世为行商，年长未有子。绍兴戊寅盛夏，与妻贩缣帛抵潍州，将往昌乐"[⑤]。

总结而言，宋以来山东农人的生计以农耕为主，与各种小手工业紧密结合，相当深入地融进了商品经济的氛围中。济南路阳丘人崔聚"世贾贩，致饶名于乡里。……往来贸易湘湖间，以是致赀累钜万，言富室无居其右"[⑥]。

（二）地主庄园的运转

宋元时期山东战事颇多，地主常变换。如金乡刘氏于北宋靖康年间由徐州丰县迁徙到金乡县杨徐里，金人占领山东后，"务休兵息民，故刘氏族大以蕃，田畴第舍甲里中"，到贞祐年间(1213—1216)，金人迁都汴京，"河朔俶扰，刘氏之族皆逃难解散"，等到刘信之祖父再返故土时，"田庐悉为豪家所有"，只得徙居金乡阳山里，"以孝弟力田称"[⑦]。

在安定时期，有将土地租给他人耕种，获取地租的地主；也有聚族而居，在家长主持下，从事农耕与货殖综合经营的地主。

金乡李姓书生"有田于莘(今山东莘县)，过之，及门，息于厩，置壁下有钱二千，以二百为陌，有榜曰'巡辖马递铺'，问之，乃田者所纳课也"[⑧]。金

---

① ［北宋］李觏：《李觏集》卷三十六，中华书局1981年版，第406页。

② ［北宋］孙觌：《鸿庆居士集》卷二十六，载《景印文渊阁四库全书》第1135册，台湾商务印书馆影印1985年版，第268页。

③ ［南宋］洪迈撰，何卓点校：《夷坚志》乙志卷七，中华书局1981年版，第242页。

④ ［南宋］洪迈撰，何卓点校：《夷坚志》甲志卷十八，中华书局1981年版，第159页。

⑤ ［南宋］洪迈撰，何卓点校：《夷坚志》甲志卷二，中华书局1981年版，第12页。

⑥ ［元］刘敏中：《中庵集》卷十八，载《景印文渊阁四库全书》第1206册，台湾商务印书馆1985年版，第170页。

⑦ ［元］苏天爵著，陈高华、孟繁清点校：《滋溪文稿》卷二十一，中华书局1997年版，第354—355页。

⑧ ［北宋］陈师道撰，李伟国校点：《后山谈丛》卷二，上海古籍出版社1989年版，第15页。

乡、莘县相隔数县，则李生在莘地的田庄采取了租与他人赚取租课的经营方式。

临淄麻希梦，大量兼并土地，“积至巨万”，“富冠四方”。麻氏庄园规模庞大，契丹游兵掳掠临淄时，麻氏率庄人千余据堡自守，乡里赖之，全济者甚众，乡人谓之麻氏寨。“有孤侄懦弱，麻氏家长恐分其财”，由此可以推测麻氏寨的土地应当是在麻氏家长的主持下，率庄人进行综合经营，麻氏寨以外的土地应当如李昉一样实行着租佃经营。麻氏一族经营邸店，“又借同邑人姓名买场务”，后来麻氏家主杀人事发，官方籍没了麻氏绝大部分家财，仅“以临淄宅一区给其家，邸店资财取十之三均给其族，自余悉籍之。其田庄本因平债吞并典质者，许元主收赎”①。

有中小地主直接经营农业生产。昌乐李氏的李贵主持家族事务，他“持身谨敬，孝义公节”，“躬率子侄，孝友为务，农为业，直行其义”②。潍州周氏庄园的综合经营比较有特色，周氏共有兄弟五人，“天性不饮，同心同德，服其勤□，开辟田土，耕稼以时，而□蔽衣菲食，克勤克俭，铢积寸累，仍已别地□创建水硙、油房、果园、蔬圃、柳□，□宿舍屋梁焉，苟且完美，加之地土广大，孳畜繁夥，桑麻盛茂，忝厕郡邑之大姓”③。周氏庄园的经营模式大致同于石崇的金谷园，种植粮食、水果、园圃、养殖等，以农业生产为根本，同时又开设油坊、水碓等手工业作坊，其桑麻茂盛，应当如其他地主一样还有机户专司纺织。如王伯瑜“贩京东、河北帛入京师，复以京师帛贾滨、棣间，往往与本部公人、秤子交市，家有数机，更自织造”④。

元朝时，王仔置产于费县，劝诫子孙努力耕稼，“王氏家□以厚德起家……惟四时酌天道，别地利，服田力穑，以供王税”⑤。莱州綦通之大父“起家勤俭，教子孙□□□各务基本，以致殷富”，“曾大父至考妣三代皆尚纯德，勤劳

---

① ［南宋］李焘撰，上海师范大学古籍整理研究所等点校：《续资治通鉴长编》卷九十五，中华书局1995年版，第2188、2189页。

② 民国《昌乐县续志》卷十七，载《中国地方志集成·山东府县志辑》第35册，凤凰出版社等2004年版，第378页。

③ 民国《潍县志》卷四十，载《中国地方志集成·山东府县志辑》第41册，凤凰出版社等2004年版，第185页。

④ ［南宋］李焘撰，上海师范大学古籍整理研究所等点校：《续资治通鉴长编》卷二百四十七，中华书局1995年版，第6014页。

⑤ 光绪《费县志》卷十五，载《中国地方志集成·山东府县志辑》第57册，凤凰出版社等2004年版，第381页。

稼穑,以致家世殷富”[①]。济南蒋氏以农业为本,建有“务本堂”,方回《寄题济南蒋氏务本堂》诗云:“人生真乐在田庐,几顷膏腴几卷书。遴选友朋研简册,抚存童仆课犁锄。紫荆一树永无恙,丹桂五枝应有余。孝弟俭勤植根柢,时闻佳气又充闾。”[②]

总结而言,宋元时期山东地域的地主除了将土地租给佃户取租,更多的是以自身所在庄园进行多种经营,此种经营以农业为本,经营农副产品加工、丝麻纺织、坑冶等各种手工业,并在不同地区之间进行产品贸易。

四、宋金元时期山东的农业文化

范仲淹“二岁而孤,母更适长山朱氏,从其姓,名说”[③]。青少年在淄州长山县度过的范仲淹感于少年时的孤立无依,在皇祐元年(1049)“于其里中买负郭常稔之田千亩,号曰义田。以养济群族。族之人,日有食,岁有衣,嫁娶凶葬皆有赡”[④]。范仲淹效法汉代“宗家田庐”的义田,开启了乡村中“以众帮众”的宗族生活,这是北宋以后乡村文化中的一个亮点。当然,以众帮众的方式在宋元时代不止于义田,“锄社”也是其一。

(一)宋元时期官府的劝农与山东乡村的“社”

北宋时,地方州县长官以劝农使入衔成为定制。每年春季二月,地方长官作劝农文以劝诱农功成为经常性的职责[⑤]。

金朝也实施劝农,金太宗天会九年(1131),分遣诸路劝农之使者。金熙宗天眷元年(1138)设劝农司掌管“劝课天下力田之事”[⑥]。

元代亦设有劝农官,农桑事的成否是地方官、劝农官的考核内容之一。至元七年(1270),设司农司,“专掌农桑水利。仍分布劝农官及知水利者,

---

① 民国《平度县续志》卷三,载《中国地方志集成·山东府县志辑》第43册,凤凰出版社等2004年版,第427、428页。

② [元]方回:《桐江续集》卷二十,载《景印文渊阁四库全书》第1193册,台湾商务印书馆影印1985年版,第465页。

③ [元]脱脱等:《宋史》卷三百一十四,中华书局1977年版,第10267页。

④ [北宋]范仲淹:《范文正公文集》卷八,中华书局1985年版,第106页。

⑤ 包伟民、吴铮强:《形式的背后:两宋劝农制度的历史分析》,《浙江大学学报(人文社会科学版)》2004年第1期。

⑥ [元]脱脱等:《金史》卷五十五,中华书局1975年版,第1243页。

巡行郡邑,察举勤惰。所在牧民长官提点农事,岁终第其成否,转申司农司及户部,秩满之日,注于解由,户部照之,以为殿最。又命提刑按察司加体察焉。其法可谓至矣”①。同年颁行“农桑之制一十四条”,作为官员劝农时的具体推进措施。

> 是年,又颁农桑之制一十四条,条多不能尽载,载其所可法者:县邑所属村疃,凡五十家立一社,择高年晓农事者一人为之长。增至百家者,别设长一员。不及五十家者,与近村合为一社。地远人稀,不能相合,各自为社者听。其合为社者,仍择数村之中,立社长、官司长以教督农民为事。凡种田者,立牌橛于田侧,书某社某人于其上,社长以时点视劝诫。不率教者,籍其姓名,以授提点官责之。其有不敬父兄及凶恶者,亦然。仍大书其所犯于门,俟其改过自新乃毁,如终岁不改,罚其代充本社夫役。社中有疾病凶丧之家不能耕种者,众为合力助之。一社之中灾病多者,两社助之。凡为长者,复其身,郡县官不得以社长与科差事。农桑之术,以备旱暵为先。凡河渠之利,委本处正官一员,以时浚治。或民力不足者,提举河渠官相其轻重,官为导之。地高水不能上者,命造水车。贫不能造者,官具材木给之。俟秋成之后,验使水之家,俾均输其直。田无水者凿井,井深不能得水者,听种区田。其有水田者,不必区种。仍以区田之法,散诸农民。种植之制,每丁岁种桑枣二十株。土性不宜者,听种榆柳等,其数亦如之。种杂果者,每丁十株,皆以生成为数,愿多种者听。其无地及有疾者不与。所在官司申报不实者,罪之。仍令各社布种苜蓿,以防饥年。近水之家,又许凿池养鱼并鹅鸭之数,及种莳莲藕、鸡头、菱角、蒲苇等,以助衣食。凡荒闲之地,悉以付民,先给贫者,次及余户。每年十月,令州县正官一员,巡视境内,有虫蝗遗子之地,多方设法除之。其用心周悉若此,亦仁矣哉。②

至元八年(1271),董文用被任命为山东东西道巡行劝农使。“文用巡行劝励,无间幽僻。入登州境,见其垦辟有方,以郡守移剌某为能,作诗表异

① [明]宋濂等:《元史》卷九十三,中华书局1976年版,第2354页。
② [明]宋濂等:《元史》卷九十三,中华书局1976年版,第2354—2355页。

之。于是列郡咸劝，地利毕兴，五年之间，政绩为天下劝农使之最”[①]。董文用被考评为天下劝农使之最，表明山东是上引农桑十四条具体执行的优秀地区。“农社”成为元代山东农业生产的促进机构，也成为乡村生活中的次组织形态。

劝农推进措施中有对病、丧之家社员进行互助的条文，这属于生产的组织过程，非关生产技术。“锄社”为组织互助生产之一例。北方农业生产中，在春秋的播种、收获农忙之外，最频繁的农事活动莫过于锄，而且锄在北方还必须讲究时效性，北方乡村结“锄社”来解决时效性问题。“其北方村落之间，多结为‘锄社’，以十家为率，先锄一家之田，本家供其饮食，其余次之，旬日之间，各家田皆锄治。自相率领，乐事趋功，无有偷惰，间有病患之家，共力助之。故田无荒秽，岁皆丰熟。秋成之后，豚蹄盂酒，递相犒劳，名为‘锄社’，甚可效也。”[②]

山东素有结社的传统，如章丘民聚党村落间，号“霸王社”[③]；“淄、济等州民间置教头，习兵杖，聚人为社”[④]；临沂“有不逞辈五百人，结为党社，大扰境内”[⑤]。宋代山东“共成善缘、共成功德”的佛教社邑更多，绝大多数成员都是乡村民众[⑥]。宋朝官方曾利用民间结社的习俗在京东西两路组建“弓箭社”，带弓而锄，佩剑而樵。元代的农社、锄社不过是官府因势利导而形成的生产性结社。

生产性结社对区域经济的推进看来是明显的，如上引十四条中“近水之家，又许凿池养鱼并鹅鸭之数，及种莳莲藕、鸡头、菱角、蒲苇等，以助衣食”在山东地域就得到了相当大的推广，如青州“路冲当水驿，市早集商船。鹅鸭皆成队，鱼虾不费钱”[⑦]；陵州（今山东德州）“柳衣袅袅萦清河，绿头水禽飞带波”[⑧]。鹅鸭成队这种景象，在现今北方地区少见。宋元时期，水域不

① ［明］宋濂等：《元史》卷一百四十八，中华书局1976年版，第3496页。

② ［元］王祯撰，王毓瑚校注：《王祯农书》农桑通诀集之三，农业出版社1981年版，第35页。

③ ［元］脱脱等：《宋史》卷三百一十九，中华书局1977年版，第10390页。

④ ［清］徐松辑：《宋会要辑稿》兵一一之十八，中华书局1957年版，第6946页。

⑤ ［元］脱脱等：《金史》卷一百二十八，中华书局1975年版，第2768—2769页。

⑥ 参见谭景玉：《北宋前期山东地区的佛教结社初探》，《民俗研究》2014年第4期。

⑦ ［元］张之翰：《西岩集》卷五，载《景印文渊阁四库全书》第1204册，台湾商务印书馆影印1985年版，第394页。

⑧ ［元］陈孚：《陈刚中诗集》卷一，载《景印文渊阁四库全书》第1202册，台湾商务印书馆影印1985年版，第624页。

及鲁南的鲁北地区尚且鹅鸭成队，水域浩荡的鲁南地区当更是如此。

（二）从“俗弥侈泰”到“俗不好奢”

前已述自齐国至唐代，山东地域“俗弥侈泰”。至北宋时，司马光云山东地域“俗不好奢田器贵”①。金章宗曾问山东风俗如何，参知政事张万公以“奢”为对②。至于元代，东昌路“习俗和睦，纯素节俭，有礼义。人多读书，有近古之风”。“俗近敦厚。家知礼逊。习俗节俭。人多读书。”③登州“民多朴野，性皆犷直，犹有古风。凡所施为，质多文少”④。《大清一统志》转引宋元山东各地方志，云青州“俗朴而俭”；博州“习俗节俭”；夏津“习俗节俭”“节俭之风自古而存”；莱州“淡泊自足，不尚文饰”。由此知，宋元时期山东地域民风民俗经历了一场由“奢”到“俭”的转型。

平民们的居俭生活淹没于历史长河，为官者的居俭记录赖正史、方志的记录尚可见于一斑。益都人王曾“平生自奉甚俭”⑤；曹州人任中师“性乐易，平居自奉甚俭约”⑥；临清人王彦超“居处服用，咸遵俭约”⑦；济州钜野人进士清河张鼎“家故饶于财而奉养薄，不以饶故欲可侈”⑧。

前章已讨论过山东地域“俗尚夸侈”，养成了山东“士女被服，咸以奢丽相高”的心理指向，牵引着纺织行业在图案、花纹、样式上精益求精，以此推动纺织、服装行业的深层次发展，从而使以“纤华”见称的齐纨、鲁缟广受市场欢迎。而在民风转俭之后，被、服方面相应的心理价值取向不再是精益求精、奢丽相高，而是能用且用，得过处且过之，向着“新三年，旧三年，缝缝补补又三年”的节俭行为转向，如莒州日照人张行信“不事修饰”⑨。在民风归向俭约之后，唐代山东盛行的“刺绣倚市者”在宋代以后就失去了地方市场

---

① ［北宋］司马光：《传家集》卷十三，载《景印文渊阁四库全书》第 1094 册，台湾商务印书馆影印 1985 年版，第 135 页。

② ［元］脱脱等：《金史》卷四十三，中华书局 1975 年版，第 984 页。

③ ［元］孛兰肹等撰，赵万里校辑：《元一统志》卷一，中华书局 1966 年版，第 94 页。

④ ［元］孛兰肹等撰，赵万里校辑：《元一统志》卷一，中华书局 1966 年版，第 100 页。

⑤ ［元］脱脱等：《宋史》卷三百一十，中华书局 1977 年版，第 10185 页。

⑥ ［元］脱脱等：《宋史》卷二百八十八，中华书局 1977 年版，第 9671 页。

⑦ ［元］脱脱等：《宋史》卷二百五十五，中华书局 1977 年版，第 8912 页。

⑧ ［北宋］晁补之：《鸡肋集》卷六十八，载《景印文渊阁四库全书》第 1118 册，台湾商务印书馆影印 1985 年版，第 1003 页。

⑨ ［元］脱脱等：《金史》卷一百零七，中华书局 1975 年版，第 2371 页。

的支持，山东地域追求被服图案、样式、花纹创新的日常生活动力在减弱，以致发展到“士廉而朴，不习进趋”[①]，齐纨终于变得不再纤华！齐鲁“衣被天下”的地域文化创新动力在渐渐消失，齐纨让位于潞绸、浙绸，导致明清时期山东地域的丝绢纺织行业走向衰落，“山东不仅不再处于中心地位，而且也失去了一流水平的位置，只能排在全国六大蚕桑丝绸区域中第二等的位置之上”[②]。

（三）山东地域的农学思想

限于思想指导的原因，贾思勰没有将园艺生产纳入《齐民要术》中。在宋元时期，人们已认识到观赏植物的园艺生产也是农业生产的重要组成部分，这在山东的农学著作中得到了体现。现所知宋元时期的山东农学家有邓御夫、张福、苗好谦、王祯等人。

1. 邓御夫

邓御夫，字从义，济州钜野（今山东巨野）人。他不乐荣利，身自力作，“非农圃入不以易所无”。其以亲身所历，“作《农历》一百二十卷，言耕织、刍牧与凡种艺、养生、备荒之事，较《齐民要术》尤密”。[③]

2. 张福

张福，字显祖，元代禹城人。其父张迪，为张荣部属。父子两代人在金末干戈扰壤之际，世守济南，助张荣祖孙三代“为国养民，不竭其力”。养民则须发展农业，当时《种艺必用》一书切于时用，有很大的影响，但《种艺必用》是南宋吴怿所写的农书，其内容主要是记述南方的物产和种艺方法，不太适合北方地区使用，张福遂作《种艺必用补遗》，增加了大量北方地区农业生产方面的内容。《种艺必用》涉及五谷、蔬果、树艺、观赏植物等门类，“《种艺必用》和《补遗》虽然卷帙都不多，但其间总结的种植莳艺经验，内容十分丰富；樊篱拓广，叙述了许多过去和同时的农书所未道的东西。例如：较诸《齐民要术》增多了：（一）外来种的蔬菜、瓜类如菠薐、莴苣、丝瓜等，亚热带果树如荔枝、橄榄

---

① 光绪《东平州志》卷二，载《中国地方志集成·山东府县志辑》第70册，凤凰出版社等2004年版，第81页。

② 姜颖：《山东丝绸史》，齐鲁书社2013年版，第264页。

③ ［北宋］晁补之：《鸡肋集》卷六十三，载《景印文渊阁四库全书》第1118册，台湾商务印书馆影印1985年版，第938、939页。

等的种艺方法;(二)对竹类的特性和种法记载特详;(三)对树木的嫁接法和果树栽培法记载很详细;(四)对各种观赏植物的莳艺方法有很多记载"①。因为补足了《齐民要术》等以往农书的不足之处,《种艺必用》及其《补遗》在当时具有很好的实用价值,尤其是促进了园艺生产的发展。

3. 苗好谦

苗好谦,成武(今山东成武)人。年轻时即留意农桑技术,入官后也非常重视劝农工作。至大二年(1309),苗好谦向朝廷献所著《种桑之法》。延祐三年(1316),苗好谦因为"善课民农桑"而受到皇帝"赐衣一袭"的嘉奖②,以此升大司农丞。延祐五年(1318),苗好谦上所撰《栽桑图说》,受到元仁宗的肯定:"农桑衣食之本,此图甚善。"③遂由官方刊印千册,散之民间。苗好谦的农桑技术,应当是以他年轻时所掌握的山东之地的农业技术为基础,再参照为官之地的生产技术进行总结而来。"《农桑辑要》中的栽桑养蚕部分可能就是经苗氏之手修订再版的。"④

4. 王祯

王祯,字伯善,生卒年不详,东平(今山东东平)人,正史中没有关于他的传记。王祯总结南、北方广大农民的农业生产经验,写成农学名著《农书》,今称《王祯农书》。

《王祯农书》有《农桑通诀》《百谷谱》《农器图谱》三部分,共包含 370 个细目。《农桑通诀》有六集 26 目,是综述我国农业发展的历史,有耕垦、播种、土壤及施肥、灌溉、收获、植树、畜牧等方面的技术介绍。《百谷谱》共十一集 83 目,分述各种谷物、蔬菜、瓜果、竹木、棉麻茶等的起源、性能和种植栽培的方法。《农器图谱》共二十集 261 目,记录了农业、手工业器械 200 多种图谱,是我国古代农业和手工业器械的大汇编。王祯所录的工具,除少部分是沿袭或传录前代工具,大部分是宋元时期使用、创新或改良完善过的。这些工具具有高效、省力、专用、完善、配套的特点。

元代文学家戴表元为《王祯农书》所作的序云王祯为儒者,王祯曾任县宰的广丰县《县志》云王祯"博通经史"。作为博通经史的儒者,王祯服膺儒

---

① 胡道静:《〈种艺必用〉在中国农学史上的地位》,《文物》1962 年第 1 期。
② [明]宋濂等:《元史》卷二十五,中华书局 1976 年版,第 573 页。
③ [明]宋濂等:《元史》卷二十六,中华书局 1976 年版,第 585 页。
④ 曾雄生:《中国农学史》修订本,福建人民出版社 2012 年版,第 342 页。

家学派“富、庶、教”的富民主张，每“以课农、兴学为务”。因此，以富、教为核心的富民思想是王祯农学中的核心思想，并始终贯穿于《王祯农书》农业经营思想的各个方面。技术只是为上述目标服务的工具。

王祯为了达到“富而教”目标的农业经营表现在以下几个方面：在经营指导思想上，以力少功多为务；在经营安排上，农工结合，多种经营；在农事指导思想上，以顺应自然为宗旨。

以最少的投入获得最多的经济效益，在任何时代都是生产的第一要义，此即《齐民要术》《王祯农书》中所提到的力少而功多。相比于贾思勰，王祯的“力少功多”是通过采用先进的生产方法和先进的生产工具来实现，而且当时也的确有比较先进的工具可以实现“力少功多”。比如，王祯认为耧车播种“省力过半，得谷加五”，北方系列收麦工具麦钐一人日可收麦数亩，“力省而功倍”。在推介棉花这种作物时，认为它比蚕桑无采养之劳，免绩缉之工，“最省便”。

农工结合、多种经营是王祯着力提倡的。王祯不厌其烦地介绍80余种谷属、蔬属、果属，就是期望农民能相互补苴，实现多种经营。王祯在《百谷序引》中表述了他的这种思想，“蔬、果之类，所以助谷之不及也。夫蔬蓏，平时可以助食，俭岁可以救饥。其果实，熟则可食，干则可脯，丰歉皆可充饥”。王祯的多种经营还指合理分配作物以安排劳动时段、分配劳动力，以达到南宋农学家陈旉所说的“种无虚日，收无虚月”。王祯的多种经营还指种植农业与手工业的密切合作，即现在所说的延长农业产业链。

王祯主张在农事指导思想上应以顺应自然为宗旨。顺应自然，一是指天时地宜，他说“审方域、田壤之异以分其类，参土化、土会之法以辨其种，如此可不失种土之宜，而能尽稼穑之利”。二是指充分应用自然力，他认为“因水之利于用”，用水利、水力设施可以“代人畜之劳”“集云雨之效”。

《王祯农书》是第一部对全国范围内的农业做系统研究的农学专著，它不仅综合了黄河流域旱地农业和南方水田农业两方面的实践经验，而且兼论南北农业技术，对土地利用方式和农田水利技术详加论述，这是此前的农学著作所不能相比的。

（四）族田、族产、义学与聚族而居

自范仲淹建义田，士人竞相仿效，山东亦有之。如潍州北海人吴奎“少时甚贫，既通贵，买田为义庄，以赒族党朋友。没之日，家无余资，诸子至无

屋以居,当时称之"[1]。吴奎的墓志铭则将其设置义庄的功用说得更加清楚:"以钱二千万,买田北海,号曰义庄,以赒亲戚朋友之贫乏者。"[2]张鼎,其先本郓州须城人,后徙家至济州钜野县,"尝买田三百亩,以待宗党之贫无归者,使葬且养焉"[3]。

义庄之外,复有义学。"曹州于令仪者,市井人也,长厚不忤物,晚年家颇丰富。……君择子侄之秀者,起学室,延名儒以掖之。"[4]金乡刘氏的刘信"忠厚孝友,不乐进取,喜施与,诸子宦学于外者,悉资给之。筑室延师,以教其邑人子弟"[5]。

义庄自设立之后即成为宗族的公产,不再为出资人所有,所以义庄资产属于集体所有,其收益给整个宗族提供了一定程度的生活保障,"以敬宗收族为宗旨的族田义庄,便成为维系和加强宗族内聚力、弘扬封建宗法伦理观念的强有力的经济手段"[6]。

自隋开始以科举制度选士,门第、谱牒在选官中的作用开始降低,文化精英从农村流向城市[7],相应的经济力量也在从农村流向城市,使得农村发展所需要的文化支持在减弱。从唐朝开始松动的"聚族而居"习惯,宋代以后在义庄、义学的支撑下,"得以巩固和长期延续,这就是直到20世纪的中国农村仍有不少村庄由二三个大姓民户集团所构成的重要原因"[8]。从某种程度上讲,义庄、义学所促进的聚族而居,避免了农村生产、生活"空心化"现象的发生。

---

① [元]脱脱等:《宋史》卷三百一十六,中华书局1977年版,第10321页。

② [北宋]刘攽:《彭城集》卷三十七,中华书局1985年版,第492页。

③ [北宋]晁补之:《鸡肋集》卷六十八,载《景印文渊阁四库全书》第1118册,台湾商务印书馆影印1985年版,第1003页。

④ [北宋]王辟之撰,吕友仁点校:《渑水燕谈录》卷三,中华书局1981年版,第30页。

⑤ [元]苏天爵著,陈高华、孟繁清点校:《滋溪文稿》卷二十一,中华书局1997年版,第355页。

⑥ 葛金芳:《中国近世农村经济制度史论》,商务印书馆2013年版,第155页。

⑦ 参见韩昇:《南北朝隋唐士族向城市的迁徙与社会变迁》,《历史研究》2003年第4期。

⑧ 葛金芳:《中国近世农村经济制度史论》,商务印书馆2013年版,第155页。

第八章　明清时期山东的农业

自元朝定都大都，于山东凿会通河，山东为腹里，明清两朝踵继之，而国家“百官六郡之食”“公私一切应用货物”①皆仰给东南，遂使山东地域成为南北政治、经济交流的重要枢纽，何况山东自古以来即为东部南船北马交换之地，故山东地域的商品流通较他处愈益为繁，农民生计愈益依农倚商，山东遂多经营性地主，商业性农业生产较他处更为显著。另一方面，受气候变冷等自然要素的影响，山东农业生产屡屡发生灾害性的中断，加上土地兼并，小农流亡者众，农业生产不断地回转到“低水平上运行”②。

一、明清时期山东农业概况

随着棉花、花生、烟草、土豆、红薯、玉米等新农作物品种引入山东地域，山东农业生产面貌产生了重大改观：自汉以来“齐鲁千亩桑麻”的生产景象不再，传统的家蚕桑麻行业衰落，棉花种植、纺织业兴起；中国传统农作物受生物属性限制而在高山地带产量不高的局限，被新引入的玉米、红薯等作物所打破，玉米等高产作物在高山地带的广泛种植，致使山东成为“全国人口最多、耕地率最高、森林面积最少的省份之一”③，单一性的种植农作物替代了原先丰富多样的野生与人工混合林植被，引发了山区经济结构的单一性发展，山区经济结构性贫困的问题在山东开始出现。

---

① ［明］朱国祯：《涌幢小品》卷二十六，中华书局1959年版，第611页。

② 参见程民生：《中国北方经济史》，人民出版社2004年版，第603页。

③ 山东省地方史志编纂委员会编：《山东省志 · 林业志》，山东人民出版社1996年版，第4页。

(一) 明清时期的寒冷气候与山东农业自然灾害

明清时期山东地域农业自然灾害的情形,魏光兴、孙照民在《山东省自然灾害史》中已详述,故本章不再详列农业自然灾害表,而是根据该书资料统计、考察各类灾害发生的频率。

表 8－1　　明清时期山东农业自然灾害统计表

年代	霜冻	冬寒	冰雹	暴雨	旱灾	病虫灾害	风沙尘暴	洪涝	海洋灾害
明朝(1368—1644)	25	14	71	24	209	103	49	214	18
清朝(1644—1911)	65	21	139	29	243	103	82	251	40
545 年	90	35	210	53	452	206	131	465	58

据表 8－1,各类农业灾害大多与气候环境密切相关。相比于前代,明清时期是近五千年来我国最为寒冷的时期①。就山东地域而言,年平均气温大约下降了 1℃—2℃,而且在总体寒冷的前提下,还存在着幅度较小的冷暖波动,其具体情形见表 8－2。

表 8－2　　山东地区 1470—1989 年间的冷暖分期②

冷暖变化期	起止年份	持续年数	冬温指数均值*	冬半年冷暖特征
第一暖期	1470—1549	80	－3.51(0.8)	冷、暖冬均较少,暖
第一冷期	1550—1579	30	－5.23(－0.9)	冷冬多,暖冬少,冷
第二暖期	1580—1619	40	－3.95(2.3)	冷、暖冬均较多,稍暖
第二冷期	1620—1679	60	－4.95(－0.7)	冷冬多,暖冬少,冷
第三暖期	1680—1809	130	－4.21(0.1)	冷、暖冬均较多,冷暖变化频繁
第三冷期	1810—1919	110	－5.10(－0.8)	冷冬多,暖冬少,冷
第四暖期	1920—1989	70	－3.20(1.1)	冷、暖冬均较少,暖

*括号内数值为平均值距平

因为气候变冷的原因,霜冻、冰雹、冬季异常寒冷等气象灾害成为明清

---

① 竺可桢:《中国近五千年来气候变迁的初步研究》,《考古学报》1972 年第 1 期。

② 郑景云、郑斯中:《山东历史时期冷暖旱涝状况分析》,《地理学报》1993 年第 4 期;满志敏:《中国历史时期气候变化研究》,山东教育出版社 2009 年版,第 276—277 页。

时期最为普遍的农业气象灾害。小农最多只能在冬季做好防冻措施,而其他季节突如其来的霜冷、冰雹等,则无能为力。

寒冷最直接的影响是导致农作物产量下降。寒冷使一些年份的无霜期变短,据正史与方志的记录,这一时期山东地域的终霜多在四月初,初霜在八月,如《济南府志》载万历十七年(1589)四月,长清陨霜杀麦;八月,曹县、菏泽、定陶、长清等地陨霜,秋禾尽伤。最晚的陨霜记录在农历五月,如康熙六十年(1721)五月,临朐陨霜杀麦;八月十五日青城陨霜,豆及晚谷俱死。这一年的无霜期如此之短,极大地影响了农业生产。寒冷也影响了植物生长,例如桑树,寒冷与积温下降使桑叶生长慢,枝条稀疏,叶片变薄,导致山东地域所产家蚕丝的质量下降。"北地寒,桑稀叶薄,故蚕丝亦逊于南"①,"桑叶薄,不中饲蚕,故产丝寡"②。蚕丝品质降低后,进而引起山东蚕丝纺织业利润降低,农家不得已而放弃生产,转而依赖棉花、棉织,这是山东家蚕养殖逐渐走向衰落的重要原因之一。

雹灾除造成的农作物直接毁损外,通常伴随着乍寒乍冷的气温变化,对作物的生长也极为不利。明代时山东地域春三月以后不同程度的冰雹灾害有71年次,清代有139年次,如万历四十八年(1620)秋八月,乐安、广饶、寿光、昌乐、临淄、牟平、宁海、安丘等地大雨雹③,致使秋稼大面积受损。明代冬寒雪灾有14年次,清代有21年次,在冬寒事件中,多有牛畜、树木皆冻死的记录。

就灾害发生的频率来看,明清时期山东地域的霜灾为每6年一次,雹灾为每2.5年一次。而霜冷事件皆是大范围事件,这就意味着明清时期山东的农业生产会因寒冷期而陷入周期性的跌落。

由于在寒冷期副热带高气压带的向南移动,北方地区通常也会出现降雨量减少现象,致使旱灾也成为经常性的灾害。明代山东有不同程度的旱灾共计209年次,清代有旱灾243年次,每1.2年发生一次。明代重大旱灾83年次,清代重大旱灾53年次,清代"大旱灾(全省有50个州县以上受灾)

---

① 道光《济南府志》卷十三,载《中国地方志集成·山东府县志辑》第1册,凤凰出版社等2004年版,第287页。

② 咸丰《青州府志》卷三十二,载《中国地方志集成·山东府县志辑》第32册,凤凰出版社等2004年版,第35页。

③ 参见魏光兴、孙昭民主编:《山东省自然灾害史》,地震出版社2000年版,第43页。

22年次，发生概率为9.4%，平均10.6年发生一次；特大旱灾（全省有80个州县以上受灾）2年次，发生概率为0.75%，平均134年发生一次。并在1875—1878年（清光绪元年至四年）发生了连续四年的特大旱灾”①。同样由于副热带高气压带的移动，造成北方地区雨季短，降雨集中，如果没有良好的排水系统，极易形成洪涝灾害。明清时期山东不同程度的洪涝灾害总计465年次，每1.2年发生一次。旱、涝灾害发生的频率极高，当时农民总结为“十年九涝，十年八旱；非旱即涝，非涝即旱”②。

与旱涝相伴生的农作物病虫害发生频率也很高，明清时期山东农作物病虫害共计206次，平均每2.6年发生一次。其中以蝗虫害为最多，史籍中每每记载蝗虫“食稼殆尽”。风沙之灾的频率也较高，平均每4.2年发生一次，每次发生均造成“大风拔木”“拔木偃禾”等损失，如同治元年（1862）二月，“黑风自西北来，尽晦如墨，飞沙扬尘，拔树掀屋，鸟、鹊、鸡、犬，触木坠井死者无数，人亦有之”③。

尽管根据方志的记录可以较清楚地知道各类灾害所发生的州县，但由于具体数据的缺失，还不足以描述各州县各类灾害的多发区域及其区域特征，只能说各类灾害在各州县都具有一定普遍性。只有黄河决口有明显的地域性，东阿人于慎行记载：“西南曹、单、金城皆濒河被水之区，当其受灾，一望无际，颗粒不收。”④“明朝时候山东省受黄河泛滥影响地区主要在大运河西部平原，有明一代影响山东的30多次溃决中曹单附近决口者就占了三分之二以上，此处决口后多东南泛滥注入南阳湖、昭阳湖，淹及曹州、曹县、城武、金乡、鱼台、巨野、嘉祥等地。”⑤

一些人为因素又放大了受灾程度与灾害发生频率。上述山东黄泛区的形成固然与黄河上中游含沙量增加有关，亦与元代以后大运河大堤纵贯山东西部有关。前一章已述元代大运河造成了山东西部尤其是鲁西南的土壤盐碱化问题，而且由于会通河堤的存在，常导致夏秋之水宣泄不畅。元代时就已出现了这个问题，如元仁宗（1311—1320年在位）时，东昌路“境有黄河

---

① 参见魏光兴、孙昭民主编：《山东省自然灾害史》，地震出版社2000年版，第65页。
② 李令福：《明清山东农业地理》，台湾五南图书出版公司2000年版，第37页。
③ 参见魏光兴、孙昭民主编：《山东省自然灾害史》，地震出版社2000年版，第79页。
④ 万历《兖州府志》卷十五，齐鲁书社影印1984年版，第57页。
⑤ 李令福：《明清山东农业地理》，台湾五南图书出版公司2000年版，第25—26页。

故道,而会通堤遏其下流,夏月潦水,坏民麦禾"[①]。虽然采用斗门技术导泄积水可以在一定程度上缓解会通河堤阻水的问题,但也只是在局部地区缓解问题,到明清时期这个问题依然存在。故黄泛使山东西部农业自然条件产生了转折性的变化,山东失去了昔日膏腴地的称号,"洪水过后,在平原上沉积大量的泥沙也造成极为严重的后果。它扰乱了自然水系,如填平了原来的湖沼,淤浅了天然的河流,宣泄不畅之处又将原来洼地变成了湖泊。在平地上留下了大片沙地、沙丘和岗地、洼地。由此种种,把原先农业生产很发达的地区,变成了旱、涝、沙、碱的常灾区"[②]。黄河又使沿岸地区土地盐碱化,"濒临黄河四五里之村庄,日浸月渗,尽成碱地。早春野望,一白无际。农民播种时,或刮去浮面,或持帚扫除,始行耕种,迨甲拆勾萌,一遇微雨,咸质滋入,苗即枯萎,有种至三五次者"[③]。

另一方面是山东地域森林的过度使用及无节制围垦,导致水旱灾害加剧。元代山东的自然森林覆盖率已只有 1.3%,元末明初,由于人口减损及明初政府倡导种植桑果林木,次生植被及人工林都有一定恢复,但这种状况随着人口的增殖,很快就因围垦山地、滩涂而使刚刚好转的植被遭到迅速破坏。明清两朝都鼓励开垦,李令福指出明末山东的垦殖系数已达40%,较明初增加了 0.79 倍[④]。到清代中期,山东已是"山峦海滩,开垦无遗",如县境东北多山的东平县,本来草木茂盛,到清代时"山多童山濯濯,草木不殖"[⑤]。天寒取暖等所需的烧炭也加速了林木的消耗,如淄川县,"淄之俗务本而重农,以谷为先,乃山多田少,又无舟车之通,间以攻炭为事"[⑥];再如临朐县,"邑诘曲万山,十九皆石田,硗确蟹螺;又山狭水急……山居者或取糊口薪炭

① [明]宋濂等:《元史》卷一百七十八,中华书局 1976 年版,第 4144 页。

② 邹逸麟:《黄河下游河道变迁及其影响概述》,《复旦学报》1980 年第 S1 期。

③ 民国《齐河县志》卷十二,载《中国地方志集成·山东府县志辑》第 13 册,凤凰出版社等 2004 年版,第 75 页。

④ 李令福:《明代山东省耕地面积考释》,载上官鸿南等主编《史念海先生八十寿辰学术文集》,陕西师范大学出版社 1996 年版,第 810 页。

⑤ 民国《东平县志》卷四,载《中国地方志集成·山东府县志辑》第 66 册,凤凰出版社等 2004 年版,第 30 页。

⑥ 乾隆《淄川县志》卷一,载《中国地方志集成·山东府县志辑》第 6 册,凤凰出版社等 2004 年版,第 67 页。

筐筥，或煅石鬻灰”[①]。即墨县“民以樵苏为业，鱼盐为利”[②]。栖霞县诸山“昔多植松，谓之松岚。取材析薪，较他邑颇贱。今则濯濯也”[③]。清道光时，山东已有比较严重的燃料危机，“山童无柴，火食为难。山左少川无船，运百里外，视炭如金。烧石为灰，费不赀；烧土为瓷瓦，费亦巨。自新城、长山以北多草房，再北则土房。釜中艰米，灶下艰柴，风劲雪积，民多号寒”[④]。明清时期的寒冷事件无疑加大了木炭、樵苏的需求量，更加速了各地山体变童的步伐。再加之明代以后玉米、红薯等农作物走向山岭，开垦岭地，如栖霞县“旧多草场，牧羊成群。近岁垦荒者众，畜牧之利视昔十减其五”[⑤]。开垦岭地的结果，导致山地少了森林、草场涵护水土，河流的含沙量大大增加，山洪频发。以泺水为源的小清河之所以称为小清河，盖以水质清纯而为名，明代中叶周围居民开始围垦小清河的湖泊河滩，小清河含沙量增加，清河开始变得淤浅。至万历年间，王士性云小清河“今亦为盐河，兼资灌溉，而淤塞流溢，久离故道，水利失而水害兴”[⑥]。而失去森林、草场缓阻之后，各地暴雨山洪更是惊人，如博兴县雍正八年（1730）的夏秋大水，其中最严重的一次山洪，“民间房屋尽倾，田禾没尽。章邱、邹平、长山、新城、临淄、益都六县，山水停积，上山不流，望如白马，各山乱奔，及一涌而下，各县近山村庄尽渰没，人民死者不计其数”[⑦]。再如道光年间淄人王培荀转述孙龙拂所见小清河支流孝妇河的山洪暴发情形：“春时界青山之色不破，及夏秋山水暴发，如项羽蹙秦军，呼声动天地，屋居者无人色也。”[⑧]王培荀本人亲见的淄河山洪，“今淄河阔三里，平时水仅一线，夏秋山水暴发，两岸不辨牛马”[⑨]。前代

① 光绪《临朐县志》卷八，载《中国地方志集成·山东府县志辑》第36册，凤凰出版社等2004年版，第68页。

② 乾隆《莱州府志》卷二，载《中国地方志集成·山东府县志辑》第44册，凤凰出版社等2004年版，第57页。

③ 乾隆《栖霞县志》卷一，载《中国地方志集成·山东府县志辑》第51册，凤凰出版社等2004年版，第42页。

④ ［清］王培荀撰，蒲泽校点：《乡园忆旧录》卷八，齐鲁书社1993年版，第439页。

⑤ 乾隆《栖霞县志》卷一，载《中国地方志集成·山东府县志辑》第51册，凤凰出版社等2004年版，第42页。

⑥ ［明］王士性撰，周振鹤点校：《王岳游草　广志绎》，中华书局2006年版，第240页。

⑦ 民国《重修博兴县志》卷十七，载《中国地方志集成·山东府县志辑》第27册，凤凰出版社等2004年版，第259页。

⑧ ［清］王培荀撰，蒲泽校点：《乡园忆旧录》卷四，齐鲁书社1993年版，第193页。

⑨ ［清］王培荀撰，蒲泽校点：《乡园忆旧录》卷四，齐鲁书社1993年版，第238页。

一直都有水利之益的承水、洳水灌区，到明清时已淤塞而不能再建，峄县治史者痛惜地说："南境濒大河，地卑泾，不利种植，昔时居民治渠陂以资灌溉，所殖禾、稻，岁收数千斛，唐元和志盖详言之，亦沟洫旧制也。今皆湮废，无一存者已！"①

在明清寒冷期，所有地域自然灾害的发生频率都很高，不只是山东。有学者根据明清时期山东地域各类灾害的发生频率，推定"在16—19世纪的400年中，山东风调雨顺之年约占1/3，中等年景约占1/3，灾年亦占1/3，平均每3年之中即有一年有较大的水旱灾害。因而就农业生产条件而言，山东绝非一个十分优越的地区"②。尽管山东的水旱灾害频率非常高，但这只能是统计学上的频率，因为这些统计将发生于局部的灾害都视为全域性的灾害，而实际上，如前所述，具有全域性特征的旱灾平均10.6年才发生一次。就当时山东地域的水体与湿润程度看③，如果有良好的水利设施及应对措施，实际上的灾害程度将会大大降低，甚至不会称为灾。正如有的研究者所说，许多天灾在"很大程度上应归于'人祸'"④。应该说，明清时期山东地域总体的农业生产条件还是相当不错的，气候条件亦为北部诸省之最，明人谢肇淛曾说"青州虽为齐属，然其气候大类江南"⑤，否则山东就不能在农业的基础上发展起相对发达的"商农"经济。

总而言之，相比于汉唐时期，明清时期山东地域的农业生产环境的确已大不如昔。这固然是因气候变冷等不可抗力，但也更是因为人为垦地等多种因素，其中伴有棉花、玉米等作物在山岭地带的推进所导致的单一人工种植植被更替天然植被，加剧了水土流失。

（二）明清时期山东的土地垦殖

土地是农业的最基本生产资料，但从元末到清初，兵燹与自然灾害一再使山东的熟耕地变为草莽，尤其是黄河泛滥使土地盐碱化、沙化，使得相当

① 光绪《峄县志》卷六，载《中国地方志集成·山东府县志辑》第9册，凤凰出版社等2004年版，第84页。

② 许檀：《明清时期山东商品经济的发展》，中国社会科学出版社1998年版，第2—3页。

③ 参见郑景云、郑斯中：《山东历史时期冷暖旱涝状况分析》，《地理学报》1993年第4期。

④ 高寿仙：《明代农业经济与农村社会》，黄山书社2006年版，第103页。

⑤ ［明］谢肇淛：《五杂组》卷十一，中华书局1959年版，第319页。

一部分土地不再适宜于传统的农业生产，因此垦荒地为熟地、改造盐碱地成为明清时期山东地域相当重要的农事活动。

1. 明代山东的土地垦殖

元末的兵火致使山东各地“多是无人之地”[①]。如峄县“迨及明朝肃清乱略，然流离转徙亦已过半，土著大姓百无一焉”[②]；淄川县“慨因胡元之季，我淄因罹兵革之乱，户口之流离散亡殆尽”[③]。由于人口稀少，以致洪武三年(1370)济南知府陈修及司农官奏称“北方郡县，近城之地多荒芜”[④]；高巍上书称“河南、山东、北平数千里沃壤之土，自兵燹以来尽化为榛莽之墟。土著之民流离，军伍百不存一。地广民稀，开辟之无方”[⑤]。明初期山东地域劳动人手严重不足。

“国家之隆替，率由户口之登耗”[⑥]，自山东归于明朝治下后，朱元璋即派人晓谕山东各地地方官要休养生息：“今山东郡县新附之民，望治犹负疾者之望良医。医之术，有攻治，有保养。攻治者，伐外邪；保养者，扶元气。今民出丧乱，是外邪去矣，所望休养生息耳。休养生息即扶元气之谓也。汝等今有守令之寄，当体予意，以抚字为心，毋重困之。”[⑦]

为了解决山东劳动人手不足的问题，官府采用了从内部调剂及外地移民两种方法。青州、莱州、登州等东三府邻近海隅，在元末动荡中受兵燹影响的程度不同，当交通孔道处州县所受兵祸要重一些，而不当孔道处州县受兵火要相对轻一些，人户也要相对集中得多，因此明初期山东地域内部的人口调剂即是将东三府人口向西三府东昌、兖州、济南三府迁徙。洪武二十五年(1392)、洪武二十八年(1395)、永乐九年(1411)、永乐十年(1412)官府先后四次组织人户向东昌府移民，“洪武二十五年，将登州、莱州二府无地居民

---

① [清]顾炎武著，黄汝成集释，栾保群等校点：《日知录集释》卷十，上海古籍出版社2014年版，第232页。

② 乾隆《峄县志》卷六，载《中国地方志集成·山东府县志辑》第9册，凤凰出版社等2004年版，第84页。

③ 嘉靖《淄川县志》卷二，载《天一阁藏明代方志选刊(一三)》，新文丰出版公司1973年版，第680页。

④ 《明太祖实录》卷五十三，台湾“中研院”历史语言研究所1962年校印本，第1049页。

⑤ [明]邓士龙辑，许大龄等点校《国朝典故》卷三十九，北京大学出版社1993年版，第926页。

⑥ 嘉靖《淄川县志》卷二，载《天一阁藏明代方志选刊(一三)》，新文丰出版公司1973年版，第680页。

⑦ 《明太祖实录》卷二十八，台湾“中研院”历史语言研究所1962年校印本，第474页。

5635户迁到东昌府。洪武二十八年,又将青州、兖州、登州、莱州、济南五府家有5丁以上以及无田的农民1051户、4666口迁到东昌府编籍屯种,到洪武二十八年,由外地迁入东昌等府的移民,已多达5.8万多户”[①]。另一方面,东三府内人户损失较严重的地区如诸城、沂州、莒县等地也接受外来的移民。原居于海东县的马氏,“原籍山西洪洞县,元至正年间迁居海州,复迁海东县,明洪武年间始迁”[②]到莒县,定居于韩家菜园庄。邵氏“于明洪武二年(1369)由江苏高邮县邵伯埭”[③]迁至莒县店子等村。莒县石河乡郝氏,“原籍山西洪洞县城阴孝义村,元末兄弟八人东来,沂州一支,莱芜一支,赣榆一支,诸城一支,沂水一支,来莒者先居城西栗园之北,又居西上庄东莞镇”[④]。原居于东海代村的卢氏,“越元而明,洪武中迁民,有徙于江南者,有徙于燕京者,有徙于山东者,既不一其省矣。即在山东,而诸城、沂州、沂水、日照,又不一其郡县矣。且居于莒州者,而涝坡、双庙、坪上、官路、孟晏,更不一其村矣”[⑤]。

明初期最早迁入山东地域的外地移民来自河北北口子,洪武二年(1369),朱元璋将北口子归附降民安置于东昌府临清等地[⑥]。据史载,莱芜县户口“遭元末丧乱,荡然无复孑遗。稽诸邑各家谱系及碑记,皆由明洪武间自外转徙而来,土著绝少”[⑦]。德州“元明之际,兵戈抢攘,更迭蹂躏,几无孑遗。故州之民籍,多迁自洪武、永乐间,相传山西洪洞县者居多”[⑧]。从省外移民始于洪武二十一年(1388),这一年朱元璋采纳户部郎中刘九皋的提议,决定分丁宽乡,开种田亩,“于是迁山西泽、潞二州民之无田者往彰德、真

① 朱亚非、陈冬生主编:《山东通史·明清卷》,人民出版社2009年版,第12—13页。

② 民国《重修莒志》卷四十,载《中国地方志集成·山东府县志辑》第62册,凤凰出版社等2004年版,第317页。

③ 民国《重修莒志》卷四十,载《中国地方志集成·山东府县志辑》第62册,凤凰出版社等2004年版,第316页。

④ 民国《重修莒志》卷四十,载《中国地方志集成·山东府县志辑》第62册,凤凰出版社等2004年版,第319页。

⑤ 民国《重修莒志》卷四十一,载《中国地方志集成·山东府县志辑》第62册,凤凰出版社等2004年版,第337页。

⑥ 《明太祖实录》卷四十七,台湾“中研院”历史语言研究所1962年校印本,第935页。

⑦ 民国《续修莱芜县志》卷一,载《中国地方志集成·山东府县志辑》第67册,凤凰出版社等2004年版,第209页。

⑧ 《德州乡土志》,载《中国方志丛书·华北地方》第38册,台湾成文出版社1968年版,第187—188页。

定、临清、归德，太康诸处闲旷之地”①。洪武二十二年(1389)，“时上以山西民稠，下令许其民分丁于北平、山东、河南旷土耕种”。十一月，“上以河南彰德、卫辉、归德，山东临清、东昌诸处土宜桑枣，民少而遗地利，山西民众而地狭，故多贫。乃命后军都督佥事李恪等往谕，其民愿徙者，验丁给田，其冒名多占者罪之。复令工部榜谕”②。洪武二十五年(1392)十二月，李恪、徐礼报称“彰德、卫辉，广平、大名、东昌、开封、怀庆七府，徙居者凡五百九十八户”。

官方一方面通过移民等措施调剂劳动力，增加山东人户数量，另一方面通过给予土地所有权、免税减役等措施鼓励开垦土地，以促进劳动力与土地的结合。洪武元年(1368)官府下令各处人民尽力开垦，“其耕垦成熟者，听为已业”，荒地“许民垦辟为已业，免徭役三年”③。洪武二十八年(1395)，朱元璋谕示户部，令山东、河南除已登记在册征收赋税的土地外，自“二十七年(1394)以后新垦田地，不论多寡，俱不起科”④。为了垦荒，官方还恩威并举，颁布法令勒令开垦，洪武二十四年(1391)，朱元璋颁令“山东槩管农民，务见丁著役，限定田亩，著令耕种。敢有荒芜田地流移者，全家迁发化外充军”⑤。

随着大批移民的迁入，劳动人手增加，山东地域农业生产迅速恢复，由“土旷人稀”日渐转为“民繁土辟”。据成淑君的研究，包括自由移民者在内，东昌府、兖州府、济南府等西三府在明初估计迁入了约七十万移民，垦荒土地近九万顷⑥。

除了百姓垦田屯田外，另有军屯。“山东当徐淮宋卫燕冀之冲，数患盗，置卫十，守御所九。濒海御寇，又置卫八，备御所十七，都司统之，宪臣督之，法亦密矣。是故练兵以重城守也，屯戍以给军饷也。”⑦成淑君制作了明初

---

① 《明太祖实录》卷一百九十三，台湾“中研院”历史语言研究所1962年校印本，第2895页。

② 《明太祖实录》卷一百九十八，台湾“中研院”历史语言研究所1962年校印本，第2967页。

③ 《明太祖实录》卷三十四，台湾“中研院”历史语言研究所1962年校印本，第615页。

④ 《明太祖实录》卷二百四十三，台湾“中研院”历史语言研究所1962年校印本，第3532页。

⑤ [明]申时行等修：《大明会典》卷十七，载《续修四库全书》第789册，上海古籍出版社1995年版，第290页。

⑥ 成淑君：《明代山东农业开发研究》，齐鲁书社2006年版，第93页。

⑦ 嘉靖《山东通志》卷十一，载《天一阁藏明代方志选刊续编》第51册，上海书店1990年版，第705页。

山东卫所军屯情况一览表,如表8-3所示。

表8-3　　明初山东境内卫所设置及屯田分布情况表①

设置时间	卫所	屯田分布州县	备注
至正二十七年(1367)	济南卫	历城、齐河、章丘、莱芜等地	辖5所
洪武元年(1368年)	乐安千户所	武定州、阳信、乐陵、海丰	宣德五年(1430)改名为武定守御千户所,直隶后军都督府
洪武三年(1370)	莱州卫	潍县、掖县、寿光、昌邑等地	辖5所
洪武四年(1371)	平山卫	聊城、博平等地	辖5所
	滕县守御千户所	滕县	
	诸城守御千户所	诸城、安丘	
洪武五年(1372)	沂州卫	沂州、费县、郯城、峄县	辖5所,直隶中军都督府
	胶州守御千户所	胶州、高密	
洪武八年(1375)	青州左卫	益都、临淄、博兴、乐安、寿光、临朐等地	辖5所
	青州右卫	不详	永乐四年(1406)改调为德州左卫
洪武九年(1376)	德州卫	山东德州、临清,河间府景州、吴桥、故城等地	辖5所,直隶后军都督府
	登州卫	蓬莱等地	辖5所
洪武十年(1377)	福山中前千户所	福山	
洪武十一年(1378)	宁海卫	宁海州、文登县	辖5所

① 参见成淑君:《明代山东农业开发研究》,齐鲁书社2006年版,第105—107页。

续表

设置时间	卫　所	屯田分布州县	备　注
洪武十五年（1382）	青州齐王府三护卫	不详	建文元年（1399），齐王朱榑因“多行不法”被废为庶人，护卫很可能也随之被革除。永乐元年（1403）复置，四年（1406）又因图谋不轨再次被废，“削官属护卫”，藩国也因此被除。其中左护卫改为天津右卫
洪武十八年（1385）	兖州鲁王府三护卫	兖州等地	一护卫嘉靖十八年（1539）改为任城卫
洪武三十年（1397）	肥城守御千户所	肥城	
	东平守御千户所	东平州	
洪武三十一年（1398）	安东卫	日照等地	辖3所
	威海卫	文登、宁海	辖3所
	成山卫	不详	辖3所
	靖海卫	文登、莱阳等地	辖3所
	大嵩卫	即墨等地	辖3所
	灵山卫	高密等地	辖3所
	鳌山卫	即墨等地	辖3所
	奇山守御千户所	不详	
	宁津守御千户所	不详	
洪武中	济宁左卫	济宁、嘉祥、巨野、郓城、鱼台等地	具体设置年份不详，但可以肯定洪武四年（1371）已经设置。正统十四年（1449）改调为临清卫
	海阳守御千户所	不详	具体设置年份不详
	雄崖守御千户所	即墨等地	具体设置年份不详

续表

设置时间	卫　所	屯田分布州县	备　注
永乐五年(1407)	济宁卫	郓城、嘉祥、巨野	辖5所
	德州左卫	德州、乐陵、禹城、平原、陵县、武城、夏津、高唐、临清、恩县、德平等地	辖5所,永乐中由青州右卫改调而来,直隶后军都督府
永乐十五年(1417)	乐安汉王府护卫	不详	汉王府按规定本来也应设置三护卫,但因汉王高煦多行不法,明成祖遂于其就藩前削夺了他的两个护卫。宣德元年(1426)又因举兵谋反,护卫被撤,藩国也被除

明初期各卫军士尚能满额,可以确定明初山东地区总计“有72000余名卫所官军参与了土地的垦殖,垦田数也达到了36000余顷。而且,这里面应该还没有包括卫所官军家属与余丁及其家属等非军事编制人员所开垦的土地”①。

从正统(1436—1449)到成化(1465—1487)年间,由于土地兼并、赋役加重以及各地自然灾害的频繁,山东各地区民户纷纷逃离,如景泰七年(1456),济南、兖州、东昌三府发生水灾,“蒲台一县之民,尽逃他州。齐东县四十余里,人户止余九里。其他颠连无告,饥死沟壑,尤不可胜数”②。“六府大抵地广民稀,而迤东海上尤多抛荒。”③民户逃亡后,各地出现里社空虚的情形,只得合并、削减原有里社,成淑君制作了明中后期山东部分州县里削减里社户里的情况表,在一定程度上可反映出民户逃亡的具体情形,如表8－4所示。

① 成淑君:《明代山东农业开发研究》,齐鲁书社2006年版,第109页。

② 《明英宗实录》卷二百七十三,台湾“中研院”历史语言研究所1962年校印本,第5770页。

③ [明]陈子龙编:《明经世文编》卷四百三十五,中华书局影印1962年版,第4762页。

表 8－4 明中后期山东部分州县削减编户里数情况表①

府别	州县	原编里数	削减后的里数	减少里数	削减比例	资料来源
东昌府	丘县	27	26	1	3.7%	万历《东昌府志》卷二《地理志》
	范县	13	12	1	7.7%	
	茌平	36	30	6	16.7%	
	清平	15	12	3	20%	
兖州府	定陶	20	19	1	5%	万历《兖州府志》卷一
	单县	52	42	10	19.2%	
	峄县	45	36	9	20%	
	宁阳	36	25	11	30.6%	
	泗水	25	17	8	32%	
	郯城	60	45	15	25%	万历《沂州志》卷一《里社》
	沂州	122	85	37	30.3%	
	费县	75	42	33	44%	
	金乡	33	12	11	33.3%	康熙《金乡县志》卷二
济南府	蒲台	63	59	4	6.3%	万历《蒲台县志》卷三
	莱芜	42	39	3	7.1%	嘉靖《莱芜县志·地理志》
	武定州	114	98	16	14%	万历《武定州志》卷二
	沾化	48	24	24	50%	万历《沾化县志》卷一
青州府	乐安	99	93	6	6.1%	万历《乐安县志》卷六
	寿光	133	132	1	0.8%	嘉靖《山东通志》卷三
	安丘	183	174	9	4.9%	
	临淄	66	61	5	7.6%	
	益都	210	177	33	15.7%	
莱州府	昌邑	95	94	1	1.1%	梁方仲编著《中国历代户口、田地、田赋统计》甲表 73
	掖县	83	82	1	1.2%	
	潍县	93	86	7	7.5%	万历《潍县志》卷一

① 参见成淑君:《明代山东农业开发研究》,齐鲁书社 2006 年版,第 112—113 页。

续表

府别	州县	原编里数	削减后的里数	减少里数	削减比例	资料来源
登州府	宁海州	82	80	2	2.4%	嘉靖《山东通志》卷三
	文登	73	69	4	5.5%	
	招远	53	48	5	9.4%	
	栖霞	52	46	6	11.5%	
合计	29	2048		273	13.3%	

民户逃离后,劳动力与土地分离,土地抛荒,山东农业生产陷于迟滞。一方面,大量民户逃离后,即便留在原籍的本地人也不敢轻易承种逃户的土地,因为种植逃户的土地就要替逃离人户代交赋税,而赋税沉重,故当地人皆不敢种,以此土地荒芜。另一方面,所有权的纠纷问题导致承种者不肯尽心种田,因为返乡的原主人与承种者之间的产权纠纷不断。① 故民户逃离后,土地要么荒芜,要么陷入广种薄收望天收的状态,因此,随着民户逃离的增多,山东农业生产不可避免地出现了迟滞局面,以致济南、兖州以东及青、登、莱三府"蒿莱满野"②,农业发展迟滞和逃户抛荒成为明中期以后山东地域严重的社会问题。

要解决土地再度抛荒的问题,必须解决当地农民敢种与愿种的问题,故政府颁布了减税则例和相关优惠措施。天顺三年(1459),"令各处军民有新开无额田地及愿佃种荒闲地土者,俱照减轻则例起科,每亩粮三升三合,草一斤,存留本处,仓场交收,不许坐派远运"③。为了让农民回到土地上,成化六年(1470),官府谕示招抚流民回乡的优惠措施,"流民愿归原籍者,有司给与印信文凭,沿途军卫有司每口给口粮三升。其原籍无房者,有司设法起盖草房四间,仍不分男妇,每大口给与口粮三斗,小口一斗五升,每户给牛二只,量给种子,审验原业田地,给予耕种,优免粮差五年"④。为解决耕种者所垦荒闲田的所有权属问题,使其安心耕种,嘉靖六

① 成淑君:《明代山东农业开发研究》,齐鲁书社2006年版,第114页。

② 《明世宗实录》卷九十八,台湾"中研院"历史语言研究所1962年校印本,第2312页。

③ [明]申时行等修:《大明会典》卷十七,载《续修四库全书》第789册,上海古籍出版社1995年版,第290页。

④ [明]申时行等修:《大明会典》卷十九,载《续修四库全书》第789册,上海古籍出版社1995年版,第334页。

年(1527)："令各处板荒、积荒、抛荒田地，遗下税粮，派民陪纳者，所在官司出榜招募，不拘本府别府、军民匠灶，尽力垦种，给予由帖，永远管业。量免税粮，三年以后照例每亩征官租，瘠田二斗，肥田三斗，永免起科加耗及一应田土差役。"[①]嘉靖十三年(1534)，又颁示了解决垦种者与原业主纠纷的则例："题准各处但有抛荒堪种之地，听召流移小民或附近军民耕种，照例免税三年，官给牛具、种子，不许科扰。如地主见其开种成熟，复业争种者，许赴官告明，量拨三分之一给主，二分仍听开荒之人承种，各照亩纳粮，十年之上，方行均分。敢有恃强夺占者，官司问罪枷号，仍不准拨给。"[②]

朝廷还将劝农、招抚流民垦荒等业绩作为地方官员考绩的重要内容，以敦促地方官重视农业，如嘉靖时，责令地方官要将每年招抚流民人数、垦荒亩数上报，"特令使者行部核其事，岁报若干，殿最诸长吏，立法至严也"[③]。因此，一些地方官员积极地按上述条令推行农垦，如嘉靖、隆庆之际禹城县知县宋儒"招流移，给牛种，贫民归业者众"。万历初禹城知县萧文璧招抚流民，"给种具资，垦荒三岁始征，野鲜旷土"[④]。应该说，官府劝农对于土地复垦还是有一定成效的。

另一方面，山东地方官还积极创办官庄来解决土地垦辟问题。具体做法是："由地方官府出面招抚组织流民，以田庄为单位对荒芜土地进行开垦，官府助以居室、耕牛、农具、种子等生活和生产资料，所垦荒地永归垦荒者个人所有，两到三年后正式按民田起科征税。"[⑤]山东有十六个州县创立了官庄，占全省州县总数的15%，成淑君制作了明后期山东境内官庄创建一览表，可见当时山东官庄土地开垦的规模，如表8－5所示。

---

① ［明］申时行等修：《大明会典》卷十七，载《续修四库全书》第789册，上海古籍出版社1995年版，第291页。

② ［明］申时行等修：《大明会典》卷十七，载《续修四库全书》第789册，上海古籍出版社1995年版，第291页。

③ ［明］章潢：《图书编》卷三十七，载《景印文渊阁四库全书》第969册，台湾商务印书馆影印1985年版，第761页。

④ 宣统《山东通志》卷七十一，载《中国地方志集成·省志辑·山东》第5册，凤凰出版社2010年版，第233页。

⑤ 成淑君：《明代山东农业开发研究》，齐鲁书社2006年版，第125页。

表 8－5　　明后期山东境内官庄创建一览表①

创建地区		创建时间	创建者	数量	垦荒招亡效果	资料来源
济南府	泰安	万历七年(1579)前后	袁稔	10 余所	招抚流民 1800 余户，垦荒数不详	李汝桂《记泰安守袁公去思碑》，康熙《泰安州志》卷四《艺文志》
	新泰	万历初	刘光升	100 余所	境内荒地开垦十分之三四	天启《新泰县志》卷四和卷五《职官志》
	沾化	万历十三年(1585)	赵蛟	不详	垦荒招亡数不详，后废	万历《沾化县志》卷七《古迹》
	新城	万历十六年(1588)前后	赵文炳	数所	垦荒招亡数不详	王之垣《邑侯赵公去思碑记》，康熙《新城县志》卷一十二《艺文志·记》
	肥城	万历二十八年(1600)前后	随大经	10 余所	垦田数千亩	于慎行《贺肥城随侯考绩序》
	莱芜	万历三十一年前	不详	不详	垦荒招亡数不详	民国《莱芜县志》卷八
兖州府	费县	万历五年(1577)前后	杨果	380 余所	垦荒田 5300 余顷，招抚 2780 余户，计 5817 丁口	光绪《费县志》卷三
	沂州	万历九年(1581) 天启四年(1624)	李蕚 李果嘉	不详	垦荒田 2061 顷 49 亩有奇，编户增加 50 余社	万历《沂州志》卷一和卷三，李蕚《李赵二抚台遗爱碑记》
	滕县	万历十年(1582)	杨承父	200 余所	垦荒招亡数不详	万历《滕县志》卷三《市集村店》
	郯城	万历前期	赵蛟 颜若愚	240 余所	垦荒招亡数不详，后废	乾隆《郯城县志》卷四《建置志》、卷七《职官志》
	邹县	万历九年(1581) 二十六年(1598) 三十二年(1604) 三十六年(1608)	许守恩 王一桢 梁州彦 胡继先	140 所	垦荒 1300 余顷，招抚流民 6000 余人	转引自《邹县旧志汇编》第二章、第十八章《地亩》；康熙《邹县志·名宦》

① 参见成淑君：《明代山东农业开发研究》，齐鲁书社 2006 年版，第 129—131 页。

续表

创建地区		创建时间	创建者	数量	垦荒招亡效果	资料来源
兖州府	峄县	万历二十七年（1599）前后	解经邦	327 所	垦荒 2200 余顷，招民数不详	乾隆《峄县志》卷七《职官志》；乾隆《韩城县志》卷六
	泗水	万历二十四年（1596）之前	不详	不详	招抚流民至少应有 2000 余人	万历《泗水县志》卷三《食货志》
东昌府	恩县	万历二十三（1595）年	孙居相	21 所	招抚流民 1308 户，垦荒数不详	万历《恩县志》卷一《舆地》
青州府	诸城	万历十五（1587）年	张大谟	45 所	境内荒地开垦殆遍	顾炎武《天下郡国利病书》原第十六册《山东下》
莱州府	高密	万历间	不详	32 所	垦荒招亡数不详	民国《高密县志》卷十一《政治志》
合计	16			1500 多所		

官庄垦荒田亩起初颇见成效，但在兴办后不久即因灾害、人为原因遭到了破坏，所以，“总体来看，明后期山东地区官庄兴办的效果并不是很显著”①。

2. 清代山东土地垦殖

清代是山东土地垦殖的高峰时代。“清代山东土地垦殖可分为复原性垦殖和拓展性垦殖两种。复原性垦殖是对原有的熟地因种种原因遭到破坏后的恢复和重建；拓展性垦殖则是向新领域的扩张。从山东的具体情况来讲，顺治至康熙末年的七八十年时间基本上属于复原性垦殖。从雍正朝开始，基本上土壤肥沃之地已被开垦无遗，人民开始将目光转移到近山丘地、沿海滩涂以及山头地角等零星土地，这一过程大概持续到道光年间为止，可称之为拓展性垦殖或深化性垦殖。”②

---

① 成淑君：《明代山东农业开发研究》，齐鲁书社 2006 年版，第 135 页。

② 程方：《清代山东农业发展与民生研究》，南开大学 2010 年博士学位论文，第 33 页。

明末清初的天灾、兵燹频发，山东地域又当两京南北要冲，所受兵燹尤多，故清初期山东地域人口损失尤剧，以致“地土荒芜，有一户之中，止存一二人，十亩之田，止种一二亩者”①。李令福、程方均据《古今图书集成·职方典》卷一九六、二二四、二六四讨论了清初期山东的土地抛荒率。

据表8-6，清初山东土地的抛荒率已达39%以上。因此，清初期山东地域农业生产的急务就是招集劳动人手复垦抛荒土地。清代解决山东土地复垦问题借鉴了明代鼓励垦荒的许多做法，如减税、资以牛种、明确产权、建立官庄等。

表8-6　　清初山东济、青、兖三府抛荒耕地表②

抛荒地额 / 府别	原额(顷)	清初抛荒(顷)	抛荒率(%)
济南府	213608	84647	39.6
青州府	161641	66333	41.0
兖州府	346408	267963	77.4

清朝建立后不久，即行减税免征以鼓励耕垦。顺治元年(1644)八月，山东巡抚方大猷建议顺治帝将“州、县、卫、所荒地无主者，分给流民及官兵屯种，有主无力者，官给牛种，三年起科”③，获准推行。顺治二年(1645)，下令“将现在熟地，或免一或免半。其抛荒之地，不论有主无主，尽行蠲免。俾民受实惠，而后民志固，民生遂矣”④。对农民而言，三年免征科并无多大的吸引力。因为“初年只能开垦，次年始可治田，三年方望收获”。也就是说，从荒到熟，至少需要两三年的时间才能有真正的收获。针对这种情况，顺治六年(1649)又进一步放宽免征年限至六年，“其六年以前，不许开征，不许分毫佥派差徭”⑤。程方认为“顺治一朝战事不断，关于推迟起科的政令未能得到认真执行”⑥。康熙十二年(1673)再次申令“小民拮据开荒，物力艰难，

① 《清实录·世祖章皇帝实录》卷十三，中华书局影印1985年版，第119页。
② 程方：《清代山东农业发展与民生研究》，南开大学2010年博士学位论文，第35页。
③ 《清实录·世祖章皇帝实录》卷七，中华书局1985年版，第81页。
④ 《清实录·世祖章皇帝实录》卷十三，中华书局1985年版，第119页。
⑤ 《清实录·世祖章皇帝实录》卷四十三，中华书局1985年版，第348页。
⑥ 程方：《清代山东农业发展与民生研究》，南开大学2010年博士学位论文，第37页。

恐催科期迫，反致失业，以后各省垦荒，著再加宽限，通计十年方行起科”[①]。自康熙朝起，垦荒免征这一政令才得以很好地执行，自此农民始尽心垦荒。

明末清初的兵燹，产生了大量的无主荒地。清政府吸取了明朝开垦荒地通过确权以避免产权纠纷的经验，前后颁布了一系列政令以确定开垦者的所有权。顺治六年（1649），官府对无主荒地的所有权进行了规定：“凡各处逃亡民人，不论原籍别籍，必广加招徕，编入保甲，俾之安居乐业。察本地方无主荒田，州县官给以印信执照，开垦耕种，永准为业。”[②]顺治十八年（1661），官府再次颁布确权令，明令对垦荒小民“先给帖文，以杜争端，开列姓名、年月并荒田四至、坐落，每岁由县申府，而道，而院”[③]。康熙二十二年（1683）又作出规定：“凡地土有数年无人耕种完粮者，即系抛荒。以后如已经垦熟，不许原主复问。”[④]清朝对明宗室留下的无主土地（济南之德府、兖之鲁府、青之衡府）也进行了确权，承认归原佃种农民所有。

官府给资以助开垦也是明代山东开垦荒田的成功经验，清政府亦加以推行。如官贷耕牛、粮种，“具体实施办法有两种：一是由政府直接拨款给百姓，自行购买牛种等所需生产资料；一是由政府购买这些生产资料发放给百姓。接受者在两三年后偿清”[⑤]。另外，借鉴明代山东设立官庄的经验，顺治十三年（1656），“覆准山东无主荒地每五里设一官庄，借给屯本，三年偿还后，照熟地例起科”[⑥]。

清朝相对于明代鼓励开垦的新措施是“悬爵赏以励招徕”。顺治十四年（1657），清政府规定：“文武乡绅垦五十顷以上者，现任者纪录，致仕者给匾旌奖。其贡、监生、民人有主荒地，仍听本主开垦。如本主不能开垦者，该地方官招民给与印照开垦，永为己业。”[⑦]顺治十七年（1660），给已通过考试的开垦者优先授职，规定：“垦地百顷以上，考试文义优通者以知县用，疏浅者以守备用；垦地二十顷以上，文义优通者以县丞用，疏浅者以百总用。”康熙十年（1671），又规定候选官员能招抚流民者授以署职之衔：“如候选州同、

---

① 《古今图书集成·食货典》卷五十二，中华书局影印1934年版，第11页。
② 《清实录·世祖章皇帝实录》卷四十三，中华书局影印1985年版，第348页。
③ 《清实录·圣祖仁皇帝实录》卷三，中华书局影印1985年版，第73页。
④ 《清实录·圣祖仁皇帝实录》卷一百零八，中华书局影印1985年版，第100页。
⑤ 程方：《清代山东农业发展与民生研究》，南开大学2010年博士学位论文，第37页。
⑥ 《古今图书集成·食货典》卷五十一，中华书局影印1934年版，第8页。
⑦ 《清实录·世祖章皇帝实录》卷一百零九，中华书局1985年版，第854页。

州判、县丞等，及举、贡、监生、生员人等，有力招民者，授以署职之衔，使之招民，不限年数。……统以三百户为率。俟三百户民尽皆开垦，取有地方甘结，方准给俸，实授本县知县。”[①]“悬爵赏以励招徕”的实施，极大地鼓励了地主乡绅们的垦荒热情，推动了垦荒的发展。

清朝亦实行明代将劝农、招抚流民垦荒等业绩与官员考绩挂钩的办法以督促官员推进垦荒。顺治十四年(1657)，清廷制定了具体的考绩条例："督、抚按一年内垦至二千顷以上者纪录，六千顷以上者加升一级；道府垦至一千顷以上者纪录，二千顷以上者加升一级；州县垦至一百顷以上者纪录，三百顷以上者加升一级；卫所官员垦至五十顷以上者纪录，一百顷以上者加升一级。”“若开垦不实及开过复荒，新旧官员俱分别治罪。”[②]

李令福与程方都讨论了清初垦田的效果，程方认为山东“到康熙末年，抛荒之地基本上已经开垦无遗”[③]。李令福据《古今图书集成·职方典》《清朝文献通考》所记录的数据，测算从清初到康熙五十年(1711)前后，山东省的土地复垦过程基本完成了，“每年垦荒60—80万亩似能代表山东清初的一般水平”[④]。“雍正二年(1724)山东全省载籍耕地9925万亩折9528.8万市亩，已经超过明代山东最高垦田数额了。清初六七十年的时间走完明代二百年走过的历程”[⑤]。

清代前期实行休养生息政策，山东地域的农业生产力逐渐恢复，人口自然增长率较高，到“康熙三十年(1691)左右山东省人口已经基本恢复到明代最高水平，达到1000万人左右”[⑥]。康熙五十一年(1712)以后实行“盛世滋生人丁，永不加赋”的政策，雍正时又实行“摊丁入亩”，将丁税摊入田亩，不再单独征收人丁税，这使得历代都征收的丁税、人头税所起到的“生子不举”的人口自然增长抑制作用消失，因此雍正以后，山东地域的人口大为增长。李令福测算康熙三十年(1691)到乾隆五十二年(1787)间山东的人口自然增长率为13.1‰，其后到嘉庆二十五年(1820)，年增长9.3‰，山东总

① 《清实录·圣祖仁皇帝实录》卷三十六，中华书局影印1985年版，第485页。
② 《清实录·世祖章皇帝实录》卷一百零九，中华书局影印1985年版，第854页。
③ 程方:《清代山东农业发展与民生研究》，南开大学2010年博士学位论文，第39页。
④ 李令福:《明清山东农业地理》，台湾五南图书出版公司2000年版，第133页。
⑤ 李令福:《明清山东农业地理》，台湾五南图书出版公司2000年版，第139页。
⑥ 李令福:《明清山东农业地理》，台湾五南图书出版公司2000年版，第140页。

人口达到2,952万人[①]。

随着人口的增加,康熙年间,人多地少的矛盾已显露出来。当时容易耕种的可耕地已基本开垦完,"内地实无闲处"[②],从康熙五十七年(1718)至雍正元年(1723),山东册载新增垦成熟地仅有三千余亩[③]。雍正认为"生齿殷繁,地土所出,仅可赡给,偶遇荒歉,民食维艰"的对策"惟开垦一事,于百姓最有裨益"[④],于是雍正元年(1723)下旨令各地继续开垦土地。户部"议准山东等处闲旷之地,令各州县卫所确查如有未垦荒地,有无从前种地之人,劝谕开垦,有力者令自备牛种,无力者官借牛种,秋收后还。官起科之后,官给执照,永为世业"[⑤]。

由于雍正帝注重垦荒结果,导致雍正朝"各督抚欲以开垦见长,地方官即以升科迎合上司之意,其实不过将升科钱粮飞洒于现在地亩之中,名为垦荒,实则加赋"[⑥]。山东地方官员以迎合上意为目的,肆意虚报开垦亩数,"雍正朝垦殖边缘土地的尝试以失败而告终"[⑦]。至乾隆朝,乾隆帝纠正雍正之失,乾隆六年(1741)颁令山东省畸零地免升科:"嗣后山头地角、河滨溪畔等地,在中则以上一亩以外者,即令劝垦升科;其不足一亩之零星地亩,及下则以下地属瘠薄,虽在一亩以外,亦免升科"[⑧]。为了鼓励耕种山东地域大量存在且不断新增的滨湖临河沙地,官府对沙地减则低征。乾隆二年(1737),"宁阳、临清沙瘠地亩减等起科"[⑨];乾隆二十二年(1757),以海丰县"地既瘠薄,若仍用旧,恐输纳维艰,势必复多逋欠,着该抚遴委妥员,勘明洼下地亩,其粮税并照下则征收"[⑩]。在乾隆朝减免起科的政策下,垦荒效果

---

① 李令福:《明清山东农业地理》,台湾五南图书出版公司2000年版,第141页。

② 《清实录·圣祖仁皇帝实录》卷二百六十八,中华书局影印1985年版,第629页。

③ 宣统《山东通志》卷八十一,载《中国地方志集成·省志辑·山东》第5册,凤凰出版社2010年版,第2567页。

④ 《清实录·世祖章皇帝实录》卷六,中华书局影印1985年版,第237页。

⑤ 宣统《山东通志》卷七十八,载《中国地方志集成·省志辑·山东》第5册,凤凰出版社2010年版,第2513页。

⑥ 宣统《山东通志》卷八十一,载《中国地方志集成·省志辑·山东》第5册,凤凰出版社2010年版,第2567页。

⑦ 李令福:《明清山东农业地理》,台湾五南图书出版公司2000年版,第147页。

⑧ 《清实录·高宗纯皇帝实录》卷一百四十三,中华书局影印1985年版,第1057页。

⑨ 《清实录·高宗纯皇帝实录》卷四十一,中华书局影印1985年版,第737页。

⑩ 《清实录·高宗纯皇帝实录》卷五百四十六,中华书局影印1986年版,第765页。

比较明显,乾隆朝山东垦田亩数总计320986亩[①]。

嘉庆、道光时期,由于山东各地土地多已开垦,官方在垦田力度上有所降低,“承平日久,民多富庶,垦荒之政稍稍弛矣”[②]。另一方面,官司又继续提倡垦荒,如嘉庆二十五年(1820)题准“山东可以经理水田之处,饬劝谕农民次第修举”[③]。在持续的垦荒下,山东各地凡可用之地皆已开垦出来,如黄河沿岸的滩地,“尽皆耕种麦苗,并多居民村落”[④]。至道光十七年(1837),查山东省“地土瘠弱,除沙卤不毛外,小民计及锱铢,并无旷闲之地”[⑤]。

总结而言,清中后期以后,由于平地已基本开垦完,各地只得“向水夺田”“与山争地”,垦殖对象主要是山头地角、水滨河滩,如沂水县的山岭地,“本属荒山不宜五谷”,到咸丰时民众有山即开,“近来贪利愚民沿山开垦”“从前皆种桲椤,近已刨挖净尽”以种五谷[⑥]。乾隆四十一年(1776),“山东等省所属滨河地亩荒废颇多,今已逐经涸出,饬有司多方劝谕,其未经涸出更宜加意设法疏泄,以收地利”[⑦]。雍正时兴起的新一轮开垦土地的目的既是为了解决“民食”问题,而民众为了填饱肚子,新垦土地也基本上是种植粮食作物,所以雍正的土地垦殖令实际上是一种变相的唯“粮食生产”政令,粮食作物走向山间、河滨,与后世的“以粮为纲”政策大为相似。这一轮土地开垦,致使华北的农业生产结构隐患被锁定:“农业生产继续保持以旱农和粮食生产为主的格局,除传统作物外,明清时期还引进了玉米、红薯等高产作物,更增加了对耕地的需求和开垦扩大耕地的欲望。而畜牧不但被分离,农村饲养的马、牛、羊、猪等家畜基本以家养、舍饲为主,成为农业的附属,华北农业完全定格于以耕地农业为主的农业系统。”[⑧]“耕地农业长期过垦,致使

---

① 程方:《清代山东农业发展与民生研究》,南开大学2010年博士学位论文,第44页。

② 宣统《山东通志》卷八十一,载《中国地方志集成·省志辑·山东》第5册,凤凰出版社2010年版,第2567页。

③ 宣统《山东通志》卷七十八,载《中国地方志集成·省志辑·山东》第5册,凤凰出版社2010年版,第2516页。

④ 《清实录·高宗纯皇帝实录》卷一千一百四十七,中华书局影印1986年版,第378页。

⑤ 《清实录·宣宗成皇帝实录》卷二百九十七,中华书局影印1986年版,第607页。

⑥ [清]吴树声:《沂水桑麻话》,咸丰四年(1854)刊本,标点本见《山东史志丛刊》1991年第4期。

⑦ 宣统《山东通志》卷七十八,载《中国地方志集成·省志辑·山东》第5册,凤凰出版社2010年版,第2514页。

⑧ 任继周主编:《中国农业系统发展史》,江苏凤凰科学技术出版社2015年版,第171页。

水土流失、环境恶化、农牧分离、各种资源难以充分发挥效益,农牧业难以协调持续发展等弊端日渐显现。”①

(三) 明清时期山东农业新物种资源的引入

明清时期,山东的农业作物增加了玉米、马铃薯、红薯、花生、烟叶、棉花等新品种。

1. 玉米

玉米原产于南美洲,明代山东新城人王象晋在其《二如亭群芳谱》中详细描述了玉米的各个特征:“干叶类似蜀黍而肥矮,亦似薏苡。苗高三四尺,六七月开花。穗苞如拳而长,须如红绒,粒如芡实,大而莹白。花开于顶,实结于节,以其曾经进御,故曰御麦。出西番,旧名番麦。”由于玉米果实成熟后黄润如玉,故“一名玉蜀黍,一名玉高粱,一名戎菽,实一物也”②。玉米的生物属性是不限地域,耐贫瘠,易栽种,水旱适应性强,产量高。

万国鼎考证万历十八年(1590)山东已有玉米种植,但其没有说明史料来源,无法判定最初引种的地区③。李令福据《金瓶梅词话》中西门庆宴客用玉米面的记录,推定万历年间山东临清已引种玉米④。成淑君据崇祯《历城县志》物产中的玉麦记录,明确断定历城已有玉米种植⑤,而李令福早已考证此条记录系康熙六十一年(1722)增补而崇祯《历乘·物产志》本身并无玉米之记载⑥。因王象晋记载玉米特征很详细,且《群芳谱》系其作于万历、天启之际辞官居于老家期间,故成淑君推测新城也可能引种了玉米⑦。

即使明后期引入玉米之后,它在山东的种植也并不广泛,仅是在“田畔园圃间艺之”⑧。这主要是因为初引入玉米时,除了口感、种类新奇外,玉米相较传统作物并没有展示出多大的生产优势。研究者认为玉米的产量高,

---

① 任继周主编:《中国农业系统发展史》,江苏凤凰科学技术出版社 2015 年版,第 172 页。

② [明]王象晋纂辑,伊钦恒诠释:《群芳谱诠释(增补订正)》,农业出版社 1985 年版,第 22 页。

③ 万国鼎:《五谷史话》,载《古代经济专题史话》,中华书局 1983 年版,第 24 页。

④ 李令福:《明清山东农业地理》,台湾五南图书出版公司 2000 年版,第 223 页。

⑤ 成淑君:《明代山东农业开发研究》,齐鲁书社 2006 年版,第 239—240 页。

⑥ 李令福:《明清山东农业地理》,台湾五南图书出版公司 2000 年版,第 224 页。

⑦ 成淑君:《明代山东农业开发研究》,齐鲁书社 2006 年版,第 240 页。

⑧ 顺治《招远县志》卷五,载《中国地方志集成·山东府县志辑》第 47 册,凤凰出版社等 2004 年版,第 362 页。

是相对于高山岭坡地带而言的。在平原地带,玉米的亩产量相对于麦、粟等品种而言,其实并不占优势,故玉米初引入山东后,并没有引起多大重视。直到清乾隆时期,人口增殖引发的人多地少的矛盾愈来愈突出,人们开始开垦高山岭坡地带,此时玉米相对于麦、粟的高产优势才显露出来。吴树声在《沂水桑麻话》中记述荒山岭地不宜五谷,“只宜种包谷。取其易于成熟,亦不大需粪力也”①。至此,玉米才成为岭坡地带人们高度重视的作物品种。如荣成县自嘉庆(1796—1820)以后“渐种玉粟”②,临朐的山地丘陵地带,原先人们以种树养山蚕为业,玉米传入后,“多有种者”③。到清代末期,山东各地均有种植玉米,有些地方甚至成为主粮,如多山岭坡地的文登县,“六谷之外,高田多包谷,洼田多䅟,终岁之计,二者居其半焉”④。

2. 番薯

番薯,原产于南美洲,具有无地不宜的优良特性,而且产量高。《群芳谱》记载番薯“一亩种数十石,胜种谷二十倍”⑤。番薯被引入山东后,“俗名地瓜,有红、白二种,白者味尤甘美”⑥。但地瓜在山东本地实另有其种。明正德年间(1506—1521),莘县等地种植的地瓜,地方志中记载其“似甘露而粗大”“叶茎如泽兰,其根生瓜,醃食甚佳。月令王瓜生,即此”。李令福据此认定此类地瓜并非来自南美的番薯,而是中国传统的薯类作物⑦。番薯在山东广为种植后,山东人遂同其他地方借用本地薯类称呼番薯一样,也用本地“地瓜”的称呼来称名番薯。

番薯的生物属性是生长快,不择地而生,沙地、盐碱地也能栽种,不仅产量高,而且“天灾物害,皆不能为之损”⑧,具有耐旱、耐涝、不惧虫螟等特点,

---

① [清]吴树声:《沂水桑麻话》,咸丰四年(1854)刊本,标点本见《山东史志丛刊》1991年第4期。

② 道光《荣成县志》卷三,载《中国地方志集成·山东府县志辑》第56册,凤凰出版社等2004年版,第464页。

③ 光绪《临朐县志》卷八,载《中国地方志集成·山东府县志辑》第36册,凤凰出版社等2004年版,第69页。

④ 光绪《文登县志》卷十三,载《中国地方志集成·山东府县志辑》第54册,凤凰出版社等2004年版,第295页。

⑤ [明]王象晋纂辑,伊钦恒诠释:《群芳谱诠释(增补订正)》,农业出版社1985年版,第53页。

⑥ 乾隆《淄川县志》卷一,载《中国地方志集成·山东府县志辑》第6册,凤凰出版社等2004年版,第69页。

⑦ 李令福:《明清山东农业地理》,台湾五南图书出版公司2000年版,第226页。

⑧ [明]王象晋纂辑,伊钦恒诠释:《群芳谱诠释(增补订正)》,农业出版社1985年版,第54页。

特别适宜在山东地域栽种。山东多沙壤和盐碱之地，尤其“滨海地多砂碱，登、莱等府皆然”[①]。而番薯种植于高阜沙土地“最易生成”[②]，宜“高地沙地”[③]，“沙瘠倍收”[④]。番薯可以在盐碱土壤上种植，“须岁前深耕，以大粪壅之，春分后下种，土脉散缓，与沙土同。庶可行根”[⑤]。中国传统粮食作物品种中只有水稻耐盐碱，别无适合于盐碱地栽培的粮食作物品种。即便是种水稻，也需要以水洗盐，需要建设相应的基础设施，受自然条件的约束较多。而新引入的番薯一举解决了这个问题，还不需要额外建设基础设施。有了番薯，此前不能规模性种植粮食作物的沙地、盐碱地也可以较好地利用了。

番薯产量高，陈世元介绍番薯“上地一亩约收万余斤，中地约收七八千斤，下地约收五六千斤”[⑥]。李令福认为陈世元所说的亩产量应当是以大亩计算的产量，小亩应该在一两千斤之间。李令福援引海阳县农民房毅种薯案例予以计算论述说：房毅“清末种地 7 亩，每年约收麦豆杂粮 822 斤，番薯 2400 斤，折原粮 600 斤，相当于麦豆杂粮的 2/3 还多，方志所谓抵谷之半委实不谬。以每亩 1500 斤单产计，约有番薯 1.6 亩，也占全部土地的 2/10 以上”[⑦]。按照每亩 1500 斤这个产量，折原粮三四百斤，相当于种植其他作物单产的二倍有余[⑧]。由于亩产量高，一经引种，农家便积极种植番薯。

王象晋在《群芳谱》中记录了番薯的栽培、食用方法，成淑君据此认为王象晋曾在新城自家田中试种过番薯[⑨]。王象晋曾任浙江布政使等职，当时番薯已在福建等地广为种植，所以李令福认为王象晋的记载只是抄录，而不能

---

① 《清实录·高宗纯皇帝实录》卷五百七十二，中华书局影印 1986 年版，第 272 页。

② 乾隆《泰安府志》卷二，载《中国地方志集成·山东府县志辑》第 63 册，凤凰出版社等 2004 年版，第 241 页。

③ ［明］王象晋纂辑，伊钦恒诠释：《群芳谱诠释（增补订正）》，农业出版社 1985 年版，第 53 页。

④ 光绪《日照县志》卷三，载《中国地方志集成·山东府县志辑》第 58 册，凤凰出版社等 2004 年版，第 375 页。

⑤ ［明］王象晋纂辑，伊钦恒诠释：《群芳谱诠释（增补订正）》，农业出版社 1985 年版，第 54 页。

⑥ ［清］陈世元：《金薯传习录》卷上，载《续修四库全书》第 977 册，上海古籍出版社 2002 年版，第 49 页。

⑦ 李令福：《明清山东农业地理》，台湾五南图书出版公司 2000 年版，第 232 页。

⑧ 李令福：《明清山东农业地理》，台湾五南图书出版公司 2000 年版，第 233 页。

⑨ 成淑君：《明代山东农业开发研究》，齐鲁书社 2006 年版，第 240—241 页。

作为山东省番薯栽植的实录[①]。与王象晋同时代的齐东县知县刘希夔曾有在齐东推广番薯种植的救荒策略[②],这个策略虽未及实施,但正如有的研究者所说的,“作为有‘救荒第一义’之称的番薯,已引起了人们的重视”[③]。

清乾隆初年,山东各地已广泛引种番薯,而且解决了番薯贮种的技术难题。乾隆十六年(1751),福建龙溪人黄可润自直隶“忧归”故里,“舟次德州,家人上岸买番薯,甚多而贱。问之,云四、五年前,有河南、浙江粮艘带来,民间买种以为稀物,今则充斥也。”黄可润正为在直隶无极等地推广番薯而不能解决番薯贮种的问题犯愁,遂向当地老农请教,从德州老农那里学到了利用地窖贮种的方法:“十月收薯之后,选择小而不中食者以为薯种,连带薯藤一起放到地窖里贮藏,待明年清明后将窖拆开,取种薯去藤育秧,五月长出新藤,然后将新薯藤剪苗培垄扦插,至九月便可结薯。”[④]安丘县于乾隆十四年(1749)引种番薯,至道光时“已蕃衍域内”[⑤]。乾隆十五年(1750),闽商陈世元等人“捐资运种”,并从福建募请熟习种薯者数人“同往胶之古镇,依法试栽”[⑥]。

乾隆十七年(1752),山东布政使李渭颁布《种植红薯法则十二条》,详述种植、贮种、食用之法,尤其言说种植之利,号召全省广种番薯。由于番薯之利显而易见,示范效应很强,番薯种植遂逐渐在山东各地推广开来。如郓城县的番薯“有红、白二种,俗名红薯、白薯,乾隆十七年奉文劝种”[⑦]。日照县“地沙,水易涸,种亦不蕃,惟恃甘薯以足食”,“抵谷之半矣”[⑧]。曲阜“多

---

① 李令福:《明清山东农业地理》,台湾五南图书出版公司2000年版,第227页。

② 康熙《齐东县志》卷八,载《中国地方志集成·山东府县志辑》第30册,凤凰出版社等2004年版,第299—300页。

③ 陈冬生、王赛时主编:《山东经济史》古代卷,济南出版社1998年版,第531页。

④ 张岗:《从〈畿辅见闻录〉看黄可润在河北农业发展史上的贡献》,《中国农史》1991年第4期。

⑤ 道光《安邱新志》卷十,载《中国地方志集成·山东府县志辑》第37册,凤凰出版社等2004年版,第162页。

⑥ [清]陈世元:《金薯传习录》卷上,载《续修四库全书》第977册,上海古籍出版社2002年版,第41—42页。

⑦ 光绪《郓城县志》卷三,载《中国地方志集成·山东府县志辑》第85册,凤凰出版社等2004年版,第63页。

⑧ 光绪《日照县志》卷三,载《中国地方志集成·山东府县志辑》第58册,凤凰出版社等2004年版,第374—375页。

种甘薯,即番薯","甚为谷与菜之助"[①]。即墨县"土人用以代粮"[②]。滕县番薯有"红、白两种,今人以为常食,厕于五谷之列"[③]。胶州番薯"蕃衍与五谷等,南鄙尤多"[④]。文登县自清初期引种番薯,至光绪时,"竞种之,山田沙土无不蕃育,所获可敌良田,俗名地瓜"[⑤]。据许檀统计,至清代中叶,山东至少有30余州县种植了番薯[⑥]。

3. 马铃薯

马铃薯,俗称土豆,又叫洋芋、香芋、地蛋、山药蛋,原产于南美洲,分布在海拔2000—4000米的高寒地区,并被当作重要的食用植物来栽培[⑦]。山东省最高处泰山山顶海拔1500多米,不存在海拔二千米以上的高寒地区,对土豆没有品种需求上的迫切性。此外,土豆"味淡,长期不为人喜欢,故传入中国时间较番薯为晚而且推广也慢。山东引种马铃薯的时间约在十九世纪末"[⑧]。

4. 花生

花生,又名落花生、长生果、泥豆等,明末传入中国。乾隆十四年(1749)所修的《临清州志》物产中已有"落花生"的记录,陈凤良、李令福据此判定临清为山东种植花生最早的地方[⑨]。光绪《费县志》称"落花生,一名长生果,蒙山以南,浚河以北,地多沙土,不蕃五谷,而宜此种,土人呼为果子地,百年前仅有种者"[⑩]。以此推算,费县引种花生也当在乾隆年间,与临清相前后。其后,邱县、冠县等地陆续引种,乾隆《邱县志》卷一记邱县物产有"落花生",但"颇少",由此知在引种阶段种植面积并不广。山东半岛从海

① 乾隆《曲阜县志》卷三十七,载《中国地方志集成·山东府县志辑》第73册,凤凰出版社等2004年版,第274页。

② 同治《即墨县志》卷一,载《中国地方志集成·山东府县志辑》第47册,凤凰出版社等2004年版,第39页。

③ 宣统《滕县续志》卷一,载《中国地方志集成·山东府县志辑》第75册,凤凰出版社等2004年版,第431页。

④ 道光《重修胶州志》卷四,载《中国地方志集成·山东府县志辑》第39册,凤凰出版社等2004年版,第160页。

⑤ 光绪《文登县志》卷十三,载《中国地方志集成·山东府县志辑》第54册,凤凰出版社等2004年版,第295页。

⑥ 许檀:《明清时期山东商品经济的发展》,中国社会科学出版社1998年版,第45页。

⑦ 李璠:《中国栽培植物发展史》,科学出版社1984年版,第74页。

⑧ 李令福:《明清山东农业地理》,台湾五南图书出版公司2000年版,第233—234页。

⑨ 陈凤良、李令福:《清代花生在山东省的引种与发展》,《中国农史》1994年第2期。

⑩ 光绪《费县志》卷一,载《中国地方志集成·山东府县志辑》第57册,凤凰出版社等2004年版,第42页。

路上引种花生，在时间上要稍晚于西部运河地区，如安丘县"嘉庆十年(1805)以后始有种者"①。平度州的长生果，"知州周云凤始教民种之"②。周云凤，嘉庆二十二年(1817)任平度州知州。

花生的生物特性是耐干旱、耐瘠薄，尤其适合在沙性土壤、沙土地中生长，不宜黏土。蒙阴多沙地，沂水两岸多粘地，故吴树声在《沂水桑麻话》中记载沂蒙山区"沙地宜种长生果，蒙阴种者甚多，沂水尚少"。不宜五谷生长的瘠薄沙地，因种植花生反被视为"膏沃之地"，利润甚高，如费县花生"连阡累陌，每亩可得三四百斤，取其仁打油，兴贩四出"③。安丘汶河两岸的沙地即因种花生"获利无算，汶河两岸废田尽成膏沃"④。青州府益都县的沙碛之地宜花生，引种后"二十年来民间种者甚广，工省而易收，亦贫民所利也"⑤。东平"大小清河、汶河沿岸淤沙地多种之"⑥。胶州多砂壤，境内花生"东鄙种者尤广""南鄙以番薯蓣为食，东鄙以落花生代稼"⑦。黄泛区沙积地内亦适合花生生长，如宁阳县"嘉庆初，齐家庄人齐振清试种之，其生颇蕃，近年则连阡接陌"，乃至于到清末同治、光绪年间"其收获乃至与五谷埒"⑧。峄县西境多砂壤，每亩可获十余石，"由是境内人远近皆传植之"⑨。朝城县王奉区"自光绪初年多种落花生，获利之厚，优于五谷"⑩。

---

① 道光《安邱新志》卷十，载《中国地方志集成·山东府县志辑》第37册，凤凰出版社等2004年版，第162页。

② 道光《平度州志》卷十，载《中国地方志集成·山东府县志辑》第43册，凤凰出版社等2004年版，第111页。

③ 光绪《费县志》卷一，载《中国地方志集成·山东府县志辑》第57册，凤凰出版社等2004年版，第42页。

④ 道光《安邱新志》卷十，载《中国地方志集成·山东府县志辑》第37册，凤凰出版社等2004年版，第162页。

⑤ 咸丰《青州府志》卷三十二，载《中国地方志集成·山东府县志辑》第32册，凤凰出版社等2004年版，第31页。

⑥ 民国《东平县志》卷四，载《中国地方志集成·山东府县志辑》第66册，凤凰出版社等2004年版，第31页。

⑦ 道光《重修胶州志》卷十四，载《中国地方志集成·山东府县志辑》第39册，凤凰出版社等2004年版，第158、160页。

⑧ 光绪《宁阳县志》卷六，载《中国地方志集成·山东府县志辑》第69册，凤凰出版社等2004年版，第91、93页。

⑨ 光绪《峄县志》卷七，载《中国地方志集成·山东府县志辑》第9册，凤凰出版社等2004年版，第92页。

⑩ 宣统《朝城续志》卷一，载《中国地方志集成·山东府县志辑》第94册，凤凰出版社等2004年版，第199页。

总之,人们在了解了花生生长习性和用途后,遂积极种植,至清末山东已有43州县种植花生,许檀据各时期的地方志制作了清代山东花生种植分布状况一览表,如表8－7所示。

表8－7　　　　清代山东花生种植分布状况一览表[①]

鲁西南平原	鲁西北平原	鲁北平原	鲁中山区	山东半岛
宁阳(嘉庆)	临清(乾隆)	陵县(光绪)	费县(嘉庆)	海阳(嘉庆)
巨野(道光)	邱县(乾隆)	平原(光绪)	益都(道光)	平度州(嘉庆)
城武(道光)	冠县(道光)	德州(光绪)	沂水(咸丰)	安丘(嘉庆)
金乡(同治)	恩县(光绪)	齐河(光绪)	蒙阴(咸丰)	胶州(道光)
朝城(光绪)	高唐州(光绪)	齐东(光绪)	兰山(光绪)	即墨(同治)
郓城(光绪)	清平(光绪)	淄川(光绪)	临朐(光绪)	黄县(同治)
嘉祥(光绪)		禹城(光绪)	肥城(光绪)	潍县(光绪)
邹县(光绪)			新泰(光绪)	诸城(光绪)
滕县(光绪)			莱芜(光绪)	高密(光绪)
峄县(光绪)				昌邑(光绪)
范县(光绪)				

5. 烟草

烟草原产于南美洲,美洲当地人称烟草为"古合巴",吸烟的方式称为"淡巴古"[②]。明中叶烟草传入中国南方后,人们以"淡巴茹"称烟草。明后期北方有种植烟草者,但山东是否种植并不清楚[③],许檀认为明代山东并无种植者,它是清代引进、推广的新的经济作物[④]。

山东地域最早引种烟草的地区是兖州府的滋阳县(今山东兖州)。"滋阳旧无其种,顺治四年(1647),城西颜村店、史家庄始种之,相习渐广,京贩云集,最为民间之利"[⑤]。烟草种植很快传播到邻近的济宁,"济宁环城四五里皆种烟草"[⑥],到道光时"济州之产,甲于诸郡,齐民趋利若鹜","大约膏腴尽为烟所占,而五谷反皆瘠土"[⑦]。由于烟利五倍于五谷,山东各地纷纷引

① 许檀:《明清时期山东商品经济的发展》,中国社会科学出版社1998年版,第44页。

② 李璠:《中国栽培植物发展史》,科学出版社1984年版,第156页。

③ 参见李令福:《明清山东农业地理》,台湾五南图书出版公司2000年版,第338页。

④ 许檀:《明清时期山东商品经济的发展》,中国社会科学出版社1998年版,第31页。

⑤ 光绪《滋阳县志》卷四,载《中国地方志集成·山东府县志辑》第72册,凤凰出版社等2004年版,第67页。

⑥ [清]王培荀撰,蒲泽校点:《乡园忆旧录》卷八,齐鲁书社1993年版,第455页。

⑦ 道光《济宁直隶州志》卷三,载《中国地方志集成·山东府县志辑》第76册,凤凰出版社等2004年版,第133页。

种,如东昌府“田家种之连畛,颇获厚利”[①]。据许檀的统计,到光绪末年英美烟草公司在山东推广美烟种植之前,山东已有40%左右的州县种植烟草[②]。据李令福的不完全统计,“清末全省已有56州县种有烟草,占全省州县总数的半数以上”[③]。

6. 棉花

棉花,又称木棉。自棉花从西、南两途向中原挺进,据考古发现的棉花、棉衣实物推测,元代山东已有零星种植。明以后,官府明令推广种棉,洪武元年(1368),官府下令农民有田五至十亩者,必须种植棉花半亩,“十亩以上倍之,其田多者率以是为差”,麻每亩征八两,棉每亩征四两,不植棉者,出棉布一匹。而“棉布一匹折银五钱,棉花一斤折银一钱”,“这样一个非种棉户要相当于20个种棉户交纳的税额,惩罚力度甚大”[④]。

种植棉花的土地每亩征收四两棉花,仅为亩产量的1/84,这是官府对棉花种植者的鼓励措施之一。[⑤] 而且对于山东而言,官方常常还要将税粮折换成棉花或布,因为辽东诸卫士卒十余万人所需的衣裳,“则令山东州县发运布钞棉花”。经过折算,每四斤净花折粟米一石,当时种棉一亩可获净花21斤,粮食亩产不过净米一石,故每亩棉花的价值差不多相当于种五亩粮食,植棉经济效益极高,“可以认为,大量地用布花代输税粮是促使山东省棉花种植在明代初期迅速普及和发展的重要原因之一”[⑥]。

在官府的强制推动和鼓励措施下,山东的棉花生产迅速发展起来,山东各地均出产棉花。“六府皆有之,东昌尤多,商人贸于四方,其利甚博。”[⑦]东昌府“高唐、夏津、恩县、范县宜木棉,江淮贾客列肆赍收,居人以此致富”[⑧]。

---

① [清]王士祯撰,湛之点校:《香祖笔记》卷三,上海古籍出版社1982年版,第45页。

② 许檀:《明清时期山东商品经济的发展》,中国社会科学出版社1998年版,第33页。

③ 李令福:《明清山东农业地理》,台湾五南图书出版公司2000年版,第343页。

④ 程方:《清代山东农业发展与民生研究》,南开大学2010年博士学位论文,第118页。

⑤ 李令福:《明清山东农业地理》,台湾五南图书出版社2000年版,第274页。

⑥ 李令福:《明清山东农业地理》,台湾五南图书出版社2000年版,第275页。

⑦ 嘉靖《山东通志》卷八,载《天一阁明代方志选刊续编》第51册,上海书店1990年版,第504页。

⑧ 万历《东昌府志》卷二,载《北京师范大学图书馆藏稀见方志丛刊续编》第10种,学苑出版社2009年版,第245页。

冠县“邑多沙地，土性与木棉宜。河北清水各庄种棉者多，夙称富庶”[①]。兖州府的郓城县“土宜木棉，贾人转鬻江南，为市肆居焉，五谷之利不及其半矣”[②]。济南府历城县棉花“处处有之，东北乡独多”[③]。临邑县“木棉之产独甲他所，充赋治生倚办为最”[④]。博兴县“城以北，土兼沙壤，故宜棉，商贾藉以致小康”[⑤]。

据方志资料，许檀统计明代中后期山东有 41 州县生产棉花[⑥]。成淑君统计有 70 州县生产棉花，占州县总数的比例高达 67%，具体情况见表 8－8[⑦]。

表 8－8　　明代山东地区有记载植棉州县一览表

经济小区	府别	植棉州县	统计
鲁西及鲁北平原	青州府	乐安、昌乐	2
	东昌府	高唐州、夏津、恩县、范县、武城、莘县、濮州、博平、冠县、茌平	10
	济南府	历城、章丘、淄川、济阳、临邑、德州、武定州、滨州、齐河、齐东、平原、商河、青城、沾化、蒲台、阳信	16
	兖州府	滋阳、曲阜、宁阳、泗水、邹县、峄县、滕县、汶上、济宁州、金乡、鱼台、嘉祥、单县、曹州、曹县、定陶、城武、郓城、巨野、东阿、东平州、平阴、阳谷、寿张	24
鲁中南与鲁东山地丘陵区	济南府	泰安州、新泰、莱芜	3
	兖州府	沂州、郯城、费县	3
	青州府	诸城、益都、临朐、安丘	4
	莱州府	潍县、即墨、平度州	3
	登州府	福山、文登、宁海州、招远、栖霞	5
合　计			70

李令福、许檀、成淑君等一致认为至明代中后期，山东已形成了三大植

① 道光《冠县志》卷三，载《中国地方志集成·山东府县志辑》第 45 册，凤凰出版社等 2004 年版，第 27 页。

② 万历《兖州府志》卷四，齐鲁书社影印 1984 年版，第 12 页。

③ 乾隆《历城县志》卷五，载《中国地方志集成·山东府县志辑》第 4 册，凤凰出版社等 2004 年版，第 94 页。

④ 同治《临邑县志》卷二，载《中国地方志集成·山东府县志辑》第 15 册，凤凰出版社等 2004 年版，第 56 页。

⑤ 咸丰《青州府志》卷三十二，载《中国地方志集成·山东府县志辑》第 32 册，凤凰出版社等 2004 年版，第 34 页。

⑥ 许檀：《明清时期山东商品经济的发展》，中国社会科学出版社 1998 年版，第 27 页。

⑦ 成淑君：《明代山东农业开发研究》，齐鲁书社 1996 年版，第 243 页。

棉区:鲁东昌府—鲁西北棉区、济南府—鲁北棉区、兖州府—鲁西南棉区。

山东棉花生产在清代时进一步发展,至清代中叶山东10府107州县中已有90余州县种植棉花,占州县总数的87%①,商品化程度更高。“大体而言,到清代中叶,近代山东三大棉区已基本形成,依次为:(1)鲁西北棉区,以高唐、临清为中心,包括夏津、清平、恩县、冠县、武城、馆陶、丘县、堂邑等州县;(2)鲁北大清河棉区,以滨州为中心,包括惠民、乐陵、蒲台、利津、沾化、商河以及博兴、高苑、陵县、临邑等州县;(3)鲁西南棉区,包括曹县、郓城、巨野、单县、定陶等州县。”②

(四)明清时期山东的粮食作物

在明朝新粮食作物品种还没有引入之前,山东地域仍是种植稻、麦、粟、豆、黍、高粱等传统的谷物品种。

1. 稻

如同前代一样,只要水利设施和自然条件许可,山东各地仍可以种植高产和口感好的水稻。稻米口感好,出售价格高,故农民为效益计,多愿意种植水稻并将其加工成米后出售。青州府秋收后,“见户舂米,贸迁得高价”③。兖州府所产大米“仅仅鬻贩,不能自食也”④。历城稻米“但供贵人口吻耳”⑤。博兴县的稻米贩销一郡,“一郡食稻者,赖以贩给”⑥。

山东稻谷生产的分布与水系分布密切相关,水稻主要分布于大、小清河流域,运河沿线,沂沭河流域等地区。缺水地区有种旱稻的情况。

大、小清河流域是明代山东水稻的主要产区⑦。小清河源头的济南,“其地湿沃,其民丰聚,其利金铜,其谷多稻”⑧。济南的稻尤以华不注附近为最,明人谢肇淛述其所见时说:“余在济南华不注山下见十数顷水田,其膏

① 许檀:《明清时期山东商品经济的发展》,中国社会科学出版社1998年版,第28页。
② 许檀:《明清时期山东商品经济的发展》,中国社会科学出版社1998年版,第30—31页。
③ 《古今图书集成·草木典》卷二十六,中华书局影印1934年版,第21页。
④ 万历《兖州府志》卷四,齐鲁书社影印1984年版,第8页。
⑤ 崇祯《历乘》卷十二,中国书店影印1959年版,第6页。
⑥ 道光《博兴县志》卷五,载《中国方志丛书·华北地方》第379册,台湾成文出版社1976年版,第247页。
⑦ 李令福:《明清山东农业地理》,台湾五南图书出版公司2000年版,第249页。
⑧ 嘉靖《山东通志》卷一,载《天一阁藏明代方志选刊续编》第51册,上海书店1990年版,第61页。

腴茂盛，逾于南方，盖南方六、七月常苦旱，而北方不患无雨故也。”①济南之下的历城县，在疏浚小清河、修建水利设施后，“得湖田数百顷，历城之有稻实自兹始”②。“历虽山城，而城北一带尽属水田，粳稻之美，甲于山左”③，时人诗云：“城北濛濛碧水湾，放舟无那稻屯还。”④小清河过章丘，嘉靖《章丘县志》记载：“章丘虽平衍居多，而三面带水，一面阻山，鱼鳖、材木之利，不力而获，是其丰饶充给，甲于济南之诸县者，盖非无所由然也。水陆之产实有资焉。”“其土田肥沃，其山水清美，其士好文学而多取科第，其民务耕织而能给租庸。”⑤种稻无它，唯以水清为良，章丘水清地肥，“其西多水田”，所产稻米种类有香粳稻、白粱稻、赤粱稻、糯稻等。这些水稻的味道，“其美者则以章邱明水为最”⑥。新城县产稻，县“东北濒湖，产水稻间有之。”⑦邹平县所产水稻，主要利用小清河支流漯水的水源，“漯水之滨，近始播种”⑧。嘉靖年间，山东巡按郑芸组织民力，疏通了小清河下游河道，高苑县得有水利，始“兴稻田以教务农”⑨。博兴县“邑多洲渚，而水利不兴”，至万历年间，县丞郑安国依小清河形势，“建地漏引水灌田，招南民十余人教民种稻”⑩，博兴县“由是稻秔之利，甲于一方”⑪。滨州产稻，“沿河地可艺”⑫。章丘明水镇百脉水“泉水流出，灌田数百顷。夏初往来，见平畴稻秧，一青无际”⑬。到清康熙二十五年（1686）后，前后有张鹏、钱钰、桑格三任山东巡抚对小清河

---

① ［明］谢肇淛：《五杂组》卷三，中华书局1959年版，第65页。

② 嘉靖《山东通志》卷五，载《天一阁藏明代方志选刊续编》第51册，上海书店1990年版，第323页。

③ 《古今图书集成·草木典》卷二十六，中华书局影印1985年版，第21页。

④ ［清］王培荀撰，蒲泽校点：《乡园忆旧录》卷四，齐鲁书社1993年版，第205页。

⑤ 嘉靖《章丘县志》卷二，载《天一阁藏明代方志选刊续编》第57册，上海书店1990年版，第1、26页。

⑥ 道光《济南府志》卷十三，《中国地方志集成·山东府县志辑》第1册，凤凰出版社等2004年版，第283页。

⑦ 《古今图书集成·草木典》卷二十六，中华书局影印1934年版，第21页。

⑧ 《古今图书集成·草木典》卷二十六，中华书局影印1934年版，第21页。

⑨ 嘉靖《青州府志》卷六，载《天一阁藏明代方志选刊(一三)》，新文丰出版公司1973年版，第153页。

⑩ 道光《博兴县志》卷十，载《中国方志丛书·华北地方》第379册，台湾成文出版社1976年版，第389页。

⑪ 道光《博兴县志》卷二，载《中国方志丛书·华北地方》第379册，台湾成文出版社1976年版，第69页。

⑫ 《古今图书集成·草木典》卷二十六，中华书局影印1934年版，第21页。

⑬ ［清］王培荀撰，蒲泽校点：《乡园忆旧录》卷四，齐鲁书社1993年版，第226页。

流域进行了长达三十多年的系统治理,兴修了水利设施,沿河400余公里的民田数万顷化为沃壤。在水利设施的支持下,沿河各地纷纷种植水稻,章丘县在沿河之地"计垦稻田百顷余"[①]。新城县在乾隆二十四至二十六年(1759—1761),"筑塍开漏,引水归田,先后开垦稻田共一百四十余顷"[②]。高苑县"将极洼处酌改稻田……现在涸出稻田十余顷"[③]。博兴县在乾隆二十八年(1763)引小清河水,垦稻田"三百余顷"[④],后又"筑塍开坝,引祁家漏水,计垦稻田五十余顷"[⑤]。同年,潍县、寿光两县"挑沟建闸,计垦稻田十四顷余"[⑥]。新城、博兴交界处有锦秋湖,王渔洋在《送兄礼吉归济南》中说:"锦秋湖边稻花凉,锦秋湖下鲈鱼香。"[⑦]总之,明代两代小清河流域只要有水利设施,当地农民总是愿意种植水稻的。

沿海种植水稻的地区主要是青州府。明代青州"海上斥卤、原隰之地皆宜稻,播种苗出,耘过四五遍,即坐而待获。但雨旸以时,每亩可收五六石,次四五石。种多,唯名'各将黄''小红芒'者尤佳。米雪色,气香,味甘滑……。秋收见户舂米,贸迁得高价,可比鱼盐。若江南水田,虽纯艺稻,然功多作苦,农夫经岁胼胝泥淖之中,收入反薄,亩多二三石,次一二石,不如此中海稻功半而利倍也。盖琅琊之稻,自古称名,属县高密西南有稻国,齐孝王子定为稻侯,其异如此。见诸城志。独其邑可种稻且佳耳。安丘、日照虽有旱稻,而粗硬不佳,益都种之不多,获二年后俱变为莠矣,水中亦然"[⑧]。诸城县"宜稻,有粳有糯,胜博兴。尤异者香稻,色微赤,为粥甚馨烈,间以他米,乃可食"[⑨]。登州府福山县,隆庆年间郭宗臯在福山县家乡修建水利设施,开稻田40亩[⑩]。莱阳县产稻,"稻种分水旱,红白早晚,其黏者为糯,不黏

---

① 《清实录·高宗纯皇帝实录》卷六百八十四,中华书局影印1986年版,第655页。

② 《清实录·高宗纯皇帝实录》卷六百三十九,中华书局影印1986年版,第144页。

③ 《清实录·高宗纯皇帝实录》卷六百三十九,中华书局影印1986年版,第144页。

④ 《清实录·高宗纯皇帝实录》卷六百三十九,中华书局影印1986年版,第144页。

⑤ 《清实录·高宗纯皇帝实录》卷六百八十四,中华书局影印1986年版,第655页。

⑥ 《清实录·高宗纯皇帝实录》卷六百八十四,中华书局影印1986年版,第655页。

⑦ [清]王培荀撰,蒲泽校点:《乡园忆旧录》卷四,齐鲁书社1993年版,第235页。

⑧ 《古今图书集成·草木典》卷二十六,中华书局影印1934年版,第21页。

⑨ 咸丰《青州府志》卷三十二,载《中国地方志集成·山东府县志辑》第32册,凤凰出版社等2004年版,第36页。

⑩ 民国《福山县志稿》卷六,载《中国地方志集成·山东府县志辑》第52册,凤凰出版社等2004年版,第229页。

者为秔为粳”[①]。明人司迪有诗咏莱阳:“水落陂塘晚稻成”[②]。沂、沭河流域是鲁南地区水源比较充沛的地区,这一地区历朝都从事水稻生产。自汉代以来,这里以“琅琊之稻”闻名天下,芙蓉湖“灌稻数千顷,香秔亩钟,古称琅琊之稻是也”[③]。昌邑县产稻有“水、旱二种,永安稻佳”[④]。沂州产稻,“有糯有粳”[⑤]。沂州亦有旱稻,徐光启在《农政全书》的旱稻条下注云:“今北土种者甚多,畿内种推平峪,山东推沂州,不啻新城粳稻矣。”[⑥]清乾隆年间,在沂州官府主持下,兰山县、郯城对分布在两县十几处大面积久淹涝洼之地开沟挖渠,分别把积水导入沂、沭、燕子及芙蓉诸河泊,数千顷涝洼之地“变斥卤为膏腴,易蒿莱为秔稻”[⑦]。在沭河上游的莒州,稻“有水、旱二种”[⑧],吴树声在《沂水桑麻话》中指出,沂河上游的沂水县,“俗有种稻者”,然“稻皆旱种,其种植之法与北方种他谷同,非南方水稻也”,因此他提出利用本地山泉众多,且“冬春不断流”的优越条件,在“山麓原隰之地”“仿南方开水田以种稻”。

运河沿线地区的水稻生产,北起德州,南至峄县,纵贯整个山东西部地区。沿运河一线,有安山、马踏、马场、南旺、蜀山、南阳、独山、昭阳、微山等大小湖泊,水源丰富。滕县“城西南地广斥,故多陂泽,壤宜稻、麦”[⑨]。东平州“城东地肥饶,芦泉之沃,颇宜粳稻”[⑩],嘉靖年间,知州李升兴修水利后,东平州更是“遍种秔稻,杂以菱芡”[⑪]。钜野县城北多水泊泽地,产稻,“黑、白二色”[⑫]。曹县产稻,“有数种,水陆不同,又粘者谓之糯米,色黑,宜酿”[⑬]。

---

① 《古今图书集成·草木典》卷二十六,中华书局影印1934年版,第21页。

② 康熙《莱阳县志》卷十,载《中国地方志集成·山东府县志辑》第53册,凤凰出版社等2004年版,第154页。

③ 万历《兖州府志》卷三,齐鲁书社影印1984年版,第35页。

④ 《古今图书集成·草木典》卷二十六,中华书局影印1934年版,第21页。

⑤ 《古今图书集成·草木典》卷二十六,中华书局影印1934年版,第21页。

⑥ [明]徐光启撰,石声汉校注:《农政全书校注》,上海古籍出版社1979年版,第628页。

⑦ 乾隆《沂州府志》卷三,载《中国地方志集成·山东府县志辑》第61册,凤凰出版社等2004年版,第60页。

⑧ 嘉庆《莒州志》卷五,载《中国地方志集成·山东府县志辑》第61册,凤凰出版社等2004年版,第479页。

⑨ 万历《兖州府志》卷四,齐鲁书社影印1984年版,第11页。

⑩ 万历《兖州府志》卷四,齐鲁书社影印1984年版,第13页。

⑪ 万历《兖州府志》卷二十九,齐鲁书社影印1984年版,第10页。

⑫ 《古今图书集成·草木典》卷二十六,中华书局影印1934年版,第21页。

⑬ 《古今图书集成·草木典》卷二十六,中华书局影印1934年版,第21页。

滋阳县产稻，“有糯有粳”①。明朝人许彬有诗咏其“嘉种播来禾满野，陂田秧处稻成畦”②。清代以后，为保障运河用水，清政府曾颁布“禁种湖旁之地”的禁令，但山东运河尤其微山诸湖一带沿线纷纷“截湖水上流之泉，以资灌溉”“多开稻田”③。罢亚，即稏稏，水稻名，亦形容稻多之貌。运河最北端的德州地区，“榴花枣花月当午，青黄罢亚如马鬃”④。菏泽产稻，但面积不广，“五谷多二麦、黍、稷、菽、粟、蜀秫，无水田，稻十一”⑤。乾隆二十三年至二十五年（1758—1760），清政府对运河沿途河闸、湖坝进行了综合治理，在一定程度上缓解了运河漕运与沿途农作之间的用水矛盾，运河沿线地区有了稻作生产的用水条件。乾隆二十七年（1762），汶上县农民“析白马湖引入独山湖以疏泗水，开汶上稻田数百顷”⑥，名曰“稻屯”⑦。之后，山东巡抚阿尔泰将汶上“疏浚沟塍，垦作水田”的经验颁发“兖沂各属”，并令所在“近水处所，一体办理”⑧，山东南部的水稻生产遂获得了大发展。

中部山区泰安州所产水稻，有“红、白二种”⑨。莱芜产旱稻，有粳、糯两种，皆旱稻，故米不佳。⑩ 费县“山田多种旱稻，味如香秔”⑪。平度州“所产陆稻也，南鄙洼渚间有渠种”⑫。峄县利用山泉种稻，如铁角山“山下有泉，引溉稻蔬，居人便之”⑬；花果山附近税郭村等地“是多稻田，多诸果杂树，稻米坚洁，不让南产，外商颇有贩者”⑭。

---

① 《古今图书集成·草木典》卷二十六，中华书局影印1934年版，第21页。

② 万历《兖州府志》卷四十九，齐鲁书社影印1984年版，第2—3页。

③ 《清实录·圣祖仁皇帝实录》卷二百九十二，中华书局影印1934年版，第838页。

④ ［清］田雯：《古欢堂集》卷四十六，载《景印文渊阁四库全书》第1324册，台湾商务印书馆影印1934年版，第509页。

⑤ 光绪《新修菏泽县志》卷一，中国文史出版社2013年版，第347页。

⑥ 赵尔巽等：《清史稿》卷三百二十六，中华书局1977年版，第10876页。

⑦ 《清实录·高宗纯皇帝实录》卷六百七十四，中华书局影印1986年版，第532页。

⑧ 《清实录·高宗纯皇帝实录》卷六百七十四，中华书局影印1986年版，第532页。

⑨ 《古今图书集成·草木典》卷二十六，中华书局影印1934年版，第21页。

⑩ 《古今图书集成·草木典》卷二十六，中华书局影印1934年版，第21页。

⑪ 万历《兖州府志》卷四，齐鲁书社影印1984年版，第14页。

⑫ 道光《重修平度州志》卷十，载《中国地方志集成·山东府县志辑》第43册，凤凰出版社等2004年版，第111页。

⑬ 光绪《峄县志》卷五，载《中国地方志集成·山东府县志辑》第9册，凤凰出版社等2004年版，第52页。

⑭ 光绪《峄县志》卷五，载《中国地方志集成·山东府县志辑》第9册，凤凰出版社等2004年版，第59页。

2. 麦、豌豆、蚕豆

山东越冬粮食作物有麦、豌豆和蚕豆。

豌豆“种出西胡，北土甚多。八、九月下种，亦有春种者”。豌豆“叶两两相对，嫩时可食”，籽实“嫩时色青，可煮食。老则斑麻，可炒食，可作面食馅。磨粉面甚白而彻腻”。由于它在“百谷之中最为先熟，又耐久藏，宜多种”[①]。山东于唐末五代时已大面积种植豌豆，五代时的夏税中已有豌豆。正德《莘县志》、嘉靖《临朐县志》等记载的物产中有豌豆，康熙《朝城县志》、乾隆《乐陵县志》、光绪《堂邑县志》等记载的物产中亦有豌豆。隆庆《兖州府志》的田赋部分记载单县、泗水、金乡与钜野四县征解豌豆。

蚕豆“南北皆有……八月下种，冬生嫩苗可茹”[②]。蚕豆北方种者甚少，民国《茌平县志》的物产表中有蚕豆。

宋应星记载到：“四海之内，燕、秦、晋、豫、齐鲁诸道烝民粒食，小麦居半，而黍、稷、稻、梁仅居半。”[③]历城王象春有诗云：“休言北地惟宜麺，南客翻来籴硬粮。”“俗称麦为‘硬粮’。一麦可敌三谷。”[④]小麦既是山东地域百姓的主食之一，又是冬季亩产量较高的粮食作物，因此各地区冬季作物大多为小麦。小麦为八月播种，次年五月收获。

明代前期税粮分夏、秋两季，夏税征麦，秋税征粟。税粮政策对农民的生产安排具有一定的强制性，因为必须要安排春季种粟的田亩，所以限制了冬小麦的播种面积。李令福根据明前期山东税粮的数据记录，断定“明前期山东约有30%的耕地播种小麦，即小麦的播种面积占总耕地的三成左右”[⑤]。

明中叶以后，山东夏秋税粮大部分已折银征收。小麦作为细粮，市场价格高，在昌乐县“食品以谷麦为大宗，乡农以麦价昂贵，多不自食”[⑥]。农民

---

① ［明］王象晋纂辑，伊钦恒诠释：《群芳谱诠释（增补订正）》，农业出版社1985年版，第26页。

② ［明］王象晋纂辑，伊钦恒诠释：《群芳谱诠释（增补订正）》，农业出版社1985年版，第27页。

③ ［明］宋应星著，潘吉星译注：《天工开物译注》，上海古籍出版社2008年版，第20页。

④ 乾隆《历城县志》卷五，《中国地方志集成·山东府县志辑》第4册，凤凰出版社等2004年版，第91页。

⑤ 李令福：《明清山东农业地理》，台湾五南图书出版公司2000年版，第198页。

⑥ 民国《昌乐县续志》卷九，《中国地方志集成·山东府县志辑》第35册，凤凰出版社等2004年版，第298页。

为了多获利以应付税收、家用，冬种小麦的积极性很高，乡间有“一麦胜三秋”[①]的说法。因此，自明中叶以后，出现了小麦种植面积的大幅度增长[②]。李令福、许檀、成淑君均利用孔府档案来讨论明中叶以后山东小麦种植面积的增加。如成淑君指出：万历中期，曲阜孔府张阳庄小麦种植比例达到41%；到清初顺治九年(1652)，该庄小麦种植比例增加到59.8%，而这样的种植比例在鲁西南各地的孔府庄田中具有相当的普遍性[③]。现移录成淑君所制统计一览表，如表8-9所示。

表8-9　清初孔府部分庄、厂田地农作物种植及复种情况一览表[④]

<table>
<tr><th rowspan="3">地区</th><th rowspan="3">时间</th><th rowspan="3">官庄</th><th rowspan="3">净耕面积</th><th rowspan="3">播种面积</th><th rowspan="3">复种指数</th><th>小麦</th><th>大麦</th><th>高粱</th><th>谷</th><th>黍</th><th>稷</th><th>黄豆</th><th>黑豆</th><th>绿豆</th><th>荞麦</th></tr>
<tr><th>A</th><th>A</th><th>A</th><th>A</th><th>A</th><th>A</th><th>A</th><th>A</th><th>A</th><th>A</th></tr>
<tr><th>B</th><th>B</th><th>B</th><th>B</th><th>B</th><th>B</th><th>C</th><th>C</th><th>C</th><th>C</th></tr>
<tr><td rowspan="6">邹县</td><td rowspan="6">顺治十年</td><td rowspan="2">程家庄</td><td rowspan="2">114.2</td><td rowspan="2">162.6</td><td rowspan="2">142</td><td colspan="2">48.4</td><td>49</td><td>16.8</td><td></td><td></td><td colspan="2">48.4</td><td></td><td></td></tr>
<tr><td colspan="2">42.4</td><td>42.9</td><td>14.7</td><td></td><td></td><td colspan="2">100</td><td></td><td></td></tr>
<tr><td rowspan="2">岗上庄</td><td rowspan="2">143.2</td><td rowspan="2">195.2</td><td rowspan="2">136</td><td>117</td><td>3</td><td>16.8</td><td>2.1</td><td>1</td><td>3.3</td><td>20</td><td>5.3</td><td>4.7</td><td>22</td></tr>
<tr><td>81.7</td><td>0.2</td><td>11.7</td><td>1.5</td><td>0.7</td><td>2.3</td><td>16.7</td><td>4.4</td><td>4</td><td>18.3</td></tr>
<tr><td rowspan="2">双村庄</td><td rowspan="2">64</td><td rowspan="2">83</td><td rowspan="2">130</td><td>33.3</td><td>3</td><td>22</td><td></td><td></td><td></td><td>9</td><td></td><td></td><td>10</td></tr>
<tr><td>52</td><td>4.7</td><td>34.4</td><td></td><td></td><td></td><td>24.8</td><td></td><td></td><td>27.5</td></tr>
<tr><td rowspan="10">汶上</td><td rowspan="10">顺治十年</td><td rowspan="2">陈家闸</td><td rowspan="2">181</td><td rowspan="2">187</td><td rowspan="2">103</td><td>165</td><td>10</td><td>6</td><td></td><td></td><td></td><td></td><td></td><td>2</td><td>4</td></tr>
<tr><td>91.2</td><td>5.5</td><td>3.3</td><td></td><td></td><td></td><td></td><td></td><td>1.1</td><td>2.3</td></tr>
<tr><td rowspan="2">胡城口</td><td rowspan="2">96</td><td rowspan="2">157</td><td rowspan="2">164</td><td>80.7</td><td>3.4</td><td>6.4</td><td>5.4</td><td></td><td></td><td>20</td><td>20</td><td>8</td><td>13</td></tr>
<tr><td>84.1</td><td>3.5</td><td>6.7</td><td>5.6</td><td></td><td></td><td>23.8</td><td>23.8</td><td>9.5</td><td>15.5</td></tr>
<tr><td rowspan="2">马村庄</td><td rowspan="2">123</td><td rowspan="2">148.5</td><td rowspan="2">121</td><td>91.8</td><td>8</td><td>12.3</td><td>2</td><td colspan="2">1.3</td><td>5</td><td>20.5</td><td></td><td></td></tr>
<tr><td>74.6</td><td>6.5</td><td>10</td><td>1.6</td><td colspan="2">1.1</td><td>5</td><td>20.5</td><td></td><td></td></tr>
<tr><td rowspan="2">高家庄</td><td rowspan="2">179.4</td><td rowspan="2">179.4</td><td rowspan="2">100</td><td>150</td><td>5</td><td>9.4</td><td></td><td></td><td></td><td></td><td></td><td></td><td></td></tr>
<tr><td>83.6</td><td>2.8</td><td>5.2</td><td></td><td></td><td></td><td></td><td></td><td></td><td></td></tr>
<tr><td rowspan="2">袁家口</td><td rowspan="2">75</td><td rowspan="2">75</td><td rowspan="2">100</td><td>30</td><td></td><td>24</td><td>21</td><td></td><td></td><td>30</td><td></td><td></td><td></td></tr>
<tr><td>40</td><td></td><td>32</td><td>28</td><td></td><td></td><td>100</td><td></td><td></td><td></td></tr>
</table>

① 崇祯《历乘》卷十二，中国书店影印1959年版，第6页。
② 许檀：《明清时期山东商品经济的发展》，中国社会科学出版社1998年版，第20页。
③ 成淑君：《明代山东农业开发研究》，齐鲁书社2006年版，第226页。
④ 成淑君：《明代山东农业开发研究》，齐鲁书社2006年版，第226—228页。

续表

地区	时间	官庄	净耕面积	播种面积	复种指数	小麦	大麦	高粱	谷	黍	稷	黄豆	黑豆	绿豆	荞麦
						A	A	A	A	A	A	A	A	A	A
						B	B	B	B	B	B	C	C	C	C
汶上	顺治十年	鹿家庄	115	123.1	107	82.3	12.9	17	2.4			4	4.5		
						71.6	11.2	14.8	2.1			4.2	4.7		
		疃里庄	82.5	117.7	143	58	5	17	2.4			28		2.7	4.5
						70.3	6.1	14.8	2.1			44.4		4.3	7.1
		檀家庄	69.9	112.8	161	47.5	1.2	9.4	7.6	2.6		17.9	10.9	7.4	8.3
						68	1.7	13.4	10.9	3.7		36.8	22.4	15.2	17
		游村庄	58	62	107	49.1	3.9	3				3			1
						84.7	6.7	5.2				5.7			1.9
		东平原	125.5	125.5	100	86.5	34	5							
						68.9	27.1	4							
		西平原	53	53	100	48		5							
						90.6		9.4							
		罗庄	64.5	78.5	122	41	1.5	12	10			6	4		4
						63.6	2.3	18.6	15.5			14.1	9.4		9.4
		所庄	73	97.1	133	48.1		10	7	5		10	10	2	2
						65.9		13.7	9.6	6.8		20.8	20.8	4.2	4.2
曹州	顺治十年	平阳厂	199.9	346.7	173	146.8		13.1	17.9	22.1		146.8			
						73.4		6.6	9	11.1		100			
曲阜	顺治八年	齐王庄	232.1	314.9	136	135.1		97				82.8			
						58.2		41.8				61.3			
		张阳庄	564.5	901.9	160	337.4		227.1				337.4			
						59.8		40.2				100			
	顺治十年	春亭庄	356.2	556.8	156	200.6		155.6				200.6			
						56.3		43.7				100			
		安基庄	177.4	281.1	158	103.7			73.7			103.7			
						58.5			41.5			100			
泗水	顺治十年	魏庄	243.5	354.2	145	110.7		132.8				110.7			
						45.5		54.5				100			

原注资料来源:《曲阜孔府档案史料选编》第三编《清代档案史料》第十一册,齐鲁书社1981—1985年间版,第1—156页。按:表中各类作物播种面积的单位以亩计,其中A代表播种面积,B代表A项占净耕地面积的百分比,C代表麦后复种作物占麦地的百分比。

李令福据光绪三十四年(1908)《山东实业统计表》推算“清代山东种植小麦大致占总耕地的45%—50%,以48%计算,则清末小麦播种面积5803万亩,以亩产110斤计算,年产6383.3万担。”①

方志中的定性描述也支持上述数据统计结论。如顺治时,招远县的小麦“有红、白二种,大率于百谷居什之四云”②。曹州“通计小麦居十之六七,余谷居十之三四”③。嘉庆时,寿光县“十亩之田必种小麦五亩,其收早而利赢也”④。光绪时,荷泽“通计小麦居十之六七,余谷居十之三四”⑤。平度县“附城者如有田二十亩,以十四亩种麦”⑥。曲阜等地麦地占总耕地的四分之三,“黍、稻、稷、豆诸种,不过四之一”⑦。受地形与高度影响,鲁中南山地丘陵地区小麦种植不多。

总之,小麦在山东各地均有种植,视地宜情况而播种面积不一,多者播种比例可达60%。

3. 粟

粟,北方俗称谷子。王象晋在《群芳谱》中指出,谷子“养脾胃,补虚损,益丹田,利小便,解热毒,陈者尤良,北人日用不可缺者”。粟的品种甚多,“其名或因姓氏地里,或因形似时令,早则有赶麦黄、百日粮、六十日还仓之类,中则有八月黄、老军头之类,晚则有雁头青、寒露粟、铁鞭头之类。又有

---

① 李令福:《明清山东农业地理》,台湾五南图书出版公司2000年版,第212页。

② 顺治《招远县志》卷五,载《中国地方志集成·山东府县志辑》第47册,凤凰出版社等2004年版,第362页。

③ 中国国家图书馆数字方志:康熙《曹州志》卷六,第5页。链接地址:http://mylib.nlc.cn/web/guest/search/shuzifangzhi/medaDataObjectDisplay? metaData.id=917763&metaData.lId=922244&IdLib=40283415347ed8bd0134833ed5d60004。

④ 中国国家图书馆数字方志:嘉庆《寿光县志》卷九,第21页。链接地址:http://mylib.nlc.cn/web/guest/search/shuzifangzhi/medaDataObjectDisplay? metaData.id=971470&metaData.lId=975951&IdLib=40283415347ed8bd0134833ed5d60004。

⑤ 中国国家图书馆数字方志:光绪《荷泽县志》卷六,第5页。链接地址:http://mylib.nlc.cn/web/guest/search/shuzifangzhi/medaDataObjectDisplay? metaData.id=978760&metaData.lId=983241&IdLib=40283415347ed8bd0134833ed5d60004。

⑥ 中国国家图书馆数字方志:光绪《平度志要》卷二,第2页。链接地址:http://mylib.nlc.cn/web/guest/search/shuzifangzhi/medaDataObjectDisplay? metaData.id=938350&metaData.lId=942831&IdLib=40283415347ed8bd0134833ed5d60004。

⑦ 乾隆《曲阜县志》卷三十七,载《中国地方志集成·山东府县志辑》第73册,凤凰出版社等2004年版,第274页。

梁谷、滑谷、白谷、白谷黄米、黄谷白米之类”[①]。粟的品种多达上百种，如临邑县有“齐头白、大白、小白、梁谷、毛谷、龙爪、小猪尾、刀靶齐、虮蜡睄、独脚黄、红黍谷、母鸡头、铁鞭头、旱不愁、倒寻根、漫梁窜、女儿笑、拖泥秀、亲不换、瓦屋里”[②]等二十个品种。泰安境内百余个品种，“九里香、花里黄其最佳者”[③]。

作为日用不可或缺者，粟一直是北方的重要粮食作物，“北人以粟米为主，粟收遂称大稔”[④]。据明清时期地方志所载物产，山东各州县都产粟。由于明初强制性税粟的存在，明代前期粟的种植还能维持前代的种植局面，“粟的种植面积在明前期虽仍居各类粮食作物之首，不过从中后期以后，其独尊地位已日渐动摇，种植面积也大规模缩减”[⑤]。对于明中叶以后山东各地粟播种面积比例下降的原因，李令福认为有两点：“第一，粟不适于沙土，耐涝能力也差，于是在广大平原低洼地区的产量较低且不稳定；第二，传统社会缺乏培育选择种子技术，粟在长期繁衍中逐渐分化成较多品种，但质量却在退化，优良品种较少。”[⑥]最主要的原因当是明中叶以后因黄河不断泛滥、天然植被减少而致土壤沙化、盐碱化。

4. 大豆

自唐代以后，大豆逐渐从主食降为副食，其用途日益广泛，而且古人认为“豆有膏”，尤宜作为冬小麦的后茬作物，种植面积不断扩大，以黄豆、黑豆为主要播种对象。至明代，黑、黄豆的用途也日渐固定，王象晋指出黑豆“味生则平，炒则热，煮则寒。作豉主发散。造酱及生黄卷平。牛食之温，马食之冷”。黄豆“其豆可食，可酱，可豉，可油，可腐。腐之滓可喂猪，荒年人亦可充饥。油之滓可粪地。萁可燃火。叶名藿，嫩时可为茹”[⑦]。

---

① ［明］王象晋纂辑，伊钦恒诠释：《群芳谱诠释（增补订正）》，农业出版社 1985 年版，第 16 页。

② 道光《临邑县志》卷二，载《中国地方志集成·山东府县志辑》第 15 册，凤凰出版社等 2004 年版，第 58 页。

③ 万历《泰安州志》卷一，载《中国方志丛书·华北地方》第 10 册，台湾成文出版社 1968 年版，第 31 页。

④ 崇祯《历乘》卷十二，中国书店影印 1959 年版，第 5 页。

⑤ 成淑君：《明代山东农业开发研究》，齐鲁书社 2006 年版，第 232 页。

⑥ 李令福：《明清山东农业地理》，台湾五南图书出版公司 2000 年版，第 242 页。

⑦ ［明］王象晋纂辑，伊钦恒诠释：《群芳谱诠释（增补订正）》，农业出版社 1985 年版，第 24 页。

黑、黄二豆，山东各地都有种植，如明代时历城县等地“人所习用，佐谷之歉”①，登、莱二府“其谷多稷、菽”②。据宣统《山东通志》中的田赋记录，知泰安、莱芜、肥城、东平、东阿、宁阳、金乡、济宁、汶上、阳谷、菏泽、濮州、郓城、单、范、观城、朝城、聊城、博平、茌平、莘等二十一州县生产黑豆。

王象晋说黑、黄二豆“夏至前后下种”③，此前二豆多是春播。由春播为主到夏播为主的转化，李令福认为起始于明中叶，“大致麦后夏播的晚大豆在明中后期逐渐推广，到明末清初，在土壤较为肥沃的华北平原地区上升为主导地位，基本上取代了春大豆。”④由于夏播大豆有效地填补了麦收至秋播间的农田闲置时间，大豆效益又高，所以农民纷纷利用麦收空隙播种大豆。到清后期，在宜豆地区，“黄豆、黑豆最为民利，与麦同重。农人有田十亩者，常五亩种豆。晚秋丰获，输租税，毕婚嫁，皆恃以为资”⑤。李令福推算“清代末年，山东省豆类作物播种面积占总耕地 25% 左右，其中黄豆独多，其播种面积约占总耕地的 20% 以上”。山东地域成为在东三省与湖南湖北之后的全国第三大黄豆产区⑥。

5. 高粱

高粱，即蜀黍。其性耐旱涝，北土下湿地不宜麦禾者，宜种高粱，徐光启指出高粱“立秋后五日，虽水潦至一丈深，不能坏之；但立秋前水至即坏。故北土筑堤二三尺，以御暴水；但求堤防数日，即客水大至，亦无害也”⑦。

明代以前，山东虽有种植高粱者，然未见有大面积种植的记录。随着自然环境的变化，明清时期山东下湿之处遂有大面积种植高粱的记录，如低洼易积水的济宁、汶上等地区，粮食作物只能以麦和高粱为主。济宁“厥壤衍

① 中国国家数字图书馆数字方志：崇祯《历城县志》卷五，第 30 页。链接地址：http://mylib.nlc.cn/web/guest/search/shuzifangzhi/medaDataObjectDisplay? metaData.id = 908649&metaData.lId = 913130&IdLib = 40283415347ed8bd0134833ed5d60004。

② 嘉靖《山东通志》卷一，载《天一阁藏明代方志选刊续编》第 51 册，上海书店 1990 年版，第 62 页。

③ ［明］王象晋纂辑，伊钦恒诠释：《群芳谱诠释（增补订正）》，农业出版社 1985 年版，第 24 页。

④ 李令福：《明清山东农业地理》，台湾五南图书出版公司 2000 年版，第 409 页。

⑤ 光绪《临朐县志》卷八，载《中国地方志集成·山东府县志辑》第 36 册，凤凰出版社等 2004 年版，第 69 页。

⑥ 李令福：《明清山东农业地理》，台湾五南图书出版公司 2000 年版，第 222 页。

⑦ ［明］徐光启撰，石声汉校注：《农政全书校注》，上海古籍出版社 1979 年版，第 630 页。

沃,亦有汙渚,谷宜秫、麦,与汶上同",而"陂泽沮洳之场亦居其半"的汶上县"雨水流潦,禾菽不植,唯秫与麦生之"[①]。济南府各属县产高粱,"其秈者,自邹平以东,北际济阳、齐东诸县,农人以为正食"[②]。

据各府县志物产表,明清时期山东已有许多高粱品种,如沾化县的高粱品种有铁干燥、乱采毛、沾蓟等十一个品种,章丘县的高粱品种有糙秫蜀、粘秫蓟、麦黄秫蓟、望天回、回回眼、野狐尾等七个品种。高粱用途极其广泛,"米有两种。粘者可和糯秫酿酒,作饵;不粘者可作糕煮粥,可济饥,亦可养畜。茎可织箔、编席、夹篱、供焚。梢可作笼帚。壳浸水色红,可以红酒。有利于民者最博"[③]。

因高粱的生物属性及其广泛用途,而且其单产量也比黍、稷、穇等作物高,于是高粱在山东各地普遍种植起来。成淑君据孔府资料推定"至迟到明末,高粱的种植面积在鲁西、鲁北平原的部分地区已超过粟而跃居第二或第三的位置"[④]。而"明清山东省各地高粱的播种面积不断增长,种植比重逐步提高,这主要是通过排挤其他杂粮作物尤其是粟谷的种植而实现的"[⑤]。

6. 黍

自先秦以来,黍是山东的粮食作物品种之一。但其单产量不高,口感也差,因其适宜酿酒以及祭祀用途,故民间虽有种植,但种植面积不大。李令福考察黍同粟一样在明清两代有逐渐下降的趋势[⑥]。成淑君据孔府档案认为,"明后期至少在鲁西南地区黍的种植已基本退出了历史舞台"[⑦]。

(五)明清时期山东的果圃园蔬

"菓亦养生,家所必需也"[⑧],"至日食常佐,若番瓜、番薯、芦菔、蔓菁,几

---

① 万历《兖州府志》卷四,齐鲁书社影印1984年版,第12、13页。

② 道光《济南府志》卷十三,载《中国地方志集成·山东府县志辑》第1册,凤凰出版社等2004年版,第282—283页。

③ [明]王象晋纂辑,伊钦恒诠释:《群芳谱诠释(增补订正)》,农业出版社1985年版,第22页。

④ 成淑君:《明代山东农业开发研究》,齐鲁书社2006年版,第234页。

⑤ 李令福:《明清山东农业地理》,台湾五南图书出版公司2000年版,第239—240页。

⑥ 李令福:《明清山东农业地理》,台湾五南图书出版公司2000年版,第242页。

⑦ 成淑君:《明代山东农业开发研究》,齐鲁书社1996年版,第237页。

⑧ 光绪《峄县志》卷七,载《中国地方志集成·山东府县志辑》第9册,凤凰出版社等2004年版,第88页。

与五谷同其珍重，谚曰：田家饭菜一半”[①]。果、蔬在小农生活中十分重要，历来山东人民均重视水果、蔬菜种植，因此山东果圃园蔬业相对比较发达。

1. 果木种植

山东气候向称北省之冠，尤宜种果，明人谢肇淛云“齐中多佳果，梨、枣之外，如沙果、花红、桃、李、柿、栗之属，皆称一时之秀，而青州之苹婆，濮州之花谢，甜亦足敌吴下杨梅矣”[②]。

嘉靖《山东通志》卷八《物产》特载诸物种“所不见于昔、不同于四方者，以辨夫土之宜焉”[③]，因此嘉靖《山东通志》所录各种物产尤其水果可视为明清时期山东各地最有特色的物产，现分述于后。

杏。济南金杏，自汉以来即产于济南郡东南的分流山，至明代，“上饮天浆，下啜地沫，故其生繁。大于梨，黄于橘，而味为独美”[④]。乐陵县之杏“种类不止有金杏，圆而黄，熟最早，味胜，花如红梅而丰艳，实如梅而甘”[⑤]。历城县除有金杏外，还“有把丹杏，核亦可食。又有海东红、银杏”[⑥]。博山县巴旦杏“实小肉薄，核如梅，核壳薄而仁甘美”[⑦]。淄川有杏坡，“其坡东多红杏，西多海棠，春秋临望，烂若云霞”[⑧]。“杏花开后过聊城”[⑨]。肥城的杏“亦俊物，独龙山空杏寺之杏，独无核，杏熟核自落，亦奇矣”[⑩]。

林檎，又名来禽、蜜果，即今苹果。“林檎，一名来禽，一名蜜果。生渤海间，此果味甜，能来众禽于林，故有林禽、来禽、蜜果之号。”[⑪]“出章丘、益都，

---

① 道光《荣城县志》卷三，载《中国地方志集成·山东府县志辑》第56册，凤凰出版社等2004年版，第464页。

② ［明］谢肇淛：《五杂组》卷十一，中华书局1959年版，第319页。

③ 嘉靖《山东通志》卷八，载《天一阁藏明代方志选刊续编》第51册，上海书店1990年版，第497页。

④ 嘉靖《山东通志》卷八，载《天一阁藏明代方志选刊续编》第51册，上海书店1990年版，第498页。

⑤ 乾隆《乐陵县志》卷二，台湾成文出版社1968年版，第192—193页。

⑥ 乾隆《历城县志》卷五，载《中国地方志集成·山东府县志辑》第4册，凤凰出版社等2004年版，第95页。

⑦ 乾隆《博山县志》卷四，载《中国地方志集成·山东府县志辑》第7册，凤凰出版社等2004年版，第34页。

⑧ ［清］王培荀撰，蒲泽校点：《乡园忆旧录》卷四，齐鲁书社1993年版，第193页。

⑨ ［清］王培荀撰，蒲泽校点：《乡园忆旧录》卷一，齐鲁书社1993年版，第59页。

⑩ 光绪《肥城县乡土志》卷八，台湾成文出版社1968年版，第122页。

⑪ 乾隆《乐陵县志》卷二，载《中国地方志集成·山东府县志辑》第16册，凤凰出版社等2004年版，第391页。

兖亦有之。有甘、酢二种，甘者早熟，酢者差晚。”[①]淄川县林檎“俗呼蜜果，蚤（早）熟者甜，晚熟者微酸……皆以柰或棠梨本接之”[②]。

桃。“其形匾者曰匾桃，多出章丘、益都。冬熟者曰冬桃，多出济南。又有佛抬手桃，其大盈掬，出禹城者佳。”[③]博山蜜桃“实小而甘，十月得霜始熟”[④]。齐河桃林“春塍雨润少飞沙，别取林腰一道斜。红袖倚门桃傍井，又缘迷路得看花”；郯城桃树“枝枝能白复能红，光景年时约略同。行过曹村贪小住，双禽对语百花中”[⑤]。禹城县诸果以桃为佳，“桃佳者比临清”，“其次为杏李枣梨”[⑥]。肥城县“果亦多品，惟桃最著名，远近千里外莫不知有肥桃者，而吕店、凤山、固留诸社所植尤佳”[⑦]。

梨。“六府皆有之。其种曰红消、曰秋白、曰香水、曰［鹅］梨、曰瓶梨，出东昌、临清、武城者为佳。”[⑧]乐陵县“梨为百果之宗，名类甚多，秋白最佳，乐邑产者多有香味”[⑨]。历城“梨有红绡、秋白、香水、鹅梨、瓶梨诸种”[⑩]。博山惟梨“味最甘，出县东南七十里，地名茨埠。”[⑪]“茌平之梨，清脆无滓”[⑫]，为名产。

枣。“六府皆有之。东昌属县独多。种类不一，土人制之，俗名曰胶枣、

① 嘉靖《山东通志》卷八，载《天一阁藏明代方志选刊续编》第51册，上海书店1990年版，第498页。

② 乾隆《淄川县志》卷一，载《中国地方志集成·山东府县志辑》第6册，凤凰出版社等2004年版，第66页。

③ 嘉靖《山东通志》卷八，载《天一阁藏明代方志选刊续编》第51册，上海书店1990年版，第498页。

④ 乾隆《博山县志》卷四，载《中国地方志集成·山东府县志辑》第7册，凤凰出版社等2004年版，第34页。

⑤ ［清］王培荀撰，蒲泽校点：《乡园忆旧录》卷一，齐鲁书社1993年版，第59页。

⑥ 嘉庆《禹城县志》卷五，载《中国地方志集成·山东府县志辑》第10册，凤凰出版社等2004年版，第442页。

⑦ 光绪《肥城县志》卷一，载《中国地方志集成·山东府县志辑》第65册，凤凰出版社等2004年版，第35页。

⑧ 嘉靖《山东通志》卷八，载《天一阁藏明代方志选刊续编》第51册，上海书店1990年版，第504页。

⑨ 乾隆《乐陵县志》卷二，载《中国地方志集成·山东府县志辑》第16册，凤凰出版社等2004年版，第390页。

⑩ 乾隆《历城县志》卷五，载《中国地方志集成·山东府县志辑》第4册，凤凰出版社等2004年版，第95—96页。

⑪ 乾隆《博山县志》卷四，载《中国地方志集成·山东府县志辑》第7册，凤凰出版社等2004年版，第34页。

⑫ ［清］王培荀撰，蒲泽校点：《乡园忆旧录》卷八，齐鲁书社1993年版，第454页。

曰牙枣。商人先岁冬计其木，夏相其实而直之，货于四方。”①嘉靖时，临邑“桑枣连畛，屋瓦鳞次”②。济南府“枣出于山地者，瘠且蛀。濒小清河诸处产者稍佳。邹、长之北境及齐东诸处则益佳矣”③。历城枣“有圆铃枣、小枣、脆枣诸种，北乡者佳。”④乐陵枣“名类甚多，岁以刀锥树本，用土匝其根，则多实。邑有虚心枣，实小无核，一名无核枣，以枝移接再接者尤胜，移他处则复生核，此种近亦甚少”⑤。“乐陵田皆树枣，行列如陈。枣之名甚多，无核、金丝、脆枣、圆铃等类，非生其地者不悉。其最多者小枣，以车贩鬻四方”。⑥ 其中无核枣为乐陵独有品种，“移他处则复生核”。寿光县“连阡带陌，桑枣为多”⑦。安丘“桑枣之繁，不亚寿光”⑧。

文官果，又名文林果、文林郎，“出渤海，如李，如林檎，其树自河中浮来，得之者为文林郎，因名”⑨“唐德宗出行，道旁有以是果献者，遂官，目人故名。或曰具种类自文官得之。”⑩“出青州、德州，四稜，肉有仁如螺。”⑪

苹婆，又称凤眼果，“一名柰，树与叶皆似林禽，而实稍小，亦名平陂”⑫。

---

① 嘉靖《山东通志》卷八，载《天一阁藏明代方志选刊续编》第51册，上海书店1990年版，第504页。

② 道光《临邑县志》卷二，载《中国地方志集成·山东府县志辑》第11册，凤凰出版社等2004年版，第55页。

③ 道光《济南府志》卷十三，载《中国地方志集成·山东府县志辑》第1册，凤凰出版社等2004年版，第284—285页。

④ 乾隆《历城县志》卷五，载《中国地方志集成·山东府县志辑》第4册，凤凰出版社等2004年版，第96页。

⑤ 乾隆《乐陵县志》卷二，载《中国地方志集成·山东府县志辑》第16册，凤凰出版社等2004年版，第390页。

⑥ [清]王培荀撰，蒲泽校点：《乡园忆旧录》卷八，齐鲁书社1993年版，第454页。

⑦ 咸丰《青州府志》卷三十二，载《中国地方志集成·山东府县志辑》第32册，凤凰出版社等2004年版，第35页。

⑧ 咸丰《青州府志》卷三十二，载《中国地方志集成·山东府县志辑》第32册，凤凰出版社等2004年版，第35页。

⑨ 嘉靖《山东通志》卷八，载《天一阁藏明代方志选刊续编》第51册，上海书店1990年版，第497—498页。

⑩ 嘉靖《山东通志》卷八，载《天一阁藏明代方志选刊续编》第51册，上海书店1990年版，第504—505页。

⑪ 嘉靖《山东通志》卷八，载《天一阁藏明代方志选刊续编》第51册，上海书店1990年版，第504页。

⑫ 乾隆《乐陵县志》卷二，载《中国地方志集成·山东府县志辑》第16册，凤凰出版社等2004年版，第391页。

“大如相橘，色青，山东之出青州者独佳。”[1]博山的“频（苹）婆，柰也，奈有数种，此果独佳”[2]。博兴县果之属有“桃、杏、李、梨、栗、枣、莲芡、菱芰、葡萄、石榴、文官果、苹婆，以水碱，故果味逊他方”[3]。

柿饼，“出青州，柿以大方名，盖肖形也。又有名圆盖柿名（当为“者”——引者注），青人取之制为饼。渐生霜”[4]。青州益都县的柿“结实尤繁，殖者盈亩连陌，蓏为饼，与核桃同贩之胶州即墨，海估载之以南，远达吴楚，至闽粤，大为近郊民利”[5]。历城柿“十余种，南山皆有，大涧沟独盛”[6]。“柿十余种，邹平产者良”[7]。淄川县柿有“四缝、牛心二种，削去皮，揉而干之，可作饼”[8]。又有柿岩，“在般水之南、泷水之右，千嶂秀叠，万木拂云。入山西行二里，又北折，溪穷崖合，中更开布，有柿林千株，高下扶疏，虽四面林泉殊态，而高深同在一岩”[9]。菏泽县“果则梨枣桃杏李柰，榴曰罡榴。柿出耿氏园者佳，曰耿饼，四方争购之”[10]。

其他果类各地均产，殆为常品。胡桃，即核桃，“出济、兖、青三郡，青州者为佳”[11]。葡萄，乐陵县葡萄“一名马乳，一名黑水晶，紫白二种。可生食，可酿酒，亦可干”。“三月开花，成穗结实星编，又有琐琐葡萄，尤为异品。”[12]

---

① 嘉靖《山东通志》卷八，载《天一阁藏明代方志选刊续编》第51册，上海书店1990年版，第505页。

② 乾隆《博山县志》卷四，载《中国地方志集成·山东府县志辑》第7册，凤凰出版社等2004年版，第34页。

③ 道光《博兴县志》卷五，台湾成文出版社1976年版，第247页。

④ 嘉靖《山东通志》卷八，载《天一阁藏明代方志选刊续编》第51册，上海书店1990年版，第505页。

⑤ 咸丰《青州府志》卷三十二，载《中国地方志集成·山东府县志辑》第32册，凤凰出版社等2004年版，第31页。

⑥ 乾隆《历城县志》卷五，载《中国地方志集成·山东府县志辑》第4册，凤凰出版社等2004年版，第96页。

⑦ 道光《济南府志》卷十三，载《中国地方志集成·山东府县志辑》第1册，凤凰出版社等2004年版，第285页。

⑧ 乾隆《淄川县志》卷一，载《中国地方志集成·山东府县志辑》第6册，凤凰出版社等2004年版，第66页。

⑨ ［清］王培荀撰，蒲泽校点：《乡园忆旧录》卷四，齐鲁书社1993年版，第193页。

⑩ 光绪《新修菏泽县志》卷一，载《中国地方志集成·山东府县志辑》第78册，凤凰出版社等2004年版，第347页。

⑪ 嘉靖《山东通志》卷八，载《天一阁藏明代方志选刊续编》第51册，上海书店1990年版，第505页。

⑫ 乾隆《乐陵县志》卷二，载《中国地方志集成·山东府县志辑》第16册，凤凰出版社等2004年版，第391页。

济南府“葡萄有数种，青、紫大小不一。有锦荔支(枝)，亦名赖葡萄”[①]。乐陵瓶果，“似林檎而大，形扁而圆，青色，味清芬。蓄之，至冬不腐，清洌愈胜”[②]。乐陵有楸子，“一名秋沙，皮青，至秋乃熟，故名。又有红沙，色如蘋婆而小。又有实子形如秋沙，其肉脆，不如秋沙之甘而沙也。楸，似当作秋。”[③]历城县的栗“柳埠南营产独盛”[④]。诸城县的“栗不亚益都”[⑤]。“他处栗大，松而絮。临朐栗小而脆，而西山所产又不若南山之甘。”[⑥]山楂，历城“山查(楂)，大而红者曰糖球，小而黄者曰山查(楂)”[⑦]。乐陵沙果有“蜜、秋、朱沙红、掉线红数种”[⑧]，历城沙果有“蜜果、秋果、朱砂红、掉线红诸名”[⑨]。朱砂红，“皮苦，名秋后蜜”[⑩]。樱桃“一名含桃，春发，花粉红色，先百谷而熟，古人贵之”[⑪]。

山东水果以枣、梨最为有名，其中青州、乐陵州最为有名，堂邑县梨产最丰，“郡谣云：堂梨博枣。谓其产多耳，其实非最上之品。”[⑫]南方水果柑橘、香橼等品种，北方有盆栽者，淄川“善莳佛手柑，为荫室，视日寒暖皆有法，实

---

① 道光《济南府志》卷十三，载《中国地方志集成·山东府县志辑》第1册，凤凰出版社等2004年版，第285页。

② 乾隆《乐陵县志》卷二，载《中国地方志集成·山东府县志辑》第16册，凤凰出版社等2004年版，第391页。

③ 乾隆《乐陵县志》卷二，载《中国地方志集成·山东府县志辑》第16册，凤凰出版社等2004年版，第391页。

④ 乾隆《历城县志》卷五，载《中国地方志集成·山东府县志辑》第4册，凤凰出版社等2004年版，第96页。

⑤ 咸丰《青州府志》卷三十二，载《中国地方志集成·山东府县志辑》第32册，凤凰出版社等2004年版，第36页。

⑥ 光绪《临朐县志》卷八，载《中国地方志集成·山东府县志辑》第36册，凤凰出版社等2004年版，第71页。

⑦ 乾隆《历城县志》卷五，载《中国地方志集成·山东府县志辑》第4册，凤凰出版社等2004年版，第96页。

⑧ 乾隆《乐陵县志》卷二，载《中国地方志集成·山东府县志辑》第16册，凤凰出版社等2004年版，第391页。

⑨ 乾隆《历城县志》卷五，载《中国地方志集成·山东府县志辑》第4册，凤凰出版社等2004年版，第96页。

⑩ 乾隆《德州志》卷十一，载《中国地方志集成·山东府县志辑》第10册，凤凰出版社等2004年版，第311页。

⑪ 乾隆《乐陵县志》卷二，载《中国地方志集成·山东府县志辑》第16册，凤凰出版社等2004年版，第391页。

⑫ 康熙《堂邑县志》卷七，载《中国地方志集成·山东府县志辑》第89册，凤凰出版社等2004年版，第49页。

大以蕃。尝货于官,充贡京师,业此以食者岁百余家。"[①]平原、恩县接壤的马颊河西岸,"止自梅家口、董路口,南至津期店,凡五、六十里","杏花繁盛,桃李缤纷","夏间兼得果实之利","又马颊河东岸隄外皆县地,枣树最盛"[②]。临朐"诸果利萃西南诸山。柿萉为饼,与胡桃、杏仁最能致远。梨、苹婆走鬻江淮,疾足者能之。余但集郡郭而已"[③]。

山东水果品种之全,从方志记录看,以峄县为最。山东南部的峄县一半山区,一半平地,"峄之北连山数百里,至县治而迤平,冈岭隐伏""其南山势既尽,众流交络,重湖相袭"[④]。山区树木覆荫,如车稍山"楸桐杂树荫山"[⑤]、护君山"其麓多槐楝松楸"等等。诸山多栽培果树,如仙坛山"其麓多枣栗桃梨,近水者尤佳"[⑥];云谷山"其上多丰草,多诸菓树,多山鸽鹰鹯,多狐狸獾兔"[⑦];夹谷山"其阴多柿栗枣梨,梨尤佳。其阳多榴,味甘,久藏不腐,贾数千里,居人世擅其利"[⑧];荆山"多槐楝梧楸,多诸果树,楂梨尤甲他处"[⑨]。峄县总计有梨、杏、桃、李、枣、柰、柿、梅、栗、山楂、君迁(小柿)、木瓜、核桃、白果、石榴、苹婆、来禽、沙果、樱桃、葡萄和文官果等二十一种水果,算是山东境内果品种类比较齐全的地区。这些水果"山产之出境者甚夥,而以枣、米、柿饼、楂梨为大,岩谷之民衣食皆仰给焉""枣、梨、柿、楂尤有名,行贩江

---

① 道光《济南府志》卷十三,载《中国地方志集成·山东府县志辑》第1册,凤凰出版社等2004年版,第285页。

② 乾隆《平原县志》卷三,载《中国地方志集成·山东府县志辑》第16册,凤凰出版社等2004年版,第35页。

③ 光绪《临朐县志》卷八,载《中国地方志集成·山东府县志辑》第36册,凤凰出版社等2004年版,第71页。

④ 光绪《峄县志》卷五,载《中国地方志集成·山东府县志辑》第9册,凤凰出版社等2004年版,第49页。

⑤ 光绪《峄县志》卷五,载《中国地方志集成·山东府县志辑》第9册,凤凰出版社等2004年版,第51页。

⑥ 光绪《峄县志》卷五,载《中国地方志集成·山东府县志辑》第9册,凤凰出版社等2004年版,第54页。

⑦ 光绪《峄县志》卷五,载《中国地方志集成·山东府县志辑》第9册,凤凰出版社等2004年版,第55页。

⑧ 光绪《峄县志》卷五,载《中国地方志集成·山东府县志辑》第9册,凤凰出版社等2004年版,第56页。

⑨ 光绪《峄县志》卷五,载《中国地方志集成·山东府县志辑》第9册,凤凰出版社等2004年版,第58页。

湖数千里,山居之民皆仰食焉”①。

2. 园蔬种植

山东园圃所种日常瓜蔬品种比较齐全,朝城县(今山东莘县)瓜蔬有芥、芹、山药、黄花、葱、韭、蒜、茄、芫荽、莙荙、白菜、蔓菁、瓠、莴苣、茼蒿、苔菜、白萝卜、红萝卜、蘑菇、葫芦、芋、薤、苦荬、生菜、菠菜、葵菜、王瓜、丝瓜、西瓜、冬瓜、苦瓜、甜瓜、菜瓜、地瓜、金瓜②。济南府的瓜蔬有白菜、蕨、韭、红萝卜、胡萝卜、扁豆、笋、蒜、蒜薹、芹、芋、萝卜、葵、菠菜、黄瓜、稍瓜、西瓜、丝瓜、番瓜、水茄、蘑菇、葱、芥、茅窝、马勃、山药、莴苣、木耳、甘露、葫荽、地瓜、葫芦、蔓菁、劈蓝、甜瓜、冬瓜、北瓜、南瓜、莙藚、藤莴、天茄、苔子、金豆、刀豆、苜蓿、香芋、秦椒、金簪、苋、茄、瓠、长豆角、白花菜③。上述菜蔬清单基本上囊括了山东地域的瓜蔬品种。

瓜蔬大多鲜食,作为食料或者炒食,如“芹,水芹也。陆芹,荽也。小者谓之胡荽,其气烈,可为食料,亦可炒食”④。春秋之间,瓜菜甚多,鲜食不及,腌作菹、酱,如“辣菜,根磊魁大如碗,可腌为菹”⑤。或制作成干菜,如“黄花菜,金萱也。采其蕾干之为金簪菜,可寄远”⑥。

上述瓜蔬,多产于春夏,而冬蔬以白菜、萝卜、韭黄为最。“菘,俗呼白菜,其茎白也。黄芽、大青,皆以叶色别,其美在心,无心者曰汤菜,春月诸菜未生,种之可以济乏。”⑦菘“有大小两种,小者生于春夏,富绿叶素,名曰‘春不老’。大者为纯白色,有至二十余斤一颗者,包皮而生,腌食、生食均

---

① 光绪《峄县志》卷七,载《中国地方志集成·山东府县志辑》第9册,凤凰出版社等2004年版,第92、88页。

② 康熙《朝城县志》卷二,载《中国地方志集成·山东府县志辑》第94册,凤凰出版社等2004年版,第36—37页。

③ 《古今图书集成·职方典》卷二百零二,中华书局影印1934年版,第6页。

④ 道光《济南府志》卷十三,载《中国地方志集成·山东府县志辑》第1册,凤凰出版社等2004年版,第283页。

⑤ 道光《济南府志》卷十三,载《中国地方志集成·山东府县志辑》第1册,凤凰出版社等2004年版,第283页。

⑥ 道光《济南府志》卷十三,载《中国地方志集成·山东府县志辑》第1册,凤凰出版社等2004年版,第284页。

⑦ 道光《济南府志》卷十三,载《中国地方志集成·山东府县志辑》第1册,凤凰出版社等2004年版,第283页。

美”[①]。萝卜,又称芦菔,“性甘脆,根作圆锥形,即食其根也,叶亦可食”“为农人秋冬季之日常主要副食品”[②]。冬蔬最贵者非韭黄莫属,“入冬生者因未见日光,色黄而嫩,名曰韭黄,产生较少而值昂,冬季青韭价较肉贵四五倍”[③]。寿光县的韭为绝品,“寒腊冰雪,便以登盘,甘脆鲜碧”,价至每斤制钱500文,邻近的诸城、安丘虽产韭黄,皆“逊之远矣”[④]。惠民县韭黄“味甚香美,他处所不及”[⑤]。

山东各地蔬产颇多,如兖州府“瓜瓠诸蔬,其类甚伙,亦多肥美。冬月家为醃菹,可以卒岁”[⑥]。兖州府平阴县北境平衍膏腴,“民力耕耘,禾蔬肥茂”[⑦]。济南“有白菜,趵突泉东者尤佳,其冬月地窖中生为黄芽”[⑧];“汇波门外,菜畦弥望,菁葱无际,绕渠荷叶离披,最宜游眺”[⑨]。长清县“邑之南多园圃,则种菜茹”[⑩]。葱“出章邱者肥大而味短,且易枯。邹、长出者佳。齐、济之界有鸡腿葱尤佳”[⑪]。“新城郭外,有巨石孤立菜畦中”[⑫],禹城县“可作油蔬之宜者为葱,其味甘,贩卖至远方”[⑬]。安丘县灰墟葱、羊角葱有盛名,

---

① 民国《茌平县志》卷九,载《中国地方志集成·山东府县志辑》第90册,凤凰出版社等2004年版,第353页。

② 民国《茌平县志》卷九,载《中国地方志集成·山东府县志辑》第90册,凤凰出版社等2004年版,第353页。

③ 民国《茌平县志》卷九,载《中国地方志集成·山东府县志辑》第90册,凤凰出版社等2004年版,第353页。

④ 咸丰《青州府志》卷三十二,载《中国地方志集成·山东府县志辑》第32册,凤凰出版社等2004年版,第35页。

⑤ 咸丰《武定府志》卷四,载《中国地方志集成·山东府县志辑》第21册,凤凰出版社等2004年版,第61页。

⑥ 万历《兖州府志》卷四,齐鲁书社影印1984年版,第8页。

⑦ 万历《兖州府志》卷四,齐鲁书社影印1984年版,第13页。

⑧ 乾隆《历城县志》卷五,载《中国地方志集成·山东府县志辑》第4册,凤凰出版社等2004年版,第94页。

⑨ [清]王培荀撰,蒲泽校点:《乡园忆旧录》卷四,齐鲁书社1993年版,第214页。

⑩ 道光《长清县志》卷二,载《中国地方志集成·山东府县志辑》第59册,凤凰出版社等2004年版,第333页。

⑪ 道光《济南府志》卷十三,载《中国地方志集成·山东府县志辑》第1册,凤凰出版社等2004年版,第283页。

⑫ [清]王培荀撰,蒲泽校点:《乡园忆旧录》卷四,齐鲁书社1993年版,第192页。

⑬ 嘉庆《禹城县志》卷五,载《中国地方志集成·山东府县志辑》第10册,凤凰出版社等2004年版,第442页。

“出潍河西岸，味甘辛，能顺气解毒，易地则不良。”①肥城县“颜村之晚菘、虎门之赛川椒尤为特产，而为出境之大宗”②。寿光县蔬菜“苜蓿、金簪较夥焉。凡蔬，以产于九巷者为上，以地肥而人世其业也”③。武定府蒲台县“城西人多治圃，颇食其利，以近水灌溉便，移之他处则不饶”④。峄县“近治山田多膏腴，尤宜姜、芋，亩可收数千斤”⑤。宁阳县东乡所产生姜被称为“宁姜”“利百倍它蔬”“各邻县均食宁姜”⑥。临朐县的西瓜、甜瓜，“每至暑月，浓香溢市，鼻选舌交，贩者云集，车担络绎，皆达青州”⑦。东昌府境内“瓜类最多，唯西瓜、王瓜可生食，余至冬月醃为菹”⑧。章丘县瓜有十余种，“以产女郎山者为最”⑨。菏泽县瓜蔬之中，“百合尤美”“瓜之属甚伙，王瓜、甜瓜、苦瓜，更有南北东西之名”“木瓜最著”⑩。“蒲瓜，或曰北瓜”；“癞蒲萄，亦曰苦瓜”⑪。恩县瓜亦有名，“恩县之瓜，大如斗，甘如饴，其饷黄色。”⑫“西瓜，历产者良，邹之北境有小西瓜，大才如碗，皮薄味美，尤为卓品。”⑬昌乐县“营陵旧址以产西瓜著闻”⑭。“南瓜，俗名饭瓜。贫民多植隙地，储以御

---

① 道光《安邱县志》卷十，载《中国地方志集成·山东府县志辑》第37册，凤凰出版社等2004年版，第162页。

② 光绪《肥城县乡土志》卷八，台湾成文出版社1968年版，第122页。

③ 咸丰《青州府志》卷三十二，载《中国地方志集成·山东府县志辑》第32册，凤凰出版社等2004年版，第35页。

④ 乾隆《蒲台县志》卷二，载《中国地方志集成·山东府县志辑》第28册，凤凰出版社等2004年版，第451页。

⑤ 光绪《峄县志》卷七，载《中国地方志集成·山东府县志辑》第9册，凤凰出版社等2004年版，第92页。

⑥ 光绪《宁阳县志》卷六，载《中国地方志集成·山东府县志辑》第69册，凤凰出版社等2004年版，第93页。

⑦ 光绪《临朐县志》卷八，载《中国地方志集成·山东府县志辑》第36册，凤凰出版社等2004年版，第70页。

⑧ 万历《东昌府志》卷二，载《北京师范大学图书馆藏·稀见方志丛刊续编》第5册，学苑出版社2009年版，第246页。

⑨ 道光《章邱县志》卷一，载《中国地方志集成·山东府县志辑》第68册，凤凰出版社等2004年版，第33页。

⑩ 光绪《新修菏泽县志》卷一，中国文史出版社2013年版，第347、348页。

⑪ 乾隆《德州志》卷十一，载《中国地方志集成·山东府县志辑》第10册，凤凰出版社等2004年版，第311页。

⑫ ［清］王培荀撰，蒲泽校点：《乡园忆旧录》卷八，齐鲁书社1993年版，第454页。

⑬ 道光《济南府志》卷十三，载《中国地方志集成·山东府县志辑》第1册，凤凰出版社等2004年版，第284页。

⑭ 咸丰《青州府志》卷三十二，载《中国地方志集成·山东府县志辑》第32册，凤凰出版社等2004年版，第35页。

冬，可省菽粟之半。”[①]“南瓜有数种，圆长不一，花皮者曰番瓜，农煮作羹，为常食。历之段店、长之周村镇、苑城店诸处所产皆良，邹平出者亦佳。”[②]

总之，各地各有特产的园圃业是明清时期山东经济效益较好的行业。朝城县的农业生产环境在明代中期以后变化比较大，往日生态环境好时，可称繁盛。明后期兵火、天灾交连，生态环境恶化，农业生产遂日渐艰难，只有园圃业稍得有利可言。康熙《朝城县志》撰志者云：“朝[邑]土壤平衍，产无奇物。且当鼎革之后，复遭黄寇之虐，村落邱墟，田畴草莱，诸产槩纸上桑矣。”尽管经过清初二十余年的休养，仍不能恢复到昔日盛况，“今云出矣，然亦惟五谷之属。又民贫，粪田力乏，入不尝出，乃多终岁勤苦而叹一饱之维艰者矣。惟城西北贾庄至妹冢一区，地下土坚可井，宜蔬，较之种田者利稍浮，然辘轳夜勤，粪锄昼苦，男妇交事，暑雨不辍，亦云艰哉！至果木之利，在昔盛时，亦可佐民用十分之一，经乱经荒，杂木悉尽，今民间拘一椽，须取材于邻封，而况桑枣之类，益复疏有”[③]。

二、明清时期山东农耕技术的缓慢进步

明清时期，山东地域农业技术进展的步伐非常缓慢。这主要有两个方面的原因：一是土地开垦、森林使用过度，使生态系统失常，导致水利工程不能持续发挥作用，致使治水思路也产生了从“兴利济民”到“苟不为害则已”的变化。二是因黄泛与频发的山洪使山东内陆土壤沙化、盐碱瘠薄，治沙、治盐碱遂成为主要的工作之一，山东农业生产环境发生了巨大的转折，治史者于此屡有“今不若古”之叹：“其地斥卤居半，赋产瘠薄，不能了公家，以致户口转徙。彼所谓通鱼盐、设轻重，以富称者而何？其今不古若也！”[④]

---

① 乾隆《诸城县志》卷十二，载《中国地方志集成·山东府县志辑》第38册，凤凰出版社等2004年版，第87页。

② 道光《济南府志》卷十三，载《中国地方志集成·山东府县志辑》第1册，凤凰出版社等2004年版，第284页。

③ 康熙《朝城县志》卷二，载《中国地方志集成·山东府县志辑》第94册，凤凰出版社等2004年版，第38页。

④ 嘉靖《青州府志》卷一，载《天一阁藏明代方志选刊》第56册，上海古籍书店影印1965年版，第2—3页。

（一）盐碱土壤改良的技术

山东近海，海水渗渍沿岸地区形成了沿海泻卤之地，即《汉书·地理志》所载“齐地负海泻卤，少五谷而人民寡”之地，主要分布于渤海沿岸的武定、青州、莱州三地。“具体说来，武定府的海丰、沾化（今利津），青州府的乐安（今广饶）、寿光，莱州府的潍县、昌邑、平度、掖县等地是滨海盐土分布的主要地区，其距海五十至百里之间因卤水浸灌，多为盐土”①。自元代以后，因黄河泛滥与山洪频发造成山东地域土壤沙化、盐碱化，从而形成了山东内陆地区的盐碱地，“主要分布于鲁西南与鲁西北黄河冲积平原的洼地边缘、河间窪地及黄运沿岸”②。

明清时期，山东各地盐碱地的具体情形：聊城县、茌平县地“多潟卤”③。沾化县境内“滨海之区，斥卤殆遍”，水多“味咸不可于口”④。青州府“濒海斥卤之地又强半焉”⑤，该府小清河下游的高苑、博兴等地“地脉为济水所泻，六月如冰，一望无际，率沮洳斥卤之墟矣”⑥。武城县“地多碱斥，而旱潦不常”、运河一带“地多沙碱，不堪行犁”⑦。寿张能征粮之地仅四千余顷，而其中“肥硗相间，斥卤居多”⑧。观城县“水潦不时，斥卤相望”⑨。成淑君据新中国成立后颁布的山东省盐碱地占全省总面积的9.8%这一数据，测算明代山东“盐碱地在本区土地总面积中的比例应该不低于10%”⑩。

---

① 李令福：《明清山东农业地理》，台湾五南图书出版公司2000年版，第57页。

② 李令福：《明清山东农业地理》，台湾五南图书出版公司2000年版，第54页。

③ 嘉庆《东昌府志》卷四十六，载《中国地方志集成·山东府县志辑》第88册，凤凰出版社等2004年版，第180页。

④ 民国《沾化县志》卷八，载《中国方志丛书·华北地方》第360册，台湾成文出版社1967年版，第1125页。

⑤ 嘉靖《青州府志》卷六，载《天一阁藏明代方志选刊》第56册，上海古籍书店影印1965年版，第43页。

⑥ 嘉靖《青州府志》卷六，载《天一阁藏明代方志选刊》第56册，上海古籍书店影印1965年版，第34页。

⑦ 嘉靖《武城县志》卷二，载《天一阁藏明代方志选刊》第63册，上海古籍书店影印1965年版，第12、13页。

⑧ 光绪《寿张县志》卷八，载《中国地方志集成·山东府县志辑》第93册，凤凰出版社等2004年版，499页。

⑨ 道光《观城县志》卷二，载《中国地方志集成·山东府县志辑》第91册，凤凰出版社等2004年版，第432页。

⑩ 成淑君：《明代山东农业开发研究》，齐鲁书社2006年版，第148页。

盐碱地含盐碱的程度不同。对于一些盐碱含量较低的“活碱地”，“乘暑雨种，䅟获可食”，而对于“无生意，平衍光腻若镜面”的“死碱”地[①]，山东农民也创造出一些新技术来加以利用，主要有生物治盐、深翻窝盐、种稻洗盐等方法。

1. 生物治盐

生物治盐就是种植具有抗盐碱性能的植物。这些植物有苜蓿、柳树、稗等。

稗是产量高、耐盐碱、耐水旱的作物，元代时已广为种植以抗盐碱，有水稗、莠稗等品种。《王祯农书》中指出，濒海之地“初种水稗，斥卤既尽，可为稼田，所谓‘泻斥卤兮生稻粱’”[②]。明代山东沿海不少地区的主要粮食作物就是这种耐盐碱的莠稗，如滨州“海滨广斥，斥碱之地，五谷不生，农者树莠稗充馆粥”[③]；日照县“地皆斥卤，民多流离，用供朝夕者咸藉莠稗”[④]。山东农民培育出一种踵子谷，“性甚耐碱，虽极重碱地，也可收成”，登、莱二府沿海潍、掖、黄县等地多种该作物[⑤]。

苜蓿用途多，可作蔬、饲料，也可作绿肥，极耐盐碱，在水少的盐碱地，“先种苜蓿，岁莠其苗食之，四年后犁去其根，改种五谷、蔬果，无不发矣，苜蓿能暖地也”[⑥]。济宁、观城等地，“碱地寒苦，苜蓿能暖地，性不畏碱，先种苜蓿，数年改艺五谷疏果，无不发矣”[⑦]。苜蓿在“平原一带碱地所在皆是”[⑧]。

种植耐盐碱的树木如柳、杨、桑等，亦可治地。“卤碱之地，三、二尺下不是碱土，掘沟深二尺，宽三尺，将柳橛如鸡卵粗者，砍三尺长，小头削光，隔五

① [清]顾炎武撰，黄绅等校点：《天下郡国利病书》，上海古籍出版社2012年版，第1646页。

② [元]王祯撰，王毓瑚校注：《王祯农书》，上海古籍出版社1994年版，第192页。

③ 咸丰《滨州志》卷十一，载《中国地方志集成·山东府县志辑》第37册，凤凰出版社等2004年版，第475页。

④ 中国国家图书馆数字方志：康熙《日照县志》卷首，第2—3页。链接地址：http://mylib.nlc.cn/web/guest/search/shuzifangzhi/medaDataObjectDisplay?metaData.id=982659&metaData.lId=987140&IdLib=40283415347ed8bd0134833ed5d60004。

⑤ 参见李令福：《明清山东农业地理》，台湾五南图书出版公司2000年版，第62页。

⑥ 参见梁家勉主编：《中国农业科学技术史稿》，农业出版社1989年版，第480页。

⑦ 道光《观城县志》卷十，载《中国地方志集成·山东府县志辑》第91册，凤凰出版社等2004年版，第539页。

⑧ 宣统《山东通志》卷四十一，载《中国地方志集成·省志辑·山东》第3册，凤凰出版社2010年版，第1518页。

尺远一科,先以极干桑枣杏槐老木,如大馒头粗者三尺半长,下用铁尖,上用铁束,做个引橛,拽一地眼,将柳橛插下九分,外留一分,乃将湿土填实,封个小堆,得一、两月芽出,任其几股,二年后就地砍之,第三年发出,粗大茂盛,要做梁檩,只留一二股,不消十年都成材料。其次于正月后二月前,或五、六月大雨时,将柳枝截三尺长,掘一沟,密密压在沟内,入土八分,留二分,伏天压桑亦照此法,十有九活,盗贼难拔,牲畜难咬,天旱封堆不干,天雨沟中聚水,又不费浇根。入地三尺又不怕碱,十年之后,沙地、碱地如麻林一般矣。"①

2. 深翻窝盐

人们在长期的生活实践中,认识到盐碱土有一个"盐根层",在盐根层之下的深层土壤,其含盐量多属正常,因此可以通过深翻、深耕等方法来破坏盐根层,以下层土壤来改良表层土,这种方法被称为深翻窝盐。

其具体做法有两种:一是刮盐起碱后深耕。刮去表层盐根层土壤,去土五寸,所起碱土培作田埂,或垫作路基,然后深耕,破坏盐碱地的盐根层,提高淋盐效果。②

二是直接换土改良。"山东之民掘碱地一方,径尺深尺,换以好土,种以瓜瓠,往往收成。明年再换沮濡,以栽蒲苇箕柳。"③经过几轮换土,碱气渐退,几年后就可以正常耕作。济宁等地"掘地方数尺,深四五尺,换好土,以接引地气,二三年后,则周围方丈地皆变为好土矣"④。李令福认为"此法虽费功而效果最佳,山东清代劳力相对充足,所以,此法在各地也较流行"⑤。但成淑君认为此法局限性很大,"在当时的生产条件下,换土法不仅比较费力,而且对大规模改造盐碱地来说,所需的大量好土、人力供应等都存在不小的困难。因此,此法注定只能局限于小面积盐碱地的改造"⑥。

---

① 道光《观城县志》卷十,载《中国地方志集成·山东府县志辑》第91册,凤凰出版社等2004年版,第539页。

② 参见梁家勉主编:《中国农业科学技术史稿》,农业出版社1989年版,第481页。

③ [明]吕坤著,王国轩、王秀梅整理:《实政录》卷二,中华华局2008年版,第946页。

④ 中国国家图书馆数字方志:乾隆《济宁直隶州志》卷二,第65页。链接地址:http://mylib.nlc.cn/web/guest/search/shuzifangzhi/medaDataObjectDisplay? metaData.id=971448&metaData.lId=975929&IdLib=40283415347ed8bd0134833ed5d60004。

⑤ 李令福:《明清山东农业地理》,台湾五南图书出版公司2000年版,第64页。

⑥ 成淑君:《明代农业开发研究》,齐鲁书社1986年版,第148页。

3. 种稻洗盐

引水洗盐种稻是自先秦以来就为人所知的治盐碱地办法。明清时期，山东农民利用大、小清河等河流的水源，采用引水种植水稻的方法来治理盐碱地。嘉靖时，高苑知县葛臣劝农民兴建稻田，以改沮洳斥卤之墟[①]。崇祯时，博兴县丞郑安国于小清河置闸引水，“变斥卤为膏腴，沿河之民颇以殷饶”[②]。清代亦用此法治盐碱地，在大、小清河流域建设了不少水稻田，参见前文所述水稻种植。

另有一种办法是用构筑高台、高垄的台田法来治理盐碱地，也称为沟洫条田法[③]，该法使用地域甚广，不独山东。其具体做法是，先铲去盐碱土层，然后“仍照谕定宽深丈尺，开沟泄水，并即将碱地四围犁深为沟，以泄积水。如不能四面尽犁，即就最低之一隅挑挖成沟。或将碱地多开沟湾为泄水之区，以卫承粮地亩，是以无用之抛荒而为永远之利益矣”[④]。光绪年间，博兴县受盐碱侵害严重，地方官在低洼盐碱地上，“率众掘为台地，民众始得粒食”。“台田法在耕地周围掘深沟，土覆左右两边，使田块高出原来地面，从而相对降低地下水位，减少地面返盐”[⑤]。用这种方法每块耕地约 2 亩，以小沟相隔，其外有中沟、大沟以通淡水灌溉，又可以排水洗盐，一个改良单元可多至万亩。

（二）水利工程的兴建

明清时期，山东的水利工程主要是运河与大、小清河的疏浚及沟渠灌溉设施的修建。

1. 运河治理

元末以来，山东的会通河段已年久失修，多处淤塞，原来修筑的河堰也废坏殆尽。明太祖定都南京，政治中心与经济重心合一，于漕运无所措意，运河的修复工作无从谈起。至明成祖定都北京，政治中心与经济重心分离，

---

① 嘉靖《青州府志》卷六，载《天一阁藏明代方志选刊(一三)》，新文丰出版公司 1973 年版，第 152—153 页。

② 道光《博兴县志》卷十，载《中国方志丛书 · 华北地方》，台湾成文出版社 1976 年版，第 389 页。

③ 参见梁家勉主编：《中国农业科学技术史稿》，农业出版社 1989 年版，第 480 页。

④ 民国《济阳县志》卷五，载《中国地方志集成 · 山东府县志辑》第 14 册，凤凰出版社等 2004 年版，第 143 页。

⑤ 李令福：《明清山东农业地理》，台湾五南图书出版公司 2000 年版，第 60 页。

漕运遂成为国家重要政事之一，山东会通河的修复事宜提上了政事日程，运河的修复与维持也就成为山东地方官府经常性的工作。

永乐九年（1411），济宁州同知潘叔正建言朝廷修复会通河以通漕运："会通河道四百五十余里，其淤塞者三之一，浚而通之，非惟山东之民免转输之劳，实国家无穷之利也。"①朝廷遂命工部尚书宋礼发山东等地民工三十万人疏浚会通河。宋礼最终采用汶上县老人白英的治水之策，在宁阳堽城和戴家村筑坝，"遏汶使无入洸，而尽出南旺，南北置闸三十八。又开新河，自汶上袁家口左徙五十里至寿张之沙湾，以接旧河"②。筑坝之后，有效地解决了会通河的水量调节问题，大运河重新贯通。永乐十三年（1415）后，遂罢海运和陆运，专任河运，"明成祖肇建北京，转漕东南，水陆兼挽，仍元人之旧，参用海运。逮会通河开，海陆并罢"③。

会通河的航行，靠汶水等几条小河的水量供给，不足以支持会通河的运转。为保证会通河的运输水量，需要将山东西部运河沿线周边泉湖等所有水源都调入运河。成化十年（1474）明令规定："凡故决南旺、昭阳湖堤岸及阻绝泰山等处泉源者，为首之人发充军，军人发边卫。"④为了保运河，禁泉溉田令得到了地方官府的严格执行，"沂、泗、汶、洸诸水挟百八十泉之流，互相转输以入于运，环千里之土，举名山大川之利以奉都水滴沥之流，居民无敢私焉"⑤。"诸泉入闸河而济运者初仅七十二泉，继增为八十四，又增为一百五十二，又增为一百八十，今且三百余矣。……民间有一勺之泉既可拥之灌数顷之地，故甚惜之，一经报官，即不许耕灌。"⑥因此有研究者认为，"明时鲁西平原的水利工程主要是将泰山西侧的山泉引入运河和保持运河的畅通，谈不上有什么其他的农田水利，而这种做法严重影响当地农业的发展"⑦。明代山东运河沿岸东平、汶上、平阴、滕县等多达18个州县的约三百余处泉水先后都被划定为运河专用水源。清朝亦是如此，运河沿岸的河流、

---

① ［清］谷应泰：《明史纪事本末》卷二十四，中华书局1977年版，第376页。

② ［清］张廷玉等：《明史》卷八十五，中华书局1974年版，第2080页。

③ ［清］张廷玉等：《明史》卷八十五，中华书局1974年版，第2077页。

④ ［明］申时行等修：《大明会典》卷一百九十八，上海古籍出版社《续修四库全书》第792册，第371页。

⑤ 万历《兖州府志》卷十九，齐鲁书社影印1984年版，第5页。

⑥ ［清］黄宗羲编：《明文海》卷一百二十，中华书局影印1987年版，第1201页。

⑦ 邹逸麟主编：《黄淮海平原历史地理》，安徽教育出版社1997年版，第287页。

湖泊、山泉等基本上都纳入了补水，鲁西南运河沿线十八州县的泉水被分为分水、天井、鲁桥、新河、邳州五派引入运河。康熙、乾隆等朝屡次颁布禁引泉水灌田令，“以法律规定河泉平时三日济运，一日灌田，而亢旱之年则全部济运”①，居民不得溉田。

由于会通河水量小，不足以供大船通过，所以宣德五年（1430）陈瑄建议复用旧灉河水道引黄河水补给会通河：“临清至安山河道，春夏水浅，舟难行。漳湫（今山东东阿西南）西南旧有汶河通汴，朝廷尝遣官修治，遇水小时，于金龙口（今河南封丘县西南）堰水入河，下注临清，以便漕运。比年缺官，遂失水利，漕运实难，乞仍其旧。”②朝廷采纳了陈瑄的建议。这虽然解决了运河的来水问题，同时也带来了运河的水患，之后黄河顺灉河水道反复冲决运河堤岸，对运河的威胁非常大。嘉靖四十四年（1565），官府对山东运河的南段进行了治理改造，于鱼台县的南阳镇至夏村开凿了南阳新河，从而避开了黄河泛滥对运河的威胁③。隆庆、万历年间又开凿了夏镇（今微山县）经峄县台庄到江苏直河口一段的泇河，替代了原由夏镇经徐州到直河口一段长达150余公里的黄河运道，减轻了因黄河泛滥而造成的运河南部的灾情。

清朝时继续治理运河，乾隆二十三年（1758），在山东巡抚阿尔泰的主持下，清理了山东运河的泥沙，建筑了南旺、蜀山诸湖堤堰，并加固了曹州、单县黄河大堤100余公里，堵住了黄河的泛滥，在运河的北段和中段，先后修建了漳水石坝、石闸、开引支脉，同时对运河中段河床节节疏通，又对沿河350公里堤岸“加高培厚，修整完固”，从而保证了一段时间内运河沿途地区的农田免遭水患。

2. 疏浚大、小清河

大、小清河不仅是山东境内沟通西部与东部渤海沿岸的两条重要航路，而且是沿岸地区农田灌溉的水源。大清河流经山东范县、寿张、东阿、长清、齐河、历城、齐东、蒲台等县，由利津县入海。崇祯《历乘》记载：“大清河即济水故道，自兖州东北流经本府长清、齐河、历城、济阳、齐东、武定、青城、滨

① 参见曹志敏：《清代山东运河补水及其对农业的影响》，《安徽农业科学》2014年第15期。
② 《明宣宗实录》卷七十一，台湾“中研院”历史语言研究所1962年校印本，第1662页。
③ ［清］张廷玉等：《明史》卷八十五，中华书局1974年版，第2087页。

州、蒲台、利津入海，此盐贾通舟之处。”[①]至清代，“山东盐河有东、北二大支，其北一支属泺口、蒲台二批验所，为大清河”[②]。小清河发源于济南泺水，流经历城、章丘、邹平、新城、高苑、博兴，由乐安境内的高家港入海。《历乘》记载：“水出大明湖，环城而东，合黑虎诸泉之水，东北绕华不注山，经章丘、邹平、新城诸县入海。”[③]

由于元代以来的开垦及过量使用山区森林，山东各河流水流含沙量逐渐增加，大、小清河已出现淤浅。在淤浅地区，沿岸农民已开始占种河道，如嘉靖时，自章丘柳塘口西至常家庄五里、东至新桥十八里段的河道，“淤为沃壤，民皆耕种”[④]。

小清河的淤塞占种现象，嘉靖时期已较普遍，故清人有云：“小清之废约在明嘉靖年。獭水孤行小清渠中，北方旱岁较多，渠水常小，无业者多取河壖之地认垦升科，久侵久削，所留河身甚狭。濒河低乡又或依附堤岸筑屋以居，且相冢图墓于此，河身益狭。遇天雨，小则渠水漫溢，大则渠水冲决。自章邱城东、邹平、长山、新城四县均受其害，东且及青州之高苑、博兴、乐安三属矣。”[⑤]由于围垦及淤塞，明代永乐（1403—1424）以后大清河的西段、小清河的东段经常发生水患，“水失其径，一值天雨，茫茫巨浸，坏民田庐，弗以数计”[⑥]。“小清河为高苑、博兴之害，濒河居民，盗决构讼，终岁无已。盖小清河自省城以东，青州迤西，诸山之水皆会焉。一遇霖潦，汹涌泛滥，堤岸浅薄，第不盗决，亦不免于漂溺”[⑦]。

由于水患严重，成化九年（1473）至成化十一年（1475），官府调发 5.7 万民工，先后疏通了张秋至平阴滑口一段的大清河道和历城至堰头又至乐安一段的小清河道，共疏通河道 250 余公里。同时还在两河上修建了储水

---

① 崇祯《历乘》卷三，中国书店影印 1959 年版，第 10 页。

② 乾隆《历城县志》卷八，载《中国地方志集成·山东府县志辑》第 4 册，凤凰出版社等 2004 年版，第 131 页。

③ 崇祯《历乘》卷三，中国书店影印 1959 年版，第 10 页。

④ ［清］顾炎武撰，黄绅等校点：《天下郡国利病书》山东备录，上海古籍出版社 2012 年版，第 1612 页。

⑤ 道光《济南府志》卷六，载《中国地方志集成·山东府县志辑》第 1 册，凤凰出版社等 2004 年版，第 151 页。

⑥ ［明］陈子龙等编：《明经世文编》卷五十一，中华书局影印 1962 年版，第 397 页。

⑦ ［清］顾炎武撰，黄绅等校点：《天下郡国利病书》山东备录，上海古籍出版社 2012 年版，第 1712 页。

闸、减水闸及叠闸等设施，用以调节河水水量。这次浚治，积水泄去，使得大、小清河两岸复享农田灌溉之利，“退出邹平等邑膏腴可耕之田数万顷，民用大悦”①。

此次浚治后，大、小清河安宁一段时间，但随着土地开垦的推进，章丘至博兴一段的河流又出现山洪频发，小清河屡有冲决。嘉靖二十三年(1544)，山东巡抚端庭委任青州府推官陈珪负责修治小清河。其后山东巡按郑芸调发3万民工，疏通河道150余公里，“增筑堤岸百八十余里，阔二丈，高四分阔之三”②，又在堤岸植树以固堤。经过这次治理，“终明一代小清河基本没有再发生较大灾害，保证了小清河沿途一带人民的生命财产安全，并直接促进了小清河流域地区农业生产的发展”③。

小清河各支流发源于鲁中山区，入清以后，鲁中山区的农业垦荒日益加剧，小清河源头来沙量增加，小清河灾害严重。自清康熙二十五年(1686)起，前后有张鹏、钱钰、桑格三任山东巡抚对小清河进行了长达三十多年的系统治理，兴修了水利设施，沿河400余公里的“民田数万顷……化为沃壤”④。

除了浚治主河道、主堤岸外，还有一些地方局域的支流堤岸。如武定州的聂索河，“成化十二年(1477)，州判王璥筑堤障之，长五十余里，民被其利”⑤。潍县有白狼河堤，“万历十五年(1587)，知县张问达用石灰三合土筑之”⑥；潍县芦沟河“秋水泛溢，多淹民田”，“乾隆二十五年(1760)四月内官修”⑦。寿张知县张慎言带领民众筑堤三十里，“所计保全者八百余顷，是秋

---

① [明]陈子龙等编：《明经世文编》卷五十一，中华书局影印1962年版，第397页。

② 嘉靖《青州府志》卷六，载《天一阁藏明代方志选刊》(一三)，新文丰出版公司1973年版，第152页。

③ 陈冬生、王赛时主编：《山东经济史》古代卷，济南出版社1998年版，第411页。

④ 中国国家图书馆数字方志：康熙《博兴县志》卷八，第72页。链接地址：http://mylib.nlc.cn/web/guest/search/shuzifangzhi/medaDataObjectDisplay? metaData.id = 916874&metaData.lId = 921355&IdLib = 40283415347ed8bd0134833ed5d60004。

⑤ [清]顾祖禹撰，贺次君、施和金点校：《读史方舆纪要》卷三十一，中华书局2005年版，第1498页。

⑥ 乾隆《淮县志》卷二，载《中国地方志集成·山东府县志辑》第40册，凤凰出版社2004年版，第44页。

⑦ 乾隆《潍县志》卷一，载《中国地方志集成·山东府县志辑》第40册，凤凰出版社等2004年版，第35页。

收获三倍于昔”①。

3. 沟渠灌溉工程

散见于史籍中的沟渠灌溉工程不少。如明朝永乐年间,东阿县知县贝恒领导本地人民挖沟挑渠,将涝洼地之水导入大清河,“得腴田千余顷,民获利焉”②。成化年间,东昌府同知陈乔领导濮州、范县两地民众浚河筑堤,筑濮州境河堤长七十余里,范县二十余里,计得良田万余顷,“水不为患,农业骤兴,获利者数千家”③。成化末年,高密知县萧昱在境内“缘河修隄浚沟,田无水患”④。成化年间,长山县令赵沄见郑黄沟“风雨淤塞”,率民“浚此沟以纾水患”⑤。正德年间,郭文河任蒲台县令,见“时有水患,修筑堤防,水不为灾,民赖全活者甚众,人称郭公堤”⑥。隆庆、万历年间,滨州知州万鹏程、阎司讲等率本州人民挑浚沟渠,将低洼水导入大清河,400余顷涝洼之地“无复水患,渐渐可望桑田矣”⑦。嘉靖四十四年(1565),淄川知县侯居良“相度地势,于邑南三里许般溪上流,筑石为堰,障水引流,绕东郭折而北下,经北门外西注,会入孝河,居民灌圃种树,俗呼曰官坝”⑧。万历初,青城知县李继美见县东北地多低洼,因“开渠导水,民受其利”⑨。万历年间,莱阳知县杨州鹤“治水筑堤,农田利赖”⑩。

---

① 光绪《寿张县志》卷八,载《中国地方志集成·山东府县志辑》第93册,凤凰出版社等2004年版,第499页。

② 道光《东阿县志》卷十一,载《中国地方志集成·山东府县志辑》第92册,凤凰出版社等2004年版,第107页。

③ 乾隆《曹州府志》卷二十,载《中国地方志集成·山东府县志辑》第80册,凤凰出版社等2004年版,第399页。

④ 宣统《山东通志》卷七十三,载《中国地方志集成·省志辑·山东》第5册,凤凰出版社2010年版,第2393页。

⑤ 嘉庆《长山县志》卷一,载《中国地方志集成·山东府县志辑》第27册,凤凰出版社等2004年版,第277页。

⑥ 乾隆《蒲台县志》卷二,载《中国地方志集成·山东府县志辑》第28册,凤凰出版社等2004年第,第464页。

⑦ 咸丰《滨州志》卷十一,载《中国地方志集成·山东府县志辑》第37册,凤凰出版社等2004年版,第498页。

⑧ 乾隆《淄川县志》卷一,载《中国地方志集成·山东府县志辑》第6册,凤凰出版社等2004年版,第54页。

⑨ 宣统《山东通志》卷七十一,载《中国地方志集成·省志辑·山东》第5册,凤凰出版社2010年版,第2347页。

⑩ 宣统《山东通志》卷七十三,载《中国地方志集成·省志辑·山东》第5册,凤凰出版社2010年版,第2388页。

清朝时,山东沟渠工程的建设主要集中于康、乾时期。长清县的柴家洿"一望平衍,每逢秋霖,汇为横污,田禾尽没",康熙初,知县巴朝柱带领民众开渠疏导积水,地"皆成膏腴,向之叹汪洋者,未几而来牟在望矣"[①]。康熙二十五年(1686),单县知县翟尧佐带领民众"疏浚沟洫,修治涵洞",涝洼之地"悉成膏腴,其直百倍于前"[②]。康熙四十年(1701),城武知县赵嗣晋组织人民治理涝洼地,开渠二道,修复新河河堤,"由是水之泛滥者入新河,水之沮洳停蓄者入渠河以入新河"[③],由此渠河两岸农田"俱成嘉禾"[④]。

乾隆初,朝廷决意治理山东水患,山东各地遂纷纷规划,开挖沟渠,排泄积水,尤其是乾隆二十三年至二十八年(1758—1763)阿尔泰任山东巡抚期间,沟渠建设的成果相当显著。乾隆二十五年(1760),阿尔泰奏报山东治水成果:"查济东泰武之老黄、马颊、徒骇、鬲津、沙河等河,兖沂曹之洸、泗、涑、顺堤、百花等河,现经挑挖,计共六十余道,皆节节疏通,畅流无滞。沂州府属兰、郯旧淹之处,今开鱼梁、艾山、引鹅蛋等沟,入于芙蓉、燕子等湖,工程率皆完竣。……青莱所属乐安、平度、昌邑、潍县、高密等州县应挑之支脉、落药、五龙、白狼等河,计共三十余道,俱节次挑竣。"[⑤]后续工程于乾隆二十六年(1761)正月完成,"沂州府属兰、郯境内积洼之区,应开之武城等沟河二十五道,……董劝乡民,并力挑浚,要工均已报竣"[⑥]。"其济东等府属之济阳、平原、禹城、茌平、高唐各州县低洼地亩,邻近徒骇、马颊诸河,均应开浚沟渠,俾坡水分流,引入大河。"[⑦]乾隆二十八年(1763),拓宽卫河、四女寺

---

① 道光《长清县志》卷一,载《中国地方志集成·山东府县志辑》第59册,凤凰出版社等2004年版,第311页。

② 中国国家图书馆数字方志:《单县志》卷十一,第49页。链接地址:http://mylib.nlc.cn/web/guest/search/shuzifangzhi/medaDataObjectDisplay?metaData.id=917748&metaData.lId=922229&IdLib=40283415347ed8bd0134833ed5d60004。

③ 中国国家图书馆数字方志:康熙《城武县志》卷七(中),第15—16页。链接地址:http://mylib.nlc.cn/web/guest/search/shuzifangzhi/medaDataObjectDisplay?metaData.id=816730&metaData.lId=821211&IdLib=40283415347ed8bd0134833ed5d60004。

④ 中国国家图书馆数字方志:康熙《城武县志》卷七(下),第31页。链接地址:http://mylib.nlc.cn/web/guest/search/shuzifangzhi/medaDataObjectDisplay?metaData.id=816730&metaData.lId=821211&IdLib=40283415347ed8bd0134833ed5d60004。

⑤《清实录·高宗纯皇帝实录》卷六百一十二,中华书局影印1986年版,第16册第878—879页。

⑥《清实录·高宗纯皇帝实录》卷六百二十九,中华书局影印1986年版,第17册第21页。

⑦《清实录·高宗纯皇帝实录》卷六百七十五,中华书局影印1986年版,第17册第553页。

坝门及支河等下游各河道[1]。乾隆二十九年(1764)整治武城县的沙河、运西平原的蔡河、黄潞河、挑深伊家湾开鱼台东南岔河,“所有运河西岸水淹村庄,渐可涸出。”[2]乾隆三十二年(1767),修浚鲁北平原上的大清河、徒骇、马颊、沟盘等河,将蜀山、马踏、南旺等湖进水引渠一律挑深[3]。乾隆三十四年至三十五年(1769—1770),富明安任山东巡抚,将阿尔泰时所修兰山、郯城二县沟渠数十道重新修浚,又将徒骇、马颊二河、四女寺、哨马营两处支河及章丘等七县所辖之小清河、支脉沟、豫备河、福民河都确定了“每岁疏浚章程,勒石河干,使久远遵守”[4]。乾隆四十九年(1784),山东巡抚明兴奏“其各河下游在金乡、鱼台、济宁等境者,必将旧河挑挖,量添归湖之路。达南阳、昭阳,下注微湖,如白花、夏月、北渠、南渠、中渠等河,统由鱼台之新开、旧运二河及马连河流归南阳,均系干河,急应疏治。至赵王河……宜一并挑浚”[5]。乾隆以后,山东的沟渠疏凿遂告一段落。嘉庆以后虽也有一些修治,与乾隆时的兴旺状况相比,已不可同日而语。

明万历年间,平原知县刘思诚在“旱暵”之时,曾劝民掘井四千余口,“禾以获润焉”[6]。这是明清时期少有的山东大规模打井灌溉农田的记录。“明清山东省凿井利用地下水的灌田事业无法与山西、河北等省相比,各地掘井多为饮用,灌田者极少”[7]。

李令福审视明清时期山东诸项水利工程,发现这一时期“筑堤浚河的除害工程较多,引水灌田的兴利工程较少”[8]。造成这一状况的根本原因,是自元代以来山东逐渐出现的“水协沙行,河门阻淤”。大、小清河直到宋代仍以水清为誉,随着开垦力度的加大,水流含沙量加大,明清时期,“由于河流频繁决溢泛滥的影响,鲁西南与鲁西北平原广大地区不可能建设永久性的灌溉工程,因为洪水常常在灌溉设备刚刚完成的时候就把它们席卷而去或

---

① 《清实录·高宗纯皇帝实录》卷六百九十五,中华书局影印1986年版,第17册第798页。

② 《清实录·高宗纯皇帝实录》卷七百一十一,中华书局影印1986年版,第17册第943页。

③ 《清实录·高宗纯皇帝实录》卷七百八十一,中华书局影印1986年版,第18册第607—608页。

④ 《清实录·高宗纯皇帝实录》卷八百八十三,中华书局影印1986年版,第19册第837页。

⑤ 《清实录·高宗纯皇帝实录》卷一千二百一十七,中华书局影印1986年版,第24册第329页。

⑥ [明]邢侗:《来禽馆集》卷七,载《四库全书存目丛书》集部第161册,齐鲁书社1997年版,第448页。

⑦ 李令福:《明清山东农业地理》,台湾五南图书出版公司2000年版,第45页。

⑧ 李令福:《明清山东农业地理》,台湾五南图书出版公司2000年版,第52—53页。

把它们淤塞”[1]。所以,明清时期山东农田水利设施虽频频修建,往往不能收长久之效。这种不能收长久之效的结果,导致了山东地域人们水利思想的转折性变化。

大、小清河本来有航运、灌溉等综合效益,明初期治河者尚能秉持传统水利观念,在治河中追求兴利除害,如成化年间主持小清河治理的官员唐虞等人,其治理宗旨是除害与兴利相结合,认为“救荒之中,有可以兴利者;役民之中,有可以济民者”[2]。嘉靖十二年(1533),袁宗儒主持修治小清河,仍是以兴利除害、“转害为功”为宗旨,将除害与兴利相结合。到嘉靖二十三年(1544),陈珪治河的目标仅仅只是小清河“苟不为害则已,何必尽开而通之”,航运、灌溉之利也不再考虑,如章丘以上河段本有航运之利,但陈珪认为“章邱淯河而上诸山之水,虽经小清河故道而径趋大清者不知其几,今皆既入大清,不为东方之害,则自此以上小清故道开之无益,所以不必开也”[3]。自此之后,治河目的变得单一,指导思想转变。由此各地区的水利工程均是以除害为主,这就是“鲁西北冲积平原地区开河疏渠泄水、筑堤束水等防洪除涝工程措施较为普遍”而“修渠引河湖与凿井灌溉工程却很少见”[4]的根本原因。

水利终归是农业的命脉,故明代人王士性强调说:“为山东者,必当兴复河流,讲求故道。使竹口不辟,则西民之水害不除;清河不修,则东民之水利不举。恐田野荒芜,终无殷富之日。”[5]然“水协沙行,河门阻淤”,在当时的技术条件下,即令讲求水利亦不能长久获益,成而旋废,所能追求者仅是“不为害则已”。又因漕运政治的存在,地方官员以“保河运”为宗旨,导致山东西部诸水利工程片面强调向运河输水,忽视了根本的农田灌溉综合效益,致使沂蒙泰山地“西南麓各河流泉水要聚以济漕,农田灌溉之利逐渐消失”[6]。总而言之,明清时期山东农业发展的自然环境、人文环境、政治环境都已“今

---

① 李令福:《明清山东农业地理》,台湾五南图书出版公司 2000 年版,第 43 页。

② 乾隆《历城县志》卷八,载《中国地方志集成·山东府县志辑》第 4 册,凤凰出版社等 2004 年版,第 131 页。

③ 乾隆《历城县志》卷九,载《中国地方志集成·山东府县志辑》第 4 册,凤凰出版社等 2004 年版,第 170 页。

④ 李令福:《明清山东农业地理》,台湾五南图书出版公司 2000 年版,第 52 页。

⑤ [明]王士性撰,周振鹤点校:《广志绎》卷三,中华书局 1997 年版,第 240 页。

⑥ 李令福:《明清山东农业地理》,台湾五南图书出版公司 2000 年版,第 52 页。

不若昔”,农田灌溉工程的缺位,致使明清时期山东农业从总体上陷入了靠天吃饭的境地,农业发展的进程极为缓慢。

(三) 以麦作为中心的二年三熟耕作制

如前所述,明初期山东冬小麦的播种比例达到30%以上。尤其明中叶山东夏秋税粮折银征收后,小麦因市场价格高,种植面积大幅度增长。在这个前提下,山东各地区以冬小麦为核心的二年三熟耕作方式普遍确立。

冬小麦的后茬作物大多是豆。万历《恩县志》卷三记载恩县小麦“八月中种”,次年“五月初收”,“粟谷二月种,八月收,荞麦六月中种,九月中收”,绿豆、豌豆、黑豆、青豆、黄豆等俱“五月初种,九月中收”,“这是于麦茬地内直接耩种,形成麦豆复种”[①]。济宁州金乡县扁豆、豌豆“豆熟以秋,二种则𥝩获,皆随麦”[②]。登州府有春小麦、夏豆的麦豆复种和冬小麦、夏豆的麦豆复种两种,“春时播百谷,正月种麦,二月布谷及黍稷、蜀秫、麻枲等项,三月种大豆与稻,稻有水旱两种,谷雨前种棉花,俱秋收。麦后种豆、黍,后俟秋社种麦。又有冬麦,俱来年五月初收”[③]。鲁中南丘陵临朐县,“及时耕耩,种豆满山,麦秋减却多一半”[④]。平度“割麦后种豆,岁再获”[⑤]。

沂水县将平壤俗称为坡地,坡地的耕作,“两年三收。初次种麦,麦后种豆,豆后种蜀黍、谷子、黍稷等谷,皆与他处无异”。沂水县将汙下之地俗称为涝地,涝地耕作法同坡地,“二年三收,亦如坡地。惟大秋概种䅟子(形如稗子,莒、沂最多)。此禾性耐水,且易熟,不费工本,民间食谷大半皆此,甚合土宜。麦后亦种豆,雨水微多,颗粒无收,徒费工本。沂俗有种稻者,原系秋禾。然南方有晚稻,夏至始种,似此等涝地,麦后亦可播种,收成虽薄,较

---

① 陈冬生、王赛时主编:《山东经济史》古代卷,济南出版社1998年版,第413页。

② 咸丰《金乡县志》卷三,载《中国地方志集成·山东府县志辑》第79册,凤凰出版社等2004年版,第401页。

③ 中国国家图书馆数字方志:乾隆《登州府志》卷八,第12页。链接地址:http://mylib.nlc.cn/web/guest/search/shuzifangzhi/medaDataObjectDisplay?metaData.id=938802&metaData.lId=943283&IdLib=40283415347ed8bd0134833ed5d60004。

④ [明]冯惟敏著,凌景涎等整理:《海浮山堂词稿》卷二,上海古籍出版社1981年版,第66页。

⑤ 中国国家图书馆数字方志:光绪《平度志要》卷二,第2页。链接地址:http://mylib.nlc.cn/web/guest/search/shuzifangzhi/medaDataObjectDisplay?metaData.id=938350&metaData.lId=942831&IdLib=40283415347ed8bd0134833ed5d60004。

之种豆，终可望收也（稻皆旱种，其种植之法与北方种他谷同，非南方水稻也）”①。峄县的二年三熟也是麦、豆、秫，“岁三季所播殖以麦、菽、秫为大宗，民食饶给，时以其羡鬻境外。”②

东南沿海的日照县是“黍稷—绿肥—冬小麦—豆”的两年三熟，其农事安排是春种黍稷，六、七月“早黍稷可获，随割随塌，稀种绿豆，俟初伏，犁翻豆秧入地，种麦胜于粪”③，来年五月割麦后，“既要速打，又须趁雨种豆”④。莱阳县的二年三作安排少了绿肥环节，先是春种早黍稷，“黍后俟秋社种麦”，来年五月“麦后种豆”⑤。在红薯引入山东后，亦有麦后种红薯的安排，如平度，番薯于“麦收而栽，霜降而出”⑥，形成黍—麦—豆或番薯的二年三熟。蒲松龄所熟知的淄川以北平原的二年三熟制是谷雨后先种黍稷粟，八月收黍稷粟后种麦，来年五月收麦，“留麦楂，骑垄耩豆，可笼豆苗”；亦可种晚谷，“若得雨早，即骑垄种之；断不可耕，耕则难立苗”⑦。在鲁西南平原，曹州的二年三熟是春播粟谷、高粱和黍稷，“至秋收刈”后种冬小麦，来年五月“刈麦种豆”，或者“俟收麦后种就其地”种“余谷”⑧。

引入玉米后，亦有麦前种玉米的农作安排，如清平县“春苗惟谷及秫为成熟最早，便种麦也，黍稷、棒谷成熟后亦皆种麦”，来年五月“割麦后种棒谷最多，谷次之，黍稷又次之”⑨。水热条件比较好的鲁东南及鲁南地区，还有

---

① 吴树声：《沂水桑麻话》，咸丰四年（1854）刊本，标点本见《山东史志丛刊》1991年第4期。

② 光绪《峄县志》卷七，载《中国地方志集成·山东府县志辑》第9册，凤凰出版社等2004年版，第88页。

③ ［清］丁宜增：《西石梁农圃便览》，载《续修四库全书·子部》第976册，上海古籍出版社2002年版，第52页。

④ ［清］丁宜曾：《西石梁农圃便览》，载《续修四库全书·子部》第976册，上海古籍出版社2002年版，第45页。

⑤ 康熙《莱阳县志》卷三，载《中国地方志集成·山东府县志辑》第53册，凤凰出版社等2004年版，第50页。

⑥ 中国国家图书馆数字方志：光绪《平度志要》卷二，第2页。链接地址：http://mylib.nlc.cn/web/guest/search/shuzifangzhi/medaDataObjectDisplay? metaData.id=938350&metaData.lId=942831&IdLib=40283415347ed8bd0134833ed5d60004。

⑦ 盛伟编校：《蒲松龄全集》，学林出版社1998年版，第2313、2314页。

⑧ 中国国家图书馆数字方志：康熙《曹州志》卷六，第4、5页。链接地址：http://mylib.nlc.cn/web/guest/search/shuzifangzhi/medaDataObjectDisplay? metaData.id=917763&metaData.lId=922244&IdLib=40283415347ed8bd0134833ed5d60004。

⑨ 中国国家图书馆数字方志：宣统《增辑清平县志》卷五，第13页。链接地址：http://mylib.nlc.cn/web/guest/search/shuzifangzhi/medaDataObjectDisplay? metaData.id=917903&metaData.lId=922384&IdLib=40283415347ed8bd0134833ed5d60004。

稻麦的轮作,春播旱稻,如日照八月秋分后,“获稻毕,速耕,多送粪种麦”①。

(四) 耕作工具与耕作技术的提高

明代耿荫楼曾在临淄等地推广“亲田法”。耿氏总结北方旱地的生产经验,亲自生产实践,“试有成效”,撰成《国脉民天》一卷,有区田、亲田、养种、晒种、蓄粪、治旱、备荒七节。该书写于他出任山东临淄、寿光两县知县时期,时在崇祯三年(1630)前后。其在任两地知县期间,曾推广过他所“试有成效”的区田、亲田等耕作方法。但区田、亲田的地方性特色并不明显。

耿荫楼曾在其家乡今河北省灵寿县试种过区田法,效果不错,其法云:耕地“约一尺,起出松土约一寸,用熟粪一升与区土相和,布谷匀,覆以起出之松土,手按实。苗出,每一寸半留一株,每行十株,每区十行,留百株。别制广一寸长柄小锄,锄不厌频”,“如雨泽及时,则可坐享其成,旱则浇灌,不过五六次,即可收成”,“不必牛犁,但用锹镢垦斸”。耿氏的区田法虽然简便,缺乏耕牛、犁具的贫民亦可操作,但如同氾胜之初创时一样,如此精耕细作的人力、粪力投入,也不可能大面积地用此法耕作。

崇祯初年,耿荫楼出任临淄、寿光知县。前文已说明,明中叶后山东逃户抛荒地较多,因诸种原因,时人大多采用广种薄收的方法种地。耿荫楼既无力改变当时“广种”的局面,又想使农民在收成上有一定的保证,于是创行“亲田法”劝导推广。其具体方法是:“有田百亩者,将八十亩照常耕种外,拣出二十亩,比那八十亩件件偏他些。其耕种、耙耢、上粪俱加数倍。……旱则用水浇灌。即无水亦胜似常地。遇半岁,所收较那八十亩定多数倍。即有旱涝,亦与八十亩之丰收者一般。遇蝗虫生发,阖家之人守此二十亩之地,易于补救,亦可免蝗。明年又拣二十亩,照依前法作为亲田。”因为对这二十亩“偏爱偏重,一切俱偏,如人之有所私于彼,而比别人加倍相亲厚之至”,所以称之为“亲田”。每年亲田二十亩,百亩之田“五年轮亲一遍”,“即有磏薄皆养成膏腴”之田。亲田法的实质是在广种的基础上,择少量田地进行精耕细作,也不必非是“二十亩”而“五年轮亲一遍”,视具体情况,十亩五亩,三四年一轮都行。“亲田法”分年度轮流改善土壤,在当时的背景下,对于提高农民的收成确有一定

---

① [清]丁宜曾:《西石梁农圃便览》,载《续修四库全书·子部》第976册,上海古籍出版社2002年版,第67页。

的促进作用。但其在人力、粪力上的高投入,小农其实也无力实现。

明代山东农业耕作技术上的一大亮点是日照知县杜一岸改进的犁具。直到光绪时期,山东农业生产的基本工具仍是“耕用犁,磨田用耢,水漫用耙,种用耧,耘用锄,获用镰、钐。收粒用碌碡及枷板”[①]。但此时山东传统的犁具,犁铧头圆且“拍齿方而直,抹体尾长而不径捷”,只适合在平原土质松软的地区使用,而在丘陵和土质硗薄板结的地区,使用这种犁不仅入土浅,而且效率极低,一般一具犁要四牛力,一天仅能耕二三亩。万历十七年(1589),杜一岸改进犁具,“其铧头尖锐而旁锋入土甚便,一犁止用如大牛一、如小牛二,驴赢马匹,无不效力”,且“所耕之地且倍于四牛”[②]。

具体耕作技术要领,根据《农桑经》《农圃便览》所记,大抵都沿袭自前代。如耙地仍以贾思勰提出的“候地白背”为标准。耕地时季的把握,“春耕宜迟,冻渐解,气始通,虽坚硬土亦可耕”;“秋耕宜早,乘天气未寒,将阳气掩入地中,来春宜苗。若迟则掩霜入地,多折苗”;“春秋耕地,晒三两日,看地白背,即耙平”。[③] 由于这一时期已实现麦后复种,为利用麦楂桩笼苗,收麦后不耕地,而是用耩耧骑垄播种豆类或其他作物,“未雨速镑一遍,一则地不荒,二则未雨镑过者特深,萝白地少留。留麦楂,骑垄耩豆,可笼豆苗;且镑之,人得拾去,留使自烂,亦可粪田”[④]。选种的标准亦是循贾思勰“岁岁别收、选好穗纯色者”的标准。贾思勰说:“凡五谷种子,浥郁则不生,生者亦寻死。杂种者,禾则早晚不均”[⑤]。《农圃便览》记载:“凡种浥郁则不生,生亦旋死,故陈者勿用。种杂者,生既不齐,熟亦难均。”[⑥]氾胜之所总结的下种用雪水浸过的经验也被沿用,氾胜之云:“雪汁者,五谷之精也,使稼耐旱。

---

① 光绪《增修登州府志(一)》卷六,载《中国地方志集成·山东府县志辑》第48册,凤凰出版社等2004年版,第73页。

② 中国国家图书馆数字方志:康熙《日照县志》卷十一,第25、26、27页。链接地址:http://mylib.nlc.cn/web/guest/search/shuzifangzhi/medaDataObjectDisplay?metaData.id=920369&metaData.lId=924850&IdLib=40283415347ed8bd0134833ed5d60004。

③ [清]丁宜曾:《西石梁农圃便览》,载《续修四库全书·子部》第976册,上海古籍出版社2002年版,第7页。

④ 盛伟编校:《蒲松龄全集》,学林出版社1998年版,第2313页。

⑤ [北魏]贾思勰原著,缪启愉校释:《齐民要术校释》第二版,中国农业出版社1998年版,第54页。

⑥ [清]丁宜曾:《西石梁农圃便览》,载《续修四库全书·子部》第976册,上海古籍出版社2002年版,第7页。

常以冬藏雪汁，器盛埋于地中。治种如此，则收常倍。”[①]《农圃便览》记载春播“将种用雪水浸过，则耐旱辟虫”[②]。或将谷种拌药避虫，晚谷“宜多下种，或用信”[③]，“信即砒石，出信州者佳，故名信。误食之杀人”[④]。种麦以“棉子油拌种，则无虫而耐旱”[⑤]。

播种“趁晴和天气布种，以粪多为上，踏实。风不侵，则苗旺。或用石砘砘之，宁早勿晚”[⑥]。“砘实”以防风侵是这一时期保墒的新措施。贾思勰所提出的间作、套种方式在这一时期得到了大范围的应用，如荞麦“每年与菜子夹种”，荞麦“莜去而菜生”[⑦]。棉花中间作套种芝麻，“下手种蜀黍，早谷省的翻。黍子共䅟稻，打砘不怕干。棉花严搪耢，芝麻种须搀”[⑧]。粮菜套种，谷中“菜少带，带多伤苗”[⑨]。“豆地宜夹麻子，麻能避虫，且后日刈豆留麻，主人自芟用之，亦小益也。”[⑩]苜蓿合荞麦种之。刈荞麦时，苜蓿生根，明年自生。可一刈三年，盛岁三刈[⑪]。

这一时期较前代的细微进步是在用肥和田间管理方面更加细致。《农桑经》云“粪为田家第一要务”[⑫]；《农圃便览》云“种田以粪多为上”[⑬]“攒粪尤为秋间要务”[⑭]。在前代重视基肥的基础上，明清时期农家开始

① 万国鼎辑释：《氾胜之书辑释》，中华书局1957年版，第45页。

② ［清］丁宜曾：《西石梁农圃便览》，载《续修四库全书·子部》第976册，上海古籍出版社2002年版，第28页。

③ 盛伟编校：《蒲松龄全集》，学林出版社1998年版，第2310页。

④ 盛伟编校：《蒲松龄全集》，学林出版社1998年版，第2317页。

⑤ ［清］丁宜曾：《西石梁农圃便览》，载《续修四库全书·子部》第976册，上海古籍出版社2002年版，第67页。

⑥ ［清］丁宜曾：《西石梁农圃便览》，载《续修四库全书·子部》第976册，上海古籍出版社2002年版，第28页。

⑦ 盛伟编校：《蒲松龄全集》，学林出版社1998年版，第2315页。

⑧ 马益著：《庄农日用杂字》，见张在湘等主编《潍坊文化通鉴》，山东友谊书社1992年版，第779—783页。亦见《春秋》1997年第1期，下引此文简称：《杂字》，引文不另注。

⑨ 盛伟编校：《蒲松龄全集》，学林出版社1998年版，第2310页。

⑩ 盛伟编校：《蒲松龄全集》，学林出版社1998年版，第2314页。

⑪ ［清］丁宜曾：《西石梁农圃便览》，载《续修四库全书·子部》第976册，上海古籍出版社2002年版，第36页。亦参盛伟编校：《蒲松龄全集》，第2309页。

⑫ 盛伟编校：《蒲松龄全集》，学林出版社1998年版，第2315页。

⑬ ［清］丁宜曾：《西石梁农圃便览》，载《续修四库全书·子部》第976册，上海古籍出版社2002年版，第7页。

⑭ ［清］丁宜曾：《西石梁农圃便览》，载《续修四库全书·子部》第976册，上海古籍出版社2002年版，第52页。

重视追肥，蒲松龄称之为“苗粪”：“抓苗粪，尤胜于先撒后耕。”[①]特别是麦后作物都要留楂笼苗，不翻耕地，所以“麦地皆隔年不见粪”，麦后作物的苗粪就显得重要了，所以晚谷“锄二遍时，须抓苗粪方好”[②]。贾思勰时已强调“锄不厌数”，到明清时期山东田间管理就更强调中耕，而且形成了不同作物在不同季节实行中耕锄地的详细农事安排，如春三月谷雨前锄麦，“既耐旱多获，种豆又佳。若谷雨后锄，熟时多仆”[③]，不便于耩耧种豆。孟夏四月，草、苗俱长，“锄地最为紧要，更须照地留苗”[④]。五月麦后所种豆、谷，锄地更为紧要，急需分工速锄。“夏至节内，须将黍、谷、秫、稻、穇俱锄两遍。此时遍数多寡，系终岁盈歉，不可怠忽”[⑤]。六月小暑节内“锄地是目前要务。割麦后，既速锄黍二遍，谷、秫、稻、穇各一遍，遇雨过，速再锄一遍。若夏至节内未锄完，此节速赶锄”“锄谷更须勤，不厌数，周而复始，锄十遍，可得八米”“初锄留苗欲密，二遍留壮去弱，三遍拥土护根，则不畏涝”[⑥]。六月后庄稼开始灌浆，必须避免杂草与禾苗争肥争水，因此做到有草必锄，无草亦锄，“勿以无草而暂停，盖锄头自有三寸泽。草去则苗随滋茂，地锄熟则连长二年”[⑦]。

三、明清时期山东地域的大农经济与小农生计

大农经济，是指拥有大量土地，但不以土地出租取利，而是亲自进行综合的农业生产以充分发挥土地生产潜力、从事农产品产后加工及工商货殖经营的规模性农业经济[⑧]，此类经济的主要特点是以农产品货殖经营为目的。小农经济是靠自家劳动力耕种、佃种小块土地，同时以各种短工、农副

---

① 盛伟编校：《蒲松龄全集》，学林出版社 1998 年版，第 2308 页。

② 盛伟编校：《蒲松龄全集》，学林出版社 1998 年版，第 2314 页。

③ ［清］丁宜曾：《西石梁农圃便览》，载《续修四库全书·子部》第 976 册，上海古籍出版社 2002 年版，第 32 页。

④ ［清］丁宜曾：《西石梁农圃便览》，载《续修四库全书·子部》第 976 册，上海古籍出版社 2002 年版，第 38 页。

⑤ ［清］丁宜曾：《西石梁农圃便览》，载《续修四库全书·子部》第 976 册，上海古籍出版社 2002 年版，第 45 页。

⑥ ［清］丁宜曾：《西石梁农圃便览》，载《续修四库全书·子部》第 976 册，上海古籍出版社 2002 年版，第 52 页。

⑦ ［清］丁宜曾：《西石梁农圃便览》，载《续修四库全书·子部》第 976 册，上海古籍出版社 2002 年版，第 39 页。

⑧ 参见高寿仙：《明代农业经济与农村社会》，黄山书社 2006 年版，第 41—42 页。

产品、小手工产品来养家糊口,此类经济的特点是谋取生存所需要的物质资源,仅能自给自足,是一种生计经济。

(一) 明清山东地域的大农经济

自明代以来,山东颇多以农起家的家族。如明万历年间,惠民李氏始祖李鲜由枣强迁至武定州,务农为业。明洪武时,丁氏迁至沾化,以农为业。莒南"庄氏自明初迁莒,世业农",家资渐丰后耕、读并举,至万历时庄谦考取进士,其后家族渐以读书发家,"读书起家自谦始。"①费县王氏"自乾隆初年居马山社北马庄,世业读耕,为邑望族。"②平度州的刘喜全,"以农起家",耕地逐渐扩展到两百亩③。淄川毕承雯"性孝友,家不中赀,力田服贾,家道渐裕"④。莱芜县吕源"以农事起家"⑤、韩昌伯"业农起家"⑥。

"家稍有力,莫不恒思殖恒产。"⑦通常发家后的地方望族、士绅大都致力于求田问舍,"多者顷且逾千,少者不下数百",对此种兼并情形,陈冬生先生已按清十府分地区进行了详细叙说⑧,不再赘述。

这些集中于地主手中不下数百亩的土地,在地主所居本村附近的土地,多是由地主进行综合经营,在所居地外村的土地多是采取租佃经营。现以淄川毕氏为例来说明明代山东大农经济之一斑。

淄川毕氏居于今淄博市周村区王村镇西铺村,以农事起家。到崇祯十一年(1638),毕氏的毕自严已有土地千余顷。在这一年,毕自严病重,为避

---

① 民国《重修莒志》卷六十三,载《中国地方志集成·山东府县志辑》第62册,凤凰出版社等2004年版,第569页。

② 光绪《费县志》卷十一,载《中国地方志集成·山东府县志辑》第57册,凤凰出版社等2004年版,第280页。

③ 道光《平度州志》卷二十二,载《中国地方志集成·山东府县志辑》第43册,凤凰出版社等2004年版,第320页。

④ 宣统《三续淄川县志》卷十,载《中国地方志集成·山东府县志辑》第6册,凤凰出版社等2004年版,第492页。

⑤ 民国《续修莱芜县志》卷三十四,载《中国地方志集成·山东社县志辑》第67册,凤凰出版社等2004年版,第490页。

⑥ 民国《续修莱芜县志》卷三十四,载《中国地方志集成·山东社县志辑》第67册,凤凰出版社等2004年版,第485页。

⑦ 同治《黄县志》卷三,载《中国地方志集成·山东府县志辑》第49册,凤凰出版社等2004年版,第425页。

⑧ 参见陈冬生、王赛时主编的《山东经济史》古代卷(济南出版社1998年版)第十七章一第二目《士族与庶民地主土地兼并的加剧》。

免身后出现子孙争夺财产的情形，毕氏遂预先手书遗嘱，析分家产，其析产文书显露了毕自严的大农经济体系。其自序云：

本官起家白屋，素守寒俭，只以叨冒国恩，居官四十余载，总计俸赀、庄农所得及先人所遗共得田一千余顷。虽田多硗确，然人生得此以糊其口。今因年及七十，遵照古人传家之意，分给三子，至公至当，并无偏曲。三子宜念本官创业之限难，情同手足之至情，一意勤俭，守而勿失。其有地段疆界丈量未清，听田科吴复兴春月代为丈明，管业耕种。三子或因口语小嫌，形迹疑似，互相猜忌，致成戈矛，是不体本官之心，以薄为道也，便当以不孝论矣。本官现今有疾，如侥天之幸，疾或渐愈，又当暂为管理，另除养老不在此限。其马匹、牛畜、书籍、图画、器物等项，另行分析，别有单帐，各宜遵守，勿得争执。白阳老人书，六叔自寅验讫，七叔自强验讫。①

序文之下详列三子所均分的土地方位四至、面积以及房屋若干，兹不详引。只其中所列房屋之用途可资注意者如下：

临街坊子三间、后马棚三间、厅西头药屋三间、打粮米草屋三间、磨屋三间、牛栏一方、牛棚三间、猪栏一方、北马棚三间、马棚后猪栏一方、花窖一座三间、半藕池一方；

碾棚二间、草马棚二间、炭屋一间、牛棚五间、园屋二间、义仓屋三间、仓囤一座、鹁鸽屋一座、场中厂棚四间、场园楼一座、菜园一方、场园一方；

西磨棚二间、鹁鸽屋一座、仓囤四座、仓囤园一所、牛棚四间、场园楼一座、东□厂棚五间、西□厂棚五间、场园一方、车门一座。

据上述房屋用途可知，毕自严的大农经营中包含以下几个方面：

(1)合制中成药。毕自严家有鹁鸽楼两座，药屋三间。鹁鸽是一种可家

① 毕自严：《白阳老人手书》，载秦海滢《明清山东孝妇河畔的望族——以淄川地区为中心》，中山大学2006年博士后研究报告，第90页。下引《白阳老人手书》不另注。

饲的药用鸽,鸽肉可解药毒,治恶疮、疥癣、白癜风等。鸽屎又名左盘龙,可用于治疗带下排脓、杀灭蛔虫、项上瘰疬、头痒生疮等病症,用时炒制或烧制。愚按,鹁鸽所治诸病症,实并非家家必备的常用药,即有用者,量也不大。若自家备用,不需要建专门的药屋,亦不必养两座之多。而毕氏专门养鸽合制,显然是用作销售用途。又推而广之,毕氏药屋所合之药,当非止鸽药一种。

(2)粮食加工业。毕氏有打粮米草屋三间、磨屋三间、西磨棚二间、碾棚二间,这些屋子就是粮食加工业的场所。

(3)养花业。花窖的用途是保护花卉冬季安全过冬,亦可用于反季节栽培花卉。自明以来,山东地域本地居民,即方志所称土人,好种花卉。如明代曹州"物产无异他邑,惟土人好种花树,牡丹、红药之属以数十百种"、曹县"好种花树,甚于州境,多者至数十亩。士族以资游玩,贫人以营殖云"[①]。东昌府"士夫喜植花木,牡丹、芍药以数十种"[②]。毕氏有花窖一座三间,若是自家观赏用的数十、百本,过冬花窖用不了三间,故毕氏的花窖应当是服务于养花业的冬季育种等事宜。到清代,山东地域牡丹种植以曹州为最,淄人王培荀云:"曹州牡丹花,五色具备,可敌洛阳。客商载其根株售于园亭之主""产玫瑰之乡,连田数里,支架相接,花开如锦,清香扑鼻,花时贩者自远而至。产葡萄处亦如是,其利倍于五谷"[③]。菏泽种花亦颇有规模,"花卉之繁,凡他邑所有,其数略备。牡丹、芍药各百余种,土人植之,动辄数十百亩,利厚于五谷。每当仲春花发,出城迤东,连阡接陌,艳若蒸霞,土人捆载之,南浮闽粤,北走京师,至则得厚值而归。故每岁辄一往,有常期"[④]。既然花的种植利倍于五谷,淄川毕氏既邻近于省城,又当交通孔道,自当营种花业以求倍利。

(4)水产养殖业。毕氏有半藕池一方。

(5)畜牧养殖。现知毕氏有后马棚三间、北马棚三间、草马棚二间,其中的草马棚当是草马单独饲养,便于母马、幼畜的加料喂养与照顾;有猪栏一方、马棚后猪栏一方;有牛栏一方、牛棚三间、牛棚五间、牛棚四间。如此多

---

① 万历《兖州府志》卷四,齐鲁书社影印 1998 年版,第 11—12 页。

② 万历《东昌府志》卷二,载《北京师范大学图书馆藏稀见方志丛刊续编》,学苑出版社 2009 年版,第 245 页。

③ [清]王培荀撰,蒲泽校点:《乡园忆旧录》卷八,齐鲁书社 1993 年版,第 454—455 页。

④ 光绪《新修菏泽县志》卷一,中国文史出版社 2013 年版,第 348 页。

的牲口棚，有足够的生产“踏肥”的空间。

(6)手工业用途的厂棚。毕氏有不同类型的厂棚十五间、场园楼二座、临街坊子三间。

(7)菜园一方。现不知菜园一方究竟有多大面积，自唐代以来，地主即有大量种植蔬菜货卖的农事安排，“如去城郭近，务须多种瓜、菜、茄子等，且得供家，有余出卖。只如十亩之地，灼然良沃者，选得五亩，二亩半种葱，二亩半种诸杂菜；似校平者种瓜、萝卜。其菜每至春二月内，选良沃地二亩熟，种葵、莴苣。作畦，栽蔓菁，收子。至五月、六月，拔诸菜先熟者，并须盛裹，亦收子讫。应空闲地种蔓菁、莴苣、萝卜等，看稀稠锄其科。至七月六日、十四日，如有车牛，尽割卖之；如自无车牛，输与人。即取地种秋菜”①。明初，吴氏自枣强迁至长山县，得到城西之地百亩，吴氏子孙以种菜为业，至康熙年间，吴家菜园尚余有五十余亩，吴家菜园的菜，其售卖方式即是“输与人”，每逢蔬菜上市，商贩即“肩毂相接”前来贩鬻②。

以上只是从析家文书中所见明代毕氏经营性产业之一斑，具体还有哪些产业尚不能清楚，如毕氏的十五间厂棚从事何种手工业就不得而知。但依据西铺村所处邻近周村丝绸市场的地理位置，至少应该会经营丝纺织业。

从上面毕氏的牛棚、猪棚、马棚数量，可推测至少养牛十余头、养猪二十余头、养马十余匹，积肥量大，因此庄稼粪肥充足。清代栗家庄树荆堂毕氏的积粪例可为佐证：“由于资金和畜力充足，树荆堂种一亩地，大约要投下二十多个劳动日，而一般的农户最多只能投十五个。据了解，当时树荆堂每年可积大粪(人类肥)二百余车，养猪二十余只、养牛十余只、养羊一百余只，可积牲畜肥七千余车(每车约重四百斤)。由于肥料充足，树荆堂的庄稼经常施三次肥，播种前用‘底撒’，播种时用‘耩粪’，秀穗前施‘追苗肥’。每亩地施肥十到十五车，一般农户只能施五到六车。”③而粪水充足的田地较之粪水不足的地，其收成相差三成甚至于五成之多，清代章丘进修堂孟氏自营的农田收成可资比照，见表8－10。

---

① ［北魏］贾思勰原著，缪启愉校释：《齐民要术校释》第二版，中国农业出版社1998年版，第29页。

② 嘉庆《长山县志》卷十二，载《中国地方志集成·山东府县志辑》第27册，凤凰出版社等2004年版，第508页。

③ 罗仑、景甦：《清代山东经营地主经济研究》，齐鲁书社1985年版，第84页。

表 8 - 10　　光绪三十年(1904)进修堂雇工经营土地亩产量与当地贫佃农亩产量比较表①

谷物名称	麦子(斤)	高粱(斤)	谷子(斤)	苞米(斤)
进修堂亩产量	200—230	200—240	330—400	170—230
一般贫佃农亩产量	80—100	120—170	170—230	120—135

由于粪水充足,上述西铺村毕氏自营的农田收入应相当可观,其有仓囤四座、义仓囤一座可为佐证。而且西铺村毕氏的农业收入还可以利用市场规律,在价高时才将各种农作物运至王村集镇上出售,树荆堂毕氏也是这么做的:"一般情况下树荆堂的余粮都是在价格较高的季节,当作商品粮食运到王村集上变卖。因此,与其他农户相较,在出售商品谷物时,树荆堂又多了一分收入。"②

清代淄川县栗家庄树荆堂毕家的大农土地经营情形比较清晰。"栗家庄东距周村三十多里,西距济南一百二十多里,南到四暨山、北到白云山各二十余里。栗家庄所在的地方正是一个地形较开阔的小平原。"③从自然地理条件来看,栗家庄比较适合进行农业经营。树荆堂毕氏最盛时有土地九百多亩,"最盛时,家内常年雇佣近三百工人(计丝织机坊百余人,毡帽作坊百余人,农业雇工七、八十人)"④。毕氏在外村的三百多亩土地采用租佃方式经营,农业雇工则主要用于耕作围绕本村的六百多亩土地。其土地生产经营运作流程,章丘东矾硫村太和堂李氏可为代表:"光绪三十年前后,太和堂每年雇佣长工十三名,其中包括大伙计一名,负责帮助太和堂东家计划作物种植数量、指定种植地点、规定施肥量及耕作时间,并负责到短工市领雇短工、将短工分配给二伙计带领到田间工作。二伙计六名,负责带领短工到大伙计指定的地段上一同进行耕作。牛、羊倌各一名,负责牧放牛羊、料理饲料、垫栏积肥。小觅汉两名,负责碾磨粮食、挑水劈柴、到坡外给长短工送饭。女做饭两名,负责长短工伙食。除长工外,太和堂还经常雇佣短工二十至四十名,月工三至五名,

① 罗仑、景甦:《清代山东经营地主经济研究》,齐鲁书社 1985 年版,第 92 页。
② 罗仑、景甦:《清代山东经营地主经济研究》,齐鲁书社 1985 年版,第 85 页。
③ 罗仑、景甦:《清代山东经营地主经济研究》,齐鲁书社 1985 年版,第 82 页。
④ 罗仑、景甦:《清代山东经营地主经济研究》,齐鲁书社 1985 年版,第 82—83 页。

从事耕耩锄割送粪施肥等工作。按照当时当地的习惯,长工大都经人介绍(多系长工介绍长工),由太和堂当家人直接雇请,短工则在短工市上当面议价雇领。"①

大农经济的妙处就是可以因地制宜,实行多种经营。如淄川毕氏的庄园,"淄之西境抵长白山,其间土地肥饶,流泉瀌瀌,尤宜灌溉。毕公子万盛育别墅在焉,名黄埠。手植榆、柳、桑、柘数千株。渔洋先生尝至其家,缓步其上,夕阳在山,万木交荫,溪水南注,不知所穷。南有泉,曰栗泉,泉出平地,觱沸如神瀵然。引为陂池,艺树千头,种菡萏十余亩,杭稻菱芡如江乡"②。

除土地生产经营外,地主们还兼营工商业。如明代西铺村毕氏经营中成药等项目,清代栗家庄毕氏兼营恒盛丝织机坊、制毡帽作坊各一座③,太和堂李氏"从乾隆初年发展起,到光绪末年止,除拥有可耕地四百七十二亩外,还经营着酒店、杂货铺、药铺、赁货铺等小规模的商店,以及在附近二十多个村庄里进行着广泛的借贷活动"④。这些工商业经营的收入更为可观,树荆堂毕氏的丝织机坊从一架木织机开始,逐渐发展成为拥有场房二十六间,织机七十二架,雇工一百余人,月产丝绸三百匹的手工工场。而"光绪二十年前后,生产一匹绸子的工本支出是:原料一千七百文,选丝(二个工)一百六十文,络梭、牵刷(一个工)八十文,绕缍(半个工)四十文,织(四个工)五百文,共计支出二千四百八十文。按当时三千文一匹的市场价格计算,每匹可赚五百文"⑤。

更为关键的是,类似于上述的经营地主,在晚清时期的山东地域已普遍存在,对山东 46 县 131 家地主经济风貌的实地调查证实了这一点⑥。在所调查的这些经营地主中,有 45% 以农业起家,具体数据如表 8-11所示。

---

① 罗仑、景甦:《清代山东经营地主经济研究》,齐鲁书社 1985 年版,第 70 页。
② [清]王培荀撰,蒲泽校点:《乡园忆旧录》卷四,齐鲁书社 1993 年版,第 227 页。
③ 罗仑、景甦:《清代山东经营地主经济研究》,齐鲁书社 1985 年版,第 82 页。
④ 罗仑、景甦:《清代山东经营地主经济研究》,齐鲁书社 1985 年版,第 65 页。
⑤ 罗仑、景甦:《清代山东经营地主经济研究》,齐鲁书社 1985 年版,第 88 页。
⑥ 罗仑、景甦:《清代山东经营地主经济研究》,齐鲁书社 1985 年版,第 115 页。

表 8－11　　晚清山东经营地主起家起源表①

区别	经商起家	种地起家	做官起家
济南—周村区	28	20	4
运河区	2	8	1
鲁北区	9	12	1
山东半岛区	11	6	2
鲁西—鲁南区	14	13	–
合计	64	59	8

总而言之，明清时期山东地域的农业基础，结合运河交通所形成的商业网络，给当地地主从事大农经济提供了巨大的发展空间，使经营地主在山东日渐成为普遍现象。

（二）明清山东地域的小农经济

小农家庭的经济来源由三个部分构成：一是农业收入，通过耕作自有的小块土地或佃种他人土地获得；二是出卖劳动力，即打各种短工，包括农业领域的季节性短工和非农业领域的各种临时短工；三是农副产品、小手工业品的销售收入。在这三个经济来源中，明清时期山东地域的小农对市场的依赖性越来越强，这主要表现为农作物安排中，除了必要的粮食作物外，尽量多地种植获利多的经济作物，以"射利"为目标。如胶州"农重二豆，圃蕃瓜蓏"，西瓜子瓜因"多子，农民多种之，货其子于海舶以射利"②；东明县打瓜"绝类西瓜而较小，瓤甜亦逊西瓜，惟子较大，经炒制后可食，系土产之大宗，行销外境"③。其次是加强非土地资源的开发与利用，纺棉织布等农副手工产品在家庭收入中的份额愈来愈重。例如明代的历城县"人皆种田艺圃，贫者则樵采佣工，远贩者少。男则贸易，女则纺织，在乡者多务树畜之业"④。临朐县，"民勤耕农，务蚕织，作细绢。山居者或拾山茧作细，《禹贡》

① 罗仑、景甦：《清代山东经营地主经济研究》，齐鲁书社 1985 年版，第 116 页。

② 道光《胶州志》卷十四，载《中国地方志集成·山东府县志辑》第 39 册，凤凰出版社等 2004 年版，第 158、160 页。

③ 民国《东明县志》卷四，载《中国地方志集成·山东府县志辑》第 86 册，凤凰出版社等 2004 年版，第 33 页。

④ 乾隆《历城县志》卷五，载《中国地方志集成·山东府县志辑》第 4 册，凤凰出版社 2004 年版，第 90 页。

所谓檿丝者也。亦颇种绵(棉)花为布。西南乡以果树致饶益多。麦收者好造麹交易以为利。亦或养蜂收蜜。怀资者或辇其土之所有,走江地回易以生殖,或贩鱼盐。其西南山社无业者,或伐木烧炭、烧石作灰、陶土为器,负贩以给徭役。近社之贫者,大抵以菜业者。又或织苇若秫为席薄,或编荆为筐筥,以供衣食。饼师酒户则鳞次于市,鲜不勤生者。古称通工商之业,便鱼盐之利,至于今为近之"[①]。

1. 小农的农作物种植

"官莫病于诡没多端,民莫苦于兼并无厌。"[②]明朝宗室德、衡、泾三府在山东疯狂兼并土地,将"民间地土,搜括殆尽"[③]。成淑君据明万历《齐东县志》《滨州志》《泗水县志》《淄川县志》等资料的记载,指出了明代山东农民卖地只能先卖肥腴地的情形[④]。只有肥腴地才能卖出去的结果,膏腴之地多归于地主,农民手中多是瘠薄硗确之地,以致农业收入微薄,故山东德平人葛守礼云山东等地"穷民之田皆鬻卖,所余之瘠薄,非沙即碱,亩收不过斗升,且多有不毛者,比于富民粪治之田,不能什一"[⑤]。这种肥腴土地兼并的情形,到清代也没有多大改变,"膏腴之产,恒归素封,胼胝小民,仅守洼瘠,操耒耜者,虽十之七八,要皆佃田居多"[⑥]。但即便佃田耕种,在前述经营地主普遍出现的背景下,农民也佃不来膏腴之地。

由于土地瘠薄,又缺粪水,小农农业收入较少,"计岁所入,亩不能盈石"[⑦]。囿于生活压力,在有限的瘠薄土地上,农民也无法进行更多因地制宜的长远性规划,其农事安排并无多大的选择余地,只能在保证基本口粮的前提下,尽量种植一些市场价值高的经济作物来补贴家用。

---

① 嘉靖《临朐县志》卷一,载《天一阁藏明代方志选刊(一三)》,新文丰出版公司 1973 年版,第 558—559 页。

② [清]顾炎武撰,黄绅等校点:《天下郡国利病书》山东备录,上海古籍出版社 2012 年版,第 1695 页。

③ 《明世宗实录》卷一百三十,台湾"中研院"历史语言研究所 1962 年校印本,第 3100 页。

④ 成淑君:《明代山东农业开发研究》,齐鲁书社 1996 年版,第 289、290 页。

⑤ [明]陈子龙等编:《明经世文编》卷二百七十八,中华书局 1962 年版,第 2947 页。

⑥ 中国国家图书馆数字方志:康熙《单县志》卷一,第 15 页。链接地址:http://mylib.nlc.cn/web/guest/search/shuzifangzhi/medaDataObjectDisplay? metaData.id=979985&metaData.lId=984466&IdLib=40283415347ed8bd0134833ed5d60004。

⑦ 光绪《峄县志》卷二十三,载《中国地方志集成·山东府县志辑》第 9 册,凤凰出版社等 2004 年版,第 406 页。

在二年三熟的耕作制度下，冬季作物小麦的市场价值高，前已述山东农家小麦的播种面积在逐渐增加。根据各地亩产量和市场价格，程方计算出一般中等农户出售小麦的商品率在50%左右[①]。

油菜也是农家冬季作物选择之一，九月栽“菜子”（菜籽），“胜春栽者”[②]。康熙《朝城县志》、乾隆《邱县志》将“菜子”列为谷类[③]，光绪《德平县志》将“菜子”列为卉属[④]，然实为油料作物。齐东县、郓城县、东平州等本地货属均有菜油[⑤]，武城县产“菜子油”，“民常食用”[⑥]。各地种植油菜者不在少数。如历城“黄菜花中见鹊山”，“历城北门外，最饶佳境，三春烟雨，菜花弥望，大似郫县”[⑦]。三春大似郫县的黄菜花，即油菜，亦称芸苔，“俗呼菜子，叶嫩时可食，子可榨油，谓之菜子油，可食，亦可燃灯”[⑧]。油菜籽的用途是榨油，小农所获油菜籽是如贾思勰所说“输与压油家”换取年支油自用，还是在市场上出售，视农家具体情形而定。油菜可种于湿洼下地，不与冬小麦争地，对农家而言，实是一大冬季利好。黄豆、芝麻、花生等其他油料作物都是春播或夏播，“黄豆、芝麻、长生果，以之制油，其渣为饼，行销本境，并贩运他境”[⑨]。相对而言，黄豆、芝麻、长生果的价格要比油菜略高，故农家多将花生、芝麻售出。小满“收菜子”[⑩]，则冬季种油菜，既可以解决家庭用油的原料自给，合理地利用了冬作时间，又不影响黄豆等夏播经济作物的播种面

① 程方：《清代山东农业发展与民生研究》，南开大学博士学位论文2010年，第122页。

② ［清］丁宜曾：《西石梁农圃便览》，载《续修四库全书·子部》第976册，上海古籍出版社2002年版，第73页。

③ 康熙《朝城县志》卷二，第36页。乾隆《邱县志》卷一，载《中国方志丛书·华北地方》第36册，台湾成文出版社1968年版，第58页。

④ 光绪《德平县志》卷三，载《中国地方志集成·山东府县志辑》第8册，凤凰出版社2004年版，第316页。

⑤ 康熙《齐东县志》卷一，载《中国地方志集成·山东府县志辑》第30册，凤凰出版社2004年版，第180页。

⑥ 道光《续武城县志》卷七，载《中国地方志集成·山东府县志辑》第18册，凤凰出版社2004年版，第556页。

⑦ ［清］王培荀撰，蒲泽校点：《乡园忆旧录》卷四，齐鲁书社1996年版，第205页。

⑧ 民国《东明县志》卷四，载《中国地方志集成·山东府县志辑》第86册，凤凰出版社2004年版，第33页。

⑨ 光绪《肥城县乡土志》卷八，载《中国方志丛书·华北地方》第11册，台湾成文出版社1968年版，第123页。

⑩ ［清］丁宜曾：《西石梁农圃便览》，载《续修四库全书·子部》第976册，上海古籍出版社2012年版，第42页。

积，为秋收农作物的商品化提供了更多的可能性。

小农视具体地理位置不同，农作物的安排各有不同。距城郭近的农家大抵种植蔬菜、花卉、染料等经济作物，较之五谷利倍之，如登州府“近郭之家间开园圃种蔬菜，利倍于田”[①]。自明至康熙时期，长山县吴氏子孙都在吴家菜园以“种菠薐世其业”[②]。青州府临朐县近社之贫民，大抵以菜为业。黄县菜农“附郭而居，兼利蔬菜瓜蓏，其为市也，百十为群。”[③]小农的菜蔬大多是自产自销，不会“输与人”。如嘉庆时青州府寿光县儒生张棣，因家贫而弃书学圃，“辟宅后数弓地，种植烟、蓝、菜蔬”[④]，养活一家数口。滋阳县姚君路仅有八分地，就靠这八分地“抱瓮灌畦，种莳瓜菜”[⑤]养母。小农的菜蔬也有“输与人”的，如淄川县高政谋“性朴厚，早岁食贫，中年少裕，课农圃，离城里许，四十年不至也”[⑥]，由此知高政谋园圃的菜蔬不是亲自售卖，而是通过“输与人”的方式经营。

染织布匹是山东地域小民的传统生计，所需的染料大部分为农田种植，农家种植的染料作物有红花、蓝、茜草等品种。山东各地自魏晋以来一直有大田种植染料的传统，至明清时期大盛。明万历时兖州府，“茜草，靛青，可以为染，田间多种之”[⑦]。邹平县的蓝产于县境黄山东南乡一带[⑧]，章邱县清

---

① 光绪《增修登州府志》卷六，载《中国地方志集成·山东府县志辑》第48册，凤凰出版社2004年版，第73页。

② 嘉庆《长山县志》卷十二，载《中国地方志集成·山东府县志辑》第27册，凤凰出版社2004年版，第508页。

③ 同治《黄县志》卷三，载《中国地方志集成·山东府县志辑》第49册，凤凰出版社2004年版，第425页。

④ 中国国家图书馆数字方志：嘉庆《寿光县志》卷十三，第11页。链接地址：http://mylib.nlc.cn/web/guest/search/shuzifangzhi/medaDataObjectDisplay? metaData. id = 971472&metaData. lId = 975953&IdLib = 40283415347ed8bd0134833ed5d60004。

⑤ 光绪《滋阳县志》卷九，载《中国地方志集成·山东府县志辑》第72册，凤凰出版社2004年版，第173页。

⑥ 宣统《三续淄川县志》卷十，载《中国地方志集成·山东府县志辑》第6册，凤凰出版社2004年版，第492页。

⑦ 万历《兖州府志》卷四，齐鲁书社影印1984年版，第9页。

⑧ 中国国家图书馆数字方志：康熙《邹平县志》卷八，第17页。链接地址：http://mylib.nlc.cn/web/guest/search/shuzifangzhi/medaDataObjectDisplay? metaData. id = 978635&metaData. lId = 983116&IdLib = 40283415347ed8bd0134833ed5d60004。

平乡民多“种蔬艺蓝”①。招远县的蓝“有大蓝、小蓝、槐蓝三种”、紫草“昔掘之山谷中,近多围圃种之”②。莱阳县种蓝制靛“向为县农业重要副产”③。历城县的染料作物有蓝、琉璃枝、红花、紫草等,蓝“以石灰和之成质,曰靛,可染青蓝”;琉璃枝“染绿所需,四方取资”④。淄川县“山多田少”,在有限的土地上,小农在“以谷为先”的口粮之外,“杂植棉花、红花、蓝”等⑤,丝绢、小布为当地传统货属,可见邑人是尽量种植经济作物以多取利。

以棉花种植为例,黄宗智制作了小农家庭在保证口粮生产前提下尽量多地安排经济作物种植的二年三熟示意表(表8－12)。

表8－12　　**明清时期鲁西北二年三熟作物安排示意表**⑥

时间		第一块田	第二块田	第三块田
第一年	春	棉花	高粱	(小麦)
	夏	(棉花)	(高粱)	大豆
	冬	休耕	小麦	休耕
第二年	春	高粱	(小麦)	棉花
	夏	(高粱)	大豆	(棉花)
	冬	小麦	休耕	休耕
第三年	春	(小麦)	棉花	高粱
	夏	大豆	(棉花)	高粱
	冬	休耕	休耕	小麦

表8－12中的棉花,根据各地具体情形,可以换成其他当季的经济作物或粮食作物。如棉花种植时间可换成瓜类、染料、烟叶等,甚至于冬小麦亦可以部分换成油菜等经济作物,只是更换的前提建立在保证自家基

① 中国国家图书馆数字方志:乾隆《章邱县志》卷五,第4页。链接地址:http://mylib.nlc.cn/web/guest/search/shuzifangzhi/medaDataObjectDisplay? metaData.id＝969163&metaData.lId＝973644&IdLib＝40283415347ed8bd0134833ed5d60004。

② 顺治《招远县志》卷五,载《中国地方志集成·山东府县志辑》第47册,凤凰出版社2004年版,第371页。

③ 民国《莱阳县志》卷二,载《中国地方志集成·山东府县志辑》第53册,凤凰出版社2004年版,第334页。

④ 乾隆《历城县志》卷五,载《中国地方志集成·山东府县志辑》第4册,凤凰出版社2004年版,第96页。

⑤ 乾隆《淄川县志》卷一,载《中国地方志集成·山东府县志辑》第6册,凤凰出版社2004年版,第67页。

⑥ 黄宗智:《华北的小农经济与社会变迁》,中华书局2000年版,第114页。

本口粮的基础上。上表中的粮食生产时间,可以更换成产量更高的水旱稻、红薯等作物。总之,“农业商品化的过程一般并不是全盘由粮食转为经济作物,而是渐渐把比重增大的经济作物纳入一个高度复杂和多样化的系统里。”①

前文已提及在种棉区,大都是芝麻与棉花间作。因为棉花苗初出时株距宽,芝麻可种植于棉株之间,使地利得到充分发挥,而且芝麻不生旁枝,完全不影响棉花各时期的生长和采拾,农民于一块地中得有两种经济作物的收入。本书作者曾实地见棉花地也有间种香瓜的情况,然而其田间管理不如间种芝麻方便,多是少量间植,自吃而已,不如间种芝麻普遍。由此知农民春播的主要作物有蓟秫、䅟、稻、棉花、芝麻等几种,可验证前所云农民在基本口粮之外,尽量多地种植经济作物的农事安排。

2. 小农的各种短工

季节性的农业短工,是小农生计策略之一。各地小农因自家地少,有一定的空闲劳动力,可以在农忙季节为他人佣作。调查研究表明:“被太和堂雇佣的短工(包括日工和月工)就其身分(份)看来,一般都是拥有小块土地的雇农、贫农甚或中农。他们被雇与否直接受到农业季节性的限制,短工在被雇以外的时间里,多贩砂锅、卖柴草维持家庭生活。短工出卖劳动力得到的工资收入并不是他们的主要生活来源。短工没有彻底改变他们的原来身分(份)——小块土地所有者的身分(份)。”②树荆堂的短工“大都是自有三到七亩土地的贫苦农民”“短工全家生活主要依靠种地来维持,农忙期间外出当短工,就像非农忙期间外出推小车、卖山果一样,只是次要的副业收入”③。

无地者有以打短工为生者。如宁海州“农无田者为佣作”④。登州府“农无田者,为人耕种,平分其粮或纳租,曰佃户。为人佣作,曰长工。农月暂佣者曰忙工。田多人少彼此相助,曰伴工”⑤。历城县民“皆种田艺圃,贫

① 黄宗智:《华北的小农经济与社会变迁》,中华书局 2000 年版,第 114 页。

② 罗仑、景甦:《清代山东经营地主经济研究》,齐鲁书社 1985 年版,第 72—73 页。

③ 罗仑、景甦:《清代山东经营地主经济研究》,齐鲁书社 1985 年版,第 85 页。

④ 同治《重修宁海州志》卷五,载《中国地方志集成 · 山东府县志辑》第 54 册,凤凰出版社等 2004 年版,第 368 页。

⑤ 光绪《登州府志》卷六,载《中国地方志集成 · 山东府县志辑》第 48 册,凤凰出版社等 2004 年版,第 73 页。

者樵采佣工"[①]。单县"操耒耜者虽十之七八,要皆佣佃居多"[②]。农忙时有专门的"短工市",对山东47县141村农业短工的调查表明:"晚清山东农业短工的雇佣习惯,各地大都类似。在平常农闲季节,需用短工量不大时,雇主多临时由本庄雇佣'庄短工'。每到农忙季节,短工市'开市',附近村的短工便于天明前集中到短工市上等候雇佣,短工市常设在较大的村子里。"[③]视地区不同和农忙的程度,各地短工工价差别很大,最低的50文一天,最高的600文一天[④],大多数为百文左右,临朐县的农业短工"佣力耕作,索值日不百钱"[⑤]。

农业短工之外,从事贩运、搬运、在各类手工作坊做苦力亦是小农生计策略之一。山东西部有运河交通,南北公私货运需要的运输人力很多,小农于农闲时从事负贩、搬运等短工。临淄县农民"三时既尽,辄出将车以谋食"[⑥]。东阿县鱼山集附近的小农,"有车马者从贾人转毂"[⑦]。登州府黄县冯氏兄弟"俱赶骡为业"[⑧]。商人的货物也都是雇佣这些小农负载,如明代濮州商人刘滋雇鹿角车佣数十辆运货[⑨]。运河沿线及大、小清河沿线多"以操舟为业者"[⑩]。山东各地素有瓷窑、煤窑、炭窑,需要大量的做工与运输贩运人员,如峄县陶瓷生产中技术人员来自山西,大量使用本地土人做工,"土

① 道光《济南府志》卷十三,载《中国地方志集成·山东府县志辑》第1册,凤凰出版社等2004年版,第280页。

② 康熙《单县志》卷一,转引自陈冬生、王赛时主编《山东经济史》古代卷,济南出版社1998年版,第556页。

③ 罗仑、景甦:《清代山东经营地主经济研究》,齐鲁书社1985年版,第155页。

④ 罗仑、景甦:《清代山东经营地主经济研究》,齐鲁书社1985年版,第155—157页。

⑤ 光绪《临朐县志》卷八,载《中国地方志集成·山东府县志辑》第36册,凤凰出版社等2004年版,第67页。

⑥ 咸丰《青州府志》卷三十二,载《中国地方志集成·山东府县志辑》第32册,凤凰出版社等2004年版,第37页。

⑦ 道光《东阿县志》卷二,载《中国地方志集成·山东府县志辑》第92册,凤凰出版社等2004年版,第34页。

⑧ 中国国家图书馆数字方志:乾隆《登州府志》卷十二,第21页。链接地址:http://mylib.nlc.cn/web/guest/search/shuzifangzhi/medaDataObjectDisplay? metaData.id = 971402&metaData.lId = 975883&IdLib = 40283415347ed8bd0134833ed5d60004。

⑨ 中国国家图书馆数字方志:康熙《濮州志》卷四,第70页。链接地址:http://mylib.nlc.cn/web/guest/search/shuzifangzhi/medaDataObjectDisplay? metaData.id = 940963&metaData.lId = 945444&IdLib = 40283415347ed8bd0134833ed5d60004。

⑩ 道光《博兴县志》卷三,载《中国方志丛刊·华北地方》第379册,台湾成文出版社1976年版,第224页。

人虽日为役，终不能得其术”[①]。沂州“山出金银矿石，游民啸聚其间”，滕县等地小农在农隙或受压迫之时往往到沂州矿区做工，人称“沂、费矿徒矣”[②]。“矿徒”是“被雇佣的靠出卖劳动力为生的工人，直接下井采煤”[③]。

运输、贩运人员的数量更为庞大，德国学者李希霍芬曾亲见博山陶器等货品的鹿车运输队伍，“我们在路上遇到悠长的装载着煤、焦煤和铁器、陶器、烟草（颜神之名以此）谷物、包装的货品（大概是玻璃）等等的小车行列。在一小时内，我数过只是载煤的小车就有六十五辆”；“运输工具几乎全为手车。由二人推引的小车载重四百斤，运价是每十里二百文。因为他们每天走三十至四十里，这样就是每人挣到三百至四百文，而在博山，普通一天的工价是二百文。运价是依每斤一百里五文计算”[④]。

3. 小农的各种副业

小农的副业大致有三类：一是小手工生产，二是山野采集和狩猎，三是负贩经营。山东地域副业经营在清末时的具体情形，研究者实地调查结果如下：“（1）作为小商品生产者编席、打篓、编苇笠、编蓑衣、编筐、编锅盖、搓草绳、打草鞋、制豆腐、制小盐、制糖球、制草纸、纺棉花、织土布、织山绸等等；（2）作为商品流通中的媒介人贩青菜、萝卜、山果、地瓜、花生、姜、麻、烟叶、瓦盆、砂锅、黑碗等等”。[⑤] 文献记载为实际调查结果提供了丰富的佐证，下面分类叙述。

（1）小农生计策略之“不力耕而力织”

明冯惟敏叙其老家临朐《农家乐》诗云：“喜得秋成，新炊干饭饱。准备冬寒，纯棉粗布袄。”[⑥]明中期以后，纯棉布已成为山东地域小农普遍的服用。种棉花、纺棉布，不仅能解决自身的衣服问题，而且还能带来可观的经济效益，因此对小农家庭有很强的吸引力。

山东多沙地，“土性与木棉宜”，山东气候秋后少雨，适宜棉花收摘，因此

---

① 光绪《峄县志》卷七，载《中国地方志集成·山东府县志辑》第9册，凤凰出版社等2004年版，第92页。

② 万历《兖州府志》卷四，齐鲁书社影印1985年版，第14、11页。

③ 朱亚非、陈冬生主编：《山东通史·明清卷》，人民出版社2009年版，第226页。

④ 彭泽益：《中国近代手工业史资料（1840—1849）》第二卷，中华书局1962年版，第133、157页。

⑤ 罗仑、景甦：《清代山东经营地主经济研究》，齐鲁书社1985年版，第159页。

⑥ ［明］冯惟敏著，凌景埏等整理：《海浮山堂词稿》卷二，上海古籍出版社1981年版，第90页。

山东地域棉花产量高，“齐鲁人种棉者，既壅田下种，率三尺留一科。苗长后，笼干粪，视苗之瘠者，辄壅之。亩收二三百斤以为常”①。王象晋也说棉花亩产二、三百斤②。

王象晋认为“今北土广树蓺而昧于织，南土精织纴而寡于蓺”③。当时因为山东属于传统的丝麻生产区，当地民众习于丝麻纺织。而棉花的纤维短，且纺织技术与丝麻纺织技术不属于一个系统，应用于丝麻的纺织技术不能直接迁移于棉纺行业。因此，尽管山东棉花产量高，而纺棉织布者甚少，如明嘉靖《濮州志》卷二记载其地“虽多木棉，而鲜为布”，“男女有未尝识机杼者，故尽以资四远贩易”。直到王象晋的时代，山东地域还不精于棉花纺织，较少将棉花作为生产原材料，基本上都是将棉花销售到南方，再从南方买布，故徐光启说“今北土之吉贝贱而布贵，南方反是；吉贝则泛舟而鬻诸南，布则泛舟而鬻诸北”④。

山东地域昧于棉纺织的情形只限于明前期，促使明中期山东地域棉纺织面貌改观的动力有二：一是官方税收方式的改变，明中期以后山东地方官府“限以纺期，稽其匹丈”，农家有纺纱织布的外在压力；二是棉布纺织效率高，有相当大的利润空间，农家有求利的内在经济动力。“夫今棉之利遍宇内，且功力视苧葛甚省，织苧葛日以钱计，纺棉四日而得一斤，信其利远出麻枲上也”，而且山东的棉花“柔细，中纺织，绒二十而得四”⑤。在这样的背景下，山东各地农家纷纷纺花织布，如历城县农家就纺织自用的平机布以及供赋税用的阔布、供市场销售用的小布：

> 平机布，绵（棉）线所织，小民皆衣此。刘子诗：“清砧催却金刀动，寒夜频闻轧车声。”此布大适于用。
>
> 阔布，亦绵（棉）为之，粗而长，此解京者。刘子诗：“遍征闾里竭民力，散作边关御士寒。”粗而不可衣。

---

① [明]徐光启撰，石声汉校注：《农政全书校注》，上海古籍出版社 1979 年版，第 963—964 页。

② [明]王象晋纂辑，伊钦恒诠释：《群芳谱诠释（增补订本）》，农业出版社 1985 年版，第 157 页。

③ [明]王象晋纂辑，伊钦恒诠释：《群芳谱诠释（增补订本）》，农业出版社 1985 年版，第 155 页。

④ [明]徐光启撰，石声汉校注：《农政全书校注》，上海古籍出版社 1979 年版，第 969 页。

⑤ [明]王象晋纂辑，伊钦恒诠释：《群芳谱诠释（增补订本）》，农业出版社 1985 年版，第 155 页。

小布，亦绵(棉)为之，精而短，多为边塞所市。刘子诗："但凭机上穿梭手，换得边庭市贡钱。"胖袄亦用此。[①]

在内、外力的促进下，山东各地棉纺织技术逐渐普及。定陶"所产棉布为佳，它邑皆转鬻之"[②]；滕州、汶上等地"纺车之声相闻"[③]。

至清代，山东各地棉纺织更盛，成为山东农家最主要的副业之一。齐东县"富者积花、粮，时籴粜。贫者亲畎亩，任犁锄。妇女蚕桑之外，专务纺绩。一切公赋，终岁经费，多取办于布绵。"[④]齐东县域"虽亲畎亩"，然其"土田硗瘠，计其所入，仅足以糊口，而赋徭婚丧之费，漠无所藉，惟恃纺花织布。而男女昼夜之所作，自农功而外，只此一事，是以远方大贾往往携重资购布于此，而土民赖以活"[⑤]。齐东民间纺棉既多，布市兴旺，"民皆抱布，以期准集市场，月凡五六至焉，交易而退，谓之布市。通于关东，终岁且以数十万计。民生衣食之原，商贾辐辏之势在是"[⑥]。长山县所产棉布"有极细如绵绸者，出在三元、段家、吕家等庄"[⑦]。博兴县"妇女无长幼贫富，皆勤纺织，无待人而衣者"[⑧]。平原县本地土货之属有棉花、棉布、棉线、线毯，其地"鲜树桑，久无蚕事，而纺棉织布或织线毯、线带，近时士夫家闺阁亦然，民间则男子亦共为之"[⑨]。高苑县的"棉布有三种，曰平机，曰干机，曰立机"[⑩]。蒲台县

① 崇祯《历乘》卷十二，中国书店影印1959年版，第2页。

② 万历《兖州府志》卷四，齐鲁书社影印1984年版，第12页。

③ 万历《汶上县志》卷四，载《中国地方志集成·山东府县志辑》第78册，凤凰出版社等2004年版，第181页。

④ 康熙《齐东县志》卷一，载《中国地方志集成·山东府县志辑》第30册，凤凰出版社等2004年版，第178页。

⑤ 康熙《齐东县志》卷八，载《中国地方志集成·山东府县志辑》第30册，凤凰出版社等2004年版，第300页。

⑥ 嘉庆《齐东县志续》，《中国地方志集成·山东府县志辑》第30册，凤凰出版社等2004年版，第312页。

⑦ 中国国家图书馆数字方志：康熙《长山县志》卷四，第11页。链接地址：http://mylib.nlc.cn/web/guest/search/shuzifangzhi/medaDataObjectDisplay? metaData.id=916933&metaData.lId=921414&IdLib=40283415347ed8bd0134833ed5d60004。

⑧ 民国《重修博兴县志》卷七，载《中国地方志集成·山东府县志辑》第27册，凤凰出版社等2004年版，第101页。

⑨ 乾隆《平原县志》卷一，载《中国地方志集成·山东府县志辑》第16册，凤凰出版社等2004年版，第15页。

⑩ 咸丰《青州府志》卷三十二，载《中国地方志集成·山东府县志辑》第32册，凤凰出版社等2004年版，第35页。

"土性白沙者宜木棉,种植工本较五谷费重,其获利亦丰。户勤纺织,布有数种,曰半头、曰长头、曰庄布,既以自给,商贩转售,南赴沂水,北往关东,闾阎生计多赖焉"①。滨州"地产木棉,种者十八九。妇女皆勤于织纺,男则抱而贸于市,乡闾比户杼轴之声相闻"②。茌平县女子"在家童时即习纺织,半以男子之用,半以自给"③。惠民县"女事纺织,农忙之外,机杼无暇日"④。栖霞县"农作外间治茧丝织本色绢,又有山茧绌,然亦不多。惟绩纺木棉以自衣被,绅士农家,无男妇皆为之"⑤。泰安府居民"勤耕织以养生"⑥。曹州府地产木棉,"以之为布","木棉转鬻他方,其利颇盛"⑦。高唐州"胡麻种者尤多,上田皆种木棉""以木棉甲于齐鲁"⑧。

产棉少的地区需要从外地购入棉花。如嘉庆时肥城县"妇女则勤于纺织,贫者得以赡家,富者亦以自给。百里之内机轴之声不绝"⑨,而所需的棉花"种植最少,全境资以纺纱制布者,大都贩售于高唐、临清诸处"⑩。

棉纺之外,养蚕织绸亦是一部分农家的生计来源。明清时期山东各地农家养蚕的情形,方志多有记录。兖州府地区:滋阳县"地产文绫,有镜光、双距之号,雅称轻靡,盖鲁缟之遗焉"⑪;峄县"民以耕桑自给";金乡县"民务

---

① 乾隆《蒲台县志》卷二,载《中国地方志集成·山东府县志辑》第28册,凤凰出版社等2004年版,第451—452页。

② 咸丰《滨州志》卷六,载《中国地方志集成·山东府县志辑》第37册,凤凰出版社等2004年版,第390页。

③ 民国《茌平县志》卷九,载《中国地方志集成·山东府县志辑》第90册,凤凰出版社等2004年版,第380页。

④ 光绪《惠民县志》卷十六,载《中国地方志集成·山东府县志辑》第22册,凤凰出版社等2004年版,第362页。

⑤ 乾隆《栖霞县志》卷一,载《中国地方志集成·山东府县志辑》第51册,凤凰出版社等2004年版,第41页。

⑥ 乾隆《泰安府志》卷二,载《中国地方志集成·山东府县志辑》第63册,凤凰出版社等2004年版,第240页。

⑦ 乾隆《曹州府志》卷七,载《中国地方志集成·山东府县志辑》第80册,凤凰出版社等2004年版,第125页。

⑧ 光绪《高唐州志》卷三,载《中国地方志集成·山东府县志辑》第88册,凤凰出版社等2004年版,第335、336页。

⑨ 光绪《肥城县志》卷一,载《中国地方志集成·山东府县志辑》第65册,凤凰出版社等2004年版,第32页。

⑩ 光绪《肥城县乡土志》卷八,载《中国方志丛书·华北地方》第11册,台湾成文出版社1968年版,第124页。

⑪ 万历《兖州府志》卷四,齐鲁书社影印1984年版,第9页。

耕织”；曹州“民乐耕桑，不尚浮靡”；曹县地饶而沃，“民务耕桑”；定陶“世植桑养蚕，设别室焉。所产绵(棉)布为佳，它邑皆转鬻之”①。曹州府地区“妇女务蚕桑，织丝为绢，亦能为绫”②。东昌府“阖境桑麻，男女纺绩以给朝夕。三家之市，人挟一布一缣易儋石之粟。细纩唯濮州及冠县之清水称良”③。万历旧志记载高唐州“民务农桑”④。青州府下属各州县：临淄县民务耕桑，“商贾治丝布、业香屑而止”；博兴县“士习淳朴，学兼农桑，农务本业，无怠岁事者”；乐安县“滨海斥卤，民务耕桑”；寿光县“平原沃土，桑麻蔽野，人皆务农，逐末者少”；昌乐县“民务农桑，鲜逐末者”；临朐县“农务耕桑织纴”⑤。登州府“农作外间治蚕桑，其铺眠分抬之劳，属之田妇。练丝之役，多男子共事。其野蚕则食樗、柞叶，蓄之树杪，无铺眠劳，然亦勤于护视，防为鸟雀所伤”；“蚕丝织本色绢，山茧之丝，缕缕积之，织为山䌷，甚朴质”⑥。济南府下属各州县：章丘县清平乡“地宜蚕桑”；邹平县“惟以农桑为务”；长山县“俗多务织作，善绩山茧。茧非本邑所出，而业之者颇多，男妇皆能为之。”齐东县“民业耕桑……妇女针管之外专务纺绩”；济阳县“民务农桑”⑦。“历城茧丝最良，邹平、济阳次之，齐东又次之”⑧。

《农政全书》记载棉花“比之桑蚕，无采养之劳，有必收之效。比之枲苎免绩缉之工，得御寒之益。可谓不麻而布，不茧而絮。”⑨因此，种植棉花、纺棉布，比起传统的桑蚕生产要省力得多，且利润又高，“其利殆百倍于丝枲，自此而天下务蚕者日渐以少”，这一变化在山东地域表现得非常明显。作为

---

① 万历《兖州府志》卷四，齐鲁书社影印1984年版，第11、12页。

② 乾隆《曹州府志》卷七，载《中国地方志集成·山东府县志辑》第80册，凤凰出版社等2004年版，第125页。

③ 万历《东昌府志》卷二，明万历二十八年(1600)刻本，第245—246页。

④ 光绪《高唐州志》卷二，载《中国地方志集成·山东府县志辑》第88册，凤凰出版社等2004年版，第293页。

⑤ 咸丰《青州府志》卷三十二，载《中国地方志集成·山东府县志辑》第32册，凤凰出版社等2004年版，第37页。

⑥ 光绪《增修登州府志》卷六，载《中国地方志集成·山东府县志辑》第48册，凤凰出版社等2004年版，第73页。

⑦ 道光《济南府志》卷十三，载《中国地方志集成·山东府县志辑》第1册，凤凰出版社等2004年版，第280页。

⑧ 道光《济南府志》卷十三，载《中国地方志集成·山东府县志辑》第1册，凤凰出版社等2004年版，第285页。

⑨ [明]徐光启撰，石声汉校注：《农政全书校注》，上海古籍出版社1979年版，第975—976页。

传统的桑蚕生产区，入明以后山东各地区都还保持着种桑养蚕的传统，只是在寒冷气候及棉纺业的冲击下，明中后期丝麻纺织在农家中的重要性逐渐降低，生产份额逐渐减少，家养蚕桑业遂走向衰落。如明代汶上县在引种棉花以后，“漕河以西，地多宜之”，以此“河西乡民多纺织之”棉布，以致到万历年间“土人不勤于蚕，仅有之”①。阳信县本是蚕桑产区，到清康熙时，丝蚕“昔日间有，近则全无”②。惠民县植棉后，蚕事日少，小农以织棉布为主要副业，故当地“商贾之业以花、布为大宗”，至清末时“间亦植桑而蚕事绝少”③。菏泽起初引入棉花时，棉、丝并行，“棉花、土绌、黄蜡、丝绢、茜靛，居民赖其利焉”④，而到清末时，“蚕桑之业几视若有若无”⑤。应该说，山东家蚕业的衰落只是在大部分平原地区，而在山区，家蚕与山蚕并存，如峄县“峄之蚕有四：家蚕、椿蚕、山蚕、椒蚕。其茧大小不一，而丝皆光泽适用。至棉，山地处处有之，花长质细，尤甲他产，故邑布帛之属七：绢、椿绸、山绸、捻绸、粗布、紫花布、织绒”⑥。在家蚕日渐衰落的同时，放养山蚕因其工省利厚，异军独起，遂为山东名产。

山蚕，是指放养在山区树丛间的野生蚕种，俗称野蚕。用山蚕丝织成的山绸，具有冬暖夏凉、久穿不敝的优点，其技术源发地为胶东半岛的登、莱地区。“登莱山蚕，盖自古有之。特前此未知饲养之法，任其自生自育于林谷之中，故多收辄以为瑞。宋元以来，其利渐兴，积至于今，人事益修，利赖亦益广，立场畜蛾之方，纺绩织纴之具，钟事而增，功埒桑麻矣。”⑦山蚕以其所食树叶不同而有不同的名称，“山左青济属邑山民，多采茧织绸。其茧不借

---

① 万历《汶上县志》卷七，载《中国地方志集成·山东府县志辑》第78册，凤凰出版社等2004年版，第196页。

② 中国国家图书馆数字方志：康熙《阳信县志》卷六，第2页。链接地址：http://mylib.nlc.cn/web/guest/search/shuzifangzhi/medaDataObjectDisplay? metaData.id=917004&metaData.lId=921485&IdLib=40283415347ed8bd0134833ed5d60004。

③ 光绪《惠民县志》卷十六，载《中国地方志集成·山东府县志辑》第22册，凤凰出版社等2004年版，第362页。

④ 光绪《新修菏泽县志》卷一，中国文史出版社2013年版，第348页。

⑤ 光绪《曹州菏泽县乡土志》，载《中国方志丛书·华北地方》第22册，台湾成文出版社1968年版，第121页。

⑥ 光绪《峄县志》卷七，载《中国地方志集成·山东府县志辑》第9册，凤凰出版社等2004年版，第88页。

⑦ [清]王元綎：《野蚕录》，载《续修四库全书》第978册，上海古籍出版社2002年版，第656页。

人力饲养,每春时,各民家入山就本业山场,布蚕子于树,或在椿,或在椒,或在道旁簸萝野丛间。俟结茧后,各采归。缫为丝线,妇女成织,售于市。子就椿曰椿茧,就椒曰椒茧,就簸萝叶曰大小茧。独椒茧树少而茧亦同,为匹无几,值昂于他。椿茧次之,大小茧更次之。山民罢织后,调诸染色,染全匹成始售,不加饰者为上。茧虽不饲,然自布子至萦茧,山中人数看伺,防有鸟雀践啄之患。其蚕田与常田赋无异,织绸之家不力耕而力织,利什倍于田,山民有起家至巨万者。今沂蒙新泰诸村落老人能言之"①。

除杨树外,山东所生之树皆可养山蚕。徐光启云:"即如饲蚕之树,世人皆知有桑柘矣,而东莱人育山茧者,于树无所不用,独杨树否耳。"②柞树,亦称檿桑、橡树、山桑、槲树,自先秦以来即为山东经济树种,种植最为普遍,故山蚕以柞蚕最为普遍,以椒蚕为少见,但椒绸最为人所重。"山东茧绸,集蚕茧为之,出于山东椒树者为最佳,色苍黑而气带椒香,污秽著之,越岁自落,不必浣濯而洁。"③

明嘉靖时,胶东山蚕丝绸已成为山东名品,"柘茧绌,出青城、莱芜。取山柘野蚕乱丝而理之者也"。"檿丝,出栖霞,青、莱亦有之""茧生山桑,不浴不饲,居民取之,制为绌,久而不敝"④。鲁中南山区费县"以山茧为绌,朴而坚密,古所谓檿丝也"⑤。由于工省利厚,自明中叶以后,山东山蚕业大兴,"野蚕成茧,昔人谓之上瑞,乃今东齐山谷在在有之,与家蚕等"⑥。

入清以后,沿袭前代生产局面,又复以人工造林,山蚕放养更是兴旺,乾隆九年(1744),山东巡抚兼管提督事喀尔吉善奏称:"东省养山蚕者喂以青杜、柞树之叶,养椿蚕者喂以椿树之叶。每年春秋牧放须在岗坡山麓之间,民俗谓之蚕场。就东省十府而论,济、泰、兖、沂四府属多产青杜、柞叶喂养山蚕,次则莱郡之平、胶二州间亦喂养;登、青二府属产植椿树喂养椿蚕。其

① [清]宋起凤:《稗说》,江苏人民出版社1982年版,第81页。

② [明]徐光启撰,石声汉校注:《农政全书校注》卷三十八,上海古籍出版社1979年版,第1065页。

③ [清]叶梦珠撰,来新夏点校:《阅世编》,中华书局2007年版,第184页。

④ 嘉靖《山东通志》卷八,载《天一阁藏明代方志选刊续编》第51册,上海书店1990年版,第498、506页。

⑤ 万历《兖州府志》卷四,齐鲁书社影印1984年版,第14页。

⑥ [清]王元綎:《野蚕录》,载《续修四库全书》第978册,上海古籍出版社2002年版,第655页。

曹、武、东三府俱系平原旷野，五谷之外惟种棉花，并无青、柞等树叶，素不喂养山蚕。”[①]王培荀忆山东高青、沂蒙等地山蚕生产情形云：“青城之桑，连阡接陌皆桑，条不成树，叶可饲蚕。蚕老，伐条编筐筥之属，皮可为纸，其利甚普。兖州亦如之。抬蚕簇茧，俱有良法，供其事者，不独妇人。沂水一带，山东槲叶，养蚕大于常蚕四五倍。蚕聚于树，放蚕之人，驱鸟雀、守风雨，以箩盛之，饮蚕于河。兰山则养樗蚕，蚕小于常蚕，作茧亦小而坚厚，织䌷尤佳。其饲之也，插樗枝于瓶，而栖蚕其上。其地种樗成林，弥望皆是。”[②]“登、莱、青、兖四府，凡有山谷之处，无不种植”[③]柞槲。泰安府境内，柞槲树“山麓殆遍”[④]。“费山多槲，不知养蚕，自刘公绸兴，始觅得蚕种养之，辄获巨利，以后沿山遍谷，半属槲林。”[⑤]不止于山区大量种柞养山蚕，平原地区可种树放养之处亦种树养之，如寿光县“货之属，鱼、盐为最，山茧次之。邑少山，而椒、椿、樗、柘所在有之。蚕不待饲，食叶成茧，各从其名，与桑蚕同功”[⑥]。牟平县为放养山蚕，柞树几遍全境[⑦]。

各地具体的情形：沂州府“惟山茧䌷号为沂产”[⑧]。安丘县“石门村，多生槲树林，土人谓之野蚕厂”[⑨]。博山县“惟槲䌷为多，颇佳，胜于沂水所出”[⑩]。诸城县“利最久且大者，曰山蚕，蚕养于槲与柞，皆名不落树。树生于山，春秋两次蚕老吐丝，王汝如沛恂《匡山集》纪之甚悉，织为山䌷，虽不如

---

① 葛全胜主编：《清代奏折汇编——农业·环境》，商务印书馆2005年版，第81页。

② ［清］王培荀撰，蒲泽校点：《乡园忆旧录》卷八，齐鲁书社1993年版，第454页。

③ 光绪《临朐县志》卷八，载《中国地方志集成·山东府县志辑》第36册，凤凰出版社等2004年版，第71页。

④ 乾隆《泰安府志》卷二，载《中国地方志集成·山东府县志辑》第63册，凤凰出版社等2004年版，第241页。

⑤ 光绪《费县志》卷一，载《中国地方志集成·山东府县志辑》第57册，凤凰出版社等2004年版，第43页。

⑥ 咸丰《青州府志》卷三十二，载《中国地方志集成·山东府县志辑》第32册，凤凰出版社等2004年版，第35页。

⑦ 民国《牟平县志》卷五，载《中国地方志集成·山东府县志辑》第55册，凤凰出版社等2004年版，第55页。

⑧ 乾隆《沂州府志》卷四，载《中国地方志集成·山东府县志辑》第61册，凤凰出版社等2004年版，第70页。

⑨ ［清］王元綖：《野蚕录》，《续修四库全书》第978册，上海古籍出版社2002年版，第655页。

⑩ 乾隆《博山县志》卷四，载《中国地方志集成·山东府县志辑》第7册，凤凰出版社等2004年版，第37页。

椿绌之贵，而衣被南北，为一方之货”[①]。青州府“九仙山、五莲山产尤夥”[②]。兖州府“山邑以野蚕为绌，他邑捻棉为绌”[③]。峄县苍山“其下多松柏梧楸，多槲橡，果多枣柿，土人皆以养蚕伐炭为业”[④]。沂州府“各属山中民多种树畜蚕，名为蚕场”“弥山遍谷，一望蚕丛”[⑤]。泰安府槲“叶可饲蚕，谓之山蚕，织绸谓之山绌。向惟莱芜有之，近特收橡种发给贫民，设法劝种，七属山麓殆遍。槲之大者为橡，故俗呼橡子树，饲蚕宜小树，土人所谓勃萝科也”[⑥]。沂水县“多山，山必有场，种勃罗即槲树以养山蚕，岁出山茧、山绸无算”[⑦]。青州府临朐县境有千机，民无游手，“绢、山绸、绵绸，皆织自土人杼轴”“桑叶厚，宜蚕。连冈被野，盛甲青州。柘不多有，多樗、多槲，以饲山蚕，与桑同功。椒亦宜蚕”[⑧]。莱阳县以“樗茧织山绌”，“有巨贾发银收贩”[⑨]。文登县物产以“山绸为最”[⑩]，放养有椒茧、樗茧和柞茧，以柞最为普遍，“有柞之山谓之蚕场，春蚕出自秋茧，秋蚕出自春茧，若风雨以时，阴阳和调，春秋两收，其利什倍”[⑪]。

山东小农织山茧为绸谋生，而一些地区原材料常不足，要从别处采购原

---

① 乾隆《诸城县志》卷十二，载《中国地方志集成·山东府县志辑》第 38 册，凤凰出版社等 2004 年版，第 88 页。

② 咸丰《青州府志》卷三十二，载《中国地方志集成·山东府县志辑》第 32 册，凤凰出版社等 2004 年版，第 36 页。

③ 中国国家图书馆数字方志：康熙《兖州府志》卷五，第 9 页。链接地址：http://mylib.nlc.cn/web/guest/search/shuzifangzhi/medaDataObjectDisplay? metaData.id=912296&metaData.lId=916777&IdLib=40283415347ed8bd0134833ed5d60004。

④ 光绪《峄县志》卷五，载《中国地方志集成·山东府县志辑》第 9 册，凤凰出版社等 2004 年版，第 61 页。

⑤ 乾隆《沂州府志》卷三十三，载《中国地方志集成·山东府县志辑》第 61 册，凤凰出版社等 2004 年版，第 388、389 页。

⑥ 乾隆《泰安府志》卷二，载《中国地方志集成·山东府县志辑》第 63 册，凤凰出版社等 2004 年版，第 241 页。

⑦ [清]吴树声：《沂水桑麻话》，咸丰四年(1854)刊本，标点本见《山东史志丛刊》1991 年第 4 期。

⑧ 光绪《临朐县志》卷八，载《中国地方志集成·山东府县志辑》第 36 册，凤凰出版社等 2004 年版，第 71 页。

⑨ 康熙《莱阳县志》卷三，载《中国地方志集成·山东府县志辑》第 53 册，凤凰出版社等 2004 年版，第 50 页。

⑩ 乾隆《威海卫志》卷四，载《中国地方志集成·山东府县志辑》第 44 册，凤凰出版社等 2004 年版，第 452 页。

⑪ 光绪《文登县志》卷十三，载《中国地方志集成·山东府县志辑》第 54 册，凤凰出版社等 2004 年版，第 296 页。

料，如兖州府滋阳县的山茧原料即依靠河南。乾隆时，滋阳县“近织山茧、绌茧，出自河南西，贾贩至兖，男妇老幼俱捻线织，成绌，外来贾售去。河南茧丰收，外贾来则居民饶裕，否则困”[①]。淄川县“邑人近事槲绌，然茧不产于淄，而织于淄，自食其力以佐农之穷”[②]。

总结而言，明清时期山东地域棉、丝原材料产区，纺织已成为农家一家人“终岁经费”的主要来源，成为“民生衣食之原”，纺织是当时山东各地小农最为普遍的生计选择，已出现农家不力耕而力织的现象。在原材料不足的地区，邑人则购进原材料进行纺织，如前引肥城等地购进棉花，长山、淄川、滋阳等地购入山茧，等等。

(2)布帛之外的“织”计：农家的编织业

山东地域的编业、编艺自先秦以来一直就有传承，而成为当地民众普遍的生计策略是在明清时期自然生态环境出现较大的变化以后。山东农家以编业为衣食之源，编业之功大概与桑、棉之效类等，而编业原料较之桑棉更为易得。山东各地编业原料有采自于野生的，如水葱、稗草等；也有人工种植的，如蒲、苇、柳、藤等；或用农作物等秸秆的，如高粱、麦草、稻草等。编艺产品有席、扇、帽、鞋、包、筐、箕、筥、蓑衣等，多属日常用品。另外也有一些高档生活用品，如水葱席等。

在沿河、湖、海地区，人们的主要编织原料是蒲、苇。黄河及大、小清河的泛滥，山东多河湖淤浅、低洼积水之地，在这些地区，人们多种蒲草和芦苇，或种高粱，以此作为编织原料。如寿张县“济水故渠，多种苇荻”[③]。沂州府沂水沿岸苇、蒲甚多，人们织苇席、蒲席，以蒲席为佳[④]。济南府的水生植物“有水慈姑、荇藻之属，有蒲、菱、芦苇，大为世用”[⑤]，蒲、茭幼嫩之时可为蔬用，杆茎老熟后可用作编艺材料。章丘县“白云湖在长白山下，与吾淄

---

① 乾隆《兖州府志》卷五，载《中国地方志集成·山东府县志辑》第71册，凤凰出版社等2004年版，第121页。

② 乾隆《淄川县志》卷一，载《中国地方志集成·山东府县志辑》第6册，凤凰出版社等2004年版，第67页。

③ 万历《兖州府志》卷四，齐鲁书社影印1984年版，第14页。

④ 乾隆《沂州府志》卷十一，载《中国地方志集成·山东府县志辑》第61册，凤凰出版社等2004年版，第131页。

⑤ 道光《济南府志》卷十三，载《中国地方志集成·山东府县志辑》第1册，凤凰出版社等2004年版，第285页。

相邻,澄波浩渺,芦苇接天,旧时水盛,直浸山脚,有群山倒影之奇”[1]。淄川县“杂植棉花、红花、蓝、穄荻、苇”[2],“草之属曰苇、曰芦,颇称利民”[3],则知章丘、淄川两地小农亦有编艺产品。临淄县人三时农隙之外,“或纬萧为业”[4]。小清河下游的博兴县盛产萑、蒲,可“为席、为履、为廪薄、为壁带、为扇。扇工尤精致,常货之远方”[5]。高苑县“芰荷盛甲他邑”,则知水生植物甚多,故其乡货属以“藕粉、莲肉、苇席”为著[6]。沿运河的东昌府临清等地“濒河村聚织薄纬萧为生”[7]。“汶固泽国也”[8],以此汶上县草属有“穄、苇、芦、蒋生湖中”[9],为编艺的原料。高密县境多湖泽,苇蒲密布,“居人习织蒲”,蒲编产品有蒲席、蒲扇、蒲鞋等。高密县“沙渍之田不可耕稼”,惟适宜种柳,贫人以柳条“制为筐、篮等具,可以代竹,尤坚朴”,所生莎草“居人织蓑最工,邻邑争购之”[10]。乐陵县濒海之地多蒲、苇、荻,“蒲生原隰中,可织为席”“苇中通,荻中实。苇以为席,荻作帘箔,邑资其利”[11]。濒海的日照县,“蒲出陈疃,土人编以为席,甚佳”“芦苇,长春诸社产之。土人织以为

① ［清］王培荀撰,蒲泽校点:《乡园忆旧录》卷四,齐鲁书社 1993 年版,第 236 页。

② 乾隆《淄川县志》卷一,载《中国地方志集成·山东府县志辑》第 6 册,凤凰出版社等 2004 年版,第 67 页。

③ 咸丰《青州府志》卷三十二,载《中国地方志集成·山东府县志辑》第 32 册,凤凰出版社等 2004 年版,第 34 页。

④ 咸丰《青州府志》卷三十二,载《中国地方志集成·山东府县志辑》第 32 册,凤凰出版社等 2004 年版,第 37 页。

⑤ 咸丰《青州府志》卷三十二,载《中国地方志集成·山东府县志辑》第 32 册,凤凰出版社等 2004 年版,第 34 页。

⑥ 咸丰《青州府志》卷三十二,载《中国地方志集成·山东府县志辑》第 32 册,凤凰出版社等 2004 年版,第 35 页。

⑦ 万历《东昌府志》卷二,载《北京师范大学图书馆藏稀见方志丛刊续编》第 6 册,学苑出版社 2009 年版,第 245 页。

⑧ 万历《汶上县志》卷一,载《中国地方志集成·山东府县志辑》第 78 册,凤凰出版社等 2004 年版,第 148 页。

⑨ 万历《汶上县志》卷七,载《中国地方志集成·山东府县志辑》第 78 册,凤凰出版社等 2004 年版,第 197 页。

⑩ 中国国家图书馆数字方志:宣统《高密县乡土志》卷二,第 41、42 页。链接地址:http://mylib.nlc.cn/web/guest/search/shuzifangzhi/medaDataObjectDisplay? metaData.id = 970097&metaData.lId = 974578&IdLib = 40283415347ed8bd0134833ed5d60004。

⑪ 乾隆《乐陵县志》卷二,载《中国地方志集成·山东府县志辑》第 16 册,凤凰出版社等 2004 年版,第 392 页。

席，编以为箔。”[①]“莎可为蓑荻。”[②]“登莱之蓑，其草坚纫，其工细密，应秋试士子各披一领，临行争买之。”[③]

潍县滨海滩涂“宽广，计地数百顷”，多种植芦苇，“连亘数里”，水浅之处则种蒲草。妇女多从事编织业，以苇织席，“手艺之敏捷者一日可成方丈，席一具值银一钱”，或用蒲草织蒲鞋、蒲包、蒲团[④]。总的来讲，生长蒲苇的地方都会有编艺产品，连属山区的蒙阴其货属亦有“芦席”[⑤]。

白草亦可为编艺原料，峄县苍山“多黄柏草、白草，草坚实，可葺屋，经久不腐。”[⑥]济南府“有茅可织蓑，有黄背草可盖屋”[⑦]。“莨莠草也，似稻，出东昌”，居人编以为“莨莠席”[⑧]。登州、莱州多生水葱，自隋唐以来，居民采以编成高档的水葱席，“水葱席，出莱州。登亦有之。水葱草也，中虚，似食葱而长硬，生水滨”[⑨]。掖县“水葱，中虚，似石葱，可为席”[⑩]。

绳编，荣城县“濒海渔家隆冬彻夜结绳”[⑪]。荣城县结绳用料之一为葛，以织渔网，“海上诸山中产葛最良，世谓之‘文登葛’。今为捕鱼用，不复以

---

① 中国国家图书馆数字方志：康熙《日照县志》卷三，第 23 页。链接地址：http://mylib.nlc.cn/web/guest/search/shuzifangzhi/medaDataObjectDisplay? metaData.id=982660&metaData.lId=987141&IdLib=40283415347ed8bd0134833ed5d60004。

② 光绪《日照县志》卷三，载《中国地方志集成·山东府县志辑》第 58 册，凤凰出版社等 2004 年版，第 375 页。

③ [清]王培荀撰，蒲泽校点：《乡园忆旧录》卷八，齐鲁书社 1993 年版，第 455 页。

④ 民国《潍县志稿》卷四十二，载《中国地方志集成·山东府县志辑》第 41 册，凤凰出版社等 2004 年版，第 251 页。

⑤ 宣统《蒙阴县志》卷一，载《中国地方志集成·山东府县志辑》第 57 册，凤凰出版社等 2004 年版，第 407 页。

⑥ 光绪《峄县志》卷五，载《中国地方志集成·山东府县志辑》第 9 册，凤凰出版社等 2004 年版，第 61 页。

⑦ 道光《济南府志》卷十三，载《中国地方志集成·山东府县志辑》第 1 册，凤凰出版社等 2004 年版，第 286 页。

⑧ 嘉靖《山东通志》卷八，载《天一阁藏明代方志选刊续编》第 51 册，上海书店 1990 年版，第 504 页。

⑨ 嘉靖《山东通志》卷八，载《天一阁藏明代方志选刊续编》第 51 册，上海书店 1990 年版，第 508 页。

⑩ 乾隆《掖县志》卷一，载《中国地方志集成·山东府县志辑》第 45 册，凤凰出版社等 2004 年版，第 222 页。

⑪ 道光《荣成县志》卷三，载《中国地方志集成·山东府县志辑》第 56 册，凤凰出版社等 2004 年版，第 465 页。

作布矣”[1]。结绳用料之二为草,荣城民俟霜隆后“采黄草以葺屋”[2],此黄草亦可用于结绳,稻草是草绳最主要的原料。草绳最普遍的编制品有草鞋,最切贫家做工之用,为农家副业之一。草绳用途广泛,尤以捆缚苗木、绑扎瓷器等长途运送最为合适,搓草绳也就成为农家的副业,只是方志未予详载。

前已述高粱耐水,山东地区低洼之处种植颇多,人们遂以高粱秸秆为原料编织秫席。如临朐县小民“或织苇若秫为席薄,或编荆为筐筥,以供衣食”[3]。诸城县北境多种高粱,“石屋山北诸村落取其皮以织席”,黑龙沟侧有芬子草,“为蓑为汗衫,可取厚值”[4]。德州从北方口北贩入特勒素草编织凉帽胎,“德州民业此者颇多,京师帽胎悉从此去。”[5]

柳为山东著名经济树种,柳编产品在贾思勰所著的《齐民要术》中已有著录。柳有多种,适宜不同的编艺产品。茌平县郭庄、赵庄二村“祖传编柳术”,郭庄擅长“簸箕而不长于孛篓”,赵庄“长于筝篓而短于簸箕”,二庄“以杞柳编为器具、孛篓、簸箕、大小筐筥”,“数百里内之所需皆取给于二庄”[6]。济南府柳编产品种类多样,柳条“大者织之为囤、为牛筐,次为箔罗、为箕、为笊篱、为甑箅,劈之为篮、为筥筐,大为时用”[7]。济宁、鱼台盛产杞柳,“以其条为箕斗、叵罗、栲栳之类,通行四方”[8]。朝城县“条苇为席,柽条为仓为畚,杞柳为筐属”[9]。乐陵县产各种柳,“土人取嫩枝制斗筲篮筐之类”;柽

① 道光《荣成县志》卷三,载《中国地方志集成·山东府县志辑》第56册,凤凰出版社等2004年版,第464页。

② 道光《荣成县志》卷三,载《中国地方志集成·山东府县志辑》第56册,凤凰出版社等2004年版,第464页。

③ 嘉靖《临朐县志》卷一,载《天一阁藏明代方志选刊(一三)》,新文丰出版公司1973年版,第559页。

④ 乾隆《诸城县志》卷十二,载《中国地方志集成·山东府县志辑》第38册,凤凰出版社等2004年版,第87页。

⑤ 乾隆《德州志》卷十一,载《中国地方志集成·山东府县志辑》第10册,凤凰出版社等2004年版,第312页。

⑥ 民国《茌平县志》卷九,载《中国地方志集成·山东府县志辑》第90册,凤凰出版社等2004年版,第380页。

⑦ 道光《济南府志》卷十三,载《中国地方志集成·山东府县志辑》第1册,凤凰出版社等2004年版,第286页。

⑧ 道光《济宁直隶州志》卷三《物产》,载《中国地方志集成·山东府县志辑》第76册,凤凰出版社等2004年版,第131页。

⑨ 《朝城县乡土志》,载《中国方志丛书·华北地方》第50册,台湾成文出版社1968年版,第67页。

柳,“其条可为簸箕”;红荆,“土人用以编筐篮”[1]。青州柳,“其木柔韧,可作倚兀、罗腔、箕舌、簝舌之用”、河柳“发条特高,剥而蒸之,箕筲、栲栳并取材焉”[2]。

竹编是山东农家手工艺之一。有研究者指出,“山东不产竹,编织所用竹料多自湖广、河南而来”[3];“无论是在历史上还是现在,山东都极少产竹子”[4]。虽然山东从湖广、河南、江南等地输入竹材,但是山东各地水源丰富之处产竹,如济南“历、章近水之处亦产竹,但肤薄未堪重用,不及南产也”[5]。历城之竹“多水之地宜之,湖上万竿,其大可把”[6]。邱县“间有竹,不甚茂”[7]。临朐县“冶泉之侧是产竹,笋味微苦而清”[8]。新泰县竹属有“绿竹”“实竹”等[9]。曹县“竹有数种:金竹、班竹、青竹、紫竹”[10]。胶州之竹,大体类似于江南,有“毛竹、菉竹、金镶玉竹、凤尾竹”[11]。诸城之竹“虽不若江南产大,海滨亦宛然淇澳矣”[12]。山东之竹虽肤薄不及南产,固不能如南竹那样可用于承重的房屋建筑、船筏等诸多领域,但“其大可把”,亦足以

---

① 中国国家图书馆数字方志:宣统《乐陵县乡土志》卷六,第114、115页。链接地址:http://mylib.nlc.cn/web/guest/search/shuzifangzhi/medaDataObjectDisplay?metaData.id=977629&metaData.lId=982110&IdLib=40283415347ed8bd0134833ed5d60004。

② 光绪《临朐县志》卷八,载《中国地方志集成·山东府县志辑》第36册,凤凰出版社等2004年版,第71页。

③ 许檀:《明清时期山东商品经济的发展》,中国社会科学出版社1998年版,第80页。

④ 王云:《明清山东运河区域社会变迁》,人民出版社2006年版,第206页。

⑤ 道光《济南府志》卷十三,载《中国地方志集成·山东府县志辑》第1册,凤凰出版社等2004年版,第285页。

⑥ 乾隆《历城县志》卷五,载《中国地方志集成·山东府县志辑》第4册,凤凰出版社等2004年版,第95页。

⑦ 乾隆《邱县志》卷一,载《中国方志丛书·华北地方》第36册,台湾成文出版社1968年版,第58页。

⑧ 光绪《临朐县志》卷八,载《中国地方志集成·山东府县志辑》第36册,凤凰出版社等2004年版,第70页。

⑨ 乾隆《新泰县志》卷七,载《中国地方志集成·山东府县志辑》第66册,凤凰出版社等2004年版,第359页。

⑩ 光绪《曹县志》卷四,载《中国地方志集成·山东府县志辑》第84册,凤凰出版社等2004年版,第83页。

⑪ 道光《胶州志》卷十四,载《中国地方志集成·山东府县志辑》第39册,凤凰出版社等2004年版,第160页。

⑫ 乾隆《诸城县志》卷十二,载《中国地方志集成·山东府县志辑》第38册,凤凰出版社等2004年版,第88页。

用于编艺。故山东“本土所生,只可编烛笼、织帘簿、作衣桁及兜子耳”①。嘉祥县民“编竹为器”②。王云统计山东竹器制品种类有百十种,“农器类主要有:竹耙、扫帚、鞭条、筛子、竹箅等;生活用品主要有:竹帘、竹篮、竹筐、竹篓、竹几、竹椅、竹担、竹杠、竹笼屉、竹筷、竹牌等;另外还有竹鸟花、竹呼哨等装饰品和儿童玩具,满足了人们从生产到生活各个方面的需要”③。大抵南方所用竹器,山东地域匠人皆可编艺。竹器价甚廉,而且编成后运输亦不便,大多是购进原材料,匠人就地编织,于邻近集市上售卖,或是延请匠人至家编织。

麦,“其秸可为笠,俗名草帽”④。草帽是清代以来的新鲜物事之一,以小麦秸秆编制成麦辫,然后再缝制成草帽。乾隆时,曹州府观城县“贫民妇女皆以麦莛制辫为业,不事纺绩”⑤。麦“秸可缉为冠藺,可覆屋”,平度州“西鄙界昌邑多用之”⑥。草帽出现后,颇得民众喜爱,遂成为山东销往外地的货属。由于明清时期山东冬小麦种植面积扩大,小麦秸秆原料易得,农家妇女手工编制草辫又能为家庭增加收入,草辫、草帽兴起后,逐渐成为农家副业之一。清末山东开埠后,麦编又成为大宗出品产品,草编遂广为流传,成为各地家庭妇女生计之一,山东尤甚。“我国之妇女,除治家外,几毫无事业,忽开一生利之途,于是人争传习,渐推渐广,而山东之草辫业,遂臻于极盛。产出之地,若莱州、青州、济南、武定、兖州等处,无不有之。而莱州、平度州之沙河镇,尤为萃集之处。近年以来,即从前未有之地,多经官绅之提倡,从事制造,产地之区域,遂日以推广,而输出之额数,遂逐年增加,前途发达,尚未艾也。”⑦

---

① 光绪《临朐县志》卷八,载《中国地方志集成·山东府县志辑》第36册,凤凰出版社等2004年版,第71页。

② 光绪《嘉祥县志》卷一,载《中国地方志集成·山东府县志辑》第79册,凤凰出版社等2004年版,第246页。

③ 王云:《明清山东运河区域社会变迁》,人民出版社2006年版,第208页。

④ 道光《胶州志》卷十四,载《中国地方志集成·山东府县志辑》第39册,凤凰出版社等2004年版,第159页。

⑤ 乾隆《曹州府志》卷七,载《中国地方志集成·山东府县志辑》第80册,凤凰出版社等2004年版,第126页。

⑥ 道光《平度州志》卷十,载《中国地方志集成·山东府县志辑》第43册,凤凰出版社等2004年版,第111页。

⑦ 姚贤镐编:《中国近代对外贸易史资料(1840—1895)》,中华书局1962年版,第1455页。

(3)"于农隙为之"的各种农家小手工品

农家于农隙为之的小手工制品很多,如安丘县小农可从事的制作有:"若牟山丹土、临淮砺石、甘泉碓硙、景芝瓦缶、西南荆筥,日用所需,其利博哉。"①滕县"俗好种树而饶于枣栗,贫者常以农隙入山樵采作炭"②等。现分述如下:

自先秦以来,山东地域即有"耕且陶"的传统,此农隙生计之一。考古研究已证实明代以来山东淄川、颜神镇等地的陶瓷窑均"属民窑"③。淄川县的小农于农隙"间作陶瓷以盛脱粟麦饭",产品多为"碗、碟、瓶、罍、罐、缸、缶、瓮"等"农氓器也"④。高密县"砺阜山产砺石,陶人碎之,合土造为瓮缶,颇坚致"⑤。汶上县开河镇产瓦盆,"有黄绿二色"⑥。泗水县柘沟有赤埴土,适宜制作各类陶器,"柘沟赤埴,为陶器,独称坚致"⑦。"陶为瓮盆,四方贾之。亦可为砚,滑润如石,谓之柘砚。城南有巧石埠,亦异产也。"⑧柘砚以其出产地,又名东鲁柘砚,"出泗水柘沟,陶土为之,滑润可爱,背记云:东鲁柘砚"⑨。平阴县合山"在县西南三里许,村人以陶冶为利"⑩。肥城县罗家窑等村所产瓮盆等"贩运出境之大宗"⑪。博山县城西"其民多业琉璃","城北之民起于范河桥,北跨大河之伏流,又北倚干滩,东连荆阜,于石洞为北

---

① 万历《安丘县志》卷十,载《四库全书存目丛书》史部第200册,齐鲁书社1996年版,第256页。

② 万历《兖州府志》卷四,齐鲁书社影印1984年版,第10页。

③ 淄博市博物馆:《淄博市博山大街窑址》,《文物》1987年第9期。

④ 乾隆《淄川县志》卷一,载《中国地方志集成·山东府县志辑》第6册,凤凰出版社等2004年版,第68页。

⑤ 宣统《高密县乡土志》卷二,转引自许檀《明清时期山东经济的发展》,《中国经济史研究》1995年第3期。

⑥ 万历《汶上县志》卷七《物产》,载《中国地方志集成·山东府县志辑》第78册,凤凰出版社等2004年版,第196页。

⑦ 乾隆《兖州府志》卷五,载《中国地方志集成·山东府县志辑》第71册,凤凰出版社等2004年版,第121页。

⑧ 万历《兖州府志》卷四,齐鲁书社影印1984年版,第10页。

⑨ 嘉靖《山东通志》卷八,载《天一阁藏明代方志选刊续编》第51册,上海书店1990年版,第502页。

⑩ 中国国家图书馆数字方志:康熙《平阴县志》卷二,第11页。链接地址:http://mylib.nlc.cn/web/guest/search/shuzifangzhi/medaDataObjectDisplay?metaData.id=969197&metaData.lId=973678&IdLib=40283415347ed8bd0134833ed5d60004。

⑪ 光绪《肥城县乡土志》卷八,载《中国方志丛书·华北地方》第11册,台湾成文出版社1968年版,第124页。

关,北岭其民多业瓷窑。河滩之西起于叠道,北至于沙沟为税务司衔,其民多贩瓷器。此附郭居民之大略也。”[①]山东民间陶瓷器以博山为最,博山瓷器“出北岭、山头、务店、窑光、八陡、西河诸处”,各处器皿各有特点,因地而异,“务店宜瓮及盆,上性坚也。然已不及曩时西河远甚。山头宜碗及杂器,土色亮也。八陡……宜礶与瓶,其质实也。以盛木浆,无渗漏焉。此皆日用不可缺之物。”但到清后期时,在外来陶瓷的冲击下,博山县业陶者日渐减少,“而人业陶者已不若昔日之众矣。何者? 物料艰、偿利微也”[②]。

胭脂、水粉、衣香、薰香,自汉魏以来就是山东地域小农传统的手工制品。薰香是最常见的生活用品之一,主要用于房间薰香、祭奠、礼佛、敬道等活动,邹县的货属有“线香”[③]。博山县产柏香,“储水构屋,作水磨,激水飞轮,碓柏成屑,杂榆面为之”[④]。临淄县“货之属惟香屑为著,时水上为十水磨,碎松柏杏枣榆柳楸椿等木,渍而磨之为香屑,屑积如陵。而土人不自为香,辇至他县暨莱郡售之”[⑤]。济宁所产香胭脂,“制法甲于他处,四方货之”[⑥]。民间有以制香为业者,如东昌府李文举“制香为业”[⑦]。农家所制衣香,“用零零草、排草、羊草各四两,当归、桂皮、三柰各二两,川芎、良姜、甘草、大黄各一两,甘松三两,白芷一两五钱,共为细末,量加木香、檀香末,若加苏合油、丁香、麝香、冰片更妙”[⑧]。

茶叶生产的季节性强,采茶、制茶是小农农隙为之的生计活动。康熙

---

① ［明］孙廷铨:《颜山杂记》卷一,载《景印文渊阁四库全书》第592册,台湾商务印书馆影印1985年版,第775、776页。

② 乾隆《博山县志》卷四,载《中国地方志集成·山东府县志辑》第7册,凤凰出版社等2004年版,第37页。

③ 康熙《邹县志》卷一,载《中国地方志集成·山东府县志辑》第72册,凤凰出版社等2004年版,第418页。

④ 乾隆《博山县志》卷四,载《中国地方志集成·山东府县志辑》第7册,凤凰出版社等2004年版,第39页。

⑤ 咸丰《青州府志》卷三十二,载《中国地方志集成·山东府县志辑》第32册,凤凰出版社等2004年版,第34页。

⑥ 嘉靖《山东通志》卷八,载《天一阁藏明代方志选刊续编》第51册,上海书店1990年版,第502页。

⑦ 嘉庆《东昌府志》卷三十二,载《中国地方志集成·山东府县志辑》第87册,凤凰出版社等2004年版,第526页。

⑧ ［清］丁宜曾:《西石梁农圃便览》,载《续修四库全书·子部》第976册,上海古籍出版社2002年版,第48页。

《登州府志》卷八记载登州府的茶出自莱阳[①],但此茶“其叶可染不可饮”[②],当是以籽实入茶,若今日苦荞茶、决明子茶之类。山东的茶以蒙顶茶最为著名,“出费县蒙山巅石,其花如茶状,土人取而制之,其味清香,琼异他茶,贡之异品也。”[③]“蒙山石花,采以为茶,其味芳烈,琼异他品,与蒙阴交有之”[④]。“四川蒙顶茶最擅名。山东蒙山产茶,亦曰‘蒙顶’,清香异于他茶。《一统志》云出费县。盖蒙山亘蒙阴、费县,高峰数处,俗以在西者曰龟蒙,中央者曰云蒙,在东者曰东蒙,其实一山。其北有沃壤,即所谓‘龟阴之田’。吴梅村《宿蒙阴》诗云:‘蒙岭出泉茶辨性,龟田加火谷占年。’”[⑤]据此知蒙山周边数县均能生产蒙顶茶。费县蒙顶之外,亦制金银花为茶,“花有黄白,故名金银花,从前间有之,不过采以代茶。至嘉庆初商旅贩往他处,辄获厚利,不数年,山角水湄栽植几遍”[⑥]。蒙阴茗属有“云芝茶”[⑦],云芝是一种药用真菌,具有清热、解毒、消炎、抗癌、保肝等功效,云芝茶只是一种保健代茶产品,非真茶。齐河县“东北乡马寨一带多产虾蟆秧,亦名红芭刺秧,叶小而绿,茎色红,花细碎,蔓延地上,土人多采此如法泡(当为“炮”——引者注)制,出售济南各茶庄,大者为平山茶,小者为京庄小叶,间有集股收买转行贩运者,获利甚丰”[⑧]。“平山茶,俗呼泽赤麻,用以做假茶,行销外境。”[⑨]泰安茶“薄产岩谷间,山僧间有之,而城市则无也。山人采青桐芽曰女儿茶,泉崖阴趾茁

① 中国国家图书馆数字方志:康熙《登州府志》卷八,第6页。链接地址:http://mylib.nlc.cn/web/guest/search/shuzifangzhi/medaDataObjectDisplay? metaData.id=938802&metaData.lId=943283&IdLib=40283415347ed8bd0134833ed5d60004。

② 光绪《增修登州府志》卷五,载《中国地方志集成·山东府县志辑》第48册,凤凰出版社等2004年版,第68页。

③ 嘉靖《山东通志》卷八,载《天一阁藏明代方志选续编》第51册,上海书店1990年版,第501页。

④ 万历《兖州府志》卷四,齐鲁书社影印1984年版,第14页。

⑤ [清]王培荀撰,蒲泽校点:《乡园忆旧录》卷八,齐鲁书社1993年版,第435页。

⑥ 光绪《费县志》卷一,载《中国地方志集成·山东府县志辑》第57册,凤凰出版社等2004年版,第43页。

⑦ 宣统《蒙阴县志》卷一,载《中国地方志集成·山东府县志辑》第57册,凤凰出版社等2004年版,第407页。

⑧ 民国《齐河县志》卷十七,载《中国地方志集成·山东府县志辑》第13册,凤凰出版社等2004年版,第132页。

⑨ 民国《东明县志》卷四,载《中国地方志集成·山东府县志辑》第86册,凤凰出版社等2004年版,第35页。

如波蓤者曰仙人茶。皆清香,异南茗。黄芩芽旹为茶亦佳,松苔尤妙"①。综上诸茶观之,实非南方茶树叶制作的"真茶",而是前代所说的各种代茶产品的"温桑茶"。山东亦有真茶,方志记载所及唯文登县"昆嵛山产茶,土人不谙制法,西商购去,装至江南制造"②。造制真茶需杀青去涩,其间炒青的锅温控制尤难把握,北方能产真茶者少,山东不谙制法亦自然之意。

利用自家所产作物进行产后加工、出售为小农普遍生计策略,制曲即其一也。山东地域"冬月家为腌菹,可以卒岁。酒醪醯酱,中人以上皆自储蓄,不取诸市。而酒以黍米麦曲,不用药,味近泉。诸邑芳烈清甘,足称上品。然尤以苦为尚,所谓'青州从事者'也"③。王培荀云:"昔称酒之美者,曰'青州从事',酒不必出于青也。而青州实有美酒,曰'紫露',国初与德州'墨露'共传。"④章丘县"民间善酿酒,每岁上农数十石,中者十数石,下者数石"⑤。自酿酒醪为自我消费,农家亦不以取利,酿酒取利者率为富人,如禹城县"烧、黄酒为富室利,邑百里地计烧锅四十余所"⑥。而酿酒需麦曲,制曲则为贫者之利,如临朐县"麦收者好造麴交易以为利"。明代鱼台县有"在河漕之旁"的便利,小民造曲求利,在谷亭形成了曲市,"谷亭在河上一聚落也。贾人陈椽其中鬻曲蘖,岁以千万",但谷亭市"自运河北徙,市里为墟"⑦。

粉条是山东小农常见的用自家作物进行加工的产品,民间称为"漏粉",产品俗称"南粉",以绿豆、红薯、土豆等为原料制作。因其所用原料之别,又称为绿豆粉、红薯粉、土豆粉。明代时,山东南粉以东昌所出为佳,"南粉,出

---

① 康熙《泰安州志》卷一,载《中国地方志集成·山东府县志辑》第63册,凤凰出版社等2004年版,第31页。

② 光绪《文登县志》卷十三,载《中国地方志集成·山东府县志辑》第54册,凤凰出版社等2004年版,第296页。

③ 万历《兖州府志》卷四,齐鲁书社影印1984年版,第8—9页。

④ [清]王培荀撰,蒲泽校点:《乡园忆旧录》卷一,齐鲁书社1993年版,第54—55页。

⑤ 中国国家图书馆数字方志:康熙《章丘县志》卷一,第33页。链接地址:http://mylib.nlc.cn/web/guest/search/shuzifangzhi/medaDataObjectDisplay? metaData.id = 908712&metaData.lId = 913193&IdLib = 40283415347ed8bd0134833ed5d60004。

⑥ 嘉庆《禹城县志》卷五,载《中国地方志集成·山东府县志辑》第10册,凤凰出版社等2004年版,第443页。

⑦ 万历《兖州府志》卷四,齐鲁书社影印1984年版,第11页。

东昌,贡物见《宋史》”[①]。平度州所产诸豆,“绿者中为粉,绿者又发汗解百药毒”[②]。招远县绿豆“用之甚广,可作豆粥、豆饭、豆酒,磨而为面,可以取粉。以水浸湿,生白芽,又为菜中佳品”[③]。今龙口粉丝,即明清时期黄河出海口附近各地所产粉丝集于龙口外销而形成的地域品牌。

果品、蔬菜干制也是农家利用自产品加工的常见副业。如枣,“泰安之枣,去皮核而培以糖,名‘糖枣’。而莫盛于东昌之‘薰枣’,煮以药,阙地而架曲簿,摊枣于上,加以火攻,乾而不燥,柔而不湿。每包百斤,堆河岸如岭”[④]。东昌薰枣以聊城为最,“黑枣,一名薰枣,又名胶枣”,“行之最远,获利亦至厚,前数十年,每逢枣市,出入有数百万之多。贫民无正业者,往往藉以治生。”[⑤]“樱桃干,用熟樱桃十斤,白糖三斤,将樱桃从蒂上去核,实糖其中,余糖拌匀,放碗内,过宿,次早,滚汤蒸碗,看糖汁起星,取起,用竹筛衬油纸托之,炭火烘干。冷定,仍入汁浸,磁罐收贮”[⑥]。夏、秋季农家园蔬产出旺盛,有余除鲜卖外,常作干菜,较常见的有茄子干、豆角干、苦瓜干、萝卜干、辣椒干、辣菜干、金针菜等品种。萱花,即黄花菜,“晒干作菜,名金针”、辣菜“根名辣疙瘩,即大莵菜”[⑦],如今有的人家仍自己制作辣菜干,食时开水发开,以剁红椒酱醃拌,以就稀饭馒头,味甚香美。蒜薹干“将长苔盐醃三日,取出,晒干,原汁煎滚,焯过,又晒干,蒸熟,磁罐收”[⑧]。茄干,大茄子切三片,小者二片,入盐水煮滚,捞出晒,保留原汤,晒、煮茄子至汤尽,然后“晒极干,入罈收”;或“茄切片晒干,用盐、酱、椒、茴、陈皮、砂糖水同少煮,又晒

---

① 嘉靖《山东通志》卷八,载《天一阁藏明代方志选刊续编》第51册,上海书店1990年版,第504页。

② 道光《平度州志》卷十,载《中国地方志集成·山东府县志辑》第43册,凤凰出版社等2004年版,第111页。

③ 顺治《招远县志》卷五,载《中国地方志集成·山东府县志辑》第47册,凤凰出版社等2004年版,第362页。

④ [清]王培荀撰,蒲泽校点:《乡园忆旧录》卷八,齐鲁书社1993年版,第454页。

⑤ 宣统《聊城县志》卷一,载《中国地方志集成·山东府县志辑》第82册,凤凰出版社等2004年版,第29—30页。

⑥ [清]丁宜曾:《西石梁农圃便览》,载《续修四库全书·子部》第976册,上海古籍出版社2002年版,第42页。

⑦ 道光《钜野县志》卷三,载《中国地方志集成·山东府县志辑》第83册,凤凰出版社等2004年版,第85页。

⑧ [清]丁宜曾:《西石梁农圃便览》,载《续修四库全书·子部》第976册,上海古籍出版社2002年版,第42页。

干,再蒸少时,晒干收”[①]。豆角,“农家多于秋地边种植之,多熟食,兼有醃食,或曝干,藏至来春者”、笋瓜“可作蔬,亦可制条曝干备冬食”[②]。“豆角嫩者,滚水焯熟,晒干,眉豆同”[③]。山东农家干菜大量售出的方志记录唯见金针、萝卜干,“他若瓜子、槐花、槐豆、杏仁、炭灰、萝卜干、兔丝子,亦各装大包,一同南贩”[④]。干菜之最珍者,当以竹笋为最,每当鲜笋出来,“四五月间,分饷亲串,多不过数束,珍若苍玉”[⑤]。日照县近海,雨水稍足,竹笋稍多,鲜者炒食之外,乃得以糖、盐醃制,糖笋晒干,盐笋用灰火焙干。[⑥]

在斥卤之地,百姓以熬碱、盐为副业者多。在聊城,农隙“运土至家,立锅熬硝以售,藉此治生,即以此为业”[⑦]。在平县“多潟卤,百姓煮盐糊口”[⑧]。禹城县盐碱地多,“硝为贫民利,鳏寡孤独者有养也。邑出硝处甚多”[⑨]。

小农采石为器为农家手工业之一。峄县多石,“质理美好,似玉者甚多”,可以为器,如红石埠“出宝石,五色备具,红绿者尤佳,可镌图章”[⑩]。仙坛山“多巨石,文理粲然,质尤坚致,可作碑碣”[⑪]。峄县卓山以西多砥砺石,“明隆庆中村民徐氏、高氏开塘采石,擅其利数世,自后居人相率以治石为业”,居人所治之石主要是磨,“贾数千里,而以圆山为甲,坞薛次之,颜家步、

① [清]丁宜曾:《西石梁农圃便览》,载《续修四库全书·子部》第976册,上海古籍出版社2002年版,第61页。

② 民国《东明县志》卷四,载《中国地方志集成·山东府县志辑》第86册,凤凰出版社等2004年版,第33页。

③ [清]丁宜曾:《西石梁农圃便览》,载《续修四库全书·子部》第976册,上海古籍出版社2002年版,第56页。

④ 宣统《聊城县志》卷一,载《中国地方志集成·山东府县志辑》第82册,凤凰出版社等2004年版,第30页。

⑤ 光绪《临朐县志》卷八,载《中国地方志集成·山东府县志辑》第36册,凤凰出版社等2004年版,第70页。

⑥ [清]丁宜曾:《西石梁农圃便览》,载《续修四库全书·子部》第976册,上海古籍出版社2002年版,第45页。

⑦ 宣统《聊城县志》卷一,载《中国地方志集成·山东府县志辑》第82册,凤凰出版社等2004年版,第30页。

⑧ 嘉庆《东昌府志》卷四十六,载《中国地方志集成·山东府县志辑》第88册,凤凰出版社等2004年版,第180页。

⑨ 嘉庆《禹城县志》卷五,载《中国地方志集成·山东府县志辑》第10册,凤凰出版社等2004年版,第443页。

⑩ 光绪《峄县志》卷五,载《中国地方志集成·山东府县志辑》第9册,凤凰出版社等2004年版,第59页。

⑪ 光绪《峄县志》卷五,载《中国地方志集成·山东府县志辑》第9册,凤凰出版社等2004年版,第54页。

埠后又次之”。圆山之磨其所以甲之,是因为石材好,“莹然如雪,中含砂粒,细如粟而坚,终岁用之不钝,所得面倍他磨,夏时经雨不腐,故圆山一磨直数金”①。滋阳县嵫山之石,“远近居民一切磑、磨、碌碡、砧础等物皆取诸此”②。章丘“出磨、出砺石”③。淄川县磨山“以其石可为硙,故名”④。“余村五、六里,穴崖取石为砚,足供山左数郡用,名曰‘淄砚’。”⑤鼍矶砚,“出登州鼍矶岛中,距蓬莱百余里,波涛深处有石之可砚者,金星雪浪,颇为世重,故取之者不惮于没溺焉。”⑥红丝石砚,“出青州,外有皮,磨砻去,即其理,红黄相参,理黄者其丝红,理红者其丝黄。须饮水使足可用,不然渴燥。唐彦猷甚奇之,谓不减端石。”⑦莱州石器自古有名,唐宋时期为贡品,明清时期仍为名品,“五色石,出莱州掖县温泽,可作器皿”⑧。“五色石出掖县,色青白,间有五色者,温腻如玉,且备烟、云、竹、木、人物之状,雕琢可为器。莱石有雕为尊、罍、杯、斝之属,敷以蜡,五色斑驳。”⑨

养猪、养鸭、养羊等为最常见的农家副业。博兴县“濒小清者尤以哺鸭为业。春秋为煖室,覆卵以甕,少火煦之,雏出,蔽水若黄云,每春夏之交,与蒲扇同贩之京师及他邑”⑩。长山县亦孵鸭雏,临朐县“近水村落亦饶鹅鸭。鸭雏皆自长山。至鹅,能伏(孵)乳,然不多蓄”⑪。临朐县养殖六畜,“羊尤

---

① 光绪《峄县志》卷七,载《中国地方志集成·山东府县志辑》第9册,凤凰出版社等2004年版,第91页。

② 光绪《滋阳县志》卷十三,载《中国地方志集成·山东府县志辑》第72册,凤凰出版社等2004年版,第303页。

③ 道光《济南府志》卷十三,载《中国地方志集成·山东府县志辑》第1册,凤凰出版社等2004年版,第285页。

④ 嘉靖《淄川县志》卷一,载《天一阁藏明代方志选刊(一三)》,新文丰出版公司1973年版,第676页。

⑤ [清]王培荀撰,蒲泽校点:《乡园忆旧录》卷八,齐鲁书社1993年版,第416页。

⑥ 嘉靖《山东通志》卷八,载《天一阁藏明代方志选刊续编》第51册,上海书店1990年版,第506—507页。

⑦ 嘉靖《山东通志》卷八,载《天一阁藏明代方志选刊续编》第51册,上海书店1990年版,第505页。

⑧ 嘉靖《山东通志》卷八,载《天一阁藏明代方志选刊续编》第51册,上海书店1990年版,第508页。

⑨ [清]王培荀撰,蒲泽校点:《乡园忆旧录》卷八,齐鲁书社1993年版,第452页。

⑩ 咸丰《青州府志》卷三十二,载《中国地方志集成·山东府县志辑》第32册,凤凰出版社等2004年版,第34页。

⑪ 光绪《临朐县志》卷八,载《中国地方志集成·山东府县志辑》第36册,凤凰出版社等2004年版,第72页。

蕃息,冬月北郭市场群集数万,贩者杂沓,远达京师”。“羊忌卑泾,故散牧多依南山,牧儿设行帐转徙无定,农田未播种时粪地颇资其利,俗谓之‘卧地’。非劳以酒食不肯至也。牧无佣值,但取毳毛,毡席所资,其利颇巨。”[①]养殖还有皮毛之利,牲畜的皮毛加工也成为农家的副业之一。费县“地善畜牧,有毡毳之利”,泗水县“地在蒙、费之间,山水所都”,其地宜畜牧,故此民风“尚畜牧”,“颇劲悍”,“以畜牧故,毡毳之利居十五焉”[②]。荣成县“山中居民畜牸,颇蕃息,西府诸州县多来收买”[③]。东昌府“地寒土疏浅,独宜畜牧,毡毳之利什居六七”[④],毡以临清所产为最佳,“精致甲于他处”[⑤]。唐代时,山东皮毛缝制的暖座就是馈赠佳品,唯制造工艺史籍不载,明清时期始有记录,“取败絮弃毛,濯而染之,合纺成线,织为马褥、坐具、床毯、地毯等,其纹理颇工”[⑥]。

曲阜县的农家手工产品以楷杖、棋局和柘砚最为有名。嘉靖《山东通志》记载楷杖“出曲阜孔林,纹如贯钱,有直性,无横性,制为杖”[⑦]。于慎行万历《兖州府志》记载曲阜“其地多楷,文如贯钱,有纵无横,以之为杖,可以戒暴。造为棋局,终不硗攲。尼山之石,刳而为砚,文理精腻,亦佳品也”[⑧]。峄县等地山中生长楷树,亦可为杖。

烧制木炭也是部分农家农隙为之的副业。淄川县农民“间以攻炭为事”[⑨]。临朐县“西南山社无业者,或伐木烧炭、烧石作灰、陶土为器”[⑩]。峄

---

① 光绪《临朐县志》卷八,载《中国地方志集成·山东府县志辑》第36册,凤凰出版社等2004年版,第72页。

② 万历《兖州府志》卷四,齐鲁书社影印1984年版,第10、14页。

③ 道光《荣成县志》卷三,载《中国地方志集成·山东府县志辑》第56册,凤凰出版社等2004年版,第464页。

④ 万历《东昌府志》卷二,载《北京师范大学图书馆藏稀见方志选刊续编》第5册,学苑出版社2009年版,第245页。

⑤ 嘉靖《山东通志》卷八,载《天一阁藏明代方志选刊续编》第51册,上海书店1990年版,第504页。

⑥ 民国《临清县志》卷八,载《中国地方志集成·山东府县志辑》第95册,凤凰出版社等2004年版,第135页。

⑦ 嘉靖《山东通志》卷八,载《天一阁藏明代方志选刊续编》第51册,上海书店1990年版,第502页。

⑧ 万历《兖州府志》卷四,齐鲁书社影印1984年版,第9页。

⑨ 乾隆《淄川县志》卷一,载《中国地方志集成·山东府县志辑》第6册,凤凰出版社等2004年版,第67页。

⑩ 嘉靖《临朐县志》卷一,载《中国地方志集成·山东府县志辑》第36册,凤凰出版社等2004年版,第558—559页。

县“土人皆以养蚕伐炭为业”[①]。滕县“贫者常以农隙入山樵采作炭”[②]。

“刺绣文,倚市门”是山东地域自汉以来的治生传统之一,于市集缝补、绣货也是农家妇女生计之一。明季益都人王湘客之女死后,“左手指爪纤长,右手指全秃。问故,则以针功佐橐馆”[③]。针工,齐鲁女子必学的“功夫”,“女工”之一。明代兖州府滋阳县“刺绣女工自王宫贵室皆竞为之”鲜华,“他邑不及也”[④]。农家妇女大多用一种叫“撑子”的绣花架子,给衣裙、手帕、汗巾、被褥、肚兜、鞋面等丝棉制品绣上精美图案。绣品在市集上销售,明清时期以东昌府为盛,“临清工组帕幔,备极绮丽,转鬻他方”[⑤]。齐鲁针工传承至今,今世人誉称为“鲁绣”,以济南、文登为代表。针工之法,现已列为山东非物质文化遗产之一。

(4)农隙之渔猎山伐采集

于慎行经行泰安道中,有诗记其行:“惭愧浆家供野味,树头小串摘榆钱。”[⑥]可知当时小农常于农隙时入山打猎、采药、采橡实、采野菜、采野果、采树叶等等,是为农家生计策略。

明清时期因放山蚕,平原地区大多广种柞、椿、楸、桐树。前文已述柞、楸等树有多种用途,至明清时期,各树除放养山蚕外,可记载的用途又多了些,如橡实除了俭岁作食、养猪外,“柞,子名橡,可染青”;青桐子自古以来炒食,入为干果类,现“青桐子,可为桐油”[⑦]。楸树籽可入中药,乾隆《东明县志》将其入于“果之属”[⑧]。山间野生柞、栗、楸、桐等树甚多,“土人不知治之,任其自生而已”[⑨]。这些野生的树类,其叶、实、籽皆可资利用,候其成

---

① 光绪《峄县志》卷五,载《中国地方志集成·山东府县志辑》第9册,凤凰出版社等2004年版,第61页。

② 万历《兖州府志》卷四,载齐鲁书社影印1984年版,第10页。

③ [清]王培荀撰,蒲泽校点:《乡园忆旧录》卷一,齐鲁书社1993年版,第26页。

④ 万历《兖州府志》卷四,齐鲁书社影印1984年版,第9页。

⑤ 万历《东昌府志》卷二,载《北京师范大学图书馆藏稀见方志选刊续编》第5册,学苑出版社2009年版,第245页。

⑥ [清]王培荀撰,蒲泽校点:《乡园忆旧录》卷一,齐鲁书社1993年版,第59页。

⑦ 光绪《峄县志》卷七,载《中国地方志集成·山东府县志辑》第9册,凤凰出版社等2004年版,第89页。

⑧ 乾隆《东明县志》卷一,载《中国地方志集成·山东府县志辑》第85册,凤凰出版社等2004年版,第556页。

⑨ 光绪《峄县志》卷七,载《中国地方志集成·山东府县志辑》第9册,凤凰出版社等2004年版,第89页。

熟,小农遂入山采拾之。如博山县有“八、九月拾橡、栗作粉食”[①]的习俗。橡子树秋冬时叶子变红,冬日观红叶最佳,“益都诸山,槲叶弥漫,霜老时如花如火。博山满崖谷堆红绚紫”[②]。然秋冬红叶者非止橡子树,还有枫树、乌桕树。中国传统四大木本油料作物之一的乌桕树,秋天红叶,不亚枫树。桕叶泡水可治农作物害虫,其籽有多种用途。清初淄川人蒲松龄以“栽桕、接桕”为农家家政之一,“桕必接,否则不实,冬舂子,候肉脱,筛出核,煎为腊,核蒸软亦可。压油,油渣壅田”[③]。则知博山满山崖之红叶,亦有乌桕树在,乌桕树籽必是农家采集的主要对象之一,当时最普遍的用途是“乌桕,脂可为烛”[④]。

山间野生药材亦采集常物。如峄县产有各种道地常用药材93种,大多生长于山区,如柴山“多柴胡,多柞,多苞栎”[⑤],“诸药皆土产,而以生于山者为良,功用皆远出诸产之上。然岩谷幽深阻绝,往往有佳植,土著者固不能尽名也”[⑥]。诸城县“山民所采以鬻之药贾者不一,其少而独佳者白玉山香附米、五莲山九节菖蒲。其多而行远者防风、酸枣仁”[⑦]。费县“酸枣仁处处皆有,惟安田社最多。秋末采实破核取仁。核可代炭,仁充药材,其价极昂,每一石约可值十五六金”[⑧]。蝎亦用作药材,肥城县的蝎“城南九仙山所产,尾九节,入药,力倍常蝎”[⑨]。益都县西鄙产蝎,“牧童樵竖,乡间游手,携囊翻石,以铁钳夹取,商客生买,盛以盆,浸以水,焙干入药。为利不为害”[⑩]。

---

① 乾隆《博山县志》卷四,载《中国地方志集成·山东府县志辑》第7册,凤凰出版社等2004年版,第42页。

② [清]王培荀撰,蒲泽校点:《乡园忆旧录》卷八,齐鲁书社1993年版,第225页。

③ 盛伟编校:《蒲松龄全集》,学林出版社1998年版,第2252页。

④ 光绪《鱼台县志》卷一,载《中国地方志集成·山东府县志辑》第79册,凤凰出版社等2004年版,第65页。

⑤ 光绪《峄县志》卷五,载《中国地方志集成·山东府县志辑》第9册,凤凰出版社等2004年版,第58页。

⑥ 光绪《峄县志》卷七,载《中国地方志集成·山东府县志辑》第9册,凤凰出版社等2004年版,第89页。

⑦ 乾隆《诸城县志》卷十二,载《中国地方志集成·山东府县志辑》第38册,凤凰出版社等2004年版,第88页。

⑧ 光绪《费县志》卷一,载《中国地方志集成·山东府县志辑》第57册,凤凰出版社等2004年版,第43页。

⑨ 光绪《肥城县乡土志》卷八,载《中国方志丛书·华北地方》第11册,台湾成文出版社1968年版,第121页。

⑩ [清]王培荀撰,蒲泽校点:《乡园忆旧录》卷八,齐鲁书社1993年版,第455页。

"姜石,生土石间,齐州历城东者良,所在亦有,今惟出齐州。其状如姜,有五种色,白者最良,采无时。"[①]沂水县小农采药者甚众,"闾阎恃以营生者,西南惟烟,西北惟山榆,西山一带药材居多,其为利当民食之三"[②]。榛,"沂山最多,近为采药者伐殆尽,以其皮冒川朴,价颇高"[③]。在沂蒙山区,采药确为民生之计,"蒙沂之民,人据其利者十常八九"[④]。

采集野菜为农家生计之一。常见野菜有如意草、荠菜、羊肚菜、马齿苋、青刺菜、黄细菜、蕨菜、黄精、蘑菇、菌、木耳、野笋等等。如意草,可作中药,农家作野蔬用,"土名野茄子"[⑤]。蕨菜,山中野生,"春间茁芽,肥嫩脆美,野蔬中上品。前人句云:'蕨菜初长小儿拳。'形容曲肖。俗呼'笔管菜'"[⑥]。"笔管菜,蕨也。历城、章邱南山皆有之。"[⑦]历城"有蕨,生于南山。三月初如拳,可为菹,亦可为粉"[⑧]。曲阜人采蕨菜为菹,"蕨菜,出曲阜,三月初生,无叶时,居人采之为菹"[⑨]。其他地区采蕨做成干菜,"蕨菜,席间多市其干者。"[⑩]黄细菜,"如蓬而甚小,碱地多产之,不耕之处,茸茸满地。邹之北境贫民多食之,且多取干之以御冬"[⑪]。历城县的野菜,"羊肚,柳埠沙湿产之。

---

① 乾隆《历城县志》卷五,载《中国地方志集成·山东府县志辑》第4册,凤凰出版社等2004年版,第92页。

② 中国国家图书馆数字方志:道光《沂水县志》卷三,第16页。链接地址:http://mylib.nlc.cn/web/guest/search/shuzifangzhi/medaDataObjectDisplay?metaData.id=982676&metaData.lId=987157&IdLib=40283415347ed8bd0134833ed5d60004。

③ 光绪《临朐县志》卷八,载《中国地方志集成·山东府县志辑》第36册,凤凰出版社等2004年版,第70页。

④ 光绪《临朐县志》卷八,载《中国地方志集成·山东府县志辑》第36册,凤凰出版社等2004年版,第72页。

⑤ 乾隆《德州志》卷十一,载《中国地方志集成·山东府县志辑》第10册,凤凰出版社等2004年版,第311页。

⑥ [清]王培荀撰,蒲泽校点:《乡园忆旧录》卷八,齐鲁书社1993年版,第441—442页。

⑦ 道光《济南府志》卷十三,载《中国地方志集成·山东府县志辑》第1册,凤凰出版社等2004年版,第284页。

⑧ 乾隆《历城县志》卷五,载《中国地方志集成·山东府县志辑》第4册,凤凰出版社等2004年版,第94页。

⑨ 嘉靖《山东通志》卷八,载《天一阁藏明代方志选刊续编》第51册,上海书店1990年版,第501页。

⑩ [清]王培荀撰,蒲泽校点:《乡园忆旧录》卷八,齐鲁书社1993年版,第441页。

⑪ 道光《济南府志》卷十三,载《中国地方志集成·山东府县志辑》第1册,凤凰出版社等2004年版,第284页。

木耳、天花，柳埠以南产之。香蕈、甘露蘑菇，城东北下湿地多产之”[1]。菌亦菇类，“菌，俗呼为莪，山中多有，名汇不一，雪莪、线莪尤美”[2]。泰安“木耳，产山树中。又蘑菰、香蕈、马勃多产湿地”“蒡春芽，山中多有，土人甘之”[3]。东平州蘑菇“濒河之地多有之，惟出考城者胜。土人采食”[4]。野生葡萄，“穞生山中，小如钮，紫黑色，俗呼蔫藟，野人采以酿酒”[5]。黄花菜，“山谷育之，家生者佳”[6]，野生黄花菜自是采集对象之一。“采青杨叶，瀹熟，晒作干菜。”[7]山中有水泉之处常有野山笋，“南山竹丛亦有之，然益珍贵矣”[8]。各种野蔬，不一而足。山东野菜食用方法传承至今，其有名者为“渣豆腐”：“青刺菜，即蓟也。大小二种，煠淘细切，加豆屑煮食，谓之‘渣豆腐’，亦曰‘小豆腐’。凡诸野菜及园蔬之乾脱将败者皆可如此作之，其品以菜之精粗为差等，农家佐食常常用之。”[9]

山间野蜂酿蜜甚多，人常采之。如诸城县九仙山，潍县杨石民游之，有诗云：“石芝肥野鹿，崖蜜割山僧。”[10]崖蜜，即野蜂所酿之蜜。[11]“蜜蜂能酿蜜，蜜之凝结者为黄蜡。又有白蜡，生白蜡树及苦梨树。”[12]白蜡即虫蜡，是

---

① 乾隆《历城县志》卷五，载《中国地方志集成·山东府县志辑》第 4 册，凤凰出版社等 2004 年版，第 94 页。

② 光绪《临朐县志》卷八，载《中国地方志集成·山东府县志辑》第 36 册，凤凰出版社等 2004 年版，第 70 页。

③ 乾隆《泰安府志》卷二，载《中国地方志集成·山东府县志辑》第 63 册，凤凰出版社等 2004 年版，第 241 页。

④ 光绪《东平州志》卷二，载《中国地方志集成·山东府县志辑》第 70 册，凤凰出版社等 2004 年版，第 84 页。

⑤ 光绪《临朐县志》卷八，载《中国地方志集成·山东府县志辑》第 36 册，凤凰出版社等 2004 年版，第 70 页。

⑥ 顺治《招远县志》卷五，载《中国地方志集成·山东府县志辑》第 47 册，凤凰出版社等 2004 年版，第 363 页。

⑦ ［清］丁宜曾：《西石梁农圃便览》，载《续修四库全书·子部》第 976 册，上海古籍出版社 2002 年版，第 32 页。

⑧ 光绪《临朐县志》卷八，载《中国地方志集成·山东府县志辑》第 36 册，凤凰出版社等 2004 年版，第 70 页。

⑨ 道光《济南府志》卷十三，载《中国地方志集成·山东府县志辑》第 1 册，凤凰出版社等 2004 年版，第 284 页。

⑩ ［清］王培荀撰，蒲泽校点：《乡园忆旧录》卷四，齐鲁书社 1993 年版，第 232 页。

⑪ 康熙《邹县志》卷一云“樱桃，一名崖蜜”，载《中国地方志集成·山东府县志辑》第 72 册，凤凰出版社等 2004 年版，第 418 页。

⑫ 乾隆《历城县志》卷五，载《中国地方志集成·山东府县志辑》第 4 册，凤凰出版社等 2004 年版，第 97 页。

蜡烛及中药的原辅料,“白蜡虫著树作窝,为蜡,颇称民利”①。

明清时期山东湖泊、沮洳之地甚多,周边小农在此种植水生植物,于农隙之际以采集、鱼捕为生计之源,此为“耕且渔”。如范县民多贫,“务耕渔”②。鱼台县“境高平之田少,水之所种,弥漫沮洳”,在这些水多之地,“荷花红白相映,而菱芡等荣蔓其间”,周围小农间以采集,而且当地民众还于湖中种蒲、菰草,夏天采集蒲、菰,入冬后则利用菰草捕鱼:“独山、昭阳二湖,土人多种菰草。严冬鱼寒,则聚于其中。周外围薄,以镰芟草,层层卷之,得鱼无算”,而且“菰米可食,菰草可爨、可以葺屋、可以养牲,故居民利之。”③济南府水产甚多,鱼鳖之属“渔人资以为业,时水之四腮鲈、陇水之麦鱼、绣江之毛脚蟹、明湖之鲤,可云佳物,其余常品也”④。水生植物以莲、藕、菱、芡、荸荠最为常见。荸荠,山东称“凫茈”,“凫茈,似荸荠而小,可煮食,可为粉,以充藕粉,可乱真”⑤。济南大明湖的莲、蒲为济南一景,时人有诗赞云:“放棹追凉月两三,蓼花风过芙蓉死。湖中景物换秋霜,束蒲踏藕家家忙。”“明湖荷花种百顷,不曾开在无人境。轻桡画舫时来游,杂遝青衫红袖影。水中泛泛孤野凫,一群家鸭欢相呼”⑥。东昌府境内“马颊之陂,盛有鳞介,居民以间采捕,非其业。”⑦东平州“其西安山陂泽茅菱之产可以救荒”⑧。滕县“湖陂之间,多萑蒲鱼稻之利”⑨。汶上县“惟南旺、独山二湖有菱芡鱼蟹之

---

① 咸丰《青州府志》卷三十二,载《中国地方志集成·山东府县志辑》第32册,凤凰出版社等2004年版,第36页。

② 乾隆《曹州府志》卷七,载《中国地方志集成·山东府县志辑》第80册,凤凰出版社等2004年版,第126页。

③ 光绪《鱼台县志》卷一,载《中国地方志集成·山东府县志辑》第79册,凤凰出版社等2004年版,第66页。

④ 道光《济南府志》卷十三,载《中国地方志集成·山东府县志辑》第1册,凤凰出版社等2004年版,第285页。

⑤ 道光《济南府志》卷十三,载《中国地方志集成·山东府县志辑》第1册,凤凰出版社等2004年版,第285页。

⑥ [清]王培荀撰,蒲泽校点:《乡园忆旧录》卷四,齐鲁书社1993年版,第203、204页。

⑦ 万历《东昌府志》卷二,载《北京师范大学图书馆藏稀见方志选刊续编》第5册,学苑出版社2009年版,第245页。

⑧ 万历《兖州府志》卷四,齐鲁书社影印1984年版,第13页。

⑨ 万历《兖州府志》卷四,齐鲁书社影印1984年版,第11页。乾隆《兖州府志》卷五《风土志》作“湖陂间多萑蒲鱼虾之利”,第121页。

利,民以采捕为业,衣食之原在焉”[①]。济宁州“地近诸湖,市多水利”[②]。菏泽“水族甚伙,不亚江南,要皆取诸网罟,无陂塘种鱼之利”[③]。登州府果属中列有“芡、莲子、野菱、野荸荠、茨菇”等水生产品,货属有藕粉[④]。博兴县水产“藕为最,秋冬后熟而鬻之市,可代馍粮,或以为粉,货诸远方,味胜江南。其伪者,杂以薯蓣、秫米,价惟半焉”[⑤]。莱阳县果属中列有“野菱、野荸荠”[⑥],看来其县境内也有农隙采菱踏藕的情况。王培荀外祖在新城辕固冢有住处,其旁“菏荡三、四百亩,岁收菱藕之利”,王培荀“幼时游其处,见芦积如山,人家多结网,妇人孺子皆能驾舟,即所谓锦秋湖也。湖连博兴”[⑦]。张历友在《锦秋湖竹枝词》中描述到:“新张芦席作船篷,镜里朱颜映水红。湖上渔家三妇艳,藕花衫子藕花中”“百里明霞映水天,蘸波荷叶自田田。人来半醉行归晚,红藕青菱载一船”“鹈鹕飞尽鹭鸾飞,近水人家罢钓归”[⑧]。则知锦秋湖畔人家编席、采菱、踏藕。博兴人“种藕,可为粉,货诸远方,味胜江南”,至若湖面所生莼菜亦人家采集物之一,“莼菜,出锦秋湖”[⑨]。“微山湖界山东江南,烟波渺茫,渔舟千百只,往来以船为家。来市卖鱼,每为豪强夺取,不敢争值;”“不许登岸置田宅,习俗相沿日久。”[⑩]“湖中何所有?千顷秋荷花。”[⑪]

野兽藏于草泽山川,山东地域因为人力开垦山岭,野兽渐少,失去食物链的兽类,皮毛品质也不高,“毛不细润”,农隙猎之一途渐失。如栖霞县

---

① 万历《兖州府志》卷四,齐鲁书社影印1984年版,第13页。

② 万历《兖州府志》卷四,齐鲁书社影印1984年版,第12页。

③ 光绪《新修菏泽县志》卷一,中国文史出版社2013年版,第348页。

④ 光绪《增修登州府志》卷五,载《中国地方志集成·山东府县志辑》第48册,凤凰出版社等2004年版,第64、68页。

⑤ 道光《博兴县志》卷五,载《中国方志丛书·华北地方》第379册,台湾成文出版社1976年版,第247页。

⑥ 康熙《莱阳县志》卷三,载《中国地方志集成·山东府县志辑》第53册,凤凰出版社等2004年版,第47页。

⑦ [清]王培荀撰,蒲泽校点:《乡园忆旧录》卷四,齐鲁书社1993年版,第235页。

⑧ [清]王培荀撰,蒲泽校点:《乡园忆旧录》卷四,齐鲁书社1993年版,第235页。

⑨ 咸丰《青州府志》卷三十二,载《中国地方志集成·山东府县志辑》第32册,凤凰出版社等2004年版,第34页。

⑩ [清]王培荀撰,蒲泽校点:《乡园忆旧录》卷四,齐鲁书社1993年版,第235页。

⑪ [清]王培荀撰,蒲泽校点:《乡园忆旧录》卷四,齐鲁书社1993年版,第235页。

“冬或猎取狐、貉、獾、狼,而毛不中裘,其直无多”[①]。山中以野鸡、野兔为常见,《杂字》云“野鸡兔子鲊,拿着不希罕”。登州府“峻岭深林之间有业猎者,张罗挟铳,以取狐兔獾狼”[②]。

(5)农家的负贩

“负贩以给徭役”[③],以本地土特产为基础,从事小贩经营也是农民农隙广而为之的生计策略,被称为“小生意”。明清时期,山东农民以贩运陶瓷器、干果、烟叶、鱼盐为常见。实地调查结果为“贩青菜、萝卜、山果、地瓜、花生、姜、麻、烟叶、瓦盆、砂锅、黑碗等等”。[④] 文献记载可为佐证,如沾化县人王大章“贩青菜以供父食”[⑤]。黄县人王余厚曾“卖菜于市”[⑥]。掖县何之广为“卖菜佣”[⑦]。徐永昌“以家贫,弃读而商,初贾江南,继负贩于博山、商河等处,栉风沐雨,不辞劳悴,营运多获厚利”[⑧]。王同吉“性勤俭敦厚,幼家贫,年四十犹自运小车,贩陶器赴天津售卖”[⑨]。博兴县鳝鱼多,“土人取置盎,畜以清水,使腹空,裹以席,载至京师、济南,日以水再三浇之,无死者”[⑩]。

总结而言,小农农耕之外,多样化的副业与小手工生产支撑了家庭的运转,沂水南乡居民是一个突出的例子。“南乡仿泉庄居民数百户,尽以绩麻为业,合庄无一穷户。东里店居民善种烟叶,地方亦颇富。可见自然之利,

---

① 乾隆《栖霞县志》卷一,载《中国地方志集成·山东府县志辑》第51册,凤凰出版社等2004年版,第41页。

② 道光《登州府志》卷六,载《中国地方志集成·山东府县志辑》第48册,凤凰出版社等2004年版,第73页。

③ 嘉靖《临朐县志》卷一,载《天一阁藏明代方志选刊(一三)》,新文丰出版公司1973年版,第558页。

④ 罗仑、景甦:《清代山东经营地主经济研究》,齐鲁书社1985年版,第159页。

⑤ 光绪《沾化县志》卷八,载《中国地方志集成·山东府县志辑》第25册,凤凰出版社等2004年版,第87页。

⑥ 同治《黄县志》卷八,载《中国地方志集成·山东府县志辑》第49册,凤凰出版社等2004年版,第461页。

⑦ 乾隆《掖县志》卷四,载《中国地方志集成·山东府县志辑》第45册,凤凰出版社等2004年版,第459页。

⑧ 宣统《三续淄川县志》卷十,载《中国地方志集成·山东府县志辑》第6册,凤凰出版社等2004年版,第482页。

⑨ 宣统《三续淄川县志》卷十,载《中国地方志集成·山东府县志辑》第6册,凤凰出版社等2004年版,第491页。

⑩ 咸丰《青州府志》卷三十二,载《中国地方志集成·山东府县志辑》第32册,凤凰出版社等2004年版,第34页。

本属无穷，苟善于谋生，无不足之民也”[①]。

（三）农村中的雇佣与租佃

马益著是清乾嘉年间临朐县城南七贤乡胡梅涧村人，其一生以耕读为业，所撰《庄农日用杂字》[②]广受欢迎，留传至今，为潍坊市非物质文化遗产。《杂字》将有关农具、农活、农事经验用庄户语言记述，是山东地域农事生活的真实写照。其中，雇佣短工已成为农业生产活动必不可少的一个侧影，《杂字》称其为“觅汉”。麦收、农忙季节会雇短工，“市上领短工，连割带着担”“快者寻工夫，市价百二三”。秋收季节的雇佣工称“月工”，工钱之外，管饭管烟。“市上领短工”，表明有专门的劳动力市场存在。“照得东省贫民，穷无事事，皆雇工与人，代为耕作，名曰雇工子，又曰做活路。当每日日出之时，皆荷锄立于集场，有田者见之即雇觅而去。”[③]

农业雇佣工通常于十月结束，各地都要举行辞谢仪式。如武定府十月“田事告竣，田家设酒肴，犒佣工，谓之辞场，俗呼打散场”[④]。青州府每年十月一日，“各家扫墓告秋成，旋饷佣工人以酒饭，酬其三时之劳”[⑤]。济南府历城县十月一日“农家涤场”“毕场功，设谦会”[⑥]。

大量农村雇佣工的存在，源于明清时期山东地域剧烈的土地兼并，陈冬生等对此论述已多[⑦]，在此不赘述。由于皇亲宗室、孔府、孟府等类型地主的存在，山东土地兼并较他处为剧，“各种类型的地主，兼并土地愈演愈烈，土地集中的程度居于全国的前列，大批失掉土地的农民，或沦为佃户，或成为

---

① ［清］吴树声：《沂水桑麻话》，咸丰四年刊本，标点本见《山东史志丛刊》1991 年第 4 期。

② ［清］马益著：《庄农日用杂字》，见张在湘、蔡万江主编《潍坊文化通鉴》，山东友谊书社 1992 年版，第 779—783 页。亦见《春秋》1997 年第 1 期。下引此文简称：《杂字》，不另注。

③ ［明］李渔撰，张道勤点校：《资治新书》（二集）卷八，浙江古籍出版社 1991 年版，第 274 页。

④ 咸丰《武定府志》卷四，载《中国地方志集成·山东府县志辑》第 21 册，凤凰出版社等 2004 年版，第 58 页。

⑤ 中国国家图书馆数字方志：康熙《诸城县志》卷二，第 32 页。链接地址：http://mylib.nlc.cn/web/guest/search/shuzifangzhi/medaDataObjectDisplay?metaData.id=810658&metaData.lId=815139&IdLib=40283415347ed8bd0134833ed5d60004。

⑥ 乾隆《历城县志》卷五，载《中国地方志集成·山东府县志辑》第 4 册，凤凰出版社等 2004 年版，第 89 页。

⑦ 参见陈冬生、王赛时主编：《山东经济史》古代卷（济南出版社 1998 年版）第十三章、第十七章。

佣工,或流徙他地谋生,贫富两极分化日趋明显,社会矛盾进一步深化"①。康熙帝对这一问题的感受甚深,其"四次经历山东,于民间生计无不深知。东省与他省不同,田野小民俱系与有身家之人耕种。丰年则有身家之人所得者多,而穷民所得之分甚少。一遇凶年,自身并无田地产业,强壮者流离于四方,老弱者即死于沟壑"②。

现在需要讨论的是雇主的问题。佃种亦属雇佣,只不过雇价以分成制或货币租来体现。所以吴树声说沂水"民间有地百十亩,必招佃种,名曰觅汉。多系南县流民(俗谓兰、费为南县,临、博为北县),无以为生。土著者喜其勤谨,拨田与种,久而流民之室家亦来就食"③。主佃对分制"是分成租的普遍形态和基本比例"④。

然而,由于山东大农经营的亩产值可高出自耕农、佃户一倍以上,比租佃经营的利益显然要高得多,收租地主渐少,所以清后期山东的招佃率总体上是下降的。依据罗仑、景甦的调查资料,美国学者拉曼·迈尔斯得出 19 世纪 90 年代至 20 世纪 30 年代山东 22 个县的租佃率"下降了百分之十八到百分之十一"⑤。

在招佃率下降的同时,地稍多者大都采用自己雇工经营的形式,即便小农亦不例外。黄宗智据清朝刑科题本档案中的山东雇农案例,得出"典型的雇主是庶民,通常本身是农民。一个比较富有的小农,会雇佣 1 个、有时甚至 2 个长工协助耕作"⑥。

由于雇工易得,加上宋代以来的永佃权发展,到明清时期土地已可以长期租佃,山东遂出现了租佃大量土地从事大农经营的佃富农经济。"所谓佃富农经济是指主要靠租佃土地,使用雇工从事农业商品生产的一种富农经营。"⑦佃富农通过租佃掌握了大量土地,乾隆《刑科题本》显示,海阳县的孙继

---

① 陈冬生、王赛时主编:《山东经济史》古代卷,济南出版社 1998 年版,第 612 页。

② 《清实录·圣祖仁皇帝实录》卷二百一十三,中华书局影印 1985 年版第 6 册,第 159 页。

③ [清]吴树声:《沂水桑麻话》,咸丰四年(1854)刊本,标点本见《山东史志丛刊》1991 年第 4 期。

④ 官美堞:《主佃对分是分成租的普遍形态和基本比例》,《山东大学学报(哲学社会科学版)》1988 年第 3 期。

⑤ 〔德〕德·希·帕金斯著,宋海文等译:《中国农业的发展(1368—1968)》,上海译文出版社 1984 年版,第 128 页。

⑥ 黄宗智:《华北的小农经济与社会变迁》,中华书局 2000 年版,第 95 页。

⑦ 陈冬生、王赛时主编:《山东经济史》古代卷,济南出版社 1998 年版,第 559 页。

祖租种土地70亩，沂水县的朱三租种土地68亩，滋阳县的宋美立租种土地30亩，都是使用雇工生产。这些佃富农“无论是从事粮食种植，还是从事经济作物经营，已都超出了自用范围的需要，而是面向市场进行商品性生产了”[①]。

总之，明清时期贫民租佃经营与佃富农经营是山东乡村的第三种农业经济形态。

四、山东地方农书

农业生产讲究“因地制宜”，随着明清时期长距离商品输送的发展，基于“因地制宜”而显示出来的产品特色愈益鲜明。如山东“小麦高者，须是小滩、东昌”；而大豆要以胶州为最，“胶州鹅黄、海白、海青，干净精神，可谓上等”，“沂河、郯城，壮者可类鹅黄”[②]。盖因讲究因地制宜，有针对性的地方性农书大量出现，“明清时期，土地利用的深入和区域的开发直接促进了地方农学传统的发展，其表现就是地方性农书的撰刻显著增加”[③]。

明清时期，山东的地方性农书有清代蒲松龄撰《农桑经》和丁宜曾撰《农圃便览》。明代王象晋所撰《二如亭群芳谱》虽然也能反映山东地域农事生产情形，但因其取材范围远超出了山东，故不能视其为地方性农书，但《农桑经》与《农圃便览》均对《群芳谱》有所继承。

（一）蒲松龄及其农学著作

蒲松龄，字留仙，号柳泉居士，山东淄川县人，出生于明崇祯十三年（1640），卒于清康熙五十四年（1715）。孝妇河畔农业发达，蒲松龄生活于其间，对当地农业极为了解。

蒲松龄的家庭过着“耕且读”的生活。其本人日常生计是“乡村塾师”，“舌耕”的束脩是其家庭经济来源之一。其家庭经济的主体则是农耕生产，其最初的田产是与其父、兄分家时所得，“乃析箸授田二十亩”[④]。束脩与农业两项收入勉强支撑着一家贫苦的生活，蒲松龄的长子蒲箬追述其家庭生

---

① 陈冬生、王赛时主编：《山东经济史》古代卷，济南出版社1998年版，第559页。

② 余象斗：《新刻天下四民便览三台万用正宗》卷二十一，商旅门之大小麦、黄黑豆，东京大学东洋文化研究所藏本，第11页。

③ 曾雄生：《中国农学史》修订本，福建人民出版社2012年版，第470页。

④ 盛伟编校：《蒲松龄全集》，学林出版社1998年版，第1308页。

活云:“然自析箸,薄产不足自给,故岁岁游学,无暇治举子业。”①直到蒲松龄晚年时,子女长成,其次子蒲篪又弃学营农,经济情况始得好转。由于其家过着“耕且读”的生活,蒲松龄本人非常重视农业,其《示诸儿》诗云:“人生各有营,岂必皆贵官。但能力农桑,亦可谋豆箪。”正因为自家经营农业,重视农业,故蒲松龄一生都非常关注农业,有多种农业著作传世,主要有《家政外篇》《农桑经》《日用俗字》三种。

《家政外篇》的内容有四部分。第一部分是主体,按月令叙一至十二月的“园艺种植”,包括蔬菜、瓜果、竹木、花草、药材、烟草、茶叶等品种的种植、收藏及制作方法。偶及大田农事,如二月“豌豆、大麦,以盦过灰粪盖,频锄”②,四月“大豆:宜上旬种”③等,共计一百二十七则。第二部分“救荒”,包括救荒、食草救急、食百草等十种简易的度荒方法。第三部分“畜养”,包括宁戚饭牛经、伯乐相马经、公孙弘养猪法、陶朱公养鱼法等畜、禽、鱼、虫的鉴别及饲养方法,共十一则。第四部分“诸花谱”,包括茉莉、杜鹃、月季等百余种花卉的种植、利用及收藏方法等。

《农桑经》撰成于康熙四十四年(1705),分为《农经》和《蚕经》两部分。《农经》共计七十一则,采用月令体裁编写。元代鲁明善撰《农桑衣食撮要》,按十二月令,依时纪事。有研究者认为蒲松龄之体例仿自鲁明善,“蒲氏《农经》仿鲁书之体例,按《礼记·月令》系事”④。《蚕经》是蒲氏“博采古今之论蚕者”编撰而成,计五十五则,以纲目体编排。

蒲氏撰以上二书之意,《家政外篇》序云:

> 窃以四民之生,胥资南亩;八口之计,重赖西成。今日而无宵旰之劳,则明日遂无寝食之适,人生斯世,虽欲无劳,不可得矣。然或贵介子孙,不分菽麦;秀才之庄稼,贻笑耕夫;日用之事,习而不察者,宁少乎哉!他如朝饔夕飧,云剪夏畦之蔬;乘屋牵萝,实落秋园之树;为橐驼之弟子,乃神农之功臣也。下此则释耒耜而问花竹,亦田舍之高风;去淫赌而耽林泉,犹陶朱之令嗣;又乌知蓝蔚之生风月,非所以慰藉劳人乎?

---

① 盛伟编校:《蒲松龄全集》,学林出版社1998年版,第3438页。
② 盛伟编校:《蒲松龄全集》,学林出版社1998年版,第2236页。
③ 盛伟编校:《蒲松龄全集》,学林出版社1998年版,第2245页。
④ 李永祥:《蒲松龄杂著考论》,《蒲松龄研究》1992年第2期。

集为外政，公之同人。[1]

《农桑经》序云：

居家要务，外惟农而内惟蚕。昔韩氏有《农训》，其言井井，可使纨绔子弟、抱卷书生，人人皆知稼穑。余读而善之。中或言不尽道，或行于彼不能行于此，因妄为增删；又博采古今之论蚕者，集为一书，附诸其后。虽不能化天下，庶可以贻子孙云尔。[2]

读两书序意，知“外政”实即农家户外园艺农事，“农桑”则大田稼穑耕作农事，各有分属，二者相合而为农家一年各月完整的农事安排。一家之生计要有系统的规划，农事务须多种经营，方能有寝食之适。因此蒲氏结合自家农田经营之心得体会，综合当地生产实情而总结出一年中各月的大田、园艺农事安排，蒲氏以为切之时用，可以“慰藉劳人”，遂有“公之同人”“贻子孙”之心。

准上序意，蒲氏立足于本乡本土的生产实情，以韩氏《农训》为基础，删其“言不尽道”“行于彼不能行于此”的部分，撰成大切时用的农书。《农桑经》成书后，“甚受淄博地区人民的喜爱，故在民间流传的抄本较多”[3]。

有研究者以《农经》只列一至九月农事等为憾，认为“节目凌乱，也未分卷，看来似非定稿”[4]；两书手稿“内容相差很多，节目都显得凌乱，也没有分卷，还是草稿的样子”，“此书原稿并非定稿”[5]。细读《家政外篇》《农桑经》，蒲氏之意不仅在于使农家知道每月该做何事，还在于让农家知道如何做。所以，他于每项农事之后，辄随文言简意赅地解说相关的种植技术、利用之法。对于那些技术复杂、非简短随文语句所能解释的事项，则以纲目体撰专文附于月令篇后。因此有救荒、畜养、养鱼、养蜡、花谱、蚕桑等诸类专篇，二书撰写体例一致，节目也并不凌乱。《农经》虽然只有九

① 盛伟编校：《蒲松龄全集》，学林出版社 1998 年版，第 2233 页。
② 盛伟编校：《蒲松龄全集》，学林出版社 1998 年版，第 2307 页。
③ 盛伟编校：《蒲松龄全集》，学林出版社 1998 年版，第 2336 页。
④ 曾雄生：《中国农学史》修订本，福建人民出版社 2012 年版，第 480 页。
⑤ 王毓瑚编著：《中国农学书录》，农业出版社 1979 年第，第 212、213 页。

个月的农事，但其所记载的为大田农事，北方大田农事种艺之属至九月底已然告竣。山东九月之后的种艺之属多为园艺之事，斯为《外政》所属而齐。故合而观之，二书实可为淄博地区完整的农事岁谱。

蒲氏农书之大切时用者，为依月令所系诸项农事。其月令后所附救荒、畜养、养鱼、养蜡、花谱、蚕桑等诸类专篇，其时与普通农家的关系已不甚密切。救荒之法以大豆、中药等物事诸般制作，不切农家时用。而农家自家所养的三五鸡仔牛猪，蒲氏所记诸般育肥之法即便应用，既要资本，亦无大益。其如花圃、鱼塘、畜养等并非贫家之所能具，故普通民家大抵只得大田、菜蔬果木园艺而已。即便蒲松龄极为重视的蚕桑业，在周村周边地区也是无大用处，因为淄川县家蚕养殖对农家已无吸引力。大概是因当时人们以种棉为主，农家以纺棉为生计，淄川亦不例外，农民五谷粮食之外，“杂植棉花”①，因此蒲氏所记种棉之法就被农民所喜。淄川人也纺丝绸，然所需之丝皆自旱码头周村镇采购，主要是山茧丝，织茧细是“农人自食其利以为糊口计耳”②。即便大农经营地主也不是自家庄园种桑养蚕，如淄川树荆堂毕氏，其恒盛机坊所需的丝购自周村镇，甚至是直接从泰安和费县等原产地采购，“恒盛在最发达时，每次买进原丝三百六十多捆（每捆八斤），机坊的生产过程才不致中断”③。由此知，蒲氏农书在当地真正切于时用的部分，是依月令所系诸项基本农事及利用技术。现依据蒲氏农书，制《明清时期淄博地区农事岁谱简谱》如下：

表8－13　　明清时期淄博地区农事岁谱简谱

时序		大田农事	园圃农事
正月	种艺		榆、梧桐、柳、白果、芋、莙荙、冬瓜、菠菜、茼蒿、山药、生菜、灰台、葫芦
	嫁树		元旦以斧顶碎椎其树。又候蚕入簇，以杖击枝，振去狂花，则实繁
	整顿	上粪、喂牛、客户法积粪、耕地、雇工	

① 乾隆《淄川县志》卷一，载《中国地方志集成·山东府县志辑》第6册，凤凰出版社等2004年版，第67页。

② 乾隆《淄川县志》卷一，载《中国地方志集成·山东府县志辑》第6册，凤凰出版社等2004年版，第68页。

③ 罗仑、景甦：《清代山东经营地主经济研究》，齐鲁书社1985年版，第87页。

续表

时序		大田农事	园圃农事
二月	种艺	红花、豌豆、苜蓿、稗	蜀葵、梨、葫芦、茄、槐、柏、青杨、白杨、漆、栗、荷、莲、芡、萱草、山丹、椒、芥、桐、苍术、茶、松、百合、芋、水芋、落花生、豇豆、枸杞、牛漆、牛蒡、商陆
	整顿	耕田、劚地边、筑坝堰、垦荒、上粪	
三月	种艺	棉花、幕、谷、黍稷、芝麻、高粱、蓝、烟	姜、葵、瓜、葡萄、石榴、樱桃、茴香、苋、黄瓜、丝瓜、扁豆、刀豆、茭、芦、紫苏、皂角、薄荷、橘、金橘、柑、香橼、香兰、郛香、韭、柘
	收采		采马齿苋
	整顿	锄麦	
四月	种艺	绿豆、大豆、苎、	楮、芫荽、擘蓝、荇、奈、麦冬、防风、五味子
	整顿	輘场、备豆种、刨二遍、去草、雇工锄地	伐木
五月	种艺	晚谷、豆、插秧	桃、杏、槐、竹、芸香
	贴接		柿，以羊枣接之。接梅；嫁枣
	收采	刈麦、打麦、晒麦	椹、竹笋
	整顿	镑麦碴、锄豆、锄谷、治茅、牧牛	锄竹园、移竹
六月	种艺	绿豆、莜麦、旱稻	插桑、椿、萝白、白菜、苜蓿
	整顿	锄二遍豆、积粪、牛粪、造粪	
七月	种艺	蜀林节、割谷、麦田	胡桃、菱、木瓜
	收采	割蓟秫、割谷	
	整顿	耕麦田	
八月	种艺	种麦	百合、葱
	整顿	煮信拌种、选麦种	
九月	移植		移树
	收采	沤麻、收牛草	
	整顿	出秋粪、收农器、种粪	

续表

时序		大田农事	园圃农事
十月	种艺		黄芪、梓
	贴接		接柏
	收采		栀子
十一月			
十二月	种艺		冬青、茨菇、菌
	整顿	收取雪水，以备浸种	

蒲氏农书的确反映了淄川的地方特色，既有对前述新城王象晋之书的继承，又有新的突破。如种竹，王氏竹谱种竹"审时"记载到："种竹之法，要得天时。旧笋已成，新根未行，此时可移，迂阴雨更妙。"移竹"先期离竹本一、二尺，四围劚断旁根，仍以土覆，频浇水，俟雨后移致即活，亦不换叶。"[①]蒲氏说"五、六月，旧笋已成，新根未引，此时可移"、移竹"先期离竹本一、二尺，四围劚断，仍覆之，频浇以水，雨后移之"[②]。蒲氏在继承之外，更有发明，如"锄竹园，以稻糠或麦糠或河泥皆可壅，只用一样，勿杂"；再如取鲜竹沥法，"竹指大一枝，可得沥一茶盏"；再如"种竹必养鸡，竹得鸡矢而茂"[③]。

有些技术，蒲氏继承自王氏，却遗落关键部分。如柏树的接慱，王氏云："子种者，须接之乃可。树如杯口大即可接，大至一、两围亦可接。但树小低接、树大高接耳。接须春分后数日，法与杂果同。闻之山中老圃云，臼树不须接慱，但于春间将树枝一一捩转，碎其心无伤其肤，即生子与接慱者同。试之良然。若地远无从取佳贴者，宜用此法。"[④]徐光启《农政全书》亦有类似记载[⑤]。蒲氏继承了前者，云"柏：必接，否则不实"[⑥]，但后一方法则未

---

① [明]王象晋纂辑，伊钦恒诠释：《群芳谱诠释（增补订正）》，农业出版社1985年版，第140、141页。

② 盛伟编校：《蒲松龄全集》，学林出版社1998年版，第2248页。

③ 盛伟编校：《蒲松龄全集》，学林出版社1998年版，第2248页。

④ [明]王象晋纂辑，伊钦恒诠释：《群芳谱诠释（增补订正）》，农业出版社1985年版，第220页。

⑤ [明]徐光启撰，石声汉校注：《农政全书校注》卷三十八，上海古籍出版社1979年版，第1066页。

⑥ 盛伟编校：《蒲松龄全集》，学术出版社1998年版，第2252页。

提及。

有研究者认为:“《农桑经》中有关种棉花和高粱的内容,也是山东地方性农书中所首见的。”[①]棉花的生产技术,下种、耘苗、打心等方面的内容,蒲氏继承自王氏,而王氏关于择种、浸种的内容被蒲氏略过。王氏云“浸用雪水能耐旱,鳗鱼汁浸过不蛀”[②],之后丁宜曾将其改进为“择中间收者,为种”拌种肥种之,“以滚水泼过,即以雪水草灰拌匀,种之”[③]。关于山东地域高粱种植以炕洞土施苗肥、不得连种等内容,的确为蒲氏农书首次记录,“锄两遍时,每棵投炕洞土一碗,亩可二石。地中勿连年重种。前年有落种,则隔年复出;误留之,则未熟即落”[④]。高粱渣的根汁能肥地,“蜀秫割倒,当先剷去根株,勿使芽生满地,不惟费人工,且竭地力。剷法不必尽掘其根,只用板鐝或利锄附土削去,芽不能复生,而根汁流出,亦能肥地”[⑤]。

丁宜曾记载“置场宜黄道天仓丰旺二德日”[⑥],但如何置场圃只字未题。蒲松龄所记置场并不择时,颇有淄川特色,称为“辘场”:“四月有雨即辘,防无雨也。有雨则多辘益光”[⑦]。

山东地域制茶方法也属蒲松龄首记。自金代起,山东地域随山树茶,山区有真茶、温桑茶之别,制法各异,然未见史籍记录。《王祯农书》载有茶的蒸青制法,但茶产地只提及闽、浙、蜀、荆、江、湖、淮南[⑧],不提山东有茶。至蒲松龄,方始记录造真茶有蒸青、炒青之法:“谷雨前采,择净微蒸;候色变,摊扇去气。揉毕,以火气焙干,箬裹之。”“炒茶:每锅不过半斤,先干炒,微洒水,以布卷起揉做;收勿见风,时用火焙;勿晒,晒则茶气无矣”。[⑨] 炒青法制茶以控制锅温、叶温为关键。前文已介绍大抵山东人不善制茶,故昆嵛山所

① 曾雄生:《中国农学史》修订本,福建人民出版社 2012 年版,第 480 页。

② [明]王象晋纂辑,伊钦恒诠释:《群芳谱诠释(增补订正)》,农业出版社 1985 年版,第 156 页。

③ [清]丁宜曾:《西石梁农圃便览》,载《续修四库全书 · 子部》第 976 册,上海古籍出版社 2002 年版,第 28 页。

④ 盛伟编校:《蒲松龄全集》,学林出版社 1998 年版,第 2311 页。

⑤ 盛伟编校:《蒲松龄全集》,学林出版社 1998 年版,第 2316—2317 页。

⑥ [清]丁宜曾:《西石梁农圃便览》,载《续修四库全书 · 子部》第 976 册,上海古籍出版社 2002 年版,第 7 页。

⑦ 盛伟编校:《蒲松龄全集》,学林出版社 1998 年版,第 2311 页。

⑧ [元]王祯撰,王毓瑚点校:《王祯农书》,农业出版社 1981 年版,第 163 页。

⑨ 盛伟编校:《蒲松龄全集》,学林出版社 1998 年版,第 2238 页。

产茶叶在粗加工后运至江南再制成精制茶。山东虽有真茶，然南北季节差晚，清明节前尚不能采叶芽，以此山东春茶无“明前茶”，只有“雨前茶”，此蒲氏所云“谷雨前采”的缘由。

秧本田移栽技术是唐代以来水稻生产技术的重大进步，因为采用秧田育秧，可以为本田腾出近大半年的大田冬作时间。东鲁王祯云“尝见北方稻田，不解插秧，惟务撒种”①。王祯的家乡东平县位于鲁西南，属产稻区，由此可推知元代时山东地域尚没有采用秧本田技术。蒲松龄说五月“插秧，足不频挪，只横过，插六丛，却退后挪一遍，再插六丛，再挪一遍”②，作此挪步要求的目的，是尽量减少脚坑，以免插稻秧时不慎将秧插入脚坑而不得成活，同时也便于水肥的管理。由此知明末清初时山东地域已广泛采用秧本田移栽技术。实施这一技术后，山东稻田实行了水稻、油菜的轮作，历城县可为显例。前已引述王培荀亲见历城“黄菜花中见鹊山”，“历城北门外，最饶佳境。三春烟雨，菜花弥望，大似郫县。”就在同一地块的夏秋季，“历虽山城，而城北一带尽属水田，粳稻之美，甲于山左”③，时人诗云：“城北濛濛碧水湾，放舟无那稻屯还。”④由此知山东水稻产区利用秧本田移栽技术后，粮油作物实施轮作无疑。前述丁宜增《农圃便览》油菜种收季节、水稻种收季节也能说明这一点。

然而玉有微疵，《农桑经》蚕桑专篇中存有两处失误，其“择叶”条云：“凡积叶苫席覆之，迨蒸热启摊之，湿随气化，叶亦不寒，可用也。”⑤“这种‘把新鲜桑叶堆积蒸热后，再摊开喂蚕’的措施，实为蚕家所大忌的。因为蚕儿吃了这种蒸热过的桑叶，必致发生蚕病，引起死亡。同时，这种措施，和本条末段所述的‘初采者（新采来的桑叶），必散布之，出尽郁蒸之气，而后饲之’的精神，不相吻合。所以，上述的‘积叶蒸热’的几句，是有问题的。”⑥其“种桑法”条云：“十月亦将桑摩地割之，晒干，趁风放火烧之。”⑦李长年指出“晒干”是不妥当的，“‘晒干’，据《氾胜之书》作‘阴干’；《齐民要术》作‘晒

---

① ［元］王祯撰，王毓瑚点校：《王祯农书》，农业出版社 1981 年版，第 249 页。
② 盛伟编校：《蒲松龄全集》，学林出版社 1998 年版，第 2247 页。
③ 《古今图书集成·草木典》，中华书局影印 1934 年版，第 21—22 页。
④ ［清］王培荀撰，蒲泽校点：《乡园忆旧录》卷四，齐鲁书社 1993 年版，第 205 页。
⑤ 盛伟编校：《蒲松龄全集》，学林出版社 1998 年版，第 2324 页。
⑥ ［清］蒲松龄撰，李长年校注：《农桑经校注》，农业出版社 1982 年版，第 70 页。
⑦ 盛伟编校：《蒲松龄全集》，学林出版社 1998 年版，第 2332 页。

燥'；《王祯农书》作'晒令水脉才干'；而《农桑经》作'晒干'；这几种说法，是有很大出入的。现代农民对桑籽的处理经验，大都是'阴干'；认为'晒干'会影响桑籽的发芽力。因这是桑苗生产上的关键性措施，特指出，以供参考"①。

蒲氏另有康熙四十三年（1704）据七言《庄农杂字》改编而成的《日用俗字》，是其作为塾师而编定的童蒙教材。其序云："每需一物，苦不能书其名。旧有《庄农杂字》，村童多诵之。无论其脱漏甚多，而即其所有者，考其点画，率皆杜撰。故立意详查《字汇》，编为此书。"②该书集农村所涉三十一类物、事，以通俗俚语叙述，"易识易记，而且很有实用价值。农村日常应用之文，如账册、借帖、文契、信函、婚丧启事之类，若遇疑难字、词，皆可依类查找"③。山东地域所应用的各项农业技术，在《日用俗字》各篇章中得到了民间俚语的通俗化阐释，如山东棉区棉花与芝麻的间作套种技术，《日用俗字》释为"开手先撒绵（棉）花种，芝麻又种霸王鞭"④，这比明代人马益著"棉花严搪耢，芝麻种须搀"的表述要生动形象得多。再如《农圃便览》强调的开春粪上三遍，《日用俗字》释为"粪堆倒蹬两三遍，上靽犟来地里搬"⑤。如此各种表述，不再赘述，可与蒲氏的两部农书互相参看。

总而言之，蒲氏农书的月令农事的确切于山东时用，反映了当时当地农业生产的最高技术水平。

（二）丁宜曾的《西石梁农圃便览》

丁宜曾《西石梁农圃便览》一书不分卷，是一部月令体农书，其内容涉及大田、园艺、气候、占候、农产品加工、妇幼保健、医药卫生以及诗词、春联等与农业生产和农业生活相关的方方面面。这些农事活动均按月、按季节安排，使得每个时节的各项农事既有重点，又互相照应，生产忙而不乱，井井有条。

《西石梁农圃便览》是一部地方性农书，其以西石梁村的农事为叙述主

---

① ［清］蒲松龄撰、李长年校注：《农桑经校注》，农业出版社1982年版，第99—100页。
② 盛伟编校：《蒲松龄全集》，学林出版社1998年版，第2209页。
③ 李永祥：《蒲松龄杂著考论》，《蒲松龄研究》1992年第2期。
④ 盛伟编校：《蒲松龄全集》，学林出版社1998年版，第2210页。
⑤ 盛伟编校：《蒲松龄全集》，学林出版社1998年版，第2210页。

体,兼及日照县域,丁宜曾以"照邑"称之。作为地方农书,其最大的特点就是它的地域针对性和适宜性。其主要的表现是坚持精耕细作的技术传统,纠正照邑不当的农业观念与行为。

首先,丁宜曾坚持精耕细作的技术传统,并针对日照土壤的特点指出了正确的耕作方式:"照邑下田停水处,燥则坚垎,湿则汙泥,难治而易荒,垯埆而杀种,春耕者,成块难耙,杀种尤甚。当不问夏秋,候水尽,地白背时,速耕速耙,令熟。夏种小黄稻,秋种大麦,春种水稻。"①其次,针对当时不精耕细作、"广种薄收"的生产指导思想,丁宜曾指斥其"误人不浅":"照邑农夫狃于习俗,不恃牛具房屋,田主出办,正月以后,口粮、牛草亦仰给焉。主人或限于财力,安置未妥,则耕种失时,锄耘少数,秋成因而减少,且有广种薄收之说,真误人不浅。莫如少种勤耕,粪多工倍,其所获亦相当。"②

农业讲究"不误农时",种艺要当时、得时,故丁宜曾指出:"栽竹木花果,以地无老冻,自惊蛰至春分为得时。"③五谷播殖以春三月"农夫无忌讳,止趁晴和天气布种"④。秋播宿麦时,照邑有"社日种麦必倍收"和"十月朔种麦,赶头一墒"的说法,丁宜曾认为这两种说法都不正确,会耽误农时,因为秋播小麦以秋分为正当时,而"社无定日,立春后五戊为春社,立秋后五戊为秋社"⑤,以社日种宿麦多半会误农时,故农谚有"秋分在社前,斗米换斗钱;秋分在社后,斗米换斗豆"。为此,必须抛弃上述两种说法,丁宜曾郑重指出:"麦当早种,务于秋分节内种完,若至寒露,则晚矣。霜降后,种麦更无益。吾乡有云'十月朔种麦、赶头一墒'者,误人不浅。"⑥"盖旱涝常多,若待恰好时候,恐有躭悬。故如其晚也,不如其早,而人反谓早种长过了苗。吾

---

① [清]丁宜曾:《西石梁农圃便览》,载《续修四库全书·子部》第976册,上海古籍出版社2002年版,第7页。

② [清]丁宜曾:《西石梁农圃便览》,载《续修四库全书·子部》第976册,上海古籍出版社2002年版,第6页。

③ [清]丁宜曾:《西石梁农圃便览》,载《续修四库全书·子部》第976册,上海古籍出版社2002年版,第17页。

④ [清]丁宜曾:《西石梁农圃便览》,载《续修四库全书·子部》第976册,上海古籍出版社2002年版,第28页。

⑤ [清]丁宜曾:《西石梁农圃便览》,载《续修四库全书·子部》第976册,上海古籍出版社2002年版,第27页。

⑥ [清]丁宜曾:《西石梁农圃便览》,载《续修四库全书·子部》第976册,上海古籍出版社2002年版,第67页。

乡庄农可知也。”①

及时收获、收藏是农业生产的最后环节。当时日照的农俗颇不利于及时收获、收藏，丁宜曾指出：“收获者，农事之终，可任意早晚，而弃前功乎！”因此，要改变旧俗，速收速藏：“照俗割穇，多先置坡下，俟干方搬，恒被偷窃。近溪河者，又有漂没之患。当督速搬。”②为了及时收获，丁宜曾指出了不同作物收获时应注意的事项：夏“刈大麦，速晒、速打、晒干收”“麦熟时，带青割一半，合熟一半。盖麦熟同时，若候齐熟，倘遇风雨，必致抛撒。刈过载归，即晒，速乘天晴，打扬麦粒，麦色既足，磨面亦佳”“打不及者，用苫盖之，以防阴雨”③。豌豆要“速晒速打，遇雨则生芽。大豌豆熟者先摘，若俟嫩荚皆熟，则先熟者坏矣。”④秋收“稷八九分熟便刈，少迟，遇风即落”⑤。割黍“乘湿即打，则稃易脱，迟则稃着粒上难脱。坞则不粘，稃用囷盛，勿令浥湿”、割谷穇“熟速刈，干速积。刈早则伤镰，刈晚则折穗。遇风则收减，湿积则藁烂。积晚则粒耗，连雨则生耳，所以收获须及时也”⑥。砍蜀秫，“秫粒必连晒方干，若少湿，必霉”⑦。割豆，“大黑豆易煋，不可等十分熟，豆叶当速收”⑧。

牛是重要的农耕动力，然而照邑习俗对耕牛并不加料喂养，所以丁宜曾强调要用心喂养耕牛，不可失时，“吾邑向无喂料者，今牛价数倍，若不加心喂养，一经倒毙，无力置买，佃户不免流离，主地亦必荒芜矣。耕种时，每牛

---

① ［清］丁宜曾：《西石梁农圃便览》，载《续修四库全书·子部》第976册，上海古籍出版社2002年版，第66页。

② ［清］丁宜曾：《西石梁农圃便览》，载《续修四库全书·子部》第976册，上海古籍出版社2002年版，第59页。

③ ［清］丁宜曾：《西石梁农圃便览》，载《续修四库全书·子部》第976册，上海古籍出版社2002年版，第44页。

④ ［清］丁宜曾：《西石梁农圃便览》，载《续修四库全书·子部》第976册，上海古籍出版社2002年版，第43页。

⑤ ［清］丁宜曾：《西石梁农圃便览》，载《续修四库全书·子部》第976册，上海古籍出版社2002年版，第57页。

⑥ ［清］丁宜曾：《西石梁农圃便览》，载《续修四库全书·子部》第976册，上海古籍出版社2002年版，第59页。

⑦ ［清］丁宜曾：《西石梁农圃便览》，载《续修四库全书·子部》第976册，上海古籍出版社2002年版，第60页。

⑧ ［清］丁宜曾：《西石梁农圃便览》，载《续修四库全书·子部》第976册，上海古籍出版社2002年版，第70页。

用豆市升三合,磨糊拌草喂之"①。

明代以来,长距离商品输送已使粮食成为各地域重要的商品之一。如前所述,山东贫民迫于生存压力,通常是将小麦、稻米等细粮、硬粮出售,而自食高粱、番瓜、番薯等粗粮,如济南府各属县产麦,但小麦通常是出售,而自己以高粱为食,"其秫者,自邹平以东,北际济阳、齐东诸县,农人以为正食"②。昌乐县"食品以谷麦为大宗,乡农以麦价昂贵多不自食,而以红梁谷豆为养生要品"③。这种"粜精留粗"的行为方式在日照县也存在,其表现为照邑民众并不十分重视粮仓建设,"粟多露积",自是因为粟、麦、稻等精粮很快就要卖掉。丁宜曾认为这种做法不合适,即使是留粗粮也应该重视仓囷建设:"吾乡粟多露积,风雨浥湿,在所不免。近来地无可辟,人益日稠,故讲存粮法者甚少。然虽不能余三余九,尽如古人。而勤俭节省,存留粗粮以备饥荒,务本者亦不可不存此忧惕也。芒种前将陈囷细细捡点,或重苫,或插补,务期囷顶顺下,水不留停,仍以泥封。并开囷旁水沟,过此则人益忙,雨益勤,所损多矣。"④

在指出和纠正照邑各种不恰当的农业习俗与行为的同时,丁宜曾记录了各种作物的精耕细作方式,主要有三个环节:及时细耕、粪力充足、及时锄草。如秋后"塌地务早,以烂夏草。看白背,即耙平,防秋旱。若雨过,再犁,转候种麦。犁转之地,务必耙细,万不可透风"⑤。春分时"粪速打细速送"⑥、初伏"出粪再速"⑦。棉花"夏至前必锄七遍"⑧。"秫、䅟、黍、稷、谷、

① [清]丁宜曾:《西石梁农圃便览》,载《续修四库全书·子部》第976册,上海古籍出版社2002年版,第8—9页。

② 道光《济南府志》卷十三,载《中国地方志集成·山东府县志辑》第1册,凤凰出版社等2004年版,第282—283页。

③ 民国《昌乐县续志》卷九,载《中国地方志集成·山东府县志辑》第35册,凤凰出版社等2004年版,第298页。

④ [清]丁宜曾:《西石梁农圃便览》,载《续修四库全书·子部》第976册,上海古籍出版社2002年版,第45页。

⑤ [清]丁宜曾:《西石梁农圃便览》,载《续修四库全书·子部》第976册,上海古籍出版社2002年版,第59页。

⑥ [清]丁宜曾:《西石梁农圃便览》,载《续修四库全书·子部》第976册,上海古籍出版社2002年版,第26页。

⑦ [清]丁宜曾:《西石梁农圃便览》,载《续修四库全书·子部》第976册,上海古籍出版社2002年版,第53页。

⑧ [清]丁宜曾:《西石梁农圃便览》,载《续修四库全书·子部》第976册,上海古籍出版社2002年版,第29页。

稻、穄、早豆，务于小满前锄一遍，遇疾病阴雨，即添工锄治，不可任其延挨”“凡五谷，惟小锄为良”①。处暑时“此节当查塌地之勤惰，凡带种之豆，盛则留，否则塌，不可糊涂留连。倒粪尤要紧，处暑前三日，出完粪，砍秫毕，即专人倒粪，盖粪四遍始细，白露七八日，即当种大麦。若粪不细，能不束手，况有阴雨阻隔乎！”②

明清时期天寒，防寒冻是农业生产必须重视的一个环节。丁宜曾记录了各种作物预防寒冻的措施。如十月“裹树头，培花果根”；“窨各样栽子，勿致冻损”；“斫茴香枯梢，以粪土壅根下，免致冻死”；“葡萄落净叶，卸架，以潮润土培根，修去缛枝，束成圈，上用草覆，不可漏水”；“拣好芋种，就朝阳处掘坑以粗稻糠铺底，将种放下，稻草盖之，勿使冻损。”③十一月，“苫盖蒜苗、菜子”④。来年春二月天气转暖之后，“去树裹、苫葡萄草、苫花草，俱以渐去之。去苫蒜草，锄之。”⑤

农业的产后加工食用是农民生活的根本内容。丁宜曾认为“治食有法”⑥，他记录了 170 多种食品的加工方法。其中，至今仍广泛应用的方法，如糟豆腐、腐乳、霉干菜等数种。“糟豆腐：有绢袋过汁，做极细。豆腐切片，约二指厚，用炒盐擦过，放箔上，晒六七分干，又用淡盐汤煮一滚，取出，晒七分干，每二升黄豆之腐，用一升糯米做酒娘，起出浆一半，余浆并糟。加香油、椒茴末，拌匀，糟腐，秋后取用。”⑦“腐乳：用绢过细豆腐十斤，切四方小块，入炒盐二十二两，醃七日，另倒入别器，使在下者在上，又过七日，取晒半干，用浆酒调酱黄成糊，将腐排磁罐内，每层加酱糊一层，上留二指空，将醃

---

① ［清］丁宜曾：《西石梁农圃便览》，载《续修四库全书・子部》第 976 册，上海古籍出版社 2002 年版，第 39 页。

② ［清］丁宜曾：《西石梁农圃便览》，载《续修四库全书・子部》第 976 册，上海古籍出版社 2002 年版，第 60 页。

③ ［清］丁宜曾：《西石梁农圃便览》，载《续修四库全书・子部》第 976 册，上海古籍出版社 2002 年版，第 85 页。

④ ［清］丁宜曾：《西石梁农圃便览》，载《续修四库全书・子部》第 976 册，上海古籍出版社 2002 年版，第 91 页。

⑤ ［清］丁宜曾：《西石梁农圃便览》，载《续修四库全书・子部》第 976 册，上海古籍出版社 2002 年版，第 26—27 页。

⑥ ［清］丁宜曾：《西石梁农圃便览》，载《续修四库全书・子部》第 976 册，上海古籍出版社 2002 年版，第 10 页。

⑦ ［清］丁宜曾：《西石梁农圃便览》，载《续修四库全书・子部》第 976 册，上海古籍出版社 2002 年版，第 29 页。

腐盐汁,再添浆酒灌满,封固。两月后开用。如无浆酒,用好蒸酒、好烧酒亦可。酌加椒、茴、红曲末亦好。”①做霉干菜:“芥梗叶百斤,用盐二十二两,拌匀,或盆或缸,重叠放定。压以大石,腌数日,出水浸过石,捞起,晒干,以原汁煮半熟,再晒干,蒸过,置干净瓮中,任留不坏。出路作菜极便。六月伏天,用炒过干肉,复同菜炒,可数日不坏。若腌芥汁煮黄豆,并极干萝卜丁,晒干收贮,经年可食。”②

茄子的食法极多,其中著名的是“茄鲞”。立秋后做茄鲞:“将茄煮半熟,使板压扁,微盐拌,腌二日,取晒干,放好卤酱上面,露一宿,磁器收。”③做茄鲞的关键是熬卤酱,卤酱可以是各种酱,鸡肉酱、牛肉酱、鱼虾酱、猪肉酱、豆瓣酱等皆无不可。《红楼梦》第四十一回《贾宝玉品茶拢翠庵,刘姥姥醉卧怡红院》中的“茄鲞”,只是没有采用腌制的茄子干,而是将鲜茄子丁油炸成干丁,再以鸡肉、豆干、香菌、笋丁等材料熬成卤酱,与茄子干共入味收汤,密罐保存,如此而已。这未必有多奢华,即使是农家也可以做到。大抵“鲞”只是一种做菜的方法,所用干菜除茄子干外,笋干、蕈干、蘑菇干等均无不可。

至今可被借鉴的方法尚有丁宜曾“赶素面”的方法。“赶素面,必用绿豆粉为粹,每面一斤,入盐三钱,和如落索面,停时,更频入水,和为饼剂,揣百遍,赶饼切之,耐煮,亦可作馄饨、烧卖皮。”④面粉中加入绿豆粉后筋道。

明代以后山东地域陆续引入外来作物品种,使山东农作、生活产生了比较大的改观,此种农业发展的新变化在日照县邑也有反映,如照邑三月“种白菜、水萝卜、芹菜、眉豆、御麦、黄瓜”⑤。只就瓜蔬而言,以辣椒和南瓜为例。西汉史游在《急就篇》中提及:“园菜瓜果助米粮。”等到明代引入辣椒与南瓜两种菜蔬后,不仅人们的口味大有变化,而且南瓜成为贫人主食之

---

① [清]丁宜曾:《西石梁农圃便览》,载《续修四库全书·子部》第976册,上海古籍出版社2002年版,第73页。

② [清]丁宜曾:《西石梁农圃便览》,载《续修四库全书·子部》第976册,上海古籍出版社2002年版,第74页。

③ [清]丁宜曾:《西石梁农圃便览》,载《续修四库全书·子部》第976册,上海古籍出版社2002年版,第62页。

④ [清]丁宜曾:《西石梁农圃便览》,载《续修四库全书·子部》第976册,上海古籍出版社2002年版,第11页。

⑤ [清]丁宜曾:《西石梁农圃便览》,载《续修四库全书·子部》第976册,上海古籍出版社2002年版,第29页。

一，“园菜瓜果代米粮”了。辣椒在山东被称为秦椒，“辣椒为辛辣最大而富刺激之副食物，亦名秦椒”①。“贫家日食，豆酱、葱蒜、秦椒必不可少。富家亦用之。”②南瓜被称为饭瓜、番瓜，贫民以其代米粮，“南瓜，俗名饭瓜。贫民多植隙地，储以御冬，可省菽粟之半”③。南瓜食用之法，蒲松龄云“秦椒烂煮南瓜菜，腊油新熬萝白干”④。萝白干，即萝卜干。“卜”，山东济南府方言音“白”。南瓜亦作瓜干，丁宜曾记载到：“番瓜干，晴明日，摘将坏小番瓜，切薄片，即日晒干，美同干笋，不坏者不佳。”⑤南瓜既作御冬主粮，其食法自然不是如蒲、丁二氏所说的菜用方式，而是可做成南瓜饼或漏成粉条，大概与土豆的利用方式类似。而炒南瓜子则为农家副产之一。

窝心大白菜是明代时自燕京传入山东的蔬菜品种。传入山东后，山东发展成为大白菜生产的第二大中心，《农圃便览》中“有关于大白菜种植、管理的最早文字记载”⑥。大白菜产后加工的多种方法是丁宜曾首次记载，有糟白菜、醃白菜、脆白菜、菜薤、淡银菜、法制白菜等，这些都是以前的农书所没有的。

家庭小手工制作是农家生计策略之一。就农作物生产之所及，丁宜曾稍有涉及。如用蜀葵皮制绳，蜀葵花、嫩叶均可食，“蜀葵花开尽，带青收其秸，水中浸二日，取皮作绳，勿俟子老秸枯”⑦。前文已述诸城等地人以造茉莉花茶为业，销行各地。照邑也制花茶，丁宜曾称其为“拌茶”，拌茶“用兰、桂、玫瑰、蔷薇、木香、栀子、茉莉、莲、梅等花，香气全时摘拌。三停茶，一停花，收磁罐中，花茶相间填满。纸箬封固。入锅重汤煮之，待冷，取出用纸

---

① 民国《茌平县志》卷九，载《中国地方志集成·山东府县志辑》第90册，凤凰出版社等2004年版，第354页。

② 道光《钜野县志》卷二十三，载《中国地方志集成·山东府县志辑》第83册，凤凰出版社等2004年版，第511页。

③ 乾隆《诸城县志》卷十二，载《中国地方志集成·山东府县志辑》第38册，凤凰出版社等2004年版，第87页。

④ 盛伟编校：《蒲松龄全集》，学林出版社1998年版，第2211页。

⑤ ［清］丁宜曾：《西石梁农圃便览》，载《续修四库全书·子部》第976册，上海古籍出版社2002年版，第56页。

⑥ 曾雄生：《中国农学史》修订本，福建人民出版社2012年版，第482页。

⑦ ［清］丁宜曾：《西石梁农圃便览》，载《续修四库全书·子部》第976册，上海古籍出版社2002年版，第51页。

裹,火上焙干。若上好细茶,忌用花香,反夺真味"[①]。春三月"采木香花薰茶。采野蔷薇花拌茶"[②]。只是不知照邑所拌之茶是温桑还是真茶。制作女子所用香粉亦农家生计之一,玉簪花"取未开者,装以铅粉,线扎两头,日久犹芳,兼治雀斑"[③]。

总结而言,《西石梁农圃便览》纠正了照邑多种不恰当的农业习俗与行为,反映出清代山东在农业上的新变化,而且地域针对性极强,故此书在丁宜曾的家乡极受欢迎。

---

① [清]丁宜曾:《西石梁农圃便览》,载《续修四库全书·子部》第976册,上海古籍出版社2002年版,第11页。

② [清]丁宜曾:《西石梁农圃便览》,载《续修四库全书·子部》第976册,上海古籍出版社2002年版,第39页。

③ [清]丁宜曾:《西石梁农圃便览》,载《续修四库全书·子部》第976册,上海古籍出版社2002年版,第63页。

第九章　近代山东农业的变化

鸦片战争以后，晚清政治时局剧变，国门洞开，中国农业发展有了一个全新的参照体系，古代仅仅引入外域作物品种以完善传统农业本身的发展模式无法存续下去。在新的参照系下，山东农业所引入的不只有作物品种，还有技术设备及相应的农业制度体系，山东农业的发展逐渐走向现代化。

时局变迁对山东地域农业发展的显著影响主要表现在两个方面：一是口岸贸易改变了山东农业商品市场的格局，农业的商品化进程加速；二是国门洞开之后，新的农业技术逐渐改造着传统农业，山东地域由传统经验农业向近代实验农业缓慢转型。

一、近代山东农业生产概况

鸦片战争以来，时局动荡，山东地域天灾人祸交加，农业自然生产环境大不如昔。在频繁的灾害下，农业生产始终不断地被迫在低水平线上运行。另一方面，在西方农业现代技术的影响下，山东地域的农业生产也表现出一定的进步性，在官方层面上是相关农政机构的设立与运转，而对农民而言，最直观的感受就是种、籽的改良，生产量上有了显著的提高。

（一）近代山东农业的自然条件与自然灾害

土地是农业生产的基础资源，明清时期山东地域已非昔日“膏腴之地”，近代以来更甚，土质变差，自然灾害频繁。

1. 气候条件与土质衰退

山东不复膏腴地，其原因有多种，土壤质地的变化为其一。

相较而言，山东省的气候条件是北方各省中最优良的省份。山东省“寒暑强烈之程度，不若东三省及河北，而夏季亦不若江苏与浙江之长久，故气候之优良，为北部各省之冠”①。作为北省之冠的山东气候，全年无霜期较北方其他省份长，鲁西北与胶东地区一般为130天，鲁西南地区可达220天。气候优良的表现之一就是年均积温较高，山东省多年平均气温在11℃—14℃间，“由半岛而西至内陆，逐次增高，半岛南侧平均12℃，北侧13℃，中部丘陵区以达西北隅，平均14℃，西南隅之南运河区，15℃至16℃”②，则知山东省年均积温在3000℃—4500℃间③，可以满足绝大多数农作物的生长需求，具有二年三熟、甚至一年二熟的积温条件。胶东半岛地区的招远县，民国时期“土地的耕种是休耕制，即今年春天种谷或高粱或玉蜀黍及黍子之类的地，秋收后则种麦子。第二年收了麦子后，就种豆子或玉蜀黍（俗名伏包米，春种者则曰春包米）或地瓜，秋收后即不再种，将地休息一冬，至次年春再种谷、高粱之类”④。1935年，山东人王文甲说：“固然山东的普通农地多是二年之中只有三季农作物的收成，但在集约经营的农地，也有不少是一年两季收获的。”⑤在泰安附近，“当地人口压力重，土地规模小，许多田行一年二作制，种大豆当夏作物，也可以因此多施豆饼以补地力不足”⑥。

“华北平原的土壤支持了中国文明的中期阶段，到明清时期，由于负载了过多的人口，土壤的持续能力呈现出明显的衰退特征。”⑦人口过载的问题在山东尤为突出，大部分地区都出现了粮食供给不足的问题，如章丘县“歉岁固需告籴于辽东，即丰年亦多取给于莱、沂，此则人浮于地，地实不足

---

① 实业部国际贸易局编纂：《中国实业志：全国实业调查报告之三　山东省》第1编，宗青图书公司1934年版，第甲16页。

② 刘增冕：《山东气候概论》，转引自张佩国《地权·家户·村落》，学林出版社2007年版，第36页。

③ 各农业小区的积温情形，详参唐致卿所著《近代山东农村社会经济研究》第二章，人民出版社2004年版。

④ 晓梦：《山东招远农村概况》，载冯和法编《中国农村经济资料续编》，台湾华世出版社影印1978年版，第238页。

⑤ 盛邦跃：《卜凯视野中的中国近代农业》，社会科学文献出版社2008年版，第142页。

⑥ 王建革：《传统社会末期华北的生态与社会》，生活·读书·新知三联书店2009年版，第252页。

⑦ 王建革：《传统社会末期华北的生态与社会》，生活·读书·新知三联书店2009年版，第59页。

于养之故也”[①]。“道光末年，山东人口已达3300万。到咸丰末年，山东人口更高达3400万；而人均占有耕地已降到不足3亩，已大大低于维持生计的人均必要占有土地的数额。人口对土地形成了极大压力，”[②]在巨大的人地压力下，“广大鲁中南山区农民到处开荞麦地，一年一丢荒；加之薪炭缺乏，草灌砍尽，不得不扒山皮刨草根以求烧柴”[③]。在人口增殖的前提下，条件好的大农户尚能保持传统农业精神，对土地实行用养结合，通过大豆等养地作物的轮作以保持地力，而小农在生存压力下则无法顾及，“小农户为了生存，选择了消耗地力的粗粮作物种植，小农户的农田更积累着生态危机”[④]。

土壤衰退的原因除利用方式外，更主要的是黄泛所引起的土地碱化，尤其是山东西部地区。鲁西北平原黄河决口扇形地“面积3625平方公里”“决口扇形地潜水埋藏深度一般大于4米，多为沙质、沙壤质沉积物”[⑤]。含有泥沙的水流，流速快沉沙，流速慢淤肥，故土壤变肥、变碱取决于黄泛流速。史学家聊城人傅斯年回忆说：“河水冲积的结果，一部分肥沃了，一部分变成碱地。”[⑥]济阳县史家坞村在黄河拐弯处，流速降低而淤肥，“历史上一年一度的黄泛，特别是史家坞处于黄河拐弯处这特殊地理环境，其水消退后，河泥大量淤积下来，淤土十分肥沃，泛滥一次三年不上肥，麦苗照样葱葱绿绿”[⑦]。但沉积淤泥的地方毕竟是少数，在水流急的地区，则为沙碱地，如黄河斜贯范县境，“上自廖桥入境，下至邵集出境，长约四十里”“不时泛滥，土地什九为黄土冲积，质非膏腴”[⑧]。再如咸丰五年（1855）铜瓦厢决口后，黄河夺大清河故道入海，原先肥沃的青城县农业环境大变。“在黄河未来之先，大清河既无水患，且饶水利，迩时县西北滨河之区柳暗花明，所谓香国春游，其情境大可想见”，至光绪二十一年（1895），黄河于马札子决口，“全境

① 道光《章邱县志》卷六，载《中国地方志集成·山东府县志辑》第68册，凤凰出版社等2004年版，第92页。

② 刘大可、张照东主编：《山东经济史》近代卷，济南出版社1998年版，第3页。

③ 山东省地方史志编纂委员会：《山东省志·林业志》，山东人民出版社1996年版，第17页。

④ 王建革：《传统社会末期华北的生态与社会》，生活·读书·新知三联书店2009年版，第124页。

⑤ 山东省土壤肥料工作站编：《山东土壤》，中国农业出版社1994年版，第8页。

⑥ 傅斯年：《山东底一部分的农民状况大略记》，载《傅斯年集》，花城出版社2010年版，第　页。

⑦ 孙运久：《山东民居》，山东音像出版社1999年版，第109页。

⑧ 民国《续修范县志》卷二，台湾成文出版社1968年版，第81—82、121页。

尽被淹没，西南两境地被沙压，沃野变为瘠壤，抚今追昔，不胜沧桑之感”①。黄河泛滥所引起的沙碱化已影响到作物的正常生长，“在河北和山东的很多地方，大量的盐碱凝结在土壤表面，使大地看起来像是覆盖着一层薄薄的雪”②。“即以山东而论，可在千万亩以上。豫冀鲁交界一带平原，若濮县、鄄城、菏泽、东明、长垣……尤夥。”③历城县的冷水沟村，“该村的土壤碱性很大，春天长时间无雨之后，风刮走地面的浮土，就会露出一层白花化的碱性物质，使土地表面好像刚刚下过一场小雪”④。黄泛之外，由于黄河地上悬河的特点，黄河水渗入沿岸农田而形成碱地，如齐河县“濒临黄河四五里之村庄，日浸月渗，尽成碱地。早春野望，一白无际。农民播种时，或刮去浮面，或持帚扫除，始行耕种。迨甲拆勾萌，一遇微雨，碱质滋入，苗即枯萎，有种至三五次者”⑤。

由于人口过载，垦殖过度，山地失去林、草植被涵护水土，山东诸条河流均挟带着大量沙砾，沿河诸地大多形成了沙质地。如高密县，“县治东部及东南部跨胶河一带，多系黄沙土，间有墨壤。南部地多砂砾，系黄壤。西南部以及西部，其滨潍河及五龙等河，地方因河流变迁，多带黄沙土，余皆黑壤，或间带青黎色，含碱性。北部地势洼下，水多沮洳，土壤多半黑黎色，含碱质，且带有粘液性”⑥。莒南县“沟渠遍地，因逐年冲刷，一年比一年的宽，损毁耕地不少。如邢家水磨一带的河，在20～30年前只宽数公尺至十数公尺，现在有数十至一百数十公尺，夹岸田地的损毁是很难以数计的”⑦。1945年调查时，胶州湾辛安镇南台头村台头河“南面的大片土地大约在半个世纪前就已经被破坏或完全冲走。现存的林地和沙地在以前都是良

① 民国《青城县志》卷一，台湾成文出版社1968年版，第89页。

② 〔美〕马若孟：《中国农民经济：河北和山东的农民发展，1890—1949》，史建云译，江苏人民出版社2013年版，第11页。

③ 张含英：《黄河志》，国立编译馆1936年版，第183页。

④ 〔美〕马若孟：《中国农民经济：河北和山东的农民发展，1890—1949》，史建云译，江苏人民出版社2013年版，第110页。

⑤ 民国《齐河县志》卷十二，载《中国方志丛书·华北地方》第11册，台湾成文出版社1968年版，第264页。

⑥ 民国《高密县志》卷二，载《中国地方志集成·山东府县志辑》第41册，凤凰出版社等2004年版，第307—308页。

⑦ 《山东省农业合作化史》编辑委员会编：《山东省农业合作化史料集》续编，山东人民出版社1991年版，第666页。

田”①。“初夏的大雨会淹没低洼地，把沙子冲到地表，并使土壤含盐量增高。”②

沙碱土不宜作物种植，主要分布于鲁西黄泛平原地势低平地段、河间洼地和滨海地带。《中国实业志·山东省》中的土壤调查表列出了邹平、钜野、郓城、博平、高唐、恩县、夏津、邱县、德县、德平、东平、平阴、菏泽、曹县、武城、平度等16县的碱土面积比例。至于砂土，则各县都有，面积大小不一，砂土面积占比50%以上的有31县③，尤以山东西部为多。

表9-1　　鲁西部分县份土质调查一览表④

县别	土质
滋阳	地多黑土，土质含有沙碱
曲阜	东北地势高，土质瘠薄，西南方土地稍肥沃
宁阳	全境肥田地1770顷零92亩，瘠田地7163顷零68亩
邹县	东多山岭，西多洼坡，肥沃之地仅占十分之四
泗水	东、西、北三面环山之地土质硗薄，城郭附近较为肥腴，仅占十之二三
汶上	汶、运两河沿岸及城西、北之地俱肥沃，城东、南地多瘠薄，肥瘠各占其半
济宁	东、南、西三面易受水灾，土质硗薄，北乡地势稍高，土质亦优
金乡	南乡土质多沙，东、西、北三乡土质松散，均属中等。北乡地势洼下
嘉祥	北部多平原，土质肥沃。南部多山，土质硗薄
鱼台	土地多碱，十年九灾，秋季不收入，人民痛苦万分
菏泽	土地肥瘠不等，肥田约占65%，瘠地约占35%
曹县	地多沙质，或含碱性，肥田甚少
单县	半属荒沙半系膏壤，有肥有瘠
城武	大部均属瘠地，肥沃者甚少

① 杨懋春著：《一个中国村庄——山东台头》，张雄等译，江苏人民出版社2001年版，第8页。

② 〔美〕马若孟：《中国农民经济：河北和山东的农民发展，1890—1949》，史建云译，江苏人民出版社2013年版，第132页。

③ 实业部国际贸易局编纂：《中国实业志：全国实业调查报告之三　山东省》第1册，宗青图书公司1934年版，第甲33页。

④ 参见李庆华：《鲁西地区的灾荒、变乱与地方应对（1855—1937）》，齐鲁书社2008年版，第48—49页。

续表

县别	土质
定陶	地多沙碱,土质不良,肥沃地亩甚属寥寥
巨野	土质多碱,南乡稍佳
郓城	膏田占十分之七,沙丘不毛之地占十分之三
聊城	东南乡土质较肥沃,其余地多沙碱
堂邑	西、北两面多膏腴,东、南地多硗薄
博平	田地除沙质及碱地外,沃壤甚少
临清	城东、城南土地较肥。西、北两方多碱或系沙质,较为瘠薄
夏津	东、南两方土质肥沃,西、北两乡多沙碱,土质硗薄
邱县	沙碱地约占三分之二,其余亦多硗瘠,肥沃之地极为少数
茌平	北乡土地肥沃,西北次之,东南、西南及南乡土地多系碱质,地瘠民贫
莘县	土性多碱,五谷不易收成,故素称地瘠民贫之区
冠县	地多沙碱,硗薄之区,肥田极少
高唐	土质不甚肥沃而利于种棉
清平	土地多属肥沃,间或沙碱

资料来源:张育会、刘敬之编辑《山东政俗视察记》,山东印刷局1934年。

由于近代黄河等河流水患的长期存在,山东境内沙碱质土壤面积有增无减。因此,山东境内土质大约有如下几种类型:沙质壤土、埴质壤土、沙土、黏土等。“沙土之称,与俗名同。沙质土色白,俗名为白沙地。埴质土色赤,即俗所谓黑土。”①土壤各有土宜之种植,“沙质土植棉最宜;埴质土宜种谷粟及美棉;沙土宜花生、藷芋及果实树木”②。但沙质壤土“力薄易燥,所需雨量较多”,需要付出大量的改造工作(如客土法或兴修水利设施)才能加以利用。下面以临沂县为例进行说明,如表9-2所示。

① 民国《清平县志》舆地篇,载《中国地方志集成·山东府县志辑》第89册,凤凰出版社等2004年版,第228页。

② 民国《清平县志》舆地篇,载《中国地方志集成·山东府县志辑》第89册,凤凰出版社等2004年版,第229页。

表 9－2　　　临沂县全县土壤成分及其改良方法表①

壤别	区域	性质及成分	改良方法
沙质土壤区	沂沭祊各河沿岸	性质疏松，富于渗透，沙质平均在 60% 以上	宜施肥，并用客土法
黏质土壤区	一区西南部；二区、三区南部；七区、四区中部；六区东部；五区、八区西南部	性质黏重，渗透力最弱，平均黏土占 80% 以上	除施肥外，宜用客土及细沙
砾土区	五、六区东部；七、八区西部；三、四区北部；二区西北部	性质膨松，渗透性大，平均石砾占 70%，瘠而畏旱	除施肥改良外，宜用客土
普通土壤区	涑河东西、枷河沿岸及城西一带	性质中坚，组织细密，细管引力较大，沙土成分配合适宜	宜凿井，无庸改良
冲积土壤区	武河、塄都河及东西枷河下游	土质腻致，潮性最大，耐旱，生殖力强	此为沃壤，喜旱畏潦，时虞水患

山东各县域各类土壤分布不一，沙质土壤等虽可利用，却需付出相当多的改造工作，施肥量大，而且客土不易得，因此生产环境已“今不若昔”。当然，山东各县域土质在随时变化，故治史者云：“各种土质仅就地皮而言。然地层有浅深，斯地利有变化，往往因天时人事之异，而沧桑之变易随之。今日之荒田，或即他日之沃壤，亦农家所宜知也。”②因这一特点，沙碱土地有改良成功者，如齐河县“自黄流漂荡，田亩变迁，其沙压较浅之地计四百余顷，近已一翻再翻，变成沃壤，人力之辛勤，能尽地利”③。但更多的沙碱地在短期内无法改良，同在齐河县，赫家洼一带沙田约八百顷，严家寨迤西碱场亦约有三百顷，终岁不毛，老农束手④。

总结而言，近代山东的土质变化，农家需要付出比以往更多的人力、物

① 民国《续修临沂县志》卷四，载《中国地方志集成 · 山东府县志辑》第 58 册，凤凰出版社等 2004 年版，第 243 页。

② 民国《清平县志》舆地篇，载《中国地方志集成 · 山东府县志辑》第 89 册，凤凰出版社等 2004 年版，第 229 页。

③ 民国《齐河县志》卷十七，载《中国地方志集成 · 山东府县志辑》第 13 册，凤凰出版社等 2004 年版，第 132 页。

④ 民国《齐河县志》卷十七，载《中国地方志集成 · 山东府县志辑》第 13 册，凤凰出版社等 2004 年版，第 132 页。

力，才能获得好的收成。

2. 农业自然灾害

晚清及民国时期山东地域的农业自然灾害年年都有，其具体情形，魏光兴、孙昭民主编的《山东省自然灾害史》第五章、第六章已有详列。最常见的自然灾害为旱、涝、洪灾。其烈度的统计标准，按旱、涝 80 个县以上受灾者为特大灾，50—79 个县受灾者为大灾，20—49 个县受灾者为中灾，20 个县以下受灾为小灾①。洪灾 40 个县以上受灾者为特大洪灾，25—39 个县受灾者为大洪灾，10—24 个县为中洪灾，不足 10 个县为小洪灾。按上面的标准，每年具体的受灾县数、程度，《山东省志 · 民政志》有细致的统计，现移录于后，如表 9－3、表 9－4 所示。

表 9－3　　晚清时期（1840—1911）山东受灾县数统计表

年份	受灾县合计	旱灾		涝灾		黄运洪灾		风灾县数	雹灾县数	虫灾县数	霜冻、海潮等县数
		县数	程度	县数	程度	县数	程度				
1840	86	20	中	62	大			1	1	1	1
1841	49	25	中	10	小			7	6	1	
1842	61	23	中	30	中			1	2	5	
1843	43	9	小	32	中					1	1
1844	62	7	小	55	中						
1845	82	42	中	26	中	2	小	1	1	1	9
1846	89	41	中	42	中			3	3		
1847	84	66	大	10	小			3	2	3	
1848	83	16	小	63	大			2	2		
1849	56	34	中	18	小				4		
1850	73	42	中	24	中	3	小		2	1	1
1851	50	4	小	18	小	18	中	4	5	1	
1852	60	19	小	31	中			4	2		4
1853	59	12	小	20	中	8	小	3	11	5	
1854	37	9	小	15	小	8	小	2		3	

① 山东省地方志编纂委员会：《山东省志 · 民政志》，山东人民出版社 1992 年版，第 128 页。

续表

年份	受灾县合计	旱灾		涝灾		黄运洪灾		风灾县数	雹灾县数	虫灾县数	霜冻、海潮等县数
		县数	程度	县数	程度	县数	程度				
1855	87	6	小	13	小	64	特大		1	3	
1856	108	58	大			32	大	1	1	16	
1857	103	41	中	5	小	30	大		4	22	1
1858	41	5	小	4	小	20	中	3	2	7	
1859	68	55	大			11	中	1		1	
1860	35	12	小	2	小	19	中	2			
1861	29	19	小	5	小			3	2		
1862	41	10	小	18	小			4	1	8	
1863	41	9	小	1	小	26	大	1	1	3	
1864	36	1	小			28	大	2	2	3	
1865	48	8	小	16	小	25	大	1	2		1
1866	65	10	小	27	中	25	大		2	1	
1867	58	5	小	9	小	37	大	2		1	4
1868	55	8	小	12	小	33	大			2	
1869	61	32	中	4	小	15	中	1	3	6	
1870	72	42	中	4	小	18	中	2	2	4	
1871	61	7	小	10	小	39	大			3	2
1872	39	1	小	10	小	22	中	1	4	1	2
1873	46	2	小	7	小	35	大		2		
1874	50	16	小	2	小	27	大	1	4		
1875	78	38	中	3	小	15	中	18	4		
1876	111	96	特大	5	小			2	1	5	2
1877	75	63	大			1	小	3	4	4	
1878	57	23	中	5	小	19	中	4	5	1	
1879	83	4	小	52	大	15	中	5	5		2
1880	47	14	小	4	小	24	中	2	2	1	
1881	43	2	小	24	中	14	中	1	2		

续表

年份	受灾县合计	旱灾		涝灾		黄运洪灾		风灾县数	雹灾县数	虫灾县数	霜冻、海潮等县数
		县数	程度	县数	程度	县数	程度				
1882	32			1	小	24	中		6	1	
1883	63	1	小	18	小	43	特大		1		
1884	42	6	小	3	小	27	大	1	2	1	2
1885	52	7	小	4	小	35	大	1	2	2	1
1886	47	5	小	1	小	34	大	1	1	5	
1887	33	3	小	5	小	20	中			4	1
1888	90	23	中	45	中	11	中		4	2	5
1889	37	5	小	10	小	20	中		2		
1890	70	1	小	40	中	22	中		1	1	5
1891	34	3	小	6	小	1	小	2	1	10	11
1892	68	8	小	21	中	23	中		3	9	4
1893	28	1	小	7	小	5	小	2	4	1	8
1894	31	1	小	8	小	18	中	1	3		
1895	36			13	小	19	中	2	1	1	
1896	24	4	小	10	小	5	小	1	2	2	
1897	35	4	小	13	小	13	中	1	3	1	
1898	70	2	小	19	小	44	特大		1	4	
1899	84	41	中	7	小	17	中	3	3	12	1
1900	64	28	小	10	小	11	中		1	10	4
1901	31	2	小	14	小	7	小	5	3		
1902	26	9	小	4	小	6	小	1	3	3	
1903	25	4	小	10	小	3	小	2	3	2	1
1904	13	2	小	4	小	6	小		1		
1905	9	2	小	3	小			1	2	1	
1906	19	5	小	3	小			3	1	7	
1907	29	13	小	2	小	8	小		5	1	
1908	76	38	中	18	小	5	小		5	1	

续表

年份	受灾县合计	旱灾		涝灾		黄运洪灾		风灾县数	雹灾县数	虫灾县数	霜冻、海潮等县数
		县数	程度	县数	程度	县数	程度				
1909	74	34	中	20	中	3	小	2	1	12	2
1910	34	2	小	9	小	3	小		5		15
1911	67	1	小	56	大	3	小	1	3	1	2
合计	3951	1206		1082		1069		126	168	209	91

表 9－4　　民国时期（1912—1949）山东受灾县数统计表①

年份	受灾县分类数						
	合计	旱灾	水灾	风雹灾	病虫灾	霜冻灾	其他灾
1912	5	2	2		1		
1913	14	5	7		2		
1914	29	5	15	4	2	1	2
1915	22	1	8	5	7		1
1916	24	3	1	5	14		1
1917	35	10	19	1	5		
1918	25	5	8	1	5		6
1919	50	16	3	5	20		6
1920	44	27	3	4	3	1	6
1921	33	2	26	1	2	1	1
1922	20	4	8	5	1	1	1
1923	12	1	6	2	1	2	
1924	17	6	5	3	1		2
1925	19	2	10	3	2		2
1926	43	7	22	12	1		1
1927	74	54	5	6	9		

① 山东省地方志编纂委员会:《山东省志·民政志》,山东人民出版社 1992 年版,第 134—135 页。

续表

年份	受灾县分类数						
	合计	旱灾	水灾	风雹灾	病虫灾	霜冻灾	其他灾
1928	98	23	17	6	48		4
1929	60	7	14	25	7	7	
1930	37	7	25	1	2		2
1931	69		63	3	1		2
1932	24	2	16		6		
1933	35		32	2	1		
1934	43	7	32	1	2		1
1935	104	25	76	3			
1936	2	1			1		
1937	32		7				25
1938	21	7	9		5		
1939	98	53	15	16	14		
1940	82	14	35	7	21		5
1941	58	9	5	32	12		
1942	61	23	26	12			
1943	25	7	2	2	14		
1944	78	38	15	7	18		
1945	10	2	2		6		
1946	16		10	3	3		
1947	77	26	41	5	5		
1948	73		55	7	6		5
1949	144	37	53	26	28		
合计	1709	437	697	215	277	13	70

晚清政府在山东共设有10府3直隶州，其中德州、东平州、滨州、莒州、濮州、高唐州、宁海州、平度州、胶州等虽名为州，下无属县，因此将这9州也可当作县看，则山东有107县。1913年，民国北京政府将上述9个州改称县。1914年6月，民国北京政府将山东分为济南道、济宁道、东临道、胶东道

四道，下辖县仍为107县。据表9－3、表9－4，制作近代山东地域受灾县域年次频率表，如表9－5所示。

表9－5　　近代山东地域受灾县域年次频率表

范围	1/10县以内	1/5县以内	1/2县以上	2/3县以上	3/4县以上
晚清（1840—1911）	1年次	2年次	36年次	15年次	11年次
民国（1912—1949）	3年次	9年次	11年次	9年次	5年次

由表9－5知，晚清时期山东平均每年有55县受灾，71年历史中，每年都有灾，一半以上县域受灾的年份有36年，平均每两年就有一次半数以上的县域受灾。民国时期山东平均每年有45县受灾，38年历史中，每年都有灾，一半以上县域受灾的年份有11年。受灾频率之高、烈度之剧，实不可与唐五代380年山东300年无灾患的历史同日而语。

上述频繁的水旱灾害与官府无为、兵、匪等人祸相互构陷①，致使近代以来山东的小农在作物选择、基础设施等方面始终处于救灾应激的状态，“遇水旱蝗蠡，防御无术，往往成灾”②，农业生产不断地回到低水平线上运行。治史者因之切责政府无为，水旱无所备，“一任斯民之自为消长，而不为之所，又何怪农村之破产也！”③

（二）近代山东农业的粮、棉、油、果生产

1920年前后，山东进行了各县域乡土大调查，涉及农业的调查内容有农产品、蔬果、棉桑、牧畜、农家手工副业等项，结集为《山东各县乡土调查录》，颇能反映近代山东各县农业生产的一般情形，只是其农产品只列了大宗产品的种类及特别出产品，如莘县的特别出产品为“葶荠”④，不见其详。另一项二十世纪三十年代的调查指出，近代山东农产物种类“计五十三种，

① 参见李庆华：《鲁西地区的灾荒、变乱与地方应对（1855—1937）》，齐鲁书社2008年版；董传岭：《晚清自然灾害与乡村社会研究——以山东为例》，中国文史出版社2014年版。

② 民国《平度县续志》卷十，载《中国地方志集成·山东府县志辑》第43册，凤凰出版社等2004年版，第592页。

③ 民国《续修临沂县志》卷九，载《中国地方志集成·山东府县志辑》第58册，凤凰出版社等2004年版，第278页。

④ 林修竹编：《山东各县乡土调查录》第3册，山东省长公署教育科印行1920年版，第33页。

凡十一大类。五谷杂粮类凡小麦、大麦、高粱、玉蜀黍、粟、甘薯、大豆、绿豆、黍稷、米、芝麻、花生等十二种；工业原料类凡棉花、烟叶二种；蔬菜类凡白菜、葱、蒜、萝卜等四种。蚕桑类凡蚕桑两种；药材类凡沙参，其他等两种；水果类凡桃、梨、萍（苹）果、花红、柿、葡萄、枣、杏、山楂、栗、樱桃、石榴、核桃、西瓜、甜瓜、藕等十六种；家畜类凡牛、羊、猪、马、骡、驴等六种、畜产类凡羊毛、羊皮、牛皮等三种；家禽类凡鸡、鸭、鹅三种；蛋类凡鸡蛋、鸭蛋等二种；林业类林产一种”①。尽管上述十一类的分类不尽完善，产品也不止于所列的五十三种，却也涉及了当时农业生产的各个方面。

就上面的调查结果而言，以五谷杂粮、工业原料、水果、蔬菜为农业生产的主体。“五谷杂粮类中，栽培面积以小麦为最大，大豆次之，高粱又次之，粟居第三，余为玉蜀黍、绿豆、花生、甘薯、大麦、黍稷、芝麻，而以米为最少。”②小麦栽培面积最大，因为小麦是二年三熟制中唯一价值高的冬作物。前文已述山东的积温条件满足粮食生产的二年三熟生产需求，其最普遍的作物安排是麦、豆、粟或高粱的轮作，如潍县“农产以小麦、大豆、高粱、谷为大宗。高粱与谷皆清明前播种，秋分后收获，接种小麦，于翌年芒种后收获，收获后种豆，豆之成熟最速，百余日至寒露，即可登场，所谓二岁三熟者也”③。因为采用二年三熟粮食生产制，所以大多数县域的粮食皆以小麦、大豆为大宗，《山东各县乡土调查录》“农产”一目对此已有详述，如莘县农产以麦、豆、高粱、谷子为大宗，玉秫、黍稷次之④。

晚清、民国时期山东的粮食农作物布局与前一时期无大差异，只是视土质、水源变异而稍有变化，主要表现在水稻生产上。稻为喜水作物，农民在作物选择上，近水源处通常种植水稻，如历城县“城北一带，为大明湖水汇潴之地，半属水田”“城北稻田莲塘，出产颇丰，稻米、莲藕、蒲笋、茭白均为特

① 实业部国际贸易局编纂：《中国实业志：全国实业调查报告之三　山东省》第5编，宗青图书公司1934年版，第戊1页。

② 实业部国际贸易局编纂：《中国实业志：全国实业调查报告之三　山东省》第5编，宗青图书公司1934年版，第戊2页。

③ 民国《潍县志稿》卷二十四，载《中国地方志集成·山东府县志辑》第40册，凤凰出版社等2004年版，第547页。

④ 林修竹编：《山东各县乡土调查录》第3册，山东省长公署教育科印行1920年版，第33页。

产”①。但近代以来黄河、运河等河患带来的沙碱化问题使农民不能再选择种稻，如东平县“先是东北芦泉一带旧多种稻，今已无。惟各乡容有种旱稻者，为数亦微”②。“黄运两河流域，虽有河流，但多沙土，根本不适稻之栽培。其有种植者，皆为旱稻，色红味香，与普通之米不同，且非为人民之主要食物。全省种植者，仅桓台、博兴、历城、费县、日照、沂水、莱芜、章邱等八县，面积凡四六、二七九市亩。”③但这个统计数据并不全面，在各县近湖泊、水系等处多有种水稻者，不止于上述八县。如广饶县水稻“间有种者”④。牟平县五区水道一带有水田，“宜种秽稻，所产香稻颇著名，而稻田价格亦比普通各地昂贵”⑤。临淄县水稻“邑中诸水多产之，系水尤伙”⑥。曲阜县“城南沂河北岸有水田百余亩，产香稻，为县内特产”⑦。临沂县沂、涑、洳水沿岸等地，稻“有糯稻、饭稻之分。糯稻性黏，宜炒米造糕、为稷、制饧。饭稻即粳米，种有脱壳白、大白芒，宜中田；大红芒、小红芒，宜洼田；又有一种俗名水牛皮，宜水田。县境种稻者，以四区北部为最多，米与五区小茅茨产者同为上品，二区大塘崖陷泥湖产者次之”⑧。临邑县水稻“有糯、秔二种，无旱稻”，民间最为看重稻米，“土人非燕宾不以炊，一郡食稻者，赖以贩给”⑨。新城县“稻为湖产”⑩。齐河县“滨黄河之处，终年积水，多有芟除芦苇试种

---

① 林修竹编：《山东各县乡土调查录》第 1 册，山东省长公署教育科印行 1920 年版，第 1、10 页。

② 民国《东平县志》卷四，载《中国地方志集成·山东府县志辑》第 66 册，凤凰出版社等 2004 年版，第 30 页。

③ 实业部国际贸易局编纂：《中国实业志：全国实业调查报告之三　山东省》第 5 编，宗青图书公司 1934 年版，第戊 381 页。

④ 民国《续修广饶县志》卷一，载《中国地方志集成·山东府县志辑》第 29 册，凤凰出版社等 2004 年版，第 27 页。

⑤ 民国《牟平县志》卷五，载《中国地方志集成·山东府县志辑》第 55 册，凤凰出版社等 2004 年版，第 199 页。

⑥ 民国《临淄县志》卷十二，载《中国地方志集成·山东府县志辑》第 8 册，凤凰出版社等 2004 年版，第 118 页。

⑦ 民国《续修曲阜县志》卷五，载《中国地方志集成·山东府县志辑》第 74 册，凤凰出版社等 2004 年版，第 116 页。

⑧ 民国《续修临沂县志》卷九，载《中国地方志集成·山东府县志辑》第 58 册，凤凰出版社等 2004 年版，第 279 页。

⑨ 民国《续修临邑县志》卷二，载《中国地方志集成·山东府县志辑》第 15 册，凤凰出版社等 2004 年版，第 482 页。

⑩ 民国《新城县志》卷三，载《中国地方志集成·山东府县志辑》第 28 册，凤凰出版社等 2004 年版，第 52 页。

水稻者。春晚分秧,秋末成熟,经砻轧成米,不亚于南省所出”①。长清县土产表中有稻,“有水、旱两种”②。1934 年的实际调查表明:山东共有水田 1048578 亩③,当然这些水田并不全是种水稻,其中有相当一部分种䅟。

近代山东五谷杂粮生产的情形可由表 9－6 得其详。

表 9－6　1914—1949 年山东省五谷杂粮种植面积、产量及产额表④

种植面积:千市亩　　产量:千市担　　产额:市斤/市亩

年度	籼粳稻			糯稻			小麦		
	种植面积	产量	产额	种植面积	产量	产额	种植面积	产量	产额
1914	553	706	127	—	—	—	38913	77870	184
1915	463	308	61	2098	1341	59	31617	46050	134
1916	1342	982	68	838	572	63	43865	24224	51
1918	1012	652	59	386	281	67	33345	3123	53
1924—1929	156	525	337	25	97	388	45812	72931	159
1931	173	—	—	—	—	—	51677	76999	149
1932	182	—	—	—	—	—	54185	79652	147
1933	194	159	82	122	—	—	50172	75760	151
1934	183	178	97	129	166	129	52856	73470	139
1935	173	141	82	156	166	105	54482	67297	124
1936	194	211	109	193	290	150	51730	71021	137
1937	190	178	94	167	244	146	43391	57733	133
1946	1135	1063	92	—	—	—	52727	55687	106
1947	1004	1054	105	—	—	—	37367	51205	137
1949	230	345	150	—	—	—	54287	41623	77

① 民国《齐河县志》卷十七,载《中国地方志集成·山东府县志辑》第 13 册,凤凰出版社等 2004 年版,第 131 页。

② 民国《长清县志》卷二,载《中国地方志集成·山东府县志辑》第 60 册,凤凰出版社等 2004 年版,第 172 页。

③ 实业部国际贸易局编纂:《中国实业志:全国实业调查报告之三　山东省》第 2 编,宗青图书公司 1934 年版,第乙1 页。

④ 许道夫:《中国近代农业生产及贸易统计资料》,上海人民出版社 1983 年版,第 17—19 页。

续表一

年度	玉米			大麦			燕麦		
	种植面积	产量	产额	种植面积	产量	产额	种植面积	产量	产额
1914	3055	4673	141	4281	7676	167	1000	1740	140
1915	2230	2027	81	3168	2839	83	—	—	—
1916	2897	3312	105	4009	2451	56	—	—	—
1918	285	479	155	4569	49096	50	124	176	131
1924—1929	5516	9357	170	3384	5556	164	1123	2072	185
1931	9549	18525	194	5280	8237	156	—	—	—
1932	10982	20646	188	5233	7902	151	—	—	—
1933	7958	13608	171	4631	7224	156	273	319	117
1934	7546	13960	185	4928	7244	147	256	315	123
1935	9519	19030	200	5386	6660	124	145	83	57
1936	8205	14838	181	4817	7071	147	94	118	126
1937	7537	11890	158	4161	5975	144	46	54	117
1946	8567	14478	169	2652	4190	158	581	447	77
1947	8567	13707	160	2612	3422	131	612	728	118

续表二

年度	高粱			谷子			糜子		
	种植面积	产量	产额	种植面积	产量	产额	种植面积	产量	产额
1914	28353	73405	239	—	—	—	11597	2925	23
1915	20829	52419	225	—	—	—	4125	23856	533
1916	20159	22300	102	—	—	—	4036	4180	95
1918	18869	26962	127	7195	14516	186	3007	4769	159
1924—1929	20504	43448	212	19506	44929	230	—	—	—
1931	21335	44590	209	16355	37617	230	4016	6908	172
1932	18568	41592	224	16249	36723	226	3836	6598	172
1933	17854	36779	206	17662	37267	211	2997	4675	156
1934	17631	34733	197	17211	38897	226	3248	4255	131
1935	16018	34869	218	15197	35638	235	2900	5310	183
1936	16701	42514	255	15992	39644	247	2770	4984	180
1937	17600	35398	201	15761	32059	203	2558	3443	135
1946	16318	34105	209	19683	39563	201	—	—	—
1947	13218	23264	176	20470	35208	172	3643	4663	128

续表三

年度	甘薯			豌豆			蚕豆		
	种植面积	产量	产额	种植面积	产量	产额	种植面积	产量	产额
1924—1929	1897	24397	1286	—	—	—	1220	2540	208
1931	3124	43080	1379	—	—	—	—	—	—
1932	2853	40912	1434	—	—	—	—	—	—
1933	3396	50600	1490	2100	2709	129	327	284	87
1934	3393	46179	1363	1992	2649	133	195	176	90
1935	3563	45030	1264	2318	2272	98	251	200	80
1936	3795	49724	1311	1851	2186	118	216	185	86
1937	3746	41801	1116	1714	1985	116	126	114	90
1946	3570	43982	1232	2244	2940	131	714	600	84
1947	3392	34293	1011	1122	1447	129	510	459	90

棉花是明代以来山东地域最普遍的经济作物品种，沙壤地皆宜种棉。然而近代以来，由于采用美棉等品种及气温的限制，棉地已不能再如前代那样编入二年三熟制系统，只能一年一作。“鲁省气候较寒，农作物之播种早而收获迟，衔接种植之农产物，只能一作，棉花其一也，鲁省秋季农作物，多系小麦，收获最迟，继植棉花，则播种期已过，棉花之收获期亦迟，继种小麦，则播种时已入深秋，不能生长，况鲁省棉种，晚熟之洋棉为多，洋棉收获后，绝对不能种麦，是故鲁省农田之从事棉作者，年只一熟”①。这应当是近代以来山东地域农业生产变化较大的情况了。

近代山东棉花生产仍向前代一样有三大棉区：“目下鲁省棉产，遍黄河两岸，约可分为三区：黄河以北，津浦路以西，为鲁西区，主要产地为临清、高唐、恩县、夏津、清平、禹城、馆陶、堂邑、冠县、邱县等处；黄河以北，津浦路以东，及小清河流域，为鲁东区，主要产地为滨县、蒲台、商河、博兴、广饶、高苑、齐东等处；黄河以南为鲁南区，主要产地为曹县、钜野、单县、菏泽等处。”②

清末以来，山东棉花生产量逐渐提高，“棉为鲁西一带重要之产物，近来多采用美种，以其为长绒也。其最长之绒能达一吋五分乃至八分。茬（应为

① 实业部国际贸易局编纂：《中国实业志：全国实业调查报告之三　山东省》第 5 编，宗青图书公司 1934 年版，第戊 162 页。

② 实业部国际贸易局编纂：《中国实业志：全国实业调查报告之三　山东省》第 5 编，宗青图书公司 1934 年版，第戊 115 页。

"茌"——引者注)邑所产虽不及高唐、夏津之多,然实为农家唯一之产物,因无经营,织物者不在少数也"①。临清县的农产属"最著者为棉花,产棉区占全部土地十分之六,每年出口总额约六千万斤,诚土产之第一大宗"②。清平县的作物以棉、粮、油作物为主,其中"产量最丰者惟棉花,棉田占全部土地十分之七,每年出口约籽花五千万斤""至种苜蓿以供牧畜、种靛草以造颜料、种烟叶以制烟丝,则零星无几矣"③。清朝宣统三年(1911)山东省植棉面积约为190万亩,棉花总产量约为1748.5万公斤,棉花亩产量平均为9.2公斤。据1934年的《中国实业志》等资料,1918年至1948年山东省年均棉花种植面积约为288.6万亩,年均棉花4700万公斤,年均棉花亩产量为16.3公斤④,详见表9-7。

表9-7　　1911—1948年山东省棉花生产统计⑤

年份	植棉面积(万市亩)	总产量(千市斤)	亩产(每市亩/市斤)	植棉面积占全国(%)	棉花总产量占全国(%)
1911	190	349.8	18.4	—	—
1914	159.2	413.9	26	—	—
1915	135.4	379.1	28	—	—
1916	218.8	669.5	30.6	—	—
1918	226.1	719	31.8	—	—
1919	298	1047	35	9.74	9.91
1920	39.7	148	37	1.51	1.87
1921	216.1	345	16	8.27	5.43
1922	327.3	1176	36	10.56	12.03
1923	340.5	1624	47.7	12.46	19.43
1924	276.4	1097	39.7	10.37	12.01

① 民国《茌平县志》卷九,载《中国地方志集成·山东府县志辑》第90册,凤凰出版社等2004年版,第372页。

② 民国《临清县志》经济志,载《中国地方志集成·山东府县志辑》第95册,凤凰出版社等2004年版,第129页。

③ 民国《清平县志》实业篇,载《中国地方志集成·山东府县志辑》第89册,凤凰出版社等2004年版,第266页。

④ 山东省地方史志编纂委员会:《山东省志·农业志》上册,山东人民出版社2000年版,第392页。

⑤ 参见徐澜超:《近代山东棉花生产研究》,南京农业大学2009年硕士学位论文,第36页。

续表

年份	植棉面积（万市亩）	总产量（千市斤）	亩产（每市亩/市斤）	植棉面积占全国（%）	棉花总产量占全国（%）
1925	287	1165	40.6	11.02	13.22
1926	304.1	606	19.9	12.01	8.3
1927	293.8	830	28.3	11.49	10.55
1928	307.2	726	23.6	10.39	7.02
1929	392.5	1419	36.2	12.57	16.01
1930	606	2542	41.9	17.41	24.66
1931	738.4	2521	34.1	25.21	33.67
1932	633.8	2070	32.7	18.45	21.83
1933	496.1	1719	34.7	13.24	15.03
1934	508.7	1561	30.7	12.24	11.91
1935	166.8	476	28.5	5.14	5
1936	565.9	2095	37	7.77	9.07
1937	557.5	1630	29.2	5.31	7.27
1938	278.7	972	34.9	4.46	5.76
1939	176.2	653	37.1	3.58	4.72
1940	142.6	336	23.6	3.06	3.26
1941	354.1	1095	30.9	5.33	6.07
1942	488	1343	27.5	6.58	6.98
1943	339.4	612	18	5.5	4.55
1944	285.4	797	27.9	4.89	5.65
1945	163.4	474	29	3.41	4.03
1946	270.7	623	23	6.35	5.83
1947	384	1069	27.8	5.26	5.22
1948	517.6	1611	31.1	5.86	6.56

资料来源：《中华民国统计年鉴》，1948年；国民政府农林部棉产改进咨询委员会及全国纺织业联合会：《中国棉产统计》，1948年；许道夫：《中国近代农业生产及贸易资料统计》，上海人民出版社1983年版，第203—214页；山东省地方志编纂委员会：《山东省志·农业志》，山东人民出版社2000年版，第394—395页。

烟叶是山东地域次于棉花的经济作物，其品种有土烟、洋烟两种，"自美种烟草输入后，鲁省种烟者，美种占三分之二，土种占三分之一"[①]。其生产地的分布，"山东洋种烟叶，以胶济路沿线一带为最多；土种烟之分布，则并不集中，而散见于各县"[②]。1919 年，大公报的记者从济南向潍县，"默见两旁田野，每见蓬蓬勃勃如崧圃、如菜圃者，询之，则曰：此烟草也。该处种植烟草者，大抵十之二、三。由是而二十里堡以及坊子，四望平畴，青翠欲滴，周围五、六十里间，其烟草殆遍地皆是"[③]。卡赞宁甚至认为"在山东的烟草，统统是生产在山东铁路附近的四个县份当中，如潍县、安邱、青州与临淄"[④]。以烟草的播种面积论，则以临朐、潍县、临淄、益都四县最为集中[⑤]。烟叶的质量，以产地论，"则安邱为第一，潍居其次，辛店列第三，益都第四，谭家坊子居第五"[⑥]。由于烟叶的价值高，农民纷纷种植，1931 年前烟叶种植面积不断扩大，尤其是胶济铁路沿线的美种烟叶。

表 9－8　山东省胶济沿线历年美种烟叶栽培面积和产量的指数[⑦]

1913—1931　　　　1926 = 100[⑧]

年份	面积	产量	年份	面积	产量
1913	0.4	0.4	1916	58.9	58.4
1914	4.7	4.4	1917	88.4	79.8
1915	18.8	17.6	1918	113.1	75.4

① 实业部国际贸易局编纂：《中国实业志：全国实业调查报告之三　山东省》第 4 编，宗青图书公司 1934 年版，第戊 108 页。

② 实业部国际贸易局编纂：《中国实业志：全国实业调查报告之三　山东省》第 4 编，宗青图书公司 1934 年版，第戊 110 页。

③ 章有义编：《中国近代农业史资料 1912—1927》第 2 辑，生活·读书·新知三联出版社 1957 年版，第 225 页。

④ 章有义编：《中国近代农业史资料 1912—1927》第 2 辑，生活·读书·新知三联出版社 1957 年版，第 225 页。

⑤ 实业部国际贸易局编纂：《中国实业志：全国实业调查报告之三　山东省》第 4 编，宗青图书公司 1934 年版，第戊 110 页。

⑥ 实业部国际贸易局编纂：《中国实业志：全国实业调查报告之三　山东省》第 4 编，宗青图书公司 1934 年版，第戊 108 页。

⑦ 章有义编：《中国近代农业史资料 1912—1927》第 2 辑，生活·读书·新知三联出版社 1957 年版，第 202 页。

⑧ 据章有义编《中国近代农业史资料 1912—1927》第 2 辑第 201 页，1926 年山东烤烟产量为 15000 千镑。

续表

年份	面积	产量	年份	面积	产量
1919	202.0	197.5	1926	100.0	100.0
1920	279.9	333.0	1927	94.0	114.8
1921	363.8	359.7	1928	242.4	277.7
1922	140.1	97.2	1929	252.8	253.3
1923	239.8	261.3	1930	291.6	347.7
1924	251.8	227.1	1931	442.2	434.5
1925	138.4	158.6			

油是人们生活与生产的必需品，山东地域可用于榨油的作物有大豆、花生、芝麻以及油菜籽，以花生、大豆种植最多，一向是农家大宗出售之物。花生，“其仁可作点心及零食。而大宗则用以榨油，其粕则可作肥料及饲家畜用。本邑则用以饲猪，故较肥大云”①。花生的亩产量也比较高，“每亩可得三四百斤，取其仁打油，兴贩四出”②。“利益之厚，不逊于其他产品，故其种植，增加甚速”③。而山东因气候适宜且土多砂质，“凡他种作物不易滋长者，花生均可繁育，故农家种植者，几无县无之。而尤以莱芜、乐陵、曲阜、邹县、滕县、郯城、沂水、冠县、恩县、武城、朝城、莱阳、高密、诸城、日照为最多。总计全省连青岛威海卫在内，栽培花生者达八十二县”④。大豆种植，“各县分布，极为普遍，而尤以历城、高苑、滕县、汶上、峄县、临沂、郯城、菏泽、曹县、单县、郓城、清平、东平、范县、平度、胶县、益都、寿光、安邱、诸城一带为最多”⑤。四种常见油料作物的种植与产量情况见表9－9。

① 民国《茌平县志》卷九，载《中国地方志集成·山东府县志辑》第90册，凤凰出版社等2004年版，第353页。

② 光绪《费县志》卷一，载《中国地方志集成·山东府县志辑》第57册，凤凰出版社等2004年版，第42页。

③ 实业部国际贸易局编纂：《中国实业志：全国实业调查报告之三　山东省》第5编，宗青图书公司1934年版，第戊188页。

④ 实业部国际贸易局编纂：《中国实业志：全国实业调查报告之三　山东省》第5编，宗青图书公司1934年版，第戊188—189页。

⑤ 实业部国际贸易局编纂：《中国实业志：全国实业调查报告之三　山东省》第5编，宗青图书公司1934年版，第戊79页。

表 9－9 1914—1949 年山东省油料作物种植面积、产量及产额表①

种植面积：千市亩 产量：千市担 产额：市斤/市亩

年份	大豆			花生			芝麻			油菜籽		
	种植面积	产量	产额	种植面积	产量	产额	种植面积	产量	产额	种植面积	产量	产额
1914	16366	26144	138	1629	2474	1.4	—	—	—			
1915	12750	11803	85	2891	178934	5.713	—	—	—			
1916	16557	11450	63	2790	14561	4.812	—	—	—			
1918	16841	11908	65	2158	8428	0.6	252	82	30			
1924—29	27577	41581	151	3758	14970	398	—	—	—			
1931	17761	30904	171	—	—	—	—	—	—	561	533	95
1932	17963	28920	161	—	—	—	—	—	—	612	581	95
1933	20183	39962	198	4241	13995	330	2075	2262	109	586	498	85
1934	21071	37296	177	4700	14476	308	2181	2268	104	578	538	93
1935	20609	20990	102	4293	10383	242	1891	1703	90	406	453	112
1936	20072	35441	176	4407	13232	300	2104	2198	105	552	566	103
1937	18248	26825	147	4336	10700	247	1948	1459	75	442	304	69
1946	—	23865	—	—	7809	—	—	465	—	—	1422	—
1947	18542	26515	143	2869	6943	242	430	325	78	306	239	78
1949	28731	18678	65	4937	6348	129	379	142	46	209	178	85

山东气候适宜水果生产，“水果生产特丰，五谷而外，农民以此为一大副业。肥城之桃、莱阳之梨、鲁西一带之西瓜、烟台之苹果及葡萄，尤蜚声于国内”②。梨中名品为茌梨，或写作慈梨。茌梨品种的最初原产地在茌平县，传入莱阳后，尤其适合在莱阳生产，故又称“莱梨”：“莱梨名驰南北，为果中上品者指此。相传邑人于茌平得来。谷雨始花，仲秋实熟，皮粗糙而无渣滓，清香甜脆，远非河北雅梨、江苏砀山梨所及。”莱阳梨年产约二十万斤，“每熟时，商贩麇聚，分运青岛、烟台、济南，远及平津、辽沈、沪粤等处，咸呼为莱梨。”③高密县境内潍河两岸“杨柳荫翳，间植楂树，秋晚获利颇厚，为滨潍利源之一”。胶河下游“两岸多栽梨树，春际花开缤纷，秋售果实，获利颇

① 许道夫：《中国近代农业生产及贸易统计资料》，上海人民出版社 1983 年版，第 162 页。

② 实业部国际贸易局编纂：《中国实业志：全国实业调查报告之三 山东省》第 5 编，宗青图书公司 1934 年版，第戊 235 页。

③ 民国《莱阳县志》卷二，载《中国地方志集成·山东府县志辑》第 53 册，凤凰出版社等 2004 年版，第 336 页。

钜”①。山东亦产雅梨，“性丰产，能耐贮藏”，且“果肉纯白，质柔嫩而致密，味甘美”，故种者颇多，分布最广，“产于山东历城、章邱、邹平、齐河、长清、惠民、阳信、乐陵、商河、博平、高唐、恩县、武城、夏津、邱县、德县、平原、陵县、临邑、禹城、平阴、鄄城、荣成等处”②。

山东各县皆产水果，其普遍性的生产品种见表9－10。

表9－10　山东省各县所产水果类别表③

县名	水果类别	县名	水果类别
青岛市	桃、梨、苹果、葡萄、杏、山楂、樱桃	威海卫特区	梨、苹果、柿、西瓜、甜瓜
历城	桃、梨、苹果、柿、葡萄、枣、杏、山楂、栗、核桃、藕	博平	桃、梨、枣、杏、
章邱	桃、梨、柿、甜瓜、藕	茌平	桃、梨、葡萄、枣、杏
邹平	桃、梨、苹果、柿、栗、石榴、藕	清平	桃、梨、枣
淄川	梨、杏、山楂	莘县	枣、藕
长山	梨、苹果、柿、枣、杏、甜瓜	冠县	梨、桃、葡萄、枣、杏、甜瓜、藕
桓台	枣、杏、藕	馆陶	桃、梨、枣、杏、甜瓜
齐河	梨、杏、西瓜	高唐	梨、枣、西瓜
齐东	枣、甜瓜	恩县	梨、杏、枣、西瓜
济阳	梨、杏、山楂、西瓜、甜瓜	临清	桃、梨、葡萄、枣、杏、西瓜、甜瓜
长清	梨、柿、枣、杏、山楂、西瓜、甜瓜	武城	桃、梨、枣、杏、西瓜、甜瓜
博兴	枣、甜瓜、藕	夏津	桃、梨、枣、西瓜、甜瓜
高苑	杏、甜瓜	邱县	桃、梨、枣、杏、甜瓜
博山	梨、柿、山楂、甜瓜	德县	桃、梨、葡萄、枣、杏、西瓜、甜瓜
泰安	桃、梨、枣、山楂	德平	梨、枣、杏、西瓜

① 民国《高密县志》卷七，载《中国地方志集成·山东府县志辑》第41册，凤凰出版社等2004年版，第362页。

② 实业部国际贸易局编纂：《中国实业志：全国实业调查报告之三　山东省》第5编，宗青图书公司1934年版，第戊255页。

③ 参见实业部国际贸易局编纂：《中国实业志：全国实业调查报告之三　山东省》第5编，宗青图书公司1934年版，第戊237—241页。

续表

县名	水果类别	县名	水果类别
新泰	桃、梨、柿、葡萄、枣、山楂、核桃、甜瓜、藕	平原	桃、梨、枣、杏、西瓜、甜瓜
莱芜	梨、柿、枣、杏、山楂、藕	陵县	桃、梨、枣、杏、西瓜、甜瓜
肥城	桃、枣、甜瓜	临邑	桃、梨、枣、杏、西瓜、甜瓜、藕
惠民	梨、葡萄、枣、西瓜、甜瓜	禹城	桃、梨、葡萄、枣、西瓜、甜瓜、杏
阳信	梨、葡萄、枣、杏、石榴、西瓜、甜瓜	东平	桃、梨、柿、山楂、西瓜、甜瓜、藕
无棣	枣、甜瓜	东阿	梨、枣、杏、西瓜、甜瓜、桃
滨县	桃、梨、枣、杏、甜瓜	平阴	梨、柿、枣、杏、西瓜
利津	梨、苹果、枣、西瓜	阳谷	苹果、葡萄、枣、藕
乐陵	桃、梨、葡萄、枣、杏、甜瓜	寿张	梨、桃、柿、葡萄、杏、甜瓜
沾化	枣、甜瓜	濮县	甜瓜
蒲台	枣、西瓜、甜瓜	鄄城	梨、柿、葡萄、枣、杏、石榴、甜瓜、藕
商河	桃、梨、葡萄、枣、杏、甜瓜	朝城	桃、葡萄、枣
青城	枣、核桃	观城	梨、枣、甜瓜
滋阳	葡萄、枣、杏、石榴、西瓜、甜瓜、藕	范县	梨、枣、甜瓜
曲阜	西瓜	福山	梨、苹果、葡萄、杏、樱桃、甜瓜
宁阳	梨、柿、枣、杏、山楂、石榴、核桃、西瓜	蓬莱	桃、梨、苹果、柿、杏、甜瓜
邹县	梨、柿、葡萄、枣、杏、山楂、石榴、核桃	黄县	梨
滕县	梨、柿、葡萄、枣、杏、山楂、樱桃、石榴、西瓜、甜瓜	栖霞	梨、柿、樱桃、西瓜、甜瓜
泗水	梨、柿、枣、西瓜、藕	招远	桃、梨、苹果、柿、葡萄、杏、甜瓜
汶上	桃、梨、柿、葡萄、枣、杏、藕	莱阳	桃、栗、梨、杏、樱桃、甜瓜
峄县	梨、柿、葡萄、枣、杏、山楂、栗、樱桃、石榴、核桃、西瓜、甜瓜	牟平	桃、梨、苹果、柿、西瓜
济宁	桃、枣、杏、西瓜、甜瓜、藕	文登	梨、苹果、柿、山楂、甜瓜
荣成	桃、梨、苹果、柿、葡萄、杏、甜瓜	金乡	桃、梨、柿、葡萄、枣、杏、西瓜、甜瓜、藕

续表

县名	水果类别	县名	水果类别
海阳	柿、西瓜	嘉祥	桃、梨、柿、葡萄、枣、杏、樱桃、石榴、西瓜、甜瓜
掖县	桃、梨、苹果、葡萄、枣、杏、柿、山楂、西瓜、甜瓜	鱼台	桃、柿、葡萄、枣、杏、西瓜、甜瓜、藕
平度	桃、莱阳梨、柿、葡萄、杏、石榴、桃	临沂	梨、枣、栗、甜瓜、藕
潍县	梨、苹果、葡萄、杏、甜瓜	郯城	桃、梨、杏、栗
昌乐	桃、梨、柿、杏、西瓜	费县	桃、梨、苹果、柿、葡萄、杏、栗、核桃、西瓜、甜瓜、藕
胶县	桃、梨、柿、葡萄、杏、山楂、西瓜、甜瓜	蒙阴	梨、柿、甜瓜
高密	桃、杏、梨	莒县	桃、梨、柿、枣、杏、栗、樱桃、西瓜、甜瓜
即墨	梨、苹果、柿、葡萄、枣、杏	沂水	桃、梨、苹果、柿、枣、栗、核桃、藕
益都	桃、梨、柿、枣、杏、山楂、核桃	菏泽	桃、梨、苹果、柿、葡萄、枣、杏、山楂、石榴、核桃、西瓜、甜瓜、藕
临淄	梨、柿、枣、山楂、核桃、藕、杏	曹县	桃、梨、柿、葡萄、枣、杏、樱桃、石榴、核桃、西瓜、甜瓜、藕
广饶	梨、甜瓜、藕	单县	桃、梨、柿、葡萄、枣、杏、石榴、西瓜、甜瓜、藕
寿光	枣、杏、核桃、甜瓜	城武	桃、梨、柿、葡萄、枣、杏、石榴、核桃、西瓜、甜瓜、藕
昌邑	桃、梨、柿、甜瓜、杏	定陶	桃、梨、柿、葡萄、枣、杏、西瓜、甜瓜、藕
临朐	柿、山楂、栗、核桃	钜野	梨、柿、葡萄、枣、杏、石榴、核桃、西瓜、甜瓜、藕
安邱	桃、梨、葡萄、杏、山楂	郓城	桃、枣、柿、葡萄、梨、杏、石榴、西瓜、甜瓜
日照	桃、梨、柿、葡萄、枣、杏、栗、甜瓜、核桃	聊城	枣
诸城	桃、梨、杏、栗、核桃、西瓜、甜瓜	堂邑	梨

各地种植水果既多,产量亦丰,除少数耐贮藏的水果外,大都行销国内外,具体销量情形见表9－11。

表9－11　　近代山东省水果产销表①

果别	株数	1933 产量(市担)	常年产量	各县之外销量 总数(市担)
桃	3155090	2244842	2179750	587500
梨	2829100	4336810	4785790	2256920
苹果	1468415	515230	528185	296514
花红	809200	541130	560105	226400
柿	1739500	3333600	3384670	963800
葡萄	634310	385370	401930	79650
枣	7599330	2056793	2296065	1192280
杏	2135830	1551518	1574210	685700
山楂	1147200	955910	977960	519740
栗	810800	689540	646320	522300
樱桃	261770	193400	193740	81000
石榴	63290	45830	49130	4830
核桃	60800	38250	42500	9500
西瓜	148830 *	4334350	4463300	148500
甜瓜	138220 *	3640400	3658000	
藕	420200 *	4147450	4147450	825000
总计	22714635	29010423	29889105	8399634

* 此系亩数,非为株数,不在统计之内。

(三)近代山东农业的种、籽改良

传统农业于种子一节虽极重视,然无科学良法,最多只是做到选种而已,如高密县的麦、谷、豆、玉米等"种籽之改良,不过播种时尽力淘汰,或易

① 实业部国际贸易局编纂:《中国实业志:全国实业调查报告之三　山东省》第5编,宗青图书公司1934年版,第戊236—237页。

地采换,使稂莠较为减轻、生发畅茂而已,固无其他改良方法”①。

近代山东农业生产领域发展的一个重要进程,是引入外域农业资源进行本土农业生产的种、籽改良,它包括农作物品种、林木引进和家畜繁育等多个方面。尤其“近代农作物新品种的引进与推广,是传统农业改良并向近代农业形态过渡的一项重要内容”②。实施引入工作的机构是农事实验场。

1. 棉种引进

在农业领域,清末新政时期成立的商部是全国的最高农政机关,在商部的指挥下,山东地方政府先后成立了垦务局、湖田局、垦丈局等机构,负责土地开垦;成立了河务局、运河工程局、小清河工程局等机构,负责水利工程兴修。在新政政策下,晚清山东地方官府设立了一批农业学堂及附设有农科的新式学堂。1906 年,山东设立高等农业学堂,以“授高等农业学艺”为办学宗旨,培养农业技术人员和管理人员。

1903 年,山东第一个农事试验场由济南农桑总会在济南城东七里堡成立,这是山东农业试验的开端。农事试验场成立后,积极从事粮食、林果的栽培试验,1906 年农场开始引入美国棉种,从事栽培驯化试验。山东于 1904 年首次引进美国棉品种,“当时农工商务局,曾以千数百金购入美棉大宗,散布产棉各县试种数年”③,但这次引种主要是直接推广种子,由于未经驯化,种子又不纯,播种期又迟,未获成功。1906 年,山东商务局将从美国采购的棉种发给东昌产棉地试种,获得成功。此棉种每亩可收棉 100 斤至 200 斤不等,纤维细长,利于纺织,大大优于本地棉种,因此次年山东官府刊印《植美棉简法》,随同种子分发,组织全省推广种植美棉。1913 年,新成立的山东农事试验场着手引进美国新棉种,并进行中美棉品种比较试验,试验结果证实美国棉种品质确实优于中国棉种,“舶来种品质最良,其纤维洁白细长,虽秋末少被霜害,然收量尚多,尤以海门特产棉为最”④。

但早期美棉的引入并不算很成功,研究者认为其原因有二:一是推广流程不当。引入的棉花种子直接分发给农民种植,其间未经挑优去劣和驯化

① 民国《高密县志》卷七,载《中国地方志集成·山东府县志辑》第 41 册,凤凰出版社等 2004 年版,第 360 页。

② 庄维民:《近代山东市场经济的变迁》,中国社会科学出版社 2015 年版,第 455 页。

③ 杨熙光:《山东种植美棉之经过与将来》,《中华农学会报》1922 年第 10 期。

④ 阙名:《山东农事试验场成绩报告》,《农商公报》第 1 卷,1915 年第 12 期。

环节，种三四年后品种退化，与土种无异，而且“其买卖价格与土种亦不甚上下，故农民多不重视之”①。二是传统“拾荒花”的习俗使农民不大情愿种美棉。山东地域十月“涤场以后，棉花在野，取之不禁”②。“1896 年，传教士明恩溥报道说，某些从一个村子到另一个村子的妇女，外出 10 多天，仅是为了拾棉。”③近代“贫困者对美棉的抗拒源于这种新作物看似无伤大雅的特征：它们需要比土棉多花 2 ~ 4 周成熟。因此，在鲁西地区结束收割的传统日子里，新品种尚未成熟，并与收割后允许拾荒者进入田中拾取任何剩余物的当地惯例相冲突。20 世纪 20 年代，这个问题延迟了鲁西北地区新品种的推广，并至少迟至 1934 年，还继续困扰着鲁西南的新棉推广者”④。允许“拾荒”本来是当地的一种良俗，而实际上引发的变异却导致当地人们对“拾荒”行为早已深恶痛绝，“女流结伴成群，名拾穗，而暗行偷窃。木棉收拾未尽，号‘閧花’而无异行强”⑤。

20 世纪 20 年代前后，山东各棉作区又开始了新一轮的美棉引种与推广。1918 年，北洋政府农商部购进大批美棉新品种——脱字棉（Trice），大宗拨发山东，以供棉区推广。“山东实业厅则于同年在临清设立棉业试验场，专门试验、驯化和繁育引进的美棉。当时临清棉场引种的美棉计有脱字棉、爱字棉（Acola）、金字棉（King）、隆字棉（Lone Star）、埃及棉（Egyptian）、海岛棉（Sea Island）、胡老利棉（Durango）、哥伦比亚棉（Columbia）等八个品种，而重点驯化繁育的品种则为脱字棉。在连续繁育成功后，山东实业厅又于 1922—1924 年间陆续购进多批脱字棉新棉种，集中在鲁西、鲁北棉区推广。到（20 世纪）30 年代，脱字棉逐渐成为山东栽培面积最广的美棉品种。”⑥

---

① 陈训昶：《山东之棉业》，转引自庄维民《近代山东市场经济的变迁》，中国社会科学出版社 2015 年版，第 456 页。

② 民国《齐河县志》卷十二，载《中国地方志集成 · 山东府县志辑》第 13 册，凤凰出版社等 2004 年版，第 73 页。

③ 〔美〕彭慕兰：《腹地的构建：华北内地的国家、社会和经济（1853—1937）》，马俊亚译，社会科学文献出版社 2005 年版，第 70 页。

④ 〔美〕彭慕兰：《腹地的构建：华北内地的国家、社会和经济（1853—1937）》，马俊亚译，社会科学文献出版社 2005 年版，第 67—68 页。

⑤ 道光《钜野县志》卷二十三，载《中国地方志集成 · 山东府县志辑》83 册，凤凰出版社等 2004 年版，第 514 页。

⑥ 庄维民：《近代山东市场经济的变迁》，中国社会科学出版社 2015 年版，第 457 页。

1926年，山东于齐东县设立第二棉业试验场，“驯育美棉，并改良中棉”①。在农场的推动下，当地百姓开始接受并种植美棉，如长清县，“近十年来略有希望之事，如城南一带之棉业，受肥城影响，稍稍发达，已推广至数十里。民国二十年(1931)经县购美棉，分发各区，指导种植，至二十三年(1934)整枝、防虫方法进步，共计种棉620亩”②。东平县“向不产棉，近年东北山乡种者颇多。又有一种美棉，俗名洋棉花，较本地棉纤维长而绒头大，农家亦间有种者”③。渐次推广的结果，“近岁美棉盛行，占棉植十之八、九”④。“旧俗，农民多种土产小棉，现改种美棉，云是美国种子，花较土棉肥大，棉絮洁白，用以纺织固宜，运销出售获利亦厚。”⑤“到1934年，全省产棉县中，除东平、东阿、博平、嘉祥、鱼台等少数几个县外，无不种植美棉，而清平、夏津、临清、高唐、恩县、邹平诸县的美棉总产量，一般超过当地中棉产量2—3倍。可以说，美棉种植这时已融入棉区农业生产系统，并形成稳定的种植结构。”⑥这种稳定的种植结构，是与改良后的中棉紧密结合的，“鲁省洋棉之种植面积，虽较逊于中棉，然亦遍布各棉区，以其适合于山东之风土也，但以中棉之抵抗力强，出穰率较高，棉农之种植中棉者尤夥，产棉各处，极少单纯种植洋棉或中棉者”。“鲁省棉农，每将土种棉及美棉杂种，种植中棉之区，固杂种美棉，而盛产美棉之区，亦杂种土棉”。⑦

2. 新花生品种的引种

山东土种花生壳薄仁小，生长迟，产量低，且收获时极费人工。“花生在十月底收获，这项工作非常吃力。如果花生不是收入的一个来源，花生蔓藤不是家畜饲料主要来源的话，人们早就放弃种植这种作物了。原先的做法

① 实业部国际贸易局编纂：《中国实业志：全国实业调查报告之三　山东省》第5编，宗青图书公司1934年版，第戊119页。

② 民国《长清县志》卷五，载《中国地方志集成·山东府县志辑》第60册，凤凰出版社等2004年版，第203页。

③ 民国《东平县志》卷四，载《中国地方志集成·山东府县志辑》第66册，凤凰出版社等2004年版，第35页。

④ 民国《夏津县志》卷七，载《中国地方志集成·山东府县志辑》第19册，凤凰出版社等2004年版，第394页。

⑤ 民国《续修平原县志》卷三，载《中国地方志集成·山东府县志辑》第16册，凤凰出版社等2004年版，第206页。

⑥ 庄维民：《近代山东市场经济的变迁》，中国社会科学出版社2015年版，第458页。

⑦ 实业部国际贸易局编纂：《中国实业志：全国实业调查报告之三　山东省》第5编，宗青图书公司1934年版，第戊120页。

是先把蔓藤割下来，搬离田地，然后用犁耕，使泥土变成包含花生的小块，再放在筛子（用木框和网状的铁丝制成）里筛，这时，泥土落下来，而花生留在筛子里。这种方法因为太费力，早在20年前就不用了。现在整个工作只需一个劳动力加一件工具——一把锄头即可。但工作更辛苦。农民把锄头举过头，狠狠地砸进植株周围的土地。他这样砸两三次，泥土就碎开，这时可以把根上附着花生的整个植株拔出来，并把留在地里的花生捡起来。整个收获过程需要经过长时间的体力消耗才能完成，多人合作并不能缩减工作或使工作轻松一点。"①

"光绪十三年（1887），邑教民袁克仁从美教士梅里士乞大种落花生，与人试种，后遂繁滋，旧种几绝。"②当时传入的外国花生品种有两种："（一）为外国大粒种，壳厚而仁大，茎高盈尺，五六月开花，八九月结实；（二）为外国小圆形种，壳圆而仁大，其开花结实与大粒种相同。此两种输出外国最多。"③

新花生品种种植人工省，产量高，很快得到推广。如冠县"土地多沙质，宜落花生，城东西及南方多种之。旧有小花生一种，粒小而皮薄，蔓生花密，暮秋收获，极费人工。清光绪末叶，渐改种大花生，粒大而皮厚，亦蔓生，收获法同之。近年多改种立秧花生，不蔓生而收获省工，计全县土产，花生占十分之一二"④。茌平县花生"有大小两种，大者传自美国，小者为土产。近来小者多被淘汰"⑤。临沂落花生的"小大两种，自光绪时，大者盛行，小者几废"⑥。莱阳县的花生，"光绪末，又有自外洋来者，颗粒较大，种植尤多，

---

① 〔美〕杨懋春：《一个中国村庄——山东台头》，张雄等译，江苏人民出版社2001年版，第22页。

② 民国《平度县续志》卷二，载《中国地方志集成·山东府县志辑》第43册，凤凰出版社等2004年版，第422页。

③ 实业部国际贸易局编纂：《中国实业志：全国实业调查报告之三　山东省》第5编，宗青图书公司1934年版，第戊189页。

④ 民国《冠县志》卷二，载《中国地方志集成·山东府县志辑》第91册，凤凰出版社等2004年版，第74页。

⑤ 民国《茌平县志》卷九，载《中国地方志集成·山东府县志辑》第90册，凤凰出版社等2004年版，第353页。

⑥ 民国《临沂县志》卷三，载《中国地方志集成·山东府县志辑》第58册，凤凰出版社等2004年版，第30页。

占全境农田约十分之一”[①];东平县的花生多种于“大小清河、汶河沿岸淤沙地”,有大小两种,“大者,光绪年间由西洋传来,俗名洋花生”,“今小花生渐少,大者日多”[②]。莒县的花生“旧惟(唯)有小者,清光绪间始输入大者,曰洋花生。岭地沙土皆艺之,易生多获,近为出口大宗”[③]。

3. 烟叶

自烟叶传入山东,就成为山东种烟地区小农家庭的一大经济来源。“民间好种烟叶,必择肥地,用十成粪,一亩之入,值数十千焉。次年种麦,其粪之余力犹可倍收。”[④]明代以来传入的烟叶称为土种烟,其叶厚而小,形似枇杷叶,故又名“枇杷种”[⑤]。山东传统土种烟采用晾晒加工的方式,色、香、味俱佳,尤以“青州烟”著称,远销各地,“大部份(分)向东汇于青岛,以待转运出口;小部分则向西聚于济南,或销本埠各烟厂,或输往天津上海”[⑥]。清末英美纸卷烟传入后,“洋纸烟盛行,土烟之利渐为所夺”。山东土烟“其叶既小,且于焙干整理等工作,又极幼稚,故销行之范围颇狭”[⑦]。

晒制的山东烟在色、香、味等方面都不适宜制作卷烟,此时英美烟草公司主动将其烤烟烟种及烘烤工艺引入中国,山东是国内引种美种烟“最早且成效最大的省份之一”[⑧]。

山东最早进行试种的地点是在威海的孟家庄。1910 年,美籍烟叶技师穆尔等负责主持,试种 256 亩美烟,但由于当时气候、土壤等自然条件不适合美烟生长,不得不停止试验,试种未获成功。1913 年,英美烟草公司在潍县坊子租地进行新一轮的试种,试种弗吉尼亚种(Virginia)和奥林诺科种

---

① 民国《莱阳县志》卷二,载《中国地方志集成·山东府县志辑》第 53 册,凤凰出版社等 2004 年版,第 331 页。

② 民国《东平县志》卷四,载《中国地方志集成·山东府县志辑》第 66 册,凤凰出版社等 2004 年版,第 31 页。

③ 民国《重修莒志》卷二十三,载《中国地方志集成·山东府县志辑》第 62 册,凤凰出版社等 2004 年版,第 189 页。

④ 吴树声:《沂水桑麻话》,咸丰四年(1854)刊本,标点本见《山东史志丛刊》1991 年第 4 期。

⑤ 实业部国际贸易局编纂:《中国实业志:全国实业调查报告之三　山东省》第 5 编,宗青图书公司 1934 年版,第戊 108 页。

⑥ 实业部国际贸易局编纂:《中国实业志:全国实业调查报告之三　山东省》第 5 编,宗青图书公司 1934 年版,第戊 112 页。

⑦ 实业部国际贸易局编纂:《中国实业志:全国实业调查报告之三　山东省》第 5 编,宗青图书公司 1934 年版,第戊 107 页。

⑧ 庄维民:《近代山东市场经济的变迁》,中国社会科学出版社 2015 年版,第 458 页。

(Orinoco)黄色烟草。这次试种非常顺利,烟叶生长茂盛,产量和质量均超过了当地土种烟叶。得益于潍坊适合的光热、土壤条件,试种美烟的烟叶质量特别好,最终用在了生产"哈德门"牌香烟上,其质量可与当时的英国名烟"三炮台"牌相媲美。1915 年春,英美烟草公司又在坊子一带分发美国 GoochTobaco 烟种一万余包,由农户自行试种。同时公司还派出技师,于春夏之时"分往各村乡传习种烟","于种植之法、烘制之方,不惮劳悴,循循善诱,且加以资助。迨收获之后,复概由公司购买,所给价格,又稍优异",结果"附近农民乃咸愿栽培,以求善价"①。英美烟草公司在坊子试种美烟成功后,"附近农民鉴于栽植美种烟叶较种谷类作物收入高出数倍,受了现实利益的刺激,纷纷改种美叶"②。美烟种植面积不断扩大,如昌乐县"自洋烟种输入,种土烟者渐稀"③。寿光县原种土烟,"运往益都、临朐制造丝烟。自美国烟种输入,种植者日多,西乡有一家种数亩者,成熟后熏干,运辛店、青州各车站,售外人为造卷烟之用"④。由于效益可观,"自美种烟草输入后,鲁省种烟者,美种占三分之二,土种占三分之一"⑤,到 1934 年,产美烟之县"总计三十七县共产 1275723 市担"⑥。

4. 其他种、籽资源的引入与改良

济南农桑总会成立后,1904 年,清政府饬令农桑总会"凡属可兴之利,可植之物,均令试种考验"。当时引入的农作物不少,玉米、粟、麦、蔬菜等都有引入,民间亦有试种,只是普及度不高。在莱阳县,麦"近有来自外洋者,曰美麦,种者无多"⑦。在平度县,"前数载或得洋谷、洋包儿米,试种之,气候地质不宜,今已绝""近日则洋菘、洋萝卜间输入,味殊劣,而圃人工射利,

---

① 陶昌善、谢恩隆:《调查山东坊子烟叶情形报告》,《农商公报》第 2 卷,1916 年第20 期。

② 上海社会科学院经济研究所编:《英美烟公司在华企业资料汇编》第 1 册,中华书局 1983 年版,第 264 页。

③ 民国《昌乐县续志》卷十二,载《中国地方志集成 · 山东府县志辑》第 35 册,凤凰出版社等 2004 年版,第 304 页。

④ 民国《寿光县志》卷十一,载《中国地方志集成 · 山东府县志辑》第 34 册,凤凰出版社等 2004 年版,第 261 页。

⑤ 实业部国际贸易局编纂:《中国实业志:全国实业调查报告之三　山东省》第 5 编,宗青图书公司 1934 年版,第戊 108 页。

⑥ 实业部国际贸易局编纂:《中国实业志:全国实业调查报告之三　山东省》第 5 编,宗青图书公司 1934 年版,第戊 110 页。

⑦ 民国《莱阳县志》卷二,载《中国地方志集成 · 山东府县志辑》第 53 册,凤凰出版社等 2004 年版,第 329 页。

其种植之法与蔬之品数，较道光时亦进而异矣”“洋柿子，或称番茄”“洋苹果，皮厚晚熟”“德人据青岛后，邑人又间种马铃薯，俗号地蛋”①。苹果，“山东苹果，大别可分两种，鲁西一带多土种，名曰甜子，实非苹果，而为林檎之一种。鲁东一带多洋种，系由美国教士传入者，烟台及其附近一带所产之香蕉苹果，尤蜚声于南北”②。

酿蜜之蜂最为民间之益，如清平县，“前数年间，境内育蜂场计十余处”③。为获取厚利，民间又引进了外国蜂种。如牟平县蜜蜂“有雌蜂、雄蜂、职蜂三种，聚群而居，采花酿蜜，变质成蜡，养蜂者以时割取。民国十八九年，我国盛行养蜂，购外国蜂种，用外国养蜂法，造王分群，皆以人工为之。本地蜂种几在淘汰之列”④。昌乐县，“旧日养蜂不甚重视，近自意大利蜂种输入，蜂业渐为农民所重，故所产蜜量大为增多”⑤。

1925 年，南京金陵大学与美国康涅狄格大学及纽约世界教育会联合在山东济南、峄县等十个地区兴办农场，从事小麦、高粱、大豆、玉米等粮食作物的选育改良。济南合办农场在抗战前夕育成著名小麦品种济南 195 号。“195 号小麦不仅产量高，比一般小麦品种增产 25% 左右，而且抗病力强，耐旱，成熟期早，出粉率达 85%。”⑥济南 195 号小麦以其优良品质，在齐鲁大学的组织推广下，扩展到胶济铁路和津浦铁路沿线地区，以及鲁西、鲁南的部分地区。

养殖业的畜种改良始自德占胶澳时期。德国人在侵占胶澳后，将产自欧洲的牛、马运入青岛，一部分拨给德华学校李村农场做饲育试验。由于气候不适，首批引入的种畜最后所存无几。根据李村农场的改良试验结果：山东牛与洋种牛的一代杂种比原山东牛的体型大，第二、第三代逐步退化，体

---

① 民国《平度县续志》卷二，载《中国地方志集成·山东府县志辑》第 43 册，凤凰出版社等 2004 年版，第 422 页。

② 实业部国际贸易局编纂：《中国实业志：全国实业调查报告之三　山东省》第 5 编，宗青图书公司 1934 年版，第戊 268 页。

③ 民国《清平县志》实业篇，载《中国地方志集成·山东府县志辑》第 89 册，凤凰出版社等 2004 年版，第 265 页。

④ 民国《牟平县志》卷一，载《中国地方志集成·山东府县志辑》第 55 册，凤凰出版社等 2004 年版，第 50 页。

⑤ 民国《续修昌乐县志》卷十二，载《中国地方志集成·山东府县志辑》第 35 册，凤凰出版社等 2004 年版，第 303 页。

⑥ 庄维民：《近代山东市场经济的变迁》，中国社会科学出版社 2015 年版，第 451 页。

型变小,因此改良山东牛以半血种为宜。[①] 到1924年,山东牛与荷兰牛的杂交繁殖已进行到第四代,已进化成为纯粹欧种,这种杂交改良的品种不仅保留了山东牛皮毛光滑、生长发育快的特点,而且兼有了外来品种产乳量高的优点。[②] 民国初年,青岛、济南等地就已引入了巴克夏(Beikshire)、约克夏(Yorkshire)等良种猪,进行杂交改良试验。民间亦有养殖,如莱阳县,“近来自海外者,耳竖而小,俗呼洋猪”[③]。青岛、济南的农事试验场引入了西班牙美利奴羊、非洲萨堪种山羊及来航鸡、布拉麻种鸡、普利毛斯洛克种鸡等家畜,饲育繁殖,进行推广。长清农事试验场就拟“购买世界产卵最多之来葛洪鸡,以备改良鸡种;产乳最富之美利奴羊,以备改良羊种”[④]。

畜种的改良试验相当成功,如1930年,李村农场以巴克夏猪与当地海西种猪杂交,结果一、二代杂种猪的形体、产肉率及饲料利用率均胜过了当地猪种。1931年,邹县乡村建设研究院试验农场用波支猪与当地猪进行杂交,第一代杂种猪不仅肉质细嫩,而且产肉率高,当地猪产肉八九十斤,而杂种猪产肉可达一百三四十斤。[⑤] 在有了良种后,青岛、济南、邹县的农场还进行了品种推广,方法先是免费给农民的本地家畜配种,后来是由农户领养农场种畜,自行配种。1933年,青岛农林事务所颁行“免费给发种畜办法”,向周边农村配发乳用种牛、乳用山羊、绵羊和种猪,规定“凡领饲种畜的农户,在领饲期间(通常为1—3年),饲养护理费用均由领饲户自行承担,同时负有为周邻农户家畜配种的责任,领饲配种所得收益归其所有,但如领饲种猪,则须于领饲期内缴回幼种猪一对”[⑥]。这个方法取自于民间百姓传统的畜种配种方法,农家在获得优质畜种后,既推广了新品种,又方便了民间百姓的家畜配种。

以上是近代以来山东各类型种、籽改良的情况。种、籽改良的增收效果

---

① 参见庄维民:《近代山东市场经济的变迁》,中国社会科学出版社2015年版,第533—534页。

② 参见庄维民:《近代山东市场经济的变迁》,中国社会科学出版社2015年版,第534页。

③ 民国《莱阳县志》卷二,载《中国地方志集成·山东府县志辑》第53册,凤凰出版社等2004年版,第321页。

④ 民国《长清县志》卷五,载《中国地方志集成·山东府县志辑》第60册,凤凰出版社等2004年版,第203页。

⑤ 参见庄维民:《近代山东市场经济的变迁》,中国社会科学业出版社2015年版,第534—535页。

⑥ 庄维民:《近代山东市场经济的变迁》,中国社会科学出版社2015年版,第535页。

是显而易见的,对农民家庭增加收获量大有裨益,只可惜当时推广力度不够,如美麦就推广不力,"种者无多"。而实地调查表明:"种美棉、美麦比种中棉、中麦能多收一倍,种花生半粒种子和一粒种子一样生长,凡此都可证明改良种子以增加生产,并非难以做到之事。"①

(四)胶济铁路、通商口岸与农业生产布局

在近代以前,山东地域经济发展的大势是西强东弱,"东西六郡,地亩肥瘠不同,粮数、军数多寡迥异。西府地熟多荒少,东府地熟少荒多。西府滨漕运,商贾贸易,民繁利广。东郡地僻民贫,肩担背负,力无锥刀。东民憔悴,西民丰裕"②。这种经济西强东弱的情况在1855年以后逐渐改变,其诱因大概有三个:一是运河慢慢湮废,黄河、运河水患频繁导致农业自然环境变化,进而导致经济衰退。尽管之后的津浦铁路从德州进入山东境内,经济南、泰安、兖州,由济宁出境,与运河航线大致相若,然农业、工商经济状况亦不能回复到从前。二是1904年胶济铁路全线贯通,解决了此前东部地区"舟车不通"的交通难题,将山东沿海与内陆紧密地联系在一起。三是19世纪中叶以后,烟台、青岛先后被迫开放,从此与国际市场直接接轨,山东的口岸—腹地贸易格局形成。以上三个原因使近代以来山东经济格局为之一变,东西部强弱异势,由"西强东弱"转而为"东强西弱"。

胶济铁路东起青岛,西至济南,1899年9月动工,1904年6月全线通车,干线全长394.06公里。干线之外,还修筑了张店至博山支线38.87公里、淄川炭矿支线6.5公里,又修了自济南府东关车站起接至小清河南岸2里余的岔路③。19世纪20年代至30年代,山东又陆续修筑了多条公路,原来的驿路、商路相继被改造成更为宽阔、平坦的公路,到1937年,全省已有公路59条,合计长达6603公里④。铁路、公路、港口、小清河,形成了近代山东地域以铁路为轴的相对完善的物质流通系统。山东的花生、小麦、棉花、烟叶、豆类、

① 《山东省农业合作化史》编辑委员会编:《山东省农业合作化史料集》续编,山东人民出版社1991年版,第666页。

② 乾隆《潍县志》卷五,载《中国地方志集成·山东府县志辑》第40册,凤凰出版社等2004年版,第163页。

③ 中共青岛铁路地区工作委员会:《胶济铁路史》,山东人民出版社1961年版,第27—28页。

④ 黄棣侯主编:《山东公路史》,人民交通出版社1989年版,第94—97页。

豆油、水果、牲畜等各种农产土货通过水陆交通系统倾泻到各港口，同时各港口的洋纱、洋布、机器、纸张、煤油、火柴等物质，通过铁路、公路、水路运往内地。

通过表 9 – 13，可显而易见地看到山东内陆县的各类土货物质主要以胶济铁路为轴输送到青岛出口。

表 9 – 12　　山东港口商埠进出口货物名目表（1934 年）①

商埠名	出口土货	入口洋货	入口土货
青岛	花生仁、花生油、生丝、本色棉纱、烟叶、市布、棉花、蛋及蛋产品、煤、肉类、草帽辫、茧绸、猪鬃等	棉花、砂糖、烟草、石油、人造羊毛线、加工木材、面粉、棉货、纺织机械等	本色棉纱、烟草、面粉、纸、茶叶、棉花、粗细布、高粱
烟台	髪网、花边、茧绸、粉条、花生、草帽辫	棉纱、布匹、毛织品、五金、煤油、纸烟、火柴、糖、纸等各种日用品。	
龙口	粉干、草帽	五金、匹头、纸张、玻璃、肥皂、火柴、水泥等	

以铁路为轴的交通给山东地域农产品销售带来的变化是显著的。以益都县的杨家庄为例，杨家庄在未通铁路时，只是一个偏僻的小村，人户也只有六十余家，“无商业可言”。在有了铁路以后，兴起大小商家二十家，杨家庄成为一个商业集镇，一旦烟叶上市，外地客商设庄收买，邻近各村村民肩挑、车载到杨家庄出售，“成交烟叶年约有一百万元”②。货物的流通量也大为增加，就在胶济铁路开通的第二年，土货出口一下子就增加了三倍，较之以前“本属寥寥”的出口已不可同日而语，而出口激增的原因，“实因火车（通行），海口利便，受惠良多也”③。胶州“1904 年随胶济铁道开通而日渐发达。1900 年输出仅三万两，输入则十六万两。迨 1910 年，输出增至八百万两，输入增至千二百万两。迄去年（1920）则输出已跃至九百万两，输入更

① 实业部国际贸易局编纂：《中国实业志：全国实业调查报告之三　山东省》第 2 编各港口资料，宗青图书公司 1934 年版，第乙 144—147 页。

② 胶济铁路管理局车务处编：《胶济铁路经济调查报告汇编》分编四《益都县》，第 75—76 页。

③ 海关总税务司：《通商各关华洋贸易总册》胶州口，转引自宓汝成《帝国主义与中国铁路 1847～1949》，经济管理出版社 2007 年版，第 490 页。

增为二千万两"①。

农村的土货因新的交通格局而能迅速出售得到现金,农作物收益的计算变得直接明了,这直接促进了农民对现金收益高的作物的种植。比如花生最易出售,价格也高,就得到了越来越多地种植。在烟台的调查表明:"农民从花生得到的收益,据说比任何其[他]作物更为有利。用于花生生产的土地占耕地的三分之一,从下表中可以看出这十年中第一年和最后一年的花生产量(单位:担)。"②

表 9-13　　1922 年、1931 年烟台花生产量对比表

项别	1922	1931
带壳花生	56837	186435
花生仁	85168	93769

以出口为导向,改变了山东传统农业作物的生产布局,区域化的专业作物种植面积越来越大,在山东表现最为突出的作物莫过于花生,它愈来愈挤占了其他作物的种植面积。

表 9-14　　1900—1925 年花生种植占耕地面积百分比③

地区	1900	1915	1920	1924	1925
章邱	0.1	35	45	50	39
济阳	0.2	15	25	40	35
益都	—	—	10	10	19

而"被花生排挤的作物,山东为小麦和大豆。"④

---

① 章有义编:《中国近代农业史资料 1912—1927 年》第 2 辑,生活·读书·新知三联书店 1957 年版,第 132—133 页。

② 章有义编:《中国近代农业史资料 1912—1927 年》第 2 辑,生活·读书·新知三联书店 1957 年版,第 207 页。

③ 章有义编:《中国近代农业史资料 1912—1927 年》第 2 辑,生活·读书·新知三联书店 1957 年版,第 205 页。

④ 章有义编:《中国近代农业史资料 1912—1927 年》第 2 辑,生活·读书·新知三联书店 1957 年版,第 213 页。

表 9－15　被花生排挤的作物及种花生比较有利的调查表(1925 年)①

地区	被花生排挤的作物	种花生比种其他作物有利之点
章邱	小麦、大豆	较其他作物得利倍徙
济阳	小麦、大豆	利润高得多,土壤只宜种花生
益都	小麦、大豆	比较有利

花生排挤大豆、小麦的结果,使山东成了全国花生产量最高的省。青岛“出口土货,以花生占第一位,总计带壳之果、去壳之仁,以及制成之油与饼四项,近年(1927)出口价值约二千四五百万两。当 1908 年时,花生仁、花生油两项出口,各得 9 万余担,共值一百二十余万两,时经二十年,出口率亦增二十倍。盖花生宜于砂土,为山东之特产。据外人调查,山东种植花生之地可三百余万亩,而产量则得一亿七八千万石,约占全国产量五分之四,青岛出口者仅属其一部分,尚有多数由津浦路运至天津、浦口装船”②。

在小麦、大豆受排挤后,烟台开埠之初曾盛极一时的小麦出口逐渐消失了,而在前面的进出口货物名目表中,山东成了面粉的输入区。

同样的挤排现象也发生在棉花种植上,美棉的棉绒长,且产量二到三倍于本地棉,出售价格高。由于美棉成熟期晚,土地只能一年一熟,将原先二年三熟制中的冬小麦、豆、粟或高粱等粮食作物的时间挤占了。“当 1904 年时候,山东建造铁路,山东内地的农村经济已经有了转变,及世界大战爆发,东亚的纺织业更从此抬头,在青岛,便有日本内外棉的青岛纺织工场的开设,继续起来的工场很多。棉花价格,乘此步步高涨,种棉花,显然比其他农作物的利息雄厚,为此,棉花便侵入了其他作物的耕地。”③

总的而言,自胶济铁路、通商口岸形成港口—腹地经济互动后,受市场的影响,农民在作物选择上愈来愈倾向于种植现金价值高的作物,出售成为家庭生产计划首先要考虑的目标。

这样的变化对山东地域而言,总是利弊参半,甚至是弊大于利。从利的

---

① 章有义编:《中国近代农业史资料 1912—1927 年》第 2 辑,生活·读书·新知三联书店 1957 年版,第 213 页。

② 《胶澳志》卷五,《中国方志丛刊·华北地方》第 62 册,台湾成文出版社 1968 年版,第 795—796 页。

③ 章有义编:《中国近代农业史资料 1912—1927 年》第 2 辑,生活·读书·新知三联书店 1957 年版,第 150 页。

方面讲,有利于地域农业生产技术的进步,如纱厂资本家推广种植美棉、丝业推广蚕桑、烟厂推广烟草、糖厂推广甜菜等。为了追求高额利润,国外资本家们总是不遗余力地进行新品种的改良、推广。在山东地域,不断推广的是那些获利高的美棉、大花生、烤烟、水果等,农民在种植这些作物的时候,相关的农业管理、用肥、除虫、加工等近代农业的知识和技术得到普及,农家也因此在经济与技术两方面受益。从弊的方面讲,造成了山东地域土壤肥力的亏损,本来山东麦、豆、粟的二年三熟制可以达到土地的用养结合效果,但随着麦、豆尤其是豆类耕地的被挤占,传统农业"种豆以养地"的环节缺失了。更令人悲忧的是,各种饼肥是中国农家肥中肥效最高的品类,而山东豆(花生、大豆)饼被大量出口,造成"山东的氮素流失量提高。在当时的国际贸易格局下,中国缺肥料与饲料,饼肥和饲料却大量出口。系统氮素因此出现了大量的外流"①。在下文生产力的论述中,会看到山东农民更习惯用农家粪肥,而不是用化肥,这有农家观念难以更新的原因,更有经济上的原因,他们无力购买昂贵的化肥。大豆耕地被挤占,花生、大豆等大量出口的结果,土壤日渐贫瘠,人们不得不更加努力地积肥,但"这种努力并不能提高单产,因为充其量可能这只是在补充衰竭的地力,难以实现投入的增加"②。

二、近代山东农村的生产力与生产关系

晚清以来山东地域农业生产的进程,有的研究者用"产业改进"对其进行概括③。对于农民和地主而言,就是粮食种子、经济作物品种的改良以及运用新的耕作方法、肥料来种植它们,与此相应的产后加工与生产管理过程也随时势而发生了变化,农业经营思想由此发生了改变。

(一)工具与肥料:近代山东农业的生产力水平

农业生产工具是农业生产力高低的重要标志,近代山东地域农业工具的革新仅限于灌溉设施与提水工具方面,其他耕作工具的改进不大。

---

① 王建革:《传统社会末期华北的生态与社会》,生活·读书·新知三联书店2009年版,第252页。

② 王建革:《传统社会末期华北的生态与社会》,生活·读书·新知三联书店2009年版,第252页。

③ 庄维民:《近代山东市场经济的变迁》,中国社会科学出版社2015年版,第14页。

近代农业生产工具，各县方志中多有叙录。如民国二十二年（1933）《东明县志》云："东邑生产工具仍沿数千年前之旧。松土用犁，碎块用耙，播种器上有斗以盛种子，为足三，中空，上通斗，为种子入土之路，一牲挽之，一人摇之，俗谓之耧。苗既茁矣，疏之以锄，兼除草莱。收获时镰刀、删铲参用，茎巨者斩以镢。运输多用四轮大车，两轮大车及一轮小车亦间有用者。登场后碾之以磙，佐以掀箒、木叉等器，籽粒便可入囷。牛马骡驴为佐耕要畜，挽车引犁运磙均用之。普通粪田采用人畜等粪及草灰，间有用油饼者，骨灰、石灰、肥田粉及其他化学配制肥料，无复用者。"①再如民国二十五年（1936）《东平县志》云："本邑农业所有耕耨、播种、耘籽、肥田诸法，以及各种农用器具，率多恪守数千年相沿之旧习，间有改革，亦多本老农经验之所得或异地传习之采取，非科学新发明也。"②民国二十四年（1935）《续修临沂县志》记载临沂县"农器仍沿旧制，农作类用旧法，无机械、水利、施肥、化土、杀虫之种种科学作用，以故收获不丰"③。民国二十五年（1936）《牟平县志》记载牟平县"普通田器，如耕田用犁，平土用耢，疏块用耙，播种用耧，定苗及耘草用锄，割谷用镰，取根茬用镢，打场用铡杈碌碡箕帚等，均系旧式"④。长清县作物"种植方法仍旧习，所需农具亦系旧式"⑤。

1945年，杨懋春在其家乡山东胶州湾台头村的实地调查也表明近代山东农村所用的农具沿袭自前代工具，"农具一般也很简单，最重要的工具是犁、两种木耙、除草用的锄头和掘地锄头、木制的和铁制的草耙、木制或铁制的铲、收割用的镰刀和各种叉。打谷时的主要工具是滚石和连枷。这里的农村没有多轮车，独轮车最常用"⑥。杨氏还列出了台头村常用的十七件农

---

① 民国《东明县志》卷十四，载《中国地方志集成·山东府县志辑》第86册，凤凰出版社等2004年版，第335页。

② 民国《东平县志》卷八，载《中国地方志集成·山东府县志辑》第66册，凤凰出版社等2004年版，第83页。

③ 民国《续修临沂县志》卷九，载《中国地方志集成·山东府县志辑》第58册，凤凰出版社等2004年版，第278页。

④ 民国《牟平县志》卷五，载《中国地方志集成·山东府县志辑》第55册，凤凰出版社等2004年版，第201页。

⑤ 民国《长清县志》卷五，载《中国地方志集成·山东府县志辑》第60册，凤凰出版社等2004年版，第203页。

⑥ 〔美〕杨懋春：《一个中国村庄——山东台头》，张雄等译，江苏人民出版社2001年版，第25页。

具的图谱及用途。1983 年,山东省为编纂《山东省志 · 农具志》,进行了一次全省农具调查,从仅调查的人畜力各种农具资料看,山东近代历史上,农业生产各环节的人畜力农具的种类和形制大多沿袭旧制,与有关史料、古籍记载比较,多数无大变化,虽有部分改进,但变化甚微。有些古农具至今仍在山东各地农村使用。①

表 9-16　　1933 年山东省常用农具及其普通者价格表②

价格单位:元

耕种用者		灌溉用者		施肥用者		收获用者		其他	
名称	价格	名称	价格	名称	价格	名称	价格	名称	价格
犁	5—15	水车	60—140	驮篓	1.5	镰	0.1—1.5	小车	15—30
锄	1—2	鸳鸯罐辘轴	10—20	土车	5	大车	80—100	碾	10—50
木锨铁锨	0.5					木叉	0.2—1.5	磨	8—30
板锨	2.5					腊叉	0.8	顿	1—7
锨	0.4—2					碌碡	3—4	碌碡	1—13
镢	1—2					笆子	0.5	漏斗	5
耢	0.5—5					簸箕	0.3—1.5	石磙	3—8
耙	3—10					扫帚	0.3—1	木榔	0.9
砘子	2—3					刊镢	0.8	二把车	50
耘锄	4.3—5							架子	2
铣	0.5—1							铡刀	4
铲	0.2							套	3
镢	1								
抿耙	1.5—10								
三齿二齿	0.7—1.8								
耧构子	3—10								
粪筐	0.5								
棉业播种器	6.5								

① 吴绪银:《山东近代犁耕浅析——从山东农具调查说起,也论古耒、耜、耦、及今之农机化》,《民俗研究》1992 年第 4 期。

② 实业部国际贸易局编纂:《中国实业志:全国实业调查报告之三　山东省》第 2 编,宗青图书公司 1934 年版,第乙 69—71 页。

水利是农业生产的命脉，但不少地方有一任天然的陋习，如临沂县“沃土少而瘠土多也。然改良土地，道在人工，而农民多沿旧法，不特肥瘠听之天然，即灌溉亦认为多事，一遇旱干，即苦凶荒”①。“北地缺水，井泉为贵。河流稀少，灌溉尤难，不得不以人工之井泉以补其不足。要亦为生活及生产上之要政也欤！”②进入民国时期后，官方才开始讲究水利。当时凿井技术已有新的进展，不再是简单的土井，而是砖井和新式机钻井，使用水车或压水机提水。如广饶县“东南阳水附近，土性较肥，水质较淡，最利园圃，故凿井者多以种植菜蔬为副业，计共砖井五百余眼，土井千余，灌溉田亩千余顷”③。长清县“惟农民近来勤于耕耨，多凿井眼，及时灌溉”④“灌溉高原，添凿新井，自民国十九年起计一千余眼。沿河拟办虹吸管”⑤。至 1929 年，全省包括部分饮水井在内的新井共33 万眼⑥。当时已有新式水车，“轻便汲水车，转盘水斗，旧制粗笨，非骡马不能转运，非富家不能用，且价值甚昂。近由铁工厂新制轻便水车，一驴转运自如，中农以上皆可利用”⑦。茌平县虽曾推广井用新式水车，“惜农村经济薄弱，虽经提倡而建井者不甚踊跃，亦实力有未及也”⑧。为解决农户资金不足、无力打井的问题，1930 年，山东颁布了《凿井贷款暂行办法》，规定拥有 60 亩以下土地的农户可贷款打井，贷款期限一年，不计利息，分两次偿还。在政府扶助下，山东省各地打井灌溉逐渐推广开来，例如临邑县“开凿模范井卅三眼，督导农民开凿砖井五千五百六十眼，水车砖井五十九眼，贷款凿井者达五百七十

---

① 民国《续修临沂县志》卷四，载《中国地方志集成 · 山东府县志辑》第 58 册，凤凰出版社等 2004 年版，第 243 页。

② 民国《茌平县志》卷二，载《中国地方志集成 · 山东府县志辑》第 90 册，凤凰出版社等 2004 年版，第 73 页。

③ 民国《续修广饶县志》卷九，载《中国地方志集成 · 山东府县志辑》第 29 册，凤凰出版社等 2004 年版，第 85 页。

④ 民国《长清县志》卷五，载《中国地方志集成 · 山东府县志辑》第 60 册，凤凰出版社等 2004 年版，第 203 页。

⑤ 民国《长清县志》卷五，载《中国地方志集成 · 山东府县志辑》第 60 册，凤凰出版社等 2004 年版，第 203 页。

⑥ 刘增冕：《防旱浅说》，《山东省建设月刊》1930 年第 6 期。

⑦ 民国《续修莱芜县志》卷十，载《中国地方志集成 · 山东府县志辑》第 67 册，凤凰出版社等 2004 年版，第 275 页。

⑧ 民国《茌平县志》卷二，载《中国地方志集成 · 山东府县志辑》第 90 册，凤凰出版社等 2004 年版，第 74 页。

余户"[①]。莱芜县"灌溉,在本县的各区农业上,占着最重要的地位,除山地以外,几乎没有一块土地上没有灌溉用的'井'的"。有了井灌后,"在本县的种植方法上,发生了很大的进展。农作物的收获额自然也增加。每于秋麦两季,在广大青葱田禾中,我们不断的(地)听到水车的叮当声,它告诉我们说,莱芜的农业是在进步中"[②]。"1933 年秋至 1934 年大汛前,山东省建设厅用地方经费(县款)安设了四组虹吸管,到 1935 年,四处虹吸工程共灌溉改良农田 10 万余亩,淤成好地近 2000 亩。采用虹吸淤田灌溉的方式,利用黄河水沙资源改良沙碱土壤,这在当时国内还是首创,因而在近代农业推广史上有着不同寻常的意义。"[③]总之,新式水井、水车、压水机与沿黄河地带使用虹吸技术灌溉,实是近代以来山东农业生产技术应用的显著进步。

肥料是农业生产中必需的资源。传统农家肥料有人畜肥、牛马践踏而成的厩肥以及草木灰渣秽物积久发酵而成的堆肥,还有各种饼肥(豆饼、花生饼、棉籽饼、菜籽饼)等。其中,人畜粪及厩肥是农民肥料的主要来源,如莱芜县,"境内农家盛行养猪,普通饲料为糟糠、高粮及豆饼,其肉香醇,历年销于邻境者亦有相当数量。惟豢养目的不在肉用,而在积粪以为肥料,故数亩之家,辄豢养一头或数头不等"[④]。"农村里凡自耕农以上,家里都至少养一个猪,四五十亩的大农,至少养二三十个猪。养猪的目的主要的是为积蓄肥料,至于把养猪当作交换货币,那倒是其次的事。自然,猪的出卖,也是农家的一种收入。"[⑤]

农家养猪、牛、驴等牲畜每年可积粪肥的数量,如表 9 – 17 所示。

---

① 民国《续修临邑县志》卷二,载《中国地方志集成·山东府县志辑》第 15 册,凤凰出版社等 2004 年版,第 431 页。

② 王毓铨:《山东莱芜农村状况》,载冯和法编《中国农村经济资料续编》上,台湾华世出版社影印 1978 年版,第 227 页。

③ 庄维民:《近代山东市场经济的变迁》,中国社会科学出版社 2015 年版,第 489 页。

④ 民国《续修莱芜县志》卷十,载《中国地方志集成·山东府县志辑》第 67 册,凤凰出版社等 2004 年版,第 266 页。

⑤ 王毓铨:《山东莱芜农村状况》,载冯和法编《中国农村经济资料续编》上,台湾华世出版社影印 1978 年版,第 226 页。

表 9－17　　农家人畜年积粪数量表①

粪源种类	每年可攒粪数量
五口之家的人粪尿和草灰	15—30 车
二猪、二牛、一驴	300—700 车
二猪、一牛、一驴	200—500 车
一猪、一牛、一驴	150—300 车
一猪、一牛	100—200 车
一牛	40—80 车
一窝猪	100—150 车
一猪	20—80 车
一人拾粪(抽空拾)	10—20 车

农家肥还是传统的用法。长清县农民“肥料有豆饼、厩肥及下肥等一切情形,较诸往昔无甚改良之处”②。莱芜县农民“肥料的使用,过去与现在,并无若何变化”③。在传统农家肥之外,清末新政时的各农业试验场已开始试验使用化肥。除从国外进口化肥外,山东也开设有工厂生产化肥,如 1905 年,济南济农公司仿制美国化肥;1907—1908 年,何瑞在泰安、沂州开设益农公司制造各种化肥。化肥在当时被称为“肥田粉”,民间有一定程度的推广,尤其在烟草种植地区,20 世纪 20 年代后期,“化肥的效用渐渐为农民所认识,特别是硫胺肥(肥田粉)已在大部分美烟栽培区得到采用,并逐步扩展到棉花、小麦等作物的种植上”④。但总的看来,化肥的推广在当时不甚理想,除了农户财力原因外,尚有不知使用方法而致使用不当发生地病、假化肥等原因。如长清县,“自新肥田料来,间或购用,然多为地病,已被人拒绝,或因

① 据《山东省农业合作化史》编辑委员会编《山东省农业合作化史料集》续编第 664 页改制。

② 民国《长清县志》卷五,载《中国地方志集成 · 山东府县志辑》第 60 册,凤凰出版社等 2004 年版,第 203 页。

③ 王毓铨:《山东莱芜农村状况》,载冯和法编《中国农村经济资料续编》上,台湾华世出版社影印 1978 年版,第 226 页。

④ 庄维民:《近代山东市场经济的变迁》,中国社会科学出版社 2015 年版,第 489 页。

不辨土性之故”[①]。牟平县“至新出各种肥田粉，时有伪造，试验往往无效”[②]。齐东县关于“肥田粉”记载与牟平县完全相同[③]。总之，各种原因造成化肥使用并不普遍，如莱芜县，“近来本县境里也有在卖肥田粉的，不过用的很少”[④]。胶州湾台头村，直到1945年，“商业肥料还未引进台头村，保守的农民并不完全相信新东西的效用。最近有些富裕农民在青岛买了肥料，但那不是化学肥料，而是他们喜欢用的人畜混合粪肥”[⑤]。

畜力仍是近代山东农业生产的主要动力。牛是犁耕的动力，“1915年农工商部的调查数据表明，山东省养牛241.6万头；到1931—1934年间，最高的统计数字为实业部所报告的230.3万头，最低的数字是中国经济年鉴上的64万头”[⑥]。养一头牛需要粗饲料2920斤，对于一般农民而言，养牛的成本相当高昂，“养一头牛需要15亩作物。冬季的饲料一般是谷秆、高粱叶、豆秸和豆荚等，甘薯蔓、麦麸、大麦和豆饼之类的好饲料都用来喂猪，牛是没有份的，只有耕地的牛才得到一些”[⑦]。所以，山东的一般贫户农民养不起牛，“他们春耕前买牛，秋后将牛卖掉，这种市场虽然古已有之，然而民国时期的盛行却不能不说是农村贫困所致”[⑧]。1945年，台头村“牛、骡和驴是常用的农用牲口。其中驴最便宜，甚至一个仅拥有10亩土地的家庭也有一头驴子；拥有15亩土地的家庭就会由一头小牛和一头驴组成的一组联畜；拥有20亩土地的家庭就会有一头驴和一头大牛；拥有40亩以上土地的家庭就会有一头驴、一头大牛和一头骡。拥有土地不足10亩的家庭买不起

---

① 民国《长清县志》卷五，载《中国地方志集成·山东府县志辑》第60册，凤凰出版社等2004年版，第203页。

② 民国《牟平县志》卷五，载《中国地方志集成·山东府县志辑》第55册，凤凰出版社等2004年版，第201页。

③ 民国《续修齐东县志》卷四，载《中国地方志集成·山东府县志辑》第30册，凤凰出版社等2004年版，第443页。

④ 王毓铨：《山东莱芜农村状况》，载冯和法编《中国农村经济资料续编》上，台湾华世出版社影印1978年版，第227页。

⑤ 〔美〕杨懋春：《一个中国村庄——山东台头》，张雄等译，江苏人民出版社2001年版，第27页。

⑥ 王建革：《传统社会末期华北的生态与社会》，生活·读书·新知三联书店2009年版，第166—167页。数据来源于水野薰等：《山东的畜牛》。

⑦ 王建革：《传统社会末期华北的生态与社会》，生活·读书·新知三联书店2009年版，第169页。

⑧ 王建革：《传统社会末期华北的生态与社会》，生活·读书·新知三联书店2009年版，第173页。

任何牲口,田间劳作要么不用牲口,要么与较富裕的邻居合作,用劳力去交换邻居家的牲口”[①]。1942年,海阳县九区某村的实地调查结果与台头村相似,“耕种8亩地要养1头驴,耕种20—25亩地要养1头牛1头驴;耕种30亩地以上要养1头骡子、1头牛。抗战刚开始时,该村曾养过牛26头,骡子14头,驴60头,共合100头牲口,全村平均13—15亩地就需养1头牲口”[②]。

耕畜是农耕中必需的动力,缺牛的山东农民采用“搭犋”的办法来解决耕畜不足的难题。所谓“搭犋”,亦称“合犋”,“农户在农忙季节把他们的农具、牲畜和劳动力合在一起统一安排,叫做合犋”[③]。“搭犋伙是缺乏畜力或劳力的农民,为把庄户干得更好而组织起来的一种互助组织,不过多限于亲族和近邻。”[④]其形式有常年搭犋和临时性搭犋两种。常年搭犋的做法:有的是两三家的牲口联合起来共同轮流耕种;有的是几家共喂一头牛共同使用;还有的有牛户为无牛户耕地,无牛户把一部分或全部山丛草给牛户。[⑤]临时性搭犋的做法:有的是春耕时,有牛户出牛给无牛户耕地,无牛户给他作几天工以为报酬,其交换比例不一定,看人情关系及其他情况临时交涉;有的是在锄地或收割的时候,为缩短时间,提高效率,几家土地与劳动力差不多的户联合起来,一块干活,叫作“大合犋”。[⑥]

山东地域民间相沿前代用雪水浸种、信(砒霜)拌种等方式预防病虫害,效果不甚理想,近代以来病虫害防治上有了新的进展。山东农业病害黑穗病、白发病最为普遍,虫害以蝗虫、蚜虫、粟盗虫最突出。民国初年,经过实验,使用硫酸铜溶液浸种,可防除黑穗病和白发病,山东农事试验场、青岛李村农场在取得试验成功后,积极向周围农村示范推广。从1925年起,金陵大学推广系在山东、河南等地推广使用碳酸铜防除高粱、粟黑穗病。1932

---

① 〔美〕杨懋春:《一个中国村庄——山东台头》,张雄等译,江苏人民出版社2001年版,第27—28页。

② 唐致卿:《近代山东农村社会经济研究》,人民出版社2004年版,第417页。

③ 〔美〕马若孟:《中国农民经济:河北和山东的农民发展,1890—1949》,史建云译,江苏人民出版社2013年版,第113页。

④ 《山东省农业合作化史》编辑委员会编:《山东省农业合作化史料集》续编,山东人民出版社1991年版,第693—694页。

⑤ 《山东省农业合作化史》编辑委员会编:《山东省农业合作化史料集》续编,山东人民出版社1991年版,第694页。

⑥ 《山东省农业合作化史》编辑委员会编:《山东省农业合作化史料集》续编,山东人民出版社1991年版,第694页。

年，邹平试验农场购进碳酸铜6000袋，由区乡农会分发给农户，山东省实业厅印制大量“碳酸铜使用说明书”分发各县，安排各县建设局在所属农场举办碳酸铜防治黑穗病示范，向乡村推广。在农场的示范、推广下，农村中已开始使用喷雾设施喷洒硫酸铜石灰液、除虫菊石油乳剂等农药，对害虫已有比较科学的办法防治，不再向前代那样束手无策。

总而言之，从农具、肥料、耕畜等方面看，近代山东农业生产力水平较前代提高不大，基本上还保持着传统农业的风貌，仅仅是在井灌与提水设施、病虫害防治上稍有进步。

（二）农业潜在生产力的增长

农会、农业学校、农政机构、推广农业技术的农场与公司等等，属于农业生产力中的潜在生产力。近代山东农业潜在生产力的增长较为显著。

据《山东各县乡土调查录》，在民国二年（1912）之前，山东绝大部分县都已成立了农会或改组了农会。各县农会的职责是促进本县农、林事业的发展。如冠县农会“清光绪三十三年，省设劝业道，注重实业，行政通饬各县设立农会，并颁发章程，冠县之有农会自此始。原会之缘起，以改良农业及推广造林、提倡蚕桑为宗旨”①。德平县“农会、农校设有桑园二处，种桑三千株，每年养蚕出丝”②。陵县农会于民国三年（1914）成立，“乡民素不养蚕，现经农桑会竭力提倡，已有成效”③。莱芜县农会，其职责是“调查全县荒山隙地，催促造林，制定保护麦禾秋稼树株各项规则，并设试验场及苗圃（规模狭小，供不给求）、培养各种农作物及柏柳琴槲等树，分发各区乡农会及农家以作提倡”“乡农会，保护麦禾秋稼催促造林，以佐县农会之所不逮”④。

前已述农场是农业科学技术引进、试验与推广的主体。1903年，山东第一所农事试验场在济南七里堡成立，1906年附设农林学堂，传授近代农

---

① 民国《冠县志》卷二，载《中国地方志集成·山东府县志辑》第91册，凤凰出版社等2004年版，第72页。

② 林修竹编：《山东各县乡土调查录》第3册，山东省长公署教育科印行1920年版，第90页。

③ 林修竹编：《山东各县乡土调查录》第3册，山东省长公署教育科印行1920年版，第100页。

④ 民国《续修莱芜县志》卷十，载《中国地方志集成·山东府县志辑》第67册，凤凰出版社等2004年版，第264页。

业知识。1909年,德国人在青岛成立德华特别高等学堂,并在青岛近郊李村开办试验农场。“济南、青岛两地试验农场的设立,开启了近代农业科学试验改良的进程,并为两地日后成为近代山东农业科学试验改良的中心奠定了基础。”①1912年之后,滕县、菏泽、济阳等县根据本县实际情况,开设了农事试验场,到1922年,十年间山东有近60个县开设了农事试验场。但早期的各县试验场囿于人力、财力,无力展开农作物试验,只是进行一些科普及良种推广工作,“其主要业务是进行引进良种的地方适应性驯化栽培,繁育并推广良种,散发作物栽培浅说”②。1935年,山东各县农场停办,各农场的经费集中起来建立了四个省立农场。1936年,第一至第四区农场分别在历城、惠民、莒县、莱阳成立,各自以小麦、大豆、高粱、果树为试验改良的重点,并选当地土宜作物一两种为次要育种项目。改组后的各农场刚开始更加系统化的农事试验,旋即被1937年全面爆发的日本侵华战争打断,“山东各地试验农场均遭受到严重破坏,试验设施和材料毁损殆尽,技术人员纷纷撤离或逃散,一些已经开展多年的育种栽培试验随之夭折,即将育成的棉花、小麦优良品系也大部分散失,整个农业改进与推广系统就这样被侵略者的战火所吞没”③。

农学教育也在不断发展。原先济南农场所附设的农林学堂,随着教学规模不断扩展,到民国初年,农场反变成了农林学堂农科教育的附属试验地。1913年,农林学堂改为省立农业专门学校,1926年改组为山东大学农学院。在这一时期,各大学都仿效美国农科学校的教育模式,在进行农学教学的同时,致力于学生们的学以致用,建设从教师和学生实习用的试验农场。山东大学农学院在原省立农业专门学校试验农场的基础上建设了附属农场,直到“五三”惨案后,山东大学停办,农场才再次处于单独活动状态。1929年,私立济南大学在济南设立了试验农场,致力于小麦、谷子、大豆、马铃薯等作物品种的选育试验。在这一年,山东大学与私立青岛大学合并,组建为国立青岛大学,原山东大学农学院附属农场也随之改组,成立了农艺、蚕丝、森林、推广四个工作部,其中农艺部的主要任务是改良作物品种与栽

① 庄维民:《近代山东市场经济的变迁》,中国社会科学出版社2015年版,第430页。
② 庄维民:《近代山东市场经济的变迁》,中国社会科学出版社2015年版,第436页。
③ 庄维民:《近代山东市场经济的变迁》,中国社会科学出版社2015年版,第439页。

培方法、研究病虫害防治方法。“大学农学院及试验农场的设立,拓展了农业试验研究的领域,同时也使试验研究水平得到提高。”①各县的职业学校也在普及新的农业知识,如莱芜县职业学校,“教授科学,尽属童龄,与乡农关系甚微,设苗圃,制蚕种,乡村略有供给”②。

学校教育之外,各农事机构通过与农民合作社合作,进行科普和技术推广,“在向农民分发良种、派人从事田间指导、组织兴修水利的同时,还采用诸如建立推广实验区、设立特约农田、召集农事讲演会、举办农产展览会、散发农业科普读物等方法,向农民宣传农业科学知识,来推动农村扩大良种种植和改进新生产技术”③。乡村的农业知识、耕作方式在缓慢地更新。

总而言之,在现实农业生产中保持传统风貌的同时,近代新农学知识在通过各种方式普及,具有近代农业知识的新一代群体在逐渐成长。

(三)近代山东农村的土地制度与生产关系

近代山东农村占主导地位的土地制度仍然是封建土地所有制。“辛亥革命推翻了清王朝,但没有根本触动封建土地所有制。国民党政府没有解决农村的土地问题,一切强加于农民身上的经济剥削与政治压迫,都是通过封建的土地所有制而发生作用。”④

清前期山东拥有大量土地的经营地主很多,但自晚清以来,随时局与土壤、水利等自然条件的变化,土地占有状况开始呈现出比较分散的状态,大地主减少,“土地占有相对分散,中小地主多,自耕农、半自耕农特别多,而大地主和无地雇农、赤贫户极少,形成了两头小中间大的形势”⑤。中共山东省委的调查表明:“山东土地归农有的约占百分之七十以上,因之自耕农占全户口之绝对多数,地主很少,佃农自然也是很少。”⑥

各县境有无大地主完全视县境内农业经营的情形,如果土地肥,农业利

① 庄维民:《近代山东市场经济的变迁》,中国社会科学出版社2015年版,第433页。

② 民国《续修莱芜县志》卷十,载《中国地方志集成·山东府县志辑》第67册,凤凰出版社等2004年版,第264页。

③ 庄维民:《近代山东市场经济的变迁》,中国社会科学出版社2015年版,第491页。

④ 唐致卿:《近代山东农村社会经济研究》,人民出版社2004年版,第253页。

⑤ 唐致卿:《近代山东农村社会经济研究》,人民出版社2004年版,第256页。

⑥ 山东省档案馆等:《山东革命历史档案资料选编》第2辑,山东人民出版社1981年版,第153页。

润高就会有大地主出现,实地调查表明:哪个村庄的地土肥沃,哪个村庄便有较大的地主;哪个村庄的地土瘠薄,哪个村庄的地主土地就少,甚至没有地主。[①] 以临清县为例,原先运河和南北大道交通畅通时,包含临清在内的山东西部都是比较富庶的。傅斯年回忆说:“山东西部在当年并不是不济的地方。有一条运河和南北大道,所以当地是很富庶的。也就是因为当地富庶,一般工人和农民都不肯迁地求事业,远不如东部的人的精神。”[②]但在运河淤废后,交通不便,河运水患等又使土地变得瘠薄,土地经营利薄,得不偿失,于是临清地主日少,民国《临清县志》叙其事云:“地主,凡不任耕作、纯恃地租为生活者皆属于此。此类之由来,或士宦故族遗产于子孙,或豪富工商投资于土地,所谓役人以自养者也。然查临清习俗,田主之于佃户所分收获,向以七成为率,而田赋、牛马、肥料及一切捐摊均归地主担任,频年所得几于不偿所失。以故农村经济比比破产,曩日富农十九陵替。至于今日,谷贱既已伤农,而又荡激于新潮,有力之家以购置田产为戒,于是地价日跌,地主日少,统计全境田有百亩者,已落落如晨星矣。”[③]

大约与临清地主减少的原因大同小异,其他各县的地主也在减少,如临沂县,“本地并无大地主,佃农纯系夥种性质,无虐待情事”[④]。牟平县,“本县无大地主,有田百亩者,即可称富家,故佃农绝少”[⑤]。齐东县,“本县无大地主,居民非尽农户,虽农田多寡未必迩均,要之耕者各有其田,故境内全系自耕农,间有雇农,至佃农则绝少”[⑥]。莱阳县“大地主昔即无多,于佃户,或取田所有而计口授粮,或粟秸均分。而牛种有与不与,与牛种者,种于粟归仓时还之,牛资,其价于归田时偿之。不与者,弗供牛役。今县无千亩之家,

---

① 《山东省农业合作化史》编辑委员会编:《山东省农业合作化史料集》续编,山东人民出版社1991年版,第651页。

② 傅斯年:《山东底一部分的农民状况大略记》,载《傅斯年集》,花城出版社2010年版,第133页。

③ 民国《临清县志》经济志九,载《中国地方志集成·山东府县志辑》第95册,凤凰出版社等2004年版,第132页。

④ 民国《临沂县志》卷九,载《中国地方志集成·山东府县志辑》第58册,凤凰出版社等2004年版,第278页。

⑤ 民国《牟平县志》卷五,载《中国地方志集成·山东府县志辑》第55册,凤凰出版社等2004年版,第201页。

⑥ 民国《续修齐东县志》卷四,载《中国地方志集成·山东府县志辑》第30册,凤凰出版社等2004年版,第442页。

百亩上即称富有,故皆为自耕农、半自耕农,而佃农不复有矣"①。

在土地较肥的地区,土地经营利润高,大地主就稍多。如潍县"东西平原,南多高亢,北近海滨,地多卑湿"②"地势大半平坦,南部多土阜,北濒海,碱地稍多,东西两部多平原"③。潍县的土壤中,肥沃的壤土占70%,黏土占25%,砂土占5%④。壤土、黏土都属于肥沃的土壤,加上气候适宜,种植小麦、大豆、高粱、谷子、烟草、玉米、花生等作物,收成都丰。即便是低洼之地,亦有特产,"青萝卜为特别出产,故有'潍县萝菔'之称,他若潍水之鲤、狼河之鲋、北洼之蟹以及烟草等,均为特产"⑤。潍县又当胶济铁路中心,"经济地位之重要,胶济沿线,首屈一指。往昔'东莱首邑'之名称,至今犹得保持其地位焉"⑥。土地肥沃,又当孔道,土地经营利润高,故大地主多,尤其以丁、陈、郭、张四个大地主闻名,"'四大家'之中,以丁家拥有土地最多,精密的数目是不易知道的。据一般人的估计,大约有八千亩左右。(潍县每亩七二〇方步,合官亩三亩,故八千亩实际合二万四千亩。)其他三家亦各有二、三千亩左右"⑦。

地主之外,余皆为农民,可分为自耕农、半自耕农、佃农、雇农等种类,"一曰自耕农:自种其田之谓;一曰佃农:种他人之田而分其收成,可得十分之三;一曰租农:纳租价于田主,每亩年纳三元以上;一曰佣农:即雇工、长工,以年计可得四、五十元。短工以日计,三角或四角不等。一曰地主:或招佃或出租有田而不任耕作者"⑧。潍县"农民分别大约有三:一自种农,二分种农,三租种农"。"分种农则系分种他人之地,收获后无论多少,与地主均

---

① 民国《莱阳县志》卷二,载《中国地方志集成·山东府县志辑》第53册,凤凰出版社等2004年版,第337页。

② 林修竹编:《山东各县乡土调查录》第4册,山东省长公署教育科印行1920年版,第74页。

③ 实业部国际贸易局编纂:《中国实业志:全国实业调查报告之三 山东省》第4编,宗青图书公司1934年版,第丁83页。

④ 实业部国际贸易局编纂:《中国实业志:全国实业调查报告之三 山东省》第1编,宗青图书公司1934年版,第甲33页。

⑤ 林修竹编:《山东各县乡土调查录》第4册,山东省长公署教育科印行1920年版,第78页。

⑥ 实业部国际贸易局编纂:《中国实业志:全国实业调查报告之三 山东省》第3编,宗青图书公司1934年版,第丁82页。

⑦ 章有义编:《中国近代农业史资料1927—1937》,生活·读书·新知三联书店1957年版,第696—697页。

⑧ 民国《清平县志》实业篇,载《中国地方志集成·山东府县志辑》第89册,凤凰出版社等2004年版,第267页。

分。地主负完粮纳税之责，而肥料、工作等费则由分种者负担。”“租种农亦系种他人之地，完粮纳税亦由地主负担，租户所纳于地主之租，则每年有定数，其租之多寡，视地之肥硗而异。有纳租银者，有纳租粮者，所租之地，或种蔬菜瓜果，或种烟草，租户可自由选择，不限于五谷。”①

按所拥有的土地多少，“就中可分为大农、中农、小农、佃农四等。有田地五顷以上至十顷或数十顷者为大农，即大地主，俗称大户。此等农田地每散布各村，不在一处，本地主大率不自耕作，招佃分种其田，按亩平分粮粒，坐享地利，亦有自种少许，多数归佃分种者”。“有田地五十亩以上至三四顷者为中农，此等农率多自种自田，亦有自力不能全种，招佃分种若干者。有田地数亩或二三十亩者为小农，此等农田地概归自种。亦有人多地少不能自给，佃种他人之田数亩或数十亩者，是为半佃户。自己绝无田地完全佃种他人之田者为佃农。”②半自耕农，“此项农民约分两类，一则有田较多而绌于人力，则以所余之田分招佃租或出资佣工以免荒芜，一则所有土田不足自给，尚须代种他人之田以资补助，凡此皆半自耕农也。酌盈剂虚，人我两便，故境内此农颇多”③。

农民之间的贫富差距并无多大，“惟据最近调查，四境农民贫富阶级无甚悬殊，其富有连阡者固属无几，而贫无立锥者亦所仅见。邑无游民，斯地无荒废，洵地方之良俗也”④。各地以自耕农为最多，如清平县内，“查境内民俗，习于勤劳，地主绝少，以自耕农为最多。所谓租农，则西北边区恒有之。至佃农、佣农，在富庶各村尤占多数也”⑤。据民国二十二年(1933)山东农户调查结果，“全省平均自耕农占62.41%，半自耕农占18.55%，佃农占11.12%，雇农占7.92%。在全省各县中，以自耕农百分比最高者，计有98县。以半自耕农百分比最高者，计6县。以佃农百分比最高者计4县，以

① 民国《潍县志稿》卷二十四，载《中国地方志集成·山东府县志辑》第40册，凤凰出版社等2004年版，第547页。

② 民国《东平县志》卷八，载《中国地方志集成·山东府县志辑》第66册，凤凰出版社等2004年版，第83—84页。

③ 民国《临清县志》经济志，载《中国地方志集成·山东府县志辑》第95册，凤凰出版社等2004年版，第132页。

④ 民国《清平县志》实业篇，载《中国地方志集成·山东府县志辑》第89册，凤凰出版社等2004年版，第267—268页。

⑤ 民国《清平县志》实业篇，载《中国地方志集成·山东府县志辑》第89册，凤凰出版社等2004年版，第267页。

雇农百分比最高者，则不达一县”[①]。

土地的典、卖是地权发生转移的主要形式，是农村生产关系的具体表现之一。“乡间买卖地土，先由中人说明价值，由卖主立实卖契，再由买主择吉，帖请地之四邻，眼同丈量，书立契纸，谓之立契。其招待中人，有使中人钱者，按里二外三。亦有不使者，立契异日备美馔，谓之谢中。无论士绅乡董，皆可为之。至典契，或限以耕种三年，或写得其籽粒、钱，到回赎，均有麦地不过年、春地不过寒之限期，又有纯以清明为典卖期限者”[②]。

典契是土地所有者典当土地时订立的契约，是土地所有者以土地使用权为抵押获取借款。典当之前要确定当价，“土地的当价约为这块地卖价的50%—60%，好地可以高至70%，坏地则为20%—30%”[③]。在历城县冷水沟村，“如果一个农户需要比较大的一笔钱，就要典当土地。在归还债款时土地由原主赎回。所有条件都由一个中间人安排。要起草一份典当契约，即‘典契’，注明土地面积、典价和还债的期限，但有时典当期限会延长，给借债人更多的时间还债。双方加上中间人在这份契约签字后，这笔交易就成立了”[④]。恩县后夏寨村的典当情形大致相同，“当一个农民决定要典当土地时，他请一位中间人作介绍，提供经济担保，协助起草典当契约，有些契约规定的期限长达十年之久”。“典当土地的当价和数量确定以后，就起草一份契约注明贷款的数量和归还的时间。三方在这份契约上签字画押，土地就转到了放债人手里，田赋由耕种这块土地的农民交纳。”[⑤]

卖地也要立契。如前所述，卖主要先写实卖契，“想要出售土地的农民找一位知道如何进行这些安排的中间人，这个农民告诉他打算出卖土地的理由，起草一份契约，写上土地的数量和它的现价。中间人带着这份契约去

---

① 实业部国际贸易局编纂：《中国实业志：全国实业调查报告之三　山东省》第2编，宗青图书公司1934年版，第乙52页。

② 民国《长清县志》卷二，载《中国地方志集成·山东府县志辑》第60册，凤凰出版社等2004年版，第171页。

③ 〔美〕马若孟：《中国农民经济：河北和山东的农民发展，1890—1949》，史建云译，江苏人民出版社2013年版，第141页。

④ 〔美〕马若孟：《中国农民经济：河北和山东的农民发展，1890—1949》，史建云译，江苏人民出版社2013年版，第116页。

⑤ 〔美〕马若孟：《中国农民经济：河北和山东的农民发展，1890—1949》，史建云译，江苏人民出版社2013年版，第140—141页。

寻找一个有兴趣的买主"①。找到买主后，要合四邻一起丈量土地，订立实契，"土地丈量以后，起草第二份契约，写明土地的数量、长宽尺寸和位置。这叫做白契，由卖主、丈量人和中间人签字，然后中间人招待大家在卖地的农民家吃饭"。白契是签立实卖契的基础，卖地签约之日，"实契上要写明土地的数量及其价格。实契也要由买主、卖主和中间人签字。在买卖成交后要在这份契约上加一个附件，写明买主付给卖主的钱数"②。

农村的地主、自耕农、富农、佃农等各阶层会因各种原因买卖土地、经营工商业而形成阶层流动，少数农民会上升为地主，更多的则是地主衰没。对此，通过1941—1943年莒南县筵宾、大店、沟头三区十一个村的农村经济调查可见一斑，如表9－18、表9－19所示。

表9－18　1941—1943年莒南县筵宾、大店、沟头三区农村各阶层户数升降统计表③

阶　层	增加户数	增加亩数	减少户数	减少亩数
地　主	14	294.62	99	4002.66
富　农	42	198.44	43	261.66
中　农	114	456.22	106	258.97
贫　农	190	490.39	181	419.95
雇　农	3	4.89	3	3.75
手工业	24	54.17	5	6.90
小商人	5	11.10	8	23.52
其　他	4	9.97	2	3.60
共　计	396	1519.80	447	4981.01

① 〔美〕马若孟：《中国农民经济：河北和山东的农民发展，1890—1949》，史建云译，江苏人民出版社2013年版，第117页。

② 〔美〕马若孟：《中国农民经济：河北和山东的农民发展，1890—1949》，史建云译，江苏人民出版社2013年版，第117—118页。

③ 《山东省农业合作化史》编辑委员会编：《山东省农业合作化史料集》续编，山东人民出版社1991年版，第656页。

表 9-19　　1941—1943 年莒南县筵宾、大店、沟头三区农村各阶层土地买卖统计表①

阶层	买地户数	占总户数%	买地亩数	占总亩数%	卖地户数	占总户数%	卖地亩数	占总亩数%
地主	6	3.37	29.40	0.07	89	50.00	3626.08	17.28
富农	31	15.27	154.21	3.31	26	12.81	131.68	2.82
中农	103	14.41	249.61	3.36	69	9.59	175.58	2.37
贫农	131	9.73	333.77	6.18	127	9.43	302.72	5.54
雇农	1	2.56	0.89	3.91	2	5.12	1.25	5.48
手工业	22	30.14	50.17	21.19	4	5.48	5.90	2.49
小商人	5	4.31	11.10	6.91	6	5.17	21.12	13.24
其他	2	5.26	6.37	2.19	2	3.51	3.60	12.43
总计	301	10.96	835.52	2.11	325	11.85	4267.93	10.95

据表 9-18、表 9-19，富农、贫农、中农上升户数多于下降户数，地主户数则大量减少，地主卖出大量土地，占地主总数的 50%，而卖地的原因，据调查结论，主要是因为收入减少，而又要维持着先前的奢侈浪费生活。收入减少，一是减租减息，“对半分粮的地租，现在二五减租了，所剩的‘份子粮’没有了，‘双除种’也改成了‘单除种’或‘对种’，土地的收入是减少了；以前所经营的工商业（如酒店、油房、茶庄、钱号及杂货店，只在大店即有十数家）都倒闭了，高利贷也都停止了”。地主“由于收入减少、负担加重，致不敷开支的即有 17 户，占其总户数的十分之一”。各类型农民上升户数多，“其主要原因是由于经营工商业和佃种土地，也就是由于减租和发展生产的结果”②。发展生产，是在减租减息后有比较充裕的人力、财力从事家庭副业及手工业、负贩营商等。所以，之前农民贫困的根源在于不平等的封建土地所有制。

在封建的土地所有制下，如果没有解放区所推行的轻租减息政策，则自耕农、佃农等向上流通的通道要窄很多，更多的自耕农日渐沦为佃农。通过地权分配的调查，19 世纪 90 年代至 20 世纪 30 年代，山东地域雇农、佃农的

---

① 《山东省农业合作化史》编辑委员会编：《山东省农业合作化史料集》续编，山东人民出版社 1991 年版，第 658 页。

② 《山东省农业合作化史》编辑委员会编：《山东省农业合作化史料集》续编，山东人民出版社 1991 年版，第 659 页。

比例有上升或者保持着原有比例,“或许佃农和雇农户的百分比没有上升是由于很多农户转向种植新的能增加农业收入的现金作物,或是由于手工业收入提高了。无论原因何在,都有证据表明佃农和雇农户的百分比没有上升,自耕农或许有较高的百比分开始租入部分土地”①。

表 9－20　　山东省部分县土地所有权状况比较②

(19 世纪 90 年代—20 世纪 30 年代初)

县名	村庄数	19 世纪 90 年代				20 世纪 30 年代			
		务农户数	雇农户百分比	佃农数百分比	半自耕农和自耕农户百分比	务农户数	雇农户百分比	佃农户百分比	半自耕农和自耕农户百分比
章丘	32	4164	12	6	82	37560	10	20	70
泰安	15	2904	16	12	72	149355	9	10	81
平度	3	2122	13	17	70	182678	3	–	97
夏津	5	1918	14	8	78	49137	2	1	97
博兴	8	1886	33	30	37	37116	4	1	95
滨县	16	1613	35	3	62	45256	2	4	94
诸城	3	1186	5	48	47	148870	1	14	85
益都	9	1178	16	12	72	149355	9	10	81
平阴	7	790	7	16	77	33814	1	4	95
肥城	5	768	21	23	56	63378	12	16	71
东平	9	585	19	28	53	142954	32	37	41
胶县	7	505	24	21	55	100000	10	30	60
昌邑	4	498	4	42	54	99800	7	4	89
历城	3	474	27	7	66	79800	3	17	80
淄川	4	387	22	–	78	61695	18	10	73
蓬莱	5	383	5	45	50	58365	–	–	100
菏泽	2	378	9	10	81	85664	15	20	65
福山	2	370	23	35	42	29500	14	7	79
邹县	3	370	8	–	92	74394	10	10	80
惠民	1	350	43	–	57	63166	18	1	81
临邑	5	325	39	13	48	17600	5	2	94
聊城	6	300	6	15	79	24500	12	14	74

① 〔美〕马若孟:《中国农民经济:河北和山东的农民发展,1890—1949》,史建云译,江苏人民出版社 2013 年版,第 270—272 页。

② 〔美〕马若孟:《中国农民经济:河北和山东的农民发展,1890—1949》,史建云译,江苏人民出版社 2013 年版,第 271 页。

除自耕农自种自地外，半自耕农、佃农等都需要租种别人的土地，因此土地租赁关系是农村最普遍的生产关系。据抗战后期的调查：鲁南2528个村，有租佃关系者1981个村，占78%；鲁中区沂蒙县1000个村庄中，有租佃关系者867个村；鲁山区600个村，501个村存在租佃关系；泰山区五个县1012个村有租佃关系者909个村，莒南县513个村有租佃关系者430个村；就连一向认为租佃关系很少的淄川山区，据减租减息时的调查，129个村有租佃关系者89个村，亦占69%①。

明清时期的佃富农现象，在近代依然存在，即佃农有"大佃、小佃之分。人丁多，佃种顷余或七八十亩者为大佃。大佃需车牛坚肥、农具完备、人力、资本均能充足，虽系佃户，颇有中农气象"②。前引莒南11个村的调查中，"203户富农中，佃种土地的占四分之一（51户），这些大佃户（多数是大店的），过去由于受着对半分租制度影响，生产情绪是很低的，绝不愿意多出工本，改进生产，而用欺瞒、偷盗，甚至破坏生产的办法（把豆子割了喂牛）来减轻地租负担，增加自己的收益。因此他们的生产远不如自耕农……。但近几年来经过几次减租，更由于抗战后粮价的昂贵，现在他们的生产热情已显著的提高了，有一部分已赶上了耕种最好的自耕农，赶不上的相差也并太多了。"③大佃多数在土地肥沃、交通方便的地区，"他们租来土地雇用长工或短工耕作，带有资本主义的经营性质"。

更多的是贫民小佃。地主有地"百亩以上，恒分佃于无产劳动者，或为包租，或为分租"④。包租，"耕作费用，统归佃户担任，地主坐享固定之地租，地租或以物纳，或以钱纳。包租制有一定之期限，或三年或五年，须凭中书立契约。写明地租定额及包种期限等。包租人承包之后，可以再转租与他人，取得中间人之利益。行包租制者，佃户之利益恒较为丰厚。盖山东田亩多系二年三收，粟谷、小麦与黄豆、黑豆等互相轮种，而地租则每年仅纳一次，故二年之中，可以净享一收之利益"。分租，即"佃户与田主共同分配农

① 朱玉湘：《近代山东的租佃制度》，《山东史志资料》1984年第1辑。

② 民国《东平县志》卷四，载《中国地方志集成·山东府县志辑》第66册，凤凰出版社等2004年版，第84页。

③ 《山东省农业合作化史》编辑委员会编：《山东省农业合作化史料集》续编，山东人民出版社1991年版，第662—663页。

④ 民国《东明县志》卷十四，载《中国地方志集成·山东府县志辑》第86册，凤凰出版社等2004年版，第335页。

产收获之一种制度。照此种制度，人工、牲畜、农具概归佃户担任。肥料、种籽则多由主佃双方均摊。至收获物则按一定之比率分配，有平均分配者，有四六分配者，亦有三七分者”。分租制下，佃户与田主之间“除丁漕附捐外，凡牛马、籽种、肥料所需，田主与佃户共任之”[①]，“无论包租或分租，所有应纳田赋及各种捐税，均由地主担负”[②]。

佃租土地需要事先确立田租数额、租期，订立相关约定和办理手续，“普通分为‘口头约’及‘书面约’二种。大抵行分租制者，多取口头约。行包租制者，则多取书面约”[③]。口头约，即由中间人牵头，田主与佃户双方口头谈判，约定相关事宜。书面约，是在中间人牵头下，订立书面的契约，其内容包含地主、租户、租期、租价、交租方法及中保人事项等，当时的通用格式如下：

立租单[④]

某某某今租得某村某方南北（或东西）地一段，官亩几亩。经中人某某某说明每年每亩租价若干元，按两季交付，租期五年为满。中间如有退租或拔租情事，由中保人负完全责任，两相情愿，绝无异议。恐口无凭，立租约为存证。

地　主　某某某
租　户　某某某
中保人　某某某
中华民国　　年　月　日立

实地调查记录了契约的订立过程。“在历城县的村庄里，土地太多或其土地太远而无法经营的农民把土地租给那些只有两三亩地的农民。冷水沟村只有10—20户农民租入土地。一个打算出租土地的农民会请一个朋友或亲

---

① 民国《临清县志》经济志，载《中国地方志集成·山东府县志辑》第95册，凤凰出版社等2004年版，第131页。

② 实业部国际贸易局编纂：《中国实业志：全国实业调查报告之三　山东省》第2编，宗青图书公司1934年版，第乙29页。

③ 实业部国际贸易局编纂：《中国实业志：全国实业调查报告之三　山东省》第2编，宗青图书公司1934年版，第乙29页。

④ 实业部国际贸易局编纂：《中国实业志：全国实业调查报告之三　山东省》第2编，宗青图书公司1934年版，第乙30页。

戚作中间人，找到一个合适的佃农，并协助制订契约条款。在商定土地面积、地租和纳租方式后，就起草一份租约，由佃农、佃主和中间人签字”[①]。在恩县后夏寨村，“租地契约由一个第三者进行安排，在收获后立约。契约上包括合同期限（通常每年重订一次）、交租时间、每亩地交纳的庄稼品种和数量。在这份契约上签字后，直到下一年收获后交租时，田主和佃农才会再见面”[②]。

田主与佃农直到交租才再次见面的情形，多是中小地主与贫苦农民因无劳力而出租者的情形，租与佃都比较简单，无额外的剥削。但有一种地主的伙种租佃，牛、种、肥料等由地主出，佃农只负责耕种，在这类租佃中“地主常居指导地位，佃农仅供驱遣，不敢稍拂其意，则是威权与服从协作矣”[③]。实际就是变相的雇佣，多有额外的剥削。据调查，额外的剥削主要有五种：一是“捎种地”，佃户必须给地主代耕一定数量的土地，毫无代价和报酬；二是“份子粮”，各户数目不同，佃户必须向地主借份子粮，即使有粮也必须借，借一斗从公堆上还四斗；三是“双除种”或“四除种”，即地主所出的种子，在收获后，要双倍或四倍偿还；四是“拨工”，凡遇地主有修筑、砍树、婚丧、探亲、打更、运输等诸事情，佃户必须拨工；五是“送礼”，年节时佃户要给地主送礼，普通是一对鸡、二斤干粉、鲜鱼二斤及其他新鲜食品等物[④]。

纳租的方式有纳物、纳钱或者物钱并纳者，1933 年山东省有详细纳租方式和租额调查。纳租方式，详见表 9－21。

表 9－21　　1933 年山东省以县为单位的纳租方式[⑤]

纳租方式	县数	天野元之助的类目名[⑥]
以物租为主者	17	实物定额地租
以分租为主者	10	实物分成地租

① 〔美〕马若孟：《中国农民经济：河北和山东的农民发展，1890—1949》，史建云译，江苏人民出版社 2013 年版，第 114 页。

② 〔美〕马若孟：《中国农民经济：河北和山东的农民发展，1890—1949》，史建云译，江苏人民出版社 2013 年版，第 134 页。

③ 民国《东明县志》卷十四，载《中国地方志集成·山东府县志辑》第 86 册，凤凰出版社等 2004 年版，第 335 页。

④ 《山东省农业合作化史》编辑委员会编：《山东省农业合作化史料集》续编，山东人民出版社 1991 年版，第 675—676 页。

⑤ 实业部国际贸易局编纂：《中国实业志：全国实业调查报告之三　山东省》第 2 编，宗青图书公司 1934 年版，第乙 32—33 页。

⑥ 〔美〕马若孟：《中国农民经济：河北和山东的农民发展，1890—1949》，史建云译，江苏人民出版社 2013 年版，第 277 页。

续表

纳租方式	县数	天野元之助的类目名
以钱租为主者	23	货币地租
钱租物租并行者	14	定额和货币地租
钱租、物租、分租并行者	28	分成、定额和货币地租
钱租、分租并行者	12	分成地租和货币地租
分租、物租并行者	2	分成和定额地租
合计	106	

三、近代山东小农的副业经营

小农经济是近代山东农业经济的主体，“农民通过各种各样的副业工作补充他们的农田收入”①，而农家副业“业务种类至繁。若粉皮、粉丝、粉面作房；豆腐、腐干、腐丝作房；油炸馓子、麻花作房，挂面作房等，以及山村之牧羊、水滨之捕鱼，与夫编芦席、打苇箔、编蒲包蒲席、制造白蜡、荆柳条筐筥箕篮等器具，要各因其地方之产品、社会之需要，于农事闲暇之余，工作或经营一种生利事业，虽亦兼有工商性质，究不得以工商论，此所以以农家副业名之也”②。“村中农民操手工业者极多，并很复杂，有织布的，有铁匠，有小商贩……。”③农民副业“各业大抵农隙为之，农忙则止”④。

地主经营的副业也很广泛，“地主经济是一个多种成分的综合经济，是小农经济的放大，包括土地经济和农业之内的手工业、副业，也包括农业之外的工商业”⑤。由于近代以来山东大地主较少，有百亩左右的地主，前文所引方志中已经径直将其称为“大农”。大农的副业在很多方面都与小农的副业类似，只是存在着规模、资本大小的差异。因此下文仅简单地叙述地主的多种副业经营，而将主要着眼点聚焦于小农的副业经营。

① 〔美〕马若孟：《中国农民经济：河北和山东的农民发展，1890—1949》，史建云译，江苏人民出版社2013年版，第113页。

② 民国《东平县志》卷八，载《中国地方志集成·山东府县志辑》第66册，凤凰出版社等2004年版，第86页。

③ 山东省档案馆等：《山东革命历史档案资料选编》第2辑，山东人民出版社1981年版，第153页。

④ 民国《续修昌乐县志》卷十五，载《中国地方志集成·山东府县志辑》第35册，凤凰出版社等2004年版，第322页。

⑤ 唐致卿：《近代山东农村社会经济研究》，人民出版社2004年版，第506页。

（一）地主的土地及副业经营

据罗伦、景甦的研究，山东的经营地主经济在光绪时期（1875—1908）进入全盛时期①。通常而言，承前朝余绪，一般占地超过百亩的在村地主对所在村落周围的土地多采取雇工经营形式，对远离本村的土地才采取出租经营方式。但这只是一般情况，地主是自己经营还是出租土地，要取决于土地利润及是否出产副业原材料。根据调查，在可以实行超额经济剥削时，地主愿意将土地出租，"在过去出租土地不但租额很高（倒四六、对半分），而且有'双除种''份子粮''拨工''送礼'等额外剥削，出租土地比自己经营更为有利。在减租之后，情况已经起了变化，即租额减低了，'双除种''份子粮''送礼'取消了，拨工减少了，出租100亩土地不如自种30亩收获多了，因此他们愿意收回土地自己经营"②。

地主们的副业经营多是资本大、利润回报高的种类，在农村主要有开店、榨油、丝绸纺织、药店、酒店等门类，至于苦力、小吃、手艺、推粉等本小利微之事，地主们是不屑为之的。对此，从1937年抗战之前迎驾山村副业从业人员统计表中可见一斑，如表9－22所示。

表9－22　　战前迎驾山农村副业统计③

阶层	副业户数	占全村副业%	占本阶层%	副业种类与资本（元）			
				织绸	手工业	推粉	商业
地主	2	5.72	100	101600	—	—	—
富农	10	51.42	47.62	22900	120	120	300
中农	18	28.75	25.71	2000	60	60	1680
贫农	14	12.43	7.69	610	30	100	360
其他	1	2.86	33.33				
共计	35			127110	210	280	2310

在解放区推行减租减息政策后，地主们更多地愿意自己雇工从事农业经营，而他们所从事的副业种类也有了一些变化，除了苦力不干外，其他各

① 罗伦、景甦：《清代山东经营地主经济研究》，齐鲁书社1985年版，第115—129页。

② 《山东省农业合作化史》编辑委员会编：《山东省农业合作化史料集》续编，山东人民出版社1991年版，第662页。

③ 唐致卿：《近代山东农村社会经济研究》，人民出版社2004年版，第461页。

行业如小吃、纺线、手艺都有了地主们的身影,也就是说在抗战爆发后,因时局和政策的变化,山东地域大多数地主的生产与副业经营的确成了小农经济的放大版,直到 1949 年新中国成立之前大抵一直如此。莒南县的实地调查表明了这一点,如表 9 - 23 所示。

表 9 - 23　莒南县大店区各阶层 1937—1945 年副业统计①

副业	年份	地主	富农	中农	贫农	雇农	其他	合计
弹花	1937	0	0	1	0	0	0	1
	1945	1	0	0	0	0	0	1
织布	1937	0	0	1	0	0	3	4
	1945	5	3	3	3	0	4	18
纺线	1937	—	—	—	—	—	—	—
	1945	91	19	330	348	8	136	932
卖小吃	1937	0	1	19	75	13	95	203
	1945	1	1	48	84	1	47	182
经商	1937	20	2	5	10	0	33	70
	1945	2	3	15	8	0	23	51
开店	1937	9	2	1	2	0	20	34
	1945	1	1	5	1	0	9	17
苦力	1937	0	0	7	41	18	15	81
	1945	0	0	20	26	2	7	55
手艺	1937	0	1	7	19	5	48	80
	1945	6	0	16	26	1	35	84
医生	1937	2	0	0	0	0	2	4
	1945	1	0	2	0	0	1	4

(二)近代山东农民的副业经营

"尽管农业是获得收入的主要手段,但在农闲期间也有许多辅助性职业

① 据唐致卿所著《近代山东农村社会经济研究》(人民出版社 2004 年版)第 460 页表改制。

可以获得收入”①,山东农民三时农忙之外的副业生产经营活动丰富多样,他们常常身兼多种职业身份。傅斯年回忆说:“农民的生活最使我们注意的一点,是他们的不分工的生活。一个农夫,兼为工人,兼为行商,有时又兼为开铺店者。夏秋收获时和播种、翻地、锄草时,他是农夫;农业闲暇时,他常盖房,打木器、棺材、治理农具与农家用具等等;有时用自己的大车,载粮食、棉花、柴草、帽辫和其他原料等等,运到别处,再以当地的产品载回,不住地往来贸迁。他的村庄若大些,也可以弄点小小资本开铺;若旁大路,便可开店。总是常常利用他的时日与器具(若车、牛、骡、马等)与房屋,赚得个极质朴的生活。”②

据民国二十三年(1934)山东省的调查,农家的副业可分为七大类:一是纺织及针线类,包含棉布、布袋、被褥、茧绸、纺纱、地毯、羊毛线、捻绸、线毯、柞绸,绩麻、绣花、制丝、花边、缝纫、精布线、粗袜等。二是编制类,包含席帘、编篓、苇编、筐篮、柳桲罗、柳梡、柳簸箕、编筐、编锅盖、编囤子、蒲包、编红荆条、苇箔、红荆条囤、草鞋、草帽、编蓑衣、蒲扇、蒲鞋、蒲垫、草帽缏(辫)。三是打结类,包括草鞋、打绳、蓑衣、结发网。四是制造类,粉干、粉条、粉子、造纸、陶器、豆油、豆饼、砖瓦、缸盆、小盐硝。五是饲养类,包括养蚕、养猪、养牛、养羊、养骡、养驴、养马、养鸡、养蜂。六是采取类,包括鱼捞、柞炭。七是,包括其他,轧花、整理猪鬃。“山东农家副业收入,占总收入 17% 。”③当年调查所得山东各县农民的常见副业见表 9－24。

表 9－24　　近代山东各县农家主要副业表④

县名	副业种类	县名	副业种类
青岛市	渔捞	威海卫特区	席、筐篓、粉丝
历城	养蛋、养鸡	莘县	磨粉、席、筐囤

① 〔美〕杨懋春:《一个中国村庄——山东台头》,张雄等译,江苏人民出版社 2001 年版,第 28 页。

② 傅斯年:《山东底一部分的农民状况大略记》,载《傅斯年集》,花城出版社 2010 年版,第 123—124 页。

③ 实业部国际贸易局编纂:《中国实业志:全国实业调查报告之三　山东省》第 2 编,宗青图书公司 1934 年版,第乙 104 页。

④ 实业部国际贸易局编纂:《中国实业志:全国实业调查报告之三　山东省》第 2 编,宗青图书公司 1934 年版,第乙 106—109 页。

续表

县名	副业种类	县名	副业种类
章邱	棉布、席帘、布袋、簸箩、豆腐、粉干	冠县	养鸡、养蜂、养蚕
邹平	土布、轧花、编篓、制被、编帘、养蚕、养蜂	馆陶	养鸡、养羊、养猪
淄川	茧绸	高唐	大布、线毡、苇席、薰枣
桓台	苇编、蒲编	恩县	织布、编制条器
齐河	草蒲囤、土布	临清	纺织、牧羊、编柳条
齐东	养鸡、养猪、养鸭、养蜂	武城	筐、羊毛线、土布
济阳	织布、饲蚕	夏津	土布
长清	养蜂、养鸡、养羊、养猪、养鸭、养蚕、织布、做鞋、编席、做粉、做粉条、筐篮、盖垫、苇席、帘	邱县	养鸡、养羊、养猪
博兴	蒲扇、蒲鞋、蒲垫、柳栲罗、柳椀、柳簸箕、棉布	德县	苇箔、苇席、草帽缏(辫)
高苑	土布、苇席、蒲鞋	德平	养蜂、编席、编筐、织土布
博山	养蚕、养蜂	平原	苇箔、苇席、草帽缏(辫)
泰安	养蚕、编席	陵县	红荆条囤
新泰	蚕丝、草帽缏(辫)、编席、编条器	临邑	柳条编制、编草囤、土布、饲羊
莱芜	编席、养蚕、编条器、麻、造纸、窑业、养猪	禹城	编席、编筐
肥城	陶器、农人草帽、羊毛毡、席、粗布、养蚕、养牛、养驴、养骡、养马	东平	席、蒲
惠民	土布、地毡、羊毛线	东阿	土布、草帽缏(辫)
阳信	养蚕、编筐、捻绸、草帽缏(辫)、织布	平阴	草绳、织布
无棣	草帽缏(辫)、帽圈、草囤、土布	阳谷	磨粉、养蚕、养蜂、养鸡、养猪
滨县	养鸡、养鸭、轧棉、纺纱、织布、养羊	寿张	养蚕、养鸡、养蜂
利津	打绳、编锅盖、编囤子	濮县	草帽缏(辫)、养鸡、土布、养猪
乐陵	纺纱、织布、缝纫	鄄城	粉菜、养猪、养羊
沾化	养鸡、织布	朝城	磨粉、养蚕、养蜂、养猪
蒲台	纺织、养鸡、养猪	观城	养鸡、养猪、养羊、养蚕

续表

县名	副业种类	县名	副业种类
商河	粗布	范县	草帽缏(辫)
青城	养鸡、编条、造纸	福山	绣花、毛织物
滋阳	养猪、养羊、养鸡、养鸭、养蚕、织布、编席	蓬莱	养鸡、养猪
曲阜	土布、编席	黄县	粉条
邹县	土布、粉条	栖霞	养蚕、编席、织布、养蜂
滕县	篓、筐、席、草帽缏(辫)、养羊、养牛	招远	粉干、花边
泗水	编席、编篮篓、养蚕	莱阳	养蚕、养蜂
汶上	土布、席、粉干、蒲包、柳条器	牟平	荆囤、席、粉条、柞炭
峄县	席、草鞋、养蚕、饲牛、饲羊、饲鸡	文登	簸箕、条篓、席子、养猪
金乡	养牛、养驴、养骡、养鸡	荣成	牧牛、养猪
嘉祥	条子篮、条子筐、柽柳筐、粗布鞋、粗布袜、棉线、粗布	海阳	养猪、养鸡、编席、织布
鱼台	席、豆油、豆饼、白布、毛毡、砖瓦、缸盆、柳条编具、小盐硝	掖县	粉干、草帽缏(辫)
临沂	席、布	平度	草帽缏(辫)、筐篓、棉布、苇席、摺子
费县	高粱秸席、条器、土布、山绸、养猪、养羊	潍县	织布、整理猪鬃
蒙阴	养蚕、牧畜、养蜂	昌乐	蚕茧、鸡子、蜂蜜
莒县	蓑衣、席	胶县	养鸡、养柞蚕、织发网、养猪、养羊、织席
沂水	花生油、干粉	高密	编席、养鸡、养猪、草帽缏(辫)、发网
菏泽	饲猪、饲羊、饲鸡	即墨	豆腐、粉条、捕鱼
曹县	养蚕、养鸡	益都	绢帛、蚕丝、养蜂、土布
单县	棉布、席、养羊、羊鸡、编条器、养蚕	临淄	编席、花边
城武	粉条、粉皮、编席、编囤、编筐	广饶	毛毡
定陶	粉条、粉皮	寿光	养鸡、养鸭、养羊、养蚕、养蜂、种蔬菜、栽果树、编席、织布、织发网

续表

县名	副业种类	县名	副业种类
钜野	养猪、养羊、养鸡、磨粉	昌邑	柞绸、织洋布
郓城	养鸡、养猪、养羊、织布、养蚕	临朐	养蚕、制造桑皮纸、制丝
堂邑	养鸡、养蜂、筐篓	安邱	养蚕、织草鞋、编席、编草囤、编条筐、制草绳
博平	腰带、布袋、打棉子、牛毛毯子	诸城	草鞋、芦席、荆篓、荆筐、荆囤
茌平	薰枣、柳器、养猪	日照	养猪、养牛、养蜂、绩麻、编席、编草鞋、编蓑衣、编筐篓、编油篓
清平	织土布、编红荆条		

表 9－24 所列各县的农家副业种类，概为撮举其大要者，其未列出者尚多。如商河县，表中副业只列“粗布”一项，而据民国重修《商河县志》，其农家副业种类至少还有制粉、薰枣等多种，“被面以蓝白色线织成，运销同大布，胡集、杜集所出者佳”“薰枣，用大枣薰炙，一名黑枣，运销闽浙宁波等处”“粉面、粉条、粉皮，绿豆所造，销售本境”“猪牛血，用胞皮装成，运销滨海各县渔人”、生丝“蚕茧缫丝，运销周村等处作丝织品”①，至如农家商河老豆腐更是名闻山东。又如齐东县，表中只列“养鸡、养猪、养鸭、养蜂”，而考证民国《续修齐东县志》，则知尚有纺织、编制等类副业，“格家庄专织牛毛花毯，质良工精，为本县特产，运销邻县及济南”“用桑柳之枝编制条器”“崔、孟、李三庄岁出苕(笤)帚、炊帚一万数千件”②。再如夏津县，上表中亦只列“土布”一项，但查阅民国《夏津县志续编》，则知其农家副业种类尚有“鸡毛拂子、牛皮、皮绳、皮鞭、皮套鞍韂、蝇拂、羊毛毡、水胶、骨簪、獾油、角簪”等③，而骨器、角器、蝇拂、鞍韂等产品，唐代以来就是山东地域的馈赠佳品，声名远扬，乃是传承千年的家庭手工艺，而上表乃无具列。夏津麻豆腐，

① 民国《商河县志》卷二，载《中国地方志集成・山东府县志辑》第 17 册，凤凰出版社等 2004 年版，第 107 页。

② 民国《齐东县志》卷四，载《中国地方志集成・山东府县志辑》第 30 册，凤凰出版社等 2004 年版，第 446 页。

③ 民国《夏津县志续编》卷四，载《中国地方志集成・山东府县志辑》第 19 册，凤凰出版社等 2004 年版，第 394 页。

即著名的麻腐,由“绿豆粉之余汁熬成,压干,与白菜同煎,细腻味美”;酱,“小麦制成,为邑中名品,所谓恩瓜夏酱者,即指此”;茶食,唐代称茶果,夏津“茶食,俗称上细馃,所制各品较他处为佳,送礼者往往购此”①。总之,各地小农副业多种多样,其常见者,可由上表知其大概,其详则须由各县地方志得之。

详考山东各县的农家副业,仍如明清时期一样,以纺织与编器这两类最为普遍,其次为推粉。这几项是近代以来山东农家从业者最多的副业。

1. 农家纺织副业的变化

自鸦片战争以来,随着洋纱、洋布进入中国,山东农家传统的副业受到了直接的冲击,如清平县“惟纺棉织布最为普遍,当民国以前,四境之内机声轧轧,比户皆然。所织之布运销于兖沂泰安一带,蔚然为出口大宗,近受洋纱之影响,业此者落落如晨星已”②。茌平县“地瘠民贫,万金之家,百不得一。农村所入,恒不敷出。昔时出外谋生之人,恒以辽东为出发点,借其收入以资调剂,今则生命线断,入且不能。不仅农村之收获日减,而微末之手工艺亦受机器业之压迫,例如纺绵为女缝之唯一生路,今则一锭之力,恒胜四人之力;一厂之设,恒为数万锭,是夺若干女子之生计哉!”③牟平县的“纺织工作,多属妇女,以粗笨木制之纺车与织机为之,原为家庭一种副业;海禁开后,洋布渐入,喧宾夺主,无法自存,此种旧式之纺织,遂至逐渐消灭”④。德平县“妇女用木纺车纺线,为家庭重要手工业。近自洋纱入境,渐至衰替”⑤。陵县妇女原纺织白粗布,销路颇广,然“迄机器纺纱俗呼洋布输入内地,白粗布销路顿形滞涩,渐至断绝,全县手工业无形破产,农民经济影响甚

① 民国《夏津县志续编》卷四,载《中国地方志集成·山东府县志辑》第19册,凤凰出版社等2004年版,第394页。

② 民国《清平县志》实业篇,载《中国地方志集成·山东府县志辑》第89册,凤凰出版社等2004年版,第270页。

③ 民国《茌平县志》卷九,载《中国地方志集成·山东府县志辑》第90册,凤凰出版社等2004年版,第347页。

④ 民国《牟平县志》卷五,载《中国地方志集成·山东府县志辑》第55册,凤凰出版社等2004年版,第202页。

⑤ 民国《德平县志》卷四,载《中国地方志集成·山东府县志辑》第8册,凤凰出版社等2004年版,第513页。

巨”[①]。

在洋布、洋纱的冲击下，许多地区的人们不得不放弃纺制土纱，而改用洋纱纺织土布，如潍县原先用农家自纺之棉纱织布，但“自洋布输入，逐渐淘汰，今尚有织者，然皆用粗洋纱，不复用女工所纺之棉花线矣”[②]。广饶县的棉布“有洋布、土布二种，往时所出土布，皆系自纺自织，近则洋布专用洋纱，土布洋纱、土线合用，甚或尽用洋纱”[③]。东平县的“丝、棉多仰给于商贩及舶来之洋线，妇女主中馈外，昼夜纺织无暇晷，用供一家之衣料，有余或出售以博微利”[④]。齐河白布，原先是“用草棉纺线，机织而成，颇坚韧经久”“近则纯用纱场机线，虽细致光洁，坚实逊前远矣”[⑤]。莒县的纺织“乡村随处有之，无大规模组织，其出品以洋线布为多数”[⑥]。临沂县“于埠、李家埠等处出小布，购到洋纱，自行牵织，惟沿用旧法，只可售于土人，不能行远”[⑦]。临沂县农家织的土布本来朴拙耐久，在洋布的冲击下，不得不改用洋纱织布，而撰方志者见事未明，反误斥百姓“愚民无知，以为种棉织布工力烦难，反不若机器棉纱之软而匀，制布尤为细而腻，相率弃其本业，而不以价购洋纱洋布为非计，此亦地方一绝大漏卮也”[⑧]。

人们的消费心理也在悄然发生改变，传统土布“新三年，旧三年，缝缝补补又三年”的消费思想首先在年轻人那里被慢慢磨蚀。洋布及用洋纱纺织的土布，民间称之为“细布”，这类布更受年轻人的欢迎，“年轻人只要条件允许更喜欢细布料，老年人仍然认为土布更好——说土布耐穿，更适合繁重

---

① 民国《陵县续志》卷三，载《中国地方志集成·山东府县志辑》第11册，凤凰出版社等2004年版，第432页。

② 民国《潍县志稿》卷二十四，载《中国地方志集成·山东府县志辑》第40册，凤凰出版社等2004年版，第543页。

③ 民国《续修广饶县志》卷九，载《中国地方志集成·山东府县志辑》第29册，凤凰出版社等2004年版，第86页。

④ 民国《东平县志》卷五，载《中国地方志集成·山东府县志辑》第66册，凤凰出版社等2004年版，第48页。

⑤ 民国《齐河县志》卷十七，载《中国地方志集成·山东府县志辑》第13册，凤凰出版社等2004年版，第132页。

⑥ 民国《重修莒志》卷三十八，载《中国地方志集成·山东府县志辑》第62册，凤凰出版社等2004年版，第299页。

⑦ 民国《续修临沂县志》卷九，载《中国地方志集成·山东府县志辑》第58册，凤凰出版社等2004年版，第281页。

⑧ 民国《续修临沂县志》卷九，载《中国地方志集成·山东府县志辑》第58册，凤凰出版社等2004年版，第281页。

的田间劳作。新布的输入导致了老年人和年轻人之间的有趣妥协。许多家庭已放弃了传统的原棉纺纱,现在他们到集镇上去买棉纱,然后在家里织成布。这种布基本上保持了原貌,因为是用老织机织成的。年轻人暂时对这种布还能满意,因为他们不能经常买相对昂贵的新布"①。"商店出售之洋袜及各式新履,少数士商与青年学子率用之,农家鲜购用者。"②"乡民多服用布袜,间有购机织线袜者。"③

洋布作为中国人眼中的细布料,与土布的用途本就有着很大的区别。据日本人的考察,"中国北部地区对手织土布的需求量颇为巨大,随着近年机械制棉布输入的增加,土布的需要量多少有所下降。但是,手织土布与洋布在用途上原本不同,诸如帽子、鞋、袜子以及劳动者的衣服、丧礼中的丧服、妇人裹脚布等,在布质上有坚牢软硬细粗之别,不可能一切偏用机制棉布。所以,土布的消费量仍然如故,无甚变化"④。而且洋纱土布与洋布的保暖性不如土布,因此传统的土布在冬天仍旧有较好的销路。在这样的背景下,一些地区的土布纺织还能保持着一定的繁荣,如冠县的绵绒,"出城东北小郭寨一带"⑤。临沂县"城北南部居民多织干线布,每村有十余机、二三十机不等,然皆手织旧法,获利甚微,不过妇孺相助,藉为副业而已"⑥。茌平县的老式土布,"除销本县,则东南诸县亦多购之以去"。其他用土棉纱、土布织成的物品也很受欢迎,茌平"用绵纺线,以线织物,若钱袋、粮袋、带子、手巾等类皆曰绵织物。尽人所需,妇孺所织,销路最广。城北业此者居多,以博平胡子屯为贩鬻集会之所,亦庄农副业收入之一宗也"⑦。周村的

---

① 〔美〕杨懋春:《一个中国村庄——山东台头》,张雄等译,江苏人民出版社 2001 年版,第 29 页。

② 民国《东平县志》卷五,载《中国地方志集成·山东府县志辑》第 66 册,凤凰出版社等 2004 年版,第 48 页。

③ 民国《德平县志》卷四,载《中国地方志集成·山东府县志辑》第 8 册,凤凰出版社等 2004 年版,第 513 页。

④ 外务省通商局:《通商汇纂:天津领事报告》,日本明治 32 年(1899)第 9 期第 145 号,第 3 页。

⑤ 民国《冠县志》卷三,载《中国地方志集成·山东府县志辑》第 91 册,凤凰出版社等 2004 年版,第 112 页。

⑥ 民国《续修临沂县志》卷九,载《中国地方志集成·山东府县志辑》第 58 册,凤凰出版社等 2004 年版,第 282 页。

⑦ 民国《茌平县志》卷九,载《中国地方志集成·山东府县志辑》第 90 册,凤凰出版社等 2004 年版,第 380 页。

棉线腿带,"主销于河南、河北、山西等省,及江苏、安徽之北部"①。长清县的制造物清单中有"布袋、棉花线、褡子、白布"②。莒县"管帅、张仙、源河多织窄布,并种土棉"③。牟平五区"范家庄之口袋布,其织法尤别有传授,坚致耐久,远近驰名"④。商河县大布"棉花纺织成布,名为商河大布,运销泰安、莱芜等处"⑤。

农家纺织副业的变化,不仅只在于原材料、销路的变化上,纺织工具也在日渐变化,如络线器,"棉线织布,经纬必经络线,手续迟钝,有人发明络线机器,摇柄转轮如风,顷刻数两,人皆便之"⑥。络丝器,"旧法将大框就地四角钉之,丝绪吊空络之,太笨。近年发明用十字杆,中心一轴插于坐墩眼中,抽其端绪,旋转如风,名曰旋风"⑦。台头村的一个织布村民,"曾经买过一台改进的织布机,开设了一家工场。他自个儿织布,拿到集镇或其他村子去卖"⑧。博山县的"纺织木机散处不一,现已多改用弹花机、铁线机、织袜机等"⑨。"民国初年,有东乡人自天津购机数架回乡,推广、传习技术,改良出品,获利颇丰,不数年间,潍河沿岸各庄如穆村、邓村、石埠子、驸马营、桑园、眉村等地,无不以织布为业。民国四五年间,约有布机五百台左右,十二三年间,渐及于南北各乡,至今已遍及全县,布机台数增至五万以上,出品年达

① 实业部国际贸易局编纂:《中国实业志:全国实业调查报告之三　山东省》第4编,宗青图书公司1934年版,第丁148页。

② 民国《长清县志》卷二,载《中国地方志集成·山东府县志辑》第60册,凤凰出版社等2004年版,第173页。

③ 民国《重修莒志》卷三十八,载《中国地方志集成·山东府县志辑》第62册,凤凰出版社等2004年版,第299页。

④ 民国《牟平县志》卷五,载《中国地方志集成·山东府县志辑》第55册,凤凰出版社等2004年版,第202页。

⑤ 民国《重修商河县志》卷二,载《中国地方志集成·山东府县志辑》第17册,凤凰出版社等2004年版,第107页。

⑥ 民国《续修莱芜县志》卷十,载《中国地方志集成·山东府县志辑》第67册,凤凰出版社等2004年版,第275页。

⑦ 民国《续修莱芜县志》卷十,载《中国地方志集成·山东府县志辑》第67册,凤凰出版社等2004年版,第275页。

⑧ 〔美〕杨懋春:《一个中国村庄——山东台头》,张雄等译,江苏人民出版社2001年版,第28页。

⑨ 民国《续修博山县志》卷七,载《中国地方志集成·山东府县志辑》第7册,凤凰出版社等2004年版,第298页。

千万匹，销路之广，遍于全国，与县人生计有重大关系。”[①]

总而言之，近代纺织行业仍是山东地域的农家副业，但其内部已在发生变化。洋纱替代了土纱，甚至出品了足以替代土纱的粗洋纱，纺纱已被迫从家庭中剥离。另外，用洋纱织布、用新式织布机织布逐渐在农村中行用。

2. 农家的条编器

条编器，是山东农家的重要副业，农民可编制的品类有席帘、编篓、苇编、筐篮、柳栲罗、柳椀、柳簸箕、编筐、编锅盖、编囤子、蒲包、编红荆筐条、苇箔、草鞋、草帽、编蓑衣、蒲扇、蒲鞋、蒲垫、草帽辫等，实不亚于传统的“纺织”，《青城县志》就将“桑条筐、浅筐、囤圈、苇筛、笊篱”等条编器置于“布帛类”下[②]。

条编器之盛，在于山东各地原料易得，沙碱之地宜荆、柳、条桑，水泊之地多苇、荻，庄稼的秸秆，都是条编的原料，“碱地各村编荆作囤，沙地居民多制柳为筐篮等件。低湿之区，其人恒造芦席、苇帘、麻绳等。分销各市，皆堪为农村副业”[③]。各地编器与原料环境密切相关。

水泊低湿之乡多蒲苇编器。在平原县，“马颊河附近乡民，因河内芦苇多而茂盛，编制席、篓、帘箔等类销售，获利亦丰。又新发明之蒲囤一种，形式大小不一，杂以红绿花纹，制造精致”[④]。在齐河县，“沿黄河一带芦苇丛生，土人但编制为箔，作为建房之具。惟城西莲红附近等村多用此制为卧席，男女老稚类以此为营业，销售甚多，获利亦厚”[⑤]。莒县的蒲席，“大湖、小湖、前后城子后、东西上庄、大崖头、沈家村等处每年可出三万余领”[⑥]。

---

① 民国《潍县志稿》卷二十四，载《中国地方志集成·山东府县志辑》第40册，凤凰出版社等2004年版，第543页。实业部国际贸易局编纂的《中国实业志：全国实业调查报告之三　山东省》第3编（宗青图书公司1934年版，第丁101页）与此所载相同。

② 民国《续修青城县志》卷四，载《中国地方志集成·山东府县志辑》第29册，凤凰出版社等2004年版，第543页。

③ 民国《清平县志》实业篇，载《中国地方志集成·山东府县志辑》第89册，凤凰出版社等2004年版，第270页。

④ 民国《续修平原县志》卷三，载《中国地方志集成·山东府县志辑》第16册，凤凰出版社等2004年版，第207页。

⑤ 民国《齐河县志》卷十七，载《中国地方志集成·山东府县志辑》第13册，凤凰出版社等2004年版，第131页。

⑥ 民国《重修莒志》卷三十八，载《中国地方志集成·山东府县志辑》第62册，凤凰出版社等2004年版，第299页。

德县的苇编"东南乡一带业此者多"[①]。临邑蒲扇"尤致细，邑民常贩之京师"[②]。临沂"桥上村红沟崖一带妇女多织粗细席片与包笼"[③]"中部贫民率以秫秸芦茎织席，有红席、白席、芦席之别。莒沂小商常往贩运，故白沙埠集席市最大"[④]。广饶县全年出产苇席超过二十九万八千余领，全是农民"在冬春期间，无论男女，昼夜工作，编织者约一千一百余家"[⑤]。莒县最出名的编织品为蓑衣，"泉子区共一百八十余村，皆织户也。每年出品约有30万件之多，为农村副业大宗"[⑥]。

沙碱地适宜荆柳生长，故多编筐篮为业者。在泰安县，"织席编筐均于农闲时农民在家庭内举行，为该县农民之重要副业"[⑦]。恩县后夏寨村"约有12户农民编篮筐在县城的集市上出售。编篮筐用的柳条来自县城东面一条小河边的一个村子。一个编工在冬天编整整三个月的篮筐只能挣到10元钱。这项手工业生产要求相当熟练的技术，仅为这一原因就只有几家人能够从事"[⑧]。临清县的"家庭工艺随地异尚。如城厢居民以缝皮解丝为业，乡村妇女以纺棉织布为常。碱地则编荆作囤，沙田则制柳为叉，西北乡民多结草为藁荐蓑衣等，至于富室多刺绣，贫女善洗衣，又因其处境而互异者也"[⑨]。莒县"沭河之滨多柳楷行，柳条编为箕斗，楷条编为筐筥，城南纸

---

① 民国《德县志》卷十三，载《中国地方志集成·山东府县志辑》第12册，凤凰出版社等2004年版，第401页。

② 民国《续修临邑县志》卷二，载《中国地方志集成·山东府县志辑》第15册，凤凰出版社等2004年版，第482页。

③ 民国《续修临沂县志》卷九，载《中国地方志集成·山东府县志辑》第58册，凤凰出版社等2004年版，第282页。

④ 民国《续修临沂县志》卷九，载《中国地方志集成·山东府县志辑》第58册，凤凰出版社等2004年版，第282页。

⑤ 民国《续修广饶县志》卷九，载《中国地方志集成·山东府县志辑》第29册，凤凰出版社等2004年版，第86页。

⑥ 民国《重修莒志》卷三十八，载《中国地方志集成·山东府县志辑》第62册，凤凰出版社等2004年版，第300页。

⑦ 实业部国际贸易局编纂：《中国实业志：全国实业调查报告之三　山东省》第四编，宗青图书公司1934年版，第丁202页。

⑧ 〔美〕马若孟：《中国农民经济：河北和山东的农民发展，1890—1949》，史建云译，江苏人民出版社2013年版，第138页。

⑨ 民国《临清县志》经济志，载《中国地方志集成·山东府县志辑》第95册，凤凰出版社等2004年版，第138页。

坊村一带多业此”①。博山县“城西北东域城庄居民多编各种条筐，在昔仅供农用，近煤矿所用抬筐、拖筐等均取给于此”②。阳信县沙碱地产条桑，“以之编筐箘、编篓，赴惠民、乐陵出售，获利甚厚。又有编柳条器者，编升斗、簸箩、簸箕，获利亦丰”③。临沂县“埠东村附近多栽蜡条，用以编制盛酒、油、咸菜之大小篓及囤底、筐篮，皆坚牢适用”④“沂河东西多于树隙沙荒布种丛柳或蜡条，长成收割，岁余时编为斗、升、箕、畚、筐、筛种种物品及一切儿童玩具”⑤。

竹编，临沂县“县城东五区南部产竹笠，苍山一带多以满州穇制蓑”。“城南六、七、八三区产苇帽、竹笠、草鞋、蒉鞋、囤粮折、竹筛。”⑥竹器品类甚多，其原料来自南方，也有本地所产。如临淄县“竹笋，龙池一带最多”⑦。“莒邑有凤尾竹，东南乡一带较多，又有文竹、紫竹。”⑧昌乐县产竹，其品种有“绿竹、凤尾竹、观音竹、金镶玉竹”⑨。胶州竹的品种与昌乐县相同⑩。其中的绿竹，因竹身全绿而得名，别名甜竹、吊丝竹，其笋俗称“马蹄笋”，是最著名的笋用竹种，其秆可作家具、农具或劈篾编织竹器。临朐县冶源产竹，“本土所生，只可编筐筥、笼筛、织帘箔而已”⑪。

---

① 民国《重修莒志》卷三十八，载《中国地方志集成·山东府县志辑》第62册，凤凰出版社等2004年版，第300页。

② 民国《续修博山县志》卷七，载《中国地方志集成·山东府县志辑》第7册，凤凰出版社等2004年版，第298页。

③ 民国《阳信县志》卷七，载《中国地方志集成·山东府县志辑》第23册，凤凰出版社等2004年版，第348页。

④ 民国《续修临沂县志》卷九，载《中国地方志集成·山东府县志辑》第58册，凤凰出版社等2004年版，第282页。

⑤ 民国《续修临沂县志》卷九，载《中国地方志集成·山东府县志辑》第58册，凤凰出版社等2004年版，第281页。

⑥ 民国《续修临沂县志》卷九，载《中国地方志集成·山东府县志辑》第58册，凤凰出版社等2004年版，第281页。

⑦ 民国《临淄县志》卷十二，载《中国地方志集成·山东府县志辑》第8册，凤凰出版社等2004年版，第119页。

⑧ 民国《重修莒志》卷二十三，载《中国地方志集成·山东府县志辑》第62册，凤凰出版社等2004年版，第189页。

⑨ 民国《续修昌乐县志》卷十二，载《中国地方志集成·山东府县志辑》第35册，凤凰出版社等2004年版，第304页。

⑩ 民国《增修胶州志》卷九，载《中国地方志集成·山东府县志辑》第42册，凤凰出版社等2004年版，第113页。

⑪ 民国《续修临朐县志》卷十，载《中国地方志集成·山东府县志辑》第36册，凤凰出版社等2004年版，第364页。

稻、麦、高粱等庄稼秸秆是编织原料，可编织扇、帽、席、草器、草绳等产品。如编席、编扇、编蒲、编柳为高密县农家手工之一，“用麦秆织成团扇，每年产量颇多，出售东三省及本县、邻县”[①]。历城县冷水沟村产小麦、水稻，“村里主要的手工业生产是编草帽辫。稻草来自收割后的水稻，一户人家收集稻草，加工成制辫的原料。另外十五户人家专门制造运草帽辫用的包装。其余各户在冬季的几个月中编草帽辫，几个农民在济南卖草帽辫。这种劳动分工建立在不同家庭从事专门工作的能力的基础上。有一个村子买了一架制造草帽辫的机器，但冷水沟的农民担心，如果他们买这样一架机器，草帽辫就会生产得太多，价格就会下降”[②]。莒县的秫秸席，“黄花沟、刘家官庄、侯家庄、高坆、高家庄、四季墩等村皆有之，秫有红白二种，编作花纹，极为匀整。其枕头、席及苇笠托圈，泉子区迤南各村，每年出品数亦甚钜”[③]。曲阜县“城西姚村一带乡民以编织凉席、席帽为大宗手工，编织多以妇女为之，原料以高粱秸用刀破开，编织粗细席类。近年出产较前加倍，利亦加增”[④]。济阳县“药王庄一带善编草器，如茶壶簏、各种小簏，工细物良，颇美观耐用”[⑤]。长清县的货属有“草绳”[⑥]。阳信县人“善编草器，所编茶壶簏及各种小簏，工细而物良，颇美观。若得人提倡，或不难与南方诸省之藤器相颉抗也”[⑦]。临沂的琅琊草帽颇为有名，“涌泉村傅普仁等倡为青白草帽合作社，制为平顶式、圆顶式、时式坤帽数种，可望畅销”[⑧]。

草帽辫为“农家不二之副业”，其产地“以直隶、山东、河南、山西为主，

---

① 民国《高密县志》卷七，载《中国地方志集成·山东府县志辑》第41册，凤凰出版社等2004年版，第366页。

② 〔美〕马若孟：《中国农民经济：河北和山东的农民发展，1890—1949》，史建云译，江苏人民出版社2013年版，第113页。

③ 民国《重修莒志》卷三十八，载《中国地方志集成·山东府县志辑》第62册，凤凰出版社等2004年版，第299—300页。

④ 民国《续修曲阜县志》卷五，载《中国地方志集成·山东府县志辑》第74册，凤凰出版社等2004年版，第116页。

⑤ 民国《济阳县志》卷一，载《中国地方志集成·山东府县志辑》第14册，凤凰出版社等2004年版，第59页。

⑥ 民国《长清县志》卷二，载《中国地方志集成·山东府县志辑》第60册，凤凰出版社等2004年版，第173页。

⑦ 民国《阳信县志》卷七，载《中国地方志集成·山东府县志辑》第23册，凤凰出版社等2004年版，第348页。

⑧ 民国《续修临沂县志》卷九，载《中国地方志集成·山东府县志辑》第58册，凤凰出版社等2004年版，第281—282页。

而以山东为尤多，几占输出总额之六成”[①]。由于草帽辫以出口为指向，颇受国际时局波动的影响，在欧战期间，出口量有下降。农家编织的其他各种农家用器、农具，还能维持着昔日规模。

3. 农家的推粉副业

推粉，或称“漏粉”，“制粉为山东农民之重要副业，由来已久”[②]，近代以来尤盛。因为只要漏粉就有粉渣，粉渣可以喂猪，前已述一头猪可以产生20车至80车的粪肥，而且猪还可以卖钱，农家利益颇多，“饲养家畜，培肥耕地，几为农家一日所不可缺者，其结果农耕之利大增，民食之本益固，因之制粉潮流，益形澎湃”[③]。

漏粉多是合伙经营，以阳谷县三区的孙庄为例，“磨粉条的23家，共3盘磨，一盘磨为一伙，有6家、8家、9家不等；各磨各的，互不联系，每套浆渣均分，成品归个人，豆浆人喝或喂牲口，粉渣喂猪。参加磨粉条的有3家地主，2户富农，15户中农，4户贫农”[④]。

造粉，“甘薯、豌豆、高粱、马铃薯，均可充作原料，然终不如绿豆之优良，故粉丝之制造，实以绿豆为主要成分。马铃薯产额有限，随时所参用者，以本地之甘薯、高粱及外来之豌豆为最普遍”[⑤]。

由于原料易得、利益多，农村中漏粉普遍。如德平县，“粉条、粉皮有纯绿豆制者，有和高粮制者。其品质，东南产者较佳，西北较次”[⑥]。齐河县的干粉为全县制造之大宗[⑦]。阳信县的粉坊“虽到处皆有，唯城南丁宋、商王

---

① 彭泽益：《中国近代手工业史资料》卷二，生活·读书·新知三联书店1957年版，第699页。

② 实业部国际贸易局编纂：《中国实业志：全国实业调查报告之三　山东省》第8编，宗青图书公司1934年版，第辛464页。

③ 实业部国际贸易局编纂：《中国实业志：全国实业调查报告之三　山东省》第8编，宗青图书公司1934年版，第辛465页。

④ 唐致卿：《近代山东农村社会经济研究》，人民出版社2004年版，第462页。

⑤ 民国《牟平县志》卷五，载《中国地方志集成·山东府县志辑》第55册，凤凰出版社等2004年版，第203页。

⑥ 民国《德平县志》卷四，载《中国地方志集成·山东府县志辑》第8册，凤凰出版社等2004年版，第513页。

⑦ 民国《齐河县志》卷十七，载《中国地方志集成·山东府县志辑》第13册，凤凰出版社等2004年版，第131页。

海等庄尤多”[①]。清平县“用绿豆造粉，所制粉皮、粉条，颇精美，乡村间多业此”[②]。冠县“粉皮干、醋，出品最良”[③]“粉皮粉条，以耿儿庄为最优”[④]。茌平县的地瓜，“用以作次等食品及供家畜之饲料，而有少数用以制成粉求售者也”[⑤]。牟平县“绿豆多制为粉条、粉丝，出口”[⑥]，也用地瓜造粉，“块根供食用，又以之酿酒、作饴、制淀粉，以嫩茎叶为蔬，以枯茎叶饲畜”“贫民依此为生，几取谷类而代之矣”[⑦]“此项农村副业，几遍全县，相传既久，成绩擅长，产量尤多，为土产出口大宗”[⑧]。曲阜县“泗河两岸多制造绿豆粉及粉皮、粉条，条细如丝，皮圆如月。官庄之小粉皮、把粉制造尤精，用作礼物赠及远人，颇称佳名”[⑨]。

4. 负贩小生意

做商贩小生意，是农民的副业之一。农闲时，农民更倾向于以自己的劳力为基础做小本生意，以负贩运输最为突出。如流坡坞东街村的“富农一部分人外出贩运粮食，但不是完全靠短工拉大车，一般的是他们自己去赶车”[⑩]。牟平县山区，“居民伐薪烧炭，运销县城、烟台、养马岛等处，至喂养山蚕、猎取雉兔，则皆利用山地，以为农家副业者也”[⑪]。东平县，“城北二区

---

① 民国《阳信县志》卷七，载《中国地方志集成·山东府县志辑》第23册，凤凰出版社等2004年版，第349页。

② 民国《清平县志》实业篇，载《中国地方志集成·山东府县志辑》第89册，凤凰出版社等2004年版，第270页。

③ 民国《冠县志》卷二，载《中国地方志集成·山东府县志辑》第91册，凤凰出版社等2004年版，第74页。

④ 民国《冠县志》卷三，载《中国地方志集成·山东府县志辑》第91册，凤凰出版社等2004年版，第112页。

⑤ 民国《茌平县志》卷九，载《中国地方志集成·山东府县志辑》第90册，凤凰出版社等2004年版，第353页。

⑥ 民国《牟平县志》卷一，载《中国地方志集成·山东府县志辑》第55册，凤凰出版社等2004年版，第55页。

⑦ 民国《牟平县志》卷一，载《中国地方志集成·山东府县志辑》第55册，凤凰出版社等2004年版，第56页。

⑧ 民国《牟平县志》卷五，载《中国地方志集成·山东府县志辑》第55册，凤凰出版社等2004年版，第203页。

⑨ 民国《续修曲阜县志》卷五，载《中国地方志集成·山东府县志辑》第74册，凤凰出版社等2004年版，第116页。

⑩ 唐致卿：《近代山东农村社会经济研究》，人民出版社2004年版，第465页。

⑪ 民国《牟平县志》卷五，载《中国地方志集成·山东府县志辑》第55册，凤凰出版社等2004年版，第199页。

边境与平阴、东阿接界之马家庄、柿子园、谷家楼等村,多用驴驮贩运内地各种粮食赴平阴康家口、东阿姜沟等处装船入河出境,此等粮贩往返不过百里,只以运抵河涯缴粮入船为止,获利虽微,确有把握"[①]。"三区边境庄农多于冬春两季用牛马大车或独轮小车载运粮食赴济南、济宁、大汶口等处贩卖,归途用贩粮本利或外带厚资贩回洋布、洋线、煤油、洋火、红白糖、纸张、杂货、各种煤炭或其他社会必需品,于附近集场销售。输出运入,往来贸易,便中亦可代人运输货物,此等商贩资本可大可小,无房价伙食人工消耗,成本既轻,其售价比照店铺当然较廉,其营业比照店铺自然发达,故近年此等营业逐渐增多,其销场普遍四乡。中等社会以下用品几全为此等商贩所供给。"[②]烟台等口岸的各种货品,但凡内地所需,均是小农积极负贩的内容,"肩挑贸易颇多,现虽汽车通行,负贩者仍络绎不绝也"[③]。

各种干鲜果品、本地土产杂货也是农民负贩的主要内容。牟平县水果"蚕茧柿栗,每岁上市,贩运达于邻境,亦农家副产之大宗也"[④]。莱芜的姜为山东名产,"产地虽属局部,而品质优良,早已誉满青齐等处,吾莱农人向于农闲之际肩挑负贩于邻境以逐什一,于全县农村经济关系甚大,以故提倡种植、保护负贩是吾县政之不可忽者"[⑤]。各地酱油"当地行销者类多设肆门售,购买者直接赴店购取,或有小贩向之零星批去,负贩于乡间用户"[⑥]。台头村的年轻人则是利用村中的禽蛋蔬菜等土产从事贩运,"冬天或不下农田的时候,他们收集鸡蛋、家禽或蔬菜到青岛去卖,获得一些收入"[⑦]。牟平大白菜"土产者佳,运至上海等处,异常珍贵""近城各地,产蒜多而且佳,名

---

① 民国《东平县志》卷八,载《中国地方志集成·山东府县志辑》第66册,凤凰出版社等2004年版,第86页。

② 民国《东平县志》卷八,载《中国地方志集成·山东府县志辑》第66册,凤凰出版社等2004年版,第86—87页。

③ 民国《牟平县志》卷五,载《中国地方志集成·山东府县志辑》第55册,凤凰出版社等2004年版,第205页。

④ 民国《牟平县志》卷五,载《中国地方志集成·山东府县志辑》第55册,凤凰出版社等2004年版,第200页。

⑤ 民国《续修莱芜县志》卷十,载《中国地方志集成·山东府县志辑》第67册,凤凰出版社等2004年版,第264页。

⑥ 实业部国际贸易局编纂:《中国实业志:全国实业调查报告之三 山东省》第8编,宗青图书公司1934年版,第辛386页。

⑦ 〔美〕杨懋春:《一个中国村庄——山东台头》,张雄等译,江苏人民出版社2001年版,第30页。

臼州蒜，运销外方”[①]。后夏寨村“有的人在外县做小贩”[②]。

5. 茶食

茶食亦称糖果茶食，即酥、糖、糕、饼、果子之类，向来为农家副业。

果食以柿、枣为最，“山东之茶食品类，以柿饼、枣子为大宗，盖柿与枣为北地普遍种植之水果，产量甚夥，农家多以制枣及晒柿饼为副业”[③]。临清县枣脯，“蒸鲜枣使半熟，以糖制之，时愈久而味愈厚，较沪上所制之金丝枣有过之无不及也”[④]。

德平县“茶食种类甚多，品质亦佳，仲秋节之月饼尤为驰名，每年行销于邻封各地，颇为畅旺”[⑤]。清平县乡村糖坊“用黍米、麦芽制造饴糖，所制气糖若糖瓜、糖藕，颇精美。城东各村庄于农暇之际多业此”[⑥]。阳信县糖坊“城西八里泊焦王庄、城南何家坊钦风一带甚多。邑城附近各村犹多以糖坊命名”[⑦]。莱芜县“水北区陈家楼等庄多用大麦生芽，制糖稀及柠枝糖”[⑧]。夏津“茶食，俗称上细馃，所制各品均较他处为佳，送礼者往往购此”[⑨]。

6. 榨油

山东出产大豆油、麻油、花生油、棉籽油、菜籽油等，豆油最多，花生油次之，棉油又次之，麻油较少，菜籽油较麻油尤少。“各县榨油颇称兴盛，为农

---

① 民国《牟平县志》卷一，载《中国地方志集成·山东府县志辑》第55册，凤凰出版社等2004年版，第55页。

② 〔美〕马若孟：《中国农民经济：河北和山东的农民发展，1890—1949》，史建云译，江苏人民出版社2013年版，第138页。

③ 实业部国际贸易局编纂：《中国实业志：全国实业调查报告之三　山东省》第8编，宗青图书公司1934年版，第辛489—490页。

④ 民国《临清县志》经济志，载《中国地方志集成·山东府县志辑》第95册，凤凰出版社等2004年版，第131页。

⑤ 民国《德平县志》卷四，载《中国地方志集成·山东府县志辑》第8册，凤凰出版社等2004年版，第513页。

⑥ 民国《清平县志》实业篇，载《中国地方志集成·山东府县志辑》第89册，凤凰出版社等2004年版，第270页。

⑦ 民国《阳信县志》卷七，载《中国地方志集成·山东府县志辑》第23册，凤凰出版社等2004年版，第349页。

⑧ 民国《续修莱芜县志》卷十，载《中国地方志集成·山东府县志辑》第67册，凤凰出版社等2004年版，第274页。

⑨ 民国《夏津县志续编》卷四，载《中国地方志集成·山东府县志辑》第19册，凤凰出版社等2004年版，第394页。

家之重要副业，产品不仅行销省内，抑且输出省外”[①]。

台头村“有三户家庭开办了榨油厂，在冬天和春天他们用当地产的花生和大豆来榨油。其中一家还开办了一家制篮厂，篮子是作为把油运到青岛去的容器使用的。这是个有利可图的行当，有时需要雇用十到十几个人来做”[②]。但榨油需要场地、设备，不是贫家所能经营的副业，“它通常由几个人垄断经营”[③]。贫苦农家只能以人力赚取工资，如高密县，“每于岁晚物暇之时，农民以人工合作榨油业，制造生豆饼，出售青岛及本县、邻县”[④]。

“榨油目的，周村附近习惯，重饼而不重油，故榨油工作，全随秋季农田施肥时，及春季下追肥时，为其出货最旺期间，其他乃为闲月。”[⑤]周村当商贸中心之地，其榨油目的尚且如此，何况偏远乡村？所以民间榨油，农家更重饼肥。为获得饼肥，最初的油坊，即贾思勰所说的“押油家”，只收取农家的来料加工费，油和饼都属农民，如“潍县之油坊，始于有明，目的原在制取肥田用之豆饼，惟昔时油户，均系替人代搾，并无专业”[⑥]。1912 年以后，代榨虽然仍然存在，但更多的是榨坊自购原料，专职卖油、卖饼，“山东大豆之产量虽丰，而各县土法油坊林立，吸收大豆数量至钜”[⑦]。商河县的货属中即有“豆饼、果饼、棉饼，榨油所制，销售本境，间销邻封”[⑧]。恩县后夏寨村“有几家人生产豆饼在村里出售”[⑨]。

---

① 实业部国际贸易局编纂：《中国实业志：全国实业调查报告之三　山东省》第 8 编，宗青图书公司 1934 年版，第辛 153 页。

② 〔美〕杨懋春：《一个中国村庄——山东台头》，张雄等译，江苏人民出版社 2001 年版，第 29 页。

③ 〔美〕杨懋春：《一个中国村庄——山东台头》，张雄等译，江苏人民出版社 2001 年版，第 182 页。

④ 民国《高密县志》卷七，载《中国地方志集成·山东府县志辑》第 41 册，凤凰出版社等 2004 年版，第 366 页。

⑤ 实业部国际贸易局编纂：《中国实业志：全国实业调查报告之三　山东省》第 4 编，宗青图书公司 1934 年版，第丁 146 页。

⑥ 实业部国际贸易局编纂：《中国实业志：全国实业调查报告之三　山东省》第 8 编，宗青图书公司 1934 年版，第辛 161 页。

⑦ 实业部国际贸易局编纂：《中国实业志：全国实业调查报告之三　山东省》第 5 编，宗青图书公司 1934 年版，第戊90 页。

⑧ 民国《重修商河县志》卷二，载《中国地方志集成·山东府县志辑》第 17 册，凤凰出版社等 2004 年版，第 107 页。

⑨ 〔美〕马若孟：《中国农民经济：河北和山东的农民发展，1890—1949》，史建云译，江苏人民出版社 2013 年版，第 138 页。

机器大工业在冲击着传统榨油业,如临沂县,“邑人有用新法机器制造者”[①]。在机器工业的冲击下,榨油业日衰,如昌乐县的榨油业“往年颇称发达,因农家豢养牛豕所需肥料,皆用豆饼,而食用燃灯,更惟豆油是赖,故经营是业者,家数极多,乃近年来有肥田粉及麸皮之输入,供耕地及饲牛养猪之用,燃灯则改用煤油,故油坊业日趋衰落,家数减少”[②]。

7. 渔捕采集

湖泊、山峰所能提供的动植物资源是农家可以谋生的重要资源。依环境的不同,农家各自从事渔捕、采集等生活。

近代以来,山东虽开垦加剧,动植物资源有所减少,然而还是有不少,山鸡、黄鼠狼是现所知民间猎捕最多的动物。如牟平县的雉,“俗称野鸡,肉味美,为本地山珍”[③]。黄鼬,即“黄鼠狼,尾可制毛笔,西人制为衣饰,佳者价甚昂”[④],济宁每年外销黄狼尾“四五万个,由邹、滕各山运来,再贩往天津、北京各处”[⑤]。

药材为农家最中意的采集对象之一,各县物产表中载列甚明,不烦一一赘举。山东民间最著名的野生药材之一为栝蒌,可制为天花粉,以临清县最为有名,“一名玉露粉,田野间所生之栝蒌,土人掘取其根,研制成粉,为药品中之特产,行销极远”[⑥]。清平县“西北境与临清接壤各村,居民掘取栝蒌之根,研制成粉,为药类中地道特产,行销甚远”[⑦]。其实其他地方的栝蒌亦同样制为天花粉,如牟平县等。

野菜是农家最常见的采集物。贫家“夏季多食麦面,春秋冬三季日常所

---

① 民国《临沂县志》卷三,载《中国地方志集成·山东府县志辑》第58册,凤凰出版社等2004年版,第34页。

② 实业部国际贸易局编纂:《中国实业志:全国实业调查报告之三 山东省》第8编,宗青图书公司1934年版,第辛161页。

③ 民国《牟平县志》卷一,载《中国地方志集成·山东府县志辑》第55册,凤凰出版社等2004年版,第49页。

④ 民国《清平县志》实业篇,载《中国地方志集成·山东府县志辑》第89册,凤凰出版社等2004年版,第265页。

⑤ 民国《济宁县志》卷二,载《中国地方志集成·山东府县志辑》第78册,凤凰出版社等2004年版,第39页。

⑥ 民国《临清县志》经济志,载《中国地方志集成·山东府县志辑》第95册,凤凰出版社等2004年版,第131页。

⑦ 民国《清平县志》实业篇,载《中国地方志集成·山东府县志辑》第89册,凤凰出版社等2004年版,第267页。

食多红粮、谷子、稷、菽、玉蜀黍各色杂粮,能终岁食面粉者不过少数素封之家及各机关、学校、商店,其多数农民终岁勤动,不足供事畜之资。或取树叶、野菜及胡萝卜、地瓜补充食料"①。各地常见的野菜大多相似,如黄须菜"叶、子均可食,碱地最多"②。薇、荠、荼、马齿苋、灰藿、蕨等"以上六种,均野生",在临沂县,"春日妇女挑取之"③。牟平县农民常用野菜有荠、荼、薇、蕨、金针、灰菜、地榆、马齿苋、山葱、山蒜、山韭、山姜、山萝卜、山白菜、山茄、山菠菜等,"其他野菜尚多,不胜枚举"④。德平县常用野蔬有"蒲公英、马踏菜、青青菜、羊角菜、黄鬚菜、铁掀头、爆仗科、曲荬菜"等⑤。野菜的食用方法有鲜吃、干制,蕨菜、马踏菜等除鲜吃外,常干制。鲜吃最常见的做法是做小豆腐,"野蔬、树叶,或磨豆糊而煮食之,俗名小豆腐,尤为养生常品"⑥。

在近河湖海之处,居民多以渔捕、采捞为副业。在台头村,"捕鱼不是一个固定的职业,只是妇女获取收入的次要来源。有些妇女在退潮时去海边掘贝类动物,卖给村民或集镇上的海货商人。一个有经验的妇女可通过这种途径获得可观的收入"⑦。在莱阳县,"五龙三沽沿河居民网鱼虾、捕鳖蟹,率于农隙为之"⑧。在新城县,"若藕、若蓴、若蒲笋、若苇笋,湖所出也"⑨。菱角种于陂塘中,东平县"西乡积水之区出产颇多,为近水贫民生计

---

① 民国《东平县志》卷五,载《中国地方志集成·山东府县志辑》第66册,凤凰出版社等2004年版,第49页。

② 民国《续修广饶县志》卷一,载《中国地方志集成·山东府县志辑》第29册,凤凰出版社等2004年版,第28页。

③ 民国《临沂县志》卷三,载《中国地方志集成·山东府县志辑》第58册,凤凰出版社等2004年版,第30页。

④ 民国《牟平县志》卷一,载《中国地方志集成·山东府县志辑》第55册,凤凰出版社等2004年版,第58页。

⑤ 民国《德平县志》卷四,载《中国地方志集成·山东府县志辑》第8册,凤凰出版社等2004年版,第512页。

⑥ 民国《续修昌乐县志》卷十五,载《中国地方志集成·山东府县志辑》第35册,凤凰出版社等2004年版,第322页。

⑦ 〔美〕杨懋春:《一个中国村庄——山东台头》,张雄等译,江苏人民出版社2001年版,第30页。

⑧ 民国《莱阳县志》卷二,载《中国地方志集成·山东府县志辑》第53册,凤凰出版社等2004年版,第340页。

⑨ 民国《新城县志》卷三,载《中国地方志集成·山东府县志辑》第28册,凤凰出版社等2004年版,第52页。

之一”[①]。在桓台县锦秋湖畔，“华、滑等村有畜鱼鹰以捕鱼者，先以鱼鹰之卵以母鸡孵之，出雏后，饲养教练驯熟，用以捕鱼，所获甚多”[②]。

8. 做工

做短工、做苦力是农民在有余暇时可以选择的工作之一。

农忙时有农业短工，有专门的农工市，如清平县“农忙之际，农村工市所在多有。其人于每日极早麇集村外道旁，携带应用锄镰以待雇用。其工资日有低昂，由劳资两方于趁市时协定之”[③]。历城县冷水沟村的村民回忆说：“有过一些专门的地点，人们可以在那里雇农民做几天工。这些可以雇到短工的劳动力市场位于寺庙附近和集镇里。在距冷水沟几英里的杨家村寺庙附近有一个这样的市场，农民凌晨两点就聚集在那里，等待那些需要劳动力在水田或谷地干活的人雇用。”[④]由于本地人选择赴外地做工、营生，有些地方出现农业劳动力不足，如牟平县，“因赴外营业者多，当地农工，恒不敷用，故土田虽少，雇工恒来自外籍”[⑤]。邻近济南的冷水沟村，1940 年“有 17 个从外村来的农民受雇作长工”[⑥]。

农闲时到集镇上或者到本村作坊做工。如冷水沟村“另一个劳动力市场在邻近的王舍人镇，农民在那儿能够找到在集镇上做几天工的机会”。“很多村民在农闲时到济南去工作几个月。有 6 个人在一家水泥厂做工，20 人在商店里作伙计，作普通的拉车苦力的人数目不详。”[⑦]台头村的“潘姓两兄弟，原先在青岛的一家机器厂工作”[⑧]。本地的铁厂、砖窑、陶窑能吸纳不

① 民国《东平县志》卷四，载《中国地方志集成·山东府县志辑》第 66 册，凤凰出版社等 2004 年版，第 34 页。

② 民国《桓台县志》卷二，载《中国地方志集成·山东府县志辑》第 28 册，凤凰出版社等 2004 年版，第 348 页。

③ 民国《清平县志》实业篇，载《中国地方志集成·山东府县志辑》第 89 册，凤凰出版社等 2004 年版，第 269 页。

④ 〔美〕马若孟：《中国农民经济：河北和山东的农民发展，1890—1949》，史建云译，江苏人民出版社 2013 年版，第 112 页。

⑤ 民国《牟平县志》卷五，载《中国地方志集成·山东府县志辑》第 55 册，凤凰出版社等 2004 年版，第 201 页。

⑥ 〔美〕马若孟：《中国农民经济：河北和山东的农民发展，1890—1949》，史建云译，江苏人民出版社 2013 年版，第 112 页。

⑦ 〔美〕马若孟：《中国农民经济：河北和山东的农民发展，1890—1949》，史建云译，江苏人民出版社 2013 年版，第 112 页。

⑧ 〔美〕杨懋春：《一个中国村庄——山东台头》，张雄等译，江苏人民出版社 2001 年版，第 28 页。

少农民做工，冷水沟村“有10个人在一家小铁匠工场打制农具；12个人在一家小陶器作坊做工”①。各县各地这样的陶窑、砖窑不少，如茌平县陶器，“茌人业此者亦多，惜泥质不良，而出品亦逊也”②。

9. 发网、花边、绣货

发网“始于宣统元年(1909)，始欧西妇女，习尚以发网为饰，欧美客商，遂有携带发网式样，来山东之济南青岛烟台等地，劝民仿造编结，贩运国外。当时所给编结工资甚大，济南烟台附近居民，竞相学习，因此出货日盛”③。花边盛行于法国、意大利等国，清光绪末叶，传教士“始以织造花边之法，传授教民之妇孺”④。

民国以后，山东发网、花边编织技术逐渐普及，从业者甚多。如临淄县“花边、发网，恃此糊口者不下万人”⑤。牟平县“花边、发网、绣花之技术，在民元(1911)前三十年，类多由地方教民，得基督教会之传习，逐渐散布于各乡村，民元以来，可谓普及全县，而尤以南部六七两区为独多，女工之发展，以此为最，较纺织殆有过之”⑥。齐河县“东北桑梓店地方各村，妇女取蚕丝织之为女发网，畅销于济南、上海等处”⑦。临沂县“白沙埠附近各村，幼女多织鸡肠带或结丝发网，每逢白沙埠集期，约二三百圆之交易，他集则无之”⑧。随着从业者日众，山东花边业兴旺起来。1912年至1922年间，山东花边业每年的出口货量，“值三百五十余万两左右”⑨。

---

① 〔美〕马若孟：《中国农民经济：河北和山东的农民发展，1890—1949》，史建云译，江苏人民出版社2013年版，第113页。

② 民国《茌平县志》卷九，载《中国地方志集成·山东府县志辑》第90册，凤凰出版社等2004年版，第380页。

③ 实业部国际贸易局编纂：《中国实业志：全国实业调查报告之三　山东省》第8编，宗青图书公司1934年版，第辛117页。

④ 彭泽益：《中国近代手工业史资料》第二卷，生活·读书·新联书店1957年版，第701页。

⑤ 民国《临淄县志》卷十三，载《中国地方志集成·山东府县志辑》第8册，凤凰出版社等2004年版，第125页。

⑥ 民国《牟平县志》卷五，载《中国地方志集成·山东府县志辑》第55册，凤凰出版社等2004年版，第202页。

⑦ 民国《齐河县志》卷十七，载《中国地方志集成·山东府县志辑》第13册，凤凰出版社等2004年版，第131页。

⑧ 民国《续修临沂县志》卷九，载《中国地方志集成·山东府县志辑》第58册，凤凰出版社等2004年版，第282页。

⑨ 彭泽益：《中国近代手工业史资料》第二卷，生活·读书·新知三联书店1957年版，第703页。

山东的绣货以潍县所出为佳。清光绪初年之前,潍县一切服装还是"纯恃南绣",光绪初年以后,潍县女工迫于生活压力,始习绣工,但仅作装饰之用,"如套袖、裙子、枕头等类"①,之后技术日精,所织绣货,"其优美或过于南绣"②。

据1919年12月报道,"从事花边工作之女工,每日所获工值自三角乃至五角不等,每一寸宽幅长二码给工资五角,以为恒"③。牟平县妇女"工艺灵敏者,绣花每年可得百元之收入,结网工资虽廉,而幼女亦优为之,每打尚可博铜元十数枚"④。由此知当时花边、发网收入颇为不菲,一度成为山东农村尤其是胶东农村经济的重要支柱,如高密县的发网,"民国五、六年间颇为发达,现在发网出品年约八千捆,专恃女工织造,销售烟台"⑤。

发网"全为出口货,国内并无销场"⑥,花边及挑花、绣花、抽纱等物品,"均以出口为唯一销路"⑦。因此发网、花边、绣货业的兴衰,全视国际市场的需求而定。如发网,在欧洲女子崇尚剪短发之后,发网的需求顿减,中国境内"女子前以发网为业,今发网停办,率以纺纱为业,间制农民鞋袜之类,近日洋袜、皮鞋到处销售,女工为之束手"⑧。

10. 其他

家庭腌制酱菜、饲养家禽等等皆为副业,名目甚多,不能一一具述,遂以"其他"一目综而论之。

"养鸡为山东农家重要副业之一,以其费力小而成益多。农家饲养者,

---

① 实业部国际贸易局编纂:《中国实业志:全国实业调查报告之三 山东省》第4编,宗青图书公司1934年版,第丁105页。

② 民国《潍县志稿》卷二十四,载《中国地方志集成·山东府县志辑》第40册,凤凰出版社等2004年版,第544页。

③ 彭泽益:《中国近代手工业史资料》第二卷,生活·读书·新知三联书店1957年版,第703页。

④ 民国《牟平县志》卷五,载《中国地方志集成·山东府县志辑》第55册,凤凰出版社等2004年版,第202页。

⑤ 民国《高密县志》卷七,载《中国地方志集成·山东府县志辑》第41册,凤凰出版社等2004年版,第366页。

⑥ 实业部国际贸易局编纂:《中国实业志:全国实业调查报告之三 山东省》第8编,宗青图书公司1934年版,第辛122页。

⑦ 实业部国际贸易局编纂:《中国实业志:全国实业调查报告之三 山东省》第8编,宗青图书公司1934年版,第辛146页。

⑧ 民国《续修昌乐县志》卷十五,载《中国地方志集成·山东府县志辑》第35册,凤凰出版社等2004年版,第322页。

少则一二只,多则十余只。其饲养之方法甚简单,或放于野外,任其自行觅食;或饲以糠麸米粥杂粮残屑;亦有利用谷物收获后,放于田间,任其觅剩余谷粒者"①。各地农家无不养鸡,如莱芜县"鸡为农家副业,故农家多饲养之。鹅鸭鸽等虽亦有饲养,但不甚普通"②。牟平县"本县农家,殆无不养鸡者,鸡卵产额之多,除自用外,并可贩运出口,至鹅鸭则为游禽类,性皆喜水,山村畜者较少"③。潍县养鸡,"率皆以之为副业,农家每户饲养三四只至十数只不等。鸡多本地种,每年产卵最多者可百二三十枚,普通亦在八十左右。养鸡之目的有肉卵兼用,肉用鸡多不甚大,大率在一二斤之间,每鸡价格不过二三角,由鸡贩向乡民收买,挑运市集出售"④。有以孵鸡、鸭为副业的人。桓台县"孵鸡营业最为发达,其法纯用人工孵卵。春初买鸡卵时,其卵能否孵化一经检查即能了然,卵入暖室二十余日即可出鸡,百不失一,手术极为精熟。鸡雏随时运往他县销售,业此者多在城西北西孙庄、西史庄、杨家庄等""又城东北锦秋湖濒水各村、鱼龙湾等处,多有以孵鸭雏为业者,其法与孵鸡法大略相同"⑤。鲁西、鲁南河湖之处,养鸭甚多,1934 年"总计四十四县养鸭总户数,计 300560 户。"⑥

腌制酱菜,如清平县农家的五香菜,"城西各村每至秋季,取莙荙之大者,浸盐水中经年,取出再用椒茴等香料制成之。运销于青岛、上海各埠,为境内出口大宗"⑦。临清县的酱瓜"用菜瓜去瓤,以甜酱制之,色味并佳,运至青岛、烟台各埠,转售于日本,近日销路最畅"⑧。腌鱼,"银刀,俗呼林刀,

---

① 实业部国际贸易局编纂:《中国实业志:全国实业调查报告之三　山东省》第 5 编,宗青图书公司 1934 年版,第戊 477 页。

② 民国《续修莱芜县志》卷十,载《中国地方志集成·山东府县志辑》第 67 册,凤凰出版社等 2004 年版,第 266 页。

③ 民国《牟平县志》卷一,载《中国地方志集成·山东府县志辑》第 55 册,凤凰出版社等 2004 年版,第 48 页。

④ 实业部国际贸易局编纂:《中国实业志:全国实业调查报告之三　山东省》第 4 编,宗青图书公司 1934 年版,第丁 129 页。

⑤ 民国《桓台县志》卷二,载《中国地方志集成·山东府县志辑》第 28 册,凤凰出版社等 2004 年版,第 348 页。

⑥ 实业部国际贸易局编纂:《中国实业志:全国实业调查报告之三　山东省》第 5 编,宗青图书公司 1934 年版,第戊 485 页。

⑦ 民国《清平县志》实业篇,载《中国地方志集成·山东府县志辑》第 89 册,凤凰出版社等 2004 年版,第 266—267 页。

⑧ 民国《临清县志》经济志,载《中国地方志集成·山东府县志辑》第 95 册,凤凰出版社等 2004 年版,第 131 页。

又称带鱼，长三四尺，味美，春多秋少，农家腌为常品”[①]。“普通制鱼，皆用腌藏、干藏旧法，尤多晒虾皮、虾米与作虾酱者”[②]。晒制干菜，黄花菜“收后焙而干之，打包外运，直销京沪，年达数十万金。亦农家副业之一大生产也”[③]。瓜干，“取黄瓜去皮、心，劈作条，晒干后色不变，每鲜瓜百斤，可制三斤。”[④]临邑县的植物水产“藕为最，秋冬后熟而鬻之市，可代馃粮，或以为粉，货诸远方，味胜江南。其伪者，杂以薯蓣、秫米，价惟半焉”[⑤]。

制作茶叶或代茶用品，如茌平县的茉莉“芳香可食，故常用以薰茶焉”[⑥]。莒县“茶有数种，不知焙制之法，仅供农家之用”[⑦]。长清县有“靡笄茶，土人采此泡制出售，济南各茶庄获利颇厚”[⑧]。

制小盐，制鞭炮。“茌邑无山，故亦无矿。然地多碱，尚有火硝一种出自地中，其中赖以生活者不少。”[⑨]临清“距山较远，土中所产，惟西北乡及北门外各碱地，含有盐硝质甚多，西北乡所滤制者，名为小盐，北门外所出结晶与海产等。民国九年岁大祲，贫民依此为生者数千百家”[⑩]。

各种窑货，包括砖瓦、陶器、木炭、石灰等，皆农民农隙为之。如曲阜县“杨家院、峪口村、瓦窑头均产陶器，城西北大庄烧砖瓦者亦多，惜皆沿用旧

---

① 民国《莱阳县志》卷二，载《中国地方志集成・山东府县志辑》第 53 册，凤凰出版社等 2004 年版，第 324 页。

② 民国《沾化县志》卷六，载《中国地方志集成・山东府县志辑》第 25 册，凤凰出版社等 2004 年版，第 436 页。

③ 民国《茌平县志》卷九，载《中国地方志集成・山东府县志辑》第 90 册，凤凰出版社等 2004 年版，第 355 页。

④ 民国《临清县志》经济志，载《中国地方志集成・山东府县志辑》第 95 册，凤凰出版社等 2004 年版，第 131 页。

⑤ 民国《续修临邑县志》卷二，载《中国地方志集成・山东府县志辑》第 15 册，凤凰出版社等 2004 年版，第 482 页。

⑥ 民国《茌平县志》卷九，载《中国地方志集成・山东府县志辑》第 90 册，凤凰出版社等 2004 年版，第 356 页。

⑦ 民国《重修莒志》卷二十三，载《中国地方志集成・山东府县志辑》第 62 册，凤凰出版社等 2004 年版，第 189 页。

⑧ 民国《长清县志》卷二，载《中国地方志集成・山东府县志辑》第 60 册，凤凰出版社等 2004 年版，第 173 页。

⑨ 民国《茌平县志》卷九，载《中国地方志集成・山东府县志辑》第 90 册，凤凰出版社等 2004 年版，第 378 页。

⑩ 民国《临清县志》经济志，载《中国地方志集成・山东府县志辑》第 95 册，凤凰出版社等 2004 年版，第 130 页。

法,不知改良,故仅能维持生活,而不能发达业务”①。莱芜县的窑货,“十区大庄土质烧成罐子盆瓮,内销外销,年约万余元”②。莒县的窑业,“石井集、沟头、汪湖镇、墩头、杨家杨柳村、筵宾集、薛家窑、石槽、坪上镇等处出品,大者缸瓮,小者茶壶、火炉、盆罐等,工料坚致,品质精良”“砖瓦等窑亦随处有之”“石灰窑,近青石山脉各村皆有之”③。临沂县“城西冈头村陶器出品为缸盆罐等,与北乡王家石沟、西南乡白山村所造大略相同,尚称便利”④。济阳县“木炭出产可称大宗”,“供燃料并滤水使之清洁,化学上又以为还原剂,为用极广”⑤。

采石为器,临沂县“层山街西村石匠甚多,每至农暇时,即连合入山塘中,开辟各种石产,获利颇多”⑥。桥上村红沟崖一带“丁壮多业石匠,以本地石料最佳。业之可资糊口,故往往赖以谋生”⑦。博山县“东下册东山产石,有黄、白、青、蓝、绿、赭各色,琢磨之,有山水树木,纹理莹然可观。村人以制水盂、砚、盘、烟嘴及玩具,俗呼下册玉”⑧。

各地乡村有造纸为业者,如莱芜县“寨里、水北两区造毛头纸、桑皮纸”⑨。曲阜县“纸坊村以制造桑皮纸为专业,获利甚厚”⑩。博山县“城北窝疃庄居民多制草纸、毛头纸为家庭工业,以用本小,资为生者颇多。近因

---

① 民国《续修曲阜县志》卷五,载《中国地方志集成 · 山东府县志辑》第 74 册,凤凰出版社等 2004 年版,第 116 页。

② 民国《续修莱芜县志》卷十,载《中国地方志集成 · 山东府县志辑》第 67 册,凤凰出版社等 2004 年版,第 274 页。

③ 民国《重修莒志》卷三十八,载《中国地方志集成 · 山东府县志辑》第 62 册,凤凰出版社等 2004 年版,第 299 页。

④ 民国《续修临沂县志》卷九,载《中国地方志集成 · 山东府县志辑》第 58 册,凤凰出版社等 2004 年版,第 282 页。

⑤ 民国《济阳县志》卷一,载《中国地方志集成 · 山东府县志辑》第 14 册,凤凰出版社等 2004 年版,第 59 页。

⑥ 民国《续修临沂县志》卷九,载《中国地方志集成 · 山东府县志辑》第 58 册,凤凰出版社等 2004 年版,第 282 页。

⑦ 民国《续修临沂县志》卷九,载《中国地方志集成 · 山东府县志辑》第 58 册,凤凰出版社等 2004 年版,第 282 页。

⑧ 民国《续修博山县志》卷七,载《中国地方志集成 · 山东府县志辑》第 7 册,凤凰出版社等 2004 年版,第 284 页。

⑨ 民国《续修莱芜县志》卷十,载《中国地方志集成 · 山东府县志辑》第 67 册,凤凰出版社等 2004 年版,第 274 页。

⑩ 民国《续修曲阜县志》卷五,载《中国地方志集成 · 山东府县志辑》第 74 册,凤凰出版社等 2004 年版,第 116 页。

外纸日繁，土法仍旧，销路日减”①。

制线香，如博山县“沿孝妇河上源北至夏家庄、后峪庄，有香磨十余盘，斫杂木成小片，磨成细面，以榆皮面加滚水拌匀，碾为细泥，置铁筒中杠压，由筒下口出香条，置罗上刀裁之，晒干而香成矣”“行销于新、莱、蒙、沂、费、泰等县，近亦渐形凋敝矣”②。

做豆腐，“净取大豆中之蛋白质制之，为乡人普通之蔬品。乡人之小本营生，到处皆是，亦可制豆腐干与豆腐皮”③。

泥瓦木工虽是手艺人，却只是农隙为之的职业。如昌乐县，“邑民率皆力农，余如工匠各业，大抵农隙为之，农忙则止”④。台头村“没有一个手艺人是完全靠手艺谋生的”，泥瓦工、木工等各种手艺人“在播种和收获季节或者偶尔不从事专业工作时，都与他们的家人一起在田间劳动”⑤。在阳信县，各村木工“于农隙组合买树，制器出售。亦有专营工作作日工者”、瓦工“农民兼习之，论日工，亦有包工者”⑥。在东明县，泥水工“各村皆有，大抵农隙则从事建筑，农忙则抛斤执耒，专门操业绝少”，木工“作业情形与泥水工大抵相同，惟乡间木工多兼泥水，间亦有制桌凳橱箱，设号专司其业者”⑦。

小工艺种类繁多，亦农隙为之，或趁集市而出。“其工作零星，名称繁赜，而适以应社会之需求，如补锅、锯碗、粘缸、缝鞋、磨剪等皆补缀残器者也；如缚帚、张罗、修秤、解板等皆修理零件者也。他若铡草、弹花、劈柴、穿树以及剉蹄、剃发等，亦为人事所不可缺。”此等游方手工艺者“恒肩挑游市

---

① 民国《续修博山县志》卷七，载《中国地方志集成·山东府县志辑》第7册，凤凰出版社等2004年版，第298页。

② 民国《续修博山县志》卷七，载《中国地方志集成·山东府县志辑》第7册，凤凰出版社等2004年版，第297页。

③ 民国《阳信县志》卷七，载《中国地方志集成·山东府县志辑》第23册，凤凰出版社等2004年版，第347页。

④ 民国《续修昌乐县志》卷十五，载《中国地方志集成·山东府县志辑》第35册，凤凰出版社等2004年版，第322页。

⑤ 〔美〕杨懋春：《一个中国村庄——山东台头》，张雄等译，江苏人民出版社2001年版，第30页。

⑥ 民国《阳信县志》卷七，载《中国地方志集成·山东府县志辑》第23册，凤凰出版社等2004年版，第349页。

⑦ 民国《东明县志》卷十四，载《中国地方志集成·山东府县志辑》第86册，凤凰出版社等2004年版，第337页。

上，每日所得工资不过一圆”①。

综观上述各类农家副业，虽然品种多样，但多为农家用器，产出品不外布帛、食物、瓦器之类，而且各地产品了无新意，正如1934年调查者在长清县调查时所得到的结论所说：“他如农家副业，河西农民多织土布，河东农民有操条编手工业者，率皆拘泥古法，缺乏改良思想。”②在缺乏改良、创新的氛围下，各产品都只能局于一隅，不能行远，遂无光大为产业之时。然上述博山之下册石、夏津之骨雕器、茶食等各品类，确实是能发展壮大成为地域性支柱产业的门类，实能发育成为名副其实而外地无之的地方独有产品。

① 民国《临清县志》经济志，载《中国地方志集成·山东府县志辑》第95册，凤凰出版社等2004年版，第138页。

② 民国《长清县志》卷五，载《中国地方志集成·山东府县志辑》第60册，凤凰出版社等2004年版，第203页。

结　语

回视先秦至民国时期山东地域农业发展的历程，其中可资深思者良多。

自先秦至民国时期，山东地域农家以种植业为基础、从事多样化的农副手工业的生计策略基本上没有大的改变。其中引以为傲者，莫过于自先秦以来就创下的纺织品牌齐纨鲁缟。“齐纨鲁缟车班班，男耕女桑不相失”①，山东纺织业之盛被杜甫视为盛唐气象的一大表征。宋代“齐鲁之富，甲于四方”②，蚕桑之业功莫大焉。直到元代，齐鲁之地仍以殷富见称，其殷富之由，不独粮食种植业，更因为丝纺织业等多种副业，尤其丝纺织业被其他地方当作发家致富的标本③。但今世再无齐纨鲁缟之荣耀，原其盛衰演进之迹，则在于地域文化“进趣”的丧失。如前文所述，齐纨鲁缟不独于质地，而是以“纤华”见称于世，其“纤华”所附载的是地域文化在色彩、花纹、图案、样式等诸多方面无尽的创意，各以“奢丽相高”，唐代尤以“益都盛服”传名。若创意精神仍在，明清时期固然蚕、棉产业更代，在棉织品上同样可以“奢丽相高”，续写齐纨鲁缟之辉煌！但在元末以来兵火、天灾、匪祸、官府盘剥等重重磨蚀之下，连一向被视为四民精英的士阶层也变得“士廉而朴，不习进趋”④！没有了“进趣”精神的支撑，齐鲁纺织品只是“粗布”“土布”而已。同样附载地域文化的瓷器、骨雕器等行业，自然也难逃衰落的命运，“皆沿用

---

① ［清］彭定求等编：《全唐诗》卷二百二十，中华书局1960年版，第2325页。

② ［北宋］苏辙著，曾枣庄等校点：《栾城集》卷三十，上海古籍出版社1987年版，第638页。

③ 参见王结：《文忠集》卷六，载《景印文渊阁四库全书》第1206册，台湾商务印书馆影印1985年版，第251页。

④ 光绪《东平州志》卷二，载《中国地方志集成·山东府县志辑》第70册，凤凰出版社等2004年版，第81页。

旧法,不知改良,故仅能维持生活,而不能发达业务”[1]。士之不习进趋,兹可痛哉!

自山东地域原住先民东夷人各随地宜开创各地区的生计策略以来,出身于东夷人的齐太公望结合当地习俗与周人制度,为齐地确立了“大农”的发展方向。在大农业政策下,农、林、牧、副、渔共同发展,人们在平原地带生产粮食、种桑艺果及种植楸、柞等经济树木,在山区开发矿产资源和种植果林杂树,形成了“河济之间千树楸”“齐鲁千亩桑麻”的生产景观,成片的楸树、桑树、果树收到了良好的生态效益和经济效益,在很多地区都形成了种树的传统,如滕县、临朐等地“俗好种树而饶于枣栗”[2]。如此“大农”的社会生产,人文传统累积着良好的生态,良好的生态输出着可观的经济效益,生态环境成为农业经济的有机构成部分,人文、经济与自然三者之间的和谐度相当之高,诚可谓天时、地利、人和。

人与自然的高和谐度在宋代时出现转折,山东地域农民种植各种林果经济树木的人文传统从此被逐渐改变。唐代温暖湿润的自然伟力普及中华大地,中原民族与边疆民族趁时共同崛起,边疆与内地出现了“此强彼亦强”的政治局面,经安史之乱与藩镇割据的演绎,遂有五代、宋辽夏的对峙。宋夏在陕北高原百数年的屯兵、屯田,自然植被遭到严重破坏,大片草地和林地被开垦,土地沙化和水土流失的速度大大加快[3],陕北遂不复唐代时森林草原的面貌,黄河下游长期安流的生态依托丧失,从此下游多河患,山东尤受其害!宋辽的对峙,河北为前线,山东作为后方,财力、物力、人力的输出尤其沉重[4]。灾害频仍,盘剥又重,为谋生计,山东地域对资源的取用遂有杀鸡取卵之势,终致“齐鲁间松林尽矣”!从此山东境域内河湖淤浅、水系改道无常,人与自然的高和谐度不再。元朝开通的会通河对山东西部的水系、生态而言,无疑雪上加霜。再加以明清时期气候变冷,桑叶变得不宜饲蚕,官方又督促种棉,棉、蚕产业更代,人们再无种桑的积极性。晚清以来以玉米

---

① 民国《续修曲阜县志》卷五,载《中国地方志集成·山东府县志辑》第74册,凤凰出版社等2004年版,第116页。

② 万历《兖州府志》卷四,齐鲁书社影印1984年版,第10页。

③ 参见王东仓:《北宋与西夏的对峙及其对陕北生态环境的影响》,《延安教育学院学报》2006年第4期。

④ 参见程民生:《宋代地域经济》,河南大学出版社1992年版,第256—257、325—326页;张照东:《宋元山东区域经济研究》,齐鲁书社2006年版,第92—94页。

上山，山东人种树的传统遂此远去，天时、地利、人和难再！

汉唐时“天时、地利、人和”的山东农业，使用农家肥和作物调节地力，不用农药，没有添加剂，纯靠生态输出铸就了山东农业昔日的辉煌，正是今日梦寐以求的有机农业。今山东地域农业要重铸昔日辉煌，成就绿色有机农业，须重寻“天时、地利、人和”的构建机制，再造经济发展中生态再生的人文传统。

参考文献

一

[1] [西汉]司马迁:《史记》,中华书局 1959 年版。

[2] [东汉]班固:《汉书》,中华书局 1962 年版。

[3] [南朝宋]范晔 :《后汉书》,中华书局 1965 年版。

[4] [西晋]陈寿撰,[南朝宋]裴松之注:《三国志》,中华书局 1959 年版。

[5] [唐]房玄龄等:《晋书》,中华书局 1974 年版。

[6] [南朝梁]沈约:《宋书》,中华书局 1974 年版。

[7] [南朝梁]萧子显:《南齐书》,中华书局 1972 年版。

[8] [唐]姚思廉:《梁书》,中华书局 1973 年版。

[9] [北齐]魏收:《魏书》,中华书局 1974 年版。

[10] [唐]李百药:《北齐书》,中华书局 1972 年版。

[11] [唐]李延寿:《南史》,中华书局 1975 年版。

[12] [唐]李延寿:《北史》,中华书局 1974 年版。

[13] [唐]魏徵等:《隋书》,中华书局 1973 年版。

[14] [北宋]欧阳修、宋祁:《新唐书》,中华书局 1975 年版。

[15] [后晋]刘昫等:《旧唐书》,中华书局 1975 年版。

[16] [北宋]欧阳修:《新五代史》,中华书局 1974 年版。

[17] [元]脱脱等:《宋史》,中华书局 1977 年版。

[18] [元]脱脱等:《金史》,中华书局 1975 年版。

[19] [明]宋濂等:《元史》,中华书局 1976 年版。

[20] [清]阮元校刻:《十三经注疏》,中华书局影印 1980 年版。

[21] [西汉]刘向集录:《战国策》,上海古籍出版社 1985 年第二版。
[22] [北魏]郦道元著,陈桥驿校证:《水经注校证》,中华书局 2007 年版。
[23] [西汉]氾胜之撰,万国鼎辑释:《氾胜之书辑释》,农业出版社 1980 年第二版。
[24] [东汉]崔寔著,缪启愉辑释:《四民月令辑释》,农业出版社 1981 年版。
[25] [北魏]贾思勰原著,缪启愉校释:《齐民要术校释》第二版,中国农业出版社 1998 年版。
[26] [唐]韩鄂撰,缪启愉校释:《四时纂要校释》,农业出版社 1981 年版。
[27] [明]王象晋纂辑,伊钦恒诠释:《群芳谱诠释(增补订正)》,农业出版社 1985 年版。
[28] [元]王祯撰,王毓瑚校注:《王祯农书》,农业出版社 1981 年版。
[29] [元]司农司撰,石声汉校注:《农桑辑要校注》,中华书局 2014 年版。
[30] [唐]段成式撰,方南生点校:《酉阳杂俎》,中华书局 1981 年版。
[31] [唐]苏敬等撰,尚志钧辑校:《新修本草》辑复本第二版,安徽科学技术出版社 2004 年版。
[32] 〔日〕释圆仁原著,白化文等校注:《入唐求法巡礼行记校注》,花山文艺出版社 2007 年版。
[33] [清]王元綖:《野蚕录》,载《续修四库全书》第 978 册,上海古籍出版社 2002 年版。
[34] [宋]陶谷撰,李益民等注释:《清异录(饮食部分)》,中国商业出版社 1985 年版
[35] [元]于钦撰,刘敦愿等校释:《齐乘校释》,中华书局 2012 年版。
[36] [清]顾祖禹撰,贺次君等点校:《读史方舆纪要》,中华书局 2005 年版。
[37] [清]包世臣撰,潘竟翰点校:《齐民四术》,中华书局 2001 年版。
[38] [清]蒲松龄撰,李长年校注:《农桑经校注》,农业出版社 1982 年版。

[39] [清]丁宜增:《西石梁农圃便览》,载《续修四库全书》第 0976 册,上海古籍出版社 2002 年版。
[40] [清]王培荀撰,蒲泽校点:《乡园忆旧录》,齐鲁书社 1993 年版。

二

[41] 山东省文物考古研究所编著:《山东 20 世纪的考古发现和研究》,科学出版社 2005 年版。
[42] 栾丰实、〔日〕宫本一夫主编:《海岱地区早期农业和人类学研究》,科学出版社 2008 年版。
[43] 王克奇、王钧林主编:《山东通史·先秦卷》,人民出版社 2009 年版。
[44] 陈冬生、王赛时主编:《山东经济史》古代卷,济南出版社 1998 年版。
[45] 栾丰实:《大汶口文化》,山东文艺出版社 2004 年版。
[46] 高广仁、邵望平:《海岱文化与齐鲁文明》,凤凰出版社 2005 年版。
[47] 栾丰实:《东夷考古》,山东大学出版社 1996 年版。
[48] 张学海:《龙山文化》,文物出版社 2006 年版。
[49] 陈新岗、张秀娈:《山东经济史》,山东人民出版社 2011 年版。
[50] 方辉:《岳石文化》,山东文艺出版社 2004 年版。
[51] 陈文华:《中国古代农业文明史》,江西科学技术出版社 2005 年版。
[52] 陈文华:《中国农业通史·夏商西周春秋卷》,中国农业出版社 2007 年版。
[53] 郭克煜等:《鲁国史》,人民出版社 1994 年版。
[54] 李英森等:《齐国经济史》,齐鲁书社 1997 年版。
[55] 闻人军译注:《考工记译注》,上海古籍出版社 2008 年版。
[56] 董恺忱、范楚玉主编:《中国科学技术史·农学卷》,科学出版社 2000 年版。
[57] 赵俪生:《中国土地制度史》,齐鲁书社 1984 年版。
[58] 梁家勉主编:《中国农业科学技术史稿》,农业出版社 1989 年版。
[59] 银雀山汉墓竹简整理小组:《银雀山汉墓竹简》,文物出版社 1985 年版。

[60] 吴存浩:《中国农业史》,警官教育出版社 1996 年版。

[61] 姜颖:《山东丝绸史》,齐鲁书社 2013 年版。

[62] 关立行、关立言:《春秋时期鲁国历法研究》,电子工业出版社 2007 年版。

[63] 安作璋、张汉东主编:《山东通史·秦汉卷》,人民出版社 2009 年版。

[64] 马新:《两汉乡村社会史》,齐鲁书社 1997 年版。

[65] 邹逸麟主编:《黄淮海平原历史地理》,安徽教育出版社 1997 年第二版。

[66] 魏光兴、孙昭民主编:《山东省自然灾害史》,地震出版社 2000 年版。

[67] 实业部国际贸易局编纂:《中国实业志:全国实业调查报告之三山东省》,宗青图书公司 1934 年版。

[68] 陈文华:《中国农业考古图录》,江西科学技术出版社 1994 年版。

[69] 山东省博物馆等编:《山东汉画像石选集》,齐鲁书社 1982 年版。

[70] 张传玺主编:《中国历代契约会编考释》,北京大学出版社 1995 年版。

[71] 梁方仲:《中国历代人口、田地、田赋统计》,上海人民出版社 1980 年版。

[72] 夏亨廉、林正同主编:《汉代农业画像砖石》,中国农业出版社 1996 年版。

[73] 赵凯球、马新:《山东通史·魏晋南北朝卷》,人民出版社 2009 年版。

[74] 何德章:《中国经济通史·魏晋南北朝卷》第 3 卷,湖南人民出版社 2002 年版。

[75] 吴觉农主编:《茶经述评》第二版,中国农业出版社 2005 年版。

[76] 王利华主编:《中国农业通史·魏晋南北朝卷》,中国农业出版社 2009 年版。

[77] 赖非:《山东北朝佛教摩崖刻经调查研究》,科学出版社 2007 年版。

[78] 张泽咸:《汉晋唐时期农业》,中国社会科学出版社 2003 年版。

[79] 廖育群等:《中国科学技术史·医学卷》,科学出版社1998年版。
[80] 葛金芳:《中国近世农村经济制度史论》,商务印书馆2013年版。
[81] 张熙惟、赵文坦主编:《山东通史·宋金元卷》,人民出版社2009年版。
[82] 张照东:《宋元山东区域经济研究》,齐鲁书社2006年版。
[83] 韩茂莉:《宋代农业地理》,山西古籍出版社1993年版。
[84] 陈高华、史卫民:《中国经济通史·元代经济卷》,经济日报出版社2000年版。
[85] 吴宏岐:《元代农业地理》,西安地图出版社1997年版。
[86] 葛金芳:《中国经济通史·宋辽金时期》,湖南人民出版社2002年版。
[87] 程民生:《宋代地域经济》,河南大学出版社1992年版。
[88] 漆侠、乔幼梅:《中国经济通史·辽夏金卷》,经济日报出版社1998年版。
[89] 李干、周祉征:《中国经济通史》第六卷,湖南人民出版社2002年版。
[90] 李令福:《明清山东农业地理》,台湾五南图书出版公司2000年版。
[91] 许檀:《明清时期山东商品经济的发展》,中国社会科学出版社1998年版。
[92] 成淑君:《明代山东农业开发研究》,齐鲁书社2006年版。
[93] 李璠:《中国栽培植物发展史》,科学出版社1984年版。
[94] 罗仑、景甦:《清代山东经营地主经济研究》,齐鲁书社1985年版。
[95] 姚贤镐编:《中国近代对外贸易史资料》(1840—1895),中华书局1962年版。
[96] 唐致卿:《近代山东农村社会经济研究》,人民出版社2004年版。
[97] 王建革:《传统社会末期华北的生态与社会》,三联书店2009年版。
[98] 陈冬生、王赛时主编:《山东经济史》近代卷,济南出版社1998年版。
[99] 马若孟:《中国农民经济:河北和山东的农民发展,1890—1949》,

史建云译,江苏人民出版社 2013 年版。
[100]《山东省农业合作化史》编辑委员会编:《山东省农业合作化史料集续编》,山东人民出版社 1991 年版。
[101] 杨懋春:《一个中国村庄——山东台头》,张雄等译,江苏人民出版社 2001 年版。
[102] 林修竹编:《山东各县乡土调查录》,山东省长公署教育科印行 1920 年版。
[103] 章有义编:《中国近代农业史资料》,三联出版社 1957 年版。
[104] 靳桂云:《后李文化生业经济初步研究》,载山东大学东方考古研究中心编《东方考古》第 9 集,科学出版社 2012 年版。

三

[105] 何德亮、毛晓平:《山东新石器时代的自然环境》,《南方文物》2003 年第 4 期。
[106] 吴文婉等:《海岱地区后李文化的植物利用和栽培:来自济南张马屯遗址的证据》,《中国农史》2015 年第 2 期。
[107] 陈雪香:《山东日照两处新石器时代遗址浮选土样结果分析》,《南方文物》2007 年第 1 期。
[108] 李光雨:《北辛文化中的渔猎工具》,《农业考古》1996 年第 3 期。
[109] 高广仁、胡秉华:《山东新石器时代环境考古信息及其与文化的关系》,《中原文物》2000 年第 2 期。
[110] 靳桂云:《龙山文化居民食物结构研究》,《文史哲》2013 年第 2 期。
[111]〔加拿大〕凯利・克劳福德等:《山东日照市两城镇遗址龙山文化植物遗存的初步分析》,《考古》2004 年第 9 期。
[112] 靳桂云等:《山东烟台庙后遗址植物考古研究》,《东方考古》第 6 集,科学出版社 2009 年版。
[113] 齐乌云等:《山东沭河上游出土人骨的食性分析研究》,《华夏考古》2004 年第 2 期。
[114] 山东省文物管理处:《济南大辛庄商代遗址勘查纪要》,《文物》1959 年第 11 期。
[115] 何洪源、李晶:《济南市发现的青铜犁铧再探》,《农业考古》2001

年第 3 期。

[116] 王芬等:《北阡遗址人和动物骨的 C,N 稳定同位素分析》,《中国科学:地球科学》2013 年第 12 期。

[117] 吴诗池:《综述山东出土的农业生产工具》,《农业考古》1990 年第 1 期。

[118] 陈冬生:《春秋战国时期齐国农业文化述要》,《农业考古》1994 年第 1 期。

[119] 张金光:《从银雀山竹书〈田法〉等篇中看国家授田制》,《管子学刊》1990 年第 4 期。

[120] 田昌五:《谈临沂银雀山竹书中的田制问题》,《文物》1986 年第 2 期。

[121] 杨兆荣:《银雀山竹书田法同于李悝田法——与田昌五先生商榷》,《思想战线》1996 年第 3 期。

[122] 李根蟠:《从银雀山竹书〈田法〉看战国亩产和生产率》,《中国史研究》1999 年第 4 期。

[123] 关立言:《春秋时期鲁国历法状况考查》,《华侨大学学报(哲学社会科学版)》1998 年第 1 期。

[124] 刘兴林:《孔子重农的特色》,《古今农业》1996 年第 1 期。

[125] 陈冬生:《试述古代山东麦作生产的发展》,《古今农业》1993 年第 1 期。

[126] 石敬东:《从出土文物看汉代枣庄地区的养猪业》,《农业考古》2001 年第 3 期

[127] 杨晰智:《山东汉画像石刻中农耕图像的研究》,《安徽农业科学》2015 年第 13 期。

[128] 房道国、刘会先:《山东地区汉代农业考古资料概述》,《农业考古》2006 年第 4 期。

[129] 蒋英炬:《略论山东汉画像石的农耕图像》,《农业考古》1981 年第 2 期。

[130] 吴文祺:《从山东汉画像石图象看汉代手工业》,《中原文物》1991 年第 3 期。

[131] 宋百川、刘凤君:《山东地区北朝晚期和隋唐时期瓷窑遗址的分

布与分期》,《考古》1986 年第 12 期。
[132] 宋百川、刘凤君:《山东曲阜、泗水隋唐瓷窑址调查》,《考古》1985 年第 1 期。
[133] 李取勉:《唐开成大中年间山东的社会经济生活——主要依据〈入唐求法巡礼行记〉》,《遵义师范学院学报》2012 年第 5 期。
[134] 张葳:《唐中晚期山东北部地区民众的经济生活与社会信仰初探——以日僧圆仁〈入唐求法巡礼行记〉为中心》,《江西师范大学学报(哲学社会科学版)》2001 年第 2 期。
[135] 陈冬生:《明代以来山东植棉业的发展》,《中国农史》1992 年第 3 期。
[136] 郑景云、郑斯中:《山东历史时期冷暖旱涝状况分析》,《地理学报》1993 年第 4 期。
[137] 吴绪银:《山东近代犁耕浅析——从山东农具调查说起,也论古耒、耜、耦、及今之农机化》,《民俗研究》1992 年第 4 期。

四

[138] 卞学昌:《山东省全新世古气候变化序列及其与史前文化发展阶段的相关研究》,山东师范大学 2004 年硕士学位论文。
[139] 陈雪香:《海岱地区新石器时代晚期至青铜时代农业稳定性考察——植物考古学个案分析》,山东大学 2007 年博士学位论文。
[140] 宋艳波:《海岱地区新石器时代的动物考古学研究》,山东大学 2012 年博士学位论文。
[141] 聂政:《胶东半岛大汶口文化早期的聚落与生业》,山东大学 2013 年博士学位论文。
[142] 王海玉:《北阡遗址史前生业经济的植物考古学研究》,山东大学 2012 年硕士学位论文。
[143] 钱益汇:《济南大辛庄遗址出土商代石器的生产与使用研究》,山东大学 2005 年博士学位论文。
[144] 曹艳芳:《山东出土商代青铜器研究》,山东大学 2006 年博士学位论文。
[145] 王传明:《山东高青陈庄遗址炭化植物遗存分析》,山东大学 2010 年硕士学位论文。

[146] 赵敏:《山东省即墨北阡遗址炭化植物遗存研究》,山东大学2009年硕士学位论文。

[147] 杨蕊:《两汉山东农业地理》,西北大学2007年硕士学位论文。

[148] 王凤娟:《汉画像石与齐鲁风俗》,山东师范大学2005年硕士学位论文。

[149] 李取勉:《隋唐山东农业经济研究》,南京师范大学2010年博士学位论文。

[150] 任显坤:《隋唐山东农业地理》,西北师范大学2009年硕士学位论文。

[151] 程方:《清代山东农业发展与民生研究》,南开大学2010年博士学位论文。

[152] 秦海滢:《明清时期山东孝妇河畔的望族——以淄川地区为中心》,中山大学2006年博士后研究报告。

[153] 徐澜超:《近代山东棉花生产研究》,南京农业大学2009年硕士学位论文。

五

[154]《中国地方志集成·山东府县志辑》第1—95册,凤凰出版社等2004年版。

[155] 嘉靖《淄川县志》,载《天一阁藏明代方志选刊(一三)》,新文丰出版公司1973年版。

[156] 光绪《山东通志》,商务印书馆1934年版。

[157] 嘉靖《山东通志》,载《天一阁藏明代方志选刊续编》第51、52册,上海书店影印1990年版。

[158] 万历《兖州府志》,齐鲁书社影印1985年版。

[159]《德州乡土志》,载《中国方志丛书·华北地方》第38册,台湾成文出版社1968年版。

[160] 万历《东昌府志》,载《北京师范大学图书馆藏稀见方志丛刊续编》,学苑出版社2009年版。

[161] 道光《博兴县志》,载《中国方志丛书·华北地方》第379册,台湾成文出版社1976年版。

[162] 嘉靖《青州府志》,载《天一阁藏明代方志选刊(一三)》,新文丰

出版公司 1973 年版。
[163] 民国《沾化县志》,载《中国方志丛书·华北地方》第 360 册,台湾成文出版社 1967 年版。
[164] 宣统《山东通志》,上海古籍出版社 1991 年版。
[165] 嘉靖《临朐县志》,载《天一阁藏明代方志选刊(一三)》,新文丰出版公司 1973 年版。
[166] 乾隆《邱县志》,载《中国方地丛书·华北地方》第 36 册,台湾成文出版社 1968 年版。
[167] 崇祯:《郓城县志》,载《国家图书馆明代孤本方志选》,线装书局 2000 年版。
[168] 光绪《肥城县乡土志》,载《中国方志丛书·华北地方》第 11 册,台湾成文出版社 1968 年版。
[169] 光绪《曹州菏泽县乡土志》,载《中国方志丛书·华北地方》第 22 册,成文出版社 1968 年版。
[170] 光绪《邹县续志》,载《中国方志丛书·华北地方》第 20 册,台湾成文出版社 1968 年版。
[171] 民国《续修范县志》,台湾成文出版社 1968 年版。
[172] 民国《青城县志》,台湾成文出版社 1968 年版。
[173] 山东省地方志编纂委员会:《山东省志·民政志》,山东人民出版社 1992 年版。
[174]《胶澳志》,载《中国方志丛刊·华北地方》第 62 册,台湾成文出版社 1968 年版。
[175] 万历《泰安州志》,载《中国方志丛书·华北地方》第 10 册,台湾成文出版社 1968 年版。

后　记

《山东农业史》是由韩寓群同志任主编，由山东师范大学地方史研究所组织编写的《山东地方史文库》专史系列中的一部。

看着《山东农业史》的四校清样，不自禁地生出了许多感慨。

2007 年秋，应博士同学鲁统彦兄之邀，我从湖北来到山东工作，一来就承担起《山东通史 · 隋唐五代卷》的增订任务，就此走上了山东地方史志研读的道路，不觉间十年过去，已然有了三部山东地方史研究的作品。十年间数百本山东地方史志研读下来，对山东地域的热爱之情与日俱增，如今我乡音无改，而行为习惯似乎比许多山东人还要山东人了。

来山东后，每年春秋二季，学院工会都要组织全院教职员工到山东各地考察学习。车行沿途的风物，同往的北方同事习见不奇，对我这个长于长江边上的南方人来说，却处处透着新鲜。每当此时，统彦兄总是为我详细解说其间的种种因由。因缘这样的机会，从阅读而来的"纸上山东"与亲身体验到的"实地山东"渐渐合一，山东各地的农业风貌也因此立体地浮现在我的眼前。2013 年春，我很欣然地接受了《山东农业史》的撰写工作。如今写作告竣，而给我带来巨大帮助的统彦兄却在 2016 年夏天因车祸离开了我们。谨以是作，深切怀念统彦兄！

我生长于南国乡村，对农业史本就有着天然的喜爱，来到山东这个农业文化极为浓厚的北国之地，感悟着南北农业文化的巨大差异，更有了对农业史莫名的热爱。非常感谢山东师范大学地方史研究所所长朱亚非教授！正是朱老师的关爱和提携，我才有幸承担《山东农业史》的研究工作。在确定研究任务后，每次学院开会或上下班途中相遇，朱老师都要问及农业史的研究、写作进度。朱老师的随时关注，敦促着我按时完成了写作任务。在实际的写作中，本书中只讨论了山东地域农业环境、农业资源、农业生产与小农副业等几个方面的内容，尚有大量山东农民生活、农村文化的材料，限于篇幅与体例，不能容纳于《山东农业史》中，朱老师嘱我余勇其贾，另行撰写相关著作，感谢朱老师帮我指引后续的研究方向。

初稿完成后，在京的博士同学杨梅利用国家图书馆丰富的学术资源，帮我完成了书稿的初校工作。杨梅师妹是山东人，她的初校工作，不止于校正文字错讹，还提出了山东地方史方面的诸多问题。感谢师妹出色的校对工作和宝贵的建议！

书稿交给出版社后，山东人民出版社的马洁、胡桂生编辑提出不少修改意见，其间精心编排，认真校对，给本书增色不少。本书的二校、三校由我的硕士研究生刘专叶、唐晓琳、修梦琦完成。感谢两位编辑和三位同学。

2015 年动笔写《山东农业史》时，恰值孩子要上高中。为了上学方便，我跟孩子两人租住在山东省省实验中学附近，对于我而言，又一次步入了高中生活的节奏。每天跟孩子一道按时起床，他上学、做作业，我做饭、写作、上班，父子间的交流只能在吃饭的时间，聊聊他的学业、我的工作、当下的世象，日子紧张、忙碌而又充满了快乐。如今孩子已上心仪的大学，我的作品也将要面世，欣慰中又回忆起刚刚过去的三年，感谢孩子三年来的快乐相伴！

周尚兵

2018 年 9 月于山师常春藤寓所

图书在版编目（CIP）数据

山东农业史/周尚兵著. --济南：山东人民出版社，2018.12

ISBN 978-7-209-11714-2

Ⅰ.①山… Ⅱ.①周… Ⅲ.①农业史—山东 Ⅳ.①F329.52

中国版本图书馆 CIP 数据核字(2018)第 286721 号

山东农业史

SHANDONG NONGYE SHI

周尚兵　著

主管单位　山东出版传媒股份有限公司
出版发行　山东人民出版社
出 版 人　胡长青
社　　址　济南市英雄山路 165 号
邮　　编　250002
电　　话　总编室（0531）82098914
　　　　　市场部（0531）82098027
网　　址　http://www.sd-book.com.cn
印　　装　山东临沂新华印刷物流集团有限责任公司
经　　销　新华书店

规　　格　16 开（169mm×239mm）
印　　张　39
插　　页　10
字　　数　600 千字
版　　次　2018 年 12 月第 1 版
印　　次　2018 年 12 月第 1 次
印　　数　1—1000
ISBN 978-7-209-11714-2
定　　价　220.00 元